MITTEILUNGEN DES INSTITUTS FÜR ÖSTERREICHISCHE GESCHICHTSFORSCHUNG

121. Band
Teilband 1

Themenschwerpunkt
Rezensionswesen
Erkundungen in einer Forschungslücke

2013
Böhlau Verlag Wien Köln Weimar
R. Oldenbourg Verlag München

Mitteilungen des
Instituts für
Österreichische Geschichtsforschung

Herausgeber: Der Direktor des Instituts für Österreichische Geschichtsforschung (Univ.-Prof. Dr. Thomas Winkelbauer) in Verbindung mit Fachkollegen.

Redaktion: Dr. Brigitte Merta, Univ.-Prof. Dr. Martin Scheutz, Univ.-Doz. Dr. Andrea Sommerlechner, Dr. Eva Regina Stain, Ass. Prof. Dr. Herwig Weigl, Institut für Österreichische Geschichtsforschung, Universität Hauptgebäude, Universitätsring 1, A-1010 Wien.
brigitte.merta@univie.ac.at
andrea.sommerlechner@univie.ac.at
eva.stain@univie.ac.at
martin.scheutz@univie.ac.at
herwig.weigl@univie.ac.at

Manuskripte sind ausschließlich nach vorheriger Anfrage in druckfertigem Zustand an die Redaktion zu senden. Für den Inhalt der Beiträge tragen die Verfasser die Verantwortung. Die Redaktion behält sich vor Expertengutachten einzuholen. Rezensionen können nur erfolgen, wenn Belegstücke vorliegen; diese sind ausnahmslos an die Redaktion zu senden, nicht an den Verlag. Eine Gewähr für die Berücksichtigung unverlangt eingesandter Bücher, Separata usw. kann nicht gegeben werden. In diesem Fall ist die Redaktion nicht zur Rücksendung verpflichtet. Entgegnungen werden nicht angenommen. Richtlinien und Siglenverzeichnis: http://www.univie.ac.at/geschichtsforschung
Die Zeitschrift erscheint in 2 Heften jährlich in 2 Teilbänden; Preis pro Jahrgang derzeit € 86,–.

Verlag: Böhlau Verlag Ges. m.b.H. & Co. KG Wien · Köln · Weimar.

Offenlegung nach §25 Mediengesetz:
Medieninhaber: Böhlau Verlag Ges. m.b.H. & Co. KG, Wiesingerstraße 1, 1010 Wien.
Herausgeber: Der Direktor des Instituts für Österreichische Geschichtsforschung (Univ.-Prof. Dr. Thomas Winkelbauer). Blattlinie: Veröffentlichung von wissenschaftlichen Arbeiten aus allen Bereichen der Geschichtswissenschaft.

ISSN 0073-8484
ISBN 978-3-205-78935-2

Das Werk ist urheberrechtlich geschützt. Die dadurch begründeten Rechte, insbesondere die der Übersetzung, des Nachdruckes, der Entnahme von Abbildungen, der Funksendung, der Wiedergabe auf photomechanischem oder ähnlichem Wege und der Speicherung in Datenverarbeitungsanlagen, bleiben, auch bei nur auszugsweiser Verwertung, vorbehalten.

© 2013 Böhlau Verlag Ges. m.b.H. & Co. KG Wien · Köln · Weimar
Satz: SatzWeise, 54343 Föhren, Deutschland
Druck: Prime Rate kft., 1044 Budapest, Ungarn
Umschlaggestaltung: Dieter Vollendorf

Einleitung

Von Martin Scheutz und Andrea Sommerlechner

Man sollte Rezensionen nicht lesen. Es ist zu viel Gewissenlosigkeit und Dummheit in diesen literarischen Kryptogrammen, notierte Josef Redlich am 18. Juni 1903 in seinen Tagebüchern[1]. – Kryptogramme warten allerdings auf ihre Entschlüsselung, in weiterer Folge auch auf die wissenschaftliche Erschließung. Diese, das soll vorausgeschickt und betont sein, will und kann das vorliegende Themenheft nicht leisten, sondern anregen, umso mehr als eine Geschichte der Rezensionen erst noch geschrieben werden muss und die wissenschaftliche Auseinandersetzung mit der Rezension als Textsorte erst begonnen hat.

Die Redaktion der „Mitteilungen des Instituts für Österreichische Geschichtsforschung" hatte bei der Planung des Heftes selbstverständlich die Rezension historischer Fachliteratur im Sinne; vieles, was die Textgattung definiert, kann allerdings auch fachübergreifend festgehalten werden: Die Rezension als „Rezeptionstext"[2] steht – wobei die Grenzen manchmal fließend sind und auch der Umfang ein Kriterium ist – zwischen Miszelle, Referat, Notiz und Anzeige, zwischen der vertiefenden Auseinandersetzung mit einem Text durch den Rezensenten, der aus seinem eigenen Forschen beisteuert, der Absolvierung einer Pflichtübung durch Abliefern eines mehr oder weniger standardisierten Textes und dem knappen Hinweis auf das Erscheinen einer Publikation. Rezensionen sind auch wissenstransmittierend und informieren Wissenschaftler und die interessierte Öffentlichkeit[3] einerseits über neue bzw. relativ rezente Publikationen und erlauben andererseits – damit etwa von Gutachten unterschieden – neben einem inhaltlichen Aufriss auch eine öffentlich einsehbare Bewertung der Arbeitstechnik, der Interpretation und der Qualität einer Monographie (bzw. eines Sammelbandes, einer Edition

---

[1] Schicksalsjahre Österreichs. Die Erinnerungen und Tagebücher Josef Redlichs 1869–1936, hg. von Fritz FELLNER–Doris A. CORRADINI, 1: Erinnerungen und Tagebücher 1869–1914 (Veröffentlichungen der Kommission für neuere Geschichte Österreichs 105/1, Wien 2011) 131. Siehe auch die Rezension von Jan Vermeiren, unten S. 153–155.

[2] Christian SIMON, Historiographie. Eine Einführung (Stuttgart 1996) 274–276. Das Wort „Rezension" ist erst seit dem 18. Jahrhundert gebräuchlich und wird im 19. Jahrhundert dann zu einem „festen Fachterminus für die ‚öffentliche Beurtheilung neu herausgekommener Bücher'", Thomas HABEL, Gelehrte Journale und Zeitungen der Aufklärung. Zur Entstehung, Entwicklung und Erschließung deutschsprachiger Rezensionszeitschriften des 18. Jahrhunderts (Presse und Geschichte – Neue Beiträge 17, Bremen 2007) 18–21, hier 18.

[3] J. EYSSEN, Buchbesprechung, in: Lexikon des gesamten Buchwesens, hg. von Severin CORSTEN–Günther PFLUG–Friedrich Adolf SCHMIDT-KÄNSEMÜLLER, 1 (Stuttgart ²1987) 574.

etc.). Rezensionen involvieren die Verlage und Autoren der besprochenen Werke, Rezensenten und die Redaktionen der Publikationsorgane und das Publikum. Sie schaffen und spiegeln also ganz unterschiedliche, auch ideologische Beziehungen und Strategien. Rezensionen schließlich sind ein Medium der wissenschaftlichen Kommunikation, das der Positionierung und Rangzuweisung von Autor und Text in der scientific community dient.

Eine „Vorgeschichte" der Rezension führt in diesem Heft von enzyklopädischen Werken zu den Publikationsorganen von Buchbesprechungen. In der Gelehrtenwelt kam dem sich im 18. Jahrhundert verstärkt entwickelnden Rezensionswesen eine wichtige Funktion innerhalb einer gelehrten Medienrepublik als „Träger des universell verfügbaren, detailliert geordneten und permanent ergänzten Wissens"[4] zu. Die Aufklärung und die Etablierung einer europaweiten, vielfach noch konfessionell gespaltenen, „res publica litteraria" reagierte auf die angewachsene Publikationstätigkeit durch die Gründung eigener Rezensionsjournale, etwa die „Göttingischen Gelehrten Anzeigen", die zudem seit 1739 von der Göttingischen Universitätsbibliothek betreut wurden[5]. Über Raum und Zeit hinweg war damit ein Verfolgen der Neuerscheinungen auf fast allen Wissenschaftsfeldern möglich. Erst im letzten Drittel des 18. Jahrhunderts ging man dazu über, die davor auf Inhaltsverzeichnisse beschränkten und anonymen Rezensionen ausführlicher zu gestalten und mit persönlich gezeichneter Kritik zu versehen. Mehr und mehr wurden die monographischen Bücher (und nicht mehr die Kleinform der Predigten, Erbauungsliteratur, Gelehrtenbriefe etc.) zum Zentrum des entstehenden Rezensionswesens in den gelehrten Zeitungen des späten 18. und frühen 19. Jahrhunderts[6]. Im Gefolge von Akademiegründungen und der Gründung von Historischen Vereinen und Gesellschaften in der ersten Hälfte des 19. Jahrhunderts konnten auch verschiedene Zeitschriften, die Basis des sich entwickelnden Rezensionswesens, etabliert werden[7]. Vor allem die von Heinrich von Sybel (1817–1895) gegründete, kleindeutsch orientierte und der nationalstaatlichen Idee[8] verpflichtete „Historische Zeitschrift" etablierte sich 1859 als erste historische, den Umfang der Geschichte breit abdeckende Fachzeitschrift. Zeitschriften lassen sich dabei als „kollektive Werke einer Gruppe von Autoren"[9] auffassen. Die Zeitschriften schufen

---

[4] Martin GIERL, Art. Rezension. *EDN* 11 (2010) 198–201, hier 198. Siehe die Beiträge von Ines PEPER und Thomas WALLNIG in diesem Band.

[5] Uwe JOCHUM, Kleine Bibliotheksgeschichte (Stuttgart ³2007) 114f.; Thomas HABEL, Deutschsprachige Rezensionszeitschriften der Aufklärung. Zur Geschichte und Erschließung, in: Historische Presse und ihre Leser. Studien zu Zeitungen, Zeitschriften, Intelligenzblättern und Kalendern in Nordwestdeutschland, hg. von Peter ALBRECHT–Holger BÖNING (Presse und Geschichte – Neue Beiträge 14, Bremen 2005) 41–76.

[6] Zum Wandel der rezensierten Wissensobjekte Martin GIERL, Korrespondenz, Disputationen, Zeitschriften. Wissensorganisation und die Entwicklung der gelehrten Medienrepublik zwischen 1670 und 1730, in: Macht des Wissens. Die Entstehung der modernen Wissensgesellschaft, hg. von Richard VAN DÜLMEN–Sina RAUSCHENBACH (Köln–Weimar–Wien 2004) 417–438.

[7] Siehe die prägnante Einführung von Winfried SCHULZE, Zur Geschichte der Fachzeitschriften. Von der „Historischen Zeitschrift" zu den „zeitblicken". *zeitblicke* 2/2 (2003) [http://www.zeitblicke.historicum.net/2003/02/schulze.html, Zugriff 1. 2. 2012].

[8] Theodor SCHIEDER, Die deutsche Geschichtswissenschaft im Spiegel der Historischen Zeitschrift. *HZ* 189 (1959) 1–104, hier 55.

[9] Matthias MIDDELL, Vom allgemeinhistorischen Journal zur spezialisierten Liste im H-Net. Gedanken zur Geschichte der Zeitschriften als Elementen der Institutionalisierung moderner Geschichtswissenschaft, in: Historische Zeitschriften im internationalen Vergleich, hg. von DEMS. (Geschichtswissenschaft

vor dem Hintergrund der allmählichen Verwissenschaftlichung des historischen Denkens ein überregionales Forum des historischen Diskurses und des Rezensionswesens[10]. Andere Länder folgten, zum Teil gestützt auf mehr oder minder erfolgreiche Vorgängerperiodika, mit einem wahren Gründungsboom an professionellen historischen Fachzeitschriften, was einerseits der entstehenden historischen Methodendiskussion und den Verwissenschaftlichungstendenzen, andererseits aber auch dem zunehmend unüberschaubar gewordenen, über Rezensionen ausgekundschafteten Markt an Fachpublikationen geschuldet war, wobei der Nationalstaat als zu festigende Realität stets eine Rolle bei den Neugründungen spielte: Beispielsweise besteht die im Zuge der ersten Welle von Zeitschriften-Neugründungen zwischen 1860 und 1890 gegründete „Revue Historique" seit 1876, die „Rivista Storica Italiana" seit 1884[11], die „English Historical Review" seit 1886, die „Deutsche Zeitschrift für Geschichtswissenschaft" seit 1889[12], die „American Historical Review" seit 1895. Die 1880 im Kontext der 25-Jahr-Feier des IÖG initiierten „Mittheilungen des Instituts für Österreichische Geschichtsforschung" sollten nach den Worten Sickels einen *Kitt zwischen uns* [den Mitgliedern des IÖG] bilden und als *Organ [...] für alle Disziplinen, welche auf dem Institut bisher betrieben wurden*, dienen[13].

Aus diesem großen Bogen, aus der Entwicklung von der konfessionellen, gleichzeitig auch aufklärerischen Grundhaltung in den enzyklopädischen Rezensionszeitschriften des 18. Jahrhunderts zum wissenschaftsorientierten, fachspezifischen, nationalhistoriographisch ausgerichteten Rezensionsteil der großen nationalen historischen Zeitschriften im 19. und zu Beginn des 20. Jahrhunderts wurden im vorliegenden Heft exemplarisch einige Punkte herausgegriffen: Ines Peper behandelt die protestantischen Rezensionszeitschriften des frühen 18. Jahrhunderts, Thomas Wallnig die katholische „Banzer Zeitschrift" als Medium des aufgeklärten Katholizismus am Ende desselben Jahrhunderts. Ein großer Sprung führt mit dem Beitrag von Christine Ottner zu den Anfangsdezennien der MIÖG, zu den Fragen nach wissenschaftlicher Standardisierung, nach der Herausbildung eines Kanons und nach den Rahmenbedingungen einer aktiven Redaktionspolitik.

Konstanten in der Geschichte des Rezensionswesens, die allgemein menschliche Verhaltensweisen betreffen, können durch verschiedene wissenschaftliche Zugangsweisen erschlossen werden. Der „Ehrdiskurs" als Fortsetzung frühneuzeitlicher Konfliktkulturen wird im Beitrag von Martin Scheutz anhand der (Über-)Reaktion Heinrich von Srbiks auf eine kritische Rezension als Aspekt für die Untersuchung von Rezensionen eingebracht. Die verletzte Ehre (banal auch „das Gekränktsein") des Autors eines schlecht

---

und Geschichtskultur im 20. Jahrhundert 2, Leipzig 1999) 7–31, hier 11. Zur Bedeutung von Rezensionen als ideologisches Medium Dietrich Müller, Buchbesprechung im politischen Kontext des Nationalsozialismus. Entwicklungslinien im Rezensionswesen in Deutschland vor und nach 1933 (Mainz 2007).

[10] Zur Forschungsorganisation Friedrich Jaeger–Jörn Rüsen, Geschichte des Historismus. Eine Einführung (München 1992) 67–72.

[11] Edoardo Tortarolo, Die *Rivista Storica Italiana* 1884–1929, in: Middell, Historische Zeitschriften (wie Anm. 9) 83–91.

[12] Siehe die exemplarische Analyse einer Zeitschrift bei Cathrin Friedrich, „… daß die gegenwärtige Lage der historischen Wissenschaft den Fortbestand zweier allgemeiner historischen Zeitschriften als dringend wünschenswert erscheinen läßt". Die Rolle der *Deutschen Zeitschrift für Geschichtswissenschaft/Historischen Vierteljahrschrift* in der deutschen Geschichtswissenschaft, in: Middell, Historische Zeitschriften (wie Anm. 9) 93–132.

[13] Alphons Lhotsky, Geschichte des Instituts für Österreichische Geschichtsforschung 1854–1954 (MIÖG Ergbd. 17, Wien 1954) 153.

besprochenen Werkes und eventuell daraus resultierende veritable Rezensionsfehden im Sinne von Retorsionsbewegungen sind unverändert ein Thema, mit dem sich auch Redaktionen auseinanderzusetzen haben[14]. Verschränkt mit dem wissenschaftlichen Ehrdiskurs ist die Betrachtung von Rezensionen als Feld, auf welchem Konkurrenzkämpfe ausgetragen werden, wobei anstehende, angestrebte Berufungen als Folie der Besprechungen ausgemacht werden können. Eine soziologische Lesung des Rezensionswesens vor dem Hintergrund der Theorien von Pierre Bourdieu – die Rezension als Kampf der Akteure um kulturelles, soziales und symbolisches Kapital – regt Ursula Klingenböck an.

Rezensionen können unter unterschiedlichen Aspekten Gegenstand wissenschaftlicher Untersuchung sein, die den Text linguistisch untersucht oder nach den Lenkungsmöglichkeiten durch Redaktionspolitik, der Durchsetzungsgeschichte wissenschaftlicher Richtungen[15] und der Vorstellung neuer Autoren, Themen und Methoden und deren kritischer Reflexion[16] oder nach der Repräsentation einer wissenschaftlichen Institution durch Rezensionen fragt. Im vorliegenden Heft wurden – dies sei nochmals unterstrichen – aus der Geschichte der Rezension und aus der Methodik zur Aufarbeitung von Rezensionen exemplarisch Punkte herausgegriffen, Themen angerissen und auf Forschungsdesiderate wird hingewiesen. Es möge dabei gestattet sein, dass die MIÖG als Zeitschrift, in der Rezensionen historisch einen wichtigen Teil einnahmen und einnehmen, das Beispiel für „die" historischen Zeitschriften liefern und ihre Gründungsperiode und gleich zwei Mal, aus historischer und germanistischer Perspektive, die Zwischenkriegszeit 1920 bis 1939 untersucht wurden. Die Befassung mit der Geschichte der eigenen Zeitschrift hat überdies den Vorteil, nicht auf allfällige fremde Empfindlichkeiten Rücksicht nehmen zu müssen.

Der Umfang des Rezensionenteils der historischen Zeitschriften nimmt allgemein zu, was natürlich primär der vermehrten Produktion von Büchern geschuldet ist. Zur Gegenwart, zur Praxis der Rezension führt ein Fragebogen, in dem wir Redaktionen der großen Rezensionszeitschriften, vornehmlich aus dem deutschsprachigen Raum, und österreichischer Regionalzeitschriften nach der Geschichte, Stellenwert, Kontinuitäten und Zukunft befragt haben. Als „Rezensionskultur im Umbruch"[17] wurde das Aufkommen der Rezension im Internet bezeichnet: Die befragten Zeitschriften schreiten dabei

---

[14] Siehe auch den Fragebogen unten S. 109–133. Aus jüngster Vergangenheit kann die Redaktion der MIÖG ein Beispiel beisteuern, wie ein Autor wegen einer nicht genehmen Rezension Interventionen einforderte und Drohungen und Anfeindungen gegen Redaktion und Trägerinstitution formulierte: „Reaktionen wird es bestimmt geben, wobei ich kaum glaube, dass diese dem IÖG nutzen werden".

[15] Wissensfortschritte werden nicht über „einen rein rationalen Prozeß von Argument und Gegenargument in Richtung stetiger Annäherung an die Wahrheit" ausgetragen, „sondern in vielfacher Weise gebrochen über Machtkämpfe verschiedener Gelehrtengruppen": Wolfgang WEBER, Die deutschen Ordinarien für Geschichte und ihre Wissenschaft. Ein historisch-wissenschaftssoziologischer Beitrag zur Erforschung des Historismus, in: Lebenslauf und Gesellschaft. Zum Einsatz von kollektiven Biographien in der historischen Sozialforschung, hg. von Wilhelm Heinz SCHRÖDER (Historisch-sozialwissenschaftliche Forschungen 18, Stuttgart 1985) 114–146, hier 116. Zum Begriff der Durchsetzungsgeschichte wissenschaftlicher Richtungen (S. 119) gehören die Etablierung von sachbezogenen Bindungen, die Definition von Gruppengrenzen, die Darlegung von Eintrittsbedingungen sowie die Etablierung eines Mitteilungs- und Diskussionsblattes zur Information der Öffentlichkeit. Zur Machtverteilung in der akademischen Welt (am Beispiel des französischen Hochschulsystems) als Rahmen Pierre BOURDIEU, Homo academicus (Frankfurt/Main 1992).

[16] Miloš VEC, Die Rezensionskultur der Rechtsgeschichte. Eine Arbeitstagung diskutiert Funktionen, Standards und Ethik wissenschaftlicher Buchbesprechungen. *ZNR* 31 (2009) 87–94, hier 94.

[17] Lilian LANDES, Die Schriften der Anderen – Rezensionskultur im Umbruch. recensio.net: Rezen-

das ganze Spektrum ab, das vom Beharren auf dem gedruckten Text zu diversen Stadien des Ins-Netz-Stellens, zur Trennung von gedruckten und im Netz veröffentlichten Rezensionen bis zur Auslagerung des Rezensionenteils ins Netz reicht.

Eine letzte Bemerkung: Rezensionsgeschichte wird nicht nur anhand des Textes geschrieben, sondern bettet diesen in die Briefe und Tagebücher der Akteure und die Redaktionskorrespondenz ein – Quellen, die zunehmend den modernen Kommunikationsformen (etwa E-mail) zum Opfer fallen[18]. Zum Abschluss der Einleitung sei ein Beispiel gebracht, wie man das Medium Rezension benutzen kann, aber auch für die Bedeutung kontextualisierender Quellen zum Verständnis der Vorgänge.

Rezensionskartelle und „Giftblütenlese" – eine bedenkliche Coda

Der vielschichtige katholische und stark antisemitische[19] Tiroler Rechtshistoriker und Historiker Nikolaus Grass (1913–1999) war vielfältig tätig und im Ausbau seines wissenschaftlichen Netzwerkes – wozu als wichtiges Vernetzungsmittel auch Rezensionen gehörten – wenig zimperlich, wie Briefeditionen der letzten Jahre verdeutlichen[20]. Aufmerksam vermerkte Grass immer in Briefen an Kollegen, wer seine Bücher *sehr kühl, bloß referierend* besprach[21]. Auch Rezensionen über Bücher von anderen österreichischen Rechtshistorikern – potentiellen Konkurrenten um die von Grass mit dem Herzblut unerwiderter Liebe angestrebte Aufnahme als wirkliches Mitglied in die Österreichische Akademie der Wissenschaften – wurden genau registriert[22]. Umgekehrt suchte Nikolaus Grass auch durch positive Rezensionen ein ihm freundlich gesinntes rechtshistorisches Netzwerk aufzubauen bzw. auch zu festigen. Mit dem in Basel lebenden, emigrierten Rechtshistoriker Guido Kisch stand Grass seit den späten 1950er Jahren in regem brieflichen Austausch. Im Mai 1970 erhielt er von den MIÖG eine Brief-Edition von Kisch[23] zur Rezension und vermeldete dies pflichtschuldig in einem Brief an Kisch: *Werde bald die Rez[ension] abliefern, damit diese um so eher erscheint. Sollten Sie dabei auf etwas besonderen Wert legen, so bitte mich dies wissen zu lassen*[24]. Kisch, der also wenig verklausuliert um seine Wünsche für die zu schreibende Rezension gefragt wurde, antwortete schon wenige Tage später und mahnte für die zu schreibende Rezension von Grass Folgendes in väterlichem Ton ein: *Sie werden selbstverständlich meine einführenden Bemer-*

---

sionsplattform für die europäische Geschichtswissenschaft. *Geschichte in Wissenschaft und Unterricht* 62 (2011) 669–671.

[18] Vgl. Rainer HERING, Archive und Geschichtswissenschaft im digitalen Zeitalter. Probleme und Herausforderungen aus der Sicht eines deutschen Archivars und Historikers. *MIÖG* 120 (2012) 116–138.

[19] Gerhard OBERKOFLER, Nikolaus Grass – einige wissenschaftshistorische Miniaturen aus Briefen und seine Korrespondenz mit dem Prager Juden Guido Kisch (Innsbruck–Wien–Bozen 2008) 227: *Judenstämmling Zöllner*, Grass an Wiesflecker (29. 12. 1966).

[20] OBERKOFLER, Grass.

[21] Ebd. 76. Grass an Leo Santifaller (17. 5. 1970) über eine Rezension von Hans Hermann Lentze über ein Buch („Der Wiener Dom") von Grass.

[22] Ebd. 258: *Der fünf Jahre jüngere und forschungsmäßig evident viel weniger ausgewiesene Baltl hat den Sieg davongetragen. Er ist wenigstens nicht klerikal, hat schon die zweite Frau, ist Sozialist! Zwei vernichtende Recensionen (von [Helmuth] Feigl und [Peter] Csendes) haben Baltl nicht im Geringsten geschadet!*

[23] Paul KOSCHAKER, Gelehrter, Mensch, Freund. Briefe aus den Jahren 1940 bis 1951, hg. von Guido KISCH (Basel–Stuttgart 1970). Rezension *MIÖG* 79 (1971) 559f. [Nikolaus Grass].

[24] OBERKOFLER, Grass (wie Anm. 19) 412, Grass an Kisch (15. 5. 1970).

kungen nicht unerwähnt lassen. Andere Wünsche, nach denen Sie freundlicherweise fragen, habe ich nicht[25]. Wenig später vermeldet Grass an Guido Kisch erneut: *Kürzlich erhielt ich Ihre „Konsilien" zur Rezension für die MIÖG, Termin Jänner 1971. Ich freue mich diese so wertvolle Arbeit anzeigen zu dürfen*[26]. Und wieder wies Guido Kisch den Innsbrucker Kollegen schulmeisterlich auf – aus seiner Sicht – Essentielles hin: *Wenn Sie den Oesterreichischen Historikern, die kaum mit der Konsilienliteratur vertraut sein dürften, über diese ein paar aufschlussreiche Worte sagen wollten, würde dies gewiss der Verbreitung des Büchleins förderlich sein*[27]. Grass wandte sich wiederholt an Guido Kisch, um ihm für Rezensionen *Leitpunkte*, die Kisch gerne in einer Rezension von Grass lesen wollte, zu entlocken. *Ich habe Ihnen versprochen, Ihren Wunsch nach einigen Leitpunkten für Ihre Rezension zu erfüllen*[28].

Neben den „bestellten" Rezensionen – worin sich Grass explizit nach den Wünschen des zu Rezensierenden (Kisch) erkundigte – organisierte der Innsbrucker Rechtshistoriker aber auch offensiv, nach Art eines Rezensionskartells, textliche Schelte für missliebige Bücher. Als Gerhard Oberkofler (geb. 1941), Mitarbeiter des Innsbrucker Universitätsarchives, im Jahr 1969 ein Buch über die Entwicklung der geschichtlichen Fächer an der Philosophischen Fakultät der Universität Innsbruck 1850–1945[29] verfasste, das die klerikale Geschichtsschreibung (darunter Ludwig Pastor), aber auch die historischen Aussagen von Harold Steinacker (1875–1965) und Kleo Pleyer (1898–1942) stark kritisierte, rief dies bei Nikolaus Grass energischen Widerstand hervor, wie seine im Tiroler Landesmuseum Ferdinandeum verwahrte, offenbar unzensurierte Korrespondenz eindringlich bezeugt. Grass ordnete, gestützt auf sein Netzwerk, vernichtende Rezensionen des Werkes von Gerhard Oberkofler an und setzte sich zu diesem Zweck unter anderem mit Heinrich Fichtenau, Hugo Hantsch, Gottfried Mraz, Willibald Maria Plöchl und Leo Santifaller in Kontakt, zudem schrieb er die Redakteure verschiedener Zeitschriften (etwa „Montfort", „Der Schlern") in dieser Causa an. In einem Brief an Heribert Raab (1923–1990) beschwerte sich Nikolaus Grass über Oberkoflers Buch[30]: *Darin wird der berühmte Papsthistoriker Ludwig v. Pastor nach Kräften herabgesetzt als pädagogischer Versager. Auch andere betont katholische Gelehrte, vor allem Josef Hirn [1848–1917], werden bewusst herabgesetzt, während große Nazis wie der Oberschwätzer [Adolf] Helbok [1883–1968] „in den Himmel" hinaufgelobt werden. […] Ich halte es geradezu für eine Ehrenpflicht Ihrer angesehenen Zeitschrift [„Schweizer Zeitschrift für Kirchengeschichte"] insbes. gegen die willkürlichen Angriffe auf Pastor einzuschreiten und den noch grünen Autor in die Schranken zu weisen. Qui tacet, consentire videtur! Falls Sie mir ev. den Rezensenten benennen, schicke ich die Fehlerverzeichnisse, die ich als Kenner der österr. Hochschulgeschichte*

---

[25] Ebd. 413, Kisch an Grass (22. 5. 1970); ähnlich S. 320 (Kisch an Grass, 20. 5. 1964): *Sie fragen freundlicherweise, worauf ich bei Besprechung der Fakultätsgeschichte Wert lege. Wie Sie aus dem Text ersehen, handelt es sich um die erstmalige Veröffentlichung bisher in den Archiven gelegener Urkunden, meist aus der Gründungszeit […]*.

[26] Ebd. 422, Grass an Kisch (Oktober 1970). Das besprochene Buch: Guido KISCH, Consilia. Eine Bibliographie der juristischen Konsiliensammlungen (Basel 1970). Rezension *MIÖG* 79 (1971) 474f. [Nikolaus Grass].

[27] OBERKOFLER, Grass 423, Kisch an Grass (19. 10. 1970).

[28] Ebd. 446, Kisch an Grass (27. 11. 1972).

[29] Gerhard OBERKOFLER, Die geschichtlichen Fächer an der Philosophischen Fakultät der Universität Innsbruck (Veröffentlichungen der Universität Innsbruck 39/Forschungen zur Innsbrucker Universitätsgeschichte 6, Innsbruck 1969).

[30] OBERKOFLER, Grass 293, Grass an Raab (19. 5. 1970).

bereits zusammengestellt habe. Ev. kann ich diese auch der Redaktion schicken, damit diese die „Giftblütenlese" an einen möglichst scharfen Recensenten weiterleitet. Ich kann Ihnen auf Wunsch auch eine hier erschienene scharfe Zeitungsrecension meines Schülers Wilh[elm] *Baum senden.* [...] *Wirkungsvoller wäre es freilich, wenn ein Professor die Rez. schriebe.* An Guido Kisch schrieb Nikolaus Grass ebenfalls im Sinne einer von diesem ablehnend zu verfassenden Rezension, mit kuriosen – denn Oberkofler gilt als „links" stehend – politischen Zuschreibungen nicht sparend: *Sollten Sie je Gelegenheit haben, in einem wissenschaftlichen Aufsatz von Oberkofler behandelte Probleme zu erörtern, so wäre es eben sehr zu begrüßen, wenn Sie bei dieser Gelegenheit diesem unbelehrbaren Obernazi eine „aufs Dach geben" würden*[31]. Rasch hatte Walter Ullmann (1910–1983) für die Zeitschrift „Erasmus" eine kritische Besprechung des Buches von Oberkofler zur Hand[32]. An den Rezensenten Ullmann berichtete Nikolaus Grass auch seine Popularisierungsstrategien dieser Rezension: *Im übrigen werde ich in das Exemplar von Oberkoflers Buch sowohl in meinem Institut wie an der Universitätsbibliothek, wie am Museum Ferdinandeum eine Ablichtung Ihrer Rezension einkleben, damit diese auch den Tiroler Lokalhistorikern bekannt wird*[33].

---

[31] Ebd. 430, Grass an Kisch (20.4.1971).
[32] *Erasmus* 23 (1971) 387–392.
[33] OBERKOFLER, Grass 152, Grass an Ullmann (30.4.1971).

Die österreichische Gelehrtenwelt des frühen 18. Jahrhunderts im Spiegel protestantischer Rezensionszeitschriften

Von Ines Peper

Der Aufschwung des gelehrten Zeitschriftenwesens ab dem letzten Drittel des 17. Jahrhunderts etablierte die Rezension als eine der zentralen Praktiken des gelehrten beziehungsweise wissenschaftlichen Austausches[1]. Einerseits machte die explodierende Zahl der jährlichen Neuerscheinungen auf dem Buchmarkt eine über die Messekataloge hinausgehende und laufend aktualisierte Orientierung des Publikums immer notwendiger. Darüber hinaus ermöglichte die Rezension im Vergleich zu älteren Formen der gedruckten Auseinandersetzung mit Büchern (wie etwa Kommentaren oder Streitschriften) eine bezüglich Lob und Tadel differenziertere, entweder betont neutrale oder aber mehr oder weniger „kritische" Stellungnahme[2]. Im deutschsprachigen Raum erschienen die meisten an ein gelehrtes oder auch an ein breiteres gebildetes Publikum gerichteten Journale mit ihrer bekannten Schlüsselfunktion für die beginnende Aufklärung an protestantischen Druckorten[3]; Versuche, ähnliche publizistische Strukturen im katholischen Reich

---

[1] Zu diesem Thema grundlegend: Thomas HABEL, Gelehrte Journale und Zeitungen der Aufklärung: Zur Entstehung, Entwicklung und Erschließung deutschsprachiger Rezensionszeitschriften des 18. Jahrhunderts (Presse und Geschichte – Neue Beiträge 17, Bremen 2007); DERS., Deutschsprachige Rezensionszeitschriften der Aufklärung. Zur Geschichte und Erschließung, in: Historische Presse und ihre Leser. Studien zu Zeitungen und Zeitschriften, Intelligenzblättern und Kalendern in Nordwestdeutschland, hg. von Peter ALBRECHT–Holger BÖNING (Presse und Geschichte. Neue Beiträge 14, Bremen 2005) 42–77; Otto DANN, Vom Journal des Scavants zur wissenschaftlichen Zeitschrift; in: Gelehrte Bücher vom Humanismus bis zur Gegenwart, hg. von Bernhard FABIAN–Paul RAABE (Wolfenbütteler Schriften zur Geschichte des Buchwesens 9, Wiesbaden, 1983) 63–80; Françoise WAQUET, De la lettre érudite au périodique savant: les faux semblants d'une mutation intellectuelle. *XVIIe siècle* 35 (1983) 347–359; Joachim KIRCHNER, Bibliographie der Zeitschriften des deutschen Sprachgebietes bis 1900 1 (Stuttgart 1969). Die Akademie der Wissenschaften zu Göttingen betreibt ein Projekt zur systematischen digitalen Erschließung deutschsprachiger Rezensionszeitschriften des 18. Jahrhunderts: http://www.idrz18.adw-goettingen.gwdg.de [Zugriff 1. 8. 2012].

[2] Zum Begriff der Kritik vgl. Gerrit WALTHER, Kritik. *Enzyklopädie der Neuzeit* 7 (2008) 229–236; Herbert JAUMANN, Critica. Untersuchungen zur Geschichte der Literaturkritik zwischen Quintilian und Thomasius (Brill's Studies in Intellectual History 62, Leiden–New York–Köln 1995) 276–284; Kurt RÖTTGERS, Kritik. *Geschichtliche Grundbegriffe: Historisches Lexikon zur politisch-sozialen Sprache in Deutschland* 3 (Stuttgart 1982) 651–675.

[3] Eine statistische Erfassung dieses Phänomens findet sich bei HABEL, Rezensionszeitschriften (wie Anm. 1) 74f. Zur schwindenden Bedeutung der Druckorte Köln und Frankfurt und dem Verlagswesen im

zu etablieren, scheiterten in den ersten Jahrzehnten des 18. Jahrhunderts weitgehend[4]. Das klassische Aufklärungsnarrativ einer umfassenden und inhärenten katholischen „Rückständigkeit" war jedoch erst in Entwicklung begriffen, und die von Protestanten herausgegebenen Periodika wurden auch im katholischen Reich rezipiert und aktiv genutzt.

Der folgende Beitrag untersucht, wie Gelehrte im Umkreis des Kaiserhofes in protestantischen Rezensionsjournalen im Zeitraum zwischen 1715 und 1725 repräsentiert wurden und wie sie ihrerseits mit diesem neuen Medium umgingen. Weiters soll an Hand dieser Stichprobe an Rezensionen und der programmatischen Vorreden der rezensierenden Zeitschriften beleuchtet werden, welche Leitbilder verschiedene Periodika bezüglich der Rolle der Kritik in Buchbesprechungen propagierten und anwandten, und wie sich dies auf den Umgang der Redakteure mit dem Konfessionsunterschied auswirkte. Zusätzlich werden fallweise auch begleitende Korrespondenzen herangezogen, die hinter die Kulissen des öffentlichen Kommunikationsforums Journal blicken lassen[5]. Im hier gewählten Zeitraum lässt sich sowohl in manchen Zeitschriften als auch in Gelehrtenkorrespondenzen ein verstärktes Interesse insbesondere an der historisch-editorischen Produktion aus dem Umkreis des Wiener Kaiserhofs feststellen, das sich neben der gemeinsamen Zugehörigkeit zur humanistisch geprägten „res publica litteraria" auch aus dem Anliegen einer auf die gemeinsame „teutsche" Vergangenheit und Sprache rekurrierenden Reichsgeschichte speiste und als dessen Hintergrund auch die politische Annäherung zwischen dem Kaiserhof und zahlreichen protestantischen Reichsterritorien in den Jahrzehnten um 1700 mitzudenken ist[6].

Die „Neue[n] Zeitungen von gelehrten Sachen"

Wichtigstes Hilfsmittel zur Erfassung eines möglichst großen Teils der hier interessierenden Buchbesprechungen und Journalmeldungen sind die von Johann Gottlieb

---

katholischen Reich vgl. Stefan BENZ, Zwischen Tradition und Kritik. Katholische Geschichtsschreibung im barocken Heiligen Römischen Reich (Historische Studien 473, Husum 2003) 591–602.

[4] Zum Versuch Johann Georg Eckhards, in Würzburg ein Rezensionsmedium mit dem Titel *Acta eruditorum Herbipolensia* zu gründen, vgl. ebd. 600f.

[5] „Das Journal figuriert gleichsam als die Bühne, ein öffentlich einsehbares, manipuliertes und konstruiertes Szenario, dessen tiefere Motive und Verbindungen nur hinter den Kulissen, also in den Korrespondenzen, dem halb-öffentlichen, vertraulichen und auf Beziehungen beruhenden Raum zugänglich sind", siehe Anett VOLMER, Journalismus und Aufklärung. Jean Henri Samuel Formey und die Entwicklung der Zeitschrift zum Medium der Kritik. *Jahrbuch für Kommunikationsgeschichte* 9 (2007) 101–129, hier 104. Zum Verhältnis der Medien Brief und Zeitschrift vgl. auch Martin STUBER, Journal and Letter: the Interaction between Two Communications Media in the Correspondence of Albrecht von Haller, in: Enlightenment, Revolution and the Periodical Press, hg. von Hans-Jürgen LÜSEBRINK–Jeremy D. POPKIN (Studies on Voltaire and the Eighteenth Century 2004/6, Oxford 2004) 114–141; WAQUET, La lettre érudite (wie Anm. 1) 347–359.

[6] Vgl. Thomas WALLNIG, Bernhard Pez OSB im Briefkontakt mit protestantischen Gelehrten, in: Kulturen des Wissens im 18. Jahrhundert, hg. von Ulrich Johannes SCHNEIDER (Berlin–New York 2008) 133–140, hier bes. 134f. Zur reichs- und zeitgeschichtlichen katholischen Publizistik der Epoche vgl. BENZ, Zwischen Tradition und Kritik (wie Anm. 3) 348–360; zur politischen Annäherung zwischen Kaiser und protestantischen Reichsfürsten Volker PRESS, Österreichische Großmachtbildung und Reichsverfassung. Zur kaiserlichen Stellung nach 1648. *MIÖG* 98 (1990) 131–154, bes. 154; zur konfessionspolitischen Annäherung auch Ines PEPER, Konversionen im Umkreis des Wiener Hofs um 1700 (VIÖG 55, Wien–Köln–München 2010) 29–47.

Krause begründeten „Neue[n] Zeitungen von gelehrten Sachen", die 1715–1784 in Leipzig erschienen[7]. Diese in deutscher Sprache zunächst wöchentlich, ab 1717 wöchentlich zweimalig erscheinende Publikation wertete eine große Zahl gelehrter Journale systematisch aus, indem sie vollständige Inhaltsverzeichnisse derselben inklusive der bibliographischen Angaben aller besprochenen Bücher sowie ausführliche Auszüge zahlreicher Rezensionen druckte. Dank einer vorbildlichen Erschließung durch ein jährliches Register können die „Neue[n] Zeitungen" zumindest für den hier untersuchten Zeitraum geradezu als Vorläufer für Johann Samuel Erschs „Allgemeines Repertorium der Literatur" angesehen werden[8]. Dennoch haben sie bisher in der Forschungsliteratur recht wenig Beachtung gefunden, wohl weil sie weit überwiegend nur bereits andernorts erschienene Rezensionen ausschrieben. So gehört die Zeitschrift auch nicht zu den ersten 72, im Göttinger Rezensionsindex erfassten Publikationen und bisher wurde auch noch von keiner Institution ein öffentlich zugängliches Digitalisat bereitgestellt. Neben den Auszügen aus anderen Journalen enthielten die „Neue[n] Zeitungen" auch immer wieder originale (also nirgendwo anders gedruckte) Mitteilungen, die auf dem Korrespondenznetz Krauses beruhten. Dieses verdankte seine Ausdehnung nicht zuletzt Krauses parallel ausgeübten Tätigkeiten als Kustos der Leipziger Universitätsbibliothek, Herausgeber einer Reihe weiterer periodischer Publikationen sowie als Mitredakteur der zu dieser Zeit von Johann Burkhard Mencke herausgegebenen ältesten und angesehensten Gelehrtenzeitschrift des Reichs, der „Acta eruditorum"[9].

Die Einträge der „Neue[n] Zeitungen" waren geographisch organisiert, nämlich nach den Städten, in denen die jeweilige Zeitschrift erschien bzw. aus denen eine Nachricht an die Redaktion gelangt war. Betrachtet man die zwischen 1715 und 1725 erschienenen Ausgaben der „Neue[n] Zeitungen" im Hinblick auf die Repräsentanz katholischer und protestantischer Zentren, so ergibt sich folgendes Bild: Am häufigsten ist wenig überraschend Leipzig als Standort der Zeitschrift und wichtigster Verlagsort des Reichs vertreten; sehr häufige Erwähnung fanden ebenfalls wenig überraschend London, Paris, Den Haag, Amsterdam und Genf, dahinter rangierten etwa Frankfurt/Main, Hamburg oder Berlin. Venedig und andere italienische und französische Städte sowie auch Wien kommen häufiger vor als München, Augsburg oder Köln; Prag, Breslau oder Hermannstadt bilden nur seltene Einzelfälle. Meist wurde unter dem Titel *Wien* auch das niederöster-

---

[7] Ab nun zitiert als Neue Zeitungen. Zum geborenen Schlesier Krause (1684–1736) vgl. Rüdiger Otto, Johann Gottlieb Krause und die Neuen Zeitungen von gelehrten Sachen, in: Die Universität Leipzig und ihr gelehrtes Umfeld 1680–1780, hg. von Hanspeter Marti–Detlef Döring (Texte und Studien 6, Basel 2004) 215–328.

[8] Das 1740–1743 erschienene dreibändige Generalregister der bis dahin erschienenen Ausgaben der Neuen Zeitungen führte als ausgewertete Zeitschriften 53 deutschsprachige, 22 französische, neun lateinische, sieben englische, drei italienische und zwei niederländische Titel an: Neue Zeitungen Registerband 1 (1740) 1–33. Zu Erschs Repertorium (8 Bde., Jena 1793–1807) vgl. Habel, Gelehrte Journale (vgl. Anm. 1) 61–63.

[9] Zu den „Acta eruditorum" und ihrem Gründer Otto Mencke vgl. Huub Laeven, Otto Mencke (1644–1707): The Outlines of his Network of Correspondents, in: Les grands intermédiaires culturels de la République des Lettres. Études de réseaux de correspondances du XVIe au XVIIIe siècles, hg. von Christiane Berkvens-Stevelinck–Hans Bots–Jens Häseler (Les dix-huitièmes siècles 91, Paris 2005) 229–256; zu Burkhard Mencke vgl. Notker Hammerstein, Mencke, Johann Burchard. NDB 17 (1994) 34f.; Werner Fläschendräger, Johann Burkhard Mencke (1674–1732), in: Bedeutende Gelehrte in Leipzig. Zur 800-Jahr-Feier der Stadt Leipzig im Auftrag von Rektor und Senat der Karl-Marx-Universität herausgegeben, hg. von Max Steinmetz, 2 Bde. (Leipzig 1965) 1 15–24.

reichische Benediktinerstift Melk subsumiert, welches jedoch auch als *Kloster-Mölck in Oesterreich* eigenständig auftreten konnte[10]. Einmal findet sich auch eine – demnach wohl von einem Wiener Korrespondenten stammende – Meldung über zwei bayerische Benediktiner in der Rubrik *Wien*[11].

Fragt man nun nach dem Bild, das sich die Leser der „Neue[n] Zeitungen" zwischen 1715 und 1725 von der Forschungslandschaft im Umkreis des Kaiserhofs machen konnten, so stößt man vor allem immer wieder auf die beiden Melker Benediktiner Bernhard und Hieronymus Pez, denen bis heute große Bedeutung für die Anfänge der kritischen Geschichtsforschung im Raum des heutigen Österreich zugemessen wird[12]. Alle ihre Neuerscheinungen im hier untersuchten Zeitraum wurden in den „Acta eruditorum" rezensiert und mehrfach auch durch Conspectus angekündigt, zusätzliche Rezensionen erschienen auch in anderen Journalen, und Bernhard Pez veröffentlichte mindestens zwei Mal eigene Artikel in gelehrten Periodika[13]. Die „Neue[n] Zeitungen" berichteten nicht nur im Rahmen ihrer systematischen deutschsprachigen Paraphrasierungen von allen diesen Beiträgen, sondern brachten auch eigene Meldungen über die Brüder. Ansonsten fanden vorwiegend am oder in unmittelbarer Nähe zum Kaiserhof tätige Persönlichkeiten Eingang in die „Neue[n] Zeitungen" beziehungsweise in die in diesen erfassten gelehrten Journale: So etwa der kaiserliche Münzinspektor Carl Gustav Heraeus, der Präfekt der Hofbibliothek Johann Benedikt Gentilotti von Engelsbrunn, die an Biographien von Mitgliedern der kaiserlichen Familie arbeitenden Jesuiten Franz Wagner und Anton Steyrer, der ehemalige Kölner Jesuit Gerhard Cornelius van den Driesch, der ungarische Protomedicus Johann Jakob Wilhelm von Beintema und der Architekt Joseph Emanuel Fischer von Erlach. Weiters fanden auf Grund von Neuerscheinungen ihrer Werke oder durch Neuaufnahmen der von ihnen begonnenen Arbeiten auch der kaiserliche Leibarzt Franz Matthias von Hertod und die früheren Hofbibliothekare Peter Lambeck und Daniel Nessel posthume Erwähnung[14]. Gelegentliche Meldungen betrafen auch weitere Ordenskleriker wie den Melker Benediktiner Anselm Schramb oder den Augustiner Chorherren Augustin Erath[15] und einmal, anscheinend einer höflichen Geste geschuldet, den Melker Prior Valentin Larson als Herausgeber einer Predigtsammlung. Ein Einzelfall blieb auch die Erwähnung des ehemaligen kurländischen Offiziers Johann Friedrich von Grabau, der in Wien eine Schrift über den Stein der Weisen herausgebracht hatte[16].

---

[10] Neue Zeitungen 6. Jänner 1717, 15.

[11] Neue Zeitungen 1. Jänner 1718, 7.

[12] Zu den Brüdern Pez vgl. Thomas WALLNIG: Gasthaus und Gelehrsamkeit. Studien zu Herkunft und Bildungsweg von Bernhard Pez OSB vor 1709 (VIÖG 48, Wien–München 2007); DERS.–Thomas STOCKINGER, Die gelehrte Korrespondenz der Brüder Pez. Text, Regesten, Kommentare, 1: 1709–1715 (QIÖG 2/1, Wien–München 2010).

[13] Bernhard PEZ, Nachricht von den vornehmsten Codicibus manuscriptis einiger Klöster in Ober-Österreich, in: Umständliche Bücher-Historie oder Nachrichten und Urtheile von allerhand alten und neuen Schrifften zu genauerer Untersuchung der Bücher-Wissenschafft […], hg. von Johann Gottlieb KRAUSE (Leipzig 1716) 176–206; Bernhard PEZ, Erster Brief von einigen alten Poëten. *Historie der Gelehrsamkeit unserer Zeiten* 11. Stück (1725) 983–1003.

[14] Neue Zeitungen 6. Jänner 1717, 15; 13. Januar 1717, 27.

[15] Zu Erath vgl. Thomas STOCKINGER, Felix mansurus, si tacuisset, Erath. Augustin Erath CRSA (1648–1719), Propst von St. Andrä an der Traisen, als Historiograph und historisch-politischer Kontroversist. *Jahrbuch des Stiftes Klosterneuburg* N.F. 20 (2008) 151–208.

[16] Neue Zeitungen 22. Oktober 1718, 680.

Inhaltlich dominierten eindeutig die historischen Forschungen; hinzu kamen Publikationen zu Medizin, Numismatik, Kunst und Dichtung; Naturwissenschaft und Philosophie fehlten dagegen völlig. Annähernd alle im fraglichen Zeitraum von den genannten Gelehrten veröffentlichten Werke fanden Erwähnung; darüber hinaus erfuhren die Leser der „Neue[n] Zeitungen" von letztlich nicht zum Druck gelangten Forschungsprojekten[17]. Auch zu kulturpolitischen Plänen des Kaiserhofes (Akademiegründung, Neubau der Hofbibliothek) wurden sie informiert, wobei der hohe Bildungsstand und die gelehrtenfreundliche Haltung Kaiser Karls VI. gelobt und durch seinen lateinischen Briefwechsel mit Hofbibliothekar Gentilotti und die Aufstockung von dessen Gehalt belegt wurden[18]. Der erst 1713 nach Wien zurückgekehrte und durch die Beendigung des spanischen Erbfolgekrieges nun politisch vorerst ein wenig entlastete Kaiser weckte mit diesen Interessensbekundungen große Hoffnungen, die auch einen neuen Aufschwung des Leibnizschen Projekts einer kaiserlichen Akademie in Wien betrafen[19]. All dies wurde nicht nur im Sinne der kaiserlichen Selbstdarstellung nach Leipzig kommuniziert, sondern offenbar dort auch mit Interesse aufgenommen. Hierbei ist auch die dezidiert prokaiserliche Haltung mit zu bedenken, die Mencke in seiner Biographie Kaiser Leopolds I. an den Tag legte[20]; im Fall von Krause trugen möglicher Weise seine eigenen Forschungen zur italienischen Literärgeschichte dazu bei, sein Interesse auch für die südlichen Provinzen der deutschsprachigen „res publica litteraria" zu wecken[21].

Für die vor 1719 öfter in den „Neue[n] Zeitungen" auftretenden Mitteilungen über noch ungedruckte Forschungsarbeiten von Gelehrten aus dem Umkreis des Kaiserhofs ist zweifellos die Vermittlung der Informationen über persönliche Korrespondenzen anzunehmen. Im Fall des 1709 nach Wien eingewanderten und dort zur katholischen Kirche konvertierten Carl Gustav Heraeus ist eine persönliche Bekanntschaft mit Krause belegt[22], die noch aus Heraeus' ausgedehnten Reisen während und nach seinem Studium

---

[17] So wollte Gentilotti gestützt auf Vorarbeiten Peter Lambecks die Dichtungen von Ermoldus Nigellus aus der Zeit Ludwigs des Frommen nach dem Codex Vindobonensis 614 (heute ÖNB, damals kaiserliche Hofbibliothek) herausgeben, was jedoch tatsächlich erst Muratori tat: Antonio Ludovico MURATORI, Rerum Italicarum scriptores II/2 (Mailand 1726) 83–122; Neue Zeitungen 2. Jänner 1717, 1.

[18] Dessen ungeachtet schien dieses Gehalt (2000 Gulden jährlich) dem jungen Hamburger Wienreisenden Konrad Widow nach wie vor unangemessen gering und ein Beleg für das von ihm konstatierte kulturelle Defizit Wiens im Vergleich zu Frankreich und England: Konrad Widow an Johann Christoph Wolf, Wien 29. Juli 1714, Staats- und Universitätsbibliothek Hamburg, Wolf-Uffenbachsche Sammlung Sup. ep. 121, fol. 298^r.

[19] Neue Zeitungen 18. September 1715, 297; nach Leibniz' Tod wurde jedoch von den ungünstigen Aussichten dieses Projekts berichtet, vgl. ebd. 1. Jänner 1717, 1. Zur Entwicklung des Wiener Akademieprojekts in dieser Zeit vgl. Christine GLASSNER, Bernard Pez et les tentatives pour créer une académie bénédictine en Autriche, in: Académies et sociétés savantes en Europe (1650–1800), hg. von Daniel-Odon HUREL–Gérard LAUDIN (Colloques, congrès et conférences sur le Classicisme 1, Paris 2000) 491–507.

[20] Peter MORAW, Kaiser und Geschichtschreiber um 1700. Die Welt als Geschichte. Eine Zeitschrift für Universalgeschichte 22 (1962) 162–203; 23 (1963) 93–136, hier 23 98–101.

[21] Krause unternahm eine umfangreiche Edition von Briefen des venezianischen Druckers und Gelehrten Paulus Manutius – Epistolarum Pauli Manutii Libri XII [...], ed. Johann Gottlieb KRAUSE (Leipzig 1720) – und gab pseudonym eine Geschichte der italienischen gelehrten Akademien heraus: M. Joannes JARKIUS [Johann Gottlieb KRAUSE], Specimen Historiae Academiarum Eruditarum Italiae [...] (Leipzig 1725).

[22] Halle, Universitäts- und Landesbibliothek Sachsen-Anhalt, Abt. Sondersammlungen, Pon Misc. 28 (Microfilm des Briefnachlasses von Johann Gottlieb Krause) Nr. 37, 255^r–256^r: Carl Gustav Heraeus an Johann Gottlieb Krause, Wien 11. November 1716; in einem Brief an Bernhard Pez ließ Krause Grüße

datieren könnte. Ein Bericht der „Neue[n] Zeitungen" über Heraeus' Plan, das Leben Kaiser Karls VI. in Medaillen darzustellen, war zusätzlich mit einem in eine Fußnote verpackten Lebenslauf des Gelehrten versehen, dessen Details – wie etwa zum Sauerbrunnen im Keller seines Stockholmer Elternhauses – eigentlich nur von ihm selbst stammen können[23]. Eine noch ausführlichere Vita erschien 1716 im ebenfalls von Krause herausgegebenen „Neue[n] Bücher-Saal" im Anschluss an eine sehr positive Besprechung von Heraeus' „Vermischte[n] Nebenarbeiten"[24].

Der erste Artikel Krauses über Bernhard Pez ging dagegen der persönlichen Kontaktaufnahme um Jahre voraus: Im „Neue[n] Bücher-Saal" von 1712 erschien eine deutschsprachige Paraphrase einer der Enzykliken, in denen Pez sein Projekt einer *Bibliotheca Benedictina* ankündigte und zur Einsendung von Informationen über benediktinische Schriftsteller aufforderte[25]. Krause leitete die Meldung mit einer Übersicht über die Schriftstellersammlungen anderer katholischer Orden ein, begrüßte das Projekt geradezu enthusiastisch und empfahl Pez eine Handschrift der Leipziger Universitätsbibliothek, für deren Abschrift er dem ihm unbekannten Benediktiner sogar bereits die Erlaubnis der Universität in Aussicht stellte[26]. Erst für das Jahr 1716 ist ein durch Mencke vermittelter direkter Kontakt zwischen Krause und Pez belegt[27]. Die Bekanntschaft mit Mencke dürfte Pez über dessen Schüler Johann Jakob Mascov hergestellt haben, der auf seinem Weg nach Italien Wien und Melk besuchte[28]. Diesen wiederum kannte Pez durch den Strassburger Professorensohn Johann Christoph Bartenstein, der 1714 nach Wien gekommen war und für einige Jahre als eine Art Drehscheibe gelehrter Kontakte und Informationen zwischen Wien, dem protestantischen Reich und den Pariser Maurinern fungierte[29]. Zumindest für eine Meldung der „Neue[n] Zeitungen" über Bernhard Pez

---

und ein Belegexemplar der „Neue[n] Zeitungen" für Heraeus übermitteln, vgl. Johann Gottlieb Krause an Bernhard Pez, Leipzig 11. September 1716, Stiftsarchiv Melk, 7 Patres 6, Band I, 397ʳ–398ᵛ, hier 398ʳ.

[23] Neue Zeitungen 18. September 1715, 299.

[24] Neuer Bücher-Saal der gelehrten Welt oder Ausführliche Nachrichten von allerhand Neuen Büchern und Andern Sachen so zur neuesten Historie der Gelehrsamkeit gehören, 55. Öffnung (1716) 492–499. Dieses von Johann Gottlieb Krause und Johann Georg Walch herausgegebene Rezensionsjournal erschien von 1710 bis 1717 in Leipzig, vgl. OTTO, Krause (wie Anm. 7) 226–233.

[25] Neuer Bücher-Saal, 16. Öffnung (1712) 234–238. Dem Artikel dürfte Pez' gedruckte Enzyklik von 1712 zu Grunde liegen, vgl. WALLNIG–STOCKINGER, Korrespondenz (wie Anm. 12) 1 1049–1052. Der Text ist wahrscheinlich durch den in kursächsischem Dienst stehenden Katholiken Konrad Sigler nach Leipzig gelangt, vgl. ebd. 503–512.

[26] Es handelte sich um eine Abschrift der *Series monachorum litteratorum ex ordine sancti Benedicti* des späteren Thierhauptener Abtes Petrus Wagner (heute Universitätsbibliothek Leipzig, Ms. 852), vgl. WALLNIG–STOCKINGER, Korrespondenz (wie Anm. 12) 1 652.

[27] Krause informierte den Benediktiner über mehrere ihn betreffende Meldungen und Rezensionen und schickte ein Belegexemplar von PEZ, Nachricht (wie Anm. 13); vgl. Johann Gottlieb Krause an Bernhard Pez, Leipzig 11. September 1716, Stiftsarchiv Melk, 7 Patres 6 I 397ʳ–398ᵛ, hier 397ʳ.

[28] Zu Mascov vgl. August von EISENHART, Johann Jakob Mascov (Mascou). *ADB* 20 (1884) 554–558. Dort findet zwar nur eine 1714 abgeschlossene Bildungsreise Erwähnung, die hier erwähnte Reise ist jedoch durch die Briefe Bartensteins an Bernhard Pez belegt, vgl. Johann Christoph Bartenstein an Bernhard Pez, Wien 25. November 1716 (Stiftsarchiv Melk, 7 Patres 7 II 338ʳ⁻ᵛ, hier 338ʳ) und 3. März 1717 (ebd. 339ʳ–340ᵛ, hier 339ʳ).

[29] Zu Bartenstein in diesen frühen Jahren seiner Laufbahn vgl. Ines PEPER–Thomas WALLNIG, Ex nihilo nihil fit. Johann Benedikt Gentilotti und Johann Christoph Bartenstein am Beginn ihrer Karrieren, in: Adel im „langen" 18. Jahrhundert, hg. von Gabriele HAUG-MORITZ–Hans Peter HYE–Marlies RAFFLER (Zentraleuropa-Studien 14, Wien 2009) 167–185; Maximilian BRAUBACH, Johann Christoph Barten-

und den Jesuiten Anton Steyerer lässt sich Bartenstein als Mittelsmann nachweisen[30]; andere Sammeleinträge unter der Überschrift *Wien* scheinen ebenfalls deutlich seine Handschrift zu tragen[31].

Neutralität versus Kritik

Alle bisher zitierten Rezensionen waren in sachlichem Ton gehalten, entweder ganz neutral oder unter positiver Herausstreichung der Relevanz der besprochenen Publikationen für die gelehrte Welt, und legten das Hauptgewicht auf die Information des Lesers durch eine repräsentative Zusammenfassung des Inhalts. Dies entsprach dem Selbstverständnis sowohl der „Acta eruditorum" als auch der „Neue[n] Zeitungen", die sich dezidiert um Neutralität bemühten und das letztendliche Urteil dem Leser überlassen wollten; Kritik wurde hier mehr implizit durch die Auswahl der als besprechungswürdig befundenen Werke als durch pointierte Stellungnahmen geübt. Hauptanliegen dieser im strengen Sinn gelehrten Journale war die zuverlässige bibliographische Orientierung des Publikums[32]; als weitere Gründe, warum man sich mit der *Critique* [...] *überauß in acht nehmen* müsse, nannte der Begründer der „Acta eruditorum", Otto Mencke, die Vermeidung von Konflikten mit Behörden und die Bemühung, sich aus Polemiken herauszuhalten[33]. Als erstes Vorbild für diese Haltung kann das „Journal des Savants" gelten, dessen zweiter Chefredakteur Abbé Jean Gallois – nachdem es im ersten Jahrgang auf Grund kontroverser Buchbesprechungen zu erheblichen Konflikten mit der staatlichen beziehungsweise kirchlichen Zensur gekommen war – ab 1666 die Wahrung größtmöglicher Neutralität angekündigt hatte, was im Wesentlichen auch in späterer Zeit eingehalten wurde[34].

---

steins Herkunft und Anfänge. *MIÖG* 61 (1953) 99–149. Zu Bartensteins gelehrtem Kontaktnetz im hier interessierenden Zeitraum vgl. WALLNIG–STOCKINGER, Korrespondenz (wie Anm. 12) 1 8f.

[30] Neue Zeitungen 4. November 1716, 357f.; Johann Christoph Bartenstein an Bernhard Pez, Wien 25. November 1716, Stiftsarchiv Melk, 7 Patres 7 II 338^{r-v}, hier 338^v: *Du wunderst dich vielleicht, wie großartig ich die Arbeit von Anton Steyerer in den Neue[n] Zeitungen angekündigt habe. Möge er das Versprochene bald erfüllen!* (Deutsche Paraphrase des lateinischen Originals).

[31] So wurde etwa eine Meldung über die Katalogarbeiten Gentilottis, zu dieser Zeit einer der wichtigsten Förderer Bartensteins, von Informationen über die umfassenden Rechts- und Sprachkenntnisse des Hofbibliothekars und sogar über die gänzlich gelehrsamkeitsferne Tätigkeit seines Bruders am Hof des Salzburger Erzbischofs begleitet, also Mitteilungen, die auf einen persönlichen Bekannten als Mittelsmann hinzudeuten scheinen und gut zum Ton erhaltener Bartensteinbriefe passen; Neue Zeitungen 15. Februar 1715, 56.

[32] Zur Unterscheidung zwischen dem Typus des dezidiert gelehrten Journals und eher allgemeinbildenden, an ein breiteres gebildetes Publikum gerichteten Periodika vgl. HABEL, Rezensionszeitschriften (wie Anm. 1) 47f.

[33] Werner FLÄSCHENDRÄGER, Rezensenten und Autoren der „Acta Eruditorum" (1682–1731), in: Universitates studiorum saec. XVIII et XIX. Etudes présentées par la Commission Internationale pour l'histoire des Universités en 1977, hg. von Aleksander GIEYSZTOR–Maria KOCZERSKA (Warszawa 1982) 61–80, hier 65; darüber hinaus blieben die Rezensenten der „Acta eruditorum", unter denen sich zahlreiche namhafte Gelehrte bis hin zu Persönlichkeiten wie Leibniz, Cyprian oder Gottsched befanden, grundsätzlich anonym.

[34] JAUMANN, Critica (wie Anm. 2) 258–260; Bernward SCHMIDT, Virtuelle Büchersäle. Lektüre und Zensur gelehrter Zeitschriften an der römischen Kurie 1665–1765 (Römische Inquisition und Indexkongregation 14, Paderborn–München–Wien–Zürich 2009) 83–92, 375–378; zur langjährigen Verhandlung der „Acta eruditorum" vor der römischen Zensur vgl. ebd. 256–271.

Dass der Verzicht auf allzu viel Kritik seitens der Zeitschriftenherausgeber eine sinnvolle Strategie in einem vom Ideal der Pressefreiheit weit entfernten gesellschaftlichen Ambiente sein konnte, belegte bereits das Schicksal von Christian Thomasius' „Monats-Gespräche[n]" als dem einflussreichsten deutschsprachigen Vorbild für eine ganz andere, dezidiert kritische Art der Buchbesprechung: Nach nur zwei Jahren musste die Publikation eingestellt werden[35], und auch in den folgenden Jahrzehnten scheinen immer wieder Zeitschriften schon bald nach Erscheinungsbeginn an einer zu offensiven Rezensionspraxis gescheitert zu sein. Die 1715 begonnenen, bereits in Titelbild und Vorrede vehement mit dem aufklärerischen Topos der Vertreibung der Wolken der Unwissenheit durch die Sonne der Wahrheit argumentierenden „Gundlingiana" des Thomasius-Schülers Nikolaus Hieronymus Gundling konnten sich dagegen trotz ihrer Urteilsfreudigkeit halten[36]. Dieses ausschließlich von Gundling selbst verfasste Periodikum war jedoch keine Rezensionszeitschrift im engeren Sinn, da es zwar unter anderem auch Buchbesprechungen enthielt, jedoch nur zu einzelnen, den Autor besonders interessierenden Werken. Gundling wirkte an einer Reihe weiterer Journale mit; auch in der von ihm verfassten Vorrede der „Neue[n] Bibliothec" von 1715 hieß es programmatisch, statt der *Extracten*, auf die andere Zeitschriften sich bei ihren Buchbesprechungen beschränkten und die *wenig Verstand und Iudicium* verrieten, wolle man hier *Recensiones und Urtheile* abgeben[37].

Wenn Gundlings Auffassung auch in der späteren Aufklärungspublizistik die Zukunft gehören sollte, so hielten die Befürworter der Neutralität in gelehrten Buchbesprechungen diese jedoch keineswegs nur für ein Gebot der Vorsicht, sondern auch für die im Vergleich zur Anstellung einer *öffentlichen Zensur* dem gelehrten Austausch zuträglichere Praxis. So erläuterte etwa Krause seine Methode der Anfertigung ausführlicher Auszüge bei weitgehender Urteilsabstinenz in der Einleitung des „Neue[n] Bücher-Saals" so: *Aller andern Vortheile aber, die diese Art zu excerpiren mit sich führet, zu geschweigen, so wird man zum wenigsten hierdurch des unzeitigen Urtheilens, welches gemeiniglich auf eine höchst unbillige Verkleinerung anderer Leute hinaus läufft, können überhoben seyn, wenn die excerpta so eingerichtet werden, daß ein kluger Leser auch aus denselben die Stärcke und Schwäche des Auctoris beurtheilen kan*[38]. Bereits der Abbé Gallois hatte befunden, ein Rezensent, der sich das Recht *de juger les ouvrages de tout le monde* anmaße, schwinge sich zum Tyrannen in der Gelehrtenrepublik auf[39].

---

[35] JAUMANN, Critica 286f.

[36] Nicolaus Hieronymus GUNDLING, Gundlingiana. Darinnen allerhand zur Jurisprudenz, Philosophie, Historie, Critic, Litteratur und übrigen Gelehrsamkeit gehörige Sachen abgehandelt warden, 45 Stücke (Halle 1715–1732).

[37] *Neue Bibliothec oder Nachricht und Urtheile von neuen Büchern Und allerhand zur Gelehrsamkeit dienenden Sachen* (1715) Vorrede 9, 16, zit. nach JAUMANN, Critica (wie Anm. 2) 301. Die Zeitschrift erschien in 12 Bänden bzw. 110 Stücken von 1709 bis 1721 in Halle; die ersten zwölf Stücke wurden von Wilhelm Türck herausgegeben, Stück 13–40 von Gundling; vgl. http://idrz18.adw-goettingen.gwdg.de/zeitschriften_detail/neue-bibliothec-nachricht.html [Zugriff 1.8.2012].

[38] Neuer Bücher-Saal, 1. Öffnung (Leipzig 1710) Vorrede unpag. Zum Diskurs um die Abgrenzung legitimer, im Dienst der Wahrheit stehender Kritik von der illegitimen Verleumdung vgl. JAUMANN, Critica (wie Anm. 2) 224f.; zur allmählichen Durchsetzung der literarischen Kritik im Sinne der Aufklärung in Zeitschriften vgl. ebd. 227–303.

[39] *Journal des Savants* (1666) Préface, s.p. http://gallica.bnf.fr/ark:/12148/bpt6k581215/f1.image [Zugriff 1.8.2012].

Unter den Journalen, die zwischen 1715 und 1725 Autoren aus dem Umkreis des Kaiserhofs rezensierten, räumten manche den Meinungen, Urteilen oder auch thematischen Abschweifungen ihrer Rezensenten deutlich mehr Platz ein als die „Acta eruditorum" oder Krauses Publikationen, aber auch sie sahen allzu scharfe Kritik als problematisch an: Die von Johann Christoph Francke in Halle herausgegebene „Vermischte Bibliothec" verkündete bereits im Titelkupfer, dass man zwar Freiheit in Anspruch nehmen, dabei aber niemanden verletzen wolle[40], wenn auch die abgebildete Justitia-Allegorie sehr wohl ein Richteramt des Journals zu beanspruchen scheint. Auch die „Deutsche[n] Acta eruditorum" wollten zusätzlich zum ausführlichen Exzerpt ein Urteil abgeben, dieses sollte jedoch *weder schmeichelhafftig noch beissend heraus kommen*[41]; von den *allzu harten Censuren* anderer Journale distanzierte man sich ausdrücklich.

Bei der öfter begegnenden Bezeichnung der Buchkritik als „Zensur" ist wohl nicht nur an die behördliche Zensur als Referenzrahmen zu denken, sondern auch an das übliche briefliche Einholen einer *censura* im Sinne einer konstruktiv-kritischen Lektüre und Beratung durch befreundete Gelehrte im Vorfeld einer Publikation. Beide Kontexte konnten die Veröffentlichung einer noch dazu ungefragt erteilten Kritik als anmaßenden Übergriff erscheinen lassen, oder vielmehr als eine Kampfansage, deren traditioneller Ort die Streitschrift war[42] – und dort wurde dem kritisierten Text und seinem Autor zumindest die Ehre einer umständlichen, nach Art der universitären Disputationen Punkt für Punkt argumentierenden Refutation erwiesen. Wenn die frühneuzeitliche Gelehrtenrepublik sich geradezu vorrangig als das Netz der persönlichen Beziehungen zwischen den Gelehrten konstituierte[43], so musste der öffentlich vorgebrachte Dissens zwangsläufig als persönlicher Streit interpretiert werden. Dies war für die Zeitschriftenherausgeber umso problematischer, als das gelehrte Journal stark in persönlichen Korrespondenzen (wenn nicht überhaupt in Akademien, universitären Zirkeln etc.) wurzelte. Der Habitus des Kritisierens stand grundsätzlich im Verdacht unproduktiver Streitlust[44]; diese Perspektive trat erst im Lauf des 18. Jahrhunderts mit der allmählichen Etablierung einer anonymen Öffentlichkeit in den Hintergrund gegenüber der Vorstellung eines legitimen Wettstreits der Meinungen als Grundlage wissenschaftlichen und gesellschaftlichen Fortschritts[45].

---

[40] *Libertate frui cupimus, non laedere quemquam;* vgl. Anm. 48.

[41] Deutsche Acta eruditorum oder Geschichte der Gelehrten, welche den gegenwärtigen Zustand der Literat[t]ur in Europa begreiffen, 240 Theile (Leipzig 1712–1739) hier 1 (1712) Vorbericht unpag.

[42] Zu den Wurzeln der kritischen Buchbesprechung im Medium der Streitschrift vgl. Martin Gierl, Pietismus und Aufklärung: Theologische Polemik und die Kommunikationsreform der Wissenschaft am Ende des 17. Jahrhunderts (Göttingen 1997) 385–496.

[43] Saskia Stegeman, Patronage and services in the Republic of Letters. The network of Theodorus Janssonius van Almeloveen (1657–1712) (Studies van het instituut Pierre Bayle voor intellectuele betrekkingen tussen de west-europese landen in de nieuwe tijd 33, Amsterdam–Utrecht 2005); Gabriele Jancke, Autobiographie als soziale Praxis. Beziehungskonzepte in Selbstzeugnissen des 15. und 16. Jahrhunderts im deutschsprachigen Raum (Selbstzeugnisse der Neuzeit 10, Köln–Weimar–Wien 2002) 75–165; Anne Goldgar, Impolite Learning. Conduct and Community in the Republic of Letters 1680–1750 (New Haven–London 1995).

[44] Jaumann, Critica (wie Anm. 2) 181–192; vgl. auch Sebastian Kühn, Konflikt und Freundschaft in der gelehrten Kommunikation um 1700, in: Kommunikation in der Frühen Neuzeit, hg. von Klaus-Dieter Herbst–Stefan Kratochwil (Frankfurt/Main u. a. 2009) 69–87; Françoise Waquet, La République des Lettres: un univers de conflits, in: Pouvoirs, contestations et comportements dans l'Europe moderne. Mélanges en l'honneur du professeur Yves-Marie Bercé, hg. von Bernard Barbiche–Jean-Pierre Poussou–Alain Tallon (Collection Roland Mousnier, Paris 2005) 829–840, hier bes. 832f.

[45] Vgl. Volmer, Journalismus (wie Anm. 5) 124.

Zu Beginn des Jahrhunderts äußerten jedoch auch Autoren wie Gundling oder Christian Gottfried Hoffmann, die entschieden und bereits mit dem Pathos der Aufklärung die *auffrichtige* Präsentation ihres Urteils ankündigten, in ihren Vorreden große Sorge über möglicherweise daraus resultierende Schäden auf der Beziehungsebene: Gundling befürchtete ein *Gepolter*, gegen das er den Schutz des Höchsten für die Verfechter der Wahrheit ins Treffen führte – und das, obwohl er plante, sich nicht nur einer nicht beleidigenden Schreibweise zu bedienen, sondern sogar die Namen der von ihm Kritisierten nach Möglichkeit gar nicht zu nennen[46]. Der Frankfurter Hoffmann, der mittels eines eigenen Periodikums in die Diskussion über den Nutzen der Journale eingriff[47], erklärte kategorisch, dass niemand unter seinem wirklichen Namen ein unparteiisches Urteil abgeben könne, *weil doch ein iedweder Mensch nach denen Regeln der Klugheit lieber alle Menschen zu Freunden haben, als durch ihnen unangenehme Censuren ihren Zorn und Verdruß auf den Halß laden will* – und aus diesem Grund zöge auch er selbst es vor, anonym zu publizieren. Diese Auffassung lag auch der fast allgemein geübten Praxis der anonymen Rezension zu Grunde.

Zentral für das Selbstverständnis sowohl der betont neutralen als auch der kritikfreudigeren deutschsprachigen Rezensionsjournale des beginnenden 18. Jahrhunderts war der Anspruch der Unparteilichkeit, der sich bereits in den Titeln zahlreicher Periodika (wie auch nicht periodischer Publikationen) niederschlug[48]. In ihrem Rekurs auf ein sowohl juristisch als auch religiös fundiertes Wahrheitsideal ist die hier gemeinte Unparteilichkeit durchaus verschieden von späteren Vorstellungen von wissenschaftlicher Objektivität. Als Annäherung an den Begriff hilft vielleicht zunächst ein Blick in Zedlers Universallexikon: *Partheylichkeit: Partialitas. Studium Partium, ist der Zustand eines Menschen, da er aus andern Ursachen als aus Liebe zu der Wahrheit, mehr auf die eine als auf die andere Seite hänget. Solche andere Ursachen können vielerley seyn: Ansehen, Verwandschafft, Freundschafft, Furcht vor dem zu erwartenden Bösen, das Verlangen nach dem davon zu erwartenden Guten etc.*[49]. Den Begriff der Partei erklärte der vorangehende Artikel als juristische Kategorie. Bezüglich der religiösen Komponente sind wiederum die Ausführungen Gundlings aufschlussreich, der die Wahrheit, die er unbestechlich vertreten wollte, zwar einerseits sehr selbstbewusst in seinen eigenen Kenntnissen und Erkenntnissen begründete, andererseits aber fast noch ausführlicher mit der Heiligen Schrift und alttestamentarischen Weisheitstopoi argumentierte[50]. Im konfessionellen Kontext ist an die im Reichsrecht übliche Verwendung des Begriffs der Religionspartei zu erinnern so-

---

[46] Gundlingiana (wie Anm. 36) 1 (1715) Vorrede unpag.

[47] [Christian Gottfried Hoffmann,] Aufrichtige und Unpartheyische Gedancken ([Leipzig] 1714–1717), zur Zuschreibung der Autorschaft vgl. Habel, Rezensionszeitschriften (wie Anm. 1) 48, Begründung der Zuschreibung und vergleichbare Publikationen.

[48] So etwa: Vermischte Bibliothek oder: Zulängliche Nachrichten und Unpartheyische Gutachten von allerhand mehrentheils neuen Büchern und andern gelehrten Materien, hg. von Johann Christoph Francke, 21 Stücke (Halle 1718–1720); die Tochterpublikation „Abgesonderte Bibliothek" trug denselben Untertitel, 13 Stücke (Halle 1718–1719); Der unpartheyische Bibliothecarius welcher die Urtheile derer Gelehrten von Gelehrten und ihren Schrifften auffrichtig entdecket, hg. von Friedrich Michael Quade, 12 Theile (Leipzig 1713–1714) oder [Hoffmann,] Aufrichtige und Unpartheyische Gedancken (wie Anm. 47).

[49] Grosses vollständiges Universal-Lexicon aller Wissenschafften und Künste […], hg. von Johann Heinrich Zedler, 68 Bde. (Leipzig u. a. 1731–1754), hier 26 (1740) 542.

[50] Gundlingiana (wie Anm. 36) 1 (1715) Vorrede unpag.

wie an Gottfried Arnolds provozierende, aber einflussreiche Neuinterpretation im Titel seiner „Unpartheyische[n] Kirchen- und Ketzer-Historie"[51].

Der Umgang mit dem Konfessionsunterschied

Fragt man sich nun, wie sich das Ideal der Unparteilichkeit auf den Umgang mit dem Konfessionsunterschied auswirkte, so fällt bei Lektüre der „Neue[n] Zeitungen" zunächst auf, dass der Grundsatz neutraler, nicht direkt wertender Darstellung auch auf religiösem Gebiet eingehalten wurde. Dies wird etwa in den thematischen Zusammenfassungen in den Vorreden der Jahrgangsbände deutlich: Zu Themen wie Moraltheologie, mystischer und asketischer Literatur oder Predigtsammlungen wurden unterschiedslos gemischt lutherische, calvinistische und katholische Publikationen angeführt, eingeleitet von Bemerkungen wie: *Von Homileticis und Parenaeticis ist nicht weniger dieses Jahr ein guter Vorrath vorkommen*[52]. Berühmte evangelische und katholische Prediger wurden problemlos in einem Satz gewürdigt: *In der praxi [des Predigens] selbst aber haben sich in Franckreich der Herr Terrasson, ein Presb. Oratorii, und in Deutschland der beliebte Herr Neumeister als geschickte geistliche Redner vor andern hervor gethan*[53]. Man erfährt kommentarlos, dass Bernhard Pez seinen Orden gegen die Jesuiten verteidigt oder der Benediktiner Anselm Schramb den Vorzug der Benediktiner vor den Kanonikerorden gegenüber Augustin Erath zu erweisen versucht hätte[54]. Etwas betont höflich klingt allerdings die Meldung: *Der P. Alphonsus Wenzl [...] wird mit nechstem eine gantze Theologiam Speculativam ans Licht stellen, wovon sich die Liebhaber dieser Studien viel Gutes versprechen, weil der Autor in diesem Stück eine grosse Gelehrsamkeit besitzt*[55].

Bei den Rezensionen der mit wesentlich größerem Enthusiasmus aufgenommenen Publikationen historischen Inhalts wurde manchmal der zu überbrückende Abstand deutlicher, wenn etwa Bernhard Pez' guter lateinischer Stil als ungewöhnlich für einen katholischen Mönch gelobt oder seinem Abt Berthold Dietmayr (*ein Mann von ungemeiner Geschicklichkeit in publicis*) empfohlen wurde, Pez *von dem vielen Chorsingen, welches bey denen herrn Benedictinern bräuchlich, befreyen* zu wollen, damit er ungehinderter seinen *nützlichen Bemühungen* nachgehen könne – ein Rat, dessen Bekanntwerden in Melk Pez wenig Freude gemacht haben dürfte[56]. Die Klage, als Mönch den gelehrten For-

---

[51] Gottfried ARNOLD, Unpartheyische Kirchen- und Ketzer-Historie [...] (Frankfurt/Main 1700); vgl. auch Kai BREMER, Umorientierung in der Kirchengeschichtsschreibung um 1700, in: Kulturelle Orientierung um 1700. Traditionen, Programme, konzeptionelle Vielfalt, hg. von Sylvia HEUDECKER–Dirk NIEFANGER–Jörg WESCHE (Frühe Neuzeit. Studien und Dokumente zur deutschen Literatur und Kultur im europäischen Kontext 93, Tübingen 2004) 165–182; Friedrich Wilhelm KANTZENBACH, Theologischsoziologische Motive im Widerstand gegen Gottfried Arnold. *Jahrbuch der Hessischen Kirchengeschichtlichen Vereinigung* 24 (1973) 33–51.

[52] Neue Zeitungen 1715, Einleitung S. xviiif.

[53] Ebd. S. xix.

[54] Anselm SCHRAMB, Antilogia seu juridico-historica defensio et responsio [...] (Wien 1715); Bernhard PEZ, Epistolae apologeticae pro ordine Sancti Benedicti [...] (Kempten 1715).

[55] Neue Zeitungen 1. Jänner 1718, 7.

[56] Deutsche Acta eruditorum (wie Anm. 41) 38. Theil (1715) 144–151; ähnlich die Paraphrase in den Neue[n] Zeitungen 8. Januar 1716, 16, und 4. November 1716, 359: Rezension von Bernhard PEZ, Bibliotheca Benedictino-Mauriana (Augsburg–Graz 1716). Die Bemerkung über Dietmayr könnte auf eine Mitteilung Bartensteins zurückgehen, der den am Kaiserhof sehr gut etablierten Abt im selben Jahr

schungen weniger Zeit als Kollegen im weltlichen Stand widmen zu können, äußerte er jedoch selbst dem Protestanten Burkhard Gotthelf Struve gegenüber[57]. Eine ganz gegensätzliche Sicht des Klosterlebens vertrat dagegen der Rezensent von Bernhard Pez' „Thesaurus anecdotorum novissimus" in den „Deutschen Acta eruditorum". Er wollte ausdrücklich nicht dazu Stellung nehmen, ob Klöster ein Hort der Faulheit oder dem Gemeinwesen zur Last seien; jedenfalls aber sei das Mönchsdasein für einen Gelehrten höchst vorteilhaft: Abgesehen von den Ordensregeln sei ein Mönch sein eigener Herr und könne von morgens bis abends studieren, *ohne daß er den ganzen Tag über durch Amts-Geschäfte, Haus-Kummer, oder Nahrungs-Sorgen sey gekräncket oder beunruhiget worden; der Einsamkeit, der Mutter des Fleisses, und tausend unschuldiger Ergötzlichkeiten, welcher diese Herren in ihren meist an den schönsten Gegenden erbaueten Häusern, zu Erhaltung ihrer Kräffte geniessen, ist zu geschweigen*[58].

Insbesondere in Bezug auf den Jesuitenorden wurde in einigen Rezensionsjournalen des frühen 18. Jahrhunderts ein polemischer Ton angeschlagen. Tatsächlich konnten aber gerade die antijesuitischen Stereotype eine interkonfessionelle Brücke schlagen: Bernhard Pez' gegen die Publikation eines anonymen Jesuiten gerichtete Streitschrift „Epistolae apologeticae" wurde in den „Neue[n] Zeitungen", den „Acta eruditorum" und den „Deutsche[n] Acta eruditorum" mit deutlichem Beifall vorgestellt[59]; auch von einer angeblichen Intrige von Jesuiten gegen Pez am Wiener Hof wurden die Leser mit Anteilnahme informiert[60]. Als der kaiserliche Münzinspektor Carl Gustav Heraeus seine der kaiserlichen Familie gewidmeten panegyrischen Dichtungen und Inschriften veröffentlichte[61], stellte der Rezensent der „Deutsche[n] Acta eruditorum" von sich aus einen Konnex zum Jesuitenorden her, wobei er Heraeus' bereits 1709 erfolgte Konversion zum katholischen Glauben großzügig überging: *Was müssen doch die Herren Jesuiten gedencken, deren Schulen sonst eine Schatz-Kammer aller Gelehrsamkeit und sinnreichen*

---

mindestens einmal im Zuge eines „Geschäftsessens" im Palais Starhemberg getroffen hatte; vgl. Stiftsarchiv Melk, 7 Patres 7 II 332ʳ–333ᵛ: Johann Christoph Bartenstein an Bernhard Pez, 26. April 1716.

[57] Bernhard Pez an Burkhard Gotthelf Struve, Melk, 16. Jänner 1718, Staats- und Universitätsbibliothek Hamburg, Wolf-Uffenbachsche Briefsammlung, Sup. ep. 41: 128ᵛ⁻ʳ, 126ᵛ⁻ʳ, hier 126ᵛ⁻ʳ [sic, der Brief ist falsch foliert und durch einen anderen unterbrochen].

[58] Deutsche Acta eruditorum (wie Anm. 41) 73. Teil (Leipzig 1721) 46–66, hier 47f.; es handelte sich um eine Rezension von: Bernhard Pez, Thesaurus anecdotorum novissimus […], 6 Bde. (Augsburg–Graz 1721–1729).

[59] Vgl. Thomas Wallnig, Die „Epistolae apologeticae pro ordine sancti Benedicti" von Bernhard Pez (1715). Beobachtungen und Personenregister, in: Vergangenheit und Vergegenwärtigung. Frühes Mittelalter und europäische Erinnerungskultur, hg. von Helmut Reimitz–Bernhard Zeller (Denkschriften der ÖAW, phil.-hist. Kl., 373 = Forschungen zur Geschichte des Mittelalters 14, Wien 2009) 9–30. Es ging in der Kontroverse um die Frage, ob jungen Männern eher der Eintritt in einen monastischen Orden oder in die Gesellschaft Jesu zu empfehlen sei; Pez verfasste die Schrift auf Geheiß seiner Vorgesetzten, brachte aber zusätzlich sein Forschungsanliegen einer Bibliotheca Benedictina sowie einen Katalog benediktinischer Schriftsteller darin unter.

[60] Deutsche Acta eruditorum (wie Anm. 41) 38. Theil (Leipzig 1715) 144f.; Neue Zeitungen 8. Januar 1716, 16, und 2. Februar 1716, 47. Letzterer Meldung zu Folge dürfte es um eine Beschwerde wegen der „Epistolae Apologeticae" gegangen sein. Der Gegensatz zwischen den Jesuiten und den monastischen Orden bildet eine der wichtigsten Bruchlinien innerhalb der katholischen Welt, die unter anderem die Auseinandersetzungen um den Jansenismus oder um eine Ablösung der scholastisch-spekulativen durch eine historisch fundierte positive Theologie an den katholischen Universitäten wesentlich mitbestimmte.

[61] Carl Gustav Heraeus, Vermischte Neben-Arbeiten (Wien 1715); Neue Zeitungen 5. Februar 1716, 47; nochmals über die Rezension in den Acta eruditorum April 1716, 386f.: Neue Zeitungen 8. April 1716, 119.

Gedancken seyn sollen, wenn sie sehn, daß sie von einem, der seine Wissenschaft unter Protestanten erhalten, so weit zurücke gesetzt werden? Heraeus' Poesie zeichne sich durch Reinheit der deutschen Sprache, Ungekünsteltheit und *Männlichkeit* aus und sei damit hervorragend dazu geeignet, die Dichtung am Kaiserhof von Pedanterie und *kleinstädtischem Putz* zu befreien[62].

Die 1717 erschienenen „Exercitationes oratoriae et poeticae" des aus dem Jesuitenorden ausgetretenen gebürtigen Kölners Gerhard Cornelius van den Driesch[63], der zu dieser Zeit mit verschiedenen Hofmeister- und Bibliothekarsstellen in Wien beschäftigt war, wurde in der „Abgesonderte[n] Bibliothek" wohl nicht zuletzt wegen der darin enthaltenen Angriffe auf Kölner Jesuiten ausführlich und wohlwollend rezensiert[64]. Einleitend begrüßte der Rezensent jedoch, dass im Gegensatz zu früheren Gepflogenheiten in den neuen Journalen die Gelehrten trotz unterschiedlicher Konfession voneinander Notiz nähmen: *Die Autores des bekannten Journals des Savans geben uns unter denen Catholiquen durch offtmahlige Recension gelehrter Protestantischer Autorum eine genugsame Probe davon. Und wie man sich unserer Seits aufführet, ist aus denen gelehrten Zeitungen und andern Diariis der gelehrten Welt bekannt. Man kehret sich nicht daran, der Autor mag dieses oder jenes seiner Religion nach seyn, wan er nur was gutes schreibet* [...][65]. Driesch etwa schreibe so *modest, höflich* und *vernünfftig*, dass *ihn jedweder ohne alle Gefahr etwas* [...] *von Catholischen Giffte einzusaugen, lesen kan*[66]. Aus dieser Einleitung spricht sowohl die aktive Bemühung um die Schaffung beziehungsweise Ausweitung eines konfessionsfreien Raumes als auch gleichzeitig ein wesentlich größerer Vorbehalt gegenüber Katholiken, als er in den Publikationen Krauses oder in den „Acta eruditorum" sichtbar wurde; als konfessionelle Brücken trotz schroffer Ablehnung des katholischen Glaubens erscheinen Vernunft und Höflichkeit und eben die gemeinsame Ablehnung des Jesuitenordens.

---

[62] Zu den Wurzeln dieser auch im Nationalismus des 19. und 20. Jahrhunderts noch wirkmächtigen Gruppierung der Attribute „deutsch", „männlich" und „protestantisch" im deutschen Humanismus vgl. Caspar Hirschi, Wettkampf der Nationen. Konstruktionen einer deutschen Ehrgemeinschaft an der Wende vom Mittelalter zur Neuzeit (Göttingen 2005) 326–337, 473–475.

[63] Es handelte sich um eine als Lehrbehelf für die Schulung eines guten lateinischen Stils im Rahmen des Rhetorikunterrichts angelegte Sammelpublikation sämtlicher bisheriger Schriften Drieschs inklusive mehrerer hundert Briefe, unter denen sowohl den Leipziger Rezensenten als auch spätere Leser insbesondere die Korrespondenz mit Leibniz interessierte. Das Impressum lautet auf Wien 1718, offenbar erschien es jedoch bereits 1717; laut Drieschs eigener Aussage wurde es in Nürnberg gedruckt: Gerhard Cornelius van den Driesch an Bernhard Pez, Wien 27. Oktober 1717, Stiftsarchiv Melk, 7 Patres 7 II, 185ʳ–186ᵛ, hier 186ʳ; die erste Erwähnung in den Neue[n] Zeitungen erschien bereits am 3. November 1717 (S. 710). Zu Driesch vgl. künftig Ines Peper, Gerhard Cornelius van den Driesch. Biographisch-Bibliographisches Kirchenlexikon [in Bearbeitung]; László Szelestei-Nagy, Gerhard Cornelius Driesch in Wien und Preßburg, in: Interdisziplinäre Pietismusforschungen. Beiträge zum Ersten Internationalen Kongress für Pietismusforschung 2001, hg. von Udo Sträter–Hartmut Lehmann–Thomas Müller-Bahlke–Johannes Wallmann, 2 Bde. (Hallesche Forschungen 17, Tübingen 2005) 1 317–324; Adolph David Weinberger, An Unknown Biographical Sketch of Gerhard Cornelius van den Driesch, Correspondent of Leibniz. Symposium. A Journal Devoted to Modern Foreign Languages and Literatures 9 (1955) 205–221.

[64] Abgesonderte Bibliothec (wie Anm. 48) 2. Stück (1718) 162–176. Die von Johann Christoph Francke herausgegebene „Abgesonderte Bibliothec" erschien in 13 Stücken von 1718 bis 1719 als ausdrücklich kontroverseren Neuerscheinungen gewidmete Ergänzung der Mutterpublikation „Vermischte Bibliothek" (Halle 1718–1720); zu beiden und den beteiligten Mitarbeitern vgl. http://idrz18.adw-goettingen.gwdg.de/zeitschriften_detail/abgesonderte.html [Zugriff 1.8.2012].

[65] Ebd. 163.

[66] Ebd. 164.

Driesch schrieb auf diese für ihn vorteilhafte Rezension hin umgehend an den Herausgeber Johann Christoph Francke[67], um zusätzliche Informationen zu seinem Lebenslauf und den Gründen seines Ordensaustritts anzubieten; diese Kontaktaufnahme könnte über Beziehungen zwischen ungarischen Protestanten und pietistischen Kreisen in Halle vermittelt worden sein[68]. Drieschs Mitteilungen fanden umgehenden Niederschlag in einer Rezension seines Theaterstücks *Absolon*[69]. In den „Neue[n] Zeitungen" erschienen Paraphrasen der beiden Rezensionen der „Abgesonderte[n] Bibliothek", wobei zwar ebenfalls für Driesch Stellung bezogen wurde, die allgemeinen Angriffe auf den Jesuitenorden aber ausgespart wurden. Vielmehr wünschte der Redakteur, dass Driesch seinen Briefwechsel mit dem Ordensgeneralat (in dem Driesch nach eigenen Angaben die Verfehlungen seiner Mitbrüder angezeigt und eine höchst ehrenvolle Antwort erhalten hatte[70]) veröffentliche, *wodurch er nicht allein den Herren Patribus zur Erkäntniß und Abstellung ihrer Gebrechen Anleitung, sondern auch andern Gelegenheit geben würde, sich zu hüten, daß sie und die ihrigen nicht etwan unter dem falschen Schein einer Wissenschafft und Gottesfurcht hinter das Licht geführet werden möchten*[71]. Weiters meldeten die „Neue[n] Zeitungen" Rezensionen der „Exercitationes" in den „Acta eruditorum" – *Der Autor schreibt einen netten Stilum, und ist auch in der Lateinischen Poesie gar glücklich*[72] – sowie im „Journal des Savants", wo beanstandet wurde, *daß in den Schauspielen der Persianer, der Macedonier, der Jude und der Japaner reden und sich auffführen, als wenn unter diesen unterschiedenen Nationen kein Unterschied im ingenio, den Sitten und dem Caracter wäre*[73].

Aus Korrespondenzen wie jenen der Brüder Pez geht klar hervor, wie selbstverständlich katholische Gelehrte die Leipziger und norddeutschen Gelehrtenzeitschriften nicht nur lasen und sich untereinander darüber austauschten, sondern sie auch selbst aktiv nutzten: Auf ihrer Basis wurden Bibliotheken bestückt[74], interkonfessionelle Korrespondenzen begonnen[75], *Conspectus* bevorstehender Publikationen und Informationen über laufende Forschungsvorhaben wurden eingesandt, und manche Gelehrte konnten ihre Bekanntheit in der gelehrten Welt durch die (direkte oder indirekte) Lancierung ihrer

---

[67] Gerhard Cornelius Driesch an Bernhard Pez, Wien 1. Juni 1718, Stiftsarchiv Melk, 7 Patres 7 II 196ʳ⁻ᵛ, hier 196ʳ⁻ᵛ. Johann Christoph Francke dürfte ein Verwandter August Hermann Franckes gewesen sein. Vgl. http://192.124.243.55/cgi-bin/gkdb.pl (Stand 22. 02. 2010).

[68] Drieschs enge Freundschaft mit dem Preßburger Pfarrer, Pietisten und bedeutenden slowakischen Gelehrten Matthias Bél ist erst in späterer Zeit belegt, könnte aber ebenso wie andere Beziehungen Drieschs zu ungarischen und Wiener Protestanten bereits zu dieser Zeit bestanden haben. Zu den Verbindungen des Halleschen Pietismus nach Ungarn vgl. Zsuzsanna Font, Ungarische reformierte Studenten in Halle bis etwa 1733, in: Halle und Osteuropa. Zur europäischen Ausstrahlung des hallischen Pietismus, hg. von Johannes Wallmann–Udo Sträter (Hallesche Forschungen 1, Tübingen 1998) 283–298; Daniel Vesely, Mattias Bel und der Einfluß des hallischen Pietismus auf Kirche und Schulwesen der Slowakei: ebd. 243–262. Béls Sohn Karol Andrej sollte ab 1764 der letzte Herausgeber der „Acta eruditorum" werden.

[69] Abgesonderte Bibliothec (wie Anm. 48) 6. Stück (1718) 528–542.

[70] Gerhard Cornelius Driesch an Bernhard Pez, Wien 2. Februar 1718, Stiftsarchiv Melk, 7 Patres 7 II 193ʳ–194ᵛ, hier 194ᵛ.

[71] Neue Zeitungen 1. März 1719, 160.

[72] Neue Zeitungen 21. Juni 1718, 399.

[73] Neue Zeitungen 21. November 1720, 742.

[74] Zur Rezeption der „Acta eruditorum" an der Kurie vgl. Schmidt, Virtuelle Büchersäle (wie Anm. 34) 13f., 110–118.

[75] Etwa zwischen Bernhard Pez und Burkhard Gotthelf Struve, Zacharias Konrad von Uffenbach oder Christian Gottlieb Schwarz.

eigenen Biographien vergrößern. Darüber hinaus spielten protestantische Rezensionsjournale immer wieder eine Rolle in eigentlich innerkatholischen Kontroversen, wofür neben Driesch auch Bernhard Pez als Beispiel dienen kann: 1717 brachte er auf Bitte des Mauriners Jean Thiroux eine Apologie des 1715 erschienenen ersten Bandes der „Gallia Christiana" von Denis de Sainte-Marthe (dessen enger Mitarbeiter Thiroux war) gegen eine negative Rezension des von Jesuiten herausgegebenen „Journal de Trévoux" in einem Supplementband der „Acta eruditorum" unter[76]. Eingeleitet wurde der Text durch einen fiktiven, jedoch eng an Thirouxs an Pez gerichtetes Schreiben angelehnten Brief eines Gerardus Telesius an einen Pater Felicianus Perger; dadurch wurde weder Pez selbst genannt noch die Herkunft des Textes aus der Maurinerkongregation offengelegt. Der scharfe Ton der Apologie entsprach der beanstandeten französischsprachigen Rezension, war aber für die Leipziger Herausgeber der „Acta eruditorum" so unüblich, dass sie in ihrer Einleitung ausdrücklich den Jesuiten von Trévoux den Abdruck einer Erwiderung anboten.

1717/1718 focht Bernhard Pez selbst eine Kontroverse mit seinem bisherigen Freund und Gönner Gentilotti aus; dieser hatte unter dem Pseudonym Angelus einen fiktiven Brief an Johann Burkhard Mencke veröffentlicht[77], in dem er sich gegen Pez' in den „Acta eruditorum" angekündigten Plan einer vollständigen Edition des *Codex Udalrici* (einer Brief- und Formelsammlung des 12. Jahrhunderts) aussprach, weil darin papst- und kirchenfeindliche Quellen enthalten seien und ohnehin bereits ältere, Pez bisher unbekannte Teileditionen existierten. Grund des Angriffs war wohl vor allem, dass er selbst eine Teiledition auf Basis eines Codex der Hofbibliothek geplant hatte. Pez vertrat in seiner als Dissertatio unter eigenem Namen veröffentlichten Antwort unter anderem die Ansicht, die bedeutenderen unter den Gelehrten würden historische Quellen grundsätzlich nicht kürzen oder verfälschen[78] und die früheren Teildrucke seien mangelhaft gearbeitet, teuer und rar. Die ersten beiden Publikationen dieser klassischen Abfolge von Streitschriften wurden in den „Acta eruditorum" und den „Neue[n] Zeitungen von gelehrten Sachen" jeweils kurz nach ihrem Erscheinen mit der gewohnten Unparteilichkeit rezensiert. Die Auflösung des in seiner näheren Umgebung leicht als Anspielung auf Gentilottis Adelsprädikat „von Engelsbrunn" erkennbaren Pseudonyms Angelus Fonteius gab den Leipziger Redakteuren längere Zeit Rätsel auf[79].

---

[76] Acta eruditorum Supplementband 6 (1717) 372–384; vgl. Stiftsarchiv Melk, 7 Patres 7 II 2 623ʳ–626ᵛ: Jean-Évangéliste Thiroux an Bernhard Pez, [St.-Germain-des-Prés] 8. Dezember 1716. Die beanstandete Rezension war erschienen in: *Memoires pour l'Histoire des Sciences & des beaux Arts* (Trévoux August 1716) 1409–1428; vgl. auch Neue Zeitungen 6. März 1717, 149–152. Zum Verhältnis der Brüder Pez zu den Maurinern vgl. Thomas WALLNIG, Bernhard Pez und die Mauriner. Die Entstehung eines gelehrten Kontaktes im Spannungsfeld zwischen Vorbildhaftigkeit und Anregung, in: Érudition et commerce épistolaire. Jean Mabillon et la tradition monastique, hg. von Daniel-Odon HUREL (Textes et traditions 6, Paris 2003) 153–175.

[77] Angelus Fonteius [Johann Benedikt GENTILOTTI], Epistola ad Ioan. Burchardum Menkenium [...] de conspectu insignis codicis diplomatico-historico-epistolaris [...] (Verona [recte: wahrscheinlich Wien] 1717).

[78] Bernhard PEZ, Dissertatio Apologetico-Litteraria [...] (Augsburg–Graz 1717) 22–24, 60–62. Er widmete die Publikation seinem langjährigen Freund und Patron Gentilotti und rief diesen als Schiedsrichter zwischen sich und Fonteius an.

[79] So wurde noch im August 1717 (S. 315f.) in den Acta eruditorum gerätselt, ob sich der italienische Gelehrte Justus Fontanini dahinter verberge; ähnlich Neue Zeitungen 4. August 1717, 503; am 9. Jänner 1718 wurde der Name Gentilottis dann in den Neue[n] Zeitungen (S. 616) bekannt gegeben; eine sehr

Überhaupt waren die Streitschriften nur teilweise auf den Verständnishorizont eines unbeteiligten Publikums zugeschnitten, da zahlreiche Anspielungen und Implikationen wohl nur im näheren Umfeld der beiden Kontrahenten entschlüsselbar waren[80]. Nach einer Weile nahmen jedoch auch die Leipziger Rezensenten recht eindeutig Stellung, indem auf ein baldiges Erscheinen der Edition gedrängt wurde[81]; die zweite Angelus-Fonteius-Schrift wurde nicht mehr rezensiert und Mencke ermutigte Pez auch brieflich zur Herausgabe des *Codex Udalrici;* dies sollte letztlich jedoch Johann Georg Eckhart auf Basis der Handschrift der Hofbibliothek besorgen[82]. Sowohl Gentilotti als auch Pez rekurrierten in ihrer Kontroverse auf die Autorität Menckes als zentraler Persönlichkeit des Leipziger Zeitschriftenwesens und legten Wert darauf, ihre persönliche Bekanntschaft mit ihm hervorzustreichen: Gentilotti, indem er die Bekanntschaft zwischen Fonteius und Mencke auf einem Empfehlungsschreiben Menckes für den nach Italien reisenden Mascov beruhen ließ, was tatsächlich für ihn selbst zutraf[83]; Pez, indem er erklärte, inzwischen von seinen wahren Freunden und darunter auch Mencke Ausgaben der früheren Teileditionen des *Codex Udalrici* erhalten zu haben.

Ab 1719 beschränkte sich die Zeitschriftenpräsenz der hier vorgestellten Gelehrten wieder weitgehend auf Rezensionen bereits erschienener Publikationen; konkret waren dies die Brüder Pez, die weiterhin die weitaus größte Zahl an Nennungen aufwiesen, sowie Driesch, Heraeus, Johann Bernhard und Joseph Emmanuel Fischer von Erlach; hinzu kam Nicolaus Pius Garelli als neuer Hofbibliothekar[84]. Die Abnahme der Nachrichten aus Wien über laufende Forschungsarbeiten war wohl auch darin begründet, dass Bartenstein 1719 endgültig von der gelehrten in die politische Sphäre wechselte. Gleichzeitig rissen viele Korrespondenzen der Brüder Pez im Zuge der misslungenen Revolte der Melker Konventualen gegen Abt Dietmayr um 1722/1723 ab[85].

---

freundliche, jedoch das Pseudonym Gentilottis wahrende Rezension von Pez' „Dissertatio" erschien in den Acta eruditorum im August 1718, 344–346.

[80] So etwa Gentilottis Selbstcharakterisierung, wenn er durch die Hervorhebung dreier bedeutender Humanisten des 16. Jahrhunderts, von denen zwei der Hofbibliothek vorgestanden und ebenfalls zwei große Verdienste in der kaiserlichen Diplomatie erworben hatten, indirekt auf seine eigenen Qualifikationen verwies; vgl. [GENTILOTTI,] Epistola (wie Anm. 77), bes. 3–5. Pez zitierte wörtlich eine ganze Passage aus einem Brief Gentilottis an ihn, indem er den Brief Fonteius zuschrieb; vgl. Pez, Dissertatio (wie Anm. 78) 9f.

[81] Acta eruditorum Januar 1722, 9.

[82] Johann Georg ECKHART, Corpus Historicum Medii Aevi […], 2 Bde. (Leipzig 1723) 2 1–374. Diese Edition beruhte auf der Abschrift von Leibniz, dem Gentilotti dazu nur auf kaiserliche Intervention hin den Codex vorgelegt hatte, vgl. Johann Benedikt Gentilotti an Bernhard Pez, Wien 9. Jänner 1717, Stiftsarchiv Melk, 7 Patres 7 III 273^r–274^v, hier 273^v. Es ist zu vermuten, dass Gentilotti bereits zuvor eine Edition des Codex geplant hatte, gegenüber Leibniz zurückstehen musste und ihm nach dessen Tod (im November 1716) neuerlich Pez zuvorkam.

[83] Johann Benedikt Gentilotti an Bernhard Pez, Wien 9. Januar 1717, Stiftsarchiv Melk, 7 Patres 7 III 273^r–274^v.

[84] So wurde Bernhard Pez zwischen 1720 und dem Erscheinen der ersten beiden Registerbände 1740/1741 (der dritte, 1743 erschienene Band enthielt das Werkregister) insgesamt 28 Mal genannt, Hieronymus Pez elf Mal; weitere Nennungen von Gelehrten im Umkreis des Kaiserhofs: Driesch vier, Gentilotti zwei, Heraeus fünf, Johann Bernhard Fischer von Erlach zwölf, Johann Emmanuel Fischer von Erlach einmal, Garelli vier, Georg Wilhelm von Hohendorff einmal; dazu kamen weniger bedeutende Persönlichkeiten wie: Johann Georg Adam von Hoheneck, „ein gelehrter Oesterreichischer Baron" (drei) und weitere posthume Erwähnungen von Lambeck und Nessel.

[85] Hierzu vgl. Hugo HANTSCH, Bernhard Pez und Abt Berthold Dietmayr. *MIÖG* 71 (1963) 128–139.

Gerade im Fall der Beziehungen der beiden Benediktiner nach Leipzig wurden aber mit der Zeit auch die konfessionellen und inhaltlichen Divergenzen deutlicher: Bereits 1716 dürfte es für Bernhard Pez nicht unproblematisch gewesen sein, wenn Krause ihm Anfragen protestantischer Kirchenhistoriker wie Johann Lorenz Mosheim und Bernhard Raupach bezüglich der Geschichte der unterdrückten evangelischen Kirchen der Habsburgermonarchie weiterleitete[86]. Standen Artikel von ihm oder über ihn unmittelbar neben Rezensionen von Werken Lockes oder Newtons, so erscheint dies wohl aus heutiger Sicht auffälliger als Pez' Vorgesetzten oder ihm selbst; zumindest gibt es keine Belege dafür, dass diese Autoren oder die von ihnen initiierten Diskurse im Melk des frühen 18. Jahrhunderts überhaupt wahrgenommen wurden[87]. Als aber der Band von Krauses „Umständliche[r] Bücher-Historie", in dem Pez einen Katalog oberösterreichischer Klosterhandschriften veröffentlicht hatte, unter dem Vorwurf der Verbreitung atheistischen Gedankenguts behördlich konfisziert wurde[88], war dies wohl auch für den österreichischen Benediktiner unangenehm.

Auch die weiterhin pünktlich zu allen Publikationen der Brüder Pez erscheinenden Rezensionen wurden teilweise kritischer: Während Hieronymus' auf die österreichische Landesgeschichte ausgerichtete „Scriptores rerum Austriacarum" nach wie vor ungeteilte Anerkennung hervorriefen, wurde Bernhards „Thesaurus Anecdotorum novissimus" 1721 bereits ambivalenter beurteilt: Es handle sich um eine Edition von Schriften, *welche der P. Pez […] aus solchen Oerthern hervor gezogen, dahin den wenigsten Gelehrten bißher der Zutritt vergönnet worden […] man hoffet, da dieses das wenigste von denen in unserm Deutschlande verborgen liegenden Schätzen ist, dass es der lobenswürdige Eyfer dieser Ordens-Leute dabey noch nicht werde bewenden lassen […] Es wird schwerlich iemand unter denen, die unsers Vaterlands Geschichte lieben, […] seyn, welchen die historischen Abtheilungen dieses Wercks nicht vergnügen sollten. Obgleich die verlegenen Ausleger der H. Schrifft, und die Scholastischen Theologi nicht vor aller Geschmack seyn dörfften, so muß man doch dem P. Petz, der dieses alles hauptsächlich vor seine Kirche gesammlet, einiger massen hierunter nachgeben*[89].

Im folgenden Jahr erschien eine noch wesentlich schärfere Kritik in Valentin Ernst Löschers „Fortgesetzte[r] Sammlung von alten und neuen theologischen Sachen": Löscher als einer der führenden Theologen der lutherischen Orthodoxie und bereits ein Veteran zahlreicher religiöser Polemiken scheute sich nicht, Pez' „Thesaurus" auf Grund des Inhalts der darin herausgegebenen mittelalterlichen Quellen als gute Waffe der Protestanten im Konfessionskampf zu rühmen: *Sonst kommen in diesem Wercke viel und*

---

[86] Johann Gottlieb Krause an Bernhard Pez, Leipzig 19. September 1716, Stiftsarchiv Melk, 7 Patres 6 I 401ʳ⁻ᵛ, hier 401ʳ. Die Anfrage Raupachs an Bernhard Pez übermittelte Krause wiederum per Druck: Neue Zeitungen, 2. Juni 1717, 359f.

[87] Vgl. WALLNIG, Gasthaus (wie Anm. 12) 153–163. Auch bezüglich des Dictionnaire von Bayle bedurfte es eines Hinweises seines französischen Ordensbruder René Massuet, um Pez auf die politische und theologische Brisanz des Werks hinzuweisen; vgl. DERS.–STOCKINGER, Korrespondenz (wie Anm. 12) 308–311, 338–342.

[88] PEZ, Nachricht (wie Anm. 13); das Werk, das die Zensur passiert hatte und seit Monaten in den Buchläden erhältlich war, wurde vermutlich auf Grund einer Intrige gegen Krause wegen der darin enthaltenen Rezension eines Buchs über den legendären atheistischen Text *De tribus impostoribus* verboten, obwohl Rezensent und Buchautor eindeutig gegen den Atheismus Stellung bezogen; vgl. OTTO, Krause (wie Anm. 7) 238–246.

[89] Deutsche Acta eruditorum 73. Theil (Leipzig 1721) 44–66, hier 65f.; Auszug in Neue Zeitungen 15. November 1721, 589.

unzehlige legenden und Fabeln vor, welche nicht verdienet haben, gedruckt zu werden, und sollte man meinen, das pabstthum müsse sich derselben selbst schämen. Doch findet man auch viel Zeugnisse der Wahrheit hin und wieder, daß daher dieses Buch denen Protestirenden ein Schwerdt seyn kann, dessen sie sich gegen ihre Wiedersacher mit gutem Fug bedienen können[90].

Bernhard Pez antwortete Löscher am Ende eines Artikels mit dem Titel „… Erster Brief von einigen alten Poëten, welche in Teutscher Sprach etwas geschrieben", der in der „Historie der Gelehrsamkeit unserer Zeiten" erschien[91]. Hauptsächlicher Inhalt war die Vorstellung mittelalterlicher deutscher Sprachdenkmäler, auf die er bei seinen Forschungen gestoßen war, in Form eines offenen Briefs an die Leipziger „Teutschübende Poetische Gesellschaft"; dem Text könnte ein realer Brief an Mencke als dem Vorsitzenden dieser Akademie zu Grunde liegen. In einem abrupten Themenwechsel kam Pez auf den letzten Seiten auf Löschers Rezension zu sprechen. Er verwies auf positive Rezensionen durch andere Protestanten und darauf, dass sein Werk sogar in Rom sehr gut aufgenommen werde und äußerte Verwunderung über Löschers Angriff, da er aus dem *gelehrten und politen Sachsen* dergleichen nicht erwartet hätte. Die Kritik, manche der von ihm auf Grund ihres spirituellen Gehalts geschätzten und edierten Quellen wären es eigentlich nicht wert gewesen, ans Licht der Öffentlichkeit gehoben zu werden, musste er sich allerdings in den kommenden Jahren auch ganz abseits aller Konfessionspolemik sowohl von Protestanten als auch von aufgeklärten Katholiken mehrfach gefallen lassen – so etwa von dem Hofbibliothekar und kaiserlichen Leibarzt Pius Nicolaus Garelli, der 1731 die von Pez herausgegebene Lebensgeschichte der mittelalterlichen Wiener Mystikerin Agnes Blannbekin[92] unter anderem mit dem Hinweis verbieten ließ, dass solche Editionen die Katholiken zum Gespött der gebildeten Protestanten machen würden[93].

Resümee

Zusammenfassend lässt sich sagen, dass der Vergleich der hier vorgestellten Rezensionen einige Unterschiede zwischen den beiden zu Beginn des 18. Jahrhunderts nebeneinander existierenden Zeitschriftentypen – nämlich einerseits jenen, die wie die „Acta eruditorum" möglichst umfassend, international und neutral über Neuerscheinungen informieren wollten, und andererseits den bereits stärker im Sinn der Aufklärung urteilenden und räsonnierenden Periodika – deutlich macht. Dies betrifft einerseits das sich langsam wandelnde Verständnis von Kritik bzw. den allmählichen Wandel der episte-

---

[90] Valentin Ernst Löscher, Fortgesetzte Sammlung von alten und neuen theologischen Sachen. darinnen von Büchern, Uhrkunden, Controversien, Veränderungen, Anmerckungen und Vorschlägen […] nützl. Nachricht ertheilet wird […] (Leipzig 1720–1750) 1722, 904–909, hier 908f.

[91] Pez, Brief (wie Anm. 13).

[92] Bernhard Pez, Ven. Agnetis Blannbekin […] vita et revelationes […] (Wien 1731). Es handelte sich um die Edition der Lebensgeschichte einer Wiener Nonne des 13. bzw. frühen 14. Jahrhunderts, deren mystische Visionen in einigen Aspekten weder dem katholischen Dogma noch dem Anstandsgefühl der Aufklärer entsprachen, von Pez jedoch ganz unproblematisch als Überlieferung aus einer zwar unkultivierteren, jedoch hinsichtlich ihrer tiefen Frömmigkeit vorbildlichen Vergangenheit angesehen wurde. Es gibt eine moderne kritische Edition des Texts: Leben und Offenbarungen der Wiener Begine Agnes Blannbekin († 1315), hg. von Peter Dinzelbacher (Göppinger Arbeiten zur Germanistik 419, Göppingen 1994).

[93] Benz, Tradition (wie Anm. 3) 424f., 427.

mischen Tugenden (Lorrain Daston), der die Bemühung um Neutralität und Konfliktvermeidung in den stärker den überlieferten Umgangsformen der „res publica litteraria" verpflichteten Zeitschriften zunehmend als altmodisch und als Mangel an Urteilskraft oder Mut zur eigenen Meinung erscheinen ließ. Gleichzeitig zeigen sich in der Darstellung der österreichischen Gelehrtenwelt erhebliche Unterschiede im Umgang mit dem Konfessionsunterschied, der von einer weitgehenden Ausblendung über Jesuitenklischees als gemeinsamer Verständigungsbasis bis zu konfessioneller Polemik reichte, wobei in den hier herangezogenen Quellen die traditionelleren Gelehrtenzeitschriften insgesamt toleranter erscheinen als die stärker aufklärungsorientierten. Bei all dem wird auch deutlich, dass die Kommunikation zwischen auch untereinander recht unterschiedlichen katholischen Gelehrsamkeitsmilieus auf der einen und verschiedenen protestantischen Aufklärungen in Leipzig, Halle, Hamburg oder Göttingen auf der anderen Seite verlief.

Mein Muse bist du toll? – – *Allerdings.*

Geschmack, *neue Lehrart* und Kanonbildung des aufgeklärten Katholizismus in der „Banzer Zeitschrift" (1772–1798)

Von Thomas Wallnig

Die „Banzer Zeitschrift"

Die in der Literatur häufig so genannte „Banzer Zeitschrift" war ein Rezensionsjournal, das zwischen 1772 und 1798 unter variierenden Titeln von Benediktinern der fränkischen Abtei Banz, an erster Stelle von Placidus Sprenger, herausgegeben wurde[1]. Sie stellt den selbst noch im fortgeschrittenen 18. Jahrhundert seltenen, wenn nicht überhaupt ersten Fall einer katholischen Rezensionszeitschrift dar – dies entspricht der zeitgenössischen Eigenwahrnehmung und -darstellung ebenso wie dem Befund aus der heutigen Distanz[2]. Thomas Habel attestiert der Zeitschrift eine „enzyklopädische Ausrichtung",

---

[1] Die „Banzer Zeitschrift" [in den Fußnoten künftig *BZ*] hat zwei ausführliche wissenschaftliche Aufarbeitungen erfahren, auf die hier zurückgegriffen werden kann: Wilhelm Forster, Die kirchliche Aufklärung bei den Benediktinern der Abtei Banz im Spiegel ihrer von 1772–1798 herausgegebenen Zeitschrift. *Studien und Mitteilungen zur Geschichte des Benediktinerordens* 63 (1951) 172–223; 64 (1952) 110–233; Niklas Raggenbass, „Harmonie und schwesterliche Einheit zwischen Bibel und Vernunft". Die Benediktiner des Klosters Banz: Publizisten und Wissenschaftler in der Aufklärungszeit (Studien und Mitteilungen zur Geschichte des Benediktinerordens und seiner Zweige Ergbd. 44, St. Ottilien 2006). – Um Einheitlichkeit und Übersichtlichkeit zu gewährleisten, wurde die Bandzählung von Niklas Raggenbass beibehalten, nach welcher für den gesamten Erscheinungszeitraum der (anachronistische) Titel „Banzer Zeitschrift" verwendet wird. Die Konkordanz mit den tatsächlichen Zeitschriftentiteln – „Fränkische Zuschauer", „Litteratur des katholischen Deutschlands", „Fortgesetzte Litteratur des katholischen Deutschlands", „Auserlesene fortgesetzte Litteratur des katholischen Deutschlands" und „Litterarisches Magazin für Katholiken und deren Freunde" – findet sich bei Raggenbass, Harmonie 460–463. Weitere Auseinandersetzungen mit der BZ: Ulrich L. Lehner, Enlightened Monks. The German Benedictines, 1740–1803 (Oxford 2011) 90–93; ders., The Many Faces of the Catholic Enlightenment, in: A Companion to the Catholic Enlightenment in Europe, hg. von dems.–Michael Printy (Brill's Companions to the Christian Tradition 20, Leiden–Boston 2010) 1–61, hier 43; Michael Printy, Catholic Enlightenment in the Holy Roman Empire, in: ebd. 165–213, hier 200.

[2] Thomas Habel, Gelehrte Journale und Zeitungen der Aufklärung. Zur Entstehung, Entwicklung und Erschließung deutschsprachiger Rezensionszeitschriften des 18. Jahrhunderts (Presse und Geschichte – Neue Beiträge 17, Bremen 2007); *BZ* 2/1, teilweise unpaginierter Vorbericht. – Zu den kurzlebigen Bemühungen des Pollinger Augustiner Chorherren Eusebius Amort um die Etablierung einer katholischen Gelehrtenzeitschrift namens „Parnassus Boicus" in den 1720er Jahren, in welcher ebenfalls Buchbesprechungen enthalten waren: Karin Precht-Nussbaum, Zwischen Augsburg und Rom. Der Pollinger

zugleich fungiert sie bei ihm im Panorama der Rezensionszeitschriften des 18. Jahrhunderts als Beispiel für einen konfessionell ausgerichteten Typus, in dieser Kategorie zusammengenommen mit regional ausgerichteten Journalen[3]. In der Literatur zur „katholischen Aufklärung" in „Deutschland"[4] gilt die „Banzer Zeitschrift" sowohl aufgrund ihres medialen Charakters als auch wegen ihrer Inhalte als Beispiel für die Kristallisation und Verfechtung einer „Aufklärung"[5], die auch explizit als solche angesprochen und positiv beworben wurde: Die Zeitung sieht sich im Zusammenhang mit der *Aufklärung des katholischen Teils Frankens*[6], und sie richtet sich gegen diejenigen, *die der Aufklärung entgegen arbeiten, alte Vorurtheile in Schutz nehmen, und die Kritik hassen*[7].

Die Ausrichtung und Struktur der in der Regel vierteljährlich erscheinenden Zeitschrift wird mehrfach programmatisch dargelegt, wobei in der Vorrede zum ersten Band der *Litteratur des katholischen Deutschlands* besonders auf die Einteilung in sechs verschiedene Abschnitte eingegangen wird, die sich in jedem Band wiederholen sollten. [1] Der erste Abschnitt enthält demnach *Freimüthige, aber doch bescheidene Recensionen neuer Bücher, die von deutschen Katholiken verfertiget oder übersetzt worden;* [2] den zweiten Artikel widmet der Herausgeber *den neueren historischen Nachrichten von Akademien, Universitäten, gelehrten Gesellschaften, Bibliotheken, Gymnasien, Klöstern und Schulen des katholischen Deutschlands, von ihren ietzigen Lehrern, von der Lehrart und anderen merkwürdigen Ereignissen, die auf unsere Litteratur einige Beziehung haben;* [3] der dritte dient dazu, *den Zustand der Litteratur katholischer Staaten ausser Deutschland* – wenn überhaupt behandelt, dann meist Italien – *kennen zu lernen. Damit aber unsere Leser durch den Fleiß des protestantischen Deutschlandes erbauet und zur Erkenntniss manches schönen Buches geleitet werden,* [4] *so wollen wir ihnen in dem 4ten für allezeit darzu bestimmten Artikel Auszüge der neuesten protestantischen Litteratur aus den besten Tagebüchern und Zeitungen nach der Ordnung der Wissenschaften vorlegen. Für die Urtheile, weil sie selten die unsrigen sind, können wir nun freylich nicht Bürge werden; doch hoffen wir, unsern Lesern dadurch keinen Schaden zu thun. Es kann unsern Glaubensgenossen, die sich mit Lesung protestantischer Journale und Zeitungen abgeben, nicht verborgen seyn, daß man nicht manchmal falsche Vorstellungen von unserer Litteratur und wenig billige Urtheile über unsere Schriftsteller*

Augustiner-Chorherr Eusebius Amort (1692–1775). Ein bedeutender Repräsentant katholischer Aufklärung in Bayern (Publikationen der Akademie der Augustiner-Chorherren von Windesheim 7, Paring 2007) 199–222. Vgl. auch Stefan BENZ, Zwischen Tradition und Kritik. Katholische Geschichtsschreibung im barocken Heiligen Römischen Reich (Historische Studien 473, Husum 2003) 519–522; sowie den Beitrag von Ines PEPER in diesem Band.

[3] HABEL, Gelehrte Journale 175–177 (wie Anm. 2) (Typus IV). Die anderen Typen beziehen sich auf die Rezensierung möglichst aller deutschen Neuerscheinungen; wichtiger deutscher und ausländischer Neuerscheinungen; fachlich gebundener Neuerscheinungen; „spezieller" (vorgeblich gelehrter) Neuerscheinungen; sowie von Rezensionsorganen selbst (ebd. 155–189).

[4] Der Begriff wird in seiner zeitgenössischen Bedeutungsbreite beibehalten; vgl. Harm KLUETING, „Der Genius der Zeit hat sie unbrauchbar gemacht." Zum Thema *Katholische Aufklärung* – Oder: Aufklärung und Katholizismus im Deutschland des 18. Jahrhunderts. Eine Einleitung, in: Katholische Aufklärung – Aufklärung im katholischen Deutschland, hg. von DEMS.–Norbert HINSKE–Karl HENGST (Studien zum achtzehnten Jahrhundert 15, Hamburg 1993) 1–35.

[5] Zum Problem der „katholischen Aufklärung" vgl. unter anderen Companion to the Catholic Enlightenment (wie Anm. 1); Katholische Aufklärung (wie Anm. 4); LEHNER, Enlightened Monks (wie Anm. 1); David SORKIN, The Religious Enlightenment. Protestants, Jews, and Catholics from London to Vienna (Princeton–Oxford 2008).

[6] *BZ* 2/1 (1775), teilweise unpaginierter Vorbericht, *3ʳ.

[7] *BZ* 6/1 (1785), unpaginierter Vorbericht.

darinnen antreffe. [5] *Den Beleidigten öffnen wir den 5ten Artikel zu ihrer öffentlichen Vertheidigung; ja wir selbst werden dergleichen nachtheilige Vorspiegelungen aus patriotischer Liebe zu zerstreuen, und wo ein Irrthum aus Versehen oder unsichere Berichte gegründet ist, denselben mit eben so viel Gelassenheit aufzudecken suchen.* [6] Ein sechster Abschnitt bleibt für bisher in der Aufzählung Unberücksichtigtes reserviert[8].

Die Struktur, die besonders im Hinblick auf die offensichtliche Unterscheidung zwischen wertschätzender Bekanntmachung gemäßigter protestantischer Schriften und der gleichzeitigen polemischen Widerlegung von antikatholisch empfundenen Invektiven bemerkenswert ist, wurde freilich nicht konsequent beibehalten. Seit den mittleren 1780er Jahren beschränkte sich die „Banzer Zeitschrift" zunehmend auf die ersten beiden Rubriken, in denen die ursprünglichen Kategorien zum Teil aufgegangen waren[9].

Der Plan der „Banzer Zeitschrift" entstand im Umfeld des Würzburger Hofes, an welchem die Fürstbischöfe Adam Friedrich von Seinsheim (reg. seit 1755 in Würzburg, seit 1757 in Bamberg, bis 1779) und Franz Ludwig von Erthal (reg. 1779–1795) eine insbesondere im Bildungswesen reformfreudige politische Linie vertraten. Als initiativer Verfechter des Zeitschriftenplans agierte der Würzburger Universitätsbibliothekar, Professor der Reichsgeschichte und später Leiter des Geheimen Hausarchivs zu Wien Michael Ignaz Schmidt, dem es gelang, mit Placidus Sprenger einen Banzer Mönch als Herausgeber zu gewinnen und somit zugleich auf die etablierten Ressourcen und Strukturen benediktinischer Gelehrsamkeit zugreifen zu können[10]. Den dritten Faktor in dieser Konstellation von Wissen, Macht und Medium bildete der protestantische Verleger Rudolf August Wilhelm Ahl[11], der in Coburg den Großteil der Bände der „Banzer Zeitschrift" herausgab. Durch ihn war in Form des bilateralen Buchhandels ein Kommunikationsraum mit dem protestantischen Nord- und Mitteldeutschland eröffnet.

Niklas Raggenbass hat in seiner umfassenden Studie die Eigenschaften der „Banzer Zeitschrift" treffend umrissen und in den Zusammenhang der „katholischen Aufklärung" eingeordnet. Sie können schwerpunktmäßig charakterisiert werden als „moderate Haltung" gegenüber der Aufklärung, „Antijesuitismus", wenn auch die meiste Zeit „ohne Jesuiten"[12], die Stützung der Zeitschrift auf ein „mediales Kommunikationsnetz", ein – inhaltliches wie verlegerisches – „Zusammenwirken mit den Protestanten" sowie die „Förderung des Bibelstudiums" als dezidiert antischolastisches Bildungsprogramm[13].

Die „Banzer Zeitschrift" orientierte sich in ihrer Aufmachung explizit an den zeitgenössischen protestantischen Rezensionsjournalen wie der *Allgemeinen deutschen Bibliothek*[14]. Die Auseinandersetzung mit dieser und ihrem Herausgeber Friedrich Nicolai ist ein roter Faden in der Geschichte der Zeitschrift, zumal die *Allgemeine deutsche Bibliothek*

---

[8] *BZ* 2/1 (1775), teilweise unpaginierter Vorbericht, *5ᵛ[–7ᵛ].

[9] HABEL, Gelehrte Journale (wie Anm. 2) 177.

[10] RAGGENBASS, Harmonie (wie Anm. 1) 133f., 141f. Zur Entwicklung in Würzburg im früheren 18. Jahrhundert vgl. Notker HAMMERSTEIN, Jus und Historie. Ein Beitrag zur Geschichte des historischen Denkens an deutschen Universitäten im späten 17. und im 18. Jahrhundert (Göttingen 1972).

[11] RAGGENBASS, Harmonie 132, 174–179.

[12] Die Formulierung stammt von Peter Wolf; RAGGENBASS, Harmonie 227.

[13] Ebd. 226–234.

[14] Ebd. 205–214. Z. B. *BZ* 2/1 (1775), teilweise unpaginierter Vorbericht, *2ʳ: Die Herausgeber der „Fränkischen Zuschauer" *hofften mit allen katholischen Patrioten, die nach den Einkünften ihrer gelehrten Activität auch an den Producten der unverzinslichen Litteratur einiges Wohlgefallen haben, eine wenigstens zum Theil allgemeine Bibliothek des katholischen Deutschlandes mit der Zeit zu erhalten.*

gewissermaßen als Sprachrohr einer antikatholischen Aufklärung angesehen und angesprochen wurde.

Der intellektuelle und mediale Ort der „Banzer Zeitschrift" kann also als gut bestimmt gelten. Die folgenden Ausführungen sind in diesem Sinn als Skizzen von weiterführenden Forschungsfragen und nicht als deren erschöpfende Behandlung zu verstehen, ebenso wenig als Versuch, auch nur annäherungsweise die gesamte Breite der an die Zeitschrift geknüpften Themen ansprechen zu wollen. Die vorzustellenden Fragen ergeben sich vielmehr aus einer mehrfachen Kontrastierung der „Banzer Zeitschrift": mit der benediktinischen Gelehrsamkeit der vorangegangenen Jahrhunderthälfte und deren schriftlicher Produktion; mit den früheren und zeitgenössischen protestantischen Rezensionsjournalen selbst; schließlich auch mit den tendenziell fachbezogenen Rezensionszeitschriften des 19. Jahrhunderts. Es entsteht dabei im Hinblick auf die Funktionalität von Rezensionen im katholischen Bereich ein komplexes Bild, das nun im Lichte unterschiedlicher Spannungsfelder entwickelt werden soll.

Approbation und Rezension

Steht der Befund fest, dass der katholische deutsche Buchmarkt bis in die 1770er Jahre keine Rezensionszeitschrift hervorgebracht hat, so mag daraus auf schwierige zensurielle Rahmenbedingungen, einen geringeren Bedarf an solchen Publikationen sowie schlichtes gelehrtes Desinteresse geschlossen werden. Der erste Schluss ist zutreffend, trifft aber nicht exklusiv das katholische Deutschland[15]; der zweite Schluss kann durch die Verbreitung protestantischer Journale im katholischen Deutschland entkräftet werden[16]; der dritte Schluss spiegelt eher eine lang anhaltende ideologische Auseinandersetzung des 19. und 20. Jahrhunderts, die freilich im 18. Jahrhundert wurzelt, als die zeitgenössischen Gegebenheiten, wobei als zentrale Frage die nach der Natur und den Grenzen gelehrter und wissenschaftlicher Produktion aufgeworfen wird. Rechnet man nämlich die traditionelle akademische Schriftproduktion – wenn nicht Thesendrucke, so doch Handbücher – in den Bereich der Gelehrsamkeit, so steigt der Anteil der katholischen an der gesamten „deutschen" Buchproduktion stark an. Analoges gilt für Literatur im heutigen Sinne, also die oft in religiösen Kontexten entstandenen – noch lange lateinischen und nicht immer gedruckten – Formen von Vers, geistlicher Prosa und Theater[17].

Aussagen katholischer Gelehrsamkeit unterliegen der kirchlichen Zensur, wobei im Lauf des 18. Jahrhunderts das Nebeneinander individuell-institutioneller (etwa klösterlicher), akademisch-universitärer und „staatlicher" Organe zugunsten der Letzteren einge-

---

[15] Vgl. oben den Abschnitt 5. Zu denken ist beispielsweise an die Schwierigkeiten des Johann Baptist Krause in Leipzig mit der dortigen Zensur, vgl. den Beitrag von Ines PEPER in diesem Band.

[16] BENZ, Zwischen Tradition und Kritik (wie Anm. 2) 591–602. Diesen Befund der breiten Aufnahme protestantischer Rezensionsorgane in der katholischen Gelehrsamkeit bestätigt auch die Korrespondenz der Brüder Pez. Als ein Beispiel von vielen sei die wörtliche Übernahme von Text aus den „Acta eruditorum" durch den Gaminger Kartäuser Leopold Wydemann in einem Brief vom 13. November 1717 erwähnt: Stiftsarchiv Melk, Karton 7 Patres 7, Fasz. 2, 26^r–27^v.

[17] Die Aufarbeitung der gedruckten und ungedruckten literarischen und gelehrten Produktion des katholischen Deutschland im 17. und 18. Jahrhundert steckt gegenwärtig in ihren Ansätzen und entbehrt meist der grundlegendsten bio-bibliographischen Behelfe. Die Produktion ist breit und umfasst unter vielen anderen Textgattungen Predigtsammlungen, Theaterstücke, Exerzitienbücher, Totenroteln u. v. m.

ebnet wurde[18]. In einem Kontext kirchlicher Zensur jedoch wurde mit der Approbation die Glaubenskonformität festgestellt und die approbierte Schrift somit an der entsprechenden Stelle in das breit aufgefächerte katholische Wissenssystem eingeordnet. In diesem Sinn funktionierte die akademische Approbation des 18. Jahrhunderts als Sprechakt ebenso als urkundliche Bestätigung durch eine Autorität wie als *peer review*-Gutachten von der Hand fachlich kompetenter Kollegen[19].

Aus der Notwendigkeit des Einordnens einer gelehrten Aussage in das universelle Wissen durch die katholische Hierarchie folgte die Verbindlichkeit der getätigten Aussage; sie stand somit nicht allein für sich und den Autor, sondern für den gesamten mitschwingenden Wissenskosmos. Um solch eine Verbindlichkeit auch bei „neuen" Aussagen gewährleisten zu können, schöpfte das nachtridentinische katholische Wissen paradigmatisch und epistemisch unumstößlich aus der Tradition, die immer wieder neu gelesen und vergegenwärtigt wurde[20]. Zugleich konnte sich so die durch Tradition verbürgte Aussage in einem Bildungssystem verwirklichen, dessen erklärte Priorität eine religiöse und somit überzeitliche war, dem der Gedanke des „Neuen" im Sinne von Außer-Metaphysischem in seinem Kern fremd bleiben musste. Diese grundsätzlich metaphysische Bindung von Wissen war im katholischen 18. Jahrhundert nicht gleichbedeutend mit der grundsätzlichen Ablehnung naturphilosophischer Inhalte, bis hin zur Kant-Rezeption durch katholische Gelehrte[21]. Wesentlich an der Auffassung von Wissen als Tradition ist jedoch der unumstößlich institutionelle Grundzug, der nicht nur die Vergangenheit – als Wissensreservoir – involviert, sondern auch die Zukunft als eine „auszubildende". Die Demarkationslinie gegenüber einer aus der Heilsgeschichte hinaustretenden Entwicklung des menschlichen Intellekts bleibt – bei allem zeitgenössischen katholischen Insistieren auf der *Aufklärung* – die verbindliche Wasserscheide gegenüber *der* Aufklärung[22].

Diese Vorüberlegungen dienen zur Verdeutlichung des epistemischen Bruchs, den eine katholische Rezensionszeitschrift an und für sich darstellt. Das Problem, das sie mit der Zensur bekommen kann, ist auch ein inhaltliches, vielmehr jedoch ist es eines der Konkurrenz, und diese Konkurrenz besteht an erster Stelle in der zu Tage tretenden Entfernung (und Entfremdung) von Urteil und Lehramt, von Institution und Individuum, von individueller und kollektiver Wahrheit. Aus dieser Perspektive lässt sich eine der zentralen Differenzerfahrungen bei der Lektüre von Texten des frühen gegenüber denen des späten 18. Jahrhunderts erklären; sie bezieht sich auf die im Jahrhundertverlauf stark abnehmende institutionelle Verbindlichkeit und traditionsbezogene Präzision des Vokabulars[23]. In einer innerweltlichen Absolutsetzung des christlichen Zugs zur Verinnerli-

---

[18] Vgl. Grete KLINGENSTEIN, Staatsverwaltung und kirchliche Autorität. Das Problem der Zensur in der theresianischen Reform (Österreich Archiv, München 1970).

[19] Vgl. Georg MAY, Approbation. *LThK*³ 1 (1993) 887f.

[20] Paul Richard BLUM, Philosophenphilosophie und Schulphilosophie. Typen des Philosophierens in der Neuzeit (Studia Leibnitiana Sonderh. 27, Stuttgart 1998); Patrick FISKA–Ines PEPER–Thomas STOCKINGER–Thomas WALLNIG, Historia als Kultur. Einführung, in: Europäische Geschichtskulturen um 1700 zwischen Gelehrsamkeit, Politik und Konfession, hg. von DENS. (Berlin–Boston 2012) 1–19.

[21] Vgl. LEHNER, Enlightened Monks (wie Anm. 1) 199–203; DERS., Theologia Kantiana ac Benedictina?, in: Kant und der Katholizismus. Stationen einer wechselhaften Geschichte, hg. von Norbert FISCHER (Forschungen zur europäischen Geistesgeschichte 9, Freiburg 2005) 234–261.

[22] Jonathan I. ISRAEL, Enlightenment Contested. Philosophy, Modernity, and the Emancipation of Man 1670–1752 (Oxford u. a. 2006) 863–865.

[23] Es könnte den analytischen Zugang zum Phänomen „Aufklärung" voranbringen, wollte man die in

chung schöpfen die „Aufklärer" ihre Urteile aus der *Vernunft*, nun aufgefasst als der ihnen zugängliche Bewusstseinsinhalt, nicht als das komplexe überkommene philosophisch-anthropologische – und nicht zuletzt scholastisch fundierte – Konzept der *ratio*.

Vor diesem Hintergrund kann nun der Tonfall der „Banzer Zeitschrift" in Abgrenzung zu früheren Äußerungen katholischer Gelehrsamkeit umrissen werden. Das Urteil der Banzer Rezensenten steht zumeist in einfachen deskriptiven Aussagesätzen; es wird weder als individuelle Wahrnehmung ausgewiesen, noch werden die Beurteilungskriterien in irgendeinem institutionellen oder philosophischen Begriffssystem verortet. Diese Beurteilungskriterien selbst kreisen um einige zentrale positiv oder negativ besetzte Begriffsfelder und betreffen sowohl die Haltung des kritisierten Autors selbst als auch seine Sprache und seine Methode: *Bescheidenheit* steht gegen *Gehässigkeit*[24]; Klarheit des Ausdrucks und *Geschmack* in Abgrenzung zu einer *feyerlichen Mine* oder schlechtem Stil[25]; gewürdigt wird, ganz in der Tradition der positiven Theologie, das Schöpfen aus den *reinen Quellen der h. Schrift und der Aussprüche der Kirchenversammlungen*[26] sowie die *christliche Wahrheit*, die weder durch *Schulstaub* noch durch *partheyische Geschichte* verfälscht ist[27] – Siglen für das bis vor kurzem jesuitisch dominierte und scholastisch geprägte Schulsystem; angegriffen wird jedoch auch Christian Wolffs *mathematische Demonstration* und *§§-Sucht*, welcher der *Menschenverstand* gegenübersteht[28]. Schließlich steht *Zwang* gegen *Wahrheitsliebe*[29]; von Neuem *blühen [...] die lange vernachlässigten Wissenschaften*[30], und *Ordnung, Gründlichkeit und Deutlichkeit*[31] sind ebenso erstrebenswert wie die Eigenschaften *stark* und *männlich*[32]. Einem Exjesuiten wird *Bigoterie* und *Verfolgungsgeist* attestiert[33], ein Anachronismus *in diesen Tagen, da alles dem blutdürstigen Aberglauben der spanischen Inquisition fluchet*[34].

An etlichen Stellen finden sich die zur Deskription umgedeuteten Werturteile verdichtet. Der Rezensent will die *Betrachtungen über das Universum* des damaligen Mainzer Statthalters in Erfurt, Karl Theodor von Dalberg, als *Gepräg eines Originalgenies*, den Verfasser *als Physiker, Chemisten, Theologen, kurz als einen wahren Polyhistor, als ein Universalgenie der Welt* zeigen[35]. *Man merke nun, wie ächte Physik, und ächte Theologie einander wechselweise erklären, und bestätigen. [...] die grösten Geister, Neuton, Leibniz, Kartesi-

---

der Aufklärungsphilosophie weiterhin statthabende Präzision und Traditionsbezogenheit der Begriffe mit ihren zunehmend unspezifisch gebrauchten Spiegelungen im öffentlichen Diskurs kontrastieren. „Vernunft" heißt bei Kant mehr und etwas anderes als bei einem beliebigen Rezensenten.

[24] *BZ* 2/2 (1776), unpaginierter Vorbericht. – Die folgenden Beispiele stammen vorwiegend aus einem willkürlich gewählten Sample des ersten Bandes der *Litteratur des katholischen Deutschlands*.
[25] *BZ* 2/2 (1776) 36; 2/3 (1776) 45.
[26] *BZ* 2/2 (1776) 15.
[27] *BZ* 2/2 (1776) 40.
[28] *BZ* 2/3 (1776) 26.
[29] *BZ* 2/2 (1776) 37.
[30] *BZ* 2/3 (1776) 37.
[31] *BZ* 2/3 (1776) 26.
[32] *BZ* 2/3 (1776) 45, 49. Untersuchungen zur Männlichkeitsmetapher der vormodernen Wissenschaftssprache, insbesondere im Hinblick auf die monastische Brechung, bleiben späteren Studien vorbehalten.
[33] *BZ* 3/3 (1778) 329.
[34] *BZ* 4/2 (1779) 373.
[35] [Anonym,] Rezension zu [Karl Theodor von Dalberg,] Betrachtungen über das Universum (Erfurt 1777), in: *BZ* 3/2 (1777) 255–282, hier 276; vgl. Raggenbass, Harmonie (wie Anm. 1) 136f. Vgl. auch *BZ* 13 (1791) 36f.

us, Bacon verehrten diese nemliche Religion, die dem redlichen Bürger, dem einfältigen Landmann so lieb, so tröstlich ist: Hobbes, Vannini und Andere, die bey vieler Fähigkeit doch gewiß keine Lebnize, Bacons, oder Neutons waren, griffen die Religion an, und ein Heer Halbgelehrter, und Wizlnge [sic] *lallt ihnen nach!*

Das Urteil darüber, was nun *ächte Physik* und *ächte Theologie* sei, liegt freilich im Auge des Rezensenten. Dieser bekennt dies auch an anderer Stelle, indem er als Katholik lacht, wenn *man mir's übel nehmen will, daß ich nach katholischen Grundsätzen urtheile. Was ächter Katholizismus sey, weis ich gewiß besser, als alle, die dagegen schimpfen, und sich das Ansehen geben, als wüßten sie es besser, um die nicht katholischen Leser zum Besten zu halten*[36].

Die daraus folgende Beobachtung liegt auf der Hand, ist jedoch von maßgeblicher Tragweite: Die Rezensionen der „Banzer Zeitschrift" oszillieren zwischen einem rein deskriptiven Modus einerseits und stark aufgeladenen Wertungen andererseits, die aus dem topischen Reservoir der katholischen *Aufklärung*, nicht jedoch aus einem umfassenden dogmatisch fundierten Wissenssystem geschöpft sind. Die Wahrnehmungen der Rezensenten werden in einem losen Begriffsschema verortet, das sich jedoch aus seiner philosophischen, theologischen und institutionellen Verankerung zu lösen begonnen hat – um den Preis seiner Verbindlichkeit.

Die polemische – jesuitische – Replik auf den ersten Band der „Banzer Zeitschrift" ging zwar nicht direkt auf diese Problematik ein, verfolgte jedoch eine Argumentationslinie, die seit dem späten 17. Jahrhundert das Ringen um den Platz der monastischen Gelehrsamkeit im System von Wissen und Bildung überhaupt präfigurierte: Mönche mögen sich dem Gebet und nicht der Gelehrsamkeit widmen[37]. Damit war die „Banzer Zeitschrift" an erster Stelle in der Pragmatik ihrer Aussage, erst an zweiter Stelle in deren Inhalt angegriffen.

Litteratur und Fächerkanon

Niklas Raggenbass hat herausgearbeitet, dass die „Banzer Zeitschrift" das Anliegen einer Bildungsreform vertrat[38] – was in diesem Zusammenhang „vertreten" überhaupt heißen kann, ist im vorletzten Abschnitt zu erörtern. Zuvor ist der Gedanke weiter zu entwickeln, welche Konsequenzen das Zerbrechen der alten Bildungs- und Wissensordnung für die Vorstellung von Wissen überhaupt haben konnte. Die Bezeichnung der „Banzer Zeitschrift" als „enzyklopädisch"[39] durch Thomas Habel ist gut gewählt, wenn es um heutige Kategorienbildung und die Beschreibung eines breiten thematischen Spektrums geht; mit dem umfassenden philosophischen Anspruch einer *Encyclopédie* ist freilich etwas anderes angesprochen, als das, was der thematischen Streuung in der „Banzer Zeitschrift" zu Grunde liegt.

---

[36] *BZ* 9/1 (1787), unpaginierter Vorbericht. – Zu dem Problem der hausinternen Zensur bei der BZ vgl. auch LEHNER, Enlightened Monks (wie Anm. 1) 91.

[37] RAGGENBASS, Harmonie 76–80.

[38] Ebd. 137–150; vgl. Hans-Michael KÖRNER, Michael Ignaz Schmid, die Schulreformen im Hochstift Würzburg und ihre auswärtigen Vorbilder, in: Michael Ignaz Schmidt (1736–1794) in seiner Zeit, hg. von Peter BAUMGART (Quellen und Beiträge zur Geschichte der Universität Würzburg 9, Neustadt an der Aisch 1996) 43–60.

[39] Vgl. HABEL, Gelehrte Journale (wie Anm. 2) 443.

Die „Banzer Zeitschrift" fällt in eine semantisch heterogene Phase ihres Titelbegriffes *Lit(t)eratur*. Der hier gespannte thematische Bogen von theologischen oder philosophischen (Schul-)Schriften über naturkundliche, historische, philosophische Werke bis hin zu sprachwissenschaftlichen Werken und Dichtung ist deutlich mit der vormodernen Vorstellung von *Litterae* in Verbindung zu bringen[40]. In diesem späthumanistischen Referenzkosmos wurzelte auch die Klostergelehrsamkeit des 18. Jahrhunderts, bloß verband sich nun, nach 1773, der universalistisch konzipierte und institutionell unverbindliche Bezugsrahmen des *emolumentum rei publicae literariae* mit der konkreten, jetzt auch institutionell umsetzbaren Agenda einer Studienreform[41].

Zurecht wurde in der wissenschaftlichen Betrachtung der „katholischen Aufklärung" im Allgemeinen, der „Banzer Zeitschrift" im Besonderen, wiederholt auf die Erweiterung des traditionellen theologischen Fächerkanons um Kirchengeschichte, Bibelexegese und Pastoraltheologie mit Berücksichtigung der deutschen Sprachlehre hingewiesen. Diese Erweiterung mit der Perspektive auf eine tatsächlich umgesetzte Studienreform, wie sie für die Habsburgischen theologischen Lehranstalten schließlich unter Joseph II. durch den Břevnover Abt Franz Stephan Rautenstrauch ins Werk gesetzt wurde[42], ging zugleich einher mit einer funktionalen Verschiebung vom abstrakten – und offenen – Wissenskosmos zu einem konkreten – und abgeschlossenen – Lehrplan. Die „Banzer Zeitschrift" ist in genau diesem Spannungsfeld von „Bibliotheca universalis" und „Bibliotheca selecta" zu verorten – mit einer deutlichen Tendenz zur Letzteren[43].

Programmatisch – und möglicherweise für die in den 1770er Jahren aktive Generation verbindend[44] – ist der Wunsch, für die nun Jungen bessere Ausbildungsbedingungen zu schaffen, als man sie selbst vorgefunden hatte. Die Alten könnten ihre Jugendjahre den jetzt Jungen geben, und *diese könnten und würden sie besser anlegen, als wir es konnten. Wie manches edle Talent blieb unentdeckt, blieb ewig schlafende Fähigkeit, blieb sich selbst unbekannt; denn es hörte keinen Wecker, es sahe sich in keinem Spiegel, es wußte nicht was es aus dem Gefühl und Antrieb machen sollte*[45].

---

[40] Vgl. Martin Gierl, Art. Historia literaria. *EDN* 5 (2007) 466–469.

[41] Zu Studienreform und Akademiebewegung im Bayern des 18. Jahrhunderts vgl. u. a. Ludwig Hammermayer, Zur Genese und Entfaltung von Aufklärung und Akademiebewegung im katholischen Oberdeutschland und zum Anteil des bayerischen Augustinerchorherrn-Stifts Polling (ca. 1717–1787), in: Europa in der Frühen Neuzeit. Festschrift für Günter Mühlpfordt, 2: Frühmoderne, hg. von Erich Donnert (Weimar–Köln–Wien 1997) 481–507; Andreas Kraus, Zur bayerischen Akademiebewegung im 18. Jahrhundert, in: Europäische Sozietätsbewegung und demokratische Tradition. Die europäischen Akademien der Frühen Neuzeit zwischen Frührenaissance und Spätaufklärung, hg. von Klaus Garber–Heinz Wismann–Winfried Siebers, 2 Bde. (Frühe Neuzeit 26/27, Tübingen 1996) 2 1598–1616; Alois Schmid, Aspekte der Kulturentwicklung im Kurfürstentum Bayern im Zeitalter der Aufklärung, in: Museion Boicum oder bajuwarische Musengabe. Beiträge zur bayerischen Kultur und Geschichte. Hans Pörnbacher zum 80. Geburtstag, hg. von Guillaume van Gemert–Manfred Knedlik (Geistliche Literatur der Barockzeit Sonderbd. 4, Amsterdam–Utrecht 2009) 267–286.

[42] Thomas Wallnig, Franz Stephan Rautenstrauch (1734–1785), in: Transnational Trajectories in a Century of Light: Catholic Enlightenment Biographies in Global Context, hg. von Ulrich L. Lehner–Jeffrey D. Burson (im Druck; erscheint 2013 bei Notre Dame University Press).

[43] Vgl. Helmut Zedelmaier, Bibliotheca universalis und Bibliotheca selecta. Das Problem der Ordnung des gelehrten Wissens in der frühen Neuzeit (AfK Beih. 33, Köln–Weimar–Wien 1992).

[44] Ein vergleichbares Bild findet sich in der Leichenpredigt auf den St. Emmeramer Fürstabt Frobenius Forster aus dem Jahr 1791: Rupert Kornmann, Trauerrede auf den Hochwürdigsten, Hochgebohrnen Herrn Herrn Frobenius des Heiligen Römischen Reichs Fürsten, des Kaiserlichen freyen Reichsstiftes zu St. Emmeram in Regensburg Abt (Regensburg 1791) 9. Für diesen Hinweis danke ich Irene Rabl.

[45] *BZ* 6/2 (1785) 285.

Es ist deutlich, dass der zweite Abschnitt der „Banzer Zeitschrift" eine Art Informationsbörse zu katholischen Schulen und Hochschulen darstellt, und zwar sowohl im Hinblick auf Personalia, als auch auf strukturelle – also etwa curriculare – Fragen[46]. Nicht selten bezieht der Rezensent die Qualität eines Buches, etwa bei Klassikerausgaben, explizit auf die Verwendbarkeit im Unterricht[47].

Es geht also in der „Banzer Zeitschrift" – trotz des ubiquitär verwendeten Begriffes *Wissenschaft(en)* – nicht um „Forschung", nicht einmal um eine weniger anachronistisch anmutende „Erweiterung des Wissens", sondern um das Bekanntmachen und Anempfehlen von Literatur in einem zentral auf Wissensreproduktion ausgelegten Kontext. Betrachtet man exemplarisch den zweiten Band der *Litteratur des katholischen Deutschlands*[48], so findet man darin Forschungsarbeiten wie Stephan Alexander Würdtweins Diplomatik neben theologischen (Schul-)Schriften zum Teil des eigenen (Columban Roesser)[49] und des feindlichen Lagers (Hermann Goldhagen)[50], Übersetzungen von Schriften Muratoris und Bossuets sowie, ohne Zählung eingeschoben, das Gedicht *Die wahre Grösse – eine Ode*. Die zugehörige Anmerkung erläutert: *Wir glauben, dieser Ode eines fränkischen Dichters, als einer Probe seines poetischen Genies, hier einen Platz einräumen zu dörfen*[51].

So, wie die gesamte Konzeption der „Banzer Zeitschrift" auf potentielle katholische Lehrpläne hin gelesen werden kann, so erscheint das Gedicht des anonymen Zöglings in seiner Verbindung von Innerlichkeit und Gelehrsamkeit als das geeignete Barometer für den Erfolg der neuen Lehrart. An anderer Stelle wird als *ein abermaliger Beweis von den Vorzügen unserer neuen Schuleinrichtungen, von den Vortheilen der jetzigen Lehrart, und von der Schätzbarkeit der Lehrer selbst*[52] die *Erste Probe eines jungen Dichters* vorgeführt, wel-

---

[46] Z. B. *BZ* 3/2 (1777) 302–311 [*Instruction für den dritten Herrn Professor der lateinischen Sprache und der schönen Wissenschaften, in so weit solche von ihm ohne wirkliche rhetorische oder poetische Ausarbeitung in den Mittelschulen gelehret werden*]; *BZ* 3/3 (1778) 379–435 [*Verordnung die Lehrart in den untern Schulen des Hochstifts Münster betreffend*], 435–445 [*Instruction für den Professor der deutschen Sprache bey den Mittelschulen zu Mainz*]; *BZ* 4/3 (1780) 405–415 [*Münsterische Verordnung, die Studien in den Klöstern betreffend*].

[47] [Anonym,] Rezension zu Marci Tullii Ciceronis Opera omnia, hg. von Johann August Ernesti; sowie zu Johann August Ernesti, Clavis Ciceroniana (Halle 1777), in: *BZ* 3/1 (1777) 154f.

[48] *BZ* 3/2 (1778) 155f. – Rezensiert werden in dem Band folgende Schriften: Stephan Alexander Würdtwein, Subsidia diplomatica 9–10 (Heidelberg 1777); [Melchior A. Weikard,] Der philosophische Arzt, drittes und viertes Stück (Berlin–Leipzig 1776; Leipzig 1777); Hermann Scholliner, Historisch-heraldische Abhandlung von dem Wappen der Pfalzgrafen von Wittelsbach (Frankfurt–Leipzig 1776); Columban Roesser, Institutiones metaphysicae (Würzburg 1776); Columban Roesser, Institutiones geographiae (Würzburg 1777); Heinrich Braun, Einleitung in die Götterlehre der alten Griechen und Römer (Augsburg 1776); Sebastian Schaaf, Praelectiones de locis theologicis 1 (Frankfurt 1774); Lodovico Antonio Muratori, Kritische Abhandlung von dem guten Geschmack in den schönen Künsten und Wissenschaften, aus dem Ital. übers. von Peter Obladen (Augsburg 1772); Jacques Bénigne Bossuet, Auslegung der Lehre der katholischen Kirche über die strittigen Punkte des Glaubens, aus dem Französ. übers. von Joachim Bernhard Wilkowitz (Münster 1774); Joseph Anton Stephan von Riegger, Bibliotheca Rieggeriana Friburgensis 1 (Freiburg 1776); Hermann Goldhagen, Vindiciae harmonico-criticae et exegeticae in Sacram Scripturam Veteris et Novi Testamenti (Mainz 1774); Franz Joseph von Kinsky, Über die Hofmeister (Prag 1776) [*Erinnerungen über einen wichtigen Gegenstand von einem Böhmen*]; Anton Klein, Entwurf seiner Vorlesungen über die schönen Wissenschaften (Mannheim 1774); [Karl Theodor von Dalberg,] Betrachtungen über das Universum (Erfurt 1777).

[49] Raggenbass, Harmonie (wie Anm. 1) 137–141.

[50] Ebd. 160–165.

[51] *BZ* 3/2 (1777) 216.

[52] *BZ* 4/2 (1779) 284–289.

chem lobend die *Anlage zum denkenden Dichter* attestiert wird. Der Titel des Elaborats lautet *Trebor der junge Barde weihet seinem Druiden sein erstes Lied* und verweist wiederum in die weit eröffneten und mit pseudo-nationalen und -mythologischen Inhalten aufgeladenen allegorischen Referenzräume des – freilich immer noch explizit katholischen – religiösen Diskurses.

Zwar bat der Herausgeber der „Banzer Zeitschrift" 1785 darum, künftig von der Einsendung von Gedichten abzusehen[53]. Dennoch unterstreicht gerade ihre Fremdartigkeit in einer Rezensionszeitschrift deren bildungspolitische Agenda und rückt zugleich die Frage nach der deutschen Sprache in den Blickpunkt: als entscheidendes Moment in der Schnittmenge von volkssprachlicher Ausrichtung von Katechese und Homiletik, mediävistischer Germanistik zu kirchlichen Texten und zeitgenössischer Sprachästhetik.

Sprache und *Geschmack*

Aus diesem Kontext stammt auch das Titelzitat dieses Beitrags, in welchem der Rezensent durch direkten Eingriff in den besprochenen Text diesen der Lächerlichkeit preisgibt. Es geht um ein 1775 erschienenes *Lobgedicht auf das erste hundertjährige Jubelfest der Hammelburger Schulen. […] Hier giebt es Reimen; aber wie sind die Verse? Hier ist der Anfang des ersten Gedichts an Seine Hochfürstlichen Gnaden zu Fuld:*
Erhabner Fürst erlaub, daß ich mit rohen Reimen
Mich nähern darf zum Thron, und Deines Rockes Säumen:
Es treibt die Dichter oft ein heimlicher Gewalt
Obschon der Lauten Ton bald gut, bald übel schall't.
Ich hätte nicht getraut bey Dir mein Kiel zu spitzen;
wenn nicht des Jubels Klang mein Zung zum Vers thät spitzen.
Das zweite Gedicht fängt so an:
Mein Muse bist du toll? – – Allerdings. Wem die Ohren noch nicht weh tun, der mag zur Strafe den ganzen Plunder selbst lesen[54].

Das Beispiel verdeutlicht im Anschluss an das im letzten Abschnitt Gesagte auch die semantische Verschiebung des „Musen"-Bildes von der allgemeinen Gelehrsamkeit zur Literatur im engeren Sinne: Dem Bild der „Wissenschaften" scheint mehr institutionelle Verbindlichkeit anzuhaften als dem Reigen der Musen.

Der gemeinsame Weg von benediktinischer Gelehrsamkeit und (ober-)deutscher Sprachentwicklung im 18. Jahrhundert bahnt sich mit dem Kontakt zwischen Bernhard Pez und Johann Georg Eckhart im zweiten und dritten Jahrzehnt des 18. Jahrhunderts an und erreicht einen Höhepunkt in der akademischen Zusammenarbeit mit Johann Christoph Gottsched[55]. Maßgeblich war dabei die Verarbeitung einer sprachlichen Differenz-

---

[53] *BZ* 6/1 (1785), unpaginierter Vorbericht.

[54] [Anonym,] Rezension zu Lobgedichte auf das erste hundertjährige Jubelfest der Hammelburger Schulen (O. O. 1775 [nicht nachgewiesen]), in: *BZ* 2/2 (1776) 46.

[55] Herbert Zeman, Der Weg zur österreichischen Literaturforschung – ein wissenschaftsgeschichtlicher Abriß, in: Die österreichische Literatur. Ihr Profil von den Anfängen im Mittelalter bis ins 18. Jahrhundert (1050–1750), hg. von dems. (Die Österreichische Literatur, Graz 1986) 1–47, hier 5; weiters Ludwig Hammermayer, Die Forschungszentren der deutschen Benediktiner und ihre Vorhaben, in: Historische Forschung im 18. Jahrhundert: Organisation, Zielsetzung, Ergebnisse. 12. Deutsch-Französisches Historikerkolloquium des Deutschen Historischen Instituts Paris, hg. von Karl Hammer–Jürgen Voss (Pariser Historische Studien 13, Bonn 1976) 122–191, hier 153–165. Folgender für Juli 2013 vom Aka-

erfahrung, die zugleich zu einer religions- und dogmengeschichtlichen werden konnte: Das 9. Jahrhundert klang anders als die Gegenwart. Konnte man in der „Banzer Zeitschrift" und anderswo im katholischen Deutschland durch das Einbeziehen „altgermanistischer" Gelehrsamkeit eine Rückbindung der eigenen Volkssprachlichkeit an ein verehrungswürdiges christliches Altertum sicherstellen, so trat daneben das Kriterium des *Geschmacks*[56]. Dieses führte notwendigerweise zur Bewertung des Alten nach den Kriterien der Gegenwart: im Frankreich der *Querelle des Anciens et des Modernes* früher als im „katholischen Deutschland"[57].

Diese sprachlich-spirituelle Differenzerfahrung und ihre Bewältigung mit Hilfe von *Geschmack* zeigen sich auch in der „Banzer Zeitschrift". Man konnte sich über die Imitation einer jesuitischen *Sprache* lustig machen[58]; trotz aller geforderten *Bescheidenheit* erntete eine im Stil des 17. und frühen 18. Jahrhunderts allegorisch titulierte Andachtsschrift namens *Edelgesteine* unverhohlene Häme: Das Werk gefällt nicht schlecht, *wenn der Herr Verfasser nur sonst auch aus besseren Quellen geschöpft hätte, z. B. die Lieder aus Felbigers oder dem neuen Münchner Gesangbuche; auch hätte er zur Einrichtung seiner Ausdrücke wissen sollen, daß man zu Rom nur die Verehrung des moralischen Herzens Jesu gebilliget, jene aber des physischen Herzens verworfen habe, damit nicht bey einmal nachgegebener Vereinzelung der Gliedmassen Jesu neuen Einfällen von Einsetzung eines Festes der Augen, Ohren, oder des Mundes Jesu u. s. w. Zugang gestattet würde. Übrigens scheint der V. ein besonderer Liebhaber von allegorischen Titeln zu seyn, wie er denn schon vor diesem Buch einen halben Bogen mit der Auffschrift drucken ließ: „Geistliche Chimie aus dem alten Bley neues Gold zu machen", das ist: Anweisung, wie man durch guten Anfang und Ende des Tags alle auch geringste Werk über alle Massen verdienstlich nach Vorschrift Alberti Magni machen könne. Frühestück vor allen Werken täglich kniend zu nehmen. Vesperstück kniend im Geiste zu nehmen. Was wird der protestantische Buchdrucker dabey gedacht haben?*[59]

Die Subjektivität des *Geschmacks* liegt auf einer Linie mit der des *aufgeklärten* Werturteils; beide postulieren aber zugleich den Rang von Anhaltspunkten in einem institutionell und dogmatisch offen gewordenen Wissens- und Bildungssystem. In welcher Weise damit zugleich politische Vorgänge und Handlungen korrelierten, soll abschließend anhand eines Fallbeispiels betrachtet werden.

---

demie-Verlag angekündigter Sammelband konnte noch nicht eingesehen werden: Johann Christoph Gottsched (1700–1766). Philosophie, Poetik und Wissenschaft, hg. von Eric Achermann (Werkprofile 4, 2012).

[56] Thomas Wallnig, Ordensgeschichte als Kulturgeschichte? Wissenschaftshistorische Überlegungen zur Historizität in der benediktinischen Geschichtsforschung des 18. Jahrhunderts, in: Europäische Geschichtskulturen (wie Anm. 20) 193–212. – Zum hier nicht weiter zu verfolgenden Bereich der Literaturkritik vgl. Literaturkritik. Geschichte, Theorie, Praxis, hg. von Thomas Anz (Becksche Reihe 1588, München 2004).

[57] Zur Bedeutung der *Querelle* für das Narrativ der *Aufklärung* vgl. Dan Edelstein, The Enlightenment. A Genealogy (Chicago 2010).

[58] [Anonym,] Rezension zu Des hochwürdigen Herrn Exgenerals Ricci Abschiedsrede (Rom 1776), in: *BZ* 2/2 (1776) 25–29, hier 27.

[59] [Anonym,] Rezension zu Mit Fleis gesammelte Edelgestein oder Gebeth- und Gesangbüchlein, worinnen Früh-, Nacht-, Meß-, Beicht-, Communion- und andere Gebethe, Andachten zum Herzen Jesu, Mariam, den h. Erzengel Michael etc. und eine dreitägige Geisteserhebung oder Exercitien zu finden (Kulmbach 1778 [nicht nachgewiesen]), in: *BZ* 4/2 (1779) 192f.

Rezension und Politik

1784 hatte Franz Oberthür, Professor für Dogmengeschichte und abgesetzter Dogmatiker an der Würzburger Universität, eine *Lebensgeschichte* seines 1748 verstorbenen Landsmanns Philipp Adam Ulrich, Professor beider Rechte, herausgebracht. Oberthür, der aufgrund seines kulturhistorisch-anthropologischen Zugangs zur Theologie sowie wegen seiner wohlwollenden Empfehlung protestantischer Literatur seines Lehramts der Dogmatik enthoben worden war, zeichnete in Ulrich, der sich eine Generation früher um agrarische Neuerungen im Hochstift bemüht hatte, den Prototypen eines aufgeklärten Katholiken, in dem sich gelebte Frömmigkeit mit der Sorge um das Allgemeinwohl auf wissenschaftlicher Basis verband.

Das Werk – in der Sekundärliteratur bezeichnet als „eine Anhäufung von unsicheren Fakten, aneinandergereiht durch eine unkritische Methode, gestaltet mit dem Sprachmaterial der Empfindsamkeit"[60] – war, neben etlichen positiven Besprechungen durch Protestanten wie Katholiken, von Friedrich Nicolai verrissen worden, erst in einer Fußnote seiner *Reise durch Deutschland*, dann in einer Rezension der *Allgemeinen deutschen Bibliothek*. In der Fußnote räsoniert Nicolai über den Aberglauben selbst der aufgeklärtesten Katholiken[61]. So lobt Oberthür in seinem Werk Ulrich *wegen verschiedener nützlicher Kenntnisse und Anstalten*, aber, so Nicolai, auch *wegen kostbarer Missionen zur Ausbreitung der Religion und wegen harter Büßungen, die er sich auferlegte. Ich erstaune, und aller Begriff von Aufklärung fällt weg, wenn ich so etwas bei einem Manne, wie O. ist, lese. Wer noch so weit zurück ist, [nicht] zu wissen, dass solche Sachen eines verständigen Mannes ganz unwürdig sind, der ist wahrhaftig nicht sehr weit.*

Die von Oberthür verfochtene Bildungsreform im Hochstift Würzburg lag auch im Interesse der Banzer Benediktiner, und so würdigte ein Rezensent die *Lebensgeschichte* in einer ausführlichen Rezension. Dabei griff er einmal mehr sowohl die traditionalistischen Gegner Oberthürs in den eigenen Reihen an, andererseits die Standpunkte Nicolais. Die Vorbildhaftigkeit Ulrichs in den Tugenden des aufgeklärten Katholizismus – gewissermaßen ein neues Heiligenideal – wurde gegenüber der eingeräumten schwachen und unkritisch behandelten Faktenbasis des Buches betont, Unterstellungen Nicolais (etwa im Hinblick auf Bildverehrung) in polemischem Ton entkräftet[62].

Bedeutsam jenseits der intertextuellen Auseinandersetzung ist in diesem Zusammenhang, dass der bereits erwähnte damalige Kurmainzer Statthalter in Erfurt und Würzburger Domherr, Karl Theodor von Dalberg, zugleich mehrere weitere Möglichkeiten zur Unterstützung Oberthürs besaß. So erwirkte er eine positive Rezension der *Lebensbeschreibung* in der Erfurtischen Gelehrten Zeitung und unterdrückte zugleich mit Mitteln der Zensur negative Polemik gegen das Buch[63]. Hier wird eine Ebene juristisch-politischer Auseinandersetzung hinter den Kulissen der Rezension erkennbar, deren latentes Spiegelbild die gelehrte Polemik im Ancien Régime stets bleiben musste.

---

[60] Otto Volk, Professor Franz Oberthür. Persönlichkeit und Werk (Quellen und Beiträge zur Geschichte der Universität Würzburg 2, Neustadt an der Aisch 1966) 131–148, hier 134.

[61] Friedrich Nicolai, Beschreibung einer Reise durch Deutschland und die Schweiz 5 (Berlin–Stettin 1785) 147; vgl. auch Volk, Oberthür 144f.

[62] [Anonym,] Rezension zu Franz Oberthür, Philipp Adam Ulrichs, ehemaligen öffentlichen Lehrers der bürgerlichen Rechte an der hohen Schule zu Würzburg Lebensgeschichte (Würzburg 1784), in: BZ 9/1 (1787) 1–28; vgl. Raggenbass, Harmonie (wie Anm. 1) 136, 169–174, 213.

[63] Volk, Oberthür (wie Anm. 60) 144.

An unscheinbarer Stelle wird am Ende des ersten Bandes der *Litteratur des katholischen Deutschlands* angekündigt, es werde *die Zeit lehren, unter wessen Aufsicht und Schutz dieß Journal ans Licht trete*[64] – zwar wurde diese Ankündigung nie eingelöst, doch verdeutlicht die patronale Terminologie dieser defensiven Drohung, welchem politischen Kontext das „wissenschaftliche" Medium der Rezensionszeitschrift sich eigentlich einschrieb.

Schluss

Es ist kein neuer Befund, dass sich in der „Banzer Zeitschrift" mediale, inhaltliche und prosopographische Elemente der „katholischen Aufklärung" kristallisierten. Betrachtenswert ist darüber hinaus jedoch die Art und Weise, in der in ihr überkommene Strukturen katholischer Gelehrsamkeit überformt und für die nun geltenden Regeln der politischen Auseinandersetzung adaptiert wurden: durch gezieltes Auf- und Abwerten gelehrter Produktion mit Blick auf bildungspolitische Veränderung, vorgenommen in einem fluktuierenden philosophischen und ästhetischen Wertesystem, das im Wesentlichen nicht mehr in der Institution Kirche, sondern im politischen Willen der einschlägigen aufgeklärten Machthaber und Würdenträger gründete. Neben den Schriften des *Universalgenies* Dalberg wurden auch jene von maßgeblichen politischen Akteuren wie Karl Heinrich Seibt, Joseph von Sonnenfels oder Franz Stephan Rautenstrauch positiv besprochen, ebenso wies man würdigend auf eine Rede auf den Tod Josephs II. hin[65]; dadurch wurde zugleich wiederum der eigene Standpunkt autoritativ untermauert.

Festzuhalten bleibt dabei einerseits, dass die „Banzer Zeitschrift" in ihrer Konzeption noch die vormoderne institutionelle Heterogenität spiegelt, in der monastische, verlegerische, obrigkeitliche und gelehrte Akteure ihre Anliegen in den Referenzraum einer mehr oder weniger gelehrten Öffentlichkeit projizieren konnten – im Gegensatz zu den immer deutlicher am staatlichen Bildungsmonopol und dem damit sanktionierten Fächerkanon ausgerichteten Fachzeitschriften des 19. Jahrhunderts. Andererseits bleibt eben für diese institutionelle Gemengelage des katholischen 18. Jahrhunderts noch deutlicher herauszuarbeiten, welche Formen intertextueller Bewertung die Funktion von Rezensionen erfüllten, ehe diese auftraten – das Konstatieren des Fehlens von Rezensionszeitschriften führt eher zu der Frage nach alternativer textueller Praxis als zum Schluss auf Rückständigkeit, eher zu der Frage nach einer alternativen Konzeptionalisierung von „katholischer Wissenschaft" als zu deren Diskreditierung.

Offen bleibt dabei freilich die Frage, ob das von der *res publica literaria* ererbte Anrufen einer (gelehrten) Öffentlichkeit als Instanz mehr einer topisch bemühten Überzeugung des aufgeklärten Absolutismus geschuldet war, oder nicht zugleich auch den Ansatz zu einer „neuen", also im Wesentlichen antijesuitischen und antischolastischen Kanonbildung darstellte. In solch einer Optik wäre die „Banzer Zeitschrift" zugleich als zeitgemäße „aufgeklärte" Form der früheren Approbationen und Refutationen zu lesen: mit allen damit verbundenen dogmatischen und zensorischen Konsequenzen.

---

[64] *BZ* 2/2 (1776) 146.
[65] [Anonym,] Rezension zu Georg Friedrich Weyermann, Trauerrede auf Joseph den Zweyten ([Bamberg] 1790), in: *BZ* 12/2 (1790) 301–304.

Zwischen *Referat* und *Recension*

Strukturelle, fachliche und politische Aspekte in den Literaturberichten der MIÖG (1880–1900)

Von Christine Ottner

Historische Zeitschriften nehmen im Prozess der Ausformung der geschichtswissenschaftlichen Disziplin eine bedeutende, jedoch bisher wenig erforschte Stellung ein: Sie reflektieren nicht nur innerfachliche Entwicklungen, sondern beeinflussen diese auch ganz wesentlich durch aktive Redaktionspolitik. Als Bestandteile des Institutionalisierungsprozesses sind sie eng mit der Frage nach Spezialisierung und Standardisierung sowie mit dem Aspekt der nationalen und fachlichen Repräsentanz verflochten[1]. In der zweiten Hälfte des 19. Jahrhunderts erfolgte international die Gründung zahlreicher Zeitschriften mit historischer Orientierung, die sich unterschiedlichen inhaltlichen, politischen, stilistischen und methodischen Zielen verpflichtet sahen und häufig einen professionellen Bereich abzugrenzen versuchten[2]. Gegenüber den gelehrten Journalen und Korrespondenzsammlungen des 18. Jahrhunderts bildeten diese Zeitschriften im Betrachtungszeitraum wesentliche infrastrukturelle Rahmenbedingungen für die Institutionalisierung und fachliche Ausdifferenzierung des gesamten Wissenschaftsbetriebes und für die weitere Etablierung historischer Teildisziplinen[3].

Im Prozess der akademischen Professionalisierung bilden sich auch in der Zeitschriftenproduktion verschiedene Techniken der Inklusion und Exklusion heraus, unter denen die Manuskriptannahme und das Rezensionswesen herausragen[4]. Rezensionen

---

[1] Matthias MIDDELL, Vom allgemeinhistorischen Journal zur spezialisierten Liste im H-Net. Gedanken zur Geschichte der Zeitschriften als Elementen der Institutionalisierung moderner Geschichtswissenschaft, in: Historische Zeitschriften im internationalen Vergleich, hg. von DEMS. (Geschichtswissenschaft und Geschichtskultur im 20. Jahrhundert 2, Leipzig 1999) 7–31, hier bes. 8f.; generell zur Situation der Wissenschaftszeitschriften in der zweiten Hälfte des 19. Jahrhunderts Sigrid STÖCKEL, Verwissenschaftlichung der Gesellschaft – Vergesellschaftung von Wissenschaft, in: Das Medium Wissenschaftszeitschrift seit dem 19. Jahrhundert. Verwissenschaftlichung der Gesellschaft – Vergesellschaftung von Wissenschaft, hg. von DERS.–Wiebke LINSER–Gerlind RÜVE (Wissenschaft, Politik und Gesellschaft 5, Stuttgart 2009) 9–23, hier bes. 13–15.

[2] Margaret F. STIEG, The Origin and Development of Scholarly Historical Periodicals (Alabama 1986).

[3] Charles B. OSBORN, The Place of the Journal in the Scholarly Communications System. *Library Resources and Technical Services* 28/4 (1984) 315–324.

[4] MIDDELL, Journal (wie Anm. 1) 23.

sind folglich als essentielle Instrumente der Wissenschaftskommunikation und des akademischen Austausches zu sehen[5]. Demnach bildete ein sogenannter „Literaturbericht" oder „Literaturteil" auch im 19. Jahrhundert ein wesentliches Strukturmerkmal vieler historischer Zeitschriften[6]: Hierin wurden Informationen über die laufende fachspezifische Produktion häufig in Form von Rezensionen und Berichten zur Verfügung gestellt.

In Österreich ist die geschichtswissenschaftliche Spezialisierungsdynamik im 19. Jahrhundert eng mit dem 1854 gegründeten „Institut für Österreichische Geschichtsforschung" verbunden[7]. Mit den seit 1880 erscheinenden „Mitteilungen des Instituts für Österreichische Geschichtsforschung" [künftig: MIÖG] erhielt die historische Forschung nicht nur ein publizistisches Organ, sondern im Rahmen des Instituts einen weiteren organisatorischen Mittelpunkt, der als Plattform für den akademischen Austausch bis heute Bestand hat. Die MIÖG bilden daher ein optimales Untersuchungsbeispiel für den vorliegenden Beitrag. Hierfür wurden nicht nur die „Literaturberichte" der Zeitschrift selbst einer eingehenden Betrachtung unterzogen, sondern auch die Akten und Berichte der Redaktion konsultiert[8]. Mitunter wurde auch der Briefnachlass Oswald Redlichs berücksichtigt: Als vorerst außerordentlicher Professor betreute Redlich ab etwa 1893 vor allem die Literaturberichte der MIÖG und korrespondierte hierfür mit zahlreichen Rezensenten[9].

Bisherige Untersuchungen zum Rezensionswesen fokussieren vielfach auf sprachwissenschaftliche Aspekte in Zusammenhang mit soziologischen Ansätzen[10]. Auch liegen einige Studien zu den „Gelehrtenpolemiken" des 18. Jahrhunderts vor[11]. Die Arbeiten zu den historisch-professionellen Zeitschriften des 19. Jahrhunderts streifen auch die

---

[5] Bertrand MÜLLER, Critique bibliographique et construction disciplinaire: l'invention d'un savoir faire. *Genèses* 14 (1994) 105–123, hier 108f.

[6] In den Akten zur Gründung der MIÖG wird auch von einem *literarisch-kritischen Theile* gesprochen; siehe etwa IÖG, Bestand MIÖG, Karton MIÖG-Akten, Mappe 1: Buchhandlungen etc., Fasz. 1, Verlagsanzeige der Wagner'schen Universitätsbuchhandlung in Innsbruck, sine dato. Der am IÖG vorhandene Bestand unter dem Titel „MIÖG-Akten" ist weitgehend ungeordnet; um die Auffindung der zitierten Materialien zu gewährleisten, wird auch in der Folge jeweils nach Mappe, Faszikel und eventuell vorhandenem Konvolut zitiert und nach Möglichkeit auch die derzeitige Beschriftung der einzelnen Teile des Bestandes wiedergegeben.

[7] Daniela SAXER, Vermittlungsweisen des Quellenblicks im Geschichtsunterricht an den Universitäten Wien und Zürich (1833–1914), in: Vorlesung, Seminar, Repetitorium. Universitäre geschichtswissenschaftliche Lehre im historischen Vergleich, hg. von Gabriele LINGELBACH (München 2006) 21–57, hier bes. 28.

[8] Siehe oben Anm. 6.

[9] Alphons LHOTSKY, Geschichte des Instituts für österreichische Geschichtsforschung 1854–1954 (MIÖG Ergbd. 17, Graz–Köln 1954) 261, gibt hierfür das Jahr 1896 an. Die dahingehende Korrespondenz Oswald Redlichs setzt jedoch bereits mit 1893 ein; siehe IÖG, Briefe an Oswald Redlich, Karton 1 (1893–1897).

[10] Siehe etwa Frank BARDELLE, Formen der kritischen Auseinandersetzung oder: Wie man Urteile über wissenschaftliche Neuerscheinungen verhängt. *Zeitschrift für Soziologie* 18/1 (1989) 54–64. Siehe auch den Beitrag von Ursula KLINGENBÖCK in diesem Band.

[11] Hierzu allgemein Ute SCHNEIDER, Die Funktion wissenschaftlicher Rezensionszeitschriften im Kommunikationsprozeß der Gelehrten, in: Kultur der Kommunikation. Die europäische Gelehrtenrepublik im Zeitalter von Leibniz und Lessing, hg. von Ulrich Johannes SCHNEIDER (Wolfenbütteler Forschungen 109, Wiesbaden 2005) 279–291; von literaturgeschichtlicher Seite für das 18. Jahrhundert siehe James VAN DER LAAN, Introduction: The shape of a Genre, in: The eighteenth century German book review, hg. von Herbert ROWLAND–Karl J. FINK (Beiträge zur neueren Literaturgeschichte, Folge 3, Bd. 135, Heidelberg 1994) 11–16, hier bes. 12.

Thematik der „Reviews"[12]. In Anlehnung daran werden in diesem Beitrag weniger die verschiedenen Rezensionstypen, sondern vielmehr die Möglichkeiten der Professionalisierung und Standardisierung der geschichtswissenschaftlichen Disziplin im konkreten Zusammenhang mit den Literaturberichten im Vordergrund stehen. Bei gleichzeitigem Mangel an umfassenderen systematischen Vorstudien ist vorerst allerdings auf allen Ebenen eine exemplarische Zugangsweise zu wählen, die ihrerseits Anregungen für weiterführende Arbeiten bieten könnte. Dabei wurden vier zentrale, eng miteinander verknüpfte Bereiche ausgewählt: Diese betreffen einige strukturelle Gestaltungsdetails der Besprechungen, ferner die fachlichen Standardisierungsansprüche und Spezialisierungstrends, die Möglichkeiten akademischer Kommunikation und Konfliktaustragung und die politischen Aspekte in den Literaturberichten dieser „österreichischen" Zeitschrift.

Der berücksichtigte Untersuchungszeitraum erstreckt sich auf etwa zwanzig Jahre. Hierdurch können einerseits zunächst kurzfristige Entwicklungen ausgeschlossen werden; andererseits werden somit die Ansätze möglicher Veränderungen gegen Jahrhundertende noch erfasst, als die Rahmenbedingungen des „universitären Großbetriebs" weitgehend festgelegt waren und sich, wie zuvor angedeutet, neue (historische) Teildisziplinen auszubilden begannen[13]. Zum besseren Verständnis empfiehlt sich jedoch zunächst ein Blick auf die Konzeptionsphase der ausgewählten Zeitschrift.

Ausgangsbedingungen: Gründung der MIÖG und Konzeption der Literaturberichte

Um die Mitte des 19. Jahrhunderts prägten die Geschichtsforschung in Österreich zwei Aspekte, die auch bis in die Zeit um 1900 bestimmend blieben. Inhaltlich war dies permanent die Frage nach den Kriterien einer „österreichischen" Geschichte im habsburgischen Vielvölkerstaat[14]. Als methodisch relevant und zukunftsweisend erwies sich die starke Tendenz zur Bearbeitung historischer Quellen, für die im 18. und frühen 19. Jahrhundert in Österreich die wesentliche Basis geschaffen wurde[15].

Auf institutioneller Ebene verbanden sich beide Tendenzen zunächst eng mit der Historischen Kommission der Kaiserlichen Akademie der Wissenschaften. Das von der Akademie ab 1848 herausgegebene und von ihrer Kommission redaktionell betreute „Archiv für Kunde österreichischer Geschichtsquellen" zählt ebenso wie die dazugehörige

---

[12] STIEG, Scholarly Historical Periodicals (wie Anm. 2) 58–65; siehe auch Gabriele LINGELBACH, Die *American Historical Review,* in: Historische Zeitschriften im internationalen Vergleich (wie Anm. 1) 33–62, hier 53–61.

[13] Allgemein hierzu Mitchell ASH, Die Wissenschaften in der Geschichte der Moderne (Antrittsvorlesung, Wien 2. April 1998). *Österreichische Zeitschrift für Geschichtswissenschaften* 10, H. 1 (1999) 105–129.

[14] Siehe z. B. Karl VOCELKA, Die Habsburgermonarchie als Gegenstand und Aufgabe der österreichischen Geschichtsforschung, in: Was heißt „österreichische" Geschichte, hg. von Martin SCHEUTZ–Arno STROHMEYER (Wiener Schriften zur Geschichte der Neuzeit 6, Innsbruck 2008) 37–50; zum 19. Jahrhundert etwa Alois KERNBAUER, Konzeptionen der Österreich-Geschichtsschreibung 1848–1938, in: Forschungen zur Geschichte des Alpen-Adria-Raumes. Festgabe für em.o.Univ-Prof. Othmar PICKL zum 70. Geburtstag, hg. von Herwig EBNER–Paul W. ROTH–Ingeborg WIESFLECKER-FRIEDHUBER (Schriftenreihe des Instituts für Geschichte [der Karl-Franzens-Universität Graz] 9, Graz 1997) 255–273.

[15] Walter HÖFLECHNER, Forschungsorganisation und Methoden der Geschichtswissenschaft, in: Geschichte der österreichischen Humanwissenschaften, hg. von Karl ACHAM, Bd. 4: Geschichte und fremde Kulturen (Wien 2002) 217–238; Alphons LHOTSKY, Österreichische Historiographie (Österreich-Archiv. Schriftenreihe des Arbeitskreises für österreichische Geschichte [11], Wien 1962) 124–156.

Reihe der „Fontes Rerum Austriacarum" zu den ersten institutionell verankerten Publikationen, die auch im Zusammenhang mit dem einsetzenden Prozess der Professionalisierung zu sehen sind[16]. In einem akademieinternen Begutachtungsverfahren wurde über die Annahme oder Ablehnung der einlangenden Beiträge und Editionen entschieden, um die Beiträger zur Einhaltung bestimmter fachlicher Standards zu verpflichten[17].

In diesen Akademiepublikationen finden sich allerdings keine Besprechungen von historischen Veröffentlichungen. Damit dürfte man einerseits versucht haben, dem Problem zu entgehen, von Akademiemitgliedern verfasste Arbeiten durch andere Akademiemitglieder rezensieren lassen zu müssen. Andererseits könnte dies auch in Zusammenhang mit dem ohnedies sehr aufwändigen Begutachtungsprozess zu sehen sein, der es der Redaktion nicht mehr ermöglichte, einen eigenen Rezensionsteil zu organisieren[18]. Die Akademieschriften, zu denen neben den genannten Veröffentlichungen auch noch die Denkschriften und die Sitzungsberichte zählten, bildeten zunächst für „Dilettanten", zunehmend aber auch für fachlich ausgebildete Historiker in Österreich ein wichtiges Publikationsforum, zumal die Beiträge und Editionen nach genau bestimmten Grundsätzen honoriert wurden[19].

Die zeitintensive Veröffentlichungsprozedur durch die Akademie beklagten auch die Proponenten der MIÖG in deren Gründungsphase 1878/79. Als Redakteur der Zeitschrift fungierte zunächst der spätere Institutsdirektor Engelbert Mühlbacher[20]. Im Oktober 1879 verfasste er ein ausführliches Promemoria, welches das Bedürfnis nach einem neuen, historisch ausgerichteten Organ in Österreich unterstrich[21]. In Anspielung auf den zeitgenössischen Zeitschriftenmarkt hielt Mühlbacher fest, dass sämtliche Zeitschriften von Bedeutung in norddeutscher Hand seien, wohingegen die in Süddeutschland und Österreich produzierte historische Literatur nicht recht zur Geltung komme, obschon gerade hier etwa auf dem Gebiet der Diplomatik Hervorragendes geleistet werde. Im Inland gebe es zwar die Akademieschriften, doch könnten diese dem steigenden Bedürfnis nach schneller Publikation nicht entsprechen, zudem seien dort kleine Publikationen und Literaturmitteilungen überhaupt ausgeschlossen[22].

---

[16] Gudrun PISCHINGER, Vom „Dilettanten" zum Fachwissenschaftler. Die Historische Kommission der Österreichischen Akademie der Wissenschaften 1847 bis 1877 und die Professionalisierung der Geschichtswissenschaft. *Mitteilungen der Österreichischen Gesellschaft für Wissenschaftsgeschichte* 20/2000 (2001) 221–242.

[17] Christine OTTNER, Redaktionspolitik und Institutionalisierungsprozess am Beispiel der Wiener Akademiepublikationen, in: Die Institutionalisierung der Geschichtsforschung: Universitäten und Wissenschaftsakademien in Deutschland und Österreich 1850–1900, hg. von DERS. (in Bearbeitung; der Band erscheint 2013 in der Reihe Pallas Athene).

[18] Ein Beispiel zu beiden Argumenten findet sich in: Archiv der Österreichischen Akademie der Wissenschaften, Historische Kommission, Karton 1, Konvolut „Alte Akten (1851–1869), Nr. 1–98, hier Nr. 37.

[19] Gudrun PISCHINGER, Geschichtsministerium oder Verlagsanstalt? Eine Funktionsanalyse der Historischen Kommission der kaiserlichen Akademie der Wissenschaften in Wien 1847 bis 1877 (Diss. Graz 2001) 60.

[20] Der allererste Redakteur, Karl Foltz, war noch vor dem Erscheinen des ersten Heftes einem tragischen Unfall zum Opfer gefallen; LHOTSKY, Geschichte (wie Anm. 9) 153 und 166.

[21] IÖG, Bestand MIÖG, Karton MIÖG-Akten, Mappe 1: Buchhandlungen etc., Fasz. 1, Engelbert Mühlbacher, Promemoria, 1879 Oktober 22, 15 paginae (Abschrift; unpaginiertes Org. ebd., Mappe 2, Fasz. 2: Redaktionsakten, Konvolut: Berichte der Redaktion).

[22] Ebd. pag. 2.

Bereits in den vorausgehenden Verhandlungen mit dem Innsbrucker Verlag Wagner, in dem die MIÖG schließlich erschienen, waren die Struktur und das Programm der anvisierten Zeitschrift festgesetzt worden: Die Institutsmittheilungen sollten jährlich in vier Heften erscheinen, *universellen* Charakter haben, *kritische Abhandlungen geschichtlichen Inhalts* bieten und sich keineswegs auf das österreichische Gebiet beschränken[23]. Auch im Bezug auf die Epochen und Disziplinen durfte man die Zeitschrift, so die Aufforderung des Verlages, nicht zu eng gestalten[24]. Von den historischen Großepochen schlossen die Herausgeber folglich nur das Altertum aus. Inhaltlich sollten Rechts-, Kunst- und Kulturgeschichte sowie christliche Archäologie und – der fachlichen Ausrichtung des Instituts entsprechend – besonders die historischen Hilfswissenschaften, wie Diplomatik und Paläographie, vertreten sein. Neben den Abhandlungen, die „streng" wissenschaftlich abzufassen waren[25], erhielten unter dem Titel „Kleine Mittheilungen" Notizen über Funde in Archiven und Bibliotheken sowie über Korrekturen geschichtlicher Tatsachen ebenso wie ein Literaturbericht jeweils eigene Rubriken[26].

Der Kreis der künftigen Beiträger sollte sich plangemäß nicht nur auf aktuelle und ehemalige Institutsabsolventen beschränken, sondern zunehmend auch andere in- und ausländische *Fachgenossen* mit einbeziehen[27]. In der Frühzeit waren freilich vorwiegend die Angehörigen des Institutslehrkörpers und nur wenige der jüngeren Absolventen zur Mitarbeit an den MIÖG bereit oder befähigt. Für einen garantierten Erfolg der Zeitschrift musste die Redaktion deshalb jedenfalls zunehmend *fremde Kräfte* und *Specialisten* anwerben[28].

Dies galt besonders für den Literaturbericht, der stets ausdrücklich erwähnt wurde[29]. Hierin sollten, wie auch bei anderen Periodika üblich, Neuerscheinungen in den genannten Fachbereichen besprochen werden. Dabei strebte die Redaktion nach Möglichkeit die Vollständigkeit auf dem Gebiet der Hilfswissenschaften und der deutschen Urkundeneditionen an. Mit der Organisation der Literaturberichte verbanden sich auch Überlegungen, die Bestände der Institutsbibliothek kontinuierlich zu erweitern. Dieser war immerhin *die Gesammtheit der historischen Publikationen […] zugedacht, welche der Redaktion behufs Kenntnisnahme oder Besprechung zugehen werden, sodaß diese Bibliothek voraussichtlich bei geringem Aufwande von Mitteln bedeutend anwachsen und so den Unterrichtszwecken immer mehr entsprechen* werde[30].

---

[23] Ebd. Mappe 1: Buchhandlungen etc., Fasz. 1, Verlagsanzeige der Wagner'schen Universitätsbuchhandlung in Innsbruck, sine dato.

[24] Ebd. Mappe 2: MIÖG-Akten (sic), Fasz. 2, Konvolut: Vorverhandlungen etc., Promemoria der Wagner'schen Universitätsbuchhandlung in Innsbruck, 1878 Mai 25.

[25] Ebd. Mappe 2: MIÖG-Akten (sic), Fasz. 2, Konvolut: Berichte der Redaktion, Engelbert Mühlbacher, Subventionsgesuch an das MCU [Ministerium für Cultus und Unnterricht], 1880 Jänner 30 (Konzept). Zur Konzeption siehe auch die Einleitung im ersten Heft der Zeitschrift Theodor SICKEL, Das k.k. Institut für österreichische Geschichtsforschung. *MIÖG* 1 (1880) 1–18, bes. 17f.

[26] IÖG, Bestand MIÖG, Karton MIÖG-Akten, Mappe 1: Buchhandlungen etc., Fasz. 1, Karl Foltz, Zirkular, 1879 Juni (sine die). Erste Versammlungen hatten bereits im März und Juni 1878 stattgefunden; siehe auch LHOTSKY, Geschichte (wie Anm. 9) 153–155.

[27] Siehe hierzu auch ein Schreiben der Proponenten an das Ministerium für Cultus und Unterricht von 1880 Jänner 3, zitiert bei LHOTSKY, Geschichte (wie Anm. 9) 154; siehe außerdem SICKEL, Institut (wie Anm. 25) 17.

[28] Promemoria Mühlbacher (wie Anm. 21) pag. 7f.

[29] Verlagsanzeige Wagner (wie Anm. 23).

[30] Denkschrift des IÖG an das Ministerium für Cultus und Unterricht, 1880 Jänner, zitiert nach LHOTSKY, Geschichte (wie Anm. 9) 155.

In der Praxis bestand freilich das Problem, das Rezensionsexemplar üblicherweise *in das Eigenthum des Recensenten* übergehen zu lassen, wofür wiederum eine finanzielle Remuneration für die abgelieferte Besprechung entfallen konnte. Hier erwartete die Redaktion zunächst vor allem das Entgegenkommen der Institutsmitglieder, die rezensierten Werke wieder an die Redaktion zurückzustellen[31]. In den 1890er Jahren fiel die Organisation des Literaturteils, wie erwähnt, in das Ressort Oswald Redlichs. Dieser warb potentielle Referenten aktiv an, wofür er auch seine sozialen Kontakte nutzte. So betonte beispielsweise ein Schweizer Historiker, dass ihm das Rezensieren zwar wenig Freude bereite, er aber Redlich *zuliebe*, den er in Innsbruck persönlich kennengelernt hatte, gerne die eine oder andere Besprechung übernehmen werde[32]. Redlich dürfte mit den Referenten und Rezensenten fallweise Absprachen getroffen haben, wonach Besprechungshonorare und Jahresabonnements der Mitteilungen gegeneinander abzurechnen waren[33].

In der Frühzeit der MIÖG war es freilich noch kaum möglich, die Literaturberichte systematisch zu organisieren. Der Redakteur Mühlbacher selbst konstatierte lakonisch, dass er vorerst auf das angewiesen sei, *was der Zufall bringt*[34]. So hatte etwa ein Bibliothekar aus Udine, der mit dem Institut in regelmäßigem Kontakt stand, für eines der ersten Hefte zehn Schriften zur Besprechung eingesandt, von denen er die meisten offenkundig selbst als Hochzeitsgaben erhalten hatte[35].

Dennoch lag es in der Absicht der Herausgeber und des Verlages, den Literaturberichten von Beginn an eine ganz spezifische Note zu verleihen. Sie beabsichtigten, vor allem solche rezenten Publikationen besprechen zu lassen, die in ungarischer oder einer slawischen Sprache erschienen waren[36]. In der Praxis richtete die Redaktion *Fortlaufende Referate* ein, die über die nicht-deutsche Literatur Österreich-Ungarns informierten, um deren wissenschaftliche Resultate weiteren Kreisen zugänglich zu machen. Anvisiert wurde nach *vier Sprachgebiete*[n] die böhmische, ungarische, polnische und südslawische Literatur[37]. Mit dem Hinweis auf die erstarkende nationale Geschichtsforschung in den Ländern der Monarchie war zugleich das Problem der Nationalsprachen evident, derentwegen die auswärtige Beachtung dieser Leistungen, etwa in Deutschland, gering blieb[38].

---

[31] Promemoria Mühlbacher (wie Anm. 21) pag. 14.

[32] IÖG, Briefe an Oswald Redlich, Karton 1 (1893–1897), Johannes Dierauer an Redlich, 1894 März 21; ähnlich auch Woldemar Lippert an Redlich, ebd., 1894 November 22.

[33] Jedenfalls erinnerte Woldemar Lippert, damals Archivar am Hauptstaatsarchiv Dresden, den Redakteur Redlich an ihrer beider *altes Paktum*, wonach er für das Abfassen einiger Besprechungen die MIÖG ohne Bezahlung des jährlichen Abonnementbeitrages von 5 fl. beziehen durfte. IÖG, Briefe an Oswald Redlich, Karton 1 (1893–1897), Woldemar Lippert an Redlich, 1896 November 11.

[34] IÖG, Bestand MIÖG, Karton MIÖG-Akten, Mappe 2: MIÖG-Akten (sic), Fasz. 1: Mittheilungen Mühlbacher, Engelbert Mühlbacher an Theodor Sickel, 1880 Mai 24.

[35] IÖG, Bestand MIÖG, Karton MIÖG-Akten, Mappe 1: Buchhandlungen etc., Fasz. 1, Engelbert Mühlbacher, Rechenschaftsbericht der interimistischen Redaktion der MIÖG, 1879 Oktober 19, 12 paginae, hier pag. 5 (Abschrift; unpaginiertes Org. ebd., Mappe 2, Fasz. 2: Redaktionsakten, Konvolut: Berichte der Redaktion).

[36] Zirkular Foltz (wie Anm. 26).

[37] IÖG, Bestand MIÖG, Karton MIÖG-Akten, Mappe 2: MIÖG-Akten (sic), Fasz. 2, Konvolut: Berichte der Redaktion, Engelbert Mühlbacher, Redaktionsbericht, sine dato (vermutlich 1880). Mühlbacher erwähnte auch noch die ruthenische und rumänische Geschichtsforschung, über deren Qualität er allerdings wenig Bescheid wisse, sowie die siebenbürgische und italienische (Dalmatien, Triest) Literatur; siehe außerdem Mühlbacher an Sickel, 1880 Mai 24 (wie Anm. 34).

[38] Promemoria Mühlbacher (wie Anm. 21) pag. 12.

Mühlbacher erwähnte, dass in Prag zwar beschlossen worden war, über die böhmische Literatur in das Ausland zu berichten, doch sei dieser Beschluss bisher unausgeführt geblieben[39]. In der „Historischen Zeitschrift" wurde von einem speziellen Referenten über die polnische Literatur berichtet[40], doch seien diese Referate, wie Mühlbacher ebenfalls bemerkte, oftmals im Verzug und inhaltlich dürftig[41]. Diese speziellen Literaturberichte der „Historischen Zeitschrift" galten dennoch als wichtiger Grund, um viele Abonnenten zu gewinnen. Umso mehr maßen die Proponenten der MIÖG den Literaturberichten als Programmpunkt ihrer eigenen künftigen Zeitschrift enorme Bedeutung bei. Auch über den hierfür notwendigen Arbeitsaufwand, über die eventuelle Bestellung eines *souschefs* speziell für die Referate zur nicht-deutschen Geschichtsforschung und über die ausreichende Honorierung umfangreicher, möglichst vollständiger Berichte wurde vielfach diskutiert[42].

Diese sorgfältigen Überlegungen verbanden sich mit zwei wesentlichen Intentionen, namentlich mit der Bemühung um möglichst guten Absatz und mit dem gesamtstaatlichpolitischen Anspruch der MIÖG. Durch umfassende Literaturberichte über die Leistungen der Geschichtsforschung im Kaiserstaat erhoffte man sich eine weitreichende Verbreitung. Dem Institutsprofil entsprechend waren auch hier *sachliche Referate* über publizierte Quelleneditionen vorrangig, für die periodische Literatur Österreich-Ungarns sollten zumindest ausführliche Inhaltsverzeichnisse angefertigt werden[43]. Denn erst diese Extras, davon gingen die Proponenten aus, würden zahlreiche auswärtige Bibliotheken dazu nötigen, die neue Zeitschrift zu beziehen.

Der politische Anspruch als Legitimierungsargument tritt besonders gegenüber dem Ministerium für Cultus und Unterricht zutage, das regelmäßige finanzielle Dotationen für die MIÖG bereitstellte. Bereits in den ersten Subventionsansuchen betonte die Redaktion nachdrücklich die Bedeutung der Literaturreferate über die nationale und nationalsprachige Geschichtsforschung innerhalb der Monarchie, womit doch vor allem *ein staatliches Interesse verknüpft* sei. Eine adäquate Lösung dieser schwierigen Aufgabe werde durch die Verteilung der Institutsangehörigen über sämtliche Gebiete Österreich-Ungarns ermöglicht[44]. Der Aufbau der entsprechenden Kontakte zu den einzelnen Referenten kostete den Redakteur Mühlbacher allerdings großen organisatorischen Aufwand[45].

Dieser Aufwand zeitigte gleichwohl bald deutliche Erfolge – trotz der ewig wiederkehrenden finanziellen Probleme, die vor allem mit der Frage nach der Honorarhöhe für die Beiträge und Referate zusammenhingen. Dabei bildeten vor allem die deutschen Zeitschriften, aber auch die Akademieschriften eine starke Konkurrenz, wie Mühlbacher

---

[39] Redaktionsbericht Mühlbacher, sine dato (wie Anm. 37).

[40] Siehe hierzu einen knappen Bericht über einige Werke der polnischen Geschichtswissenschaft: Xaver LISKE[, Literaturbericht]. *HZ* 43 (1880) 178–180.

[41] Redaktionsbericht Mühlbacher (wie Anm. 37).

[42] Promemoria Mühlbacher (wie Anm. 21) pag. 11; Mühlbacher an Sickel, 1880 Mai 24 (wie Anm. 34).

[43] Redaktionsbericht Mühlbacher (wie Anm. 37).

[44] IÖG, Bestand MIÖG, Karton MIÖG-Akten, Mappe 2: MIÖG-Akten (sic), Fasz. 2, Konvolut: Berichte der Redaktion, Engelbert Mühlbacher, Subventionsgesuch an das Ministerium für Cultus und Unterricht, 1880 Jänner 30 (Konzept).

[45] Über die Gestaltung des Literaturberichtes und der speziellen Referate, für die erst weitreichendere persönliche Verbindungen aufzubauen waren, äußerte sich Mühlbacher detailliert in seinem Bericht von 1879 Oktober 19; siehe Mühlbacher Rechenschaftsbericht (wie Anm. 35) pag. 7f.

häufig beklagte⁴⁶. Nach den ersten drei Jahren ihres Bestehens resümierte er aber dennoch, dass für die Zeitschrift mittlerweile eine ganze Reihe ständiger Mitarbeiter gewonnen werden konnte. Auch seien bedeutende Namen von Gelehrten ausländischer Universitäten wie Berlin, München, Jena, Heidelberg, Göttingen, Luzern oder Strassburg vertreten⁴⁷. Für die Kunstgeschichte habe man eine eigene Abteilung eingerichtet. Dabei ging es vornehmlich darum, die Kunstgeschichte nach streng geschichtswissenschaftlichen Grundsätzen, wie sie am Institut gelehrt wurden, gegenüber der Ästhetik abzugrenzen⁴⁸. Auch die Besprechungen und Referate zur nicht-deutschen Literatur wurden für den Erfolg als maßgeblich erachtet. Die MIÖG wurden nun ihrerseits in zahlreichen anderen Fachorganen international besprochen. Ein Brüsseler Historiker hob ihre wissenschaftliche Bedeutung, auch mit Anspielung auf die Geschichtsforschung in der Monarchie, folgendermaßen hervor: *Cette nouvelle revue sera pour l'Autriche ce que la Bibliothèque de l'École des chartes est pour la France, c'est-à-dire un récueil utile et nécessaire aux études historiques, telles qu'elles se développent depuis longtemps en Autriche, en Bohème et en Hongrie* […]⁴⁹.

Abgesehen von der fachlich interessierten Gelehrtengemeinschaft zielte man außerdem auf eine pädagogisch motivierte Breitenwirkung ab. Dies zeigt das Ansinnen der Redaktion, die Zeitschrift nach ihrer Anlaufphase auch für die Bibliotheken der Mittelschulen empfehlen zu lassen, worum das Ministerium eigens ersucht wurde⁵⁰. Im Gegenzug berichtete sodann ein fixer Referent regelmäßig im Literaturteil über die gedruckten historischen Arbeiten aus zahlreichen Mittelschulen innerhalb der Monarchie, auch hier mit einer klaren Auswahl an solchen *Programmaufsätzen*, die auf ungedrucktem Quellenmaterial fußten⁵¹.

Die vorangehenden Ausführungen verdeutlichen den solidar-gemeinschaftlichen Anspruch der Zeitschrift, mit der das Institut ein Vierteljahrhundert nach seiner Gründung erstmals als *Genossenschaft vor die Öffentlichkeit* trat⁵². Zwanzig Jahre vor Gründung der MIÖG war 1859 erstmals die „Historische Zeitschrift" erschienen. Diese markiert im deutschen Sprachraum den Übergang von einer Zeitschrift für ein bildungsbürgerliches Publikum zu einem Publikationsorgan für eine akademische Fachöffentlichkeit⁵³. Demgegenüber sahen sich die MIÖG von Beginn an als professionelle Zeitschrift mit aus-

---

⁴⁶ IÖG, Bestand MIÖG, Karton MIÖG-Akten, Mappe 2: MIÖG-Akten (sic), Fasz. 2, Konvolut: Berichte der Redaktion, Engelbert Mühlbacher, Bericht an die Direktion des IÖG, 1886 Dezember 2; von der *trübseligen Finanzlage* und seinem eigenen enormen Arbeitsaufwand sprach Mühlbacher auch später häufig und bat, ihn der Redaktionstätigkeit zu entheben; siehe etwa ebd., Bericht an die Institutsdirektion, 1888 Februar 2.

⁴⁷ IÖG, Bestand MIÖG, Karton MIÖG-Akten, Mappe 2: MIÖG-Akten (sic), Fasz. 2, Konvolut: Berichte der Redaktion, Engelbert Mühlbacher, Subventionsgesuch an das Ministerium für Cultus und Unterricht, 1882 Juni (sine die), Konzept (Org. im Österreichischen Staatsarchiv, Allgemeines Verwaltungsarchiv, zitiert bei Lhotsky, Geschichte (wie Anm. 9) 156 Anm. 15.

⁴⁸ Hierzu auch Lhotsky, Geschichte (wie Anm. 9) 156 Anm. 16.

⁴⁹ Mühlbacher, Subventionsgesuch 1882 Juni (wie Anm. 47).

⁵⁰ IÖG, Bestand MIÖG, Karton MIÖG-Akten, Mappe 2: MIÖG-Akten (sic), Fasz. 2, Konvolut: Berichte der Redaktion, Engelbert Mühlbacher, Ansuchen an das MCU, 1882 Juli 3 (Konzept).

⁵¹ Siehe hier die fortlaufenden Besprechungen ab dem 6. Band der MIÖG: Simon Marian Prem, Die historischen Programme der österreichischen Mittelschulen im Jahre 1884, in: *MIÖG* 6 (1885) 320–324.

⁵² Promemoria Mühlbacher (wie Anm. 21) pag. 4.

⁵³ Martin Nissen, Wissenschaft für gebildete Kreise. Zum Entstehungskontext der *Historischen Zeitschrift*, in: Das Medium Wissenschaftszeitschrift seit dem 19. Jahrhundert (wie Anm. 1) 25–44; siehe auch Theodor Schieder, Die deutsche Geschichtswissenschaft im Spiegel der Historischen Zeitschrift.

schließlich wissenschaftlichem Charakter. Gleichwohl verfolgten sie im Vergleich zu einigen zeitgleich gegründeten Periodika, etwa in Frankreich oder Italien, nicht nur das Ziel der methodischen Standardisierung und fachlichen Abgrenzung[54]; sie machten es sich nämlich außerdem zur Aufgabe, die speziell am Institut für Österreichische Geschichtsforschung betriebenen und gelehrten hilfswissenschaftlichen Disziplinen zu repräsentieren. Insgesamt erhob die Zeitschrift somit fachliche und politische Ansprüche, welche, wie nun im Detail zu zeigen ist, in der Gestaltung der Literaturberichte deutlichen Niederschlag fanden.

Überlegungen zu formalen und inhaltlichen Strukturen

Im Bezug auf den Umfang der Literaturberichte der MIÖG ist zunächst kurz anzumerken, dass diese mit wenigen Ausnahmen in Summe etwa 20%–25% des Gesamtvolumens eines Bandes einnahmen[55]. An den einzelnen Besprechungen fällt auf, dass diese zunächst häufig relativ lang ausfielen. Texte im Ausmaß von zehn bis zwanzig Seiten, die nicht selten eigenen Abhandlungen ähnelten, waren in den ersten Bänden keine Seltenheit[56]. Die Texte wurden im Allgemeinen zwar zunehmend kürzer[57], jedoch finden sich auch aus der Zeit um 1900 noch recht voluminöse Rezensionen[58]. Die weitaus überwiegende Mehrzahl der Besprechungen und Referate wurde nicht anonym verfasst. Nur in einzelnen Fällen blieben die Protagonisten, wohl auf eigenen Wunsch, anonym und erschienen auch im Inhaltsverzeichnis unter einer *chiffre*[59].

Die Verfasser der Texte bezeichneten sich selbst im gesamten Betrachtungszeitraum als *Recensent*, häufig aber auch als *Referent*[60], ohne dass sie hierbei konsequent zwischen einem kritischen oder einem deskriptiven Zugang ihrer jeweiligen Besprechung unterschieden hätten[61]. Demgemäß ist oftmals von *Anzeigen* anstatt von *Recensionen* die Re-

---

HZ 189 (1959) [zugleich unter dem Titel: Hundert Jahre Historische Zeitschrift, hg. von Theodor SCHIEDER] 1–104.

[54] Inga GERIKE, „Notre siècle est le siècle de l'histoire". Die *Revue historique* im Spannungsfeld von historischer Forschung und politischem Engagement. 1876–1900, in: Historische Zeitschriften im internationalen Vergleich (wie Anm. 1) 63–81; Edoardo TORTAROLO, Die *Rivista Storica Italiana* 1884–1929, in: ebd. 83–91.

[55] Deutliche Ausnahmen bilden z.B. die Bände 6, 20 und 21 der MIÖG mit 15%, 31% und 14%. Sämtliche Berechnungen konnten allerdings nicht ganz korrekt durchgeführt werden, da die Literaturteile stets in kleineren Lettern gesetzt wurden.

[56] Siehe z.B. *MIÖG* 5 (1884) 629–650 (!).

[57] Siehe z.B. *MIÖG* 8 (1887) 321–340: Hierin finden sich zehn Besprechungen im durchschnittlichen Umfang von zwei Seiten.

[58] Siehe z.B. *MIÖG* 19 (1898) 210–220; *MIÖG* 20 (1899) 313–325.

[59] Mühlbacher, Rechenschaftsbericht (wie Anm. 35) pag. 6: Zwei Verfasser von Besprechungen und Übersichten zu ungarischen Publikationen wollten aus Gründen, *die anerkannt werden müssen,* dass ihre Artikel nicht mit ihrem Namen bezeichnet wurden; bei dem im folgenden zitierten Fall handelte es sich laut Mühlbachers Bericht jedenfalls um Árpád Károlyi; siehe auch [Anonym,] Die Publicationen der ungarischen Akademie der Wissenschaften, in: *MIÖG* 1 (1880) 153–160; als weiteres Beispiel siehe auch [Anonym,] Rezension zu Ferdinand Zieglauer, Die politische Reformbewegung in Siebenbürgen in der Zeit Josephs II. und Leopolds II., Wien 1881, in: *MIÖG* 3 (1882) 159–162.

[60] Die Selbstbezeichnung *Referent* etwa in *MIÖG* 4 (1883) 475f.; mehrfache Selbstbezeichnung als *Recensent* etwa in *MIÖG* 3 (1882) 130f.

[61] In *MIÖG* 19 (1898) 203–210, bezeichnet etwa der Verfasser seine Besprechung als *Recension* und sich selbst als *Referent*.

de[62]. Ein prominentes Beispiel für eine Anzeige liefert der Institutsdirektor und bekannte Paläograph Theodor Sickel: Dieser zeigte im Literaturbericht der MIÖG selbst die erste Lieferung der unter seiner Leitung herausgegebenen „Kaiserurkunden in Abbildungen" aus dem Jahr 1880 an. Es handelt sich dabei um einen sehr umfangreichen Tätigkeitsbericht, in dem Sickel sämtliche Arbeiten und Recherchen, die Auswahlkriterien für die Materialien und die Probleme der praktischen Umsetzung des Unternehmens erörterte, das sich teilweise mit starken Widerständen durch die Archive konfrontiert sah[63].

Das Beispiel verdeutlicht darüber hinaus die zunächst fließenden Grenzen zwischen einer „Literaturanzeige" und den übrigen Rubriken der Zeitschrift. Denn Tätigkeitsberichte, wie diejenigen der Zentraldirektion der „Monumenta Germaniae Historica" [im Folgenden: MGH] oder über die Plenarversammlungen der Historischen Kommission bei der Bayerischen Akademie der Wissenschaften, wurden nicht innerhalb des Literaturberichts, sondern meist im Anhang extra abgedruckt[64]. Um 1900 war die Strukturierung der Bände insgesamt in Abhandlungen, Kleine Mittheilungen, Literatur und Notizen, Berichte sowie Personalien und Nekrologe einheitlich festgelegt[65], wiewohl auch hier vor allem im Rahmen von Gelehrtenkontroversen Verflechtungen auftreten konnten[66].

Insgesamt ergibt sich der Eindruck, dass zahlreichen Besprechungen ein starker Zug zur Berichterstattung und nicht unbedingt zur kritischen Auseinandersetzung mit der Vorlage eignet. Betont wird mitunter sogar die absichtliche Distanz von einer eigenen kritischen Stellungnahme, wenn etwa der Besprechende versuchte, in einer Kontroverse zwischen anderen Historikern eine vermittelnde Position einzunehmen: *Der Unterzeichnete hat durchwegs nicht als Kritiker, sondern als Referent gesprochen*. Ganz bewusst nahm der *Referent* in diesem Fall von den ihm durchaus bekannten Polemiken Abstand und resümierte, dass sich die Meinungen aller Kontrahenten doch ohnedies *zum besten der historischen Wahrheit* ergänzen würden[67]. In einem weiteren Fall ging es dem Referenten, der als gebürtiger Böhme am Wiener Institut für Österreichische Geschichtsforschung studiert hatte[68], nach eigener Aussage lediglich darum, den *deutschen Leser* in der strittigen Fälschungsfrage der bekannten böhmischen Königinhofer und Grünberger Handschrift über den Verlauf und die Resultate der Auseinandersetzung sowie über den aktuellen Forschungsstand der Literatur in tschechischer Sprache zu informieren. Hierfür

---

[62] *MIÖG* 7 (1886) 504; siehe außerdem etwa *MIÖG* 15 (1894) 691: *Der Referent kann seine Anzeige nicht schließen* […]. Das Wort *Recension* etablierte sich spätestens an der Wende vom 18. zum 19. Jahrhundert als fixer Fachterminus im Sinne einer öffentlichen Beurteilung neu erschienener Bücher. Zu den begrifflichen Überlegungen Thomas HABEL, Gelehrte Journale und Zeitungen der Aufklärung. Zur Entstehung, Entwicklung und Erschließung deutschsprachiger Rezensionszeitschriften des 18. Jahrhunderts (Presse und Geschichte – Neue Beiträge 17, Bremen 2007) 17–25.

[63] Theodor SICKEL, Anzeige zu Kaiserurkunden in Abbildungen, ed. von Heinrich von SYBEL–DEMS., 1. Lieferung (Berlin 1880), in: *MIÖG* 2 (1881) 310–330; zu diesem Projekt siehe auch die Literaturangaben unten in Anm. 95.

[64] Siehe z. B. *MIÖG* 1 (1880) 494–496; *MIÖG* 4 (1883) 173–176.

[65] Siehe hierzu das Inhaltsverzeichnis in: *MIÖG* 21 (1900).

[66] In *MIÖG* 20 (1899) 692–696, findet sich z. B. unter der Rubrik „Notizen" eine Entgegnung Oswald Redlichs, der von einem Autor, den er rezensiert hatte, angegriffen worden war; Redlichs Rezension findet sich ebd. 313–325.

[67] Franz KRONES, Rezension zu Arnold Busson, Der Krieg von 1278 und die Schlacht von Dürnkrut (Wien 1880), in: *MIÖG* 2 (1881) 475–479.

[68] Milada VILÍMKOVÁ, Art. Mareš, František. ÖBL 6, 26. Lieferung (1973) 79.

erörterte er ausführlich, und um Sachlichkeit bemüht, sämtliche der sowohl von böhmischer als auch von deutscher Seite erbrachten historischen, paläographischen und philologischen Beweisführungen[69].

Gleichwohl bildeten die Literaturberichte der MIÖG natürlich durchaus eine Möglichkeit für kritische Rezensionen und Kontroversen und wurden auch von Außenstehenden als eine dafür geeignete Plattform wahrgenommen. Ein deutscher Archivar und Historiker betonte etwa gegenüber Redakteur Redlich, dass er die Institutsmitteilungen als Ort für Rezensionen deshalb bevorzuge, weil in einer vergleichbaren deutschen Zeitschrift *programmgemäß die eigentliche Kritik thunlichst ausgeschlossen* sei und die dortigen Besprechungen im Gegensatz zu denjenigen in den MIÖG vorwiegend *referierend gehalten* sein sollten[70]. Mit Bezug auf die Frage nach kritischer oder deskriptiver Besprechung lohnt auch ein kurzer Seitenblick auf die Arbeit des Rezensenten. Als wichtige Qualifikation eines *geübten Fin-de-siècle-Kritikers* wurde von zeitgenössischen Historikern zunehmend der *feine Geruchssinn* angesehen, *der es an dem Buche von außen gleich wittert, was dran ist, der Adlerblick, der durch die Umschlagschalen dringend die principiellen systematischen [...] Gebrechen erspäht, ohne das Buch aufzuschlagen*. Dies bekannte ein Rezensent gegenüber der Redaktion, allerdings mit dem gleichzeitigen Hinweis auf seine eigenen vergleichsweise bescheidenen Qualitäten und die Mühe, die er auf das Abfassen von kompetenten Rezensionen verwenden musste[71].

Der erwünschte *Adlerblick* war womöglich auch nicht allzu hilfreich, wenn es um die präzise Überprüfung von Regestenwerken und Quellensammlungen ging. In der kritischen Besprechung einer Edition zu den böhmischen Landtagsverhandlungen schilderte etwa der gut informierte Rezensent zunächst eingehend die Vorarbeiten, die durch den namhaften tschechischen Historiker František Palacký geleistet worden waren und nun eine Fortsetzung erfuhren[72]. Zudem wies er explizit auf seinen eigenen Arbeitsaufwand hin und zählte einzelne von ihm ausgewählte Stücke der Edition auf, welche er eigens mit den Originalen verglichen habe. Dabei habe er trotz der leicht leserlichen Vorlagen zahlreiche Verschreibungen festgestellt, die er nun im Detail auflistete[73].

Auch in äußerst wohlwollenden Besprechungen finden sich freilich Kritikpunkte, die dem Rezensenten durchaus auch die Möglichkeit boten, sich selbst als möglichst professionell zu präsentieren. Dies zeigt, hier nur als Beispiel, eine längere Lobeshymne, die Emil von Ottenthal auf ein Urkundenbuch seines Kollegen Oswald Redlich verfasst hatte, der zu diesem Zeitpunkt allerdings noch an der Universität Innsbruck tätig war.

---

[69] František MAREŠ [, Sammelrezension zu fünf tschechischen Schriften über die Grünberger und Königinhofer Handschrift und das Fragment des Johannesevangeliums], in: *MIÖG* 1 (1880) 160–166; in die seit den 1820er Jahren schwelende Echtheitsfrage war unter anderem auch der namhafte tschechische Historiker František Palacký involviert; siehe hierzu Jiří KOŘALKA, František Palacký (1798–1876). Der Historiker der Tschechen im österreichischen Vielvölkerstaat. Deutschsprachige Neubearbeitung vom Verfasser unter Mitarbeit von Helmut RUMPLER–Peter URBANITSCH (Studien zur Geschichte der Österreichisch-Ungarischen Monarchie 30, Wien 2007) bes. 148f. u. 385–390; siehe ferner Joseph Frederik ZACEK, František Palacký and „The Battle of the Manuscripts". *Nationality Papers* 12 (1984) 39–48.

[70] IÖG, Briefe an Oswald Redlich, Karton 1 (1893–1897), Woldemar Lippert an Redlich, 1895 Februar 17.

[71] Ebd.

[72] Zu Palacký vor allem KOŘALKA, František Palacký (wie Anm. 69).

[73] František MAREŠ, Rezension zu Die böhmischen Landtagsverhandlungen und Landtagsbeschlüsse vom Jahre 1526 an bis auf die Neuzeit, hg. vom Böhmischen Landesarchiv (Prag 1877), in: *MIÖG* 1 (1880) 329–332.

Die hierin konkret ausgeführten, minimalen kritischen Anmerkungen zu einigen fraglichen Urkundendatierungen zeigen deutlich, wie eingehend sich Ottenthal mit der Edition Redlichs auseinandergesetzt hatte und mit welcher Fachkompetenz er dabei selbst aufwarten konnte[74]. Fallweise stellte man auch die eigene Beurteilungsarbeit dem Aufwand des Autors oder Editors der Vorlage gegenüber: Er könne sich, so ein Rezensent, *natürlich nicht rühmen, das ganze Werk gleichmäßig geprüft zu haben;* zugleich unterstrich er aber, dass der *Kritiker ja andere Rechte* habe als der Verfasser eines Buches. Diese Rechte nahm der sich umgehend heraus, indem er darauf hinwies, dass wohl auch die Abschnitte, die er nicht eingehend geprüft habe, mit Fehlern behaftet seien[75].

Weitere strukturelle Befunde in den Literaturberichten sind die regelmäßig anzutreffenden Sammelbesprechungen, die fast durchwegs einen bestimmten inhaltlichen Schwerpunkt aufweisen. Klassische Beispiele bilden etwa Besprechungen aktueller Literatur zur Schweizerischen Geschichte. Hier trifft man wiederum häufig auf berichterstattende Referate, fallweise jedoch mit dezidierten Stellungnahmen vor allem im Hinblick auf den konkreten Wert der Publikation für die österreichische Geschichte[76]. Auch Gedenkjahre boten die Möglichkeit für Sammelbesprechungen. So reagierte die Redaktion beispielsweise, als sich im Jahr 1883 die zweite Wiener Türkenbelagerung zum zweihundertsten Mal jährte, mit einer *kritische[n] Sichtung der neuesten Literatur über das Jahr 1683*. Hierin wurden die Ergebnisse einzelner aktueller Arbeiten einander gegenübergestellt und in ihrer Qualität einer Wertung unterzogen[77].

Zusätzliche Beispiele für einen sogar mehrere Bände durchziehenden inhaltlichen Schwerpunkt liefern die umfangreichen Sammelrezensionen zur *Literatur über deutsches Städtewesen*, die seit den 1890er Jahren erschienen und stets von einem Schüler Theodor Sickels, namentlich von Karl Uhlirz, erstellt wurden[78]. Hierin finden sich neben bloßen Inhaltswiedergaben sehr kritische Statements, etwa gegenüber den Herausgebern einer Festschrift, über deren methodischen *Dilettantismus* sich Uhlirz ausgiebig entrüstete[79].

Disziplinäre Abgrenzung und fachliche Standardisierung

Im vorstehenden Beispiel klingen bereits die Versuche der Rezensenten und Referenten an, die fachliche Standardisierung der Geschichtsforschung zu fördern und dabei gleichzeitig die Grenzen für einen professionellen Bereich zu ziehen. In den Besprechungen zu den Quelleneditionen finden sich unzählige Hinweise auf die notwendige kritische Beurteilung der tradierten Textvarianten, die den Drucken zugrunde gelegt worden

---

[74] Emil von Ottenthal, Rezension zu Acta Tirolensia. Urkundliche Quellen zur Geschichte Tirols, Bd. 1, ed. Oswald Redlich (Innsbruck 1886), in: *MIÖG* 7 (1886) 658–665.

[75] Paul Scheffer-Boichorst, Rezension zu Carl Joseph von Hefele, Conciliengeschichte, nach den Quellen bearbeitet, Bd. 5, 2. Aufl. bearb. von Alois Knöpfler (Freiburg im Breisgau 1886), in: *MIÖG* 9 (1888) 356–364, hier 363.

[76] Paul Schweizer [, Sammelrezension zu drei Werken zur Schweizerischen Geschichte], in: *MIÖG* 2 (1881) 138–144.

[77] Karl Uhlirz, Die neueste Literatur über das Jahr 1683, in: *MIÖG* 5 (1884) 325–349. Hierunter werden in Summe 28 Werke besprochen.

[78] Karl Uhlirz, Neuere Literatur über deutsches Städtewesen, in: *MIÖG* 15 (1894) 488–516 und 676–682.

[79] Ebd. 681f.; siehe ebenfalls *MIÖG* 17 (1896) 316–342.

waren[80]. Auch wurden etwa bei Urkundenbüchern häufig konkrete Beispiele für editorische und diplomatische Fehlgriffe ausgeführt und angeprangert. Hier bildete zudem die Übersichtlichkeit in der äußeren Gestaltung und Einrichtung des Druckes ein Beurteilungskriterium; des Weiteren wurde die *konsequente Linie* eines Editors hinterfragt, wenn etwa offenkundige Verschreibungen der Vorlage einmal im Haupttext stehen gelassen, ein anderes Mal aber im Text emendiert und im Anmerkungsapparat ausgewiesen wurden[81]. Gelobt wurde hingegen, wenn die Ausgaben auf einem sorgfältigen Vergleich sämtlicher Handschriften basierten, wenn die ältesten bekannten Überlieferungen zugrundegelegt worden waren und wenn der Edition ein *fleissig gearbeitetes* Wort-, Namen- und sogar Sachregister beigegeben war[82]. In manchen Rezensionen, die von Institutsmitgliedern verfasst wurden, finden sich sogar längere Erörterungen über die Frage der anzuwendenden Editionsprinzipien. Diese hatten sich, wie ein Rezensent eigens ausführte, entsprechend den Ausgaben der Diplomata und Scriptores der MGH auch am Wiener Institut eingebürgert und trachteten in erster Linie nach der Herstellung eines *gut lesbaren und rasch benutzbaren* Textes. Dies setzte natürlich die entsprechende *Beherrschung des Stoffes und der Kritik* voraus, an der es den Editoren vielerorts noch mangelte. Dementgegen lieferten diese oft einfache paläographisch getreue Abdrucke der Quellen ohne Rücksichtnahme auf eine Anpassung der oft unverständlichen (mittelalterlichen) Interpunktionen oder Majuskel- und Minuskelbuchstaben[83].

Ebensolche Fertigkeiten erwarteten vor allem die institutsinternen Rezensenten auch bei der Anlage und Erstellung von Regesten, die in manchen Quellenwerken einem vollständigen Abdruck vorgezogen wurden. Keineswegs war es vom *wissenschaftlichen Standpunkt* aus zu rechtfertigen, dass Regesten einfach *mechanisch* ohne *sichere Durchdringung des Stoffes* und ohne weiteren inneren Bedeutungszusammenhang nach Archivprovenienzen gruppiert wurden. Diese von dem Institutsabsolventen und Editionsspezialisten Alfons Dopsch geäußerte, massive Kritik an der Ausgabe der Quellen zur Wiener Stadtgeschichte hängt wohl auch mit dem Befund zusammen, dass man den Wiener Stadtarchivar, ebenfalls einen Institutsabsolventen, dabei offenbar komplett übergangen hatte[84].

In Einzelfällen schlug sich auch die Diskussion über das Verhältnis von Geschichtsforschung zu Geschichtsschreibung nieder[85]. So heißt es in einer Rezension, der Heraus-

---

[80] Siehe z. B. Karl RIEGER, Rezension zu Geschichtsquellen der Stadt Wien, 1. Abt., 2 Bde., ed. Karl TOMASCHEK (Wien 1877/1879), in: *MIÖG* 1 (1880) 135–139.

[81] Simon LASCHITZER, Rezension zu Urkundenbuch des Herzogthums Steiermark, ed. Joseph ZAHN, 2 Bde. (Graz 1875/1878), in: *MIÖG* 3 (1882) 455–467.

[82] Otto ZALLINGER, Rezension zu Das Wiener Neustädter Stadtrecht, ed. Gustav WINTER (Separatabdruck aus AÖG 60, Wien 1880), in: *MIÖG* 2 (1881) 134–137.

[83] Emil von OTTENTHAL [, Sammelrezension zu fünf Urkundenbüchern und Regestenwerken], in: *MIÖG* 8 (1887) 636–647, hier 644f.

[84] Alfons DOPSCH, Rezension zu Quellen zur Geschichte der Stadt Wien, 1. Abt., 2 Bde., hg. vom Alterthumsverein zu Wien (Wien 1895/1896), in: *MIÖG* 19 (1898) 210–220, hier 211 u. 219; zu den Randbemerkungen im Hinblick auf den Stadtarchivar Karl Uhlirz siehe ebd. 211 u. 213.

[85] Zu dieser Diskussion im Zusammenhang mit dem Historismus: Wolfgang HARDTWIG, Konzeption und Begriff der Forschung in der deutschen Historie des 19. Jahrhunderts, in: Konzeption und Begriff der Forschung in den Wissenschaften des 19. Jahrhunderts. Referate und Diskussionen des 10. Wissenschaftstheoretischen Kolloquiums 1975, hg. von Alwin DIEMER (Meisenheim am Glan 1978) 11–26; siehe auch Wolfgang HARDTWIG, Geschichtsreligion – Wissenschaft als Arbeit – Objektivität. Der Historismus in neuer Sicht. *HZ* 252/1 (1991) 1–32, hier bes. 20; siehe auch Alexandre ESCUDIER, De Chladenius à Droysen: Théorie et méthodologie de l'histoire de langue allemande (1750–1860). *Annales. Histoire, Sciences Sociales* 58/4 (2003) 743–777.

geber einer Aktenedition zur Geschichte des Dreißigjährigen Krieges habe die resultatliefernde Geschichtsforschung zu sehr mit der materialverwertenden Geschichtsschreibung vermischt. Auch die Überwucherung der Zitate, in denen jede eigene Aussage *mehrhundertmal* belegt sei, konnte der Rezensent nicht als *Forderung der wissenschaftlichen Methode* anerkennen[86]. Ebenso wurden Anmerkungen, die sich zu wahren *Excursen* ausdehnten, beanstandet[87]. Gerade bei den Geschichtsdarstellungen zeigten sich mitunter deutlich die individuellen Präferenzen des Rezensenten: So kritisierte etwa Alfons Huber, der selbst zahlreiche Darstellungen zur österreichischen Geschichte verfasste[88], wenn das Werk für seinen Geschmack zu *ausschweifend und langatmig* war und wie eine Ansammlung von Regesten wirkte, die der Autor mit Bedacht auf chronologische und sachliche Gesichtspunkte zusammengestellt hatte[89]. Geschichtstheoretische Abhandlungen fanden in den Literaturberichten der MIÖG übrigens äußerst selten Platz und wurden mitunter kurzerhand als *Geklingel philosophischer Terminologie* abgetan[90].

Demgegenüber durchziehen die Standardisierungsansprüche für die Einrichtung von seriösen Quelleneditionen das gesamte untersuchte Material. Ein weiteres Fallbeispiel zeigt, dass sich hierbei mitunter auch Redlich selbst als Redakteur und Rezensent gleichzeitig positionierte. In einer ausführlichen Besprechung, die er ausschließlich der *diplomatischen Seite* seiner Vorlage widmete, würdigte er die Edition der „Monumenta ducatus Carinthiae": *Wir haben in diesem Bande nach den Diplomata Sickels das erste und auch gleich hervorragende Beispiel* für ein erfolgreiches und *umfangreiches Urkundenwerk*. Gleichzeitig appellierte Redlich an den Herausgeber, um im Sinne der allgemeinen Standardisierung zukünftig formale Änderungen in der Verwendung von Abkürzungen und Siglen vorzunehmen[91].

In diesem Zitat klingt bereits an, dass die Ansprüche auf fachliche Standardisierung in engem Kontext mit den Repräsentationsansprüchen des Instituts und seiner Leistungen zu sehen sind. Dafür spricht aber nicht nur, dass quellenbezogene Forschungen wie Editionen und Urkundenbücher in den Grundkanon der rezensierten Arbeiten gehörten, sondern auch deren direkter Vergleich mit fachlichen Anregungen, die von prominenten Institutsprofessoren ausgegangen waren. So wies Emil von Ottenthal in seiner Sammelbesprechung einiger schweizerischer und deutscher Urkundenbücher eigens darauf hin, dass die Herausgeber einige der von Theodor Sickel geforderten Neuerungen, wie beispielsweise die Aufnahme der Dorsualvermerke *(Indorsate)*, in ihrer Edition bereits be-

---

[86] Hans (von) ZWIEDINECK(-SÜDENHORST), Rezension zu Briefe und Acten zur Geschichte des dreissigjährigen Krieges, 4. Bd., 1. Hälfte, ed. Felix STIEVE (München 1878), in: *MIÖG* 2 (1881) 493–495, hier 494.

[87] Thomas FELLNER, Rezension zu Hermann Ignaz BIDERMANN, Geschichte der österreichischen Gesamtstaatsidee, 2 Abt. (Innsbruck 1867/1889), in: *MIÖG* 15 (1894) 517–531.

[88] Zu Huber siehe Fritz FELLNER, Alfons Huber – Werk und Wirken im Umfeld der zeitgenössischen Geschichtswissenschaft, in: Geschichtsschreibung und nationale Identität. Probleme und Leistungen der österreichischen Geschichtswissenschaft, hg. von DEMS. (Wien–Köln–Weimar 2002) 277–292; siehe auch VOCELKA, Habsburgermonarchie (wie Anm. 14) 44f.

[89] Alfons HUBER, Rezension zu Emil WERUNSKY, Geschichte Kaiser Karls IV. und seiner Zeit, 2. Bd., 1. Abt. (Innsbruck 1880), in: *MIÖG* 4 (1883) 488f.

[90] Engelbert MÜHLBACHER, Rezension zu Adolph RHOMBERG, Die Erhebung der Geschichte zum Range einer Wissenschaft, oder die historische Gewissheit und ihre Gesetze (Wien–Pest–Leipzig 1883), in: *MIÖG* 4 (1883) 473–475, hier 475.

[91] Oswald REDLICH, Rezension zu Monumenta historica ducatus Carinthiae, Bd. 1, ed. August v. JAKSCH (Klagenfurt 1896), in: *MIÖG* 18 (1897) 378–386, hier 385.

rücksichtigt hätten⁹². Interessanterweise bildete die Besprechung von Werken, die Institutsmitglieder verfasst oder herausgegeben hatten, durch andere Institutsmitarbeiter oder innerhalb der engen Kollegenschaft offensichtlich kein Problem. Ottenthal etwa hatte bei Sickel studiert und rezensierte mehrfach dessen Publikationen[93]. Auch hier dürfte der Gedanke einer repräsentativen Anzeige für einen professionellen Gelehrtenkreis vordergründig gewesen sein.

Seinen Forschungsneigungen entsprechend verfasste auch Theodor Sickel selbst einige Besprechungen, so beispielsweise zu französischen Faksimileausgaben und Tafelwerken[94], die technisch den von ihm propagierten und organisierten „Monumenta Graphica" ähnelten[95]. Dieses Urkundenreproduktionsunternehmen wirkte ebenso wie sein Initiator selbst wiederum anregend und vorbildhaft auf ähnliche Vorhaben, etwa in Italien, worauf in den Besprechungen durch Sickels Institutskollegen mehrfach ausdrücklich hingewiesen wurde[96]. Auch andernorts wurden Sickels dahin gehende Grundsätze *adoptirt*, wie Ottenthal in einer Rezension zu photographischen Urkundenabbildungen konstatierte, die das Archivamt im siebenbürgischen Hermannstadt herausgegeben hatte, um sie für einen paläographisch-diplomatischen Lehrkursus am dortigen Archiv einzusetzen[97].

Politische Argumente und Literaturreferate

Vor dem Hintergrund fachlicher Ansprüche führt der zitierte Fall des siebenbürgischen Projektes weiter zur Frage nach möglichen politischen Positionierungen in den Literaturberichten der MIÖG. Denn mit dem genannten Unternehmen des Archivs in Hermannstadt verband sich auch ein klarer politischer Anspruch. Demgemäß beendete der Rezensent seine Besprechung in der Hoffnung, *dass auch diese von den Deutschen im fernsten Osten ausgegangene Anregung eine [...] Nachahmung bei den benachbarten Nationen wecke*[98]. Die Bemühungen der Hermannstädter um Ordnung und Strukturierung

---

[92] Emil von OTTENTHAL [, Sammelrezension zu vier Urkundenbüchern], in: *MIÖG* 3 (1882) 641–648, hier bes. 646.

[93] Siehe z. B. Emil von OTTENTHAL, Rezension zu Liber diurnus Romanorum pontificum, ed. Theodor SICKEL (Wien 1889), und zu Theodor SICKEL, Prolegomena zum Liber diurnus (Wien 1888/1889), in: *MIÖG* 10 (1889) 139–145.

[94] Theodor SICKEL, Rezension zu Musée des archives départmentales, recueil de facsimiles héliographiques [...], Bd. 1 (Paris 1878), in: *MIÖG* 1 (1880) 320–323.

[95] Zum Unternehmen der Monumenta Graphica siehe Daniela SAXER, Archival objects in motion: historians' appropriation of sources in nineteenth-century Austria and Switzerland. *Archival Science* 10 (2010) 315–331; Winfried STELZER, Theodor Sickel und die Fotografie der 1850er Jahre. 150 Jahre „Monumenta graphica medii aevi", der Fotograf Moritz Lotze (Verona) und Plagiate am letzten Portraitfoto Radetzkys, in: Päpste, Privilegien, Provinzen. Beiträge zur Kirchen-, Rechts- und Landesgeschichte. Festschrift für Werner MALECZEK zum 65. Geburtstag, hg. von Johannes GIESSAUF–Rainer MURAUER–Martin P. SCHENNACH (MIÖG Ergbd. 55, Wien 2010) 419–448.

[96] Engelbert MÜHLBACHER, Rezension zu Diplomi imperiali e reali delle cancellerie d'Italia. Pubblicati a facsimile della R. Società romana di storia patria, 1. Lieferung (Roma 1892), in: *MIÖG* 15 (1894) 131–133.

[97] Emil von OTTENTHAL, Rezension zu Photographien von Urkunden aus siebenbürgisch-sächsischen Archiven, ed. Franz ZIMMERMANN (Hermannstadt 1879/1880), in: *MIÖG* 2 (1881) 148–150, hier 149.

[98] Ebd. 150.

ihres Archivs wurden in den Literaturberichten mehrmals in eigenen Referaten gewürdigt, nicht ohne auf die *gepflegte Bildung* und *geistige Strebsamkeit* der sächsischen Nation hinzuweisen[99].

An einem weiteren Fall lässt sich die enge Verbindung zwischen (national-)politischen und fachlichen Aspekten ebenso verdeutlichen: In einer von der ungarischen Akademie prämierten Preisschrift hatte ein ungarischer Historiker eine Untersuchung mittelalterlicher Geschichtsquellen seines Landes vorgelegt. Die Arbeit, die schon im Vorfeld in einer ungarischen Zeitschrift methodisch scharf kritisiert worden war, erschien ursprünglich in *magyarischer* Sprache und in der Folge in einer vom Autor selbst erstellten deutschen Übersetzung. Die in den MIÖG erschienene Rezension wurde nun von einer ansonsten sehr seltenen langen Anmerkung begleitet: Hierin informierte die Redaktion über diese Sachverhalte und listete detailliert die Änderungen der deutschsprachigen Ausgabe gegenüber dem ungarischen Original auf, womit der Autor nach Ansicht des Redakteurs Mühlbacher den *deutschen Geschmack* habe treffen wollen, was ihm allerdings nicht gelungen sei[100]. Auch im Haupttext der Besprechung selbst zeigte sich der Rezensent Alfons Huber bemüht, die teilweise unzureichende Beweisführung des Autors zu belegen, und er warf dem Autor zumindest an einigen Stellen die *Ueberschätzung der ungarischen Legenden* im Zusammenhang mit seiner *nationalen Befangenheit* vor[101].

Wenig überraschend ist auch der österreichisch-preußische Gegensatz mancherorts spürbar und eng gekoppelt an den Vorwurf methodisch unrichtiger Vorgehensweisen. Ein namhaftes Beispiel bietet eine Arbeit des deutschen Historikers Johann Gustav Droysen über den Preußenkönig Friedrich den Großen. Der österreichische Rezensent, wieder Alfons Huber, kritisierte Droysen, da dieser keine *vollständige Erforschung der einschlägigen Quellen von allen Seiten* vorgelegt, sondern in der für ihn *typischen* Weise allein preußische Akten und Gesandtschaftsberichte berücksichtigt habe[102].

Vor dem Hintergrund der bisherigen Ausführungen sollen nun die Literaturreferate zur geschichtswissenschaftlichen Produktion Österreich-Ungarns näher beleuchtet werden. Sie bewegen sich mitunter nicht nur an der Grenze zwischen kritischer Rezension und bloßem Referat, sondern spiegeln, wie einleitend skizziert, auch den gesamtstaatlichen Anspruch der MIÖG insgesamt wieder. Zudem schlägt sich hierin wiederum deutlich die fachliche Ausrichtung des Instituts nieder, da sehr häufig Quelleneditionen besprochen wurden, denen ihrerseits als nationalen Unternehmungen freilich auch eine politische Funktion zukam.

Bereits vom ersten Band der MIÖG an finden sich solche Referate, wie beispielsweise zu den Publikationen der Wissenschaftsakademien in Budapest und Krakau. In einem bis 1860 zurückreichenden Bericht wurden im ungarischen Fall die „Monumenta Hungariae Historica" gemäß ihren einzelnen Abteilungen besprochen. Der anonyme Referent, von dem aus Mühlbachers Aufzeichnungen hervorgeht, dass er selbst Ungar war[103], zeigte sich hier vor allem mit Blick auf die Anwendung der Nationalsprache sehr kritisch: Zahl-

---

[99] Siehe z. B. Oswald REDLICH, Rezension zu Franz ZIMMERMANN, Das Archiv der Stadt Hermannstadt und der sächsischen Nation (Hermannstadt 1887), in: *MIÖG* 8 (1887) 506–508.

[100] Alfons HUBER, Rezension zu Heinrich MARCZALI, Ungarns Geschichtsquellen im Zeitalter der Arpaden (Berlin 1882), in: *MIÖG* 4 (1883) 128–137, hier 128 mit Anm. 1.

[101] Ebd. 129 u. 136.

[102] Alfons HUBER, Rezension zu Johann Gustav DROYSEN, Friedrich der Grosse, Bd. 3 (Leipzig 1881), in: *MIÖG* 3 (1882) 154–157.

[103] Siehe dazu auch oben Anm. 59.

reiche Teile, wie etwa die Register und Regestenteile seien in ungarischer Sprache verfasst worden, obschon sich das Lateinische im Hinblick auf eine größere Verbreitung der Publikationen wesentlich besser geeignet hätte. Die Rezeption der Editionen in weiteren Kreisen liege, so der Referent, nicht nur im Interesse der Wissenschaft, sondern auch der nationalen Geschichte[104]. Die Verwendung der Nationalsprache für die Einleitungen und Regesten der ungarischen Akademiepublikationen wurde mehrfach auch von anderer Seite heftig kritisiert: Vor allem bei Diplomatarien, die ebenso für die dalmatinische, bosnische und serbische Geschichte bedeutsam seien, werde dadurch, so ein institutsnaher Rezensent, die Benützbarkeit sehr eingeschränkt[105].

Im polnischen Exempel wurden zunächst ebenfalls die Editionen und in der Folge die übrigen Schriften der Akademie besprochen. Für den Referenten ergab sich hier jedoch weniger das Problem der Nationalsprache[106], da neben dem Polnischen ohnedies auch das Lateinische angewendet worden war. Vielmehr erörterte er ausführlich editorische Fragen und zeigte dabei auch die überlieferungstechnischen Mängel der dargebotenen Texte auf. Zudem wurden die *jüngsten Fortschritte* der polnischen Geschichtsforschung, etwa auf dem Gebiet der Annalistik, eigens beschrieben und lobend hervorgehoben[107]. In späteren, ähnlich gehaltenen Besprechungen desselben Referenten finden sich ferner ausdrückliche Hinweise auf die oftmals sehr problematischen Arbeitsbedingungen der Editoren, die vor allem bei der Benutzung russischer Archive mit immensen behördlichen Widerständen konfrontiert wurden und an deren Produkte man daher niemals *den strengen Massstab westeuropäischer Kritik anlegen* dürfe[108].

Die Literaturreferate, die auch die südslawische Geschichtsforschung an der Südslawischen Akademie der Wissenschaften und Künste in Agram/Zagreb mit einbezogen[109], finden sich regelmäßig im gesamten Untersuchungszeitraum. In den 1890er Jahren häuften sich allerdings die bloßen Deskriptionen und Aufzählungen[110]. Mitunter finden sich jedoch auch in dieser Zeit geographisch weit ausholende Referate mit Gesamtresümees der angezeigten Publikationen, die den Leser zumindest knapp über den historisch-wissenschaftlichen Wert der Arbeiten informierten[111]. Häufig verbanden die Referenten mit ihrem Bericht auch den Anspruch auf eine entsprechende Positionierung der Geschichte

---

[104] [Anonym,] Referat zu Die Publicationen der ungarischen Akademie der Wissenschaften, in: *MIÖG* 1 (1880) 153–160, hier bes. 154 u. 158f.

[105] Samuel Steinherz, Rezension zu Diplomatarium relationum rei publicae Ragusanae cum regno Hungariae, ed. József Gelcich–Lajos Thallóczy (Budapest 1887), in: *MIÖG* 10 (1889) 634–637; zu Samuel Steinherz und seiner Institutsnähe Gerhard Oberkofler, Samuel Steinherz (1857–1942). Biographische Skizze über einen altösterreichischen Juden in Prag (Innsbruck 2008) bes. 18f.

[106] In späteren Berichten zur polnischen Geschichtsschreibung wurde die Frage der Nationalsprache durchaus wieder aufgegriffen; siehe etwa Ludwig Finkel, Referat zu Die polnische Geschichtsschreibung 1880–1886, in: *MIÖG* 8 (1887) 340–349, hier bes. 344.

[107] Friedrich v. Papée, Referat zu Die Publicationen der Krakauer Akademie der Wissenschaften, I: Die historischen, in: *MIÖG* 1 (1880) 473–484.

[108] Friedrich v. Papée, Referat zu Die wichtigsten Erscheinungen auf dem Gebiete der polnischen Geschichtsschreibung (ausserhalb der Akademie) in den Jahren 1880–1881, in: *MIÖG* 3 (1882) 483–488, hier 488.

[109] Siehe etwa die sehr deskriptiven Referate: *MIÖG* 3 (1882) 329–336, 655–663; *MIÖG* 7 (1886) 345–351; *MIÖG* 9 (1888) 682–687.

[110] Antal Aldásy, Referat zu Die Geschichtsliteratur Ungarns, Teil III, in: *MIÖG* 16 (1895) 693–698.

[111] Bertold Bretholz, Referat zu Die historische periodische Literatur Böhmens, Mährens, Schlesiens 1893, in: *MIÖG* 16 (1895) 157–174.

Osteuropas, deren fachgerechte Erforschung und Bedeutung für die europäische Geschichte man zu stärken versuchte[112].

Kontroversen und Hierarchien

Bei der Austragung fachlicher Konflikte spielt die Frage nach etwaigen Spannungsfeldern aus einem egalitären Forscherideal und einer hierarchisch strukturierten *scientific community* eine entscheidende Rolle. In diesen Bereich fällt auch die Berücksichtigung regulierender Eingriffe[113]: Die Bedeutung von „Redaktionspolitik" wird signifikant, wenn von Seiten der Redaktion mit Geboten und Verboten in fachliche Kontroversen eingegriffen oder Informationen vorab intern ausgetauscht oder weitergegeben wurden, wie die beiden folgenden exemplarisch ausgewählten Fälle zeigen.

Im ersten Fall aus dem Jahr 1894 hatte ein Wiener Museumskustos seinen kritischen Rezensenten in einem persönlichen Schreiben attackiert und dessen Rezension als *schäbiges Kunststück* bezeichnet[114]. Über diesen mit zahlreichen persönlichen Seitenhieben gespickten Brief wiederum hatte der Rezensent, der bereits einige Besprechungen und Artikel für die MIÖG abgeliefert hatte[115], die Redaktion umgehend in Kenntnis gesetzt[116]. Der angegriffene Kustos kritisierte aber direkt auch Oswald Redlich als Redakteur, da dieser die Attacke des Kollegen auf ihn zugelassen habe. Er appellierte an Redlichs Gerechtigkeitssinn, um die Gelegenheit zu einer Gegendarstellung in den MIÖG zu erhalten[117]. Redlich hielt sich zunächst bedeckt, da ihm laut eigener Aussage die Angriffe auf ihn als Redakteur jede weitere Äußerung verunmöglichten[118]. In der Folge wandte sich der Petent erneut an Redlich und betonte, dass er dabei weniger auf Redlich als Redakteur, sondern vielmehr auf ihn als – ihm freundlich gesinnten – Universitätsprofessor zählen würde. Wenn ihm die Rechtfertigung verweigert werde, müsse er einen Rechtsbeistand hinzuziehen. Oder aber er werde eine eigene Studie publizieren, in der auch auf die Parteilichkeit der Redaktion hinzuweisen wäre[119]. Mit dem Hinweis auf die

---

[112] Lajos THALLÓCZY, Referat zu Die Geschichte Nordost-Europa's und die neuere ungarische Literatur, in: *MIÖG* 14 (1893) 335–359 (!), hier bes. 336 und 359.

[113] MÜLLER, Critique bibliographique (wie Anm. 5) 109.

[114] IÖG, Briefe an Oswald Redlich, Karton 1 (1893–1897), Theodor von Frimmel an Simon Laschitzer, 1894 November 13. Der Brief findet sich im Original als Beilage zu dem unten in Anm. 117 zitierten Schreiben; die Rezension war von dem kunsthistorisch bewanderten Institutsabsolventen Simon Laschitzer verfasst worden; siehe Simon LASCHITZER, Rezension zu Jahrbuch der kunsthistorischen Sammlungen des Allerhöchsten Kaiserhauses, hg. [...] vom Oberstkämmerer-Amte, Bd. 14 (Prag–Wien 1893), in: *MIÖG* 15 (1894) 159–167, hier 165.

[115] Die gute Qualität eines Beitrages von Simon Laschitzer findet bereits in den frühen Redaktionskorrespondenzen Erwähnung: IÖG, Bestand MIÖG, Karton MIÖG-Akten, Mappe 2: MIÖG-Akten (sic), Fasz. 1: Mittheilungen Mühlbacher, Engelbert Mühlbacher an Theodor Sickel, 1880 Juni 13; Laschitzer verfasste Rezensionen zu Editionen und zu kunsthistorischen Publikationen; siehe etwa *MIÖG* 1 (1880) 144–147; *MIÖG* 4 (1883) 630–633; *MIÖG* 12 (1891) 314–342; siehe auch oben Anm. 81.

[116] Frimmel an Laschitzer, 1894 November 13 (wie Anm. 114).

[117] IÖG, Briefe an Oswald Redlich, Karton 1 (1893–1897), Theodor von Frimmel an Redlich, 1894 November 14.

[118] IÖG, Briefe an Oswald Redlich, Karton 1 (1893–1897), Redlich an Theodor von Frimmel (Konzept), 1894 November 18.

[119] Ebd., Theodor von Frimmel an Redlich, 1894 November 22.

Gepflogenheiten in den MIÖG gestand ihm Redlich schließlich die Möglichkeit einer Erwiderung zu, wenn diese *sachlich* gehalten sei[120].

Im zweiten nicht unähnlichen Fall hatte Mühlbacher als noch unerfahrener Redakteur im Jahr 1881 einem Kollegen eine auf diesen abzielende Entgegnung vor dem Abdruck *zur genaueren Prüfung* gezeigt. Dieser Kollege beriet sich in der Folge seinerseits mit den Proponenten der MIÖG. Einer von ihnen sprach sich vehement gegen den Druck dieser Entgegnung aus, da der Platz für Nützlicheres zu verwenden sei, als für eine solche *in die Einzelheiten gehende Polemik*, die zudem die meisten Leser ohnedies *langweilen* würde[121].

Auch in einem weiteren Fall lohnt sich ein Blick hinter die Redaktionskulissen: Auf Redakteur Redlichs Wunsch hatte der Tiroler Historiker Joseph Egger, seinerseits Autor einer monumentalen dreibändigen Tiroler Landesgeschichte[122], die Besprechung einer landeskundlichen Studie zu den Schlachten am Berg Isel im Tiroler Volksaufstand übernommen. Allerdings hatte Egger den Redakteur schon im Vorfeld darum gebeten, nichts allzu Tiefgehendes von ihm zu erwarten, denn mit Blick auf frühere Arbeiten des Verfassers werde vermutlich auch dieses Werk keine *schärfere Beurtheilung* vertragen. Egger wollte jedoch dem Autor, mit dem er persönlich gut bekannt sei, keine Unannehmlichkeiten bereiten[123]. An der Rezension selbst fällt der zurückhaltende Ton auf, in dem Egger den Verfasser, einen Militär, zwar für seine *fleissige*[n] *Archivrecherchen* lobte und die Arbeit als großes Verdienst für die Tiroler Landesgeschichte bezeichnete, ihm aber dennoch mangelnde und naive Literatur- und Quellenkritik attestierte[124].

Der milde Ton der Rezension zeigt durchaus den Versuch einer korrekten Beurteilung nach professionellen Standards. Die Art, in der der fachlich geschulte Historiker die schlichte Arbeitsweise des Militärs tadelte, offenbart allerdings gleichzeitig einen Blick auf die hierarchischen Strukturen innerhalb einer „gleichgesinnten" Gelehrtengemeinschaft. Noch deutlicher wird dies an einem weiteren Fall, in dem ebenfalls ein schriftstellernder Militär und ein Fachhistoriker als Protagonisten auftraten. Die beiden waren über die Darstellung der Schlacht bei Dürnkrut im Jahr 1278 allerdings massiv aneinander geraten[125]. Der Militär, Gustav Köhler, hatte mit einem Beitrag in den „Forschungen zur Deutschen Geschichte" den Widerspruch des in Innsbruck lehrenden Universitätsprofessors Arnold Busson herausgefordert[126]. Dieser zählte zu den ersten ständigen Mitarbei-

---

[120] Ebd., Redlich an Theodor von Frimmel, 1894 Dezember 6.
[121] IÖG, Bestand MIÖG, Karton MIÖG-Akten, Mappe 1: Buchhandlungen etc., Fasz. 1: Mitteilungen Mühlbacher, Mühlbacher an Theodor Sickel, 1881 September 3.
[122] Joseph EGGER, Die Geschichte Tirols von der ältesten Zeit bis in die Neuzeit, 3 Bde. (Innsbruck 1872, 1876, 1880).
[123] IÖG, Briefe an Oswald Redlich, Karton 1 (1893–1897), Joseph Egger an Redlich, 1895 Oktober 21.
[124] Joseph EGGER, Rezension zu Gedeon Freiherr von MARETICH VON RIV-ALPON, Die zweite und dritte Berg-Isel-Schlacht, Innsbruck 1895, in: *MIÖG* 17 (1896) 508–510.
[125] Eine Darlegung der verschiedenen Ansichten findet sich in der oben in Anm. 67 zitierten Rezension.
[126] Arnold BUSSON, Zur Schlacht von Dürnkrut [Replik gegen Gustav Köhler], in: *MIÖG* 2 (1881) 503–512. Hierin erwähnte Busson auch, dass die Aufnahme dieser Entgegnung in die „Forschungen zur Deutschen Geschichte" von der dortigen Redaktion nur unter der Bedingung erfolgt wäre, dass er mehrere Stellen weglasse. Diese Bedingung habe er nicht angenommen, zumal die besagte Redaktion den Beitrag seines *Gegners* unverändert gedruckt habe. In seiner Replik in den MIÖG kennzeichnete Busson schließlich die beanstandeten Stellen mit eckigen Klammern.

tern der MIÖG und dürfte folglich der Redaktion der Zeitschrift nahe gestanden sein[127]. In einer in mehreren Etappen verlaufenden Auseinandersetzung warfen die beiden einander jeweils mangelndes militärisches Empfinden und mangelndes Quellenverständnis vor. Nach Ansicht Bussons war man bei der Darstellung einer Schlacht vornehmlich auf die kritische Quellenbenutzung angewiesen, wobei der Mangel an militärischem Verständnis durch fachliche Schulung *reichlich compensirt* werde[128]. Eine Replik Köhlers auf die Polemik Bussons versah die Redaktion der MIÖG mit der Anmerkung, dass sie den Abdruck dieser Entgegnung ohne wirkliche Verpflichtung nur ausnahmsweise gewähre, um Köhler *zu der ihm nöthig scheinenden Abwehr die vollste Freiheit zu lassen*. Gleichzeitig bot sie aber Busson noch die Möglichkeit, eine unmittelbar anschließende Replik zu verfassen, um dann *diese Polemik hiemit als abgeschlossen* zu betrachten[129]. In dieser letzten Replik holte Busson als Historiker noch einmal aus und demontierte seinen Gegenpart, dessen Schlachtschilderung er nicht als *historische* anerkannte und dem er sich als methodisch und philologisch deutlich überlegen präsentierte[130].

Ein abschließendes Beispiel wirft auch ein Streiflicht auf den Gegensatz der beiden großen politischen Kontrahenten Frankreich und Deutschland. In einer amüsant-zynischen Rezension vernichtete ein deutscher Archivar und Mitarbeiter der MGH das Werk eines französischen Jesuiten über Europa in der Karolingerzeit: Mehrfach spielte der Rezensent auf die *empfindliche Kritik* an, die der Autor für sich selbst beansprucht habe und die sich vor allem dann bemerkbar mache, wenn er auf deutsche Historiographie und deutsche Forscher zu sprechen komme. Trotz unzähliger Verfehlungen in der Angabe von Jahreszahlen und bei der Rezeption der (deutschen) Sekundärliteratur weise der Autor in seiner *Dreistigkeit* mehrfach auf seine eigenen angeblich überaus lehrreichen Werke hin, die man jedoch, so der Rezensent, nicht benützen könne, da sie aufgrund fehlender *soutenance* (Defensio/Disputation) entweder gar nicht oder wenigstens noch nicht im Druck erschienen seien[131]. Das Beispiel erlaubt einen weiteren Blick auf mögliche hierarchische Strukturen innerhalb der Gelehrtengemeinschaft: Der Rezensent hatte das Werk des Jesuitenpaters zwar registriert und sogar einer Besprechung unterzogen, den Verfasser aber gleichzeitig als fachlich weitaus unterlegen disqualifiziert.

Reaktionen auf den Spezialisierungsprozess

Mit Blick auf die gegen Jahrhundertende beobachtbare Etablierung weiterer historisch orientierter (Teil-)Fächer stellt sich gerade auch für die Literaturberichte der MIÖG die Frage, inwiefern hierin versucht wurde, das sich auffächernde Wissen in den gelehrten Austausch zu integrieren und auf den wissenschaftlichen Spezialisierungsprozess zu reagieren. Erste Andeutungen finden sich bereits in frühen MIÖG-Bänden, mit einer Rezension zur „Deutschen Wirtschaftsgeschichte" des Juristen und Staatswissen-

---

[127] Siehe Mühlbacher, Subventionsgesuch 1882 Juni (wie Anm. 47).
[128] Gustav Köhler, [Replik] gegen A(rnold) Busson in Bezug auf die Schlacht auf dem Marchfelde am 26. Aug(ust) 1278, in: *MIÖG* 3 (1882) 162–173, hier 163.
[129] Ebd. 163 Anm. 1.
[130] Arnold Busson [, Replik gegen Gustav Köhler], in: *MIÖG* 3 (1882) 173–175.
[131] Bruno Krusch, Rezension zu Albert Lapôtre S.J., L'Europe et le Saint-Siège à l'époque carolingienne (Paris 1895), in: *MIÖG* 18 (1897) 376–378.

schaftlers Karl Theodor Inama von Sternegg. Der Rezensent betonte die Bedeutung des Werkes sowohl für den Geschichtsforscher als auch für den Nationalökonomen. Zudem wies er auf die Notwendigkeit hin, dass die Rechts- und Verfassungsgeschichte auf das Gebiet der Volkswirtschaft ausgreifen müsse und diese künftig nun ebenfalls quellenfundiert darzustellen sei[132].

In Ansätzen schlug sich ab der Mitte der 1890er Jahre folglich das zunehmende Erstarken der österreichischen Wirtschaftsgeschichte nieder[133]. Alfons Dopsch hob in seiner kurzen Anzeige einer kleinen Studie über die mittelalterliche Handelspolitik eigens hervor, dass der Verfasser, von dem er sich weitere solche Arbeiten erhoffe, die Aufmerksamkeit auf ein interessantes, aber bisher *ungepflegtes* Gebiet der österreichischen Geschichte gelenkt habe[134]. Wenig später wurden auch zwei Beiträge aus der neu gegründeten „Zeitschrift für Social- und Wirthschaftsgeschichte" einer Würdigung unterzogen, obschon in den MIÖG ansonsten keine Rezensionen von Zeitschriftenartikeln zu finden sind[135]. Auch eine von Karl Lamprecht angeregte Monographie zur bäuerlichen Wirtschaftsverfassung, deren Autor die Editionen der Weistümer Österreichs verwertet hatte, wurde in einer Anzeige berücksichtigt. Hierin unterstrich der Rezensent ebenfalls, dass in Österreich hierzu noch äußerst wenig erschienen war[136].

Besonders deutlich wird die Integration neuer Fachgebiete auch am Fallbeispiel der „Österreichischen Reichsgeschichte". Diese Disziplin hatte in sehr *eigenartiger Weise Einzug auf akademischem Boden gehalten* und war nicht aus dem Forschungsprozess hervorgegangen[137], sondern Kraft Reichsgesetz im Jahr 1893 als neues verpflichtendes Lehrfach für die rechtshistorische Staatsprüfung im rechts- und staatswissenschaftlichen Studium an allen österreichischen Universitäten eingeführt worden[138]. In rascher Folge erschienen sodann von historischer und juristischer Seite die ersten entsprechenden Lehrbücher und erfuhren in den Literaturteilen der MIÖG eine prompte Anzeige. So verlangte etwa die verdienstvolle Pionierarbeit eines Alfons Huber nach weiterer, tiefgehender rechts-

---

[132] Martin BALTZER, Rezension zu Karl Theodor von INAMA-STERNEGG, Deutsche Wirtschaftsgeschichte bis zum Schluss der Karolingerperiode, Bd. 1 (Leipzig 1879), in: *MIÖG* 2 (1881) 639–642.

[133] Zur Sache vor allem Pavel KOLÁŘ, Nährboden fachlicher Innovation? Verfassungs- und Wirtschaftsgeschichte im Seminarunterricht an der Berliner, Wiener und Prager Deutschen Universität im Zeitalter des universitären Großbetriebs (1900–1930), in: Vorlesung, Seminar, Repetitorium (wie Anm. 7) 89–128, hier 109–116.

[134] Alfons DOPSCH, Rezension zu Arnold LUSCHIN VON EBENGREUTH, Die Handelspolitik der österreichischen Herrscher im Mittelalter (Vortrag in der Kaiserlichen Akademie der Wissenschaften, Wien 1893), in: *MIÖG* 16 (1895) 365f.

[135] Karl SCHALK, Rezension zu Franz EULENBURG, Das Wiener Zunftwesen. *Zeitschrift für Social- und Wirthschaftsgeschichte* 1 (1893) u. 2 (1894) 264–317 u. 62–102, in: *MIÖG* 17 (1896) 676–678.

[136] Emil von OTTENTHAL, Rezension zu Armin TILLE, Die bäuerliche Wirtschaftsverfassung des Vintschgaues, vornehmlich in der zweiten Hälfte des Mittelalters (Innsbruck 1895), in: *MIÖG* 18 (1897) 165–168.

[137] Siehe Ernst von SCHWIND, Rezension zu Alfons HUBER, Oesterreichische Reichsgeschichte. Geschichte der Staatsbildung und des öffentlichen Rechtes (Wien u. a. 1895), in: *MIÖG* 17 (1896) 177–184, hier 177.

[138] Zur Problematik einer „österreichischen" Reichsgeschichtsschreibung Gerald STOURZH, Der Umfang der österreichischen Geschichte, in: Probleme der Geschichte Österreichs und ihrer Darstellung, hg. von Herwig WOLFRAM–Walter POHL (Veröffentlichungen der Kommission für die Geschichte Österreichs 18, Wien 1991) 3–27, hier bes. 10–14.

geschichtlicher Forschung und konnte, wie der Rezensent bemerkte, viele der anstehenden Fragen noch nicht in erschöpfender Weise beantworten[139].

Mitunter setzte sich ein Rezensent sogar direkt mit der fortschreitenden Differenzierung historischer Teildisziplinen und ihrem Verhältnis zu verwandten Fächern auseinander. Dies trifft etwa auf die Verfassungsgeschichte zu, die, wie ein Rezensent berichtete, *als Geschichte der politischen Verfassungsereignisse* in das Arbeitsgebiet des Historikers, als *Geschichte des Verfassungsrechts* einem Juristen zufiele. In den Aufgabenbereich des Rezensenten fiele es demnach auch, sich dabei selbst in einer der beiden Richtungen zu positionieren[140].

Auf die Einbeziehung kunsthistorischer Publikationen im Rahmen der Konzeption der MIÖG wurde einleitend kurz hingewiesen[141]. In den Literaturberichten finden sich regelmäßig sehr ausführliche Besprechungen etwa der „Jahrbücher der kunsthistorischen Sammlungen" in Wien[142]. Besonderes Augenmerk erhielten freilich Arbeiten, in denen sich beispielsweise die Verflechtung von Kunstgeschichte und Paläographie zeigte[143]. Vereinzelt wurde auch die Kunstgeschichte in den (nord-)östlichen Teilen der Monarchie berücksichtigt und mitunter ein Referat zu den entsprechenden Publikationen der Akademie der Wissenschaften in Krakau erstellt[144]. Doch auch auf diesem Gebiet schlug sich die Aufnahme aktueller Trends innerhalb des Faches selbst fallweise nieder, wie etwa die Besprechung einer quellenfundierten Künstlerbiographie über Franz von Assisi zeigt. Der Rezensent, selbst in der philologisch-historischen Quellenforschung am Institut ausgebildet, vermerkte allerdings kritisch, dass sich der Verfasser bei der Frage nach dem Einfluss des Heiligen auf die Kunst *von der Vorliebe für seinen Stoff zu weit führen lassen habe*[145].

Die Bedeutung der photographischen Reproduktionen und die Herstellung von Faksimile-Ausgaben für die paläographischen Studien wurde an früherer Stelle hervorgehoben[146]. Diese technischen Möglichkeiten wirkten in der Folge auch vorbildhaft auf die Musikforschung, die nun in enger methodischer Anlehnung an die Paläographie erstmals die Möglichkeit erhielt, etwa Kirchengesangsmanuskripte *gleichsam im Original in der Hand zu haben* und einer *erspriessliche[n] Erforschung* auch außerhalb der Archive zuzuführen[147]. Diese Tendenzen wurden in den 1890er Jahren ansatzweise in die Literaturberichte einbezogen, wobei die Besprechungen hauptsächlich über die betreffenden Vor-

---

[139] SCHWIND, Rezension (wie Anm. 137) 183, spricht davon, dass dem Werk Hubers, mehr als jedem anderen seiner Bücher, das Schicksal bevorstehe, rasch zu veralten; zur Sache siehe auch Tullio de SARTORI MONTECROCE, Rezension zu Arnold LUSCHIN VON EBENGREUTH, Oesterreichische Reichsgeschichte. Ein Lehrbuch (Bamberg 1895), in: *MIÖG* 17 (1896) 342–345.

[140] Wilhelm SICKEL, Rezension zu Heinrich SYBEL, Entstehung des Deutschen Königthums (Frankfurt am Main ²1881), in: *MIÖG* 3 (1882) 130–137.

[141] Siehe oben S. 44.

[142] Siehe hier nur als Beispiel Simon LASCHITZER, Rezension zu Jahrbuch der kunsthistorischen Sammlungen des Allerhöchsten Kaiserhauses, Bd. 16 (Wien 1895), in: *MIÖG* 17 (1896) 356–368.

[143] Simon LASCHITZER, Rezension zu Karl LAMPRECHT, Initial-Ornamentik des VIII. bis XIII. Jahrhunderts (Leipzig 1882), in: *MIÖG* 4 (1883) 630–633.

[144] Siehe etwa Friedrich PAPÉE, Rezension zu Die Publicationen der Krakauer Akademie der Wissenschaften, II: Die kunsthistorischen, in: *MIÖG* 2 (1881) 160–170.

[145] Franz WICKHOFF, Rezension zu Henry THODE, Franz von Assisi und die Anfänge der Kunst und Renaissance in Italien (Berlin 1885), in: *MIÖG* 7 (1886) 342–344.

[146] Siehe oben S. 54; siehe hierzu auch Theodor SICKEL, Rezension zu Album paléographique ou recueil de documents importants relatifs à l'histoire et à la littérature nationales reproduits en héliogravure [...], ed. École des Chartes (Paris 1887), in: *MIÖG* 8 (1887) 483–491.

[147] Siehe als erstes Beispiel Guido ADLER, Rezension zu Paléographie musicale: les principaux manu-

haben informierten, durchaus aber auch kritisch Stellung zur Ableitung diverser Thesen über die verschiedenen (musikalischen) *Culte* bezogen[148].

Resümee

Seit ihrer Gründung in den Jahren 1878–1880 sahen die Proponenten der MIÖG diese Zeitschrift als rein wissenschaftliches Organ mit professionellem und zugleich gemeinschaftlichem Anspruch: Im Rahmen eines *nicht zu engen* Programms sollte die Geschichtsforschung für Mittelalter und Neuzeit allgemein vertreten sein[149], allerdings doch mit Konzentration auf die bisher am Institut protegierten und gelehrten historischen Hilfswissenschaften. Besonderes Augenmerk richteten die Herausgeber, der Verlag und die Redaktion dabei auf die Organisation und Gestaltung des Literaturberichts. Als *Specialität*[150] waren hierin regelmäßige Literaturreferate über die Ergebnisse der nationalen geschichtswissenschaftlichen Arbeiten in den nicht-deutschen Ländern der Monarchie vorgesehen, wodurch sich auch der gesamtstaatliche Anspruch der Zeitschrift verdeutlicht.

Demnach finden sich im gesamten Untersuchungszeitraum regelmäßige Anhaltspunkte, die darauf schließen lassen, dass den Literaturberichten der MIÖG erheblicher Anteil an den Versuchen fachlicher Standardisierung und Disziplinierung der Geschichtsforschung zukam[151]. Den Versuchen der Exklusion fachlich nicht akzeptierter Arbeiten standen die Ansprüche auf Etablierung einer professionellen oder privaten Solidarität innerhalb der „Zunft" im universitären Umfeld gegenüber[152]. Die Texte der Literaturberichte bewegen sich häufig an der Grenze zwischen sachlichen *Referaten* und kritischen *Recensionen*, so dass sich hier keine durchgängigen strukturellen Kriterien festmachen lassen. In Verbindung mit einer Fülle an unterschiedlichen Spezialisierungstendenzen, politischen Ansprüchen, fachlichen und individuellen Präferenzen und Konflikten lassen sich gleichwohl Konturen erkennen, welche die bisher für das 19. Jahrhundert kaum erforschten Literaturberichte als wesentliche Instrumente in einem komplexen akademischen Differenzierungsprozess zeigen.

---

scrits de chant grégorien, ambrosien, mozarabe, gallican publiés en fac-similés phototypiques, Bd. 1, ed. Benediktinerpatres in Solesmes (Solesmes 1889), in: *MIÖG* 11 (1890) 327–328, hier 327.

[148] Ebd. 328; siehe auch Guido Adler, Rezension zu The musical notation of the Middle Ages exemplified by Facsimiles of Manuscripts written between the tenth and sixteenth centuries inclusive. Prepared for the members of the Plainsong and Medieval Music Society […] (London 1890), in: *MIÖG* 12 (1891) 342f.

[149] IÖG, Bestand MIÖG, Karton MIÖG-Akten, Mappe 2: MIÖG-Akten (sic), Fasz. 2, Konvolut: Vorverhandlungen etc., Promemoria der Wagner'schen Universitätsbuchhandlung in Innsbruck, 1878 Mai 25.

[150] Dieser Ausdruck findet sich in: Redaktionsbericht Mühlbacher, sine dato (wie Anm. 37).

[151] Lingelbach, American Historical Review (wie Anm. 12) 53, stellte fest, dass die Rezensionen für das Projekt der American Historical Review sogar von größerer Bedeutung waren als die Artikel.

[152] Lutz Raphael, Organisational Frameworks of University Life and Their Impact on Historiographical Practice, in: History-Making. The Intellectual and Social Formation of a Discipline, hg. von Rolf Torstendahl–Irmline Veit-Brause (Konferenser 37, Stockholm 1996) 151–167, hier bes. 157.

Turba ist ein ganz gemeiner Kerl!

Rezensionen als Ehrdiskurs am Beispiel der MIÖG (1920–1939)

Von Martin Scheutz

Eine Frage der Ehre, fast ein Duell

Der eben erst (1912) zum außerordentlichen Professor in Graz ernannte und aufstrebende Neuzeitler Heinrich (Ritter von) Srbik verlor, selbst in der kommunikativen Brechung der Briefe deutlich kenntlich, seine Contenance. Anlass der Erregung des ebenso leicht reizbaren wie dünnhäutigen Srbik war eine nicht allzu schmeichelhafte Rezension der akademischen Randfigur, des Verfassungshistorikers Gustav Turba, über das Buch des Grazer Neuzeithistorikers zu den „Österreichischen Staatsverträgen. Bd. 1: Niederlande"[1], die im renommierten „Historischen Jahrbuch" 1914 erschienen war. In einem Brief vom April 1914 an seinen Jahrgangskollegen im Ausbildungslehrgang am Institut für Österreichische Geschichtsforschung [zwischen 1920 und 1945 „Österreichisches Institut für Geschichtsforschung"] Wilhelm Bauer machte er seinem aufwallenden Zorn über diese missliebige Rezension und die direkt reziproke, vermeintliche Inkompetenz des Rezensenten Luft. *Diese Läusesucherei Turbas, der von dem sonstigen Inhalt des Bandes keine Ahnung hat, ist wirklich widerlich, am blödesten das patzige Hervorheben von offensichtlichen Druckfehlern, deren er ohnedies nicht viel gefunden hat*[2]. Srbik zieht damit erregt und getroffen die Kompetenz des Rezensenten, dessen ausgewogenes Urteil

---

[1] Österreichische Staatsverträge. Bd. 1: Niederlande, bearb. Heinrich Ritter von Srbik (Veröffentlichungen der Kommission für Neuere Geschichte Österreichs 10, Wien 1912). *HJb* 35 (1914) 137–152, *Entgegnung* Srbiks ebd. 498–504, *Erwiderung* Turbas ebd. 505–507. Die Lebensdaten der genannten Historikerinnen und Historiker finden sich in der Rezensionsaufstellung der MIÖG im Anhang.

[2] Archiv der ÖAW, Nachlass [NL] Bauer, Karton [K] 6, Konvolut [Konv.] 2, Srbik an Bauer (7. April 1914). Dieser Briefwechsel stand schon im Fokus einer u. a. militärgeschichtlichen Untersuchung bei Martin Scheutz, „Frontangst", „Frontrisiko" und „Frontdrang". Die Korrespondenz der Historiker Heinrich Ritter von Srbik, Wilhelm Bauer und Hans Hirsch im Ersten Weltkrieg, in: Glanz – Gewalt – Gehorsam. Militär und Gesellschaft in der Habsburgermonarchie (1800 bis 1918), hg. von Laurence Cole–Christa Hämmerle–dems. (Frieden und Krieg. Beiträge zur Historischen Friedensforschung 18, Düsseldorf 2011) 77–99; ders., Wilhelm Bauer (1877–1953). Ein Wiener Neuzeithistoriker mit vielen Gesichtern. „Deutschland ist kein ganzes Deutschland, wenn es nicht die Donau, wenn es Wien nicht besitzt", in: Österreichische Historiker 1900–1945. Lebensläufe und Karrieren in Österreich, Deutschland und der Tschechoslowakei in wissenschaftsgeschichtlichen Porträts [1], hg. von Karel Hruza (Wien–Köln–Weimar 2008) 247–281. Zu Srbik siehe als Überblick Martina Pesditschek, Heinrich (Ritter von) Srbik (1878–1951). „Meine Liebe gehört bis zu meinem Tod meiner Familie, dem deutschen Volk, meiner

– nahezu ein klassischer Vorwurf der in Rezensionen gescholtenen Autoren[3] – zuerst brieflich in Frage. Im ewigen Kräftefeld von Rezensent und Autor kommt dem Ersteren im Spiel „Hase und Igel" immer die Rolle des Igels zu, der, wo immer der kritisierte/ gehetzte Autor auch hinkommt, schon als – bestenfalls – wohlwollender Rezensent lächelnd auf den Autor wartet – eine Rolle, die Srbik Turba aber keineswegs zugestehen wollte. Der Rezensent präformiert mit seiner Wertung die Rezeption eines wissenschaftlichen Buches in der Öffentlichkeit, eine ablehnende Haltung gegenüber einem Buch bedeutet auch einen Prestigeverlust innerhalb der Zunft der Historiker. Die „Ehre" des Autors und das Ansehen des Rezensenten standen neben der wissenschaftlichen Argumentation innerhalb der Rezension in einem – meist nicht artikulierten – Spannungsverhältnis. Die Gattung Rezension lässt sich in Fortsetzung frühneuzeitlicher Konfliktkulturen als Teil eines Ehrdiskurses um Wissenschaftlichkeit verstehen. Rezensionen, in denen letztlich auch Chancen für weitere akademische Berufungen mitverhandelt werden, dienen als Ausdruck von symbolischem Kapital der Wissenschaftlichkeit. Mit Rezensionen werden Ansprüche der wissenschaftlichen Ehre untermauert, in Frage gestellt oder gar angegriffen. „Die Ehre stellte eine Semantik bereit, die geeignet war, Hinweise auf materielle Interessen zu verdecken"[4]. Srbik meinte denn auch, die Rezension Turbas sei *ein unglaublicher Mißbrauch einer Rezension zu einer Polemik in eigener Sache*[5]. Der historische Außenseiter Turba hatte im Vorfeld bereits mehrere kritische Rezensionen gegen Publikationen der „Kommission für Neuere Geschichte Österreichs" – sehr zum Unwillen der Kommissionsmitglieder – lanciert[6]. In einem Brief an Emil von Ottenthal bezeichnete Srbik Turbas Rezension als *unerhört und unqualifizierbar* und *im hochfahrenden Tone geschrieben*[7]. Bedingt zeigte sich Srbik dennoch reuig: *Einige Druckfehler liegen offenbar vor [...]. Es ist perfide, so etwas derart anzunageln*[8]. Turbas in der Rezension geäußerte Kritik zielte einerseits auf inhaltliche Fehler in der Einleitung, andererseits auf hilfswissenschaftlich-editorische Mängel des Srbikschen Buches. In seiner wissenschaftlichen, und als Absolvent des Instituts für Österreichische Geschichtsforschung auch editorisch-hilfswissenschaftlichen, Ehre gekränkt beschloss Srbik eine *maßvoll[e], aber kräftig[e]*[9] Entgegnung – unter der Voraussetzung, dass das „Historische Jahrbuch" die

---

österreichischen Heimat und meinen Schülern", in: Österreichische Historiker. Lebensläufe und Karrieren 1900–1945 [2], hg. von Karel HRUZA (Wien–Köln–Weimar 2012) 263–328.

[3] Am Beispiel dreier Rezensionen in der Zeitschrift „Geschichte und Region/Storia e Regione" abgehandelt etwa von Josef FONTANA, Exekution statt Rezensionen? Ein Blick in die Niederungen einer Rezensionspraxis. *Tiroler Heimat* 65 (2001) 287–297.

[4] Gerd SCHWERHOFF, Historische Kriminalitätsforschung (Historische Einführungen 9, Frankfurt/Main 2011) 124. Zum Zusammenhang von symbolischem und ökonomischem Kapital am Beispiel der Ehrkonflikte Satu LIDMAN, Zum Spektakel und Abscheu. Schand- und Ehrenstrafen als Mittel öffentlicher Disziplinierung in München um 1600 (Strafrecht und Rechtsphilosophie in Geschichte und Gegenwart 4, Frankfurt/Main 2008) 54.

[5] Heinrich Ritter von Srbik. Die wissenschaftliche Korrespondenz des Historikers 1912–1945, hg. von Jürgen KÄMMERER (Deutsche Geschichtsquellen des 19. und 20. Jahrhunderts 55, Boppard am Rhein 1988) 26, Srbik an Ottenthal (10. 4. 1914).

[6] Ebd. 27, Ottenthal an Srbik (14. 4. 1914); auch Ludwig Bittner wurde in die Kontroverse eingeschaltet, Thomas JUST, Ludwig Bittner (1877–1945). Ein politischer Archivar, in: HRUZA, Österreichische Historiker [1] (wie Anm. 2) 283–305, hier 293.

[7] KÄMMERER, Srbik Korrespondenz (wie Anm. 5) 26, Srbik an Ottenthal (10. 4. 1914).

[8] Ebd. 26, Srbik an Ottenthal (10. 4. 1914).

[9] Ebd. 23, Srbik an Bauer (7. 4. 1914). Ottenthal riet Srbik (ebd. 28, Ottenthal an Srbik [14. 4. 1914]): *Du sollst den Mann nicht zu hoch hängen.*

Entgegnung annähme. Der „Herausforderer" Turba sollte in der begünstigten Kommunikationssituation als Rezensent nicht das „letzte Wort" haben[10]. *Ich werde kurz entgegnen, will mich vor allem mit den bei Turba, wie du weisst, so beliebten Kollationierungen befassen*[11]. Turba kritisierte vor allem die mangelhafte Editionsleistung Srbiks (falsche Lesungen usw.), die er akribisch an ausgewählten Beispielen der Wiener Überlieferungen überprüft hatte. Über die *leidige Turbaaffäre*[12] vermerkt Srbik am 7. April 1914 in einem das editorische Vorgehen erklärenden und sich damit auch rechtfertigenden Brief an Wilhelm Bauer, dass er, wenn möglich, die Originale der Staatsverträge im „Reichsarchiv" in Den Haag und nicht die Wiener Gegenstücke ediert habe, so dass *daher der Vergleich mit dem Wiener Original gar nicht erkennen lässt, ob wirklich der Text ungetreu wiedergegeben ist*[13]. In einem Brief an das „Reichsarchiv" in Den Haag versuchte Srbik im Sinne des Wahrheitsbeweises die monierten Stellen dort kollationieren zu lassen und schickte zur Kollationierung der Wiener Stücke seinen getreuen Adlaten und sicheren Informanten über das Wiener Lehrkanzelspiel Wilhelm Bauer los. Wenige Tage später, 9. April 1914, hatte Bauer zwar einige Stücke gefunden, aber die entscheidende Nr. 43 in Srbiks Edition nicht, wo Turba u. a. die Auslassung einer Zeile bemängelt hatte. Srbik verlor in Graz, durch die Lehre und Gremialarbeit unabkömmlich, zunehmend die Selbstbeherrschung. *Ich bin so nervös, dass ich am liebsten selbst nach Wien fahren würde, kann aber nicht fort. Hoffentlich wird mir auch die Kollation in Haag in der Hauptsache recht geben. Aber dieses fragliche Wiener Stück ist von höchster Wichtigkeit!! Turba ist ein ganz gemeiner Kerl*[14]. Als Grund der rasch in moralische Entrüstung umschlagenden Erregung Srbiks über Turbas Kritik stellt sich vor allem die schriftlich wie mündlich[15] öffentlich angezweifelte wissenschaftliche Qualifikation Srbiks dar – Rezensionen lassen sich als Popularisierung von Wissenschaft[16], in diesem Fall der Geschichtswissenschaft, begreifen. Diese Auseinandersetzung spielte sich aber auch vor dem aufmerksamen „Dorfauge" der scientific community ab, sowohl Sender (Turba) als auch Empfänger (Srbik) gehörten, typisch für wissenschaftliche Rezensionen, ein und derselben Schicht an. *Du glaubst nicht, wie mich diese Sache alteriert. Alles andere dieses niederträchtigen Angriffes lässt sich leicht zurückweisen*[17]. In mehreren Schreiben beschäftigte Srbik – anfangs ohne Resultat – Wilhelm Bauer mit arbeitsintensiven Nachforschungen im Wiener Haus-, Hof- und Staatsarchiv, um aus den mehreren Ausfertigungen seine tatsächliche Editionsgrundlage ausfindig zu machen. Die Entgegnung zu Turbas *lächerlichen Klügeleien*, dessen ganze Rezension eine *Perfidie* darstellte, waren Srbik nachgerade *pein-*

---

[10] Frank BARDELLE, Formen der kritischen Auseinandersetzung oder: Wie man Urteile über wissenschaftliche Neuerscheinungen verhängt. *Zeitschrift für Soziologie* 18/1 (Februar 1989) 54–64, hier 55.

[11] Archiv der ÖAW, NL Bauer, K 6, Konv. 2, Srbik an Bauer (7. 4. 1914).

[12] KÄMMERER, Srbik Korrespondenz (wie Anm. 5) 28, Srbik an Ottenthal (15. 4. 1914).

[13] Ebd. 23, Srbik an Bauer (7. 4. 1914).

[14] Archiv der ÖAW, NL Bauer, K 6, Konv. 2, Srbik an Bauer (9. 4. 1914).

[15] […] *da Turba, wie Bauer schreibt, überall davon spricht und auch erzählt, seine Rezension werde „dem Institut sehr unangenehm sein"*; KÄMMERER, Srbik Korrespondenz (wie Anm. 5) 26, Srbik an Ottenthal (10. 4. 1914).

[16] Irene AUE, Geschichte besprechen. Geschichtsvermittlung in Rezensionen der deutsch-jüdischen Presse in der Weimarer Republik am Beispiel der Arbeiten Selma Sterns und Fritz Baers, in: Deutschjüdische Presse und jüdische Geschichte. Dokumente, Darstellungen, Wechselbeziehungen 1, hg. von Eleonore LAPPIN–Michael NAGEL (Die jüdische Presse – Kommunikationsgeschichte im europäischen Raum 6, Bremen 2008) 163–184, hier 172.

[17] KÄMMERER, Srbik Korrespondenz 32, Srbik an Bauer (16. 4. 1914).

lich[18], weil er in Graz in Lauerposition auf eine der anstehenden Professuren (etwa nach dem Tod des Grazer Ordinarius Karl Uhlirz am 22. März 1914) stand. Die eingeforderten und brieflich berichteten Kollationierungen in Den Haag hatten *in mehreren Fällen […] meine Lesung bestätigt, die Auslassung einer Zeile trifft allerdings mich*[19]. Nach vielen Recherchevorgängen im Archiv konnte Wilhelm Bauer, immerhin auch Konkurrent Srbiks um freiwerdende Lehrkanzeln, schließlich die gesuchte Editionsvorlage Srbiks in den Beständen des Haus-, Hof- und Staatsarchivs ausfindig machen – zur Erleichterung Srbiks, der daraufhin, ausreichend munitioniert, seine Entgegnung für das „Historische Jahrbuch" verfassen konnte[20]. Zur Abwehr der Kritik Turbas veranlasste Srbik auch den Redakteur der „Mitteilungen des Instituts für Österreichische Geschichtsforschung" (MIÖG) zur *Beschleunigung des Druckes*[21] einer positiven Rezension des Breslauer Ordinarius Georg Friedrich Preuß (1864–1914) über seine Edition. Im Abstand einiger Wochen sah Srbik die Auseinandersetzung mit Turba dann schon in versöhnlicherem Licht, als er im Juni 1914 an Oswald Redlich schrieb, dass er vom *Angriffe Turbas, der wohl ungerecht, aber nicht unanstendig war, schon genug* habe[22].

Rezensionen waren nicht nur Ausdruck der Professionalisierung, der Standardisierung und der Wissensorganisation innerhalb des Universitätsbetriebes im 19. und 20. Jahrhundert, sondern galten auch als eine Art Aktie der wissenschaftlichen, ständig zu verteidigenden „Ehre" vor der akademischen Öffentlichkeit. Ein Angriff auf die wissenschaftliche Ehre setzte in der gut über die Briefe erschließbaren, agonalen Kommunikation des Wissenschaftsbetriebes im Sinne von Retorsionsbewegungen verschiedenste kommunikative Abwehrhandlungen in Gang, wie das einleitende Beispiel von Heinrich (Ritter von) Srbik eindrücklich verdeutlichte. Militärgeschichtlich betrachtet folgte auf den Angriff Turbas eine *Entgegnung* Srbiks, die man wohl als Zurückschlagung des Angriffs bezeichnen könnte, die wiederum von einer *Erwiderung* Turbas gefolgt wurde – der Angriffskrieg erstarrte zu einem Grabenkrieg, wenn auch die Bewertungen über den Erfolg/ Misserfolg dieser Texte nach den Meldungen der involvierten Artilleriebeobachter in den beteiligten Militärstäben wohl recht unterschiedlich ausgefallen sein dürften. Im „Krieg mit Texten"[23] lag das Militärische dem späteren Dolomitenkämpfer Srbik aber nahe. Im Juli 1914 verbuchte er – seine Entgegnung im „Historischen Jahrbuch" war nunmehr gedruckt – beim Gegner Folgen gewaltsamer Handlungen: *Turbas Erwiderung auf meine Antikritik habe ich noch nicht gesehen. […] Bin kein Freund von Polemiken, ich meine aber, dass doch er „abgestochen" ist, nicht ich. […] Die schweren Schnitte mit Arteriendurchschlag und Knochensplitter sitzen, hoffe ich, in ziemlicher Anzahl bei ihm. Sein Größenwahn ist freilich unheilbar*[24]. Srbik beharrte in seiner *Entgegnung* auf seinen Lesungen, kritisierte

---

[18] Archiv der ÖAW, NL Bauer, K 6, Konv. 2, Srbik an Bauer (9.4.1914), siehe auch KÄMMERER, Srbik Korrespondenz (wie Anm. 5) 24.

[19] Ebd. 32, Srbik an Bauer (16.4.1914).

[20] Archiv der ÖAW, NL Bauer, K 6, Konv. 2, Srbik an Bauer (20.4.1914).

[21] Archiv der ÖAW, NL Bauer, K 6, Konv. 2, Srbik an Bauer (16.4.1914); siehe den Druck der sehr positiven Rezension *MIÖG* 35 (1914) 534–536; schon davor hatte Srbik via Bauer interveniert, dass Preuß die Rezension des Buches von Srbik schneller schreiben sollte. Brief Srbik an Wilhelm Bauer (14.2.1914): *Ich habe dich zwei oder dreimal ersucht bei Preuss die Rezension meiner Staatsverträge zu urgieren, habe aber nie Antwort erhalten. Bitte, denke daran!*

[22] KÄMMERER, Srbik Korrespondenz (wie Anm. 5) 38, Srbik an Redlich (19.6.1914).

[23] Karl BRUNNER, Ein Krieg mit Texten. Anmerkungen an Stelle fälliger Rezensionen. *MIÖG* 113 (2005) 392–398.

[24] ÖAW, NL Bauer, K 6, Konv. 2 (1914), Srbik an Bauer (4.7.1914).

die Unausgewogenheit der Kritik Turbas, der sich lediglich auf eine Seite der Einleitung intensiv bezog und insistierte auf seiner Sicht der Vertragswerke. Eine belehrende Definition einer „guten Rezension" steht am Ende von Srbiks *Entgegnung*: […] *eine gute Rezension soll nicht ausschließlich ein paar Einzelheiten eines Werkes herausgreifen und sich an sie heften, sie soll vielmehr trachten, neben der Prüfung von Einzelheiten dem Werke als einem Ganzen gerecht zu werden; sie soll ohne zureichende gewissenhaft abgewogene Gründe nicht aburteilen und sie soll sich eines angemessenen Tones befleißen*[25]. Turbas *Erwiderung* auf die *gereizte Entgegnung* Srbiks betont nochmals den Fleiß des Autors – „Fleiß" stellt aber eine zweifelhafte Kategorie des Lobes innerhalb der Gattung Rezension dar – und kommt ebenfalls finaliter auf das Wesen von Rezensionen zu sprechen. Eine *pflichtmäßige Kritik* (i. e. Rezension) besteht nicht in der *beabsichtigten Kränkung des überempfindlichen „Kollegen", sondern* man sollte darin ein Mittel sehen, *die historische Wahrheit zu finden*[26]. Das Finden „historischer Wahrheit", die Suche nach unparteiischer Ausgewogenheit und nach abgeklärter Information stellten explizit den Inhalt der Rezensionen dar, freilich stand im Hintergrund der Auseinandersetzung von Srbik und Turba auch der Kampf um freiwerdende Lehrkanzeln und um Einfluss innerhalb der Historikerzunft. Jede Rezension verweist auf den Rezensenten, sein wissenschaftliches Kapital und sein auf Inklusion und Exklusion gründendes wissenschaftliches Netzwerk[27]. Hinter jeder Rezension stehen aber auch wissenschaftliche Kategorien wie Genauigkeit, Quellenkenntnis, Kenntnis und Verarbeitung der Sekundärliteratur, die Bewertung der möglichst innovativen Fragestellung und des Stils eines Buches[28]. Erst ein Blick in die Korrespondenz der Beteiligten erhellt deutlich die um die „Ehre" kreisenden Motivbündel des angegriffenen Autors. Der selbst immer wieder in heftige Rezensionsfehden[29] verstrickte, dünnhäutige Srbik meinte wenig später – mit Blick auf eine Rezensions-Schlacht zwischen Arthur Salz (1881–1963), Paul Sander (1866–1919) und Max Weber (1864–1920) – und sicher eingedenk der eigenen, kürzlich ausgestandenen, schmutzigen Rezensionsfehde: *die ganze Sache ist zwar abscheulich, aber charakteristisch für den Mangel an gesellschaftlicher Kul-*

---

[25] Srbik, Entgegnung (wie Anm. 1) 504. Srbik verfasste übrigens den Nachruf auf Gustav Turba („Begabung zur kritischen Quellenprüfung"): Heinrich Ritter von Srbik, Gustav Turba, in: Bericht über das Studienjahr 1935/36, hg. von Oswald Menghin (Wien 1937) 24f.: *Niemals hat sich Turba, der ein gläubiger Katholik und ein dynastisch gesinnter Österreicher war, von persönlichen, unwissenschaftlichen Rücksichten leiten lassen. Er war ein unabhängiger, aufrechter Charakter, der aus seiner selbständigen Überzeugung kein Hehl machte, und er war ein von heißem deutschen Empfinden erfüllter Mann. Wie die Vorlesungen über das alte Heilige Reich seiner universalen und gesamtnationalen Überzeugung entsprangen, so hat der bedingungslose Gerechtigkeitswille und das deutsche Bewußtsein, die ihn erfüllten, seine Universitätsvorlesungen zur Vorkriegsgeschichte („Kriegsschuldfrage") veranlaßt. Es gab in ihm keine falsche Note. Ein Charakter und ausgezeichneter Forscher, dem im Leben viel Undank widerfahren ist, ist uns verlorengegangen.*

[26] Turba, Erwiderung (wie Anm. 1) 507.

[27] Wolfgang Behringer, Netzwerk. *EDN* 9 (2009) 98–100; Anne Karsten–Hillard van Thiessen, Einleitung, in: Nützliche Netzwerke und korrupte Seilschaften, hg. von dens. (Göttingen 2006) 7–17. Als Überblick auch für die Gegenwart Wolfgang Reinhard, Kleine Politik ganz groß, in: Faszinierende Frühneuzeit. Reich, Frieden, Kultur und Kommunikation 1500–1800, hg. von Wolfgang E. J. Weber–Regina Dauser (Berlin 2008) 239–256.

[28] Exemplarisch abgehandelt bei Ursula Wolf, Rezensionen in der Historischen Zeitschrift, im Gnomon und in der American Historical Review von 1930–1943/44, in: Antike und Altertumswissenschaft in der Zeit von Faschismus und Nationalsozialismus, hg. von Beat Näf (Texts and Studies in the History of Humanities 1, Mandelbachtal–Cambridge 2001) 419–438, hier 426–428.

[29] Etwa mit Hedwig Hintze, Raimund Friedrich Kaindl und Viktor Bibl, siehe die Zusammenstellung bei Pesditschek, Srbik (wie Anm. 2) 264.

tur, der leider so oft in gelehrten Fehden zutage tritt[30]. Als größter anzunehmender Unfall kann aber dennoch gerade die Verweigerung einer Rezension gelten: *Ich habe nicht die Absicht, mich mit Viktor Bibls neuestem Metternichbuch [… 1936] in Form einer Rezension auseinander zu setzen*[31].

Rezensionen in den MIÖG (1920–1939)

Ein wissenschaftliches Netzwerk

Die durch die Parameter Aktualität, Objektivität, reduzierter Umfang, verständlicher Sprachstil bestimmte Textgattung Rezension steht an der Schnittstelle zwischen Buchproduktion und der Konsumation von aufbereitetem Wissen. Die Rezensionen dienen aus Sicht des Rezensenten der Selbstverortung der eigenen Wissenschaftsrichtung in Konkurrenz zu anderen Wissensbeständen bzw. zu anderen Forschungsrichtungen. Der Rezensent beurteilte die Relevanz eines Buches im Kontext von konkurrierenden Wissensbeständen[32]. Insgesamt verblüffend ist die Geschichte der Rezension als eine zwischen Verlag, Autor, Rezensent und Publikum angesiedelte Textsorte bislang nicht geschrieben, wie auch keine Gesamtgeschichte der MIÖG vorliegt. Dabei kommt den wissenschaftlichen Zeitschriften bei der Vergesellschaftung von Wissen und Wissenschaft große Bedeutung zu, umgekehrt machen sich politische Zäsuren (etwa die Brüche 1918, 1934, 1938, 1945) oder Veränderungen in der Wissenschaft in den Zeitschriften (etwa die Sozialgeschichte als neue Strömung) deutlich bemerkbar[33]. Die 1880 im Zusammenhang mit der 25-Jahr-Feier des Institutes gegründeten MIÖG stiegen rasch zu einer Art Außenministerium des Institutes auf, gerieten mit dem Ersten Weltkrieg aber in wirtschaftliche Schwierigkeiten[34]. Der Band 38 konnte verspätet 1920 mit Hilfe von Subventionen des „Österreichischen Staatsamtes für Unterricht" und auch mit Blick auf die deutsche Forschungslandschaft erscheinen, die schwierige Lage der Inflationsjahre ließ Band 39 dann erst 1923 zu, die Jahresbände 1924 und 1928 entfielen ganz[35]. Für die Rezensionsabteilung der MIÖG bedeutete diese lange Druckverzögerung, dass sich man-

---

[30] Kämmerer, Srbik Korrespondenz (wie Anm. 5) 36, Srbik an Redlich (13.6.1914).

[31] Heinrich Ritter von Srbik, Erklärung zu Viktor Bibls „Metternich, der Dämon Österreichs". MIÖG 50 (1936) 505–507 (Fortführung einer Rezension in MIÖG 42 [1927] 397–409). Zu Bibl Siegfried Nasko, Viktor Bibl (1870–1947). Studien zu seinem Leben und Werk (Diss. Wien 1970).

[32] Aue, Geschichte besprechen (wie Anm. 16) 180.

[33] Sigrid Stöckel, Verwissenschaftlichung der Gesellschaft – Vergesellschaftung der Wissenschaft, in: Das Medium Wissenschaftszeitschrift seit dem 19. Jahrhundert. Verwissenschaftlichung der Gesellschaft – Vergesellschaftung von Wissenschaft, hg. von ders.–Wiebke Linser–Gerlind Rüve (Wissenschaft, Politik und Gesellschaft 5, Stuttgart 2009) 9–23; wichtig als Überblick für Zeitschriften immer noch Matthias Middell, Vom allgemeinhistorischen Journal zur spezialisierten Liste im H-Net. Gedanken zur Geschichte der Zeitschriften als Elementen der Institutionalisierung moderner Geschichtswissenschaften, in: Historische Zeitschriften im internationalen Vergleich, hg. von dems. (Geschichtswissenschaft und Geschichtskultur im 20. Jahrhundert 2, Leipzig 1999) 7–31.

[34] Zur Geschichte der MIÖG in ihren Anfängen siehe den Beitrag von Christine Ottner in diesem Band.

[35] Zur Geschichte der MIÖG 1929–1945 siehe Manfred Stoy, Das Österreichische Institut für Geschichtsforschung 1929–1945 (MIÖG Ergbd. 50, München–Wien 2007) 207–211, 294–298. Die Erscheinungsform: MIÖG 38 (1920), 39 (1923), 40 (1925), 41 (1926), 42 (1927), 43 (1929), 44 (1930), 45 (1931), 46 (1932), 47 (1933), 48 (1934), 49 (1935), 50 (1936), 51 (1937), 52 (1938), 53 (1939).

che Verlage und Autoren mit ungeduldigen Nachfragen nach dem Druckfortschritt der Rezensionen an die Redaktion wandten[36]. Ein Großteil der Beiträge in der Zwischenkriegszeit richtete sich auf die mittelalterliche Geschichte aus (rund zwei Drittel Mittelalter, ein Drittel Neuzeit), und der Kanon der MIÖG-Autoren verengte sich ab den späten 1920er Jahren auf österreichische Autoren bzw. Institutsabsolventen.

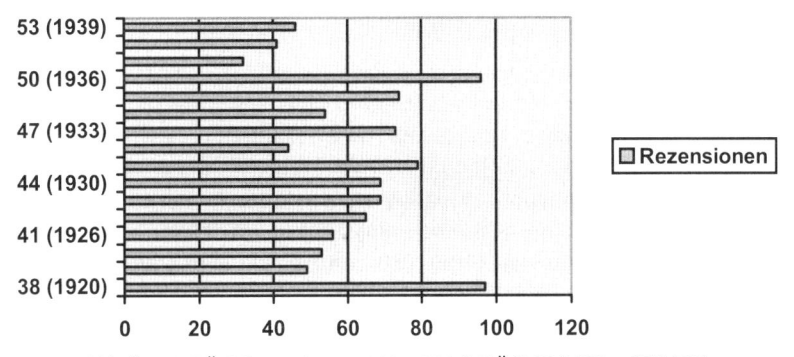

Tabelle 1: MIÖG-Rezensionen 1920–1939 (MIÖG 38/1920 – 53/1939)

Der recht umfangreiche und sehr arbeitsaufwändige Rezensionsteil der MIÖG wurde zwischen 1903 und 1922 von Oswald Redlich, zwischen 1922 und 1944 von Wilhelm Bauer und zwischen 1932 und 1944 von Otto Brunner[37] redigiert. Wilhelm Bauer erhielt für die Redaktionsarbeiten der nach dem Ersten Weltkrieg wieder mühsam ins Leben gerufenen MIÖG das halbierte ehemalige Zimmer von Alfons Dopsch zugewiesen. In den 16 MIÖG-Jahrgängen zwischen 1920 und 1939 erschienen 1.010 Rezensionen, im Durchschnitt 63 Rezensionen pro Jahrgang, wobei die Jahrgänge 38 (1920) mit 97 Besprechungen sowie 50 (1936) mit 96 Rezensionen Spitzenwerte im oberen Bereich und 51 (1937) mit 32 sowie 52 (1938/Redlich-Festschrift) mit 41 Rezensionen im unteren Bereich darstellen (siehe Anhang). Thematisch umfassen die Rezensionen sowohl Mittelalter und Neuzeit, wenn auch das Mittelalter und deutschsprachige Rezensionstitel meist deutlich überwogen. Auffällig und durch die archiv- und hilfswissenschaftliche Ausbildung am Institut gut erklärlich sind die starke Betonung der Hilfswissenschaften und das Besprechen von Editionen. Diese Rezensionen passen sich forschungsgeschichtlich auch in den „Los von Sickel"-Diskurs ein, bei dem es um eine langsame Fortentwicklung der traditionellen Sickelschen Diplomatik ging[38]. Vor dem Hintergrund von fachlicher Pluralisierung, der Auseinandersetzung zwischen Kultur-, Sozial- und Wirtschaftsgeschichte und der Weiterentwicklung der Hilfswissenschaften erschienen von 167 unterschiedlichen Autoren Rezensionen im Untersuchungszeitraum (MIÖG

---

[36] Sammlungen des IÖG, K 10, Briefe an Redlich 1918–1926: Verlag H. A. Ludwig Degener, Verlagsbuchhandlung Leipzig am 28. 2. 1921: Verbleib der zwei Rezensionen Heydenreich, Handbuch der praktischen Genealogie, und Forst-Battaglia, Vom Herrenstande. Diese beiden Rezensionen wurden schließlich in *MIÖG* 38 (1920) 637f., 658f. gedruckt. Dank für Unterstützung gilt Paul Herold, IÖG.

[37] Leo Santifaller, Das Institut für Österreichische Geschichtsforschung. Festgabe zur Feier des Zweihundertjährigen Bestandes des Wiener Haus-, Hof- und Staatsarchivs (VIÖG 11, Wien 1950) 96. Zum Wirken Redlichs Thomas Winkelbauer, Oswald Redlich und die Geschichte der Habsburgermonarchie. *MIÖG* 117 (2009) 399–417.

[38] Pavel Kolář, Geschichtswissenschaft in Zentraleuropa. Die Universitäten Prag, Wien und Berlin um 1900 (Geschichtswissenschaft und Geschichtskultur im 20. Jahrhundert 9, Berlin 2008) 303–315.

38–53). Unangefochten an der Spitze der Rezensionsleistung stehen der publikationsstarke Heinrich (Ritter von) Srbik und Heinz Zatschek[39]. Neben diesen häufig eingesetzten Großunternehmern des Rezensionswesens gab es aber viele Rezensenten, die im Untersuchungszeitraum mit lediglich einer Rezension anzutreffen sind: 81 Autoren (also fast die Hälfte der untersuchten Rezensionsautoren) verfasste nur eine Literaturbesprechung für die MIÖG, nur 20 Autoren (rund 12%) – man könnte von einer Kerngruppe an Buchbesprechungsautoren sprechen – verfassten dagegen mehr als zehn Rezensionen. Von den in der Zwischenkriegszeit erschienenen Rezensionen wurden nur zehn Texte (also rund 1%) von Frauen verfasst (Margarethe Mecenseffy, Margarete Merores, Erna Patzelt, Bettina von Rinaldini, Käthe Spiegel, Mathilde Uhlirz).

Unter den Rezensionsautoren dominierten die 1870er, 1880er und 1890er Jahre – mehr als die Hälfte der Autoren wurde in diesem Zeitraum geboren, allerdings versuchte die MIÖG-Redaktion offenbar auch gezielt jüngere Wissenschaftler (Jahrgänge ab 1900 – rund ein Viertel der Autoren) anzusprechen. Von 160 Autoren konnten die Geburtsjahrgänge ermittelt werden: 1840er Jahre ein Autor (0,63%), 1850er Jahre 13 Rezensenten (8,13%), 1860er Jahre 17 (10,63%), 1870er Jahre 26 (16,25%), 1880er Jahre 35 (21,88%), 1890er Jahre 30 (18,75%), 1900er Jahre 32 (20%), 1910er Jahre sechs Autoren (3,75%). Die jüngsten Rezensionsautoren – der Älteste im Untersuchungszeitraum war übrigens der Grazer Neuzeit-Doyen Johann Loserth – wiesen durch den Ausbildungslehrgang in der Regel ein Naheverhältnis zum „Österreichischen Institut für Geschichtsforschung" auf. Heinrich Appelt (Kursmitglied Nr. 433), Walter Goldinger (Nr. 435), Herbert Hassinger (Nr. 481), Hellmut Kämpf (Nr. 446), Heinrich Fichtenau (Nr. 460) und der Geograph und Historiker Wilfried Krallert (Nr. 462) waren die jüngsten Rezensionsautoren. Die MIÖG-Redaktion achtete darauf, dass nur gut ausgebildete und fachlich versierte Autoren zum Einsatz kamen, wenn wir auch über die Modalitäten der meist mündlichen Ansprache der Autoren wenig aus den lediglich bruchstückhaft überlieferten Archivalien des MIÖG-Redaktionsbestands am IÖG wissen. Das Erstpublikationsalter der 38 Autoren, die nach 1900 geboren wurden, lag bei durchschnittlich 29 Jahren. Bei besonders jungen Rezensenten darf man gezielte Förderung seitens der Redaktion oder der universitären Lehrer vermuten. So durften Wilfried Krallert mit 24, Josef Pfitzner und Hellmut Kämpf, Karl Pivec und der später als Großrezensent aufgetretene Heinz Zatschek mit je 25 Jahren, Heinrich Fichtenau, Walter Goldinger, Konrad Josef Heilig, Hans Kramer, Gerhard Ladner, Theodor Mayer, Johannes Ramackers, A. Julius Walter mit je 26 Jahren erstmals eine Rezension in den MIÖG publizieren. Am Beispiel des jungen Historikers und Institutsmitgliedes Hanns Krupicka (später Hanns Wohlgemuth, nach dem Namen seiner ersten Frau) wird die Förderpolitik der Redaktion zumindest erahnbar: Krupicka, ein Schüler von Hans Hirsch und ideologisch deutschnational eingestellt, war nach dem Ende seines Studiums in Geldnot und wurde 1932 über Vermittlung von Hirsch – offenbar schlecht bezahlt und aufgrund seiner politischen Einstellung im Stift argwöhnisch beäugt – zu Ordnungsarbeiten im Stiftsarchiv Herzogenburg eingesetzt[40]. Um Krupicka auch wissenschaftlich zu unterstützen, setzte man

---

[39] Heinrich (Ritter von) Srbik 112 Rezensionen, Heinz Zatschek 88, Otto Brunner 52, Wilhelm Bauer 37, Richard Heuberger 36, Theodor Mayer 35, Lothar Groß und Ernst Klebel je 28, Emil von Ottenthal 26, Ludwig Bittner 24, Karl Beer und Alfons Dopsch je 21, Oswald Redlich 19, Reinhold Lorenz 18, Karl Pivec, Hans v. Voltelini, Hans Ankwicz-Kleehoven und Gustav Turba 17 Buchbesprechungen.

[40] Edith WOHLGEMUTH, Hanns Wohlgemuth (Krupicka) †. *XXI. Bericht der Historischen Landeskom-*

ihn 1933 und 1936 auch für MIÖG-Rezensionen ein. Krupicka folgte 1934 Leo Santifaller als Assistent nach Breslau/Wrocław und bearbeitete das schlesische Urkundenbuch (1939 Leiter der Kulturabteilung des Osteuropa-Instituts in Breslau).

Von den 167 für Rezensionen herangezogenen Autoren besaßen 67 (rund 40 %) die Mitgliedschaft am Institut (als ordentliche oder außerordentliche Hörer). Das wissenschaftliche Kommunikationswesen und die wissenschaftliche Kritik waren in der ersten Hälfte des 20. Jahrhunderts noch streng hierarchisch aufgebaut. Jüngeren Kollegen schien es nur begrenzt möglich, die Werke älterer, etablierter Historiker einer (sachlich fundierten) Kritik zu unterziehen – zumindest mussten die Rezensenten direkt und indirekt mit Reaktionen rechnen (etwa Nachteile bei der Besetzung von wissenschaftlichen Positionen etc.). Neben dem personengestützten Netzwerk der Fachkollegenschaft kam dem institutionellen, über das „Österreichische Institut für Geschichtsforschung" laufende Netzwerk, das mit dem Ausbildungslehrgang zudem einen eigenen Kommunikationsraum aufwies, große Bedeutung zu. Über das Kommunikationsmittel der Rezensionen konnten Gruppengrenzen aufgezeigt werden; personelle wie institutionelle Netzwerke wurden deutlich. Das räumliche Rezensentennetz der MIÖG in der Zwischenkriegszeit war zwar stark auf Wien konzentriert, doch zeigen sich einige Verbindungslinien zu anderen österreichischen Universitätsstädten. Vor allem in den ersten Nachkriegsheften gab es einen starken Grazer (Heinrich R. v. Srbik, Mathilde Uhlirz) und Innsbrucker (Alfred v. Wretschko, Richard Heuberger) Anteil, aber auch das Archivar- und Wissenschaftsnetzwerk aus den Zeiten der Habsburgermonarchie war noch intakt (etwa Bertold Bretholz in Brünn/Brno, Theodor Grienberger in Czernowitz/Tscherniwzi, Simon M. Prem in Bozen/Bolzano). Daneben zeigten sich Verbindungen nach Greifswald (Alexander Coulin) oder auch Berlin (Adolf Hofmeister). Die Hefte danach (etwa MIÖG 40) offerierten eine stärkere räumliche Konzentration der Rezensenten auf Wien und Innsbruck (Heuberger), die Kontakte des Instituts zu den Archiven wurden aber deutlich (Jaksch, Zibermayr, Bretholz). Mit der Prager Professur Theodor Mayers erstarkten die Kontakte zu deutschsprachigen Historikern in Prag. Dieses blieb auch nach dem Wegzug Mayers nach Gießen (1934–1938) durch Hans Zatschek wichtig. Neben Wien traten in den späten, personell deutlich verengten MIÖG-Heften des Untersuchungszeitraumes vor allem Innsbruck (Ganahl, Lentze) und Prag (Zatschek) als Referenzraum auf – zur Universität Graz bestanden auf Rezensionsebene nur äußerst geringe Beziehungen.

21 Autoren, die über 60 Prozent aller Rezensionen (626 Besprechungen) schrieben, waren dominant in dem untersuchten Sample[41]. Die Rezensionsautoren arbeiteten analog zu ihren Forschungsfeldern meist in erwartbaren, epochalen Sparten, wo sie Kompetenz kontinuierlich über die Jahre aufbauten. Sicherlich der wichtigste Rezensent im

---

mission für Steiermark über die 15. Geschäftsperiode (1977–1981) (Graz 1982) 29f.; Heinrich APPELT, *Hanns Wohlgemuth-Krupicka †. Schlesien. Kunst, Wissenschaft, Volkskunde* 28 (1983) 192; zum Briefwechsel mit Hirsch und Santifaller IÖG. Nach dem Krieg konnte Krupicka aus politischen Gründen keine Anstellung mehr als Historiker in Österreich finden (er leitete schließlich ein kleines Sägewerk in Stanz im Mürztal). Zu Herzogenburg Helga PENZ, Kloster – Archiv – Geschichte. Schriftlichkeit und Überlieferung im Augustiner-Chorherrenstift Herzogenburg in Niederösterreich 1300–1800 (Diss. Wien 2004) 14. Freundliche Hinweise von Günter Katzler, Wien.

[41] Siehe die Tabelle im Anhang: Heinrich (Ritter von) Srbik, Heinz Zatschek, Otto Brunner, Wilhelm Bauer, Richard Heuberger, Theodor Mayer, Lothar Groß, Ernst Klebel, Emil von Ottenthal, Ludwig Bittner, Karl Beer, Alfons Dopsch, Oswald Redlich, Reinhold Lorenz, Karl Pivec, Hans von Voltelini, Hans Ankwicz-Kleehoven, Gustav Turba, Karl Völker, Friedrich Walter, Johann Hollnsteiner.

Bereich Mittelalter war der Mediävist und Hilfswissenschaftler Heinz Zatschek (insgesamt 88 Rezensionen), der 1930 in seinem rezensionsstärksten Jahr in den MIÖG (22 Rezensionen!) neben hilfswissenschaftlichen Themen zu de facto allen Büchern der mittelalterlichen europäischen Geschichte Stellung nahm. Der in Innsbruck lehrende Hilfswissenschaftler Richard Heuberger besprach vor allem Werke zu Kanzleiwesen und Diplomatik im Mittelalter, zu mittelalterlichem Papsttum wie Kaisertum und zur Quellenkunde (36 Rezensionen). Ernst Klebel interessierte sich dagegen für mittelalterliche Verfassungsgeschichte, Sprachgeschichte und Landeskunde (28 Rezensionen). Bis Mitte der 1930er Jahre publizierte Theodor Mayer viele Rezensionen in den MIÖG (35 Rezensionen), vor allem zu mittelalterlichen Themen, darunter aber auch zur mittelalterlichen und frühneuzeitlichen Wirtschaftsgeschichte, aber auch zu für ihn abgelegenen Themen wie etwa zum Buch seines Freundes Reinhold Lorenz „Volksbewaffnung und Staatsidee in Österreich 1792–1797"[42]. Der Begründer des Wiener Instituts für Wirtschafts- und Sozialgeschichte Alfons Dopsch zeigte neben seinem alten Arbeitsgebiet der mittelalterlichen Geschichte und der Hilfswissenschaften auch ausgeprägte Interessen für Wirtschaftsgeschichte (etwa über Grundherrschaft) (21 Rezensionen). Neben der allgemeinen mittelalterlichen Geschichte orientierte sich der als Assistent am Institut (1936–1938/1939) wirkende Karl Pivec an den Hilfswissenschaften und der mittelalterlichen Quellenkunde (17 Rezensionen). Als Institutsdirektor nahm Emil von Ottenthal bis Mitte der 1920er Jahre rege am Rezensionsgeschehen teil und widmete sich der italienischen Geschichte des Mittelalters und hilfswissenschaftlichen Themen (26 Rezensionen). Kontinuierlich rezensierte der aus Innsbruck stammende und in Wien (1908–1933) lehrende Rechtshistoriker Hans von Voltelini über rechtsgeschichtliche Themen (17 Rezensionen).

Der breit interessierte MIÖG-Redakteur Otto Brunner steht mit seinen Rezensionen zwischen Mittelalter und Neuzeit und zeigte aufgrund seines Arbeitsgebietes auch ein starkes Faible für Stadtgeschichte (52 Rezensionen). Der Archivar Lothar Groß schrieb, seinem ausgedehnten Arbeitsgebiet entsprechend, sowohl in der mittelalterlichen Geschichte als auch für die Neuzeit Rezensionen (28 Rezensionen). Ebenfalls als Grenzgänger zwischen Mittelalter und Neuzeit agierte Oswald Redlich, der sich aufgrund seines breiten Schaffens auch deutlich für die Hilfswissenschaften im Rezensionswesen einsetzte (19 Rezensionen). Als Redlich-Schüler taucht der engagierte Mittelschullehrer und Lehrbeauftragte an der Universität Karl Beer[43] wiederholt mit Rezensionen, etwa zur böhmischen Geschichte des Mittelalters, in den MIÖG auf (21 Rezensionen). Der Florianer Augustiner Chorherr (bis 1941) Johann Hollnsteiner, seit 1923 Professor für Kirchengeschichte in St. Florian, rezensierte vor allem im Bereich der Kirchengeschichte des Mittelalters (12 Rezensionen).

Als Generalunternehmer für die Neuzeit – durchschnittlich sieben Rezensionen pro Jahr – agierte der verlässliche Rezensent Heinrich (Ritter von) Srbik, der sich in mitunter kantigen Rezensionen breit für die Diplomatiegeschichte, für die allgemeine Geschichte der Neuzeit, aber auch für die „Geistesgeschichte" der Neuzeit (mit deutlichem Schwerpunkt im 19. Jahrhundert) interessierte (112 Rezensionen). Sein Freund und Teil des „Trifoliums" Wilhelm Bauer zeigte in seinen Rezensionen zwar ein deutlicheres Interesse für Kulturgeschichte, rezensierte aber auch Neuzeit in breitem Spektrum (37 Rezensio-

---

[42] *MIÖG* 44 (1927) 395.
[43] Felix Czeike, Historisches Lexikon Wien 1 (Wien 1992) 302.

nen). Der Archivar Ludwig Bittner interessierte sich in seinen Rezensionen neben Archivfragen auch stark für Fragen des 19. Jahrhunderts, damals also fast noch Zeitgeschichte (24 Rezensionen). In seinen Rezensionen zeigte der Kustos am „Österreichischen Museum für Kunst und Industrie" Hans Ankwicz-Kleehoven großes Interesse für die Zeit der Renaissance, Kunst- und Kulturgeschichte (17 Rezensionen). Der Verfassungshistoriker Gustav Turba beschäftigte sich in seinen Rezensionen mit verschiedensten Themen der Neuzeit, wobei er auch wiederholt französische Bücher rezensierte (17 Rezensionen). Bücher der Neuzeit rezensierte der als Assistent (1927–1939) am Historischen Seminar der Universität Wien tätige Reinhold Lorenz, ohne dass spezifische Interessensgebiete erkennbar wären (18 Rezensionen). Im Rahmen der MIÖG beschäftigte sich der Archivar Friedrich Walter immer wieder mit neuzeitlicher Wirtschaftsgeschichte (12 Rezensionen). Meist in Form von „Notizen" nahm der Wiener Kirchenhistoriker Karl Völker zur protestantischen Kirchengeschichte, vor allem der Reformation, Stellung (12 Rezensionen).

Die Vergabe von Rezensionsexemplaren erfolgte durch die Redaktion, wobei sich in den Akten des „Österreichischen Instituts für Geschichtsforschung" (Briefe an Oswald Redlich) vor allem Korrespondenz mit Nicht-Wiener Rezensenten findet. Manche Verlage übersandten aufgefordert/unaufgefordert Rezensionsexemplare, andere schickten zuvor Ankündigungen mit der Anfrage nach Rezensenten, auch Autoren boten ihre Bücher zur Rezension an. Die Annahme der Autoren hing von der Einschätzung der besprochenen Bücher, aber auch von der Brauchbarkeit der Inhalte für die eigene Lehr- und Forschungstätigkeit ab. *Die Besprechung von Groht und Reinitz möchte ich nicht übernehmen, der erstere ist ein Streber [Groht] und der letztere [Reinitz] ein Schwindler. Ich habe mir beide Bücher angesehen*[44]. *Hast du die Rezension von Hengelmüllers Franz II. Rakoczy schon vergeben für die Mitteilungen? Wenn nicht und wann ihr keinen […] Rezensenten habt, so möchte ich mich anmelden, da ich die Literatur für meine Vorlesung ziemlich gut durchgearbeitet habe*[45]. Mitunter tauchen neben der Korrespondenz mit der Druckerei, der Abwicklung des Tauschverkehrs, den Reklamationen über nicht-gelieferte MIÖG-Bände auch Verlagsprospekte für Neuerscheinungen im fragmentarischen Redaktions-Briefwechsel, Ablehnungen und Zusagen von Rezensenten für von der Redaktion vorgeschlagene Werke oder Begleitschreiben zu Fahnenkorrekturen auf. Der mährische Archivar Bertold Bretholz fragte beispielsweise anlässlich der Übersendung von Fahnenkorrekturen an, ob er ein neu erschienenes Buch für die MIÖG besprechen könnte[46]. Der Innsbrucker Rechtshistoriker Alfred Wretschko fühlte sich für Claudius von Schwerins „Einführung in das Studium der germanischen Rechtsgeschichte" als Rezensent nicht ausreichend ausgewiesen und schlug stellvertretend Paul Puntschart oder Arthur Goldmann vor[47]. Mitunter kamen auch Rezensionsanfragen, die auf persönlicher Bekannt-

---

[44] KÄMMERER, Srbik Korrespondenz (wie Anm. 5) 22, Srbik an Bauer (13. 1. 1914). Das vorgeschlagene Buch von Reinitz: Max REINITZ, Das österreichische Staatsschuldenwesen von seinen Anfängen bis zur Jetztzeit (München 1913); welche Publikation von Groht gemeint ist, konnte nicht eruiert werden. Srbik übernahm die Rezension von Reinitz dann doch, *MIÖG* 36 (1915) 547.

[45] ÖAW, NL Wilhelm Bauer, K 6, Konv. 2, 1914, Srbik an Bauer (14. 2. 1914). Vorgeschlagenes Buch: Ladislaus HENGELMÜLLER, Franz Rakoczi und sein Kampf für Ungarns Freiheit 1703–1711 (Stuttgart 1913); die Rezension in *MIÖG* 36 (1915) 375f. erfolgte durch Theodor Mayer.

[46] Sammlungen des IÖG, K 10, Briefe an Redlich 1920, Bertold Bretholz an Redlich (5. 8. 1920).

[47] Sammlungen des IÖG, K 10, Briefe an Redlich 1922–1924: Karte Wretschko an Redlich (23. 12. 1923). Eine MIÖG-Rezension von Claudius VON SCHWERIN, Einführung in das Studium der germanischen Rechtsgeschichte und ihrer Teilgebiete (Freiburg im Breisgau 1922), erschien aber nicht.

schaft beruhten: So fragte eine Schülerin des Althistorikers Rudolf Scala (1860–1919) aus Innsbruck 1920 an, ob sie ein Werk ihres eben verstorbenen Lehrers rezensieren dürfe, was aber die Redaktion offenbar ablehnte[48]. Aber auch Absprachen zwischen Autoren und Rezensenten, an der Redaktion vorbei, gab es. So bedankte sich Srbik schon im Vorfeld bei Ludwig Bittner für dessen Vorschlag einer Besprechung von Srbiks „Quellen zur deutschen Politik Österreichs" – *keinen zuständigeren Beurteiler als Dich* [Bittner] *könnte ich mir denken*[49]. Anlässlich der Übersendung der Rezensionen kommentierten manche Rezensenten – im „Gespräch" mit Oswald Redlich – auch direkter als in den Rezensionen die besprochenen Autoren. Der Rechtshistoriker Luschin von Ebengreuth etwa lobte brieflich den aufstrebenden Fritz Popelka als *viel versprechenden jungen Forscher[s]*[50]. Ansonsten findet sich in der postkartenlastigen Redaktionspost der MIÖG in den 1920er Jahren der heute auch noch übliche Kommunikationsinhalt: Beschwerde über das langsame Erscheinen von Rezensionen, nicht-gelieferte Sonderdrucke, angenommene und abgelehnte Kürzungsvorschläge, Ankündigungen von bald (?) abzuliefernden Rezensionen etc.

Es ist schwer, allein aufgrund von Rezensionen (und ohne die dahinter liegende Kommunikationssituation, etwa Brief, zu kennen) Aussagen zur ideologischen Ausrichtung der MIÖG zu treffen, tiefergehende Studien, auch vergleichend mit anderen Zeitschriften, stehen hier noch aus. Aber das Urteil über wissenschaftliche Publikationen lässt sich nie als ideologiefreier Raum und damit frei von ideologischen Implikationen deuten, schon die Wahl des Rezensenten ist für das Resultat, die Rezension, mitbestimmend[51]. Das IÖG war in der Zwischenkriegszeit Wirkungsort „politischer Historiker" und galt als das Zentrum der „,Wiener Schule' der ,Gesamtdeutschen Geschichtsauffassung'"[52].

Vor dem Hintergrund des politischen Umbruches 1938, und deutlich gezeichnet von der Angst der Institutsauflösung, formulierten die MIÖG-Redaktion und die Institutsleitung im Sinne der „deutschen Wissenschaft" eine „Grußadresse" angesichts der „gewaltigen Ereignisse" des Anschlusses 1938, als *Österreich […] ins Reich zurückkehrte, von dem es sich 1866 trennen mußte; […] das Institut für Geschichtsforschung und diese Zeitschrift, die den wissenschaftlichen Interessen des Instituts zu dienen hat, sind stets Instrumente eines gesamtdeutschen Wissenschaftswillens gewesen*[53]. Das Trifolium Wilhelm Bauer, Hans Hirsch und Heinrich (Ritter von) Srbik können sowohl als Exponenten der gesamtdeutschen Geschichtsauffassung als auch als Exponenten ihres Faches (Mittelalterliche Geschichte, Neuzeit, Hilfswissenschaften) angesprochen werden. Als Heinrich (Rit-

---

[48] Sammlungen des IÖG, K 10, Briefe an Redlich 1920 (Brief von Edith Tabarelli-Holzer). Ferdinand Bilger schlug sich als Rezensent der Briefe Treitschkes vor, wurde aber nicht berücksichtigt (ebd. Brief Bilger an Redlich, 1920).

[49] KÄMMERER, Srbik Korrespondenz (wie Anm. 5) 403, Srbik an Bittner (7.9.1934). Über die Rezension eines Buches von Srbik, ebd. 421, Bittner an Srbik (8.8.1935); die Rezension erschien in *MIÖG* 49 (1935) 478f.

[50] Sammlungen des IÖG, K 10, Briefe an Redlich, 1920: Luschin von Ebengreuth an Redlich (13.1.1920). Eine Rezension des Buches von Popelka in den MIÖG dürfte aber nicht erfolgt sein.

[51] WOLF, Rezensionen (wie Anm. 28) 437.

[52] Gernot HEISS, Die „Wiener Schule der Geschichtswissenschaft" im Nationalsozialismus: „Harmonie kämpfender und Rankescher erkennender Wissenschaft"?, in: Geisteswissenschaften im Nationalsozialismus. Das Beispiel der Universität Wien, hg. von Mitchell ASH–Wolfram NIESS–Roman PILS (Wien 2010) 397–426, hier etwa 421; zur Geschichte als „politischer Wissenschaft" 397–399.

[53] „Grußadresse". *MIÖG* 52 (1938) unpag.

ter von) Srbik 1923 die Edition des zunehmend universitär an den Rand gerückten Alfred Francis Pribram zur Geschichte der Juden in Wien rezensierte, sinnierte er kurz, *welche überindividuellen Verhältnisse, welche allgemeinen Kräfte die fortdauernde Behandlung der Juden als widriger Fremdkörper im christlichen Volk erklärlich machen*[54]. Die Autoren der MIÖG standen der gesamtdeutschen Geschichtsauffassung Srbikscher Prägung nahe, Autoren wie der christlich-soziale Melker Mönch Hugo Hantsch erhielten nur in untergeordneten Nebenrollen Zugang zur gesamtdeutschen Bühne der MIÖG. Der aufstrebende Historiker Hantsch durfte zwar zwischen 1931 und 1935 insgesamt acht Rezensionen schreiben, allerdings erschien kein Beitrag aus seiner Feder in den MIÖG, weil Hantsch letztlich auch Gegner im Kampf um frei werdende Lehrstellen war. Als Hantsch[55] schließlich das anlässlich der 250-Jahrfeier des „Türkenjahres 1683" publizierte Buch von Reinhold Lorenz besprach, wendet er sich im ersten Satz – erfahrungsgemäß der wichtigste Satz eines Textes – nicht etwa naheliegend an den Autor Reinhold Lorenz, sondern gleich an den Widmungsträger von Lorenz' Buch: *Das Herrn Minister a. D. und Professor Heinrich v. Srbik als „Baustein für eine gesamtdeutsche Geschichtsauffassung" gewidmete Buch ist wohl das Beste, was in diesem Türkenbücher reichlich produzierendem Jahre zum Thema erschienen ist*[56]. Lorenz wird als Historiker mit *dem sicheren Blick für weltgeschichtliche Zusammenhänge, der den Schüler Srbiks auszeichnet*, lobhudelnd gefeiert. Hantsch richtet seine Grußadresse direkt an seinen Doktorvater Srbik, den damals wohl einflussreichsten Historiker in Wien, wohl weil er auch vermutet, dass Srbik seinem beruflichen Fortkommen als Historiker dienlich sein konnte.

Die Rezensionen als Mittel des Qualitätsmanagements?

Die Rezensionen in den MIÖG berührten, wie in anderen Zeitschriften auch, häufig die folgenden, als kritikfähig ausgemachten Themen: Quellenkenntnis des Autors, die theoretischen Ansätze und die Stringenz der Thesenbildung, die Verarbeitung und Kenntnis der Sekundärliteratur[57], den heuristischen Wert des Buches, die objektive Suche nach „Wahrheit", Disposition und Stil[58] – dezidiert ideologische Statements sind selten. Bei der Bewertung der Geschichte des Papsttums spielt es für die Rezensenten eine Rolle, ob ein katholischer oder protestantischer Historiker diese Darstellung verfasste: Der Kontroversen ungern aus dem Weg gehende Ernst Klebel bemerkte etwa bei der zweibändigen „Geschichte des Papsttums" des Berliner Diplomatikers Erich Caspar (1879–1935): *Daß C[aspar] als Protestant manches anderes sehen wird als ein Katholik ist deshalb selbstverständlich; daß ein katholischer Darsteller sowohl in der Geschichte des Papstes Vigilius wie in jener Honorius I. wiederholt bei sachlicher Übereinstimmung gedämpfter spre-*

---

[54] Heinrich Ritter von SRBIK, Rezension zu Urkunden und Akten zur Geschichte der Juden in Wien. Erste Abteilung. Allgemeiner Teil 1526–1847 (1849), hg. von Alfred Francis PRIBRAM (Wien–Leipzig 1918), in: *MIÖG* 39 (1923) 158–161, hier 161.

[55] Johannes HOLESCHOFSKY, Hugo Hantsch als Historiker. Versuch einer Netzwerkanalyse (Diss. Wien 2012); siehe auch DERS., Hugo Hantsch (1895–1972). Ein großösterreichischer Verfechter der Reichsidee?, in: HRUZA, Österreichische Historiker [2] (wie Anm. 2) 451–489.

[56] Hugo HANTSCH, Rezension zu Reinhold LORENZ, Türkenjahr 1683. Das Reich im Kampf um den Ostraum (Wien–Leipzig 1933), in: *MIÖG* 48 (1934) 156–158, hier 156.

[57] Johannes HOLLNSTEINER, Rezension zu Gerd TELLENBACH, Die bischöflich passauischen Eigenklöster und ihre Vogtei (Berlin 1928), in: *MIÖG* 43 (1929) 469–474, hier 474: *Zusammenfassend kann über das Buch gesagt werden, daß die vorhandene Literatur fleißig benützt, oft aber nicht richtig verwertet ist.*

[58] Am Beispiel der *HZ* WOLF, Rezensionen (wie Anm. 28) 426–428.

chen würde, manches zu verstehen suchte, was C[aspar] *ablehnt, ist selbstverständlich*⁵⁹. Bei der Lektüre der Rezensionen zeigen sich stereotype Argumentations- und Bewertungsfiguren. Bücher werden als mit *großer selbstkritischer Gewissenhaftigkeit und bedeutendem dogmatischem* [!] *Scharfsinn*⁶⁰ geschrieben zensiert. Meist in den ultima verba der Buchbesprechungen lobt man Publikationen als *Muster für die Anwendung der strengen Methode des Urkundenforschers*⁶¹, weiters herrscht *überall einsichtsvolle Gewissenhaftigkeit und Gründlichkeit*⁶² oder wird das Werk als *methodisch wie inhaltlich* […] *sehr aufschlußreich* bezeichnet⁶³. Kritisiert werden Bücher, die sich lediglich zu *oberflächlicher Orientierung*⁶⁴ eignen. Gelegentlich wird auch die *Terminologie*⁶⁵ moniert. Häufig ist der stärker oder schwächer geäußerte Vorwurf einer Unkenntnis der Literatur und/oder der Archivüberlieferung ([d]*aran ist* [der Autor …] *leider achtlos vorbei gegangen*⁶⁶, [d]*ie deutsche Literatur ist, soweit ich sehe, tunlichst herangezogen worden. Von der italienischen gilt nicht das gleiche*⁶⁷). Kritik im Mantel des Lobes tritt nicht selten auf: *dankenswerte Materialsammlungen*⁶⁸ oder *wertvolle Stoffsammlung*⁶⁹. Thesenbildungen werden vor dem hellen Licht der neuen Forschung als antiquiert in Frage gestellt: *Heute wirkt die Antithese Mittelalter-Neuzeit in diesem Sinne und in Bezug auf die Person des hl. Franz von Assisi veraltet*⁷⁰. Am Schluss des Rezensionen stehen positive oder negative Wendungen (etwa ein Buch von

---

⁵⁹ Ernst KLEBEL, Rezension zu Erich CASPAR, Geschichte des Papsttums 2. Band (Tübingen 1933), in: MIÖG 48 (1934) 124–128, hier 127. Zum Thema Konfession als Gegenstand von Rezensionen siehe die Beiträge von Ines PEPER und Thomas WALLNIG in diesem Band.

⁶⁰ Karl Hans GANAHL, Rezension zu Robert von KELLER, Freiheitsgarantie für Person und Eigentum im Mittelalter. Eine Studie zur Vorgeschichte moderner Verfassungsgrundrechte mit einem Geleitwort von Konrad BEYERLE (Heidelberg 1933), in: MIÖG 49 (1935) 118–120, hier 120.

⁶¹ Theodor MAYER, Rezension zu Nova Alamaniae. Urkunden, Brief und andere Quellen besonders zur deutschen Geschichte des 14. Jahrhunderts […], hg. von Edmund E. STENGEL (Berlin 1930), und Edmund E. STENGEL, Avignon und Rhens. Forschungen zur Geschichte des Kampfes um das Recht am Reich in der ersten Hälfte des 14. Jahrhunderts (Weimar 1930), in: MIÖG 48 (1934) 143–146, hier 146.

⁶² Otto PETERKA, Rezension zu Gertrud SCHUBART-FIKENTSCHER, Das Eherecht im Brünner Schöffenbuch (Stuttgart 1935), in: MIÖG 49 (1935) 470–472, hier 472.

⁶³ Wilhelm BAUER, Rezension zu Otto TSCHIRCH, Geschichte der öffentlichen Meinung in Preußen vom Baseler Frieden bis zum Zusammenbruch des Staates (1795–1806) (Weimar 1933), in: MIÖG 49 (1935) 496–497, hier 497.

⁶⁴ Friedrich WALTER, Rezension zu Carl SCHRAML, Das oberösterreichische Salinenwesen vom Beginn des 16. bis zur Mitte des 18. Jahrhunderts (Wien 1932), in: MIÖG 49 (1935) 149–150, hier 150.

⁶⁵ Hugo HANTSCH, Rezension zu Reinhold LORENZ, Türkenjahr 1683 (Wien–Leipzig 1933), in: MIÖG 48 (1934) 156–158, hier 158: *daß die Terminologie des Verfassers bisweilen viel zu viel geistiges und fachwissenschaftliches Training voraussetzt.*

⁶⁶ Heinz ZATSCHEK, Rezension zu Mainzer Urkundenbuch. 1. Bd. Die Urkunden bis zu Tode Erzbischof Adalberts I (1137) bearbeitet von Manfred STIMMING (Darmstadt 1932), in: MIÖG 49 (1935) 123–124, hier 124; indirekte Kritik auch Johannes RAMACKERS, Rezension zu A. A. VASILIEV, Histoire de l'Empire Byzantin. Traduit du russe par P. BRODIN–A. BOURGUINE (Paris 1932), in: MIÖG 49 (1935) 120–121, hier 121.

⁶⁷ Heinz ZATSCHEK, Rezension zu Konrad SCHROD, Reichsstraßen und Reichsverwaltung im Königreich Italien (754–1197) (Stuttgart 1931), in: MIÖG 48 (1934) 134–135, hier 135.

⁶⁸ WALTER, Rezension zu SCHRAML (wie Anm. 64) 149.

⁶⁹ Ernst KLEBEL, Rezension zu Carl MOSER-NEF, Die freie Reichsstadt und Republik St. Gallen (Zürich–Leipzig 1932), in: MIÖG 48 (1934) 119–120, hier 120.

⁷⁰ Karl PIVEC, Rezension zu Liselotte JUNGE, Die Tierlegenden des Hl. Franz von Assisi. Studien über ihre Voraussetzungen und ihre Eigenart (Leipzig 1932), in: MIÖG 49 (1935) 134–137, hier 137.

großem wissenschaftlichen Wert[71]), vielfach wird ein „lauwarmer" Mittelweg versucht: *Doch sind diese kleinen Ausstellungen unerheblich im Vergleich zu dem großen Werte der Textedition*[72]. Mitunter stehen gönnerhafte Benotungen wie *beachtliche*[] *Darlegung*[en][73] am Ende.

Otto Brunner, Zeitschriftenredakteur der MIÖG und aufstrebender Historiker der 1930er Jahre in Wien, verfasste seit Mitte der 1920er Jahre mehrere Besprechungen, die gut seinen Werdegang als Verfassungs-, Stadt- und Sozialhistoriker in Auseinandersetzung mit der besprochenen Literatur illustrieren. Neben stark referierenden, kaum Wertungen aufweisenden Rezensionen/Notizen, die vermutlich auch seiner Position als Rezensionsredakteur, der „liegen gebliebene" Bücher schließlich selbst rezensieren musste, geschuldet sind, gibt es auch einige breitere Buchbesprechungen. Sind es anfänglich kurze, wenig reflektierte Zensuren (*großartige*[s] *Werk*[74]), weitet sich seine Kritikfähigkeit allmählich, indem etwa Editionstechnik eingemahnt wird: *Der Schrift sind eine Anzahl sehr interessanter Beilagen angefügt, deren Wiedergabe leider Vertrautheit mit den modernen Editionsgrundsätzen vermissen lässt*[75]. Milde Kritiken an Joseph Redlichs Buch über Franz Joseph als *subjektiv gefärbtes Werturteil*[76] wechselt mit Lob für die als *vorbildlich*[77] angesprochene Monographie Otto Stolz' über die Schwaighöfe in Tirol. Auch der Evergreen jeder Rezension – die mangelnde bibliographische „Gründlichkeit" – wird vom Autor bemüht: *Doch will uns scheinen, daß eine stärkere Benützung der neueren Literatur […] sehr zur Vertiefung der Problemstellung beigetragen hätte*[78]. Wiederholt mahnt Brunner die *nicht sehr zweckmäßige Gliederung*[79] ein. Immer wieder zielte Brunners Buchkritik auf die Beachtung größerer verfassungsgeschichtlicher Zusammenhänge, die nicht in historischen Miniaturen untergehen sollten: An Josef Mayers erstem Band der Wiener Neustädter Stadtgeschichte moniert Brunner, dass dessen willkürliche Gliederung *alle Zusammenhänge, insbesondere der rechts-, wirtschafts- und sozialgeschichtlichen Entwicklung*

---

[71] Heinrich Ritter von SRBIK, Rezension zu Eduard WINTER, Bernard Bolzano und sein Kreis (Leipzig 1933), in: *MIÖG* 48 (1934) 158–159, hier 159.

[72] Konrad Josef HEILIG, Rezension zu Hubert PRUCKNER, Studien zu den astrologischen Schriften des Heinrich von Langenstein (Leipzig 1933), in: *MIÖG* 48 (1934) 146–148, hier 148.

[73] Heinz ZATSCHEK, Rezension zu Eduard STHAMER, Bruchstücke mittelalterlicher Enqueten aus Unteritalien. Ein Beitrag zur Geschichte der Hohenstaufen (Berlin 1933), in: *MIÖG* 48 (1934) 182–183, hier 183.

[74] Otto BRUNNER, Rezension zu Alfred HESSEL, Leibniz und die Anfänge der Göttinger Bibliothek (Göttingen 1925), in: *MIÖG* 41 (1926) 372.

[75] Otto BRUNNER, Rezension zu Arno KUNZE, Die nordböhmisch-sächsische Leinwand und der Nürnberger Großhandel (Reichenberg 1926), in: *MIÖG* 42 (1927) 136f., hier 137.

[76] Otto BRUNNER, Rezension zu Joseph REDLICH, Kaiser Franz Joseph von Österreich. Eine Biographie (Berlin 1928), in: *MIÖG* 44 (1930) 376f., hier 377.

[77] Otto BRUNNER, Rezension zu Otto STOLZ, Die Schwaighöfe in Tirol. Ein Beitrag zur Siedlungs- und Wirtschaftsgeschichte (Innsbruck 1930), in: *MIÖG* 44 (1930) 371f., hier 372.

[78] Otto BRUNNER, Rezension zu Giovanni DE VERGOTTINI, Lineamenti storici della constituzione politica dell'Istria durante il medio evo (Rom 1924/25), in: *MIÖG* 43 (1929) 494f., hier 495. Ähnlich DERS., Rezension zum ersten Band der „Blätter für Geschichte der Technik", in: *MIÖG* 47 (1933) 119f., hier 120: *Gelegentlich macht sich mangelhafte Kenntnis der Literatur störend bemerkbar*.

[79] Otto BRUNNER, Rezension zu Georg MÜLLER, Die Türkenherrschaft in Siebenbürgen. Verfassungsrechtliches Verhältnis Siebenbürgens zur Pforte 1541–1688 (Hermannstadt 1923), in: *MIÖG* 42 (1927) 104. Ähnlich DERS., Rezension zu Günther PROBZT, Die Stadt Wien. Historische Stadtbilder (Berlin 1926), in: *MIÖG* 42 (1927) 413–415, hier 414: *Der Verfasser hat sich die Ansätze zu einer lebendigen Schilderung der Stadtgeschichte durch die jeder Begründung entbehrende Einteilung in politische und innere Geschichte selbst verbaut*.

zerreißt[80]. Überraschend preist Brunner dagegen die Retzer Stadtgeschichte von Rudolf Resch als *nicht das Werk eines Mannes von engem lokalen Gesichtskreis* und dessen Verankerung seiner Stadtgeschichte in der weiteren *geschichtlichen Landschaft*[81]. Genaue Kontextualisierung von Rechtsbegriffen erschien Brunner schon früh äußerst wichtig: *Wie will man wissen, was ein „Verräter" im mittelalterlichen Sinne ist, wenn man nicht weiß, was „Rat und Hilfe" bedeuten? Es gibt freilich nicht Wenige, die die scheinbare Allgemeingültigkeit des alltäglichen Sprachgebrauchs des Nachdenkens über vermeintlich so selbstverständliche Dinge zu entheben glaubt*[82]. An Kaindls „Geschichte und Kulturleben Deutschösterreichs von der ältesten Zeit bis 1526" kritisiert Brunner nicht, dass *Deutschösterreich* einen *Schutzwall gegen Osten* bot, sondern dass der vielgescholtene Kaindl präfigurierend die nachmalige Donaumonarchie als äußeren Rahmen seiner Forschungen eines *deutschen Österreich* im Mittelalter annahm[83]. Am deutlichsten wird der Autor von „Land und Herrschaft" (erstmals 1939) anlässlich der Besprechung von Günther Franzens „Der deutsche Bauernkrieg" greifbar. Brunner weist in dieser überaus positiven Besprechung eindringlich auf die wichtige Rolle der *bäuerlichen und bürgerlichen Gemeinden* und deren Charakter als *Schwurverbände* hin. *So wirft das große Werk eine Fülle von Fragen auf, die letztlich weit über den ihm gesteckten Rahmen hinausführen. Fragen nach den Grundlagen von Herrschaft, Stand, Staat seit dem Mittelalter, die zu beantworten mir eine dringende Aufgabe scheint*[84].

Rezension und Replik – eine Retorsionsbewegung

Rezensionen behandeln zwar per definitionem nur ein Buch, doch rührt die geäußerte Kritik an Grundlegendem (Genauigkeit, Innovationsfähigkeit, Kenntnis der Archive etc.), was die akademische Karriere beeinträchtigen, gefährden oder befördern konnte. Während heute Rezensionsfehden – auch aufgrund des Filters der Zeitschriftenredaktionen – selten geworden sind[85], stellten sie in der Zwischenkriegszeit zwar auch eher Ausnahmen da, wurden aber zugelassen. Als Grundprinzip der Rezensionfehde kann nach der sozialen Logik der Beteiligten das Retorsionsprinzip der *Erklärung* oder *Erwiderung* gelten, wie die agonale Kommunikationssituation zwischen Harold Steinacker und

---

[80] Otto Brunner, Rezension zu Josef Mayer, Geschichte von Wiener Neustadt. 1. Teil: Werden und Wachsen der Stadt (bis 1440) (Wiener Neustadt 1924), in: *MIÖG* 43 (1929) 492–494, hier 493.

[81] Otto Brunner, Rezension zu Rudolf Resch, Retzer Heimatbuch Bd. 1 (Retz 1936), in: *MIÖG* 50 (1936) 489.

[82] Otto Brunner, Rezension zu Hans Grieser, Hans von Baysen. Ein Staatsmann aus der Zeit des Niederganges der Ordensherrschaft in Preußen (Leipzig 1936), in: *MIÖG* 51 (1937) 227f., hier 228.

[83] Otto Brunner, Rezension zu Raimund Friedrich Kaindl, Geschichte und Kulturleben Deutschösterreichs von der ältesten Zeit bis 1526 (Wien 1929), in: *MIÖG* 45 (1931) 221–223, hier 222. Zu Kaindl siehe Alexander Pinwinkler, Raimund Friedrich Kaindl (1866–1930). Geschichte und Volkskunde im Spannungsfeld zwischen Wissenschaft und Politik, in: Hruza, Österreichische Historiker [1] (wie Anm. 2) 125–154.

[84] Otto Brunner, Rezension zu Günther Franz, Der deutsche Bauernkrieg (München 1933), in: *MIÖG* 48 (1934) 507–510, hier 509.

[85] Als Beispiel: Hans Krawarik, Frühe Siedlungsprozesse im Waldviertel. *Das Waldviertel* 50 (2001) 229–261; Christoph Sonnlechner, Umweltgeschichte und Siedlungsgeschichte. Methodische Anmerkungen zu Hans Krawariks „Frühe Siedlungsprozesse im Waldviertel". *Das Waldviertel* 50 (2001) 361–382; Hans Krawarik, Methodische Anmerkungen zur Erforschung älterer Besiedelung im Waldviertel. *Das Waldviertel* 51 (2002) 32–44; Herwig Weigl, Siedlungsgeschichte in Diskussion. Eine Kontroverse über Methoden, Ergebnisse und Worte. *Das Waldviertel* 51 (2002) 147–154.

Heinz Zatschek verdeutlicht: *In seinem Bericht über die Neuerscheinung auf dem Gebiet der Urkundenlehre 1925–1929 […] hat Zatschek sich zu Arbeiten von mir in einer Weise geäußert, die mich zu nachfolgenden Feststellungen nötigt […]*[86]. Freilich durfte man auch in der *Duplik* keine demütige Rücknahme der eigenen *Bemerkungen* erwarten: *Zu einer Zurücknahme meiner Bemerkungen würde ich mich nur entschließen können […]*[87]. Rezensent und Rezensierter versuchten oft fachliche von persönlicher Auseinandersetzung zu trennen, was aber im Ehrdiskurs scheitern musste: *Zu den Ausführungen von Heinz Zatschek […] möchte ich hier nur eine tatsächliche Berichtigung bringen, die sich von jeder persönlichen Auseinandersetzung ebenso fernhält wie sie sachlich unwiderlegich ist*[88].

Häufig prallten unmittelbare Konkurrenten in einem abgesteckten Wissenschaftsfeld (in diesem Fall der Hilfswissenschaft) aufeinander. Die Redaktion der MIÖG bot manchen der Konfliktparteien dabei eine Bühne. So fühlte sich der Institutsabsolvent Hans Albrecht Genzsch (geb. 1904–?) in seinen Forschungen zur Vorgeschichte der Fraktur durch die Forschungen des Berliner Bibliothekars Ernst Crous (1882–1967) auf demselben Gebiet 1932 bedroht und sah sich zur Publikation seiner fragmentarischen Ergebnisse gezwungen. *Da […] zu rechnen ist, daß die von ihm* [Crous] *erzielten Ergebnisse sich mit denen meiner Arbeit in wichtigen Punkten decken, bin ich genötigt, meine in diesem Zusammenhang vornehmlich in Frage kommende Entdeckung in vorläufiger Form hier zu veröffentlichen*[89]. Darauf reagierte dann Crous: *Die Äußerungen von Herrn Dr. Genzsch über mich […] zwingen mich leider zu einer Entgegnung*[90]. Die *Entgegnung* hat zwangsläufig eine *Erwiderung* zur Folge. *Meine Darstellung des Tatbestandes in jener Anmerkung, bleibt durch die „Entgegnung" von Herrn Dr. Crous eigentlich unwidersprochen*[91]. Die Redaktion zog schließlich in diesem wissenschaftlichen Ehrendiskurs die Notbremse: *Die Schriftleitung betrachtet die vorstehend erörterte Angelegenheit an dieser Stelle als abgeschlossen. Es bleibt den beiden Herrn unbenommen, sich an anderem Ort weiter auseinanderzusetzen*[92]. In Zweifel wurden bei Rezensionen immer wieder die handwerklichen Qualifikationen des Rezensierten gezogen oder dessen Fähigkeit der Gliederung des Stoffes[93].

Viele der Rezensierten fühlten sich vom ständig mit dem Vorwurf der Flüchtigkeit, Parteilichkeit oder gleich Inkompetenz konfrontierenden Rezensenten nicht, falsch, halb oder gar – horribile dictu – übel verstanden: So beschwerte sich Gerd Tellenbach (1903–1999) anlässlich der Rezension seines Buches über die bischöflich passauischen Eigenklöster durch Johannes Hollnsteiner[94] in einer gut fundierten Replik in den „Quellen und

---

[86] Harold STEINACKER, Erklärung. *MIÖG* 44 (1930) 526–527, hier 526.

[87] Heinz ZATSCHEK, Duplik. *MIÖG* 44 (1930) 527.

[88] Bernhard SCHMEIDLER, Zum Codex Udalrici. Eine tatsächliche Richtigstellung. *MIÖG* 43 (1929) 509.

[89] Hans A. GENZSCH, Kalligraphische Stilmerkmale in der Schrift der luxemburgisch-habsburgischen Reichskanzlei. *MIÖG* 45 (1931) 205–214, hier 205.

[90] Ernst CROUS, Zu einer Äußerung von Hans A. Genzsch. *MIÖG* 46 (1932) 126–127.

[91] Hans A. GENZSCH, Erwiderung. *MIÖG* 46 (1932) 127.

[92] *MIÖG* 46 (1932) 127.

[93] Als Beispiel die Entgegnung von Karl Völker auf eine Rezension Josef Pfitzners (*MIÖG* 47 [1933] 64–75) zu seinem Buch über die „Kirchengeschichte Polens": Pfitzner kritisierte den *von mir* [Völker] *gewählten Einteilungsgrund u. zw. sowohl wegen der Periodisierung nach dem Wechsel der Dynastien als auch wegen der ungleichen Raumverteilung auf die einzelnen Hauptabschnitte*. Entgegnung in *MIÖG* 47 (1933) 380–382, hier 380; Erwiderung Pfitzners ebd. 382f.

[94] HOLLNSTEINER, Rezension (wie Anm. 57).

Forschungen aus italienischen Archiven und Bibliotheken"[95] 1929 darüber, dass sich der Rezensent um den *eigentlichen Inhalt und Gedankengang meines Buches* nicht *gekümmert hat*, zudem griff der Rezensent *Einzelheiten* heraus. Hollnsteiner antwortete giftig mit Hinweis auf die offene Textgattung Rezension: *Es war bisher in wissenschaftlichen Kreisen nicht üblich, dem Rezensenten die Art der Besprechung vorzuschreiben*[96]. Letztendlich mündete die Kritik an einem Buch wiederholt in persönlichen Invektiven, der Rezensent fühlte sich in Umkehrung der Verhältnisse vom Rezensierten nicht verstanden: *Die Art der Replik Tellenbach's enthebt mich nicht nur einer Erwiderung, sondern macht mir eine solche geradezu unmöglich. Sie ist aber auch überflüssig, da bei einer eingehenden Vergleichung der Replik mit meiner Besprechung sich erstere selbst qualifiziert*[97].

Resümee

Rezensionen als die „öffentliche Beurteilung eines Schrift- oder Kunstwerks"[98] sind ein essentielles Mittel der Information von Historikern und gleichzeitig ein intellektuelles Kommunikationsmedium. Veränderungen der Forschungslage und Veränderungen der politischen Lage zeichnen sich in den Rezensionen ab, wenn auch oft nur indirekt und in Nebensätzen. Die Rezensionen strukturieren den historischen „Markt", indem ein Werk prämiert oder verworfen wird – auf jeden Fall wird einem Buch durch die Rezension ein bestimmter Platz innerhalb der Wissenschaftswelt zugeordnet. Die Rezensionen dienten aber nicht nur als Medium des bejahten oder abgelehnten Wissenstransfers, sondern besaßen auch strategische Funktion. Die Rezensionen waren aus der Sicht des Rezensierten als ein Angriff oder eine Verteidigung der eigenen wissenschaftlichen Ehre zu verstehen, gute Rezensionen vermochten Netzwerkbindungen herzustellen bzw. zu festigen, umgekehrt stellten negativ-kritische Rezensionen Bindungen zu anderen Wissenschaftlern in Frage. Aus der Sicht der Verlage waren Rezensionen ein Medium der Werbung für Bücher, weil sie implizit Kaufempfehlungen, aber auch bei negativen Buchbesprechungen Kaufwarnungen enthielten.

Rezensionen sind ein „privilegiertes Instrument des intellektuellen und wissenschaftlichen Austausches. Der Rezensent ist nicht nur Hüter des Gesetzes, er ist auch derjenige, der den Austausch, die Kommunikation von Informationen, die Zirkulation von Erkenntnissen und den Transfer von Begriffen ermöglicht"[99]. Eine Erforschung der his-

---

[95] Gerd Tellenbach, Eine Antikritik. Entgegnung auf J. Hollnsteiners Besprechung von G. Tellenbach, Die bischöflich-passauischen Eigenklöster und ihre Vogteien (Hist. Studien H. 173, Berlin 1928) in den Mitteil. des österr. Instituts Bd. 43 (1929) S. 469ff., in: *QFIAB* 21 (1929/30) 305–314. Als „Finale" (314): *Hollnsteiners Vorwürfe fallen entweder auf den ersten Blick in sich zusammen, sind leichtlich ohne Beweis oder hinlängliche Kennzeichnung der beanstandeten Stellen erhoben, oder sind Irrtümer, die er im Übereifer, mir Fehler nachzuweisen, begangen hat; unter ihnen sind diejenigen besonders hervorzuheben, die nach der Lektüre meines Buches unmöglich sein sollten. […] Man wird auch ohne Schlussmoral wissen, was hier vorliegt.*
[96] *MIÖG* 44 (1930) 528.
[97] *MIÖG* 44 (1930) 528.
[98] Meyers Lexikon 10 (Leipzig ⁷1929) 258.
[99] Bertrand Müller, Critique bibliographique et construction disciplinaire: l'invention d'un savoir-faire. *Genèses* 14 (1994) 105–123, hier 109, zitiert in der Übersetzung von Steffen Kaudelka, Rezeption im Zeitalter der Konfrontation. Französische Geschichtswissenschaft und Geschichte in Deutschland 1920–1940 (Veröffentlichungen des Max-Planck-Instituts für Geschichte 186, Göttingen 2003) 35f.

torisch bedeutsamen, wenn auch bis heute ambivalent beurteilten[100] Textgattung Rezension, eine der wichtigsten Ebenen der „Sekundärinformation"[101] innerhalb der Wissenschaften, steht erst am Beginn. In drei Schnitten versuchte der vorliegende Beitrag die Bedeutung der prinzipiell „unparteiischen" Rezensionen darzulegen: (1) die Wahrnehmung von Rezensionen durch einen betroffenen Autor und seine Abwehrmechanismen, (2) die Mechanismen der Rezensionsvergabe am Beispiel der MIÖG (1920–1939), die sich gruppierenden Rezensenten-„Familien" und die dahinter liegenden inkludierenden und exkludierenden Wertmaßstäbe (Genauigkeit, Literaturkenntnis, Quellenkenntnis) und (3) die zwischen Rezensionsautor und rezensiertem Autor verhandelten Wertmaßstäbe im Sinne von Wissensstandards: Unparteilichkeit, das Spannungsverhältnis von Information, Wertung und inszenierter Kritik sowie vor allem die Rezeption der Rezensionen werden an exemplarischen Fällen untersucht. Erst durch eine Kontextualisierung der Rezensionen mit anderen Quellengattungen, etwa Briefen, wird der Stellenwert von Rezensionen für Rezensionsautoren und Rezensierte deutlicher kenntlich.

---

[100] Als Beispiel dafür Helmut F. SPINNER, Zur Soziologie des Rezensionswesens. Thesen über die Stellung von Rezensionen, Rezensenten und Rezensionszeitschriften im wissenschaftlichen Publikationsbetrieb. *Soziologie. Mitteilungsblatt der Deutschen Gesellschaft für Soziologie* 1 (1984) 49–78. Viele Wissenschaftler führen etwa die von ihnen verfassten Rezensionen nicht im Werkverzeichnis.

[101] W. GREBE, Rezension, in: Lexikon des gesamten Buchwesens, hg. von Severin CORSTEN–Stephan FÜSSEL–Günther PFLUG, 6 (Stuttgart ²2003) 294f.

Anhang: 167 Rezensenten in den MIÖG zwischen 1920 und 1939 (MIÖG 38–53)
[in eckiger Klammer Institutsmitgliedsnummer]

MIÖG-Hefte	38	39	40	41	42	43	44	45	46	47	48	49	50	51	52	53	Summe
Hektor Ammann (1894–1967)	–	–	–	–	–	1	–	–	–	–	–	–	–	–	–	–	1
Dávid Angyal (1857–1943)	–	–	–	–	–	–	–	–	1	–	–	–	–	–	–	–	1
Hans Ankwicz-Kleehoven (1883–1962) [248]	13	1	–	–	1	1	–	–	–	–	–	1	–	–	–	–	17
Heinrich Appelt (1910–1998) [433]	–	–	–	–	–	–	–	–	–	–	–	–	–	–	1	–	1
Adolf Bauer (1855–1919)	1	–	–	–	–	–	–	–	–	–	–	–	–	–	–	–	1
Wilhelm Bauer (1877–1953) [207]	10	3	–	–	2	1	1	5	6	4	–	1	1	–	–	3	37
Karl Beer (1879–1956)	3	–	–	1	2	2	1	–	–	–	1	–	5	1	4	1	21
Otto Benesch (1896–1964)	–	–	–	–	–	–	–	1	–	–	–	–	–	–	–	–	1
Eduard Beninger (1897–1963)	–	–	–	–	–	–	–	–	–	–	–	1	–	1	–	–	2
Viktor Bibl (1870–1947) [182]	1	–	–	–	–	–	–	–	–	–	–	–	–	–	–	–	1
Ferdinand Bilger (1875–1949) [249]	–	2	–	–	–	–	–	–	1	–	–	–	–	–	–	–	3
Ludwig Bittner (1877–1945) [192]	–	–	–	1	–	–	1	1	–	2	3	6	6	1	1	2	24
Friedrich Bock (1890–1963)	–	–	–	–	–	–	–	1	1	–	1	–	–	–	–	–	3
Taras Borodajkewyzcz (1902–1984) [415]	–	–	–	–	–	–	–	–	–	–	–	1	–	–	–	–	1
Max Braubach (1899–1975)	–	–	–	–	–	–	–	1	–	–	–	–	–	–	–	–	1
Bertold Bretholz (1862–1936) [118]	4	1	–	–	–	–	–	–	–	–	–	–	–	–	–	–	5
Otto Brunner (1898–1982) [360]	–	–	4	3	5	3	6	6	3	2	1	–	12	4	–	3	52
Eduard Castle (1875–1959)	1	–	–	–	–	–	–	–	–	–	–	–	–	–	–	–	1
Alexander Coulin (gest. 1920)	4	–	–	–	–	–	–	–	–	–	–	–	–	–	–	–	4
Ludwig/Lajos Csóka (1904–1980) [466]	–	–	–	–	–	–	–	–	–	–	–	–	1	–	–	–	1
Wilhelm Deutsch (1907–1943)	–	–	–	–	–	–	–	–	–	–	–	–	–	–	3	5	8
Alfons Dopsch (1868–1953) [138]	1	3	–	5	3	4	1	1	–	1	–	1	–	–	1	–	21
Ferenc/Franz Eckhardt (1885–1957) [290]	–	1	1	–	–	–	–	–	1	–	–	–	–	–	–	–	3
Albert Elkan (1879–1920)	1	–	–	–	–	–	–	–	–	–	–	–	–	–	–	–	1
Friedrich Engel-Jánosi (1893–1978)	–	–	–	–	–	–	–	1	–	–	–	1	–	–	–	–	2
Wilhelm Enßlin (1885–1965)	–	–	–	–	–	–	1	–	2	–	–	–	–	–	–	–	3
Wilhelm Erben (1864–1933) [119]	2	2	–	1	–	–	–	–	–	–	–	–	–	–	–	–	5
Anton Ernstberger (1894–1966)	–	–	–	–	–	–	–	–	–	–	1	–	–	–	1	–	2
Heinrich von Fichtenau (1912–2000) [460]	–	–	–	–	–	–	–	–	–	–	–	–	–	–	4	4	8
Eugen Franz (1892–1946)	–	–	–	–	–	–	–	–	–	1	–	1	–	–	–	–	2
Emil Franzel (1901–1976) [381]	–	–	–	–	–	–	–	1	–	–	–	–	–	–	–	–	1
Robert Friedmann (1891–1970)	–	–	–	–	1	–	1	–	–	3	–	–	1	–	–	–	6
Edmund Frieß (1884–1954) [314]	–	–	–	–	–	–	–	2	1	–	–	–	1	–	–	–	4
Karl Hans Ganahl (1905–1942) [407]	–	–	–	–	–	–	–	–	–	–	–	2	3	–	2	–	7
Victor Geramb (1884–1958)	–	–	–	–	–	–	–	–	–	–	1	–	–	–	–	–	1
Hermann Göhler (1907–1944) [434]	–	–	–	–	–	–	–	–	–	–	–	2	–	2	1	–	5
Walter Goldinger (1910–1990) [435]	–	–	–	–	–	–	–	–	–	–	–	–	1	–	–	–	1

MIÖG-Hefte	38	39	40	41	42	43	44	45	46	47	48	49	50	51	52	53	Summe
Arthur Goldmann (1863–1942)	–	–	5	–	–	–	–	–	–	–	–	–	–	–	–	–	5
Hans Goldschmidt (1879–1940)	–	–	–	–	–	–	–	–	–	–	–	1	–	–	–	–	1
Theodor M. Ritter von Grienberger (1855–1932)	1	1	–	–	–	–	–	–	–	–	–	–	–	–	–	–	2
Lothar Groß (1887–1944) [264]	–	–	1	1	2	1	2	3	1	4	2	5	2	2	1	1	28
Karl Großmann (1889–1967)	–	–	1	1	1	–	–	–	–	–	–	–	–	–	–	1	4
Eugen Guglia (1857–1919)	1	–	–	–	–	–	–	–	–	–	–	–	–	–	–	–	1
Ferdinand Güterbock (1872–1944)	–	–	–	–	–	–	–	1	–	–	–	–	–	–	–	–	1
Siegfried Gutenbrunner (1906–1984)	–	–	–	–	–	–	–	–	–	–	–	1	–	–	–	–	1
Hugo Hantsch (1895–1972)	–	–	–	–	–	–	2	–	1	2	3	–	–	–	–	–	8
Erich Hassinger (1907–1992)	–	–	–	–	–	–	–	–	–	–	–	1	–	–	–	–	1
Herbert Hassinger (1910–1992) [481]	–	–	–	–	–	–	–	–	–	–	–	–	–	–	1	–	1
Konrad Josef Heilig (1907–1945) [426]	–	–	–	–	–	–	–	–	1	1	1	–	–	–	–	–	3
Adolf Helbok (1883–1968)	–	–	–	–	–	–	1	–	–	–	–	–	–	–	–	–	1
Karl F. Helleiner (1902–1984) [375]	–	–	–	–	1	1	1	–	–	–	–	–	1	–	–	–	4
Alfred Hessel (1877–1939)	–	–	–	–	–	–	–	–	–	–	–	–	–	1	–	–	1
Richard Heuberger (1884–1968) [284]	4	3	1	7	9	11	1	–	–	–	–	–	–	–	–	–	36
Hans Hirsch (1878–1940) [208]	–	1	–	–	–	–	–	–	–	3	1	–	–	–	1	1	7
Adolf Hofmeister (1853–1956)	3	–	–	–	–	–	–	–	–	–	–	–	–	–	–	–	3
Johann Hollnsteiner (1895–1971) [357]	–	–	–	2	2	2	5	–	–	–	–	1	–	–	–	–	12
Eduard Holzmair (1902–1971) [416]	–	–	–	–	–	–	–	–	–	–	–	–	–	–	1	–	1
Karl Gottfried Hugelmann (1879–1959)	1	–	–	2	2	1	3	–	–	–	–	–	–	–	–	–	8
Franz Huter (1899–1997) [376]	–	–	–	–	–	–	–	–	–	1	–	1	–	–	1	–	3
August v. Jaksch (1859–1932) [90]	–	–	1	–	–	–	–	–	–	–	–	–	–	–	–	–	1
Hellmut Kämpf (1911–1971) [446]	–	–	–	–	–	–	–	–	–	–	–	–	1	–	–	–	1
Josef Kallbrunner (1881–1951) [241]	–	–	–	–	–	–	–	–	–	–	–	–	1	–	–	–	1
Kurt Kaser (1870–1931)	1	–	–	–	–	–	–	–	–	–	–	–	–	–	–	–	1
Josef Keil (1878–1963)	–	–	1	–	–	–	–	–	–	–	–	–	–	–	–	–	1
Ernst Klebel (1896–1961) [350]	–	–	–	–	–	1	4	4	7	6	5	1	–	–	–	–	28
Herbert Klein (1900–1972) [361]	–	–	–	–	1	–	–	–	–	–	–	–	–	–	–	–	1
Paul Kletler (1893–1966) [341]	–	–	–	1	1	–	1	–	1	1	1	–	–	–	–	–	6
Rudolf Köstler (1878–1952)	1	1	1	–	–	–	–	1	1	–	–	2	–	1	–	–	8
Friedrich Korger	–	–	–	–	–	–	–	–	–	–	–	1	–	–	–	–	1
Friedrich Kraelitz-Greifenhorst (1876–1932)	–	–	–	–	1	–	–	–	–	–	–	–	–	–	–	–	1
Viktor Kraft (1880–1975)	–	–	–	–	–	–	–	–	–	–	–	–	1	–	–	–	1
Dietrich Kralik (1884–1959)	–	–	–	–	4	–	–	–	–	–	1	–	–	–	–	–	5
Wilfried Krallert (1912–1969) [462]	–	–	–	–	–	–	–	–	–	–	–	–	2	–	–	–	2
Hans Kramer (1906–1992) [399]	–	–	–	–	–	–	–	1	1	–	–	1	–	2	–	–	5
Heinrich Kretschmayr (1870–1939) [163]	–	–	–	–	1	–	–	–	5	–	–	–	–	–	–	–	6
Ernst W. Kris (1900–1957)	–	–	–	–	–	–	–	–	2	–	–	–	–	–	–	–	2
Hanns Krupicka [Wohlgemuth] (1905–1980) [418]	–	–	–	–	–	–	1	–	–	1	–	–	–	–	–	–	2

MIÖG-Hefte	38	39	40	41	42	43	44	45	46	47	48	49	50	51	52	53	Summe
Josef Wilhelm Kubitschek (1858–1936)	–	1	–	–	–	–	–	–	–	–	–	–	–	–	–	–	1
Adolf Kunkel (geb. 1886) [271]	1	3	–	–	–	–	–	–	–	–	–	–	–	–	–	–	4
Gerhard B. Ladner (1905–1993) [401]	–	–	–	–	–	–	1	–	–	–	4	3	–	–	–	–	8
A. P. Leder	–	–	–	–	–	1	–	–	–	–	–	–	–	–	–	–	1
Hans Lentze Praem. (1909–1970)	–	–	–	–	–	–	–	–	–	–	–	–	–	1	4	–	5
August Loehr (1882–1965)	–	–	–	–	–	–	–	–	–	–	–	–	1	–	–	–	1
Reinhold Lorenz (1898–1975)	–	–	3	2	2	1	–	2	1	1	–	1	2	–	1	2	18
Johann Loserth (1846–1936) [44]	1	–	–	–	–	–	–	–	–	–	–	–	–	–	–	–	1
Walter Lott [Srbik-Schüler]	–	–	–	–	–	–	–	–	–	–	–	–	–	–	1	–	1
Theodor Mayer (1883–1972) [243]	1	5	–	4	9	2	1	2	6	4	1	–	–	–	–	–	35
Josef Karl Mayr (1885–1960) [284]	–	–	1	–	–	–	4	2	–	–	–	3	–	1	1	–	12
Margarethe Mecenseffy (1898–1985)	–	–	–	1	–	–	–	–	–	–	–	–	–	–	–	–	1
Richard Meister (1881–1964)	–	–	–	1	–	–	–	–	–	–	–	–	–	–	–	–	1
Anton Mell (1865–1940)	–	–	–	–	–	–	–	–	1	–	1	–	–	–	–	–	2
Oswald Menghin (1888–1973) [296]	2	–	–	–	–	–	–	–	–	–	–	–	–	–	–	–	2
Hermann Menhardt (1888–1963)	–	–	–	–	–	–	–	–	–	–	–	–	–	–	1	–	1
Margarete Merores (1881–?)	1	–	–	1	–	1	–	–	–	–	–	–	–	–	–	–	3
Otto Meyer (1906–2000)	–	–	–	–	–	–	–	1	–	–	–	–	–	–	–	–	1
Heinrich Mitteis (1889–1952)	–	–	–	–	–	–	–	–	1	–	–	–	2	–	–	–	3
Theodor Ernst Mommsen (1905–1958)	–	–	–	–	–	–	–	–	1	–	–	–	–	–	–	–	1
Rudolf Much (1862–1936)	–	–	1	1	–	–	–	–	–	–	–	–	–	–	–	–	2
Paul Müller (1895–1948)	–	–	–	–	1	–	–	–	–	–	–	–	–	4	–	4	9
Hanshugo Nehmiz (gest. 1950)	–	–	–	–	–	–	–	–	–	–	–	–	1	–	–	–	1
Rudolf Noll (1906–1990)	–	–	–	–	–	–	–	–	–	–	–	–	1	–	–	–	1
Emil von Ottenthal (1855–1931) [70]	5	7	9	3	–	–	1	–	–	1	–	–	–	–	–	–	26
Josef Ritter v. Paić, Generalmajor (1867–1933)	–	–	–	–	–	–	1	–	1	–	–	–	–	–	–	–	2
Erna Patzelt (1894–1987)	–	–	–	–	–	–	–	1	–	–	–	–	–	–	–	–	1
Rudolf Payer-Thurn (1867–1932)	–	–	–	1	–	–	–	–	–	–	–	–	–	–	–	–	1
Otto Peterka (1876–1945)	–	–	–	–	–	–	–	–	–	–	–	–	1	–	–	–	1
Anton Pfalz (1885–1958)	–	–	1	–	–	–	–	–	–	–	–	–	–	–	–	–	1
Josef Pfitzner (1901–1945)	–	–	–	1	2–	–	–	–	–	2	–	–	–	–	–	–	5
Karl Pivec (1905–1974) [404]	–	–	–	–	–	1	1	2	–	5	3	4	–	1	–	–	17
Heinrich Pogatscher (1864–1937)	–	–	–	–	–	–	–	–	–	–	–	–	1	–	–	–	1
Fritz Popelka (1890–1973)	–	–	–	–	–	–	–	1	–	–	–	–	1	–	–	–	1
Simon M. Prem (1853–1920)	3	–	–	–	–	–	–	–	–	–	–	–	–	–	–	–	3
Günther Probszt (1887–1973) [370]	–	–	–	–	–	–	–	–	–	–	–	1	1	–	1	3	6
Paul Punschart (1867–1945)	–	–	1	–	–	–	–	–	–	–	–	–	–	–	–	–	1
Ludwig Radermacher (1867–1952)	–	1	–	–	–	–	–	–	–	–	–	–	–	–	–	–	1
Johannes Ramackers (1906–1965)	–	–	–	–	–	–	–	1	–	2	–	–	–	–	–	–	3
Erich Randt (1887–1948)	–	1	–	–	–	–	–	–	–	–	–	–	–	–	–	–	1
Oswald Redlich (1858–1944) [91]	2	1	4	2	1	1	3	1	–	1	–	–	2	–	–	1	19
Virgil Redlich (1890–1970)	–	–	–	–	–	–	–	1	–	–	–	–	–	–	–	–	1

MIÖG-Hefte	38	39	40	41	42	43	44	45	46	47	48	49	50	51	52	53	Summe
Fritz von Reinöhl (1889–1969) [307]	–	–	–	–	–	–	–	–	–	–	–	–	1	–	–	–	1
Ernst Rieger (1902–1945) [429]	–	–	–	–	–	–	–	–	–	1	–	–	1	–	–	–	2
Bettina v. Rinaldini (1896–?)	–	–	–	–	–	–	–	1	–	–	–	–	–	–	–	–	1
Alfred Rufer (1886–1966)	–	–	–	–	–	–	–	–	–	–	1	–	–	–	–	–	1
Vinzenz Samanek (1882–1945) [236]	1	–	–	–	–	–	–	–	–	–	–	–	–	–	–	–	1
Leo Santifaller (1890–1974) [354]	–	–	–	–	–	–	–	–	–	1	–	–	–	–	–	–	1
Jakob Seidl (1887–1951) [286]	1	–	–	–	–	–	–	–	–	–	–	–	–	–	–	–	1
Albert Scheibe	–	–	6	–	–	–	–	1	–	–	–	–	–	–	–	–	7
Emil Schieche (1901–1985) [372]	–	–	–	–	–	–	–	1	–	–	–	–	–	–	–	–	1
Hanns Schlitter (1859–1945)	–	–	–	–	–	–	–	–	1	–	–	–	–	–	–	–	1
Bernhard Schmeidler (1879–1959)	–	–	–	–	–	1	–	–	–	–	–	–	–	–	–	–	1
Justus Schmidt (1903–1970)	–	–	–	–	–	–	–	–	–	–	–	–	1	–	–	–	1
Fedor Schneider (1879–1932)	1	–	–	–	–	–	–	–	–	–	–	–	–	–	–	–	1
Friedrich Schneider (1887–1962) [277]	–	–	–	1	–	–	–	–	–	–	–	–	–	–	–	–	1
Alfred Schnerich (1859–1944) [121]	–	–	–	–	–	1	–	–	–	–	–	1	–	–	–	–	2
Konrad Schünemann (1900–1940)	–	–	–	–	–	–	–	1	–	–	–	–	–	–	–	–	1
Wilhelm Schüßler (1888–1965)	–	–	–	–	–	–	–	1	–	–	–	–	–	–	–	–	1
Robert Sieger (1864–1926)	1	–	–	–	–	–	–	–	–	–	–	–	–	–	–	–	1
Käthe Spiegel (1898–1941 deport.)	–	–	–	–	–	–	–	–	–	–	–	1	–	–	–	–	1
Heinrich R. v. Srbik (1878–1951) [212]	5	9	10	8	7	10	9	9	2	8	11	9	7	3	2	3	112
Ludwig Steinberger (1879–1968)	–	–	–	–	–	1	–	–	–	–	–	–	–	–	–	–	1
Wolfram von den Steinen (1892–1967)	–	–	2	–	–	–	–	–	–	–	–	–	–	–	–	–	2
Walter Steinhauser (1885–1983)	–	–	–	–	–	–	–	1	2	–	–	–	–	–	–	–	3
Samuel Steinherz (1857–1942) [111]	3	1	–	–	–	–	–	–	–	–	–	–	–	–	–	–	4
Ferdinand Stöller (1891–1968) [397]	–	–	–	–	–	1	–	–	–	–	–	–	2	–	–	–	3
Otto Stolz (1881–1957) [237]	–	1	–	–	1	–	1	–	–	–	–	–	–	–	–	–	3
Otto H. Stowasser (1887–1934) [299]	5	–	–	–	–	–	–	–	–	–	–	–	–	–	–	–	5
Gustav Turba (1864–1935)	–	–	–	2	–	4	1	6	1	–	–	3	–	–	–	–	17
Mathilde Uhlirz (1881–1966)	1	–	–	1	–	–	–	–	–	–	–	–	–	1	–	–	3
Maximilian Vancsa (1866–1947) [153]	1	1	–	–	–	–	–	–	–	–	–	–	–	–	–	–	2
Otto Vehse (1901–1943)	–	–	–	–	–	–	–	–	–	1	–	–	–	–	–	–	1
Ernst Vogt (Soldat 1 Wk.)	2	–	–	–	–	–	–	–	–	–	–	–	–	–	–	–	2
Karl Völker (1886–1937)	–	1	–	–	2	–	2	3	–	–	2	1	1	–	–	–	12
Hans v. Voltelini (1862–1938) [112]	4	1	–	2	1	1	2	2	–	1	–	2	1	–	–	–	17
Emil Wallner (1893–1940)	–	–	1	–	–	–	–	–	–	–	–	–	–	–	–	–	1
Anton Julius Walter (1906–1985) [431]	–	–	–	–	–	–	–	–	1	–	–	–	–	–	–	–	1
Friedrich Walter (1896–1968) [374]	–	–	–	–	–	–	–	1	–	–	–	4	2	3	2	–	12
Wilhelm Weinberger (1866–1932)	–	1	–	–	–	–	–	–	–	–	–	–	–	–	–	–	1
Kurt Willvonseder (1903–1968)	–	–	–	–	–	–	–	–	–	–	–	–	–	2	–	–	2
Eduard Winter (1896–1982)	–	–	–	–	–	–	–	–	–	–	–	–	1	–	–	–	1
Hermann Wopfner (1876–1963)	1	–	–	–	–	–	–	–	–	–	–	–	–	–	–	–	1
Alfred Wretschko (1869–1941) [175]	1	–	3	–	1	–	–	–	–	–	–	–	–	–	–	–	5
Karl Wührer (1903–1973)	–	–	–	–	–	–	–	–	–	–	–	–	–	2	3	3	8

MIÖG-Hefte	38	39	40	41	42	43	44	45	46	47	48	49	50	51	52	53	Summe
Heinz Zatschek (1901–1965) [365]	–	–	–	2	1	13	22	11	5	4	7	2	16	–	1	4	88
Ignaz Zibermayr (1878–1968) [220]	–	–	1	–	–	1	–	–	–	–	–	–	–	–	–	1	3
Karl Zimmert	–	–	–	–	–	–	–	–	–	–	–	–	–	1	–	–	1
R. Zimmert	–	–	–	–	1	–	–	–	–	–	–	–	–	–	–	–	1
Adolf J. Zycha (1871–1948)	1	–	–	–	–	–	–	–	–	–	–	–	–	–	–	–	1
Summe der Rezensionen	97	49	63	57	65	69	71	79	44	73	54	74	96	32	41	46	1.010
MIÖG-Hefte	38	39	40	41	42	43	44	45	46	47	48	49	50	51	52	53	

Identifikation der Personen: Österreichisches Biographisches Lexikon [auch unter http://www.biographien.ac.at/oebl?frames=yes, 2.3.2012]; Österreichische Geschichtswissenschaft im 20. Jahrhundert. Ein biographisch-bibliographisches Lexikon, hg. von Fritz FELLNER–Doris CORRADINI (VKNGÖ 99, Wien 2006); Wolfgang WEBER, Biographisches Lexikon zur Geschichtswissenschaft in Deutschland, Österreich und der Schweiz. Die Lehrstuhlinhaber für Geschichte von den Anfängen des Faches bis 1970 (Frankfurt/Main u. a. 1984).

Schablone – Manier – Effekt

Textlinguistische und -pragmatische Überlegungen zur wissenschaftlichen Rezension am Beispiel der MIÖG (1920–1939)

Von Ursula Klingenböck

> „Am Anfang steht die Rezension. Wie ein patchwork aus signifikanten Unverbindlichkeiten bauen sich die aus ihrem Kontext gefallenen Sentenzen zu einem neuen Textgebäude auf."
> (Stephan Krass, Der Rezensionsautomat, 2011, 22)

Rezensionen gibt es – nicht nur wegen der gleichnamigen österreichischen Internet-Literaturzeitschrift[1] – wie Sand am Meer. Sowohl auf dem kulturellen als auch auf dem wissenschaftlichen Sektor nehmen sie einen beachtlichen Teil der Publikationen ein; vergleichsweise selten wurden sie dagegen selbst zum Gegenstand der Reflexion. Erst mit der Etablierung von Textlinguistik und Textpragmatik im späten 20. Jahrhundert rückte die Rezension vermehrt in das Interesse systematischer (sprach)wissenschaftlicher Untersuchungen. Neben textlinguistischen Arbeiten, die Rezensionen auf mikro- und makrostruktureller Ebene beschreiben[2], entstehen Beiträge zur Texttypologie, die über die Feststellung textgruppenspezifischer Merkmale vor allem an der Textsorte „Rezension" interessiert sind[3], sowie vergleichende Arbeiten, die am Beispiel von Rezensionen nicht nur sprachlich-strukturelle, sondern auch kulturelle Unterschiede wissenschaftlichen Schreibens thematisieren[4]. Seit den grundlegenden Untersuchungen zu funktional-kom-

---

[1] www.sandammeer.at [Zugriff 19.4.2012].

[2] Z.B. Sabine Dallmann, Die Rezension. Zur Charakterisierung von Texttyp, Darstellungsart und Stil, in: Sprachnormen, Stil und Sprachkultur, hg. von Wolfgang Fleischer (Linguistische Studien Reihe A. Arbeitsberichte, Berlin 1979) 58–97; Regine Weber-Knapp, Bewertungen in literarischen Zeitungsrezensionen, in: Überredung in der Presse. Texte, Strategien, Analysen, hg. von Markku Moilanen–Liisa Tiittula (Sprache. Politik. Öffentlichkeit 3, Berlin–New York 1994) 149–160.

[3] Z.B. Werner Zillig, Textsorte Rezension, in: Sprache erkennen und verstehen, hg. von Klaus Detering–Jürgen Schmidt-Radefeld–Wolfgang Sucharowski (Tübingen 1982) 197–208; Klaus Brinker, Linguistische Textanalyse. Eine Einführung in Grundbegriffe und Methoden (Grundlagen der Germanistik 29, Berlin ²1988).

[4] Yong Liang, Zu soziokulturellen und textstrukturellen Besonderheiten wissenschaftlicher Rezensionen. Eine kontrastive Fachtextanalyse Deutsch/Chinesisch. Deutsche Sprache 19 (1991) 289–311; Sabine Bastian–Nicole Filleau, Wissenschaftliche Rezensionen. Analyse einer Textsorte im Deutschen und im Französischen, in: Studien zum romanisch-deutschen und innerromanischen Sprachvergleich, hg. von

munikativen Aspekten der Rezension[5] sind Fragestellungen der internen[6] und externen[7] Textpragmatik zunehmend in den Vordergrund gerückt. Von den wenigen umfangreichen Auseinandersetzungen mit der wissenschaftlichen Rezension seien hier die Monographien von Severine Adam und Astrid Urban genannt[8].

Der folgende Beitrag fokussiert ausschließlich auf die **wissenschaftliche** Rezension und begreift sie als weitgehend schematisierte und stark intentionale Textsorte. In einem ersten, kurz gehaltenen Teil sollen die konstitutiven Merkmale der Textsorte „Rezension" (auch in Abgrenzung zu verwandten Textformaten) skizziert werden. Im ausführlicheren zweiten Abschnitt steht die textlinguistische Perspektive im Vordergrund, die nach mikro- und makrostrukturellen Merkmalen der Rezension fragt. Im darauf folgenden Teil rücken textpragmatische Überlegungen in den Blick: Am Beispiel des Wertens wird nach den primären Texthandlungen und -funktionen gefragt, werden wissenschaftliche Rezensionen in den weiteren kommunikativen, institutionellen und personellen Kontext der Scientific Community gestellt. Der abschließende Teil stellt im Rückgriff auf die Soziologie Pierre Bourdieus die Frage nach einer möglichen „rezensiven Praxis".

Die Überlegungen zur wissenschaftlichen Rezension erfolgen sämtlich vor und für ausgewählte/n Beispiele/n aus den „Mitteilungen des Instituts für Österreichische Geschichtsforschung" (MIÖG), die seit ihrer Gründung 1880 die Publikation wissenschaftlicher Rezensionen in ihrem Programm festschreiben. Die exemplarisch untersuchten Beiträge stammen aus den Jahren 1920 (Bd. 38) bis 1939 (Bd. 53) der MIÖG[9], das Sample wurde auf wenige Verfasser eingeschränkt, die im genannten Zeitraum wiederholt in den Rubriken „Literatur" und „Notizen" publiziert haben. Die Ergebnisse der stark exemplarischen Analysen sind weder für deren Rezensions- noch für die For-

---

Gerd WOTJAK (Frankfurt/Main 2001) 403–424; Matthias HUTZ, „Insgesamt muss ich leider zu einem ungünstigen Urteil kommen". Zur Kulturspezifik wissenschaftlicher Rezensionen im Deutschen und Englischen, in: Zur Kulturspezifik von Textsorten, hg. von Ulla FIX–Stephan HABSCHEID–Josef KLEIN (Tübingen 2001) 109–130; Marina FOSCHI ALBERT, Kulturspezifische Züge schriftlicher Textsorten am Beispiel italienisch- und deutschsprachiger wissenschaftlicher Rezensionen, in: Wissenschaftliche Textsorten im Germanistikstudium deutsch-italienisch-französisch kontrastiv. Trilaterales Forschungsprojekt, hg. von Martine DALMAS–Marina FOSCHI ALBERT–Eva NEULAND (Villa Vigoni 2009) 258–277; online unter: http://www.villavigoni.it/index.php?id=79 [Zugriff 19. 4. 2012].

[5] Vor allem Werner JOKUBEIT, Zur Funktion und Gestaltung der Rezension als einer Textart des Erörterns. *Textlinguistik* 7 (1978) 61–83; Jörg PÄTZOLD, Beschreibung und Erwerb von Handlungsmustern. Beispiel: Rezensionen wissenschaftlicher Publikationen (Berlin 1986).

[6] WEBER-KNAPP, Bewertungen (wie Anm. 2); Martine DALMAS, Empfehlen und Ablehnen in wissenschaftlichen Rezensionen. Versuch eines deutsch-französischen Vergleichs, in: Studien zum romanisch-deutschen und innerromanischen Sprachvergleich, hg. von Gerd WOTJAK (Frankfurt/Main 2001) 467–477.

[7] Margot HEINEMANN, Textsorten des Bereichs Hochschule und Wissenschaft, in: Text- und Gesprächslinguistik. Ein internationales Handbuch zeitgenössischer Forschung. 1. Halbbd., hg. von Klaus BRINKER–Gerd ANTOS–Wolfgang HEINEMANN (Berlin–New York 2000) 702–709; Ute SCHNEIDER, Die Funktion wissenschaftlicher Rezensionszeitschriften im Kommunikationsprozess der Gelehrten, in: Kultur der Kommunikation. Die europäische Gelehrtenrepublik im Zeitalter von Leibniz bis Lessing, hg. von Ulrich Johannes SCHNEIDER (Wolfenbütteler Forschungen 109, Wiesbaden 2005) 279–291.

[8] Severine ADAM, Die wissenschaftliche Rezension. Étude d'un genre textuel (Dissertation Freiburg i. Br., o. J.; Volltext unter: http://d-nb.info/989116549/34 [Zugriff 19. 4. 2012]); Astrid URBAN, Kunst der Kritik. Die Gattungsgeschichte der Rezension von der Spätaufklärung bis zur Romantik (Heidelberg 2004).

[9] In den Jahren 1918 und 1919 sowie 1940/41 sind die MIÖG nicht erschienen.

schungstätigkeit repräsentativ, noch lassen sie eine begründete politische, wissenschafts- und disziplinengeschichtliche Positionierung der Autoren zu[10]. Textsorten- bzw. Autorenstile auszumachen und auf eine „(Fort)Entwicklung" zu untersuchen, wäre Gegenstand systematischer stilistischer und gattungstheoretischer Forschungen, die für die (wissenschaftliche) Rezension erst angegangen werden müssen[11]. Schon gar nicht können meine Überlegungen repräsentativ für d a s Rezensionswesen in einem wissenschaftlichen Teilgebiet („[Österreichische] Geschichte" bzw. „Geschichtsforschung in Österreich") oder in einem bestimmten Zeitraum („Zwischenkriegszeit") sein. Die Untersuchung ist primär textwissenschaftlich orientiert; historisch ist sie insofern, als sie sich eines historischen Gegenstandes (ausgewählte Rezensionen, die in einem bestimmten historischen Zeitraum erschienen, in ein- und derselben Fachzeitschrift gedruckt und von einer zeitgenössischen Scientific Community rezipiert wurden) annimmt.

1. Die (wissenschaftliche) Rezension als Textsorte

Seit den 1970er Jahren wird die Rezension als Textsorte[12], die wissenschaftliche Rezension als „Fachtextsorte[]"[13] verstanden. Den Status der Rezension als Textsorte hervorzuheben, ist im Kontext meiner Überlegungen deshalb von Bedeutung, weil Textsorten (anders als ihre einzelnen Repräsentationen) mit den historischen Formen und ihren Veränderungen auch Erkenntnisse über produktions- und rezeptionsästhetische Aspekte unter wechselnden politischen, kulturellen und soziologischen Bedingungen vermitteln können. Das scheint für so stark konventionalisierte Formate wie die Rezension ganz besonders zu gelten. Gleichzeitig ist damit aber auch das methodische Dilemma skizziert, das jedes texttypologische Interesse charakterisiert und dem auch diese Arbeit nicht entkommt: die Phänomenologie der Rezension an einer (zudem auf inhomogenen Typologisierungskriterien beruhenden) (Textsorten)Theorie zu messen –

---

[10] Forscherporträts zu Heinrich von Srbik (1878–1951), Wilhelm Bauer (1877–1973), Alfons Dopsch (1868–1953) und Heinz Zatschek (1901–1965) finden sich in Fritz Fellner–Doris A. Corradini, Österreichische Geschichtswissenschaft im 20. Jahrhundert. Ein biografisch-bibliographisches Lexikon (Veröffentlichungen der Kommission für Neuere Geschichte Österreichs 99, Wien 2006), ausführlich zu den drei letztgenannten: Österreichische Historiker 1900–1045. Lebensläufe und Karrieren in Österreich, Deutschland und der Tschechoslowakei in wissenschaftsgeschichtlichen Porträts, hg. von Karl Hruza (Wien–Köln–Weimar 2008).

[11] Vgl. Martin Huber–Peter Strohschneider–Herwig Vögel, Rezension und Rezensionswesen. Am Beispiel der Germanistik, in: Geist, Geld und Wissenschaft. Arbeits- und Darstellungsformen von Literaturwissenschaft, hg. von Peter J. Brenner (Stuttgart 1993) 271–295, hier 276.

[12] Als Gruppe von Texten, die sich durch gemeinsame Merkmale auszeichnen, zunächst nicht differenziert in „wissenschaftliche" und „nicht-wissenschaftliche" Rezensionen. Eine Übersicht zur wissenschaftlichen Rezension findet sich bei Martha Ripfel, Fachtextsorten der Wissenschaftssprachen II: die wissenschaftliche Rezension, in: Fachsprachen. Ein internationales Handbuch der Fachsprachenforschung und Terminologiewissenschaft, hg. von Lothar Hoffmann–Hartwig Kalverkämper–Herbert Ernst Wiegand (Berlin–New York 1998) 488–493, die Rezension als Textsorte im Bereich Hochschule und Wissenschaft ist Gegenstand des Beitrags von Heinemann, Textsorten (wie Anm. 7). Mit Textlinguistik und -typologie befassen sich die Beiträge in: Text- und Gesprächslinguistik (wie Anm. 7), für die frühe gattungstheoretische Auseinandersetzung mit der wissenschaftlichen Rezension vgl. etwa die „Theorie der Recensionen" des Kantianers Johann Christoph Greiling (1797).

[13] Rosemarie Gläser, Fachtextsorten im Englischen (Forum für Fachsprachenforschung 13, Tübingen 1990) 108; Ripfel, Fachtextsorten der Wissenschaftssprachen (wie Anm. 12) 488.

oder eben umgekehrt[14]. Bei aller Vielfalt der Modelle erfolgt/e die sprachwissenschaftliche Beschreibung der Textsorte „Rezension" weniger nach inhaltlich/thematischen als nach formalen und funktionalen Komponenten. Ergänzt werden sie durch kommunikations- und medienspezifische sowie durch (wissens)systemische und -soziologische Aspekte. Aktuelle Mehrebenenmodelle ziehen dementsprechend auch mehr als ein Beschreibungskriterium heran, um die (wissenschaftliche) Rezension zu konturieren und von weiteren Formaten des Texttyps „Kritik" abzugrenzen: von den umfangreicheren und meist nicht im Rezensionsteil einer Zeitschrift platzierten Rezensionsartikeln, die eine ausführlichere Auseinandersetzung mit Rezensionsvorlagen bieten, und von Buchankündigungen, die Neuerscheinungen zwar vorstellen, aber nicht bewerten[15]. Gläser unterscheidet drei Subtypen (= Textsortenvarianten) der wissenschaftlichen Rezension: die Rezension eines Einzelwerkes, die Sammelrezension mehrerer Neuerscheinungen desselben Sachgebiets und den Rezensionsartikel, der mehrere thematisch verwandte Neuerscheinungen vertiefend behandelt[16]. Im Verband der Fachtexte unterscheiden sich Rezensionen als Sekundärtextsorten von Primärtextsorten wie z. B. Aufsätzen und Abhandlungen[17]. Ob Rezensionen allerdings tatsächlich ausschließlich theoriebezogene Texte sind[18] oder ob sie nicht auch wissenstransmittierende Anteile haben können, ist noch zu prüfen. Ergebnisse der Textsortenforschung manifestieren sich auch in den historisch veränderlichen Begriffsbestimmungen der (wissenschaftlichen) Rezension. Den folgenden Überlegungen liegt die Definition des „Handbuches für Sprach- und Kommunikationswissenschaft" zugrunde, die wissenschaftliche Rezensionen als „öffentliche, monologische Texte" versteht, „in denen ein wissenschaftlich relevanter Rezensionsgegenstand beschrieben und bewertet wird"[19].

Seit ihrem ersten Jahrgang 1880 gehört ein beträchtlicher Teil jedes Bandes der Mitt[h]eilungen des Instituts für österreichische Geschichtsforschung (MIÖG) den aktuellen Publikationen des – historisch je unterschiedlich justierten[20] – Fachgebietes. In den Rubriken „Literatur", später „Literatur und Notizen" bzw. nochmals später: „Literatur" und (als eigene Sparte) „Notizen" finden sich wissenschaftliche Rezensionen unterschiedlichen Formats. Die bei weitem überwiegende Zahl der Literaturberichte bezieht sich auf Einzelwerke – meist auf Monografien, nur selten auf Herausgeberschriften. Darüber hinaus finden sich aber auch Sammelrezensionen zu einem Teilgebiet, die aufgrund ihres Umfangs (30–50 Seiten) und ihrer Detailgenauigkeit die Grenze zum Rezensionsartikel überschreiten. Kürzer gehaltene Sammelrezensionen sind unter „Notizen" und in der am Wenigsten spezifischen Rubrik „Kleine Mitteilungen" verzeichnet. Neben Buchankündi-

---

[14] Reflektiert wird dieses Problem nur selten, so z. B. bei Frank BARDELLE, Formen der kritischen Auseinandersetzung oder: Wie man Urteile über wissenschaftliche Neuerscheinungen fällt. *Zeitschrift für Soziologie* 18/1 (Februar 1989) 54–64, oder bei WEBER-KNAPP, Bewertungen (wie Anm. 2).

[15] Vgl. RIPFEL, Fachtextsorten der Wissenschaftssprachen (wie Anm. 12) 489.

[16] Vgl. GLÄSER, Fachtextsorten im Englischen (wie Anm. 13) 108.

[17] Vgl. HEINEMANN, Textsorten (wie Anm. 7) 705.

[18] Ebd.

[19] RIPFEL, Fachtextsorten der Wissenschaftssprachen 491.

[20] Band 52 (1938) benennt in einer äußerst tendenziösen, pro-nationalsozialistischen Vorrede die Schwerpunkte des Faches mit der *Erforschung der deutschen Geschichte und unserer heimatlichen Gaue des alten Österreichs und der Kunstgeschichte*, der *Pflege der historischen Hilfswissenschaften* sowie der *Mittelaltertumskunde* und stellt diese explizit unter die gesamtdeutsche Idee einer *Wiedervereinigung Österreichs mit dem Deutschen Reich*, S. IXf.

gungen (die durchaus auch vom Verfasser selbst stammen können[21]) finden sich auch Zusammenstellungen von Neuerscheinungen, die sich auf (zum Teil annotierte) bibliografische Angaben beschränken. Der allergrößte Teil der wissenschaftlichen Rezensionen hat Buchpublikationen zu ihrem Gegenstand. Die Besprechungen von Publikationsorganen wie Zeitschriften oder Reihen bzw. einzelnen Beiträgen bzw. Bänden daraus bilden die Ausnahme. Im Zentrum der folgenden Überlegungen stehen wissenschaftliche Rezensionen im engeren Sinn, die in der Rubrik „Literatur" der MIÖG erschienen sind.

2. Textlinguistische Überlegungen

2.1. Makrostrukturelle[22] Aspekte der wissenschaftlichen Rezension

Wiewohl formal-strukturelle Eigenschaften nicht als textsortenkonstitutiv, sondern lediglich als charakteristisch gelten können[23] – Gläser spricht von „internationalen Gepflogenheiten, die […] für die invarianten Inhaltselemente und ihre variable Anordnung […] gelten"[24] –, soll für die folgende Textkorpusuntersuchung auch nach diesen gefragt werden. Insbesondere für die superstrukturellen Merkmale ist eine Ausrichtung an Vorgaben des Publikationsorgans anzunehmen, die aus den MIÖG selbst allerdings weder in deskriptiver noch in direktiver Form (etwa im Rahmen einer allgemeinen Programmatik oder von publizierten Manuskriptrichtlinien) ersichtlich sind. Primär nach dem Umfang, sekundär nach Rezensionstypen werden die Rezensionstexte in drei Kategorien („Literatur", „Notizen" und „Kleine Mitteilungen") rubriziert. Von den wissensproduzierenden Fachtextsorten (den wissenschaftlichen Beiträgen) im ersten Teil der Zeitschrift unterscheiden sich Rezensionen als wissensreproduzierende Fachtextsorten durch das textdeklarative Moment kleinerer Drucktypen. Die Rezensionen der MIÖG tragen, dem Usus der wissenschaftlichen Rezension entsprechend, generell keine thematischen Überschriften, die Titelfunktion kommt den in der Regel vollständigen, nach den Konventionen des Faches und des Publikationsorgans weitgehend normalisierten bibliografischen Angaben zu. Zusammen mit einleitenden Informationen über die Objektpublikation wie Entstehung, inhaltliche Strukturierung, Aufgabenstellung und Ziel bilden sie die „Exposition"[25] des Textes. Die Rezensionen schließen mit nur lose reglementierten, insgesamt sehr knapp gehaltenen Angaben zur Person des Rezensenten[26], wobei eine Tendenz zum Schema: Name plus Ort feststellbar ist. Nicht aufgeführt werden die Zugehörigkeit zu einer wissenschaftlichen (Teil-)Disziplin und damit die „Zuständigkeit" für das Rezensionsobjekt – sie wird als solche vorausgesetzt und im Abdruck des Textes

---

[21] Beispielsweise Wilhelm BAUER, in: *MIÖG* 39 (1923) 301.

[22] „Makrostruktur" fokussiert sowohl auf die strukturelle als auch auf die semantische Ebene. Der mitunter synonym gebrauchte Begriff „Superstruktur" akzentuiert dagegen stärker den formalen Bereich im Sinne einer abstrakten Textform, die mit dem Textinhalt (= das, worüber der Text etwas sagt, aber auch das, was er darüber sagt, vgl. RIPFEL, Fachtextsorten der Wissenschaftssprachen [wie Anm. 12] 491) gefüllt wird (Eva SCHOENKE, Textlinguistik-Glossar; online unter: http://www-user.uni-bremen.de/~schoenke/tlgl/tlgldl6.html#Superstruktur).

[23] Vgl. RIPFEL, Fachtextsorten der Wissenschaftssprachen (wie Anm. 12) 491.

[24] GLÄSER, Fachtextsorten im Englischen (wie Anm. 13) 109.

[25] LIANG, Zu soziokulturellen und textstrukturellen Besonderheiten (wie Anm. 4) 299.

[26] Die häufigsten Varianten sind: voller Name bzw. Initialen des Verfassernamens; Name plus Ort bzw. (selten) Datum nach MM.JJ.

bestätigt –, Tätigkeitsbereich und/oder Institution sowie (akademische) Funktion; sie werden mitunter im Rezensionstext selbst angesprochen[27]. Die wenigen im Untersuchungszeitraum beobachtbaren und insgesamt nicht signifikanten Variablen in der äußeren Struktur der Texte korrelieren zum einen mit den formalen Rahmenvorgaben der Textsorte „wissenschaftliche Rezension", zum anderen spiegeln sie ein Publikationsorgan mit konstanter Herausgeberschaft und Redaktion wider. Die bibliografischen Daten stellen den referentiellen Rahmen für den weiteren Haupttext dar, der gleichbleibende Inhaltselemente (Anlass, Gegenstand und Ziel der Veröffentlichung, Autor und Adressaten; Darstellung des Inhalts; Diskussion der Methoden; Wertung von Inhalt, Darstellung und verlagstechnischer Ausstattung[28], sowie Meta-Informationen wie Forschungsstand inkl. Forschungsgeschichte, Literaturhinweise, Querverbindungen zu Nachbardisziplinen, theoretische wie praktische Anwendungsbereiche[29] in variabler Anordnung umfasst. Die makrostrukturelle Phänomenologie der Texte lässt sich demnach auch nicht in einem „festen" Textmuster abbilden: An die Stelle starrer Schemata treten variable „Textablaufpläne"[30] bzw. „charakteristische […] Strukturmuster"[31].

Am exemplarischen Textkorpus der MIÖG bestätigen sich die zentralen Aussagen der textlinguistischen Forschung zur Makrostruktur wissenschaftlicher Rezensionen: Die Texte basieren auf einem feststehenden Arsenal von Teiltexten, ihr konkretes Profil erhalten sie durch die Prozesse der Selektion, der Gewichtung, der strukturellen Organisation und durch die jeweilige sprachliche Realisierung. Den folgenden Darstellungen liegen die Textablaufpläne von Liang zugrunde, dessen Unterscheidung von Textanfang, einleitender Information, Kerninformation, kritischer Auseinandersetzung, Meta-Information, Würdigung/Auseinandersetzung und Textende[32] nicht zuletzt aufgrund des hohen Abstraktionsgrades ein praktikables Instrument für die textwissenschaftliche Arbeit darstellt. Neben den häufigsten linearen Sequenzen der Anordnung und ihren Varianten gibt das Modell Auskunft über die hierarchischen Relationen von Teiltexten. Ich zeige zunächst ein Beispiel für eine „klassische" wissenschaftliche Rezension und gehe dann (wiederum exemplarisch und mit Fokus auf Textanfang/Exposition und damit auf e i n e n Textteil) auf charakteristische Abweichungen im untersuchten Sample ein.

Ein Beispiel: Alfons Dopsch[33] beginnt seine Arbeit mit einleitenden Informationen zum Verfasser (wissenschaftliche Qualifikation und Lehrer, frühere Veröffentlichungen) und zur Entstehung der Publikation (Ausweitung der Dissertation). Die darauf folgende, globale Beschreibung (Kerninformation I) referiert auf den Titel des Rezensionsobjekts und skizziert dessen Inhalt/Untersuchungsgegenstand. Detaildarstellung (Kerninformation II) und kritische Auseinandersetzung folgen der äußeren Gliederung der Arbeit nach Kapiteln und umfassen auch Meta-Informationen (Verweis auf themenspezifische Litera-

---

[27] Alfons Dopsch, in: *MIÖG* 52 (1938) 82.
[28] Vgl. Gläser, Fachtextsorten im Englischen (wie Anm. 13) 109f.
[29] Vgl. Liang, Zu soziokulturellen und textstrukturellen Besonderheiten (wie Anm. 4) 297.
[30] Vgl. ebd.
[31] Basierend auf Pätzold, Beschreibung und Erwerb (wie Anm. 5), Dallmann, Die Rezension (wie Anm. 2), und Werner Jokubeit, Zur Funktion und Gestaltung der Rezension als einer Textart des Erörterns. *Textlinguistik* 7 (1978) 61–83; siehe Ripfel, Fachtextsorten der Wissenschaftssprachen (wie Anm. 12) 490.
[32] Vgl. Liang, Zu soziokulturellen und textstrukturellen Besonderheiten (wie Anm. 4) 297.
[33] Alfons Dopsch, in: *MIÖG* 44 (1930) 518f., hier 518.

tur, Nennung von Vorarbeiten/methodischen Vorbildern und deren kritische Bewertung, Erwähnung von Paratexten wie Namens-, Orts- und Sachregister). Dopschs Rezension schließt mit einer Gesamtbewertung und schematisierten Angaben zum Verfasser (Ort, Datum, Name).

Nur selten spiegeln die Rezensionen der MIÖG den Textablaufplan so exakt; lediglich die Wertung am Ende des Textes bleibt weitgehend konstant. Zahlreiche Abweichungen in der Reihenfolge der Teiltexte zeigen sich in den Bereichen der Kerninformation, der kritischen Auseinandersetzung und der Meta-Information. Bei aller Dynamik der Vertextungsstrategien bewegen sich die untersuchten Beiträge aber innerhalb der textsortenspezifischen Variationsbreite. Signifikanter für das Textkorpus der MIÖG scheint die hohe Durchlässigkeit zwischen den Teiltexten und ihre inhaltliche, strukturelle und funktionale Inhomogenität: Information, kritische Auseinandersetzung und Meta-Information sind oft verschieden lang, wechseln hochfrequent und weisen insgesamt einen hohen Diskontinuitätsgrad auf[34]. Die relative Offenheit in der inneren Strukturierung zeigt sich auch im Verzicht auf zusätzliche äußere Gliederungsmittel wie Kapitel oder Paragrafen. Das eigentliche Charakteristikum der untersuchten Rezensionen ist der häufige Verzicht auf expositorische Informationen: An ihre Stelle treten auffallend oft (Gesamt)Bewertungen des Objekttextes, die den Tenor der folgenden Besprechung vorwegnehmen und für die der Beweis erst im Binnentext zu erbringen ist[35]. Die Einleitung entfällt ferner zu Gunsten von Meta-Informationen wie etwa Forschungsberichten[36]. Sie dokumentieren – durchaus auch in narrativem Gestus – eine Kontoverse zwischen Rezensierendem und Rezensiertem bzw. führen sie diese fort[37], oder aber sie schließen eine solche ab, indem sie eigene Erkenntnisse durch die Objektpublikation bestätigen[38] und ein wissenschaftliches Problem damit „gelöst" sehen.

2.2. Mikrostrukturelle Aspekte der wissenschaftlichen Rezension

Unter mikrostrukturellen Aspekten versteht die Textlinguistik u. a. lexikalische, phraseologische und syntaktische Mittel der sprachlichen Realisierung eines Textes[39]. Für die wissenschaftliche Rezension ist diese wesentlich durch die Normen der Wissenschaftssprache/des wissenschaftlichen Stils[40] geprägt und daher nicht textsortenspezifisch im engeren Sinn[41]. Mit der Mikrostruktur wissenschaftlicher Rezensionen haben sich vor allem funktionalstilistische Arbeiten auseinander gesetzt[42], ihre Ergebnisse bleiben punk-

---

[34] Vgl. Gabriele GRAEFEN, Wissenschaftstexte im Vergleich. Deutsche Autoren auf Abwegen? in: Texte und Diskurse. Methoden und Forschungsergebnisse der Funktionalen Pragmatik, hg. von Gisela BRÜNNER–Gabriele GRAEFEN (Opladen 1994) 136–157, hier 142.

[35] Vgl. Heinrich von SRBIK, in: *MIÖG* 49 (1935) 501, *MIÖG* 52 (1938) 485, *MIÖG* 40 (1925) 355.

[36] Vgl. Heinz ZATSCHEK, in: *MIÖG* 46 (1930) 359.

[37] Vgl. z. B. Alfons DOPSCH, in: *MIÖG* 45 (1931) 223, Heinrich von SRBIK, in: *MIÖG* 47 (1933) 102.

[38] Vgl. Alfons DOPSCH, in: *MIÖG* 52 (1938) 82.

[39] Der textlinguistische Begriff des Stils umfasst darüber hinaus auch die typische thematische Entfaltung und das typische Handlungsmuster innerhalb der Kommunikationssituation, vgl. RIPFEL, Fachtextsorten der Wissenschaftssprachen (wie Anm. 12) 491.

[40] Vgl. dazu grundlegend Johan GALTUNG, Struktur, Kultur und intellektueller Stil, in: Das Fremde und das Eigene: Prolegomena zu einer interkulturellen Germanistik, hg. von Alois WIERLACHER (Publikationen der Gesellschaft für Interkulturelle Germanistik 1, München 1985) 151–193.

[41] Vgl. HEINEMANN, Textsorten (wie Anm. 7) 704.

[42] Vgl. z. B. DALLMANN, Die Rezension (wie Anm. 2), für die Wissenschafts- und [publizistische]

tuell. Eine systematische Untersuchung des Rezensionsstils steht nach wie vor aus. Ich beschränke mich daher im Folgenden auf einige allgemeine Aspekte der Wissenschaftssprache, wie sie Heinemann für unterschiedliche Textsorten des Bereichs Hochschule und Wissenschaft skizziert[43].

Rezensionen beziehen sich auf fachwissenschaftliche Problemstellungen und -lösungen sowie (und hier wird ein Spezifikum der Rezension als Sekundärtextsorte deutlich) auf deren Darstellung und Vermittlung in der Objektpublikation. Sie bedienen sich eines gemeinsamen Fach-Codes, also einer standardisierten Fachlexik und -phraseologie, verdichten die Inhalte des Rezensionsobjekts und weisen eine Tendenz zu komplexen nominalen Fügungen auf. Relativ häufig finden sich Passiv- und Infinitkonstruktionen, Basistempus ist das Präsens. Im Bereich der Syntax dominieren lange Sätze vom Typus des Aussagesatzes[44]. Alle hier genannten Merkmale der Wissenschaftssprache gelten auch für die Textsorte „Rezension" und sind am untersuchten Textkorpus der MIÖG nachweisbar. In wesentlichen Aspekten weichen Rezensionen aber vom allgemeinen Wissenschaftsstil ab: Indem sie häufig Metaphern verwenden[45], die Rezensenten zumindest gelegentlich von sich selbst als „Ich" sprechen und (wenn auch selten) narrative Momente auszumachen sind, brechen Rezensionen mit den „don'ts" wissenschaftlichen Schreibens (dem Ich-Verbot, dem Metaphern-Verbot und dem Erzähl-Verbot)[46] und verstoßen damit gegen die „fundamentale[n] strategische[n] Maximen"[47] theoretischer wissenschaftlicher Texte. Die untersuchten Rezensionen der MIÖG weisen vor allem im wertenden Teil gegenüber dem indefiniten, in Numerus und Genus ambigen „man"[48] oder Formen, in denen das Agens nicht genannt wird (z. B. Passivkonstruktionen), eine hohe Ich-Präsenz der Verfasser auf[49]. Insbesondere dann, wenn der Rezensent Entstehung und Verlauf einer wissenschaftlichen Debatte referiert, in die er selbst involviert ist[50], greift er auf das persönliche „Ich" zurück; hier wird der Gestus mitunter erzählend[51]. Neben dem „Ich" erscheint ein semantisch inkonsistentes „Wir"[52], das es dem Rezensenten ermöglicht, sich in eine vorausgesetzte, nicht näher bestimmte Gruppe (von Rezensenten, von Lesern, von Fachkollegen) zu stellen. Mitunter wird das „Wir" über die wissenschaftliche Disziplin[53] oder Institution[54] und deren soziologische Implikationen kontextualisiert. Keinesfalls ist mit dem „Wir" in den Rezensionen der MIÖG eine kollektive Verfasserschaft

---

Kunstrezension; FOSCHI ALBERT, Kulturspezifische Züge (wie Anm. 4), für italienische und deutsche wissenschaftliche Rezensionen.

[43] Vgl., basierend auf Heinz L. KRETZENBACHER, Wissenschaftssprache (Heidelberg 1992): HEINEMANN, Textsorten (wie Anm. 7) 704f.

[44] Ebd.

[45] Vgl. GLÄSER, Fachtextsorten im Englischen (wie Anm. 13) 12f., zufolge sind Metaphern (und Anaphern) sogar kennzeichnend für die Textsorte „Rezension".

[46] Vgl. FOSCHI ALBERT, Kulturspezifische Züge (wie Anm. 4) 265.

[47] HEINEMANN, Textsorten (wie Anm. 7) 705.

[48] Z. B. Heinz ZATSCHEK, in: *MIÖG* 44 (1930) 110.

[49] Wiederum: Heinz ZATSCHEK, in: *MIÖG* 43 (1929) 169; vergleichsweise episch: Wilhelm BAUER, in: *MIÖG* 53 (1939) 482.

[50] Vgl. etwa Alfons DOPSCH, in: *MIÖG* 65 (1939) 223; in: *MIÖG* 47 (1933) 83.

[51] Vgl. etwa Alfons DOPSCH, in: *MIÖG* 47 (1933) 83; narrative Elemente finden sich etwa auch bei Heinrich von SRBIKS weitläufigem Einstieg in die Objektpublikation, in: *MIÖG* 38 (1920) 326.

[52] Heinrich von SRBIK, in: *MIÖG* 40 (1925) 357; Wilhelm BAUER, in: *MIÖG* 53 (1939) 215.

[53] So z. B. *unsere Wissenschaft*, Wilhelm BAUER, in: *MIÖG* 43 (1929) 454.

[54] Das *Institut für österreichische Geschichtsforschung*, so Wilhelm BAUER, in: *MIÖG* 38 (1920) 135.

gemeint: vgl. dagegen das „Wir" in der von elf Verfassern unterzeichneten Erklärung anlässlich von Viktor Bibls *Lügen der Geschichte*[55], oder auch das nicht deklarierte „Wir" in der dem 52. Band vorangestellten Akklamation der politischen Ereignisse von 1938. Im untersuchten Sample der MIÖG wechseln die Selbstnennungen auch innerhalb eines Textes.

Belege für den Metapherngebrauch in wissenschaftlichen Rezensionen finden sich in den Beiträgen der MIÖG viele. Ich nenne hier Beispiele aus Wilhelm Bauers Literaturbesprechung zu den wissenschaftstheoretischen Überlegungen Harnacks, wo die Objektpublikation als *wertvolles Denkmal unseres Geistes* bezeichnet und dem Verfasser zugebilligt wird, *die Geschichte mit beiden Füßen auf den Boden der Wirklichkeit* gestellt zu haben. Die nach naturwissenschaftlichen Ansprüchen reformierte Geschichtswissenschaft wird als *Gebäude* [...], *aus Schnee gebaut* vorgestellt, das *bei Sonnenlicht in der Nähe besehen* zerrinnt, dessen *Gerüste* [...] *so kunstvoll ausgerechnet waren, dass man, um das Gerüst zu stützen, Teile des eigentlichen Hauses abtragen musste,* der psychologische Faktor der Geschichtswissenschaft erscheint als *zitterndes Licht*, eine Trennung von Geschichtswissenschaft und Biografik wird als Versuch angesehen, *aus dem Leib menschlichen Geschehens das Seelische herauszuschneiden*, und als *gewaltsame Operation* eingestuft. Das Verdienst der Arbeit sei es, *überall in die Tiefe zu dringen und manches Dunkle blitzhell* zu *beleuchten*[56]. Als Besonderheit der MIÖG-Rezensionen auf syntaktischer Ebene kann die rhetorische Frage gelten: Fragen äußern Zweifel an dem in der Objektpublikation vertretenen wissenschaftlichen Standpunkt[57] und damit am Nutzen der Objektpublikation, oder aber sie drücken den Wunsch nach weiterer wissenschaftlicher Beschäftigung mit einem Thema/nach weiteren Forschungsarbeiten einer, meist der rezensierten, Person aus[58]. Auch in ihrer Referenz auf die Objektpublikation zeigen die Beiträge der MIÖG Auffälligkeiten: Wörtliche Übernahmen sind äußerst selten[59], und anders als in wissenschaftlichen Texten üblich, wird die Wiedergabe fremder Positionen im paraphrasierenden Zitat über weite Teile nicht in der Verwendung des Konjunktiv I angezeigt[60]. Ein Abrücken von fremden Positionen erfolgt meist nicht über den Modus, sondern über die (direkte) Wertung; auf sie soll im folgenden Kapitel genauer eingegangen werden.

Der kurze und unvollständige Blick auf das Textkorpus der MIÖG legt aus textlinguistischer Sicht folgenden Schluss nahe: Wissenschaftliche Rezensionen erhalten ihre Individualität über die Prozesse der Selektion und der Kombination. Sie bestimmen nicht nur das makrostrukturelle Profil, sondern auch den mikrostrukturellen Zuschnitt des jeweiligen Textes. Es wäre zu viel, von einem Remix an Versatzstücken, wie es etwa das Eingangszitat aus dem „Recensionsautomaten" nahelegt, zu sprechen. Es lässt sich aber ein textsortenspezifisches Inventar an Textmustern und Textstilen ausmachen, auf das zurückgegriffen und aus dessen Elementen das konkrete Textexemplar der Textsorte „Rezension" erstellt wird.

---

[55] Vgl. *MIÖG* 45 (1931) 540.
[56] *MIÖG* 38 (1920) 132–136.
[57] Wilhelm Bauer, in: *MIÖG* 38 (1920) 135.
[58] Vgl. Heinrich von Srbik, in: *MIÖG* 38 (1920) 331.
[59] Ein Gegenbeispiel wäre die im Ganzen sehr textnahe Besprechung von Alfons Dopsch, in: *MIÖG* 43 (1929) 162–165; die wörtlichen Zitate dienen ausschließlich einer minutiösen negativen Kritik.
[60] Vgl. Heinz Zatschek, in: *MIÖG* 45 (1931) 232–234.

3. Textpragmatische Überlegungen

Neben strukturell-inhaltlichen und sprachlich-stilistischen Merkmalen sind Textfunktionen, also die „für den Rezipienten [...] erschließbaren Haupt- oder Primärintentionen des Sprechers/Schreibers"[61] und Kommunikationssituation wesentliche Kriterien für die Textsortenbestimmung. Die linguistische Deskription von makro- und mikrostrukturellen Merkmalen der wissenschaftlichen Rezension ist daher um textpragmatische Fragestellungen zu ergänzen bzw. sind beide in Relation zueinander zu setzen. Textpragmatik versteht Texte – analog zu Sprache – als „intentionale kommunikative Handlungen in ihrer Abhängigkeit von Verwendungssituationen"[62]. Am Beispiel des Wertens stelle ich die Frage nach Texthandlung und -funktion zunächst im Textzusammenhang; anschließend soll ein Diskurszusammenhang für die wissenschaftliche Rezension skizziert werden, der vermehrt auf produktions- und rezeptionstheoretische Faktoren Bezug nimmt.

3.1. Texthandlung und Textfunktion im Textzusammenhang am Beispiel des Wertens

Funktional-kommunikativen Untersuchungen zufolge zeigen sich in der wissenschaftlichen Rezension neben den Sprachhandlungen des Erörterns und Aktivierens[63] zwei Basis-Sprachhandlungen: das Informieren (also die Vermittlung des Rezensionsgegenstandes) und das Werten. Welche der beiden Funktionen die Textsorte „Rezension" dominiert, wird in der Forschung unterschiedlich beurteilt: Während Jokubeit und Zillig die Informationsleistung vor jene der Wertung stellen[64], weisen etwa Pätzold und Ripfel dem Bewerten die bestimmende Rolle zu[65]. Die unterschiedliche Präferenz der Teil-Texthandlungen korreliert mit den variablen Textstrukturmustern (vgl. Kap. 2.1.) der (wissenschaftlichen) Rezension. Funktionen und Mechanismen der Bewertung stehen u. a. in den empirischen Arbeiten von Dalmas und Weber-Knapp, die nach einem „obligatorischen bewertenden Schemaelement für Rezensionen"[66] fragt, im Zentrum des Interesses. Bardelle entwickelt aus der Textfunktion „Bewerten" verschiedene Subtypen der Textsorte „Rezension"[67], und Dieckmann setzt die in Rezensionen geäußerte Kritik in Relation zu kommunikativen Normen[68].

Wenn im Folgenden am Beispiel der MIÖG auf die illokutive Handlung des Wertens – des Lobens/Schmähens, deren Verschärfung/Abschwächung sowie das appellative Empfehlen/Abraten – eingegangen wird, so interessiert nicht die fachliche Indikation der Kritik, sondern deren Form und Funktion im Kontext der Textsorte „Rezension"

---

[61] Heinemann, Textsorten (wie Anm. 7) 704.
[62] Schoenke, Textlinguistik-Glossar (wie Anm. 22).
[63] Als operative Zusatzhandlung, vgl. etwa Weber-Knapp, Bewertungen (wie Anm. 2) 151.
[64] Vgl. Werner Jokubeit, Das Erörtern in der Rezension (Dresden 1980) 90 u.ö.; Zillig, Textsorte Rezension (wie Anm. 3) 199.
[65] Vgl. Pätzold, Beschreibung und Erwerb (wie Anm. 5) 118, und Ripfel, Fachtextsorten der Wissenschaftssprachen (wie Anm. 12) 490.
[66] Dalmas, Empfehlen (wie Anm. 6); Weber-Knapp, Bewertungen (wie Anm. 2) 150.
[67] Vgl. Bardelle, Formen der kritischen Auseinandersetzung (wie Anm. 14).
[68] Vgl. Walter Dieckmann, Sachliche Kritik und persönlicher Angriff in Rezensionen. Spielräume im Umgang mit einer kommunikativen Norm, in: Mit Bezug auf Sprache. Festschrift für Rainer Wimmer, hg. von Wolf-Andreas Liebert–Horst Schwinn (Studien zur Deutschen Sprache 49, Tübingen 2009) 219–234.

(bzw. in weiterer Folge als Teil eines wissenschaftlichen und kulturellen Kommunikationszusammenhangs, vgl. Kap. 3.2.). Erste Bewertungen werden, dem Motto „Besser kritisiert als ignoriert" entsprechend, bereits mit der Auswahl der Objektpublikation und mit der Positionierung der Rezension in einer Fachzeitschrift getroffen. Wesentliche Momente der Wertung sind der Umfang einer Rezension sowie die Zuordnung zu bestimmten Rezensionstypen (für die MIÖG: Rubriken), die die besprochenen Titel als mehr (ausführliche Besprechungen) oder eben weniger (resümierende Bemerkungen) relevant ausweisen. Wertungen über die Benennung der Objektpublikation finden sich in den MIÖG nur selten: die rezensierten Titel werden meist neutral als *Buch*, *Werk*, *Arbeit*, *Untersuchung*, *Band*, *Studie*, *Abhandlung*, vereinzelt auch *Veröffentlichung* bezeichnet, manchmal positiv und nur sehr selten unmittelbar negativ kontextualisiert. Nur in wenigen Fällen wird das Genre der Publikation benannt (*Handbuch* bzw. *Hilfsbuch* sowie *Nachschlagewerk*). Beispiele für pejorative Bezeichnungen der Objektpublikation finden sich kaum[69]. Relevante Bewertungsdimensionen der wissenschaftlichen Rezension sind nach Dieckmann u. a. die theoretische Fundierung, die methodische Sorgfalt, die empirische Zuverlässigkeit, die durchsichtige Gliederung, die verständliche Darstellung, die Neuigkeit der Ergebnisse sowie der Gebrauchswert der Objektpublikation[70]. Die untersuchten Beiträge der MIÖG spiegeln das – je nach Genre der rezensierten Publikation – größtenteils wider. Überlegungen zu theoretischen Grundlagen treten allerdings häufig in den Hintergrund bzw. werden sie indirekt (etwa durch die namentliche Nennung von Wissenschaftlern und deren „Schulen"[71]) angesprochen. Kaum eine Rolle spielt die Qualität der Darstellung – sie ist dem Gegenstand stets untergeordnet; wenn sie hervorgehoben wird, geschieht das oft zu Lasten des Inhalts, insbesondere der Zuverlässigkeit der Ergebnisse. In keinem Fall werden die Wahl oder die Leistung des Verlages kommentiert. In erster Linie wird die Wertung durch Adjektive in attributiver oder prädikativer Verwendung sowie durch Präsuppositionen ausgedrückt. Evaluative Lexeme in einem breiten Spektrum kennzeichnen vor allem die positive Wertung: *eingehend*, *wertvoll*, *bedeutsam*, *groß*, *besonnen*, *gereift*, *klar* bzw. *Klarheit bringend*, *sachkundig*, *verdienstvoll*, *beachtlich*, *fleißig*, *dankenswert*, *anregend*, *aufschlussreich*, *stattlich*, *fein*, *schön*, gelegentlich intensiviert zu *glanzvoll*, *eindrucksvoll*, *unentbehrlich* etc.; etwas abgestuft erscheint *brauchbar*. Ambige Lexeme wie *vorsichtig* oder *merkwürdig* erhalten ihre Bedeutungsfestlegung durch unmittelbare, positive oder negative, Kontextualisierung. Negative Wertungen werden durch Lexeme wie *simpel*, *naiv*, *dürftig*, *falsch*, *schlimm*, *überflüssig* etc. ausgedrückt. Intensiviert werden Lob und Tadel durch Adverbien und Superlative. Eine Abschwächung wird u. a. durch die Stilfigur der Litotes (*nicht zutreffend*) und andere Formen euphemistischen Sprechens erreicht. Ausgesprochene Stereotypen im Gebrauch evaluativer Lexeme lassen sich weder in der positiven noch in der negativen Wertung ausmachen.

Dezidiert negative Kritiken gibt es im untersuchten Sample der MIÖG nur wenige[72]. Negative Stellungnahmen zu Einzelaspekten des Rezensionsgegenstandes sind dagegen in

---

[69] Als Ausnahme sei hier die *Anfängerarbeit* bei Alfons Dopsch, in: *MIÖG* 47 (1933) 83, genannt; der Diminutiv *Schriftchen* bei Wilhelm Bauer, in: *MIÖG* 38 (1920) 132, rekurriert dagegen ausschließlich auf den geringen Umfang der Publikation, ein gedrucktes Vortragsmanuskript.

[70] Dieckmann, Sachliche Kritik und persönlicher Angriff (wie Anm. 68) 222.

[71] Wie etwa bei Alfons Dopsch, in: *MIÖG* 44 (1930) 518.

[72] Vgl. Alfons Dopsch, in: *MIÖG* 43 (1929) 162–165; Heinrich von Srbik, in: *MIÖG* 47 (1933) 102.

fast jeder Rezension vorhanden und begründen sich in der Forderung nach Wissenschaftlichkeit und einer (wie auch immer definierten) „Objektivität" in der Sache und im Urteil[73]. Die negative Wertung bezieht sich meist auf Fehlendes – Quellen, die nicht beachtet wurden, Forschungsliteratur, die nicht einbezogen wurde und deren Unkenntnis unterstellt wird, zentrale Aspekte, die nicht berücksichtigt, Methoden, die nicht angewandt, Kontexte, die nicht hergestellt wurden[74] –, kurz: Möglichkeiten, die nicht ausgeschöpft wurden[75]. Das Fehlende wird entweder direkt benannt, oder es wird über Fragen aufgerufen[76]. In manchen Rezensionen werden Alternativen (wie es hätte sein können respektive müssen) aufgezeigt[77]. Seltener und vor allem bei sachlichen Fehlern wird das Vorliegende selbst einer qualitativen Kritik unterzogen. Die Rezensenten der MIÖG bedienen sich verschiedener Strategien, um die Geltungskraft negativer Wertung einzuschränken: indem sie Kritik durch Subjektivitätsformeln als Ausdruck persönlicher Meinung klassifizieren[78] und ihre Notwendigkeit mittels Kommentaradverbien zumindest auf Ebene der Ausdrucksbedeutung bedauern[79], indem sie Mängel durch externe Faktoren begründen und damit aus der Verantwortung des Autors nehmen[80], oder indem sie den kritisierten Abschnitt zu anderen, positiv kommentierten Teilen der Arbeit in Relation setzen[81] bzw. die kritisierte Objektpublikation mit vorhergehenden (positiv zu bewertenden) Arbeiten des Autors kontrastieren und als (einmaligen) Fauxpas deklarieren. Mitunter delegiert der Rezensent die Kritik an Dritte, indem er auf schon (von Fachkollegen) Geschriebenes verweist und dieses positiv hervorhebt[82]. Subtile Kritik wird durch indirekte Formen der Wertung transportiert – etwa wenn ein zuvor geäußertes Lob durch die Verknüpfung mit einem eingeschränkten Rezipientenkreis und damit geringeren Gebrauchswert oder durch eine ungünstige Positionierung innerhalb der facheinschlägigen Forschung relativiert wird[83]. Dass Aspekte negativer und positiver Kritik generell häufig durch konzessive Strukturen auf Satz- oder Teiltext-Ebene verbunden werden, zeigt sich vor allem in jenen Passagen, in denen sich die Wertung verdichtet, also am Anfang und zu Ende der Rezension. Insbesondere im letzten Absatz kann die zuvor entwickelte Wertung – mitunter durchaus überraschend – in ihr Gegenteil gewendet werden[84]. In den wenigsten Fällen schließt die Rezension mit einem negativen Satz/Teilsatz[85]. Generell ist der Begründungs- und Belegzwang bei negativer Wertung größer als bei positiver. Die Kritik wird umso schärfer, je mehr Dimensionen der Objektpublikation von ihr erfasst sind, je detaillierter die Kritik vorgetragen wird, je entschiedener sie formuliert wird, je weniger Abschwächungsstrategien (siehe oben) es gibt, je weniger

---

[73] Thematisiert wird dieser Aspekt z. B. bei Otto BENESCH, in: *MIÖG* 45 (1931) 527.
[74] Ein regelrechter Katalog findet sich bei Alfons DOPSCH, in: *MIÖG* 43 (1929) 162f.
[75] Vgl. Heinrich von SRBIK, in: *MIÖG* 40 (1925) 304.
[76] Vgl. Heinz ZATSCHEK, in: *MIÖG* 43 (1929) 469.
[77] Vgl. Alfons DOPSCH, in: *MIÖG* 43 (1929) 163.
[78] Z. B.: *meines Erachtens*, Wilhelm BAUER, in: *MIÖG* 53 (1939) 214; *Wir glauben uns [...] nicht zu täuschen*; Heinrich von SRBIK, in: *MIÖG* 40 (1925) 357. Sehr selten sind solche Einschränkungen im Lob, vgl. etwa *scheint mir, m. E.* bei Alfons DOPSCH, in: *MIÖG* 45 (1931) 132.
[79] Vgl. Alfons DOPSCH, in: *MIÖG* 43 (1929) 165.
[80] Vgl. Heinz ZATSCHEK, in: *MIÖG* 43 (1929) 468.
[81] Vgl. ebd.
[82] Vgl. Wilhelm BAUER, in: *MIÖG* 38 (1920) 690.
[83] Vgl. Heinz ZATSCHEK, in: *MIÖG* 44 (1930) 350.
[84] Vgl. Heinz ZATSCHEK, in: *MIÖG* 43 (1929) 469.
[85] Vgl. Heinz ZATSCHEK, in: *MIÖG* 47 (1933) 361.

lobende Kritik das negative Urteil relativiert[86] und je stärker sie durch konkrete Beispiele (wörtliche Zitate, kommentierte Paraphrasen) aus dem Text belegt wird. Verstärkt wird negative Kritik auch durch ansonsten sparsam verwendete Ausrufezeichen; für die im Ganzen negative Besprechung von Dopsch wird die Kritik durch drei Punkte als unabgeschlossen gekennzeichnet und über den Text hinaus perpetuiert[87]. Die negative Wertung wird in den untersuchten Beiträgen aus den MIÖG schärfer, wenn sich der Rezensent selbst in den besprochenen Gegenstand – sei es als nicht genannte Referenz, sei es als in seinen Ergebnissen Kritisierter – in den fachlichen Diskurs involviert und sich zu einer Reaktion auf eine als unrechtmäßig empfundene Attacke des Rezensierten veranlasst sieht[88]. Die Ebene der sachbezogenen Kritik wird jedenfalls verlassen, wenn – wie das im national aufgeheizten Klima des Untersuchungszeitraums auch erwartbar ist – mit bzw. über historische/n Fragestellungen oder allgemeine/n wissenschaftstheoretische/n Positionierungen auch politische Ideologien verhandelt werden[89]. Direkt und scharf formulierte Kritik sowie die argumentatio ad hominem (das „Persönlichwerden") lassen immer auch auf unmittelbare Affektion des Rezensenten schließen. Polemisch wird der Rezensionsstil am untersuchten Textkorpus der MIÖG allerdings nur in sehr wenigen Fällen[90].

Ein relativ hoher Anteil des untersuchten Samples stellt, für deutschsprachige Rezensionen unüblich, eine (meist ausführliche) positive Bewertung der Objektpublikation an den Anfang[91] und nimmt damit den Duktus der folgenden Besprechung sowie das (ebenfalls positive) Gesamturteil vorweg. In der Regel steht die Gesamtbewertung aber am Ende (im letzten Absatz, im Schlusssatz) der Rezension. Viele der Rezensionen, die an Einzelaspekten Kritik üben, schließen mit einem positiven, die Kritik relativierenden Aspekt[92]. In jedem Fall erscheint das Lob stark an die Autorität des Autors – in den Rezensionen meist Verfasser (*Verf.*), aber auch mit dem Namen (Nachname, oft abgekürzt) genannt[93] – gebunden: an seine fachliche Expertise im Urteil der Fachkollegen[94] sowie im Spiegel seiner bisherigen Publikationen, die wiederum in Relation zu einschlägigen Titeln anderer Verfasser gesetzt werden[95], an seine institutionelle Fundierung bzw. seine Auftraggeber[96] etc., selten (aber eben doch!) an eine konvenierende politische Überzeugung und deren Offenlegung. Das Lob bleibt in der Regel allgemeiner als die Kritik: Obwohl weniger argumentativ (denn bis zu einer expliziten Empfehlung, die eine hinreichende Rechtfertigung erfordern würde, gehen die Textbeispiele kaum), wird es mit mehr Verve, manchmal auch mit zutraulichem Enthusiasmus und stilistischem Pathos

---

[86] Vgl. Dieckmann, Sachliche Kritik und persönlicher Angriff (wie Anm. 68) 227.
[87] Vgl. Alfons Dopsch, in: *MIÖG* 43 (1929) 165.
[88] Vgl. Alfons Dopsch, in: *MIÖG* 47 (1933) 84.
[89] Vgl. Wilhelm Bauer, in: *MIÖG* 38 (1920) 690.
[90] Vgl. Heinrich von Srbik, in: *MIÖG* 47 (1933) 104.
[91] Besonders häufig in den Rezensionen von Srbiks, z. B. in: *MIÖG* 47 (1933) 99; in: *MIÖG* 49 (1935) 501; in: *MIÖG* 52 (1938) 485.
[92] Vgl. Heinz Zatschek, in: *MIÖG* 43 (1929) 179; Wilhelm Bauer, in: *MIÖG* 53 (1939) 215; in: *MIÖG* 38 (1920) 136; Heinz Zatschek, in: *MIÖG* 45 (1931) 504 und 507; dagegen: Heinz Zatschek, in: *MIÖG* 47 (1933) 361.
[93] Vgl. dagegen Heinrich von Srbik, in: *MIÖG* 40 (1925) 355, wo der Verfasser als *bedeutend[]er Schöpfer und Führer* apostrophiert wird.
[94] Vgl. Heinrich von Srbik, in: *MIÖG* 40 (1925) 300.
[95] Vgl. Heinrich von Srbik, in: *MIÖG* 47 (1933) 99.
[96] Vgl. Heinrich von Srbik, in: *MIÖG* 47 (1933) 372.

vorgebracht[97], auch Stilfiguren wie Metapher und Anapher treten in lobenden Passagen gehäuft auf[98]. Problematisch wird es dann, wenn – und dafür finden sich in den MIÖG ebenfalls Beispiele – das Lob persönlich und mit der Objektpublikation auch die Person des Verfassers nach (national)politischen und/oder moralischen Maßstäben beurteilt wird: Von Srbik bezeichnet den Autor als *Historiker, der nicht nur seinem Namen in den Annalen unserer Wissenschaft einen Platz geschaffen hat, sondern der ein ganzer Mann war und ist, treu sich selbst, treu den Überzeugungen seines Lebens* […], sein Buch als *nicht nur wissenschaftliche Leistung von hohem Rang, sondern auch Charakterdokument*[99]. *[V]on heiligem Ernst und deutschem Idealismus erfüllt* zu sein, wird in einem anderen Beispiel nicht nur der Objektpublikation, sondern auch deren Verfasser attestiert[100]. Beispiele wie diese stehen sowohl der Textsorte „wissenschaftliche Rezension" als auch ihrer Praxis in den MIÖG in methodischer, stilistischer und funktionaler Hinsicht klar entgegen.

Weitere Strategien des Lobes sind der Bescheidenheitstopos (in der Abwertung der eigenen Person wertet der Rezensent die Leistung des Autors auf, z. B.: *Es hieße sich von vornherein der Überheblichkeit zeihen, wollte man so tun, als ob man berufen sei, den Inhalt* […] *kritisch werten zu können*[101]) und die Inanspruchnahme der Rezipienten, indem der Rezensent die oder besser: e i n e Wirkung des Buches vorwegnimmt[102]. Diese kann auch auf nicht wissenschaftliche wie z. B. emotionale Effekte (*Mit seelischer Erschütterung folgt der fühlende Leser* […] *bis zum Schluß; aber auch Trost und Stärkung erwächst ihm aus diesem Werk*[103]) oder auf ideologische Überzeugungen (dazu zählt auch der ins Erlebnishafte gehende Bericht Bauers und das abschließende Gesamturteil, wonach sich in der Objektpublikation *der Genius echter Wissenschaftlichkeit mit dem Genius gesamtdeutschen Fühlens in glücklicher Einung zusammenfand*[104]) fokussieren und spiegelt häufig die persönliche Meinung des Rezensenten. Anerkennung wird ferner durch eine günstige Positionierung des Rezensionsobjekts in der aktuellen fachlichen Diskussion, im Dank an den Verfasser[105] sowie im Wunsch nach Fortsetzung[106] ausgedrückt.

3.2. Texthandlung und Textfunktionen im Diskurszusammenhang

Texthandlungen und -funktionen wie jene des Wertens werden nicht nur durch die Objektpublikation bzw. ihre Einschätzung durch den Rezensenten bestimmt, sondern auch durch eine Vielzahl an extratextuellen Faktoren. Im selben Maß, wie sie etwas über das rezensierte Werk und dessen Verfasser aussagen, sagen wissenschaftliche Rezensionen auch etwas über den Rezensenten und über die historisch-politischen, gesellschaftlich-

---

[97] Vgl. Heinrich von Srbik, in: *MIÖG* 40 (1925) 300: *Überraschend durch die Fülle neuer Aufschlüsse und reizvoll durch die Feinheit der Untersuchung, erhebend durch die Größe des Objekts und bis zu Ende fesselnd durch die eigenartige Vereinigung methodischer Schärfe und edler Darstellungsform ist* […] *Büchlein eine wertvolle Bereicherung der Geschichte der deutschen Historiographie und des deutschen Geisteslebens überhaupt.*
[98] Vgl. Heinrich von Srbik, in: *MIÖG* 52 (1938) 485 und 507.
[99] Vgl. Heinrich von Srbik, in: *MIÖG* 40 (1925) 300.
[100] Vgl. Heinrich von Srbik, in: *MIÖG* 40 (1925) 355.
[101] Wilhelm Bauer, in: *MIÖG* 43 (1929) 454.
[102] Vgl. Alfons Dopsch, in: *MIÖG* 52 (1938) 84.
[103] Heinrich von Srbik, in: *MIÖG* 52 (1938) 486; in: *MIÖG* 40 (1925) 362.
[104] Wilhelm Bauer, in: *MIÖG* 45 (1931) 248.
[105] Vgl. Heinrich von Srbik, in: *MIÖG* 40 (1925) 300; Heinz Zatschek, in: *MIÖG* 52 (1938) 949.
[106] Vgl. Wilhelm Bauer, in: *MIÖG* 47 (1933) 501; Heinz Zatschek, in: *MIÖG* 52 (1938) 494f.; Heinrich von Srbik, in: *MIÖG* 40 (1925) 300.

kulturellen sowie institutionellen Bedingungen seines Schreibens aus. Im Folgenden sollen daher wissenschaftliche Rezensionen aus kommunikationstheoretischer bzw. diskurs- und kulturpragmatischer Sicht betrachtet und damit in einen größeren Zusammenhang gestellt werden.

Der kommunikationstheoretische Ansatz versteht Wissenschaft als eigenen Kommunikationsbereich, als „gesellschaftlich determinierten Rahmen, in dem typische Ziele/Zwecke von den in charakteristischer Weise Handelnden […] mit Hilfe typischer Handlungen und Sprachhandlungen verfolgt werden"[107]. Ein Medium der wissenschaftlichen Kommunikation ist die wissenschaftliche Rezension: Innerhalb des Diskurszusammenhanges „Wissenschaft" ist sie strukturell primär an die Institutionen „Universität" bzw. „Hochschule" als „Orte" der Wissenschaft bzw. deren Subeinheiten (Fakultäten, Institute u. Ä.) angelagert und durch diese geprägt. Als „hierarchisch organisierte[] interpersonale[] Beziehungsgefüge"[108], aber auch als „Inhaber" und „Betreiber" eigener Publikationsorgane schaffen diese die Bedingungen für wissenschaftliches Kommunizieren und legen seine Normen fest, beispielsweise über verbindliche Handlungs- und Kommunikationsmuster. Indem Rezensionen – nicht zuletzt aufgrund ihres hohen Grades an Konventionalisierung und Funktionalität – diese Erwartungen erfüllen, können sie per se als stabilisierende, den institutionellen Charakter von Wissenschaft unterstützende Textsorten gelten. Rezensionen sind Produkt und Medium einer wissenschaftlichen Disziplin/einer Institution und sagen immer auch etwas über deren Selbstverständnis zu einer bestimmten Zeit und an einem bestimmten Ort aus. Das untersuchte Sample der MIÖG ist deshalb auch im Zusammenhang der Organisation einer spezifischen Scientific Community (der „österreichischen" Geschichtsforscher) und ihrer institutionellen Verfestigung (im gleichnamigen Institut) zur Zwischenkriegszeit am Universitätsstandort Wien zu sehen. Mit den von einem Autoren- und Herausgeberteam für – im wahrsten Sinn des Wortes – kritikwürdig befundenen facheinschlägigen Publikationen kommuniziert, diskutiert und wertet das Rezensionskorpus der MIÖG aktuelle Methoden, definiert zentrale inhaltliche Fragestellungen für den Fachbereich und weist Rezensierten wie Rezensenten einen Platz in der Scientific Community zu. Für die MIÖG liegt für das untersuchte Sample der inhaltliche Schwerpunkt auf dem Mittelalter. Die Autoren liefern ein „ziemlich geschlossenes Bild"[109] von Institutsabsolventen; bedeutende Beiträger aus dem Ausland (insbesondere Deutschland, Italien, Frankreich, England, aber auch aus dem slawischen und ungarischen Bereich, wo Absolventen wirkten) fehlen[110]. Das ist sowohl disziplinen- und institutionengeschichtlich (der Universitätsstandort Wien hatte und hat eine traditionell starke Mittelalterforschung) begründet, als auch zeitgeschichtlichen Faktoren geschuldet: Über ein für gegenwärtige Ideologien funktionalisiertes Interesse am Mittelalter konsolidieren die historischen und politischen Konstellationen der Zwischenkriegszeit einerseits die Mediävistik. Andererseits forcieren sie eine Positionierung in aktuellen politischen Entwicklungen wie z. B. in der „österreichischen Frage". Diese wird in den MIÖG ausschließlich von österreichischen Autoren entschieden[111].

---

[107] HEINEMANN, Textsorten (wie Anm. 7) 702.
[108] Ebd.
[109] Manfred STOY, Das Österreichische Institut für Geschichtsforschung 1929–1945 (MIÖG Ergbd. 50, Wien–München 2007) 208.
[110] Vgl. ebd. Siehe den Beitrag von Martin SCHEUTZ in diesem Band.
[111] Dass für das Setting der MIÖG im genannten Zeitraum neben fachlichen, institutionellen und

Sehr deutlich fallen die politisch-ideologischen Stellungnahmen dann aus, wenn zur orientierenden Funktion des Textes noch eine identifikatorische kommt[112]. Möglichen und reellen politischen Einflussnahmen von Rezensenten kann hier nicht nachgegangen werden. Fest steht allerdings, dass Rezensionen auch in nichtwissenschaftlichen Belangen meinungsbildend sein und als Multiplikatoren fungieren können.

Was für die Autoren gilt, trifft umso mehr für das Team von Herausgebern und Redakteuren zu: Sie alle sind Mitglieder des Instituts für Österreichische Geschichtsforschung. In der Rollenzuweisung an die Aktanten und in ihrer Konstellation zueinander spiegeln sich auch institutionelle Konstanten und Hierarchien. Die MIÖG werden über fast den gesamten Untersuchungszeitraum (ab 1923, zuvor bereits 1915 und 1917) von Wilhelm Bauer – geb. 1877, seit 1907 Privatdozent und zwar geschätzter, aber institutionell nur bedingt etablierter Mitarbeiter am IÖG, wird Bauer erst 1930 und damit verhältnismäßig spät zum Ordinarius ernannt[113] – redigiert, ab 1933 gemeinsam mit Otto Brunner – geb. 1898, ist Brunner seit 1929 Privatdozent, seit 1931 Außerordentlicher Universitätsprofessor und damit ein aufstrebender junger Historiker. Ihnen stehen mit Alfons Dopsch (seit 1900), Heinrich von Srbik (seit 1917 bzw. 1922 Ordentlicher Professor in Graz bzw. Wien) und anderen ausschließlich fachlich wie institutionell etablierte Kollegen, in den Paratexten *Mitwirk*[ende] (vgl. Titelblätter) genannt, gegenüber. Nur selten werden Hierarchien auch in den Basistexten (den einzelnen Rezensionen) selbst thematisiert. Es ist davon auszugehen, dass das institutionelle und personelle Profil der MIÖG das dominierende Rezensionsschema, quasi als „kognitive Repräsentation des textsortenspezifischen Textmusterwissens von Produzent und Rezipienten dieser Textsorte"[114], wesentlich geprägt hat.

Für wissenschaftliche Rezensionen im Allgemeinen gilt, dass der Sender (Rezensent) und sein intendierter Empfänger (Leser) Mitglied ein und derselben Gruppe, der Scientific Community, sind[115]. Für die MIÖG definiert sich diese primär durch die wissenschaftliche Disziplin der Geschichtswissenschaft, ihren Gegenstandsbereich und ihre bevorzugten Methoden. Für die engere Gruppe der Rezensenten sind oft ihre institutionelle Gebundenheit im IÖG und ihre überwiegend österreichische Verfasserschaft konstitutiv. Weitgehend homogen ist die Autorengruppe auch nach ihrer Wissenschaftsbiografie und ihrer politischen Ausrichtung. In den MIÖG sind viele Autoren sowohl Rezensenten als auch Rezensierte[116]. Die gesellschaftliche Funktion von Wissenschaft –

---

personellen Entscheidungen auch mit kriegsbedingten finanziellen Einsparungen zu rechnen ist, sei hier nur am Rande erwähnt.

[112] Vgl. etwa Heinrich von SRBIK zu Knaurs „Weltgeschichte", in: *MIÖG* 49 (1935) 508.

[113] Seine Studienkollegen Heinrich von Srbik und Hans Hirsch etwa waren bereits seit 1922 bzw. 1926 Ordinarien. Vgl. Martin SCHEUTZ, Wilhelm Bauer (1877–1953). Ein Wiener Neuzeithistoriker mit vielen Gesichtern. „Deutschland ist kein ganzes Deutschland, wenn es nicht die Donau, wenn es Wien nicht besitzt", in: Österreichische Historiker 1900–1945. Lebensläufe und Karrieren in Österreich, Deutschland und der Tschechoslowakei in wissenschaftsgeschichtlichen Porträts, hg. von Karel HRUZA (Wien–Köln–Weimar 2008) 247–281; DERS., „Frontangst", „Frontrisiko" und „Frontdrang". Die Korrespondenz der Historiker Heinrich Ritter von Srbik, Wilhelm Bauer und Hans Hirsch im Ersten Weltkrieg, in: Glanz – Gewalt – Gehorsam. Militär und Gesellschaft in der Habsburgermonarchie (1800 bis 1918), hg. von Laurence COLE–Christa HÄMMERLE–Martin SCHEUTZ (Frieden und Krieg. Beiträge zur Historischen Friedensforschung 18, Essen 2011) 77–99.

[114] WEBER-KNAPP, Bewertungen (wie Anm. 2) 150.

[115] Vgl. BASTIAN-FILLEAU, Wissenschaftliche Rezensionen (wie Anm. 4) 405f.

[116] Vgl. z. B. Ludwig BITTNER zu von Srbik, in: *MIÖG* 49 (1935) 478.

nämlich, Wissen weiterzugeben – geht aber über die wissenschaftliche Disziplin (und Institution) hinaus: Wissenschaftliche Texte machen Forschungsergebnisse in verbalisierter Form auch Experten anderer wissenschaftlicher Disziplinen zugänglich. Der Rezensent als „besonders kompetenter Leser"[117] wird zum Vermittler. Wenn es stimmt, dass die Wissenschaftssprache „genuines Transportmittel zur Weitergabe von Wissen"[118] ist, dann ist (jetzt g e g e n Heinemann) auch von einer wissenstransmittierenden Funktion der wissenschaftlichen Rezension auszugehen. Als Wissen vermittelnder und wertender Text steht die Rezension an der Schnittstelle von fachinterner und interfachlicher Kommunikation und ist daher Teil jenes Diskurses, durch den wissenschaftliche Forschungen für die Institution, für eine wissenschaftliche Disziplin, aber auch für den einzelnen Wissenschaftler wirksam werden; Stoy bezeichnet die MIÖG als „das sichtbare Zeichen der wissenschaftlichen Aktivität des Hauses"[119]. Insbesondere die fachspezifische Rezeption von Rezensionen wirkt mittel- oder unmittelbar auf das Institut/die wissenschaftliche Disziplin/die Autoren zurück, trägt zu ihrer Profilierung bei und kann eine ständige Neujustierung bewirken. Die Rezension wird damit auch zum Moment der Steuerung für künftige Forschungen. Am Beispiel der MIÖG werden Bedeutung und (Rück)Wirkung der Rezension, insbesondere ihrer Kritik, in unterschiedlichen, medienspezifischen Formen wissenschaftlicher Anschlusskommunikation sichtbar: in apologetischen Passagen späterer Veröffentlichungen, in Richtigstellungen[120] und Entgegnungen[121], die selbst den Status der wissenschaftlichen Rezension erreichen können, und in mehrteiligen Kontroversen wie etwa Buchner versus Zatschek[122] und Steinacker versus Zatschek[123]. Beispiele wie diese dokumentieren die kommunikative Funktion der Textsorte und ihre Verortung im wissenschaftlichen Diskurs der Scientific Community und relativieren den u. a. von Ripfel konstatierten „monologischen Charakter"[124] der Rezension. Statt dessen wäre verstärkt auf den mittelbaren Charakter hinzuweisen.

Auch wenn der Wert wissenschaftlicher Publikationen (anders als für Belletristik und Fachbuch) nicht durch den Buchmarkt bestimmt wird, dient die wissenschaftliche Rezension als „Marketinginstrument" innerhalb der Scientific Community. Wissenschaftliche Rezensionen sind Signale für die Qualität von Büchern, sie regen – auch bei Fehlen der expliziten Texthandlungen „Empfehlen" oder „Abraten" – zu einer Auseinandersetzung mit der Objektpublikation an, und sie schaffen Reputation: für die Institution, für den Rezensierten und für den Rezensenten selbst. Erhaltene und geschriebene Rezensionen bestimmen die Positionierung eines Wissenschaftlers innerhalb der Scientific Community; Schneider spricht in diesem Zusammenhang von einer „Kontrollfunktion" der Rezension „hinsichtlich des wissenschaftlichen Status eines Gelehrten"[125]. Rezensionen als Bestandteil des eigenen Œuvres geben Hinweise auf die Auffassung der Textsorte durch den Rezensenten, die Einstellung zu seiner Rezensionstätigkeit, sein Verständnis kommunikativer Normen, seine Beziehung zum Autor der Objektpublika-

---

[117] Bastian-Filleau, Wissenschaftliche Rezensionen (wie Anm. 4) 406.
[118] Heinemann, Textsorten (wie Anm. 2) 704.
[119] Stoy, Das Österreichische Institut für Geschichtsforschung (wie Anm. 109) 207.
[120] Vgl. Bernhard Schmeidler zu Zatschek, in: *MIÖG* 43 (1929) 509.
[121] Vgl. Karl Zimmert auf Steinacker, in: *MIÖG* 42 (1927) 429.
[122] Vgl. Max Buchner, in: *MIÖG* 42 (1927) 430–434, hier 430.
[123] Vgl. Harold Steinacker, in: *MIÖG* 44 (1930) 398.
[124] Ripfel, Fachtextsorten der Wissenschaftssprachen (wie Anm. 12) 491.
[125] Schneider, Die Funktion wissenschaftlicher Rezensionszeitschriften (wie Anm. 7) 289.

tion[126] etc. und lassen auf Einfluss innerhalb der Scientific Community schließen. Mitunter dienen Rezensionen auch als Bühne für die Inszenierung eigener Gelehrsamkeit[127], wie die Besprechung von Hermann Krawinkels „Untersuchungen zum fränkischen Benefizialrecht" (1937) durch Alfons Dopsch zeigt. Die Rezension beginnt mit einer Nennung der theoretischen Grundlagen und einer Zusammenfassung der Ergebnisse, die die Objektpublikation ausschließlich über ihre Differenzqualität zu vorliegenden Forschungen und daher indirekt charakterisiert. Referenz und Gegenstand der Beschreibung sind die Theorien des Rechtshistorikers Heinrich Brunner (1848–1912) und damit die Arbeit eines Dritten, die – zunächst über die neue Publikation von Krawinkel – als ungeeignet für eine Erklärung des fränkischen Benefizialrechts eingestuft wird. Einer ausführlichen Darlegung des Inhalts folgen eine knappe Würdigung von Krawinkels Leistung sowie eine Prognose über die Wirkung des Buches: Freimütig nennt der Rezensent die Namen von Fachkollegen, die er als ausgewiesene Experten vorstellt, und nimmt ihre Position in einer kontoversiellen Diskussion vorweg. Der abschließende Teil konfrontiert Krawinkels Buch mit der eigenen wissenschaftlichen Arbeit, deren Ergebnisse zur neuen Referenz für die Objektpublikation und zum Medium für eine bereits formulierte Kritik an Brunners Theorie werden: *Mir als Historiker bedeutet es eine große Genugtuung, dass durch die Ergebnisse dieses Buches* [i. e. der Objektpublikation] *sehr wesentliche Thesen, die ich schon im Jahre […] vorgetragen habe, bestätigt werden […]. Ich habe damals schon dagegen Stellung genommen, daß […]. Ich habe zweitens auch schon dargelegt, daß […]. Endlich trat ich auch gegen die allgemein akzeptierte Behauptung auf, daß […]. Überdies ist nicht uninteressant, daß auch […], wie ich seinerzeit schon […] gelangt ist*[128]. Über die Vertrautheit mit den theoretischen Grundlagen, die Kenntnis einer durch persönliche Partizipation (mit)gestalteten Forschungsgeschichte, die demonstrative Intimität mit Wissenschaftler-Kollegen bei gleichzeitiger Vorwegnahme ihres Urteils inszeniert sich ein selbstbewusster Rezensent sowohl in wissenschaftlicher als auch in gesellschaftlicher Hinsicht als Experte. Die Tatsache, dass Dopsch sich als Historiker einem anderen methodischen Zugriff verpflichtet sieht (Krawinkel und Brunner sind Juristen), wird in einer offensiven Setzung benannt und für die eigene Forschungsleistung funktionalisiert. Die Inszenierung von Dopschs Verdienst, bereits 1920 die wesentlichen Forschungsergebnisse in der Frage des Benefizialrechts erzielt zu haben, funktioniert über die neuerliche Diskreditierung Brunners, der geirrt habe und durch die Objektpublikation ein weiteres Mal – also endgültig (?) – widerlegt sei. Sie führt aber auch über die Abwertung Krawinkels, dessen Ergebnisse zwar „richtig", aber nicht neu (beides sind konstitutive Qualitätsmerkmale von Wissenschaft) seien, in jedem Fall aber (zu) spät kommen würden. Die Kritik an Brunner und Krawinkel spielt zumindest implizit auch auf ein Defizit der Rechtsgeschichte als wissenschaftliche Disziplin an. Dass Dopsch die Rezension massiv als Plattform seiner Selbstdarstellung nützt, wird insbesondere am Schluss des Textes deutlich, der die einzelnen Aspekte der inhaltlichen Übereinstimmung von Dopsch und Krawinkel (die zugleich die Differenz von Dopsch und Brunner ist) detailliert und strukturiert aneinanderreiht, sozusagen vor (des Lesers) Augen führt. Die Heterodiegesis des darstellenden Teiles wird zur Homodiegesis, der Rezensent, der sich selbst über das Personalpronomen „Ich" in

---

[126] Vgl. Dieckmann, Sachliche Kritik und persönlicher Angriff (wie Anm. 68) 222.
[127] Miloš Vec, Die Rezensionskultur der Rechtsgeschichte. Eine Arbeitstagung diskutiert Funktionen, Standards und Ethik wissenschaftlicher Buchbesprechungen. ZNR 31 (2009) 87–94, hier 89.
[128] Alfons Dopsch, in: MIÖG 52 (1938) 82.

Szene setzt, spricht wesentlich auch von sich. Die hohe Ich-Präsenz, das räumliche Verhältnis von Eigen- und Fremddarstellung, die Installierung des Autors als primäre Referenz für die Objektpublikation etc. machen ein hierarchisches Gefälle zwischen Rezensenten und Rezensiertem spürbar: Der 69jährige Alfons Dopsch, Ordentlicher Professor für Geschichte an der Universität Wien, der sich seinerseits bereits im Alter von 25 Jahren habilitiert hat, urteilt über die Habilitationsschrift des 42jährigen Qualifikanden Hermann Krawinkel im Wesentlichen durch Ausmanövrieren als subtile Form der Devaluation. Krawinkel wurde 1938 Ordentlicher Professor für deutsches Recht an der Universität Königsberg/Ostpreußen.

4. Überlegungen zu einer „rezensiven Praxis" am Beispiel der MIÖG

Textpragmatische Überlegungen zur wissenschaftlichen Rezension und ihre Verortung in unterschiedlichen Diskurszusammenhängen rufen unwillkürlich soziologische Theoriemodelle wie jenes von Pierre Bourdieu auf. Eine Anregung, die wissenschaftliche Rezension vor den Theoremen von Feld, Habitus und Kapital zu lesen, bietet die Arbeit Bardelles, der ein Sample wissenschaftlicher Rezensionen auf Gemeinsamkeiten hin untersucht und u. a. zu folgenden Ergebnissen kommt: Formen der kritischen Auseinandersetzung mit wissenschaftlichen Neuerscheinungen ließen „spezifische Regelhaftigkeiten und Ordnungen"[129] erkennen, die nicht auf einen konkreten Codex zurückgeführt werden könnten. Sie seien Repräsentationen eines so genannten „rezensiven Habitus" – verstanden als ein durch kollektive Abstimmung entstandenes und in den jeweiligen Rezensionstexten praktiziertes „Erzeugungs- und Strukturierungsprinzip [...] einer bestimmten Form fachlicher Kritik"[130]. Abgesehen davon, dass der Satz in seiner Fokussierung auf produktionsästhetische und textlinguistische, hier wiederum makrostrukturelle Aspekte zu begründen wäre: Mit der Evidenz einer Gesetzhaftigkeit, die weder notwendigerweise an einen Autor (im Sinne von Urheber) noch an die Bewusstheit und das Kalkül eines ausführenden Individuums gebunden ist, die nicht in einem Kontrakt niedergelegt, folglich auch nicht verfügbar ist, zitiert Bardelle über das Habitus-Konzept auch Bourdieus Feldtheorie. In einem auf „das Rezensionswesen" heruntergebrochenen, im Sinne Bourdieus nicht ganz zutreffend als „interaktionistisch[]"[131] charakterisierten wissenschaftlichen (Teil)Feld sei eine überschaubare Variationsbreite an Rezensionen auszumachen. Entscheidend für ihre Gruppierung zu bestimmten Rezensionstypen sei das Verhältnis zwischen Rezensent und rezensiertem Autor – bzw., so wäre zu präzisieren, wie dieses im jeweiligen Text der Rezension inszeniert wird. Über Beurteiler und Beurteilten, deren „Personalunion" bzw. „Ämterrotation"[132] begründet Bardelle auch die These, wonach vorhandene Rezensionen alle weiteren determinieren und die Autorität der am häufigsten auftretenden Form schließlich zu einer Reduktion individueller Merkmale führen würde[133]. Mit der Fokussierung auf Rezensent und Rezensierten reduziert Bardelle das Kräftefeld komplexer sozialer Relationen und seine Dynamik auf ein weitgehend individualisiertes, duales Rollenmodell. Weitere Akteure (Individuen, Institutionen), ob-

---

[129] Bardelle, Formen der kritischen Auseinandersetzung (wie Anm. 14) 54.
[130] Ebd.
[131] Ebd. 55.
[132] Ebd. 52.
[133] Vgl. ebd. 55.

jektivierte dingliche und strukturelle Bedingungen, die auf sie wirken, indem sie ihnen zugleich Möglichkeiten eröffnen und Grenzen setzen, rücken nicht in den Blick.

Eine ausführliche soziologische Betrachtung der wissenschaftlichen Rezension im Sinne Bourdieus steht nach wie vor aus. Die folgenden Überlegungen gehen vom untersuchten Textkorpus der MIÖG aus und verstehen sich als Denkanstöße für eine systematische Untersuchung der wissenschaftlichen Rezension als soziale Praxisform, die Habitus und Feld miteinander vermittelt. Zunächst wäre das von Bardelle vorausgesetzte „rezensive Feld"[134] als solches zu skizzieren, nach seinen (ungeschriebenen) Regeln, nach denen vor allem symbolisches und soziales, aber auch kulturelles und ökonomisches Kapital verhandelt werden; es wären seine individuellen und institutionellen Akteure, die sich keineswegs auf Rezensent und Rezensierten beschränken, sondern sowohl auf Produktions- als auch auf Rezensionsseite eine engere (österreichische Geschichtsforscher) und weitere (Historiker) Fachkollegenschaft, wissenschaftliche Einrichtungen wie Universitäten und Institute (das Institut für Österreichische Geschichtsforschung), deren Publikationsorgane (die Mitteilungen des Instituts für Österreichische Geschichtsforschung), Herausgeber, Redakteure und Autoren (siehe oben), Verlage (durchgehend Universitätsverlag Wagner in Innsbruck) umfassen, und ihre Relationen zueinander zu beschreiben. Ein so begründetes und konturiertes „rezensives Feld" wäre dann auf seine Zutrittsbedingungen (Bildungsbiografie und -titel, Zugehörigkeit zur wissenschaftlichen Interessensgemeinschaft des IÖG) und Regeln sowie auf seine Relation zu anderen Feldern (insbesondere zu dem seit Bourdieu als solches etablierten „wissenschaftlichen Feld"), aber auch zum medialen und ökonomischen Feld (Stichwort: Verlagswesen) zu befragen. In jedem Fall ist auch das rezensive Feld als Kräftefeld, als sozialer Raum und Handlungsraum zu sehen, in dem der Umfang und die Verfügbarkeit „rezensiven Kapitals" den Akteuren ihre Stellung im Feld zuweisen.

Um das – analog zu den Begriffen „rezensiver Habitus" (siehe unten) und „rezensives Feld" – als experimentelle Kategorie eingeführte „rezensive Kapital" zu skizzieren, greife ich auf die von Bourdieu beschriebenen Kategorien zurück: Über rezensives Kapital zu verfügen, heißt, Anteil am kulturellen Kapital zu haben, also Zugang zu seinen objektivierten Formen (wissenschaftliche Literatur, insbesondere: Objektpublikation) zu haben, über inkorporiertes (disziplinen- und facheinschlägige Kenntnisse, Fähigkeiten und Fertigkeiten im Bereich wissenschaftlichen Handelns, insbesondere wissenschaftlichen Schreibens) und institutionalisiertes (Zertifizierung von Bildung durch Studienabschluss und akademische Titel, Zugehörigkeit zu wissenschaftlichen Institutionen, Verbänden, Interessensgemeinschaften; Zugang zu wissenschaftlichen Publikationsorganen) kulturelles Kapital zu verfügen. Zulassungsbedingung, um überhaupt als Akteur im rezensiven Feld handeln zu können, ist das symbolische Kapital nur schwer (der kommerzielle Faktor wissenschaftlicher Publikationen ist marginal) und häufig indirekt (besser dotierte berufliche Position aufgrund eines erhöhten Spieleinsatzes an symbolischem Kapital) in ökonomisches Kapital konvertierbar. Eine deutlich größere Rolle spielt im rezensiven Feld das soziale Kapital, das über soziale Beziehungen (Kontakt zu Kollegen, Aufbau eines wissenschaftlichen Netzwerkes) und in der Zugehörigkeit zu Gruppen (im untersuchten Sample: dem Institut für Österreichische Geschichtsforschung; den Autoren der MIÖG) erwirtschaftet wird und die Wahrscheinlichkeit, überhaupt rezensiert bzw. positiv rezensiert zu werden, erhöht. Wiewohl Gefälligkeitsrezensionen gegen das

---

[134] Ebd. 55.

Ethos¹³⁵ des Rezensierens verstoßen – was auch für gruppenbildende negative Rezensionen von Texten gemeinsamer Gegner gilt –, wächst die Chance auf (positive) Besprechung (auch) mit der Stellung des Individuums in der Gruppe. Rezensionen zu schreiben und zu erhalten, kann also als ein Teil der „Beziehungsarbeit" gesehen werden, die für die Akteure des wissenschaftlichen/des rezensiven Feldes laufend notwendig wird: In der Rezension wird jedenfalls Bedeutung zugemessen. Wiewohl hier nicht im Einzelnen zu verfolgen, ist für die Akteure der MIÖG ein relativ stabiles Beziehungsgeflecht anzunehmen. Anzeichen dafür sind u. a. die beobachtbaren Konstanten der Erscheinungsweise, des Verlags, eines inneren wie äußeren Konzepts, des Herausgeberteams und der Autoren. Dass das soziale Kapital im Falle des untersuchten Samples auch eine deutliche politische Dimension aufweist, ist vor den historisch-politischen Konstellationen der Zwischenkriegszeit und der Rolle der Geschichtswissenschaft für diese zu sehen. Vielleicht noch stärker als in anderen Bereichen des wissenschaftlichen Feldes wird über das Rezensionswesen symbolisches Kapital (gleichsam als „Form" und Resultat allen Kapitals) verhandelt. Zu rezensieren und rezensiert zu werden, dient der (weiteren) Legitimierung von kulturellem Kapital, der Gewinnung bzw. der Erhaltung von sozialem Kapital, von Prestige: Über Rezensionen gewährt „die Gesamtheit der gleichgesinnten Wettbewerber innerhalb des wissenschaftlichen Feldes"¹³⁶ Bedeutung und Anerkennung.

Den Theoremen Bourdieus folgend, ist zuletzt nach dem „rezensiven Habitus" zu fragen, der als Vorrat „präformierte[r] Denk- und Handlungsdispositionen"¹³⁷ das Individuum in seiner Haltung zur sozialen Welt, seinen Einstellungen und Wertvorstellungen konturiert¹³⁸. Obwohl (oder gerade weil!) er die Wahrnehmungs-, Denk- und Handlungsmöglichkeiten des Individuums begrenzt, ermöglicht er ihm die Teilnahme an der sozialen (hier: rezensiven) Praxis. Der Habitus stellt die Schemata bereit, nach denen die Wahrnehmung z. B. wissenschaftlicher Produkte, im engeren Sinn der Objektpublikation, in ihrer sozialen Verfasstheit erfolgt, nach denen die Beobachtungen geordnet (z. B. in der makrostrukturellen Gestalt des Rezensionstextes), verbalisiert (z. B. in der mikrostrukturellen Realisierung des Rezensionstextes) und bewertet (etwa in der Texthandlung bzw. -funktion des Wertens) werden etc. Der an eine je spezifische Soziallage (nach Bourdieu Resultat einer von sozialen Ungleichheiten geprägten Geschichte von Sozialgruppen) gebundene Habitus strukturiert die von den Akteuren des rezensiven Feldes laufend generierten Praxisformen. Ihre Strategie folgt einer „(implizite[n]) Vernünftigkeit der Handlungspläne, die sich [...] aus dem Habitus des Individuums [...] und aus der jeweiligen Position in der sozialen Struktur ergibt"¹³⁹. Habitus ist dabei nicht als ein zukunftsorientiertes Handeln zu verstehen, sondern als „die Vergegenwärtigung von in der Vergangenheit [kollektiv?] erworbenen [und mithin bewährten, U. K.] Möglichkeiten"¹⁴⁰. Für das Postulat einer „rezensiven Strategie" würde das heißen, dass der Rezensent wie selbstverständlich und ohne Kalkül z. B. textlinguistischen, textpragmatischen, kulturpragmatischen, sozialen und anderen Normen folgt, die ein „rezensives Feld" hervor-

---

¹³⁵ Vgl. u. a. Vec, Die Rezensionskultur der Rechtsgeschichte (wie Anm. 127) 92f.
¹³⁶ Pierre Bourdieu, Vom Gebrauch der Wissenschaft. Für eine klinische Soziologie des wissenschaftlichen Feldes (Konstanz 1998) 23.
¹³⁷ Werner Fuchs-Heinritz–Alexandra König, Pierre Bourdieu. Eine Einführung (UTB 2649, Konstanz 2005) 114.
¹³⁸ Vgl. ebd. 113.
¹³⁹ Ebd. 171.
¹⁴⁰ Ebd. 172.

gebracht hat. Generiert durch eine umfangreiche rezensive Praxis (alltagssprachlich: das Rezensionswesen), bestimmen sie z. B. die Phänomenologie der einzelnen Rezensionstexte und sind gleichzeitig aus diesen ableitbar. Ein dynamisiertes double-bind-Verhältnis wäre analog für die strukturelle und hierarchische Position der Akteure, die sich aus der Relation der anderen Akteure im Raum ergibt und diese mit bestimmt, sowie für weitere Komponenten des „rezensiven Feldes" zu veranschlagen.

Resümee

Eine Lesung der wissenschaftlichen Rezension vor den Theorien Bourdieus, wie sie hier lediglich angeregt werden konnte, scheint aus mehreren Gründen zweckmäßig: Der soziologische Zugang ergänzt die bislang vorliegenden, vor allem textlinguistischen, texttypologischen und komparatistischen Untersuchungen zur wissenschaftlichen Rezension und stellt neue Erklärungsansätze für eine Textsorte bereit, die sich zwischen Schablone, Manier und Effekt – mit anderen Worten: zwischen Schematismus, Individualität und Wirkung – positioniert. Indem sie funktional-kommunikative und textpragmatische Ansätze, wie sie auch für diesen Beitrag in den Blick genommen wurden, konsequent weiterführt, stellt Bourdieus Soziologie die wissenschaftliche Rezension über die Theoreme von Feld, Kapital und Habitus in den Kontext von komplexen Relationen und (Macht)Strukturen, die für die Wissenschaft/ihre Disziplinen als sozialer Raum bislang noch wenig erforscht sind. Eine soziologische Betrachtung wirft aber auch ein kritisches Licht auf die These, dass über Konkurrenz und Kritik wissenschaftlicher Tätigkeit sowie Publikationen der Fortschritt und die Qualität von Wissenschaft gefördert würden. Dazu zwei Überlegungen: Erstens: In einem institutionalisierten und durch soziale Kräfte und Relationen hierarchisierten rezensiven Feld bestimmt die Relation von Mächtigen zu weniger Mächtigen (Personen, Institutionen) die Spielregeln – u. a. die Kriterien, nach denen wissenschaftliche Publikationen als Rezensionsobjekt ausgewählt, wahrgenommen und bewertet werden. Rezensionen sind damit auch Teil eines Mechanismus sozialer[141] und institutioneller Kontrolle. Indem ein durch Sozialisation erworbener rezensiver Habitus Erfolg im rezensiven Feld verspricht, tendiert er dazu, jene (zugleich normgebenden) Bedingungen und Gepflogenheiten zu erhalten, die ihn hervorgebracht haben und in denen er Effekte erzielt. Dazu gehören auch bestehende soziale Ungleichheiten, die sich im rezensiven Habitus spiegeln und durch ihn reproduziert und konsolidiert werden. Zweitens: Die Spieler im rezensiven Feld kämpfen nicht nur um wissenschaftliche Glaubwürdigkeit und Fortschritt (kulturelles Kapital), sondern auch um Reputation (soziales und vor allem symbolisches Kapital). Das akkumulierte Kapital verleiht bzw. erhält Macht über das Feld, über die materialisierten oder inkorporierten Produktions- und Reproduktionsmittel, über die Regeln und damit auch über die (im Kontext der wissenschaftlichen Rezension vor allem symbolischen) Profite, die sich erzielen lassen. Die Aussicht auf Erfolg bestimmter Handlungen im Rahmen vorgegebener Umstände ruft formale und soziale Schematismen auf den Plan, über die wissenschaftliche Leistung beschrieben und bewertet wird. Am Beispiel der wissenschaftlichen Forschung (materialisiert in der Objektpublikation) wird also auch etwas ganz anderes verhandelt als eine wie auch immer definierte Wissenschaftlichkeit.

---

[141] Vgl. Schneider, Die Funktion wissenschaftlicher Rezensionszeitschriften (wie Anm. 7) 290.

Fragenkatalog zum Thema Rezension

Fragen

(1) Seit wann gibt es in Ihrer Zeitschrift gedruckte Rezensionen? Wie viel Raum nehmen Rezensionen in Ihrer Zeitschrift ein? Hat sich der Stellenwert des Rezensionsteiles in Ihrer Zeitschrift im Laufe der Geschichte verändert? Welchen Umfang nimmt eine Rezension in Ihrer Zeitschrift normalerweise ein – gibt es verschiedene Klassen von Rezensionen (Miszelle, Notiz, Rezension)?

(2) Welche Themengebiete lassen Sie in ihrer Zeitschrift rezensieren und welche Themengebiete, Epochen und/oder Fachdisziplinen schließen Sie aus? Welche Auswahlkriterien haben Sie für zu rezensierende Bücher?

(3) Wie stellen Sie sich eine geglückte Rezension vor und welche Rezension würden Sie nicht zum Abdruck bringen (etwa Invektiven)? Können Sie eine Typologie von Rezensionen (etwa nacherzählende versus „kritische" Rezension) erstellen bzw. erkennen? Können Sie auch Veränderungen in der Form der Rezensionen (etwa Stil, Kritik usw.) erkennen? Wie gehen Sie mit Reaktionen auf Rezensionen um (Frage der Entgegnungen)?

(4) Warum drucken Sie Rezensionen ab? Inwieweit kann man mit der Auswahl, Vergabe, mit dem Druck von Rezensionen etwas bewirken, steuern etc.

(5) Wie stehen Sie zu Rezensionen im Netz und wie verhalten sich „Netzrezensionen" zu gedruckten Rezensionen?

Antworten

Deutsches Archiv

(1) Das „Deutsche Archiv für Erforschung (bis 1944: Geschichte) des Mittelalters" (im Folgenden: DA) bietet seit seinem Erscheinen 1937 Rezensionen[1]. Bereits die Vorgängerzeitschrift, das „Neue Archiv" (NA), das von 1876 bis 1935 erschien, enthielt „Nachrichten" zu wichtigen Neuerscheinungen, nicht jedoch deren Vorgänger, das von den Monumenta Germaniae Historica (MGH) in zwölf Bänden von 1819/20 bis 1858/74 herausgegebene „Archiv".

---

[1] Vgl. auch Rudolf Schieffer, Das Deutsche Archiv, in: discussions, discussions 3 (2010) – Revues scientifiques. État des lieux et perspectives / Wissenschaftliche Zeitschriften. Aktuelle Situation und Perspektiven, ULR: http://www.perspectivia.net/content/publikationen/discussions/3–2010/schieffer_archiv, Dokument zuletzt verändert am: 11. 6. 2010 (Zugriff vom: 7. 2. 2012).

Die steigende Flut einschlägiger Publikationen hat dazu geführt, dass der Raum, den die Rezensionen beanspruchen, nicht nur absolut, sondern auch in Relation zum Umfang des Zeitschriftenbandes ständig zunimmt: NA 1 (1876) 0,5%, 15 (1890) 8%, 25 (1900) 11%, 41 (1919) 13%, 50 (1935) 18%, DA 1 (1937) 22%, 25 (1969) 23%, 50 (1994) 43%, 60 (2004) 50%, 67 (2011) 63%. Die Zahl der in einem Jahrgang mit mindestens einem Beitrag erfassten Wissenschaftlerinnen und Wissenschaftler schwankt gegenwärtig zwischen 2.200 und 2.400.

Dieser Rezensionsanteil erscheint zu hoch und soll zurückgeführt werden. Allerdings wird das DA inzwischen zu einem guten Teil gerade wegen seines Rezensionsteils gelesen, der nicht nur selbständige Bücher, sondern auch ausgewählte Zeitschriftenaufsätze anzeigt. Für Monographien sollte die Anzeige in der Regel eine Manuskriptseite nicht überschreiten, obwohl bei besonders wichtigen Veröffentlichungen Ausnahmen möglich sind. Aufsätze müssen kürzer behandelt werden. Für manche Themenfelder werden mehrere Neuerscheinungen gesammelt in Form einer Miszelle besprochen, beispielsweise für Handschriftenkataloge oder für Einzelautoren wie Joachim von Fiore oder Raimund Lull.

(2) Grundsätzlich werden im DA Quelleneditionen und quellengestützte Untersuchungen zur Geschichte des mittelalterlichen Reiches angezeigt. Erfasst wird also der Zeitraum von etwa 500 bis etwa 1500. Geographisch steht dabei das Reichsgebiet nördlich wie südlich der Alpen im Mittelpunkt, namentlich Deutschland und Italien. Andere Länder und Regionen des lateinischen Europa können nur in Auswahl berücksichtigt werden, vornehmlich wenn es um Quelleneditionen und um Beziehungen zum Reich geht; außer Betracht bleiben in der Regel Byzanz und Russland, um Doppelarbeit beispielsweise mit der Byzantinischen Zeitschrift zu vermeiden. Thematisch konzentriert sich das DA auf die Geschichte im engeren Sinne; politische Geschichte, Kirchengeschichte, Rechts- und Verfassungsgeschichte, Sozial- und Wirtschaftsgeschichte, Kultur- und Geistesgeschichte sind die Rubriken, nach denen die Anzeigen geordnet werden. Nur gelegentlich können Publikationen zur Archäologie, Kunstgeschichte, den verschiedenen Philologien (vorzugsweise Mittellatein, weniger Germanistik, Romanistik oder Slawistik), zu Theologie, Philosophie und zur Geschichte der Naturwissenschaften berücksichtigt werden. Da die MGH Quellen edieren, dient der Rezensionsteil vorrangig quellenkundlichen Zwecken. Deshalb wird großes Gewicht gelegt auf die Besprechung von Quelleneditionen (außer denen der MGH selbst) und auf Studien zu Einzelquellen. Nahezu die Hälfte der Besprechungen steht daher unter der Rubrik „Hilfswissenschaften und Quellenkunde". Bei der Auswahl der anzuzeigenden Veröffentlichungen haben solche Publikationen Vorrang. Wieweit die überhand nehmenden Tagungsbände und Festschriften in Zukunft detailliert behandelt werden können, ist offen; schon heute muß hier ausgewählt werden, da sonst die vollständigen bibliographischen Angaben bereits den für die Rezension zur Verfügung stehenden Raum überschreiten würden. Ein Problem sind ferner elektronische Publikationen, die „nur" im Internet stehen, da sich hier – anders als bei Verlagen die Verlagsprospekte – noch keine Möglichkeit eingespielt hat, wie man halbwegs systematisch auf solche Veröffentlichungen aufmerksam wird.

(3) Angesichts der sehr unterschiedlichen Publikationen, die angezeigt werden, ist es schwer, allgemeine Richtlinien zu formulieren. Grundsätzlich soll der Text so knapp wie möglich gehalten werden, andererseits aber alle Informationen enthalten, um die behan-

delten Quellen und Gegenstände chronologisch, geographisch und sachlich einzuordnen. Wert gelegt wird auf Genauigkeit bei den bibliographischen Angaben, die erfahrungsgemäß im Internet, bei OPACs und in Verlagsprospekten nicht immer gewährleistet ist. Was der Titel des besprochenen Werkes bereits bietet, braucht im Text der Rezension nicht mehr wiederholt zu werden. Wert gelegt wird ferner auf Genauigkeit bei den benutzten Quellenangaben; Archive und Bibliotheken, möglichst sogar Handschriftensignaturen sind anzuführen und werden im DA durch ein eigenes, drittes Register erschlossen, welches die beiden Register der Autoren und der Personen und Sachen ergänzt. Willkommen sind Hinweise zum kritischen Apparat und zum Sachkommentar von Quellentexten, Vorschläge für bessere oder alternative Lesarten, Erläuterungen zu Zitaten. Mitunter führt dies freilich zu einem bloßen Aufzählen übersehener Druckfehler. Willkommen sind ferner bei darstellenden Werken Hinweise auf übersehene oder nicht dem Forschungsstand entsprechend behandelte Zusammenhänge. Mitunter führt dies allerdings zu einem bloßen Aufzählen übersehener Sekundärliteratur. Über die Jahre hinweg zeigt sich bei vielen Rezensentinnen und Rezensenten eine Neigung, immer länger und ausführlicher zu formulieren. Straffungen und Kürzungen bei den eingereichten Rezensionen erweisen sich daher immer wieder als unumgänglich. Dies führt manchmal zu Reaktionen der Rezensentinnen und Rezensenten, die zu den unvermeidlichen Reaktionen der Verfasserinnen und Verfasser angezeigter Veröffentlichungen hinzutreten. Wirklich gravierende Probleme aber sind selten. Kritik muss immer gut begründet sein; Auffassungsunterschiede muss man in der Wissenschaft akzeptieren, und reine Polemiken würde das DA ohnehin nicht abdrucken. Grundsätzlich sind alle Rezensionen namentlich abgezeichnet; etwaige Nachfragen leitet das DA deshalb den Rezensentinnen und Rezensenten zu.

(4) Die Veröffentlichung der Rezensionen soll den interessierten Fachleuten einen Eindruck von für Forschung und Lehre relevanten Neuerscheinungen liefern. Auch Bibliotheken orientieren sich teilweise an den Rezensionen des DA im Hinblick auf Neuanschaffungen zur mittelalterlichen Geschichte. Als Rezensentinnen und Rezensenten bemüht sich das DA um ausgewiesene Fachleute, die zu dem Thema gut begründet Stellung nehmen. Die erwünschte Aktualität ist freilich nicht immer zu erreichen, nicht zuletzt weil es mitunter länger dauert, bis die Rezensionen tatsächlich abgegeben werden. Als Regel gilt, dass Veröffentlichungen drei Jahre nach ihrem Erscheinungsdatum nicht mehr angezeigt werden. Die erwünschte Vollständigkeit ist ebenfalls nicht immer zu erreichen, trotz des Entgegenkommens der Verlage bei der Versendung von Rezensionsexemplaren; dazu gibt es inzwischen zu viele Verlage und andere Veröffentlichungsmöglichkeiten, nicht zuletzt im Internet. Durch die Auswahl, Art und Vergabe seiner Rezensionen hofft das DA dennoch, einen Beitrag zur Aufrechterhaltung wissenschaftlicher Qualitätsstandards zu leisten.

(5) Heute werden die Rezensionen mit einjähriger Sperrfrist unter http://www.mgh-bibliothek.de frei zugänglich gestellt, ähnlich wie die Aufsätze und Miszellen unter http://www.digizeitschriften.de. Die Rezensionen künftig nicht mehr im DA, sondern separat im Internet zu veröffentlichen, ist eine Option, die nach dem Vorbild anderer Zeitschriften gegenwärtig geprüft wird. Dies bedarf vor allem auch einer Absprache mit dem Verlag, weil geklärt werden muß, wie sich dies auf den Absatz auswirken würde. Größere Aktualität der Rezensionen darf durch eine solche Entscheidung nicht erwartet werden,

denn die Abhängigkeit von den Lieferungen der Rezensentinnen und Rezensenten bleibt natürlich bestehen. Dass im Internet mehr Raum zur Verfügung steht, ist einerseits zweifellos ein Vorteil; andererseits besteht die Gefahr, dass der Druck nachlässt, Rezensionen überlegt auszuwählen sowie so knapp und präzise wie möglich zu formulieren. Den Rezensionen Anmerkungen hinzuzufügen, was im Internet möglich wäre, würde sie zu Miszellen machen, und Miszellen sollten weiterhin ihren Platz im DA finden.

Karl Borchardt
Postfach 34 02 23, D–80099 München

Bibliothèque de l'École des chartes

Publiée depuis 1839 par la Société de l'École des chartes, la „Bibliothèque de l'École de chartes" est consacrée à l'étude critique et à l'exploitation des matériaux de l'histoire, du Moyen Âge à l'époque contemporaine.

(1) Volumétrie et typologie: La revue publie des comptes rendus critiques depuis sa création. Actuellement les recensions occupent en moyenne 25 à 30% de l'espace publié dans la revue. Leur place a beaucoup augmenté en particulier à partir des années 1880. Leur place a relativement diminué en proportion depuis quelques années en raison principalement de l'augmentation de la taille des articles, mais le nombre des ouvrages recensés n'a guère évolué depuis le début du XXe siècle. Une recension peut aller de 3.000 signes (espaces compris, et parfois moins) à 10.000 signes, la moyenne s'établissant autour de 4.000 à 6.000 signes. Les textes sont répartis entre 1) „comptes rendus" proprement dits, réservés aux recensions de monographies, d'une longueur de 4.000 à 6.000 signes environ; 2) „notes de lecture", recensions courtes de monographies et recensions d'ouvrages collectifs.

Les recensions sont, autant que possible, regroupées par thèmes, sous des titres plus ou moins évocateurs, mais la parution d'une recension n'est pas différée pour constituer un ensemble thématique cohérent et volumineux. Une rubrique particulière intitulée „Discussion" (qui n'apparaît pas nécessairement dans chaque fascicule) accueille des recensions particulièrement longues, comparables à un article, concernant un ouvrage qui mérite une discussion approfondie ou une réflexion élargie, ou bien un bilan historiographique à partir d'un ensemble de publications récentes dans un même domaine de recherche.

(2) Thématiques: Traditionnellement, la revue rend compte d'ouvrages d'histoire et de philologie médiévales avec un accent mis spécialement sur les éditions de textes; s'y ajoutent en général des ouvrages divers publiés par d'anciens élèves de l'École des chartes. La rédaction s'efforce d'élargir le spectre, en particulier en tâchant de rendre compte des éditions de textes modernes et contemporains dans le domaine français. D'autres ouvrages (par exemple en histoire de l'art) peuvent être sollicités par la rédaction à la demande d'un éventuel recenseur disponible.

(3) Qualité des recensions: Une recension réussie est un texte critique, écrit dans un style efficace (avec une phrase d'accroche pertinente), organisée sans procéder platement chapitre par chapitre, mais qui informe synthétiquement du contenu de l'ouvrage recensé et conclut fermement sur son intérêt et sa valeur. Les recensions-paraphrases, qui se contentent de résumer le contenu avec des appréciations vagues ou lénifiantes, ne sont pas

strictement refusées mais un tel recenseur ne sera généralement pas sollicité à nouveau. Les notes en bas de page sont exclues autant que possible. Le relevé des défauts formels (en particulier dans le cas d'une édition de texte), plutôt que de se transformer en un catalogue exhaustif, doit plutôt servir à étayer l'appréciation méthodologique. La procédure de publication comporte l'envoi de pré-épreuves aux auteurs avant que le texte ne soit remis à l'imprimeur, ce qui permet un dialogue entre la rédaction et le recenseur. Entre autres avantages, une recension jugée excessivement sévère dans la forme peut ainsi être „désamorcée" avant parution, de manière à éviter une dispute stérile.

(4) Raison d'être: L'impression de recensions est un acte essentiel de diffusion et d'évaluation par les pairs de la recherche scientifique. La responsabilité de la rédaction est essentielle dans le choix des ouvrages soumis à recension (par l'élargissement volontariste à certaines disciplines/périodes au-delà des envois spontanés des éditeurs/auteurs) et dans le recrutement des recenseurs. Ces derniers sont de plus en plus difficiles à recruter et à contraindre à la remise d'un texte dans un délai raisonnable (6 mois). Le genre des recensions n'est pas ou peu pris en compte dans les procédures de recrutement/promotion professionnelles des enseignants-chercheurs en France. Pourtant, pour un auteur, ce peut être une excellente tribune pour exposer des convictions que l'on ne peut toujours résumer dans un texte synthétique, par manque de temps ou par manque d'opportunité. C'est aussi le moyen d'entretenir un indispensable esprit critique dans la communauté savante, alors que l'époque est encline à la réticence dans l'expression du désaccord, voire au relativisme consensuel.

(5) Recensions électroniques: La revue est disponible (comptes rendus compris) sur le portail public et gratuit PERSEE (www.persee.fr), quatre ans après l'impression. Les auteurs de comptes rendus sont avisés avant publication que leurs textes seront reproduits en ligne et une autorisation de publication spéciale leur est demandée à cet effet. La publication directe sur l'Internet aurait l'avantage évident d'une réaction rapide après la parution des livres concernés (avantage qui ne dure que quelques mois en réalité) et surtout une visibilité accrue par le jeu des moteurs de recherche. La réunion de comptes rendus dans la revue permet en revanche d'offrir aux lecteurs un ensemble cohérent par les thèmes abordés et les objectifs scientifiques poursuivis: les recensions forment en effet un complément naturel, étroitement lié aux articles. Le principe d'offrir dans les recensions un jugement critique et non seulement une information d'actualité, justifie aussi qu'elles soient valorisées à plus long terme.

Olivier Poncet und Marc Smith
19 rue de la Sorbonne, F–75005 Paris

Blätter für Heimatkunde

(1) Die „Blätter für Heimatkunde" (im Folgenden BllfHk. bzw. Bll.) erschienen in Nachfolge der „Blätter zur Geschichte und Heimatkunde der Alpenländer" (1/1910–4/1913) erstmals im Mai 1923 (1. Jahrgang [Jg.] Nr. 1). Seit dem 8. Jahrgang (1930) finden sich in den Bll. Rezensionen. Der Anteil der Rezensionen betrug bei einem Gesamtumfang des Jahrgangs 1930 von 108 Seiten fünf Seiten (= 5%). Tendenziell nahm der Anteil der Rezensionen erst nach dem Krieg zu: 23. Jg. (1949) von 128 Seiten 16 Seiten Rezensionen (= 15%) und beträgt derzeit im Durchschnitt 10% des Gesamtumfangs.

Der Umfang der einzelnen Rezensionen beträgt im Durchschnitt 1½ DIN A4 Manuskript-Seiten; es gibt keine explizit ausgewiesenen „Klassen" von Rezensionen.

(2) Die Themengebiete der Rezensionen entsprechen dem Themenspektrum der Bll.: Historische Landeskunde der Steiermark aller Epochen und Fachdisziplinen (Geschichte, Volkskunde, Kunstgeschichte usw.). Publikationen ohne jeden Steiermark-Bezug werden nicht besprochen. Die Rezensionen in den Bll. decken naturgemäß bei weitem nicht den Gesamtbestand an relevanten und rezensionswürdigen Neuerscheinungen ab. Die Auswahl erfolgt überwiegend durch die Redaktion, z. T. werden Rezensionen bzw. zu rezensierende Publikationen auch an die Redaktion herangetragen. Populärwissenschaftliche Literatur wird wegen ihrer Breitenwirkung bewusst nicht ausgeschlossen.

(3) Rezensionen sollen den Leser über den Inhalt informieren und gravierende Mängel in der Konzeption sowie sachliche Fehler anmerken. Auf formale Fehler, die in der Regel dem Lektorat anzulasten sind, sollen nur bei störendem häufigen Auftreten hingewiesen werden. Der Rezensent sollte, muss aber keine unmittelbare Fachkompetenz besitzen, ein Abstand (im Hinblick auf die Leser der Rezension) kann von Vorteil sein: Die beckmesserische Auflistung von Fehlern unterbleibt. Zum größeren Teil wurden und werden Besprechungen von den Redakteuren der Bll. verfasst.

Rezensionen sind vom Stil des jeweiligen Rezensenten geprägt, Polemik soll aber möglichst vermieden werden – außer sie wird vom Verfasser des zu besprechenden Werks provoziert. Ebenso wenig sind „Gefälligkeits"-Rezensionen wünschenswert. Reaktionen auf Rezensionen sind sehr selten.

(4) Rezensionen sind seit 80 Jahren ein Teil des Lese- und Informationsangebots an die Mitglieder des Historischen Vereines, und es besteht kein Anlass, dieses zu verkürzen. Darüber hinaus kann ihnen eine besondere (z. B. didaktisch-pädagogische) Wirksamkeit nicht zugeschrieben werden.

(5) Derzeit nicht aktuell.

Günter Cerwinka und Burkhard Pöttler
Historischer Verein für Steiermark, Karmeliterplatz 3, A–8010 Graz

Carinthia I. Zeitschrift für geschichtliche Landeskunde von Kärnten

(1) Seit der Etablierung der Carinthia I als wissenschaftliche historisch-landeskundliche Zeitschrift in den Jahren 1890/91 bilden die Rezensionen einen fixen Bestandteil in jedem Jahrgang. Der Umfang des Rezensionsteils war dabei durchaus Wandlungen unterworfen. Manche Redakteure der Zeitschrift, wie z. B. Martin Wutte, betätigten sich eifrig selbst als kritische Rezensenten. Ab den 1970er Jahren ging die Zahl der Rezensionen stark zurück. In den letzten Jahren unter meiner Schriftleitung wird versucht, dem Rezensionsteil wieder größere Bedeutung zukommen zu lassen. Traditionell gibt es durchaus unterschiedliche Klassen von Rezensionen: kurze Anzeigen mit Verweisen auf landeskundliche Bezüge im besprochenen Buch, aber auch ausführliche Besprechungen. Bei kontroversen, aktuell in der Forschung stark in Diskussion stehenden Themen können Rezensionen den Umfang kleinerer Aufsätze erreichen und haben in Kärnten manchmal nach Erscheinen der Zeitschrift weit über Fachkreise hinaus Aufmerksamkeit erregt.

(2) Geschichtliche Landeskunde lebt von Beiträgen aus vielen verschiedenen kulturwissenschaftlichen Fachdisziplinen. Daher gibt es für den Rezensionsteil einer landeskundlichen Zeitschrift nicht so sehr Auswahlkriterien, die sich an Fachgebieten orientieren, sondern eher einen geographischen Orientierungsrahmen. Besprochen wird, was im weitesten Sinn mit der Landeskunde Kärntens zu tun hat, wobei Rezensenten ermuntert werden, speziell auf Kärntner Bezüge in den besprochenen Publikationen einzugehen, aber auch methodisch Grundlegendes und Beispielhaftes hervorzuheben. Dies gilt natürlich ganz besonders bei Besprechungen von Quelleneditionen, durch die lokale Forscher auf neu edierte landeskundliche Quellen aufmerksam gemacht werden sollen.

(3) Eine geglückte Rezension sollte weder eine banale Nacherzählung von Buchinhalten liefern, noch in einen emotionalen Schlagabtausch und Vernichtungsfeldzug gegen die VerfasserInnen ausarten. Aus ihr sollte allerdings die Grundstruktur des gesamten Buches erkennbar sein; ein tieferes Eingehen auf einzelne Schwerpunkte (oft auch Hauptinteressengebiete des Rezensenten selbst) schadet der Qualität nicht. Reine Gefälligkeitsrezensionen sind wenig hilfreich; fachliche Kritik im Detail sollte nicht in Buchstabenzählerei ausarten.

In den einzelnen Fachdisziplinen, die landeskundliche Beiträge liefern, herrscht durchaus ein unterschiedlicher Stil des Rezensierens. Emotionale Grabenkämpfe bis hin zur persönlichen Abrechnung mit kontroversen Fachkollegen sind in den letzten Jahren ein Spezifikum bei Archäologen und Frühgeschichtlern. Die Angegriffenen bzw. Rezensierten reagieren überemotional bis hin zur Forderung presserechtlicher Entgegnungen und zum Vereinsaustritt. Dies ist bedauerlich, doch ändert dies nichts an der Redaktionslinie, auch kontroverse Rezensionen zu akzeptieren (allerdings unter deutlichem Hinweis darauf, dass die alleinige Verantwortung bei deren Verfassern liegt).

(4) Die Motive für den Abdruck von Rezensionen können durchaus vielfältige sein. Sie sind im Bereich der Landeskunde auch ein Steuerungselement. Oft geht es darum, entlegen Erschienenes bekannt zu machen, manchmal darum, beachtenswerte Leistungen wissenschaftlicher Laien zu würdigen, manchmal aber auch, Fehlentwicklungen zu kritisieren. Manche Rezensionen sind naturgemäß auch von dem vordergründigen Wunsch von Verlegern initiiert, ihre Produkte in Fachkreisen bekannt zu machen.

(5) Internetrezensionen sind manchmal durchaus hilfreich und in ihrem Informationsgehalt traditionell gedruckten Besprechungen durchaus gleichwertig. Ihr Ansehen wird sicher in Zukunft weiter steigen, wenn sich für einzelne Fachdisziplinen renommierte wissenschaftlich-kritische Rezensionsplattformen etabliert haben werden. Derzeit ist die klassische Rezension im Rahmen einer gedruckten wissenschaftlichen Zeitschrift zumindest im Bereich der Geschichte und ihrer Nachbardisziplinen wohl noch höher zu bewerten.

Wilhelm Wadl
Geschichtsverein für Kärnten, Museumgasse 2, A–9020 Klagenfurt

Český časopis historický

(1) Die „Český časopis historický" (Tschechische Historische Zeitschrift, im Folgenden: ČČH) machte sich „die gewissenhafte und ausführliche Aufzeichnung" der einhei-

mischen und ausländischen Literatur über die Geschichte Böhmens, Mährens und Schlesiens bereits in der Programmerklärung der Redaktion vom 17. November 1894 zur Aufgabe. Die ČČH, wie sich die neue Zeitschrift in ihrer Abkürzung nannte, bemühte sich, diesen Grundsatz konsequent einzuhalten, und zwar auch in den Zwischenkriegsjahren 1918 bis 1939, als die historische Literatur von Jahr zu Jahr sprunghaft anwuchs. Eine originelle Lösung fand während seines langjährigen Wirkens in der Redaktion (1898–1936) Josef Pekař, der die Besprechungen und Referate durch subjektive Berichte über jene Publikationen ergänzte, die in diese beiden Rubriken nicht aufgenommen wurden. Während des Zweiten Weltkrieges, als die ČČH nicht erscheinen konnte, und besonders in den beiden ersten Nachkriegsjahren kamen so viele neue Titel dazu, dass die Besprechungen, Referate und Berichte in ihrer Seitenzahl die Studien und kleinen Artikel überwogen. Dieses Problem verschwand nach dem Antritt des kommunistischen totalitären Regimes im Februar 1948. Als nach einer vierjährigen Pause die Zeitschrift im Jahre 1953 unter dem neuen Namen „Československý časopis historický" (Tschechoslowakische historische Zeitschrift) erneut erschien, kamen meist nur diejenigen Titel in Frage, die vom historischen Materialismus ausgingen. In den sechziger Jahren des vergangenen Jahrhunderts wurde jedoch durch das Verdienst von František Graus das fachliche Niveau der Besprechungen- und Referaterubrik deutlich besser. Infolge der Okkupation der Tschechoslowakei im August 1968 wurde eine neue, dem Regime hörige Redaktion ernannt, die die formale Gestaltung der Zeitschrift fast unverändert ließ, ihren Inhalt allerdings erneut im Geiste der totalitären marxistischen Ideologie auszurichten versuchte. Nach der so genannten samtenen Revolution im November 1989 übernahm der Unterzeichnete die Leitung der Zeitschrift, wiederum unter dem ursprünglichen Namen ČČH. Im einleitenden Wort verzichtete die Redaktion auf ihre vorherige dominante Stellung zugunsten eines Austausches der Konzepte und Meinungen im breiteren Spektrum der Fachzeitschriften. Damit man weiterhin zumindest den größeren Teil der bohemistisch ausgerichteten historischen Literatur erfassen kann, wurden drei neue Rubriken eingeführt: Forschungsübersichten, Auswahl der Titel aus den ausländischen Zeitschriften und Auszüge (der Inhalte) aus den tschechischen Zeitschriften und Festschriften. Mit kleineren Änderungen übernahm diese Rubriken auch die neue Redaktion mit Jaroslav Pánek und Jiří Pešek an der Spitze (seit dem Jahre 2003).

(2) Während man am Ende des 19. Jahrhunderts noch die Fachliteratur auch der benachbarten historischen Disziplinen, besonders der Literatur- und der Kunstgeschichte verfolgen konnte, ist dies heutzutage in Zeitschriften der ČČH-Art nur auswahlweise möglich. Die eingegangenen Buchtitel sollte man berücksichtigen, das Hauptwort bei der Auswahl der zu besprechenden Bücher sollte allerdings den Spezialisten vom Redaktionsrat gehören. Im Vorteil sind in dieser Hinsicht die speziell ausgerichteten Zeitschriften. Angesichts der ständig anwachsenden Buchproduktion ist es für die meisten Redaktionen der in Tschechien erscheinenden historischen Zeitschriften immer schwieriger, sich rechtzeitig die erforderlichen bibliografischen Angaben und anschließend dann die Besprechungsexemplare zu besorgen.

(3) Eine gelungene Besprechung sollte nicht nur eine kritische Bewertung einer wissenschaftlichen Arbeit bringen, sondern auch eine Bereicherung der erzielten Erkenntnisse um neue Interpretationen. Dazu braucht es eines Fachmanns, der sich selbst mit der gegebenen Problematik tiefer befasst. Nützlich sind jedoch auch weniger anspruchsvolle

Besprechungen, sofern sie sich nicht nur auf die Inhaltswiedergabe beschränken. Auch kürzere Referate können bedeutsame Korrekturen oder Ergänzungen bringen, falls sie ein erfahrener Fachmann schreibt. Daher würde ich die gemeinsame Rubrik Besprechungen und Anzeigen, wie es im „Deutschen Archiv für Erforschung des Mittelalters" der Fall ist, bevorzugen.

(4) Ich gehöre zu der Generation, die die Besprechungen und Referate für einen unerlässlichen Bestandteil der wissenschaftlichen Forschung hält. Die Ansicht von der Nützlichkeit von Besprechungen teilen jedoch nicht alle jungen Kolleginnen und Kollegen. Erstens werden die Besprechungen unzureichend, wenn überhaupt, in den peer reviews und Bewerbungen bewertet. Außerdem bilden Doktoranden und sog. Postdocs freundschaftliche Forscherkreise im Rahmen von einheimischen und ausländischen Workshops, und deshalb weichen sie gegenseitigen kritischen Bewertungen lieber aus. Und nicht zuletzt, wie ich vermute, widmet man Besprechungen und Referaten als besonderen Genres der historischen Literatur keine ausreichende Aufmerksamkeit bei der Hochschulausbildung.

(5) Die „Netzbesprechungen" haben bereits im Internet ein festes Vorfeld erobert, das sich sicher weiter verbreiten wird, sofern ich nach einigen bereits eingeführten Webseiten urteilen kann, als Beispiel nenne ich „H-Soz-u-Kult/Zeitschriften", deren Betrachtung schon zum Tagesregime vieler Historiker gehört. Eher früher als später werden übrigens die meisten Fachzeitschriften gezwungen sein, zur elektronischen Gestaltung hinüberzuwechseln.

František Šmahel
Peluškova 1441, 198 00 Praha 9

Francia. Forschungen zur westeuropäischen Geschichte / Francia-Recensio

(1) Die Zeitschrift „Francia. Forschungen zur westeuropäischen Geschichte" erscheint seit 1973 und wird vom Deutschen Historischen Institut Paris (DHIP) herausgegeben[2]. Sie enthält Beiträge in deutscher, französischer und englischer Sprache. Rezensionen veröffentlichte sie von ihren Anfängen bis zu Bd. 34 (2007). 2008 wurde der Rezensionsteil als „Francia-Recensio" ins Internet verlagert (www.francia-online.net sowie www.recensio.net) und erscheint seitdem in vier Lieferungen pro Jahr.

Der Stellenwert des Besprechungsteils nahm ständig zu: Wurden in Bd. 1 (1973) 44 Titel rezensiert, so umfasste Bd. 34 (2007) insgesamt 312 Besprechungen. Bezogen auf den Seitenumfang des gesamten Bandes bedeutete dies eine Steigerung von 14 % (1973) auf 41 % (2007). Zunächst durfte eine Besprechung (in Schreibmaschinenseiten gerechnet) bis zu 1 % des (gedruckten) Seitenumfangs des rezensierten Buches entsprechen, bevor sie auf höchstens zwei und zuletzt auf eine Druckseite beschränkt wurde. Kürzere Besprechungen erschienen als Anzeigen, ausführliche als Miszellen. „Francia-Recensio" besprach 2011 508 Titel. Die Netzrezensionen sollen 5.000–7.500 Zeichen umfassen;

---

[2] Zur „Francia" vgl. Martin HEINZELMANN, Die Zeitschrift Francia / La revue Francia, in: Das Deutsche Historische Institut Paris / L'Institut historique allemand, 1958–2008, hg. von Rainer BABEL–Rolf GROSSE (Ostfildern 2008) 171–195, sowie Rolf GROSSE, Francia. Ein Forum westeuropäischer historischer Forschung, in: discussions 3 (2010), URL: http://www.perspectivia.net/content/publikationen/discussions/3–2010/grosse_francia (Zugriff 19. 1. 2012).

zwischen Besprechung und Anzeige wird nicht mehr unterschieden. Längere Rezensionen und Sammelbesprechungen bleiben weiterhin der Zeitschrift vorbehalten.

(2) Die Auswahl der rezensierten Werke richtet sich nach dem Themenspektrum der „Francia" sowie den Forschungsprojekten des DHIP. Besprochen werden grundsätzlich Bücher zur Geschichte Frankreichs, der Schweiz und der Beneluxländer von der Spätantike bis zur Gegenwart; ferner grundlegende Darstellungen und Quelleneditionen zur deutschen Geschichte, die (wie der iberische Raum und die Britischen Inseln) auch aus der Perspektive der Beziehungen zu Frankreich und der des Vergleichs zu berücksichtigen ist. Die Geschichte Osteuropas und anderer Kontinente ist kaum vertreten. Dies gilt gleichfalls für Nachbargebiete der Geschichtswissenschaft wie Kunstgeschichte, Archäologie und Philologie. Werke zu Epochen vor der Spätantike, Zeitschriftenbände und populärwissenschaftliche Veröffentlichungen werden in der Regel nicht rezensiert.

(3) Ziel der Besprechung ist es, die aktuelle Forschung zu spiegeln. Deshalb werden die Rezensenten gebeten, ihre Texte innerhalb von sechs Monaten zu liefern. Die Rezension soll in erster Linie über den Inhalt informieren, einen wertenden Gesamteindruck vermitteln und das Buch in den Stand der Forschung einordnen. So kann der Leser der Besprechung beurteilen, ob das Werk für ihn von Interesse ist; sie soll ihm nicht die eigene Auseinandersetzung mit dem rezensierten Werk abnehmen. Wird Kritik geäußert, so ist diese sachlich zu begründen. Fußnoten sind möglich, sollten sich aber in Grenzen halten. Bei Sammelwerken sind die einzelnen Beiträge zu resümieren und Aussagen zur thematischen Geschlossenheit des Bandes zu machen. Besprechungen, die den vorgegebenen Umfang deutlich unter- oder überschreiten, werden dem Autor mit der Bitte um Überarbeitung zurückgesandt. Dies gilt auch, wenn der Stil polemisch ist oder scharfe Kritik erfolgt, ohne sie argumentativ zu untermauern. Veränderungen in der Form lassen sich nicht feststellen, eine Typologie ist erkennbar in dem Verhältnis zwischen Inhaltsangabe und Wertung. Solange die Rezensionen in der „Francia" erschienen, wurde den Autoren der besprochenen Werke in begründeten Fällen die Möglichkeit zu einer Gegendarstellung im nächsten Band geboten. „Francia-Recensio" erlaubt dank der Kommentarfunktion eine Replik sowie die Antwort darauf aus der Feder des Rezensenten.

(4) Entsprechend der Mittlerfunktion des DHIP zwischen deutscher und französischer Geschichtswissenschaft dienen die Besprechungen dem Zweck, die französische Forschung in Deutschland und die deutsche in Frankreich besser bekannt zu machen. Deshalb werden die Bücher möglichst in der jeweils anderen Sprache rezensiert. Da die Rezensenten zumeist ausgewiesene Frankreich- bzw. Deutschlandexperten sind, kann das DHIP über „Francia-Recensio" seine Kontakte zu den für die eigenen Forschungsprojekte maßgeblichen Akteuren pflegen; die Rezensentendatenbank umfasst derzeit mehr als dreitausend Namen.

(5) In der gedruckten „Francia" nahm der Umfang des Rezensionsteils in solchem Maße zu, dass 2007 zahlreiche Besprechungen zurückgestellt werden mussten. So fiel die Entscheidung, sie ausschließlich im Netz zu bringen. Dies behebt den Platzmangel und erlaubt eine zügigere Veröffentlichung. Die Bayerische Staatsbibliothek München versieht die Rezensionen mit Metadaten und ermöglicht die Anbindung an Bibliothekskataloge, was die Visibilität noch erhöht. Die Umstellung wurde von den Rezensenten bis auf

wenige Ausnahmen sehr positiv aufgenommen. Formal zeichnen sich Netzrezensionen durch eine stärkere Gliederung in Absätze aus; inhaltlich unterscheiden sie sich nicht von gedruckten Besprechungen.

Rolf Große
Deutsches Historisches Institut Paris / Institut historique allemand,
8 rue du Parc-Royal, F–75003 Paris

Geschichte und Region / Storia e regione

(1) Seit dem ersten Heft, 1 (1992) „Die Grenzen der Provinz / I limiti della provincia", publiziert „Geschichte und Region" regelmäßig Rezensionen. Der letzte Teil der halbjährlich erscheinenden Zeitschrift, durchgehend etwa ein Viertel des Gesamtvolumens, ist Rezensionen gewidmet. Der Stellenwert des Rezensionsteils hat sich im Laufe der Zeit nicht verändert, er blieb unverändert hoch. Die Redaktion hat stets die Meinung vertreten, dass eine tiefgehende Auseinandersetzung mit Forschungsergebnissen zentral für eine lebendige Geschichtswissenschaft ist, die sich gründlich mit verschiedenen Zugängen und Forschungsmethoden auseinandersetzt. „Geschichte und Region" hat daher auch stets auf ausführliche Rezensionen geachtet: Die Zeitschrift hat eine Obergrenze für Rezensionen von 12.000 Zeichen und hat in letzter Zeit aufgrund der Tendenz, Rezensionen im Umfang sehr reduziert zu verfassen, überlegt, eine Untergrenze einzuführen, was bisher aber noch nicht getan wurde. Vielmehr wird auf sehr kurze Rezensionen redaktionell reagiert und die entsprechenden VerfasserInnen darauf hingewiesen, dass „Geschichte und Region" keine Annotationen publiziert. Bei sehr kurzen Rezensionen geht meist der besprechende Teil verloren, es bleibt eine kurze Inhaltsangabe übrig, die dann einer Annotation gleicht, aber der der Charakter einer Rezension abhanden kommt.

(2) Im Rezensionsteil selbst publiziert „Geschichte und Region" nur tatsächliche Rezensionen, keine Notizen, keine Annotationen usw. Über den Rezensionsteil hinaus kommen Buchbesprechungen auch im Forumsteil der Zeitschrift vor, der aktuellen historischen Initiativen und neuen Forschungsprojekten gewidmet ist. In diesem Teil der Zeitschrift werden öfter Sammelrezensionen zu einem bestimmten Thema publiziert oder auch Buchbesprechungen zu einem regionalhistorisch relevanten Thema, die den Rahmen einer Rezension sprengen und sich mehr auf die thematischen Ausführungen konzentrieren als auf die kritische Einschätzung des Werkes.

Unser wichtigstes Auswahlkriterium für zu besprechende Bücher ist ihre Relevanz für die Regionalgeschichte, wobei Regionalgeschichte entsprechend des unserer Arbeit zugrundliegenden Regionenbegriffs für uns eine mehrfache Bedeutung hat: Es ist einmal die Geschichte des mittleren Alpenraums mit Schwerpunkt auf dem historischen Tirol, und zweitens sind es regionalhistorisch angelegte Studien, die im Sinne einer vergleichenden Perspektive relevant sind. Im Hinblick auf die vergleichende Perspektive können aber auch andere Studien, sowohl mikrogeschichtliche als auch makrogeschichtliche, thematisch und methodisch relevant sein.

(3) Eine geglückte Rezension enthält eine ausführliche Beschreibung des zu besprechenden Buches, sowohl was behandelte Themen als auch Zugänge und Forschungsmethoden betrifft, und eine Einordnung der wichtigsten Ergebnisse des Buches in den aktuellen Forschungskontext. Besonders sorgfältige Rezensionen messen das besprochene Buch so-

wohl am Forschungsstand als auch an den Ansprüchen und Ankündigungen des/r Buchautors/in und scheuen vor einer kritischen Einschätzung des Buches nicht zurück. „Geschichte und Region" ist bekannt geworden für kritische Rezensionen; der Historiker Josef Fontana hat uns vor einigen Jahren in der Tiroler Heimat bezichtigt, „Exekutionen statt Rezensionen" zu veröffentlichen. Reaktionen der AutorInnen auf Rezensionen haben wir bisher nie in der Zeitschrift aufgenommen, obwohl die Nachfrage danach zunimmt, wohl weil im Netz Reaktionen auf Rezensionen regelmäßig veröffentlicht werden.

Es ist zunehmend schwieriger Rezensenten zu finden, die bereit sind, ausführliche Rezensionen abzufassen. Rezensionen sind inhaltlich zentral für die Forschungsdebatte, für die Publikationsliste aber unerheblich, daher scheuen WissenschaftlerInnen zunehmend vor der Übernahme von Rezensionen zurück oder geben zugesagte Rezensionen nie ab.

(5) Das Netz wird als Publikationsforum für Rezensionen zunehmend bevorzugt. Der Zeitdruck steigt durch das Netz enorm an, gedruckte Rezensionen können zeitlich nicht mithalten, haben als gedruckte Texte aber einen höheren Haltbarkeitswert.

Siglinde Clementi
Südtiroler Landesarchiv / Archivio Provinciale,
Armando Diaz-Str. 8, I–39100 Bozen/Bolzano

Mitteilungen des Instituts für Österreichische Geschichtsforschung

(1) Rezensionen stellen seit den Anfängen einen wichtigen Bestandteil der „Mitteilungen des Instituts für Österreichische Geschichtsforschung" (MIÖG) dar; der Umfang ist schwankend: Während der Rezensionsanteil am Beginn (MIÖG 1 erschien 1880) bei rund 20 % lag (40–50 Rezensionen), stieg die Anzahl der gedruckten Rezensionen zwischen 1918 und 1939 auf bis zu ein Drittel des Heftumfanges an. Äußerst umfangreich gestalteten sich die Rezensionsanteile nach 1945 (bis zu 40 %, rund 130–150 Rezensionen pro Band), mit Höhepunkten in MIÖG 70 (1962) und 90 (1982) (73 bzw. 67 %). In den letzten Jahren hat sich die MIÖG wieder auf ein Drittel Umfang des Literaturberichtsteils (rund 100–115 Rezensionen im Schnitt) eingependelt.

MIÖG 1 (1880) beginnt mit der Rezensionsrubrik „Literatur", seit MIÖG 16 (1895) heißt diese „Literatur und Notizen" (gemischt), seit MIÖG 41 (1926) getrennt „Literatur" und „Notizen", ab MIÖG 54 (1942) „Besprechungen" und „Anzeigen", seit MIÖG 56 (1948) „Literaturberichte", mit der Untergliederung in „Sammelreferate", „Rezensionen" und „Notizen", wobei die Rubrik „Sammelreferate" später wegfiel. Ausnahmsweise können thematisch eng verwandte Werke und Bände einer Reihe gemeinsam rezensiert werden, Sammelrezensionen gibt es jedoch in den MIÖG nicht mehr. Die Trennung in „Rezensionen" und „Notizen" wurde beibehalten und erfolgt auf der Basis des Umfangs (8.000 bzw. 4.000 Zeichen), inhaltlich handelt es sich bei den „Rezensionen" eher um detaillierte Besprechungen, bei den „Notizen" eher um knappe Anzeigen, es können aber auch (seltener) prägnante Kurzcharakteristiken sein.

Die – strikt eingehaltene – Längenbeschränkung, auch der Verzicht auf Fußnoten, ist der ständig wachsenden Zahl an Publikationen, die die MIÖG gerne rezensieren würde, geschuldet; in Ausnahmefällen besteht die Möglichkeit, umfassendere Rezensionen, die sich zu einer detaillierten inhaltlichen Auseinandersetzung auswachsen, als Miszelle in die „Kleinen Mitteilungen" im Aufsatzteil der MIÖG aufzunehmen.

(2) Die MIÖG verstehen sich als Publikationsorgan für wissenschaftliche Aufsätze und Rezensionen zu Themen der mittelalterlichen und neueren, vor allem europäischen, Geschichte (unter Ausschluss der Zeitgeschichte), mit besonderer Berücksichtigung der historischen Hilfswissenschaften und von Aspekten des Archivwesens. Die Rezensionen und Notizen sind jeweils geordnet nach den – nicht explizit angeführten – Kategorien: Editionen; Hilfswissenschaften und Archivkunde; Lexika; Festschriften; Literatur von der Spätantike bis ins 19. Jahrhundert in chronologischer Reihung. Dieses ist ein sehr breites Spektrum, das natürlich nicht zur Gänze abgedeckt werden kann und das die Auswahl der zu besprechenden Bücher schwierig macht.

Nicht rezensiert werden Bücher, die in den eigenen Publikationsreihen des IÖG erscheinen. Die Redaktion wird zunehmend zurückhaltend gegenüber Sammelbänden, die oft sehr umfangreich sind und deren Besprechung meist nur die Wahl zwischen einer inhaltsarmen Aufzählung der Beiträge und einer bibliographisch wenig nützlichen Beschreibung des Gesamtthemas lässt. Beschränkungen sind auch durch die zu erwartenden Sprachkenntnisse der Mehrheit der Leser und Leserinnen der MIÖG und der Redaktion gegeben.

Angebote der Verlage, Durchsicht von Verlagskatalogen, Anfragen von Autoren und Autorinnen und an einer Rezension interessierten Fachkollegen und -kolleginnen gehen der Auswahl voraus; Themen, die in den derzeitigen Forschungsschwerpunkten des Instituts bzw. der Redaktionsmitglieder verankert sind, werden sicherlich bevorzugt behandelt; ein Kriterium ist natürlich auch, ob versierte Rezensenten gefunden und gewonnen werden können.

(3) Eine gelungene Rezension stellt den Inhalt des Buches pointiert vor, wertet möglichst ausgewogen, kritisiert Mängel und lobt Stärken und stellt das Werk in einen Kontext (Arbeitsweise, Forschungslage, Bedeutung für die Wissenschaft). Man könnte einen eher referierenden Typ von einem stärker pointierten Typ an Rezensionen scheiden. Die Minimalanforderung ist eine brauchbare Anzeige, der Idealfall eine vertiefte Auseinandersetzung mit dem Werk. Ausgefeilte Mängellisten sind selten geworden, auch weil die wenigsten Rezensenten Zeit dafür aufwenden können und auch zu wenig Platz zur Verfügung steht.

Die Redaktion übt keine Zensur aus, wendet sich allenfalls mit Rückfragen an Autor oder Autorin. Exkludiert werden lediglich Rezensenten, die nicht liefern. Rezensionsfehden sind eher selten. Entgegnungen auf kritische Rezensionen drucken die MIÖG nicht ab.

(4) Rezensionen sind ein erstrangiges Informationsmedium für Historikerinnen und Historiker. Bei der Auswahl der Rezensenten entscheidet, abgesehen von der Disponibilität, die fachliche Qualifikation; eine enge Bekanntschaft mit dem Autor sollte nicht vorliegen, ebensowenig ein notorischer Antagonismus. Die Redaktion trachtet nicht nur arrivierte Fachkollegen und -kolleginnen anzusprechen, sondern ermuntert immer wieder auch jüngere Kolleginnen und Kollegen zum Verfassen von Rezensionen, die als textliche Kleinform eine gute „Übung" im Verfassen von Wissenschaftsprosa darstellen. Sowohl für die Autoren als auch für die Verlage stellen Rezensionen ein wichtiges Medium der Diskussion von Neuerscheinungen dar.

(5) Die Veröffentlichung der in den MIÖG gedruckten Rezensionen im Internet ist geplant, wobei dieses Vorhaben auch von Urheberrechten und Verlagsinteressen abhängt.

Einige Bedenken gegen das Verfahren im Allgemeinen bleiben dabei aufrecht: Internet-Rezensionen erscheinen meist nicht früher, da sie wie die gedruckte Form von der Pünktlichkeit der Rezensenten abhängen; sie werden wohl mittlerweile eher zur Kenntnis genommen, weil sie an den Schreibtisch geliefert werden, tragen daher sicher mehr zur bibliographischen Kenntnisnahme bei als Papierrezensionen und sind auch beim Google-Bibliographieren zu finden: Ob sie mehr gelesen werden oder eher zum bequemen und lektürefreien Kopieren rezenterer Titel in die Fußnoten Verwendung finden, müsste erst untersucht werden.

MIÖG-Redaktion (Selbstdarstellung)

Quellen und Forschungen aus italienischen Archiven und Bibliotheken

(1) Seit dem 1. Band, erschienen 1898 (zehn Jahre nach Institutsgründung); Umfang schwankend, ca. 1/4 des Gesamtvolumens; ab den 60er Jahren des 20. Jahrhunderts ist ein leichter, ab den 1980er Jahren ein deutlicher Anstieg der Anzahl zu verzeichnen; seit einigen Jahren ist der Umfang der einzelnen Rezensionen begrenzt (max. 4.000 Zeichen); entsprechend dem Titel „Anzeigen und Besprechungen" gab es in der Vergangenheit häufig kurze Anzeigen (bibliographische Hinweise), diese sind fast völlig verschwunden; außerhalb des Rezensionsteils werden im Rahmen der Zeitschrift mitunter Rezensionsmiszellen zu größeren Publikationen (mehrbändige Veröffentlichungen), aber auch zu bestimmten Themen (mehrere rezente Neuerscheinungen zu einem aktuellen Thema) bei einem Umfang von 5–10 Druckseiten publiziert.

(2) Allgemeines; Festschriften, Aufsatzsammlungen, Kongressakten; Historische Hilfswissenschaften; Rechtsgeschichte; Mittelalter; Frühe Neuzeit; 19. Jahrhundert; Zeitgeschichte; Italienische Landesgeschichte (Nord-, Mittel- und Süditalien); Themen: Beziehungen zwischen Deutschland und Italien und zur italienischen Geschichte vom Frühmittelalter bis zur Zeitgeschichte; entscheidendes Kriterium ist der Italienbezug.

(3) Vorstellung der Publikation und Einordnung derselben in den Forschungskontext; Kritik ist zulässig, wenn sie berechtigt ist, d.h. wenn die Kritikpunkte plausibel dargestellt werden; Ablehnung eines Textes bei Überlänge.

(4) Rezensionen bilden einen wesentlichen Teil des wissenschaftlichen Meinungsaustausches und erhöhen den Bekanntheitsgrad und die Rezeption eines Periodikums; Rezensionen bewerten und würdigen Publikationen und Forschungsvorhaben und äußern sich (positiv/negativ) hinsichtlich der Autorinnen und Autoren, des Werkes, aber auch zu möglichen weiteren Entwicklungen (Fortsetzung eines Projekts, eines aktuellen Forschungsthemas, eines auf mehrere Bände angelegten Unternehmens etc.), weshalb ihnen auch eine Steuerungsfunktion zukommt.

(5) Publikationen im Internet haben den Vorzug, dass sie (falls die entsprechende Einpflegung gewährleistet ist und die eingegangenen Rezensionen nicht auf Halde liegen!) relativ rasch veröffentlicht und auch weiter kommuniziert werden können.

Alexander Koller
Deutsches Historisches Institut in Rom,
Via Aurelia Antica, 391, I–00165 Roma

Reviews in History

(1) When the „Bulletin of the Institute of Historical Research" (now „Historical Research"), was launched in 1923, there was a policy decision not to carry reviews: „it is no part of the object of the Bulletin to publish work which already receives the hospitality of print elsewhere. It is not therefore proposed to include … reviews of historical works". „Reviews in History" was established in 1996 to fill this perceived gap, taking advantage of the opportunities afforded by online publication to experiment with the form of the review. At the time, „Reviews in History" had two unique features: it would review scholarly works more rapidly and at far greater length than was possible in traditional print journals; and, crucially, it would offer authors a right of reply. Reviews have always been published on an open-access basis.

The majority of published reviews are approximately 3,000 words in length, and deal with a single book (or more recently digital resource). Author responses vary in length from a few hundred words to several thousand. The journal also publishes „reappraisals" of particular titles or of a scholar's body of work, as well as the occasional review dealing with multiple titles on the same theme. Series of reviews are commissioned periodically in association with Institute of Historical Research (IHR) conferences, for example twelve pieces assessing the treatment of a particular historical event, period or character by academic historians and writers of historical fiction. Four new reviews are published each week.

(2) The scope of the journal is intentionally broad, thematically, geographically and chronologically. Ancient history is not generally covered, but otherwise no limitations are imposed. The majority of the titles reviewed are English-language publications, but books in other languages are considered. The journal has a sixteen-strong editorial board, representing a range of historical interests, who recommend significant titles in their field for review. The journal's Deputy Editor also surveys publisher catalogues and sends lists of possible books to the members of the editorial board for approval.

(3) Guidelines are sent to all reviewers for the journal, outlining what constitutes an appropriate review. With regard to content they are advised that „Reviews should aim to summarize the main points of the work under consideration, critiquing the methodology or offering alternative arguments or suggestions where appropriate. Consideration should be given to the work's role and purpose in a wider context, as well as to the author's use of sources, organization and presentation. Errors of fact or typographical errors can be pointed out, but should not be dwelt on unless the reviewer feels they compromise the validity of the work as a whole. Reviewers are discouraged from indulging in personal comment or attacks. Reviews should aim to be professional, courteous and temperate". Reviews which simply describe the contents of a particular work are not encouraged.

As noted above, all authors are offered a right of reply, an option which is taken up in around a third of cases. Often, this is simply a short note of thanks to the reviewer for his or her consideration, but replies can be lengthy counter-arguments or indeed positive engagement with wider points raised by the reviewer. In general, the style of reviews does not seem to have changed significantly over the lifetime of the journal.

Reviewers are chosen on the basis of their research interests, garnered from various sources including the IHR's own database of university lecturers in the UK and the

Republic of Ireland. Where a chosen reviewer is unable to write for the journal, he or she may be asked to recommend a colleague working in the same field. Potential reviewers are also suggested by members of the journal's editorial board. Reviewers are expected to declare any possible conflict of interest.

(4) Reviews are published to help historians to prioritise their reading, to assist librarians in choosing those titles which they should purchase for university libraries, and to provide an insight into the state of the field. They also have an important historiographical role to play, particularly in relation to undergraduate teaching. A huge number of historical titles are published each year, and post-publication reviews help researchers to filter the information and decide what is most relevant to them.

(5) „Reviews in History" has only ever existed as an online journal, and from the outset it was designed to take advantage of the greater speed and flexibility offered by online publication. Reviews are typically published within four months of the publication of a book, and on a rolling basis (four per week) rather than tied to particular issues. The formal right to reply currently offered to authors is being extended to a general comment function, which allows readers to continue the debate – something beyond the scope of a traditional print journal.

Perhaps one of the most significant differences between print and online reviews, particularly where the latter are open access, is the nature and size of the audience. In the past year, for example, „Reviews in History" has served 989,477 page views to 507,408 unique visitors. Many of these will be readers outside the higher education sector who have arrived at a particular review through conducting an internet search.

These differences will begin to blur and ultimately disappear as print journals move to mixed and then online-only publication.

Jane Winters
Institute of Historical Research
University of London, Senate House, Malet Street, London WC1E 7HU

Unsere Heimat. Zeitschrift für Landeskunde von Niederösterreich

(1) Insgesamt wurden von 1865 bis 2010 ca. 3.300 Rezensionen mit einer Länge von ca. 1,15 Seiten gedruckt. Zwischen 1884 und 1896 wurden keine Rezensionen gedruckt, stattdessen erschien eine „Bibliographie zur Landeskunde", was darauf hinweist, dass in den ersten Jahrzehnten die Information über Neuerscheinungen gegenüber einer kritischen Auseinandersetzung mit dem Werk im Vordergrund stand. Der Anteil der Rezensionen war anfangs gering (nie über 4 % des Umfangs, meist weniger). Ab 1903 begann der Anteil der Rezensionen zu steigen, oft über 10 %, 1903 sogar auf fast ein Fünftel. Mit der Übernahme der Redaktion 1928 durch Karl Lechner sank der Anteil in den ersten Jahren wieder deutlich unter 10 %, ab 1938 war er wieder meist ca. 10 % und ab 1949 wieder über 10 % mit leicht steigender Tendenz. 1974 war der Anteil schon ca. ein Fünftel, 1979 und 1981 sogar über einem Viertel des Gesamtumfangs. Bis 1994 schwankte der Anteil zwischen 10 % und ca. einem Fünftel, ab 1995 zwischen einem Fünftel und einem Viertel und erreichte 2009 und 2010 fast 30 %, was aber auf einzelne besonders lange Rezensionen zurückzuführen ist.

Eine Teilung der Rezensionen in verschiedene Klassen gab es nur von 1928–1932 (Karl Lechner), als in der Zeitschrift kleinere heimatkundliche Werke in kurzer, referierender Weise und im Jahrbuch unter dem Titel „Literatur" ausführliche und kritische Besprechungen wissenschaftlicher Werke erschienen. In der Zeitschrift waren die Rezensionen relativ kurz (ca. eine viertel bis eine halbe Seite), im Jahrbuch ca. 2,5 Seiten. 1950–1951 wurden auch „Dissertationen" besprochen.

(2) Es werden Niederösterreich betreffende landeskundliche Arbeiten und Werke besprochen sowie Werke, die für die Landeskunde von entscheidender Bedeutung sind und sich durch wissenschaftliche Methode auszeichnen. Es werden keine Epochen oder Fachdisziplinen ausgeschlossen, der Schwerpunkt ist allerdings die historische Landeskunde. Die Auswahl ist einerseits subjektiv und hängt andererseits davon ab, ob kompetente und verlässliche RezensentInnen zur Verfügung stehen.

(3) Eine Rezension ist geglückt, wenn sie den Leser so informiert, dass er seine Entscheidung für oder gegen das Buch für richtig hält. Für den Verlag zählen natürlich am meisten die Verkaufszahlen. Nicht gedruckt werden Rezensionen, wenn die Kritik an einem Buch unsachlich oder die Angriffe persönlicher Natur sind.

Typologie: Die formalen Vorgaben für Rezensionen in der Zeitschrift „Unsere Heimat" sind die, dass am Beginn die bibliographischen Daten zu stehen haben und am Ende die/der AutorIn. Bei den Rezensionen selbst findet man keine Einheitlichkeit, weder formal, inhaltlich, in der Diktion oder den Umgangsformen, sondern im Gegenteil eine beeindruckende Vielfalt. Eine fundierte Zusammenstellung ist aus Platzgründen hier nicht möglich. In den einleitenden Angaben wird z. B. der/die AutorIn vorgestellt, es finden sich allgemeine Angaben zum abgehandelten Thema bzw. zur Bedeutung des Themas im aktuellen Forschungsbetrieb, der Entstehungszusammenhang der Publikation (z. B. Symposion, Ausstellung, Habilitationsschrift), erläuternde Angaben zum Titel, Angaben zur herausgebenden Institution etc. Der Hauptteil reicht von einer einfachen Inhaltsangabe über eine Bewertung bis zu einer (manchmal heftigen) kritischen Auseinandersetzung mit dem Buch. Im Regelfall argumentiert der Rezensent seine Aussagen und fügt weiterführende Gedanken hinzu. Oft werden die verwendeten Quellen und die herangezogene Literatur angeführt oder die nicht berücksichtigten Werke und Quellen. Manchmal verlieren sich die Rezensenten in einer detaillierten Fehlersuche (Beckmesserei). Bei Sammelwerken werden oft nur einzelne Aufsätze ausführlicher besprochen, im Idealfall jene, die Niederösterreich betreffen bzw. von Bedeutung sind. Manchmal finden sich drucktechnische Hinweise (Bindung, Layout, Bilder) sowie Hinweise, die im Verantwortungsbereich des Verlags liegen (z. B. Titelgebung); diese Hinweise können auch Bestandteil des Schlussteils sein. Dort findet man oft höchstes Lob (wie z. B. empfehlenswert; darf in keiner Bibliothek fehlen; Standardwerk), wohlwollende Worte (bereichernd; informativ; Schritt in die richtige Richtung etc.) oder auch vernichtende Aussagen (große Würfe sehen anders aus; eine sorgfältiger erarbeitete Neuauflage könnte ein Gewinn für die Forschung sein). Manchmal finden sich am Ende der Rezension auch versöhnliche oder die vorherige Kritik entschärfende Worte. Hinweise, für welche Zielgruppe das Buch empfehlenswert ist, sind nicht selten. Ein besonderer Typ ist die verweigerte Rezension: dann wenn ein(e) RezensentIn das Werk nicht gut (bzw. schlecht) findet und gleichzeitig eine Auseinandersetzung scheut. Hin und wieder gibt es auch Gefälligkeitsrezensionen, die in ihrer Extremform mit Peinlichkeiten gespickt sind.

Reaktionen auf Rezensionen sind äußerst selten. Grundsätzlich wird der/dem Autorin/Autor die Möglichkeit zu einer Stellungnahme gegeben, auf Wunsch kann auch der Rezensent noch eine Gegendarstellung hinzufügen. Manchmal gibt es auch Ergänzungen. In den meisten Fällen gehen die Reaktionen direkt an die Rezensierten.

(4) Gedruckt werden Rezensionen, um die LeserInnen über Neuerscheinungen und den Wert dieser Werke zu informieren. Eine Rezension kann den Bekanntheitsgrad und Absatz eines Buches steigern.

(5) Grundsätzlich sind Rezensionen im Internet zu befürworten, da sie schneller bei den Lesern sind, sie sind aber oft weniger sorgfältig gestaltet als gedruckte Rezensionen. Solange sie im Netz sind, sind sie im Regelfall leichter zu finden bzw. zu benützen. Viele Netzpublikationen sind kostenpflichtig, was für die Verbreitung hinderlich ist. Gedruckte Rezensionen werden kaum zur Kenntnis genommen, wenn sie in entlegenen und/oder schwer erreichbaren Publikationen erschienen sind.

Werner Berthold
Landhausplatz 1, Haus Kulturbezirk 4, 3109 St. Pölten

Historische Zeitschrift

(1) Rezensionen gibt es in der „Historischen Zeitschrift" (HZ) seit ihrer Gründung im Jahr 1859, und deren Anteil ist in der Vergangenheit stetig gewachsen. Gegenwärtig nimmt der Rezensionsteil etwa 55% des zur Verfügung stehenden Raums ein.

Pro Jahr werden ca. 650 Titel in Form von Einzel- oder Sammelrezensionen besprochen. Der Rezensionsteil eines jeden Hefts wird seit Mitte der 1970er Jahre durch so genannte Leitrezensionen eröffnet. Dabei handelt es sich entweder um umfangreichere Besprechungen einzelner wichtiger Neuerscheinungen oder um Sammelrezensionen zu bestimmten Themen. Ihr Umfang bewegt sich im Allgemeinen zwischen 5 und 30 Seiten. Danach folgen Einzelrezensionen von durchschnittlich 1,5 Seiten (ca. 3.000 Zeichen), deren Schwankungsbereich jedoch zwischen 1 und 4 Seiten liegt. In Einzelfällen können auch zwei oder drei Titel, die thematisch eng beieinander liegen, in einer solchen Rezension besprochen werden.

(2) Seit ihrer Gründung ist die „Historische Zeitschrift" bemüht, auch in ihrem Rezensionsteil ein möglichst breites inhaltliches Spektrum abzudecken. Keine Epoche, kein Themengebiet und keine Fachdisziplin sind ausgeschlossen. Die Auswahl der Bücher, die zur Besprechung vergeben werden, erfolgt auf der Basis der von den Verlagen eingesandten Rezensionsexemplare, eigener Recherchen zu Neuerscheinungen sowie Empfehlungen von Fachkollegen. Mehrere Indikatoren sind dann bei der konkreten Auswahl hilfreich: Thema, Autor, Art der Publikation (Dissertation, Habilitationsschrift u. a.), Verlag, Reihe, etc. Danach beginnt die Suche nach geeigneten Rezensenten, die leider nicht immer erfolgreich verläuft, da zumal im Bereich der außereuropäischen Geschichte oder den historischen Nachbardisziplinen die Zahl kompetenter Spezialisten beschränkt ist und die HZ hier in besonderer Konkurrenz zu den einschlägigen Fachzeitschriften steht.

(3) Eine Rezension sollte über den Aufbau und Inhalt des jeweiligen Werks, seine Quellen- und Literaturgrundlage, die spezifischen Fragestellungen und Argumentationsweisen

des Autors sowie über die angewandten Methoden informieren, eine Einordnung in die Forschungsdiskussion vornehmen, die besonderen Stärken und Schwächen der Arbeit herausstellen und schließlich eine zusammenfassende Würdigung vornehmen. Bei Sammelbänden können allein aus Platzgründen nicht alle Beiträge einzeln besprochen werden, sondern es sollte eher auf die übergreifenden Fragestellungen und Ergebnisse eingegangen werden. Die Rezensenten sind bei der Abfassung ihrer Texte vollkommen frei. Die Redaktion sieht es nicht als ihre Aufgabe an, bestimmte Formen von Rezensionen nahezulegen, sondern erblickt in der Vielfalt an Rezensionstypen geradezu eine Stärke der Historischen Zeitschrift. Redaktionelle Eingriffe beschränken sich auf die Berichtigung offenkundiger sachlicher Fehler und die Beseitigung persönlicher Invektiven. Reaktionen auf erschienene Rezensionen werden von der Redaktion geprüft, aber prinzipiell keine Gegendarstellung abgedruckt, sondern der Beschwerdeführer an den Rezensenten verwiesen.

(4) Rezensionen sind ein unverzichtbares Medium der wissenschaftlichen Diskussion, und deshalb hält die „Historische Zeitschrift" auch weiterhin an einem umfangreichen Rezensionsteil fest. Die HZ versteht sich dabei als ein Forum der deutschsprachigen und internationalen Geschichtswissenschaft, die in ihrer gesamten thematischen Breite und methodischen Vielfalt zu Wort kommen sollen. Die Herausgeber sind deshalb bemüht, aus der Überfülle von Neuerscheinungen eine möglichst repräsentative Auswahl zu treffen. Dass damit auch eine gewisse Beeinflussung der wissenschaftlichen Diskussion verbunden ist, ergibt sich aus der Sache selbst. Jedoch sieht sich die HZ nicht als ein Richtungsorgan, das durch eine gezielte Vergabe von Rezensionen bestimmte weltanschaulich-politische oder wissenschaftliche Positionen zur Geltung bringen will.

(5) Der Vorteil des Internets besteht zweifellos in der größeren Schnelligkeit und weltweiten Verfügbarkeit von Rezensionen; außerdem steht den Rezensenten zumeist mehr Raum zur Verfügung. Von Nachteil könnte jedoch sein, dass Online-Rezensionen nicht dauerhaft verfügbar sind und nach einer gewissen Zeit gelöscht werden, was bereits vorgekommen ist. Die „Historische Zeitschrift" verfährt deshalb seit mehreren Jahren zweigleisig: Neben der Printausgabe, die Herausgeber und Verlag weiterhin für unverzichtbar halten, werden die digitalen Angebote sukzessive ausgebaut. Ab Mitte 2012 können die Leser ein digitales Archiv nutzen, in dem sämtliche in der HZ erscheinenden Rezensionen einzeln recherchiert und heruntergeladen werden können. Sowohl Aufsätze als auch Rezensionen werden den Abonnentinnen und Abonnenten der HZ bereits vor Erscheinen der Printausgabe online zur Verfügung gestellt. Ein weiterer Service ist die „HZ online" in einem für Tablets und Smartphones optimierten Format. Perspektivisch wird dieser Service allen Abonnentinnen und Abonnenten der HZ zur Verfügung stehen.

Eckhardt Treichel
Historisches Seminar der Goethe-Universität,
Grüneburgplatz 1, D-60323 Frankfurt am Main

Zeitschrift für Historische Forschung

(1) Seit ihrer Gründung im Jahr 1974 ist es ein zentrales Anliegen der „Zeitschrift für Historische Forschung", einschlägige Neuerscheinungen zur Geschichte des Spätmittelalters und der Frühen Neuzeit von Fachleuten für Fachleute besprechen zu lassen. Dafür gibt es in der vierteljährlich erscheinenden Zeitschrift zwei Formate: In der Rubrik „Be-

richte und Kritik" erscheinen regelmäßig Forschungsüberblicke, in denen Neuerscheinungen zu bestimmten Themenbereichen gebündelt und in ihrem jeweiligen fachlichen Kontext besprochen werden. „Klassische" Rezensionen, die sich mit einem einzelnen Buch (in Einzelfällen auch mit mehreren, thematisch ähnlichen Büchern) befassen, werden in der Rubrik „Buchbesprechungen" publiziert. Dabei stehen den Rezensenten je Buch zwei Druckseiten (ca. 7.500 Zeichen inklusive Leerzeichen) zur Verfügung, wobei es seit einigen Jahren zunehmend schwieriger wird, die Rezensenten zur Einhaltung dieser Vorgabe zu bewegen.

(2) Der Besprechungsteil unserer Zeitschrift ist über die Jahrzehnte hinweg immer mehr angewachsen, und zwar sowohl was die Anzahl der rezensierten Neuerscheinungen betrifft, als auch hinsichtlich des Umfangs, den der Besprechungsteil im Verhältnis zum Gesamtumfang einnimmt: Wurden in den 1970er und 1980er Jahren pro Jahrgang etwa 80–90 Publikationen besprochen, wobei der Rezensionsteil nie mehr als 30 Prozent des Gesamtumfangs ausmachte, enthielten die Jahrgänge 2005–2010 pro Jahrgang Besprechungen zu durchschnittlich 196 Neuerscheinungen, die gut 46 Prozent des Gesamtumfangs einnehmen. Das enorme Anwachsen des Besprechungsteils hängt nicht zuletzt damit zusammen, dass die Anzahl der Neuerscheinungen, vor allem der Sammelbände, in den letzten Jahren stetig zugenommen hat. Dass immer mehr Tagungen stattfinden und deren Ergebnisse heute fast standardmäßig in mehr oder weniger heterogenen Tagungsbänden veröffentlicht werden, ist eine der Ursachen für diese Entwicklung.

(3) Damit stellt sich die Frage nach den Auswahlkriterien der zu besprechenden Bücher umso dringlicher, denn im Gegensatz zu früher ist es heute nicht mehr möglich, sämtliche Neuerscheinungen zur Geschichte des Spätmittelalters und der Frühen Neuzeit in unserer Zeitschrift zu besprechen – zumal wir darum bemüht sind, auch englisch-, französisch- und italienischsprachige Publikationen zu berücksichtigen. Wir versuchen die einschlägigen wissenschaftlichen Monographien, vor allem Dissertationen und Habilitationsschriften, sowie bedeutende Sammelbände und Quelleneditionen zu erfassen. Im Vordergrund stehen die Kerngebiete der Politischen, Verfassungs-, Sozial-, Wirtschafts- und Kulturgeschichte. So genannte „Sachbücher" für Laien werden hingegen nur ausnahmsweise besprochen. Interdisziplinäre und epochenübergreifende Bände nehmen wir auf, wenn ein sehr deutlicher Schwerpunkt auf der Geschichte des Spätmittelalters und/oder der Frühen Neuzeit liegt.

(4) Eine perfekte Rezension ist informativ und kritisch. Sie ordnet die besprochene Arbeit in den Forschungskontext ein, referiert Fragestellung, Durchführung und Ergebnisse und kommt zu einem klaren, sachlichen und ausgewogenen Urteil. Aufbau, Zuschnitt und Stil der Rezensionen bleiben selbstverständlich den Autoren überlassen. Der Besprechungsteil durchläuft zwar ein sorgfältiges Lektorat, in der Sache greifen wir dabei aber nur in ganz seltenen Ausnahmefällen ein, etwa wenn die Kritik sachfremd oder persönlich ist. In diesen Fällen nehmen wir selbstverständlich Rücksprache mit den Autoren. Gegendarstellungen von Autoren, die sich ungerecht behandelt fühlen, veröffentlichen wir grundsätzlich nicht.

(4) Rezensionen (vor allem vergleichende Sammelbesprechungen) sind ein zentrales Instrument zur Sicherung wissenschaftlicher Standards. Deshalb ist die Auswahl kompeten-

ter und zugleich sachlicher Rezensenten eine überaus wichtige und verantwortungsvolle Aufgabe. Es gleicht mitunter einer Quadratur des Kreises, Rezensenten zu finden, die einerseits sehr nah am Thema, andererseits aber in ihrem Urteil nicht befangen sind. Es gilt verschleierte Rezensionskartelle ebenso zu verhindern wie unsachliche Kritik an Konkurrenten. Angesichts des verschärften Wettbewerbs vor allem unter Nachwuchswissenschaftlern fällt das immer schwerer.

(5) Die gedruckten Zeitschriften haben in den letzten Jahren Konkurrenz von kostenlosen Online-Plattformen wie „sehepunkte" oder „H-Soz-u-Kult" bekommen, die ebenfalls Rezensionen in großem Stil veröffentlichen. Ein Problem für die Konkurrenzfähigkeit unserer Zeitschrift ist zweifellos, dass die Besprechungen dort in der Regel erheblich schneller erscheinen, was wir nicht ohne Neid beobachten. Dennoch sehen wir die Online-Foren insgesamt eher gelassen. Die „Zeitschrift für Historische Forschung" ist unter Fachleuten national wie international so gut etabliert, dass ihre Stimme trotzdem sehr aufmerksam wahrgenommen wird. Außerdem suchen wir durch die sorgfältige Auswahl der Rezensenten und durch die Publikation umfangreicher Sammelbesprechungen und Forschungsüberblicke das Defizit an Schnelligkeit auszugleichen.

Barbara Stollberg-Rilinger
Historisches Seminar der Universität,
Domplatz 20–22, D–48143 Münster

Schweizerische Zeitschrift für Geschichte

Die „Schweizerische Zeitschrift für Geschichte" wird von der Schweizerischen Gesellschaft für Geschichte herausgegeben und existiert – mit Vorläuferinnen – bereits seit 1843. Anfangs war die Zeitschrift (damals unter dem Namen „Archiv für Schweizerische Geschichte", später „Anzeiger für Schweizerische Geschichte") ein Mitteilungsblatt der Gesellschaft und enthielt neben einzelnen wissenschaftlichen Abhandlungen vor allem Sitzungsprotokolle, Mitgliederverzeichnisse und Vereinsnachrichten, aber keine Buchbesprechungen. Erste sporadische Rezensionen – meist eher knappe Referate – finden sich isoliert im Jahr 1883, später regelmässig ab 1910 wieder, diesmal auch in Form ausführlicherer Besprechungen. Anfangs blieben die Rezensionen auf die Schweizergeschichte beschränkt und waren in deutscher oder französischer Sprache verfasst. Ab 1914 druckte die Zeitschrift die Besprechungen in einer eigenen Rubrik („Literatur – Publications" oder „Einzelbesprechungen – Comptes-rendus") ab. Aus dieser Zeit stammen auch die ersten Sammelbesprechungen.

Seither sind die Rezensionen ein zentraler Bestandteil der Zeitschrift und beanspruchten anfangs rund 10 bis 20 Prozent des Umfangs der publizierten Hefte. Eine Rezension umfasste üblicherweise eine bis zwei, in seltenen Fällen auch mehr Seiten. Seit dem Ersten Weltkrieg erschienen jährlich rund dreissig bis fünfzig Rezensionen, in den 1920er Jahren erhöhte sich die Anzahl Rezensionen auf rund hundert pro Jahr. Seit 1921 erschien die Zeitschrift unter dem Namen „Zeitschrift für Schweizerische Geschichte" (seit 1959: „Schweizerische Zeitschrift für Geschichte") und enthielt nun zunehmend Rezensionen zu Publikationen jenseits der Schweizergeschichte, vor allem der Deutschen oder Österreichischen Geschichte. Vereinzelt erschienen nun auch italienisch- oder englischsprachige Besprechungen. Der Anteil der Besprechungen zur „Allgemeinen Geschichte" – zur nicht-schweizergeschichtlichen Forschung – nahm auch nach 1945 weiter zu. 1962 führte die Zeitschrift im Rezensionsteil eine formelle Unterteilung in „Schweizergeschichte" und „Allgemeine Geschichte" ein, wobei unterdessen die Allgemeine Geschichte deutlich mehr Platz einnahm als die Schweizergeschichte. Seit den 1980er Jahren nimmt die Anzahl der Rezensionen wieder ab und pendelt seither bei rund dreissig bis fünfzig Rezensionen jährlich, wobei etwa die Hälfte in deutscher, die andere Hälfte in französischer Sprache verfasst sind und sich lange Zeit die Schweizergeschichte und die Allgemeine Geschichte die Waage hielten. Beleuchtet werden alle Epochen, von der Alten Geschichte bis zur Zeitgeschichte. In Ausnahmefällen werden auch historiographisch relevante sozialwissenschaftliche Publikationen besprochen.

Aktuell zeichnet sich wieder ein Trend zu mehr schweizergeschichtlichen Rezensionen ab. Dies hat damit zu tun, dass die Redaktion den schweizergeschichtlichen Besprechungsteil für strategisch bedeutsam hält und bei den Bemühungen, Rezensionen einzuwerben, die Publikationen zur Schweizergeschichte prioritär behandelt. Die Zeitschrift, einschliesslich aller Rezensionen, wird mit einer Schutzfrist von einem Jahr auch „open access" in digitaler Form veröffentlicht (http://retro.seals.ch/digbib/home). Sie arbeitet zudem im Rezensionsteil eng mit dem geschichtswissenschaftlichen Informationsportal infoclio.ch (www.infoclio.ch) zusammen. „infoclio.ch" unterhält eine übergreifende schweizergeschichtliche Rezensionsdatenbank, die auch die Rezensionen der Schweizerischen Zeitschrift für Geschichte umfasst (http://www.infoclio.ch/de/node/9462).

Martin Lengwiler und Andrea Leslie
Schweizerische Gesellschaft für Geschichte,
Villettemattstrasse 9, CH–3007 Bern

Zeitschrift der Savigny-Stiftung für Rechtsgeschichte

Die „Zeitschrift der Savigny-Stiftung für Rechtsgeschichte" (ZRG) blickt auf eine lange Geschichte zurück. Schon in dem ersten Band der Germanistischen Abteilung (ZRG.GA), die unter diesem Namen 1880 erschien, findet sich eine Vorankündigung, man werde damit beginnen, wesentliche germanistische Literatur in kurzen Besprechungen vorzustellen. Die gleichnamige Romanistische Abteilung (ZRG.RA) bringt erstmals in Band 3 (1882) einen Beitrag über „Litteratur"[3]. Die Kanonistische Abteilung der ZRG (ZRG.KA) übernahm von Anfang an (1911) die Gewohnheit umfangreicher Literaturteile von den damals schon etablierten anderen Abteilungen[4].

Eine Buchbesprechung soll sich mit der Neuerscheinung und der darin benützten Literatur wissenschaftlich auseinandersetzen. Besonders qualifizierte Buchbesprechungen können als Rezensionsmiszellen hervorgehoben werden. Sammelrezensionen und Länderberichte gibt es von Anfang an fallweise[5]. Eine Liste der jährlichen „Weiteren Eingänge" oder „Weiteren Literatur" (die nicht nur Eingänge, sondern auch Empfehlungen enthält) erwies sich als praktisch[6]. Aus der kommentierten Neuerscheinungsliste heraus entwickelten sich kurze alphabetische „Anzeigen".

---

[3] *ZRG RA* 3 (1882) 238–240 mit einem Verriss.

[4] Ergänzt durch einen Nachspann zugegangener Schriften, „die nach Möglichkeit später besprochen werden sollen", *ZRG 32 KA 1* (1911) 431–432.

[5] Zum Beispiel *ZRG GA* 68 (1951) 556–558 und *ZRG GA* 69 (1952) 555f. über die „Monumenta Germaniae Historica"; *GA* 70 (1953) 418–422 „Verzeichnis der ungedruckten Dissertationen".

[6] Die Rubrik in *ZRG* 66 *KA* 35 (1947) 431–439 „Anzeigen und Eingänge" vermischt kommentierte und unkommentierte Neueingänge, die heute unter den Rubriken „Anzeigen" und „Weitere Eingänge" getrennt erfasst werden. *ZRG RA* 68 (1951) 620 Anm. 1: „Aus Gründen der Raumnot und um das Er-

Die ZRG deckt ein weites Fachgebiet ab und kennt keine Einschränkungen auf Epochen, Orte oder Themen, sofern sie rechtshistorisch relevant sind. Die Besprechungsteile sind traditionell chronologisch sortiert. In jüngerer Zeit fanden Strafrecht und Gender-Themen sowie vermehrt fremdsprachige Literatur Raum in der ZRG. Zurückhaltung besteht – „dem Herkommen dieser Zeitschrift gemäß"[7] – gegenüber Sonderdrucken, Magisterarbeiten und Lehrbüchern. Mehrfachrezensionen sind tabu. Bei Werken der Mitherausgeber sieht der derzeit letztgültige Herausgeberbeschluss vor, eigene Werke entweder nur minimal anzuzeigen oder sie einer profunden ausführlichen Kritik durch einen Fachkollegen zu unterziehen.

Die Auswahl der Beiträge und Verfügung über den Umfang, der 1.000 Druckseiten nicht überschreiten soll, obliegt den Redaktionsteams[8]. Den Autorkontakt übernimmt jeweils einer der Herausgeber pro Abteilung. Er verarbeitet Anregungen vom Buchmarkt und den Verlagen, aus dem Kollegenkreis und aus dem Autorenkreis. Dann spricht er die aus seiner Sicht geeignetste Person als Referentin oder Referenten persönlich an, um die jeweils besten Spezialisten zu Stellungnahmen zu bewegen. „Die große Kunst ist es, den Rezensenten zu finden, der vorurteilsfrei, nicht persönlich verfeindet oder befangen und zugleich als bester Kenner der Thematik sich mit dem Inhalt kompetent und kritisch auseinandersetzt"[9]. Die Redaktion ist darauf bedacht, „daß, was wissenschaftliche Unabhängigkeit und Vornehmheit anlangt, die neue Abteilung den älteren nicht nachstehe"[10]. In sehr seltenen Fällen kann die Redaktion eine Gegendarstellung und einen abschließenden Kommentar des Referenten zulassen, wobei die Regel gilt, dass jede weitere Stellungnahme jeweils deutlich kürzer sein muss als der Text, den sie kritisiert.

Eine gelungene Besprechung geht über eine Inhaltsangabe hinaus. Sie verortet wissenschaftliche Ergebnisse ausführlich in der Literatur und in der Lehre, sie bewertet und vergleicht. Querverweise zu anderen ZRG-Artikeln sind willkommen. Es geht um Einordnung der zu besprechenden Neuerscheinungen in den Forschungsstand und um eine inhaltliche Auseinandersetzung mit Fragestellung, Konzept und Ertrag für die Forschung.

In den letzten Jahren (Erhebung der Bände seit 2007) war immer der Literaturteil der ZRG.KA mit zwischen 47 und 106 Seiten der bescheidenste. Der Literaturteil der RA, der seit jeher den nicht deutschsprachigen Raum stark berücksichtigt, umfasst im Beobachtungszeitraum zwischen 157 und 330 Seiten. Seit 2000 nahm der Literaturteil der ZRG.GA nach einer Reorganisation unerwartet eine explosionsartige Entwicklung. Der Band ZRG.GA 127 (2010) behandelte schließlich 432 Titel auf 691 Druckseiten. In der Folge behalfen wir uns in der GA mit dem Internet: das Inhaltsverzeichnis der Bände ZRG.GA 128 (2011) und 129 (2012) verweist für nicht in Druck übernommene Titel mit einem Link auf die Homepage des Herausgebers G. Köbler.

Die Verantwortung für die Annahme eines Manuskripts kann dem Herausgeber nicht genommen werden, aber die Verantwortung für den gedruckten Text trägt der Autor. Die Redaktion behält sich mitunter kritische Fragen zu den Manuskripten vor. Eine „Zensur"

---

scheinen des Bandes nicht noch länger zu verzögern, mußten leider einige schon für Bd. 68 vorgesehene Besprechungen zurückgestellt werden." *ZRG GA* 70 (1953) trennt erstmals „Anzeigen" (Kurzbesprechungen) S. 422–424 von „Eingängen" S. 424–427.

[7] Zum Beispiel *ZRG RA* 100 (1983) 784 u. ö.

[8] Vgl. schon: Ludwig Mitteis–Ulrich Stutz–Albert Werminghoff. *ZRG GA* 43 (1922) II u. ö.

[9] Mitteilung Hans-Peter Haferkamp anlässlich des Herausgeberwechsels Ende 2011.

[10] *ZRG 32 KA* 1 (1911) VIII.

wie seinerzeit, als der Verlag der ZRG im kommunistischen Weimar beheimatet war, gibt es seit ZRG 97 (1980) nicht mehr.

In den letzten Jahren kam man nicht umhin, auch das Internet einzubeziehen. So genannte Internet-Zeitschriften spielen in unserem Fach noch immer ein relativ unbeachtetes Dasein. Aber der Zugriff durch Suchmaschinen und die Menge an frei verfügbaren Daten verbessern sich laufend. Man erhält immer unkomplizierter Erstinformationen aus dem Netz. Verlage nutzen gern diesen Werberaum für Informationen, die daher im Druck entfallen können. Ein nicht aufzuholender Nachteil der Druckversion gegenüber dem Netz ist zudem die zeitliche Verzögerung unseres Erscheinens, denn Manuskripte, die bei Redaktionsschluss vorliegen, werden erst etwa acht Monate später gedruckt ausgeliefert, bedingt durch einen Korrekturgang und den großen Umfang der drei ZRG-Abteilungen.

Warum hat dann die ZRG noch einen Literaturteil? Weil es immer so war? Um das eigene Weltbild zu stärken? Die ZRG möchte den fachspezifischen Diskurs in der Disziplin Rechtsgeschichte und ihrem Flaggschiff pflegen. Indem wir neben der Inhaltsangabe betont die wissenschaftliche Bewertung fördern, erhoffen wir uns eine deutliche Stärkung der Kommunikation auf hohem Niveau und eine Verdichtung des innerfachlichen Gesprächs. Die Zeitschrift ZRG ist dafür ein wesentlicher Begegnungsort[11].

Reingard Rauch
Zeitschrift der Savigny-Stiftung für Rechtsgeschichte ZRG
Waldheimatweg 33, A–8010 Graz

Zeitschrift des Historischen Vereines für Steiermark

(1) Seit 1903 gibt es in der „Zeitschrift des Historischen Vereines für Steiermark" Rezensionen bzw. Literaturberichte. Die Vorgängerzeitschrift „Mitteilungen des Historischen Vereines für Steiermark" brachte keine Rezensionen. Umfang des Abschnittes Literaturberichte schwankend, etwa 20 bis 40 Druckseiten. Fallweise erscheinen umfangreichere Besprechungen als Miszelle. Umfang der einzelnen Besprechungen von einer halben bis zu 3 Druckseiten schwankend je nach Bedeutung und Rezensenten.

(2) Schwerpunkt sind Themen aus dem gesamten Spektrum der Historischen Landeskunde der Steiermark, daneben in Auswahl thematisch oder inhaltlich zu Vergleichen anregende Publikationen der Nachbarvereine und des innerösterreichischen Geschichtsraumes inklusive Militärgrenze etc. sowie in weiterem Zusammenhang mit der Steiermark stehende gesamtösterreichische Publikationen. Rezensenten sind der Obmann, Ausschussmitglieder, Archivare des Landesarchivs und Mitarbeiter des Instituts für Geschichte der Universität, fallweise auch Spezialisten zu einzelnen Materien. Ergänzend werden auch Verzeichnisse einschlägiger Habilitationsschriften, Dissertationen und Diplomarbeiten sowie die Styriaca-Neuerwerbungen der Landesbibliothek abgedruckt.

(3) Information der Mitglieder in Form von Literaturberichten. Geglückt: Bericht und weiterführende Auseinandersetzung mit den Inhalten ohne Selbstdarstellung. Diskussionen sind durchaus zulässig, soweit sie nicht nur Polemik bedeuten. Fallweise wird bei sachlichen Irrtümern eines Rezensenten Gelegenheit zu kurzer Erwiderung gegeben.

---

[11] Mitteilung der Herausgeber der ZRG GA anlässlich einer Amtsübernahme, 21. 11. 2011.

(4) Man kann neue Gesichtspunkte und Forschungsrichtungen und allgemein Forschungsergebnisse bekannter machen und diskutieren.

(5) No comment.

Gerhard Pferschy
Karmeliterplatz 3, A–8010 Graz

Literaturberichte

Rezensionen

Immo WARNTJES, The Munich Computus: Text and Translation. Irish computistics between Isidore of Seville and the Venerable Bede and its reception in Carolingian times. (Sudhoffs Archiv. Zeitschrift für Wissenschaftsgeschichte, Beih. 59.) Steiner, Stuttgart 2010. 402 S.

Die vorliegende bahnbrechende Monographie, hervorgegangen aus einer von Dáibhí Ó Cróinín betreuten Ph.D. thesis (NUI Galway, 2007), ist kurz nach dem Tod von Arno Borst (gest. 24. April 2007) erschienen, mit dem der Verfasser zuletzt in engem Kontakt stand und dessen dreibändige „Schriften zur Komputistik im Frankenreich von 721 bis 818" (2006) er lektorieren durfte (S. XIV). Dem Andenken Arno Borsts sowie dreier weiterer Koryphäen der Komputistik (Bruno Krusch, Bartholomew Mac Carthy, Eduard Schwartz) ist der Band gewidmet.

Der so genannte *Münchner Computus* (MC) – den Namen behält Warntjes sinnvollerweise bei (S. XXVII–XXIX) – ist ein in einer aus St. Emmeram zu Regensburg stammenden, heute in der Bayerischen Staatsbibliothek zu München überlieferten Handschrift (Clm 14456, fol. 8^r–46^r) von einem anonymen (süd)irischen Autor (s. S. LXIIff.) verfasster komputistischer Text. Der fast ausschließlich Computistica enthaltende Codex endet (fol. 80^v–86^r) mit den unter Historikern wohl bekannteren *Annales S. Emmerami Ratisponensis maiores* (s. Vorwort und Edition von G. H. Pertz in MGH Scriptores 1 S. 91–93); das Abbrechen der Annalenüberlieferung mit dem Jahr 823 bietet ein Datierungskriterium für die gesamte Handschrift, deren Inhalt Warntjes dankenswerterweise aufschlüsselt (S. CCXI–CCXXI).

Wie im Untertitel des Buches angedeutet, geht es dem Autor darum, das Jahrhundert von ca. 650 bis ca. 750 als eine formative Periode (nicht nur) der irischen Komputistik zu erweisen. Dabei steht der auf das Jahr 719 zu datierende MC am Beginn der Entwicklung des literarischen Genres des „komputistischen Textbuches" (S. LII–LVI, CCVI), als dessen frühest sicher datierbarer Zeuge MC im Verbund mit dem erst 2006 entdeckten *Computus Einsidlensis* (CE) (Datierung: 689–719) sowie *De ratione conputandi* (DRC) (Datierung: 719–727) erörtert wird.

Der eigentlichen Edition des MC – editio princeps (einzelne Abschnitte wurden schon früher ediert, z. B. altirische Glossen) – vorangestellt ist nach der Einführung (S. XVff.) ein umfangreicher Kommentar über Geschichte (S. LVIIff.) und Kontext des MC (S. CVIIff.). Die in 68 Kapitel gegliederte Edition des lateinischen Textes mit (englischer) Übersetzung ist von vier „Apparaten" begleitet (apparatus criticus / fontium / comparationis / commentationum modernarum). Corrigendum in c. 14: *quodam > quoddam*. In c. 51 begegnet interessanterweise sogar ein altenglisches Wort (*gerīm*). Zu überdenken wäre in c. 54 die Übersetzung von *pascha* (*transitus* = departure?). Übertrieben wirkt es, *Fetrus et Faulus* als „Feter and Faul" zu

„übersetzen". (Überhaupt bedürften die für uns zunächst befremdlichen, auf Hieronymus zurückgehenden Behauptungen über fehlendes p- im Hebräischen einer sprachwissenschaftlich-semitistischen „Erläuterung".) Der durch seine Predigten berühmte Bischof Maximus „Taurinensis" sollte von Tours nach Turin transferiert werden, wo er als erster namentlich bekannter Bischof verehrt wird (S. 207 und Literaturverzeichnis S. 359; vgl. übrigens die Katechese Papst Benedikts XVI. vom 31. Oktober 2007).

Erweitert wird die Edition des MC durch acht Appendices (mit mehreren Faksimiles); in Appendix 2 (S. 322–326) übrigens die editio princeps des in der Kölner Dombibliothek (Hs. 83², fol. 176ᵛ–178ᵛ) überlieferten komputistischen Textes (vgl. auch www.ceec.uni-koeln.de). Hilfestellung vor und bei der sehr anspruchsvollen Lektüre des Buches leistet ein grundlegendes komputistisches Glossar (S. 341–353). Darauf folgen die Bibliographie zitierter Quellen und Literatur (S. 354–376) und abschließend Indices mit Quellenbelegen (S. 377–402).

Es ist eine glückliche Fügung, dass diese als Beiheft zu „Sudhoffs Archiv" erschienene Arbeit von einem Mathematiker und Historiker verfasst ist, der zudem über ausgewiesene Kenntnisse des Altirischen verfügt – erfreulich angesichts weit verbreiteter Negligenz, wenn nicht Ignoranz von Hibernica. Als Mathematiker und Mediävist ist er dazu berufen, die in der Wissenschaftsgeschichte dieses Faches kaum berücksichtigte frühmittelalterliche Epoche in den Blick zu nehmen und die Bedeutung der Komputistik in diesem Rahmen zu würdigen (s. S. XXXff.). Dem Naturwissenschafter darf man auch für seine Formulierung konziser Regeln wissenschaftlicher Methodik in ihrer Anwendung auf die Textanalyse danken (vgl. S. CXCVI). Im Wirken des Dionysius Exiguus (S. XLIV–XLVI, LII, LXXIIf., CLXf.) lassen sich Möglichkeiten des Kulturtransfers vom griechisch-byzantinischen zum lateinischen Mediterraneum im 6. Jahrhundert thematisieren. Besonders schön und überzeugend werden solche Überlegungen entfaltet im Zusammenhang mit Theodor von Tarsos (S. CL–CLII, vgl. S. CLXII); unter der Obhut dieses aus der kilikischen Heimat des Apostels Paulus stammenden, in frühen Jahren von kulturellen Einflüssen und politischen Turbulenzen des byzantinisch-persisch-syrischen Grenzraums geprägten und über Konstantinopel und Rom nach Britannien gelangten achten Erzbischofs von Canterbury (gest. 690) gedieh eine Kathedralschule, an der auch irische Schüler – nicht zuletzt in rebus computisticis – ausgebildet wurden.

Wir sind Immo Warntjes zu größtem Dank verpflichtet. Der wissenschaftliche Ertrag der vorliegenden Publikation ist gewaltig; einige entbehrliche Druckfehler sind zu bereinigen. Die reichhaltigen Kommentare offenbaren eine bewundernswerte Kenntnis der Materie wie der Quellenüberlieferung. Wissenschaftlich hat Warntjes neue Standards für die Erschließung eines bedeutenden frühmittelalterlichen komputistischen Textes entwickelt und somit einen Meilenstein für künftige Editionen gesetzt. Solche sind – wie das Beispiel des *Computus Einsidlensis* zeigt – im Verbund mit weiteren Forschungen von ihm selbst zu erwarten, zumal zahlreiche komputistische Texte einer umfassenden Bearbeitung harren. Darüber hinaus wird Warntjes' Arbeit wesentlich zur Förderung komputistischer Forschungen in den kommenden Jahren und Jahrzehnten beitragen. Einen Vorgeschmack davon geben die in Galway, dem Zentrum der *peritia computistica*, 2006 und 2008 abgehaltenen Tagungen, deren von Immo Warntjes und Dáibhí Ó Cróinín herausgegebene Proceedings mittlerweile im Druck vorliegen (Computus and its Cultural Context in the Latin West, AD 300–1200; The Easter Controversy of Late Antiquity and the Early Middle Ages [Studia Traditionis Theologiae 5 bzw. 10, Turnhout 2010 bzw. 2012]) und deren Besprechung in dieser Zeitschrift folgen wird.

St. Ruprecht / Piberbach   Harald Krahwinkler

Pirmin, Scarapsus, hg. von Eckhard HAUSWALD. (MGH Quellen zur Geistesgeschichte des Mittelalters 25.) Hahn, Hannover 2010. CXXXIII, 181 S.

Die vorliegende Edition von Eckhard Hauswald präsentiert einen pastoralpraktischen Text des 8. Jahrhunderts, der dem Klostergründer Pirmin zugeschrieben wird und Auszüge aus biblischen und patristischen Schriften (*scarapsus*) zu einem „katechetische[n], dogmatisch wie auch ethisch instruierende[n] Traktat" (S. XX) „in Form einer langen Predigt" (S. XXIV) zusammenstellt. Auf insgesamt 315 Seiten bietet Hauswald eine ausgezeichnete Edition des Textes sowie eine übersichtlich gegliederte Einleitung, die auf folgende Aspekte eingeht: Autor und Werk, Aufbau und Inhalt, literarische Vorlagen, sprachliche Gestalt und Überlieferung mit Unterkapiteln zu den Handschriften, Textumfang und Überlieferungsumfeld, Überlieferungszweigen und Stemma. Es folgen Abschnitte zu Rezeption, früheren Editionen und den Kriterien der Textgestaltung der Neuedition sowie das Quellen- und Literaturverzeichnis.

Pirmins Autorschaft ist für den *Scarapsus* bislang nicht angezweifelt worden, wenn sein Name in der handschriftlichen Überlieferung auch nur in einer einzigen Handschrift erwähnt wird (S. XIX–XX). Da sich gesicherte Informationen über Pirmins Herkunft, Leben und Wirken in Grenzen halten, beschränkt sich Hauswald in seiner Einleitung diesbezüglich auf einen knapp zusammenfassenden Überblick über verschiedene Theorien und Spekulationen der bisherigen Forschung. Umstände und Zeitraum der Abfassung sind entsprechend der wenigen gesicherten Informationen über Pirmins Leben und Wirken nur annäherungsweise zu bestimmen, als wahrscheinlich gibt Hauswald das zweite Viertel des 8. Jahrhunderts als Entstehungszeitraum dieses Textes an. Als Vorlagen und Modelle zog Pirmin Martin von Bragas *De correctione rusticorum* und die sog. *Doctrina cuiusdam sancti viri* heran, sowie eine Reihe von Predigten des Caesarius von Arles. Der Text steht der Bußbücherliteratur sowie den Predigten der sog. Eligius-Kompilation sehr nahe, ein monastischer Kontext äußert sich in den Parallelen zur *Regula Benedicti*.

Als besondere Stärke der Einleitung ist die sprachliche Untersuchung des Textes und der Handschriften hervorzuheben. Hauswald widmet diesem Abschnitt besonders viel Raum und bietet neben der Darstellung der speziellen Phänomene, die im *Scarapsus* und seinen Handschriften anzutreffen sind, auch allgemeinere Erklärungen zu sprachlichen und lautlichen Entwicklungen der lateinischen Sprache in Spätantike und Mittelalter (S. XXXV–LXIII). Dadurch werden die jeweils auftretenden Phänomene als Teil der Entwicklung und Veränderung von Latein als gesprochener Sprache verständlich und nachvollziehbar. Dementsprechend betrachtet Hauswald den Text bzw. seine jeweiligen Erscheinungsformen in den entsprechenden Handschriften als bewusst gewählte Darstellung der Sprache, die dem jeweiligen Gebrauch des intendierten Publikums entsprochen haben dürfte: „Die rezipientenorientierte sprachliche Gestaltung des Textes ist als bewusste Wahl eines dem Textgenre angemessenen sprachlichen Registers zu verstehen und somit nicht als realiter vorliegender Hinweis für mangelnde literarische Ausdrucksfähigkeit des Autors misszuverstehen" (S. XXXV).

Im Abschnitt zur Überlieferung des *Scarapsus* befasst sich Hauswald ausführlich mit den zehn Handschriften aus dem 8./9. bis 11. Jahrhundert, in denen der Text nachgewiesen ist (S. LXIII–XCVIII). Hauswald liefert nicht nur kodikologische und paläographische Beschreibungen, sondern listet auch den vollständigen Inhalt der Handschriften auf, was für das Verständnis der textuellen Zusammenhänge und der unterschiedlichen Gebrauchsinteressen äußerst hilfreich ist. Dabei zeigen sich zwei wichtige Überlieferungskontexte: die Kanonistik und die Homiletik. Mehrere Handschriften enthalten Sammlungen von Texten zu Kirchenrecht und Bußdisziplin (S. XCIII); von diesen Texten ist besonders die Collectio Vetus Gallica zu erwähnen, deren süddeutscher Zweig den *Scarapsus* bereits Ende des 8. Jahrhunderts rezipiert (S. XCIX). Der zweite Überlieferungszusammenhang umfasst Predigten und andere liturgische bzw. dogmatische Texte, für die besonders Isidor, Augustinus, ps-augustinische Texte,

Caesarius von Arles und Eligius von Noyon herangezogen wurden. Dementsprechend sind Rezeptionsspuren sowohl in kirchenrechtlichen als auch homiletischen Texten bis ins 13./14. Jahrhundert zu beobachten. Als weiteres Interessensfeld zeichnet sich durch die Zusammenstellung mit klassischen und spätantiken Texten eine (wahrscheinlich eher marginale) Verwendung im Schulunterricht ab.

Die Edition wurde nach den bewährten Richtlinien der MGH angefertigt. Hauswald folgt bis auf wenige Ausnahmen dem Text und den Schreibungen der Leithandschrift A (Paris, BN, Lat. 1603, 8./9. Jahrhundert), wobei er Editionsrichtlinien und Vorgangsweise ausführlich und nachvollziehbar darlegt. Sämtliche Varianten aller Handschriften sind im kritischen Apparat erfasst, ebenso weiterführende Literaturhinweise zu linguistischen Besonderheiten im Text. Ebenfalls sehr ausführlich und hilfreich ist der Apparat zu Literaturzitaten, der auch Verweise auf literarische Ähnlichkeiten umfasst. Sowohl Text als auch Apparat bieten somit entscheidende Verbesserungen gegenüber den bisherigen Editionen. Als weitere Ergänzung finden sich nach dem Editionsteil ein Verzeichnis der zitierten Bibelstellen, spätantiken und frühmittelalterlichen Autoren und Werke sowie ein Wörterverzeichnis.

Der Traktat ist an zwei unterschiedliche Rezipientengruppen gerichtet, an Klerus und Laien, die im Prolog an ihre jeweiligen Pflichten, zu predigen bzw. der Glaubensunterweisung zuzuhören, ermahnt werden. Dass der Text nicht nur für geistliche Prediger bestimmt ist, zeigt auch die Aufforderung an die Laien, dem guten Vorbild der Kirchenvorsteher zu folgen, jedoch ihre schlechten Taten nicht nachzuahmen: „Einen bemerkenswerten Akzent [...] setzt der Autor mit c. 11, das eine aus den zeitgenössischen Verhältnissen wie auch aus dem monastischen Entstehungshintergrund des Textes heraus zu verstehende Kritik am weltlichen Klerus, insbesondere dem Episkopat, bringt, indem es die Gläubigen auffordert, unabhängig vom möglicherweise schlechten Vorbild derer, ‚die den katholischen Kirchen vorstehen' (c. 11, S. 35, Z. 6f.), stets das Richtige und Gute zu tun" (S. XXVI). Dies setzt voraus, das die Laienbevölkerung das nötige Wissen haben bzw. erlangen könne, dieses Wissen auch einsetzen, und damit unabhängig von der Autorität der Bischöfe oder Priester beurteilen könne, ob diese gut oder schlecht handeln. Dafür soll der Traktat auch eine Anleitung sein, wie Hauswald bemerkt (S. XXVI).

Der erste inhaltliche Schwerpunkt liegt auf einer Kurzfassung der Heilsgeschichte von der Erschaffung der Welt bis zum Pfingstereignis (c. 2–10), das von den Aposteln formulierte Glaubensbekenntnis (c. 10) und die Einsetzung der Amtsträger, die die Leitung der Kirche übernehmen sollen. Es folgt als zweiter Schwerpunkt eine Ausführung zu Taufe und Taufritus (c. 12), die dann zu der Frage, wie man als Christ leben soll, überleitet. C. 13–27 sind daher der moralischen Unterweisung gewidmet, die acht Hauptsünden und eine Reihe daraus abgeleiteter Vergehen zu meiden und das Gute zu tun. Im Schlussteil (c. 28a–34) folgt nochmals eine Zusammenfassung des Gesagten mit Schwerpunkt auf dem Glaubensbekenntnis sowie auf Anleitungen, wie christliche *caritas* praktiziert werden soll.

Hauswalds Neuedition des *Scarapsus* ist besonders begrüßenswert, da es bislang immer noch an modernen Editionen von Texten mangelt, die direkte Hinweise auf pastorale Praktiken und die Vermittlung der Glaubenslehre im frühen Mittelalter geben. Solche theologischen und christlich-moralischen Texte sind in unterschiedlichen Formen in zahlreichen Handschriften ab dem 8. Jahrhundert enthalten und bedürfen noch weiter gehender Aufmerksamkeit und Aufarbeitung. Hauswalds hervorragende Edition, die auf seiner Dissertation von 2005/6 beruht, kann daher einen Anstoß für künftige Forschungen geben, sich mit dem immer noch weitgehend unklaren Entstehungskontext des *Scarapsus* zu befassen, und bietet dadurch einen weiteren Impuls für die Pirminforschung insgesamt. Sie zeigt, wie wichtig es ist, sich mit Texten zu befassen, die an einem Schnittpunkt von pastoraler Praxis, Predigt, Bußliteratur, kanonischem Recht und Exegese stehen, und dass die Auseinandersetzung mit der handschriftlichen Überlieferung dabei von entscheidender Bedeutung ist. Bei einem genaueren Blick fällt zwar auf, dass in Hauswalds einleitenden Ausführungen weitere Forschungsliteratur durchaus hätte Berücksichtigung finden können, doch liegt das Hauptaugenmerk dieses Buches ja auf der Edition. Diese wird für die zukünftige Erforschung ähnlicher Texte, die ab dem 8. Jahrhundert immer häufiger auftreten, einen wichtigen Impuls setzen.

Wien   Marianne Pollheimer

La documentazione dei vescovi di Trento (XI secolo–1218), a cura di Emanuele Curzel–Gian Maria Varanini. (Annali dell'Istituto storico italo-germanico in Trento. Fonti 11.) Il Mulino, Bologna 2011. 781 S.

Diese Edition hängt eng mit jener des *Codex Wangianus* zusammen, welchen Friedrich von Wangen, 1207–1218 Bischof von Trient, hat anlegen lassen und den dieselben Bearbeiter 2007 neu herausgegeben haben. Ediert werden weder die von den Bischöfen von Trient bis 1218 ausgestellten Urkunden noch die Urkunden mit Bezug auf das Bistum überhaupt, sondern die Dokumente im fürstbischöflich Trientner Archiv, wie es um 1760 bestanden hat. In strenger Folgerichtigkeit wird von dem am 2. März 1195 mit dem Kloster Tegernsee abgeschlossenen Tauschvertrag nur das in Trient verwahrte Exemplar geboten, nicht aber jenes in München.

Die Einleitung von E. Curzel (S. 11–87) gilt zunächst den feierlichen Bischofsurkunden und dem Siegelgebrauch, dann der (beherrschenden) Rolle des Notariats im bischöflichen Urkundenwesen. Nach den Zusammenhängen zwischen dem *Codex Wangianus* und der sonst erhaltenen Dokumentation geht es um ein mögliches Cremoneser Vorbild für den *Codex* und um die von den Bischöfen ernannten Notare; die letzteren sind nur Notare „zweiter Klasse". Der gängigen Meinung, die Rolle des Notariats im Urkundenwesen der Bischöfe Italiens habe mit der Entfaltung der Kommunen zu tun, steht Curzel kritisch gegenüber, denn in Trient gab es keine „echte" Kommune. So könnte auch außerhalb Trients anderes für das Fehlen eines eigenen bischöflichen Urkundenwesens maßgeblich gewesen sein. Der Rezensent kann dem nur zustimmen, ist er doch schon seit langem überzeugt, dass Kommune und Notariat als ein spezifisch für Italien gültiges Muster zur Erklärung der Nicht-Entwicklung eines eigenen bischöflichen Urkundenwesens mit feierlichen Siegelurkunden nicht ausreichen (Deutsches Archiv 57, S. 95–110). Es folgt die wechselvolle Geschichte der fürstbischöflichen Archivalien und dann eine Zeittafel zu den Bischöfen 1124–1205 mit Belegen auch jenseits der hier publizierten Urkunden. Die Konzentration auf das italienische Schrifttum führt hier bisweilen zu Ungenauigkeiten und Lücken: Bischof Altmann erscheint am 26. August 1126 in einer Salzburger Urkunde nicht als Zeuge, wie die benützte Stelle bei Iginio Rogger vermuten lässt, sondern als Handelnder. Trientner Bischöfe als Zeugen in den Diplomen Friedrichs I. werden berücksichtigt, jene in den Diplomen Konrads III. aber nicht (D. Ko. III. 172 und 174).

Die eigentliche Edition (S. 99–603) enthält 279 Nummern (nicht zur Gänze „eigentliche" Urkunden). Für ein Siebentel davon war nur mehr das Archivrepertorium von etwa 1760 als Grundlage verfügbar. Auf Volltextwiedergabe wurde verzichtet, wenn das betreffende Stück innerhalb derselben Buchreihe bereits publiziert war. Für den kürzlich edierten *Codex Wangianus* galt einschränkend, dass auf den Volltext der Einzelüberlieferung nur dann verzichtet wurde, wenn dieser offensichtlich aus der Überlieferung im *Codex Wangianus* abgeleitet ist und textkritisch diesem daher nachsteht. Die Kopfregesten halten sich eng an die urkundliche Terminologie und vermeiden so Interpretationen, die künftige Forschungen präjudizieren könnten. Man mag als Unschärfe empfinden, dass im Kopfregest öfters auch dann nur von der Aufsandung zwecks Neuverleihung die Rede ist, wenn im Text diese Neuverleihung ausdrücklich mitbeurkundet wird (Nr. 52, 57, 88, 150, 214, 227, 267, 269, 274). Ähnlich enthält Nr. 187 nicht nur den bischöflichen Befehl an einen Notar, gewisse Zeugenaussagen zu beglaubigen, sondern in erster Linie gerade diese Zeugenaussagen selbst. Irreführend sind solche Unschärfen nie. Die Texte selbst sind nach den Regeln der Kunst bearbeitet. So wie die Bearbeiter im textkritischen Apparat ihrer Edition des *Codex Wangianus* auch die Lesungen in der Ausgabe von R. Kink (Wien 1852) angeführt haben, so tun sie dies hier mit den Lesungen in tesi di laurea. Cui bono? Den reichlichen notariellen Beglaubigungsformeln zu den kopialen Überlieferungen wird peinlich genau Rechnung getragen. Dankbar ist der Benützer für die häufigen Hinweise auf andere, dem jeweiligen Stück sachlich nahestehende Urkunden.

Allerorten pflegt die Überlieferungsdichte im Lauf der Zeit zuzunehmen; im vorliegenden Fall ist diese Ungleichmäßigkeit ganz besonders ausgeprägt: Aus dem 11. Jahrhundert gibt es – bei Ausschluss eines Falsums – nur zwei Stücke, weiter bis 1150 nur fünf. Aus den folgenden Jahrzehnten stammen 3, 3, 12, 23, 48 und 51 Dokumente, aus den letzten acht Jahren gleich 122: Hier zeigt sich auch die Bedeutung des Bischofs Friedrich von Wangen für das Trientner Urkundenwesen. In auffallend hohem Maß enthält das fürstbischöfliche Archiv solche Stücke, in denen die Bischöfe von Trient selbst Aussteller oder jedenfalls Handelnde sind. Die Partner der Rechtsgeschäfte sind weit überwiegend weltliche Personen, sie kommen – abgesehen von Herrschern und päpstlichen Delegaten – natürlich zumeist aus dem alttirolischen Raum, einige aus der lombardischen und venetischen Nachbarschaft, aber auch aus dem Friaul und aus Bayern. Es gibt keine einzige Papsturkunde (nur einmal wird ein päpstlicher Justizbrief erwähnt).

Die Edition enthält nur sehr wenige Inedita (Nr. 158, 198 und 216; Nr. 141 und 211 waren bisher nur im Regest bekannt). Doch dieser erste Eindruck täuscht. Wohl wurde das Gros der schon verfügbaren Editionen erst in jüngerer Zeit ediert, aber vieles davon nur in zwei tesi di laurea aus den 1970er Jahren, und solche Arbeiten sind in Italien meist schwerer zugänglich als Originalurkunden. Gegenüber etlichen Dokumenten in der Neuausgabe des *Codex Wangianus* bietet die jetzt vorliegende Edition einen besseren oder jedenfalls einen davon unabhängigen Text. Bei den Rechtsgeschäften dominieren (jedenfalls ab der Mitte des 12. Jahrhunderts) die bischöflichen Verleihungen von Gütern und Rechten, und dies auf allen Ebenen. Ihnen folgen die Aufsandungen, meist im Hinblick auf eine Neuvergabe. Alle anderen Rechtsgeschäfte stehen weit zurück. Neben dem „Üblichen" gibt es auch Besonderes wie die Erklärung eines Herrn, einen bestimmten Platz nicht zu befestigen, oder ein Konspirationsverbot. Spiritualia fehlen fast völlig. So verwundert es nicht, dass bei den Objekten die Immobilien (samt den mit ihnen verbundenen Rechten und Lasten) in überwältigender Weise die Hauptrolle spielen. Nicht selten handelt es sich um Burgen. Aber auch Bergwerke und die Flussschifffahrt (samt Flößerei) sind vertreten, weiters der Rechtsstand von Personen, fallweise auch die Rechtsstellung von Klöstern und Kirchen. Um ganze Grafschaften geht es nur im 11. und 12. Jahrhundert. Die Vielfalt und Bandbreite der zur Sprache kommenden Einzelheiten ist bemerkenswert: Sie reicht von einem Darlehen, das der Bischof für eine Reise an den Königshof aufnehmen musste, bis zu der geradezu institutionalisierten Organisation der Dachdeckerarbeiten am Trientner Dom.

Fünf Indizes von E. Curzel (S. 605–648) erschließen die archivalischen Standorte, die Beziehungen zum *Codex Wangianus*, die als tätig nachgewiesenen Notare in ihrer jeweiligen Rolle, die Zeiten der redaktionellen Abfassung und die Typologie der Dorsualnotizen. Es folgen das Namen- und das Wort- bzw. Sachregister, beide von Luciana Eccher (revidiert von E. Curzel, S. 649–766). Da es keine Verweise von den modernen auf die quellenmäßigen Ortsnamen gibt, kann die Benützung bisweilen etwas mühsam werden. So findet sich das im Inntal gelegene Kloster Sankt Georgenberg lediglich unter M (Mons Sancti Georgii). Sehr hilfreich sind im Wort- bzw. Sachregister die Querverweise zum Namenregister (bei Stichworten wie z. B. archipresbiter, cancellarius, castrum).

Die Forschung zum alttirolischen Raum kann sich glücklich schätzen, dass nach den gewaltigen Fortschritten, welche die Publikation seiner Urkunden gerade in der jüngsten Zeit gemacht hat, nun auch das fürstbischöfliche Archiv von Trient bis 1218 in vorzüglicher Weise aufgearbeitet ist.

Graz   Reinhard Härtel

Die ältesten Rechnungen des Klosters Aldersbach (1291–1373/1409). Analyse und Edition, ed. Bernhard LÜBBERS. (Quellen und Erörterungen zur bayerischen Geschichte N. F. 47/3.) Beck, München 2009. 186*, 682 S., 4 Abb.

Die Rechnungen des niederbayerischen Zisterzienserklosters Aldersbach zählen zu den ältesten erhaltenen Zeugnissen klösterlicher Rechnungslegung auf Reichsgebiet. Umso erfreulicher ist es, dass diese mit dem vorliegenden Band erstmals vollständig, kritisch und in vorbildhafter Weise ediert vorliegen.

In dem mit insgesamt gut 870 Seiten voluminös ausgefallenen Band stellt Bernhard Lübbers der eigentlichen Edition eine ausführliche Einleitung (S. 11*–186*) voran, in der er sich zunächst der bislang nur wenig erforschten Frühgeschichte des Hauses bis zum Einsetzen der Rechnungsüberlieferung im Jahr 1291 widmet. Ursprünglich um 1120 von lokalen Adeligen als Augustiner-Chorherrenstift gegründet, wurde das westlich von Passau im Vilstal gelegene Kloster 1146 von Zisterziensern aus Ebrach übernommen. Für den folgenden Abriss der Hausgeschichte (S. 47*–112*) von 1291 bis zum Anfang des letzten Drittels des 14. Jahrhunderts, den Lübbers nach den einzelnen Äbten des Hauses untergliedert hat, liefern die Rechnungen das Grundgerüst, das durch die – jedoch nur spärlich vorhandene – allfällige weitere Überlieferung ergänzt wird. Mit dem Antritt Abt Herolds (1340–1343) wird jedoch der Informationsgehalt der Eintragungen dürftiger, summarische Posten treten an die Stelle der auskunftsfreudigeren Einträge aus der Zeit davor. Der an den Tod Abt Konrads II. (1343–1361) anschließende Streit um die Abtwürde konnte erst 1365 beendet werden, jedoch ruinierten die Auseinandersetzungen das Kloster wirtschaftlich, und die klösterliche Buchführung kam so gut wie vollständig zum Erliegen.

In diesem Abschnitt zur Hausgeschichte widmet sich der Herausgeber mit großer Sorgfalt den Spuren, den die Ereignisse der „großen Politik" im klösterlichen Amtsbuch hinterlassen haben: Besuche bayerischer und österreichischer Herzöge und Herzöginnen finden darin ebenso ihren Niederschlag wie etwa Unterstützungen des Klosters für diverse Kriegszüge der Wittelsbacher, Geschenke des Hauses zum Regierungsantritt verschiedenster Landesfürsten, Bischöfe oder Klostervorsteher sowie Gesandtschaften und diplomatische Missionen Aldersbacher Äbte. Das Verhältnis der Zisterze zu den österreichischen Herzögen, in deren Ländern das Stift auch bedeutenden Besitz hatte (Krems, Zwettl), kann übrigens trotz der Beteiligung an zahlreichen wittelsbachischen Aufgeboten im Kampf um die Reichskrone als unbelastet bezeichnet werden. Als Beleg dafür soll hier nur ein heute nicht mehr vorhandenes und bislang unbekanntes Privileg Friedrich des Schönen für die Zisterzienser (R 1888) von ca. 1319/20 angeführt werden, das somit eine kleine Ergänzung zum dritten Band der Regesta Habsburgica darstellt. Der singuläre Wert der Quelle verdankt sich nicht zuletzt diesen vielen kleinen Nachrichten und Hinweisen, die sonst nirgends überliefert sind. So kann beispielsweise auch ein bislang unbekanntes Treffen zwischen Ludwig dem Bayern und Friedrich dem Schönen in Aldersbach aus einem Eintrag erschlossen werden (R 1475).

Die „große Politik" ist jedoch in der Regel nur der Hintergrund, vor dem sich der Klosteralltag abspielte. Die Rechnungen sind daher in der Hauptsache Quelle für Preise und Löhne und die klösterliche Wirtschaft, wobei sich zu der zu erwartenden Masse an Nahrungsmitteln, Gegenständen und Dienstleistungen des täglichen Bedarfs auch solche des weniger alltäglichen Bedarfs gesellen (etwa R 2164f.: Ankauf einer mechanischen Uhr, vermutlich in Passau; R 41: Ausgaben für einen Arztbesuch des Abtes in Würzburg; R 2912: Bau eines Kerkers für einen gefangengenommenen Konversen aus Ebrach, aus dem dieser *cum magna violencia* bald wieder ausbrach; R 2025, 2136: Kosten für die Reise eines Konventualen an die Kurie nach Avignon, um für einige Mitbrüder die Freisprechung von der Exkommunikation zu erwirken).

Nach der Hausgeschichte widmet sich Lübbers auch intensiv den zisterziensischen Verfassungscharakteristika im Spiegel der Rechnungen (S. 112*–137*), namentlich den jährlich durch den Abt von Ebrach als Vaterabt bzw. seinem Stellvertreter durchgeführten Visitationen des Hauses – denen sich die vorliegenden Rechnungen übrigens verdanken –, sowie den Reisen zum Generalkapitel nach Cîteaux. Der Quellenbefund fördert dabei interessante Details zutage: So bekamen die Visitatoren und deren Begleiter bei ihrer Ankunft wertvolle Geschenke oder reisten die Äbte von Aldersbach entgegen dem Ordensideal nicht zu Fuß, sondern mit Wagen und Pferden zum Generalkapitel, wobei die Absenzen auf diesem im Laufe des Untersuchungszeitraums ständig zunahmen – ein Befund, der sich im Übrigen auch bei anderen Zisterzienserklöstern beobachten lässt.

Die Auswertung der Quelle nach wirtschaftsgeschichtlichen Fragestellungen (S. 137*–157*) ist dagegen relativ kurz geraten, kann aber im Rahmen einer Einleitung zur Edition auf Grund der schieren Menge der Überlieferung auch nur kursorisch ausfallen. Wenig überraschend zeigt sich dabei, dass sich der Großteil der Einnahmen dem Verkauf der Erträgnisse aus der Klosterwirtschaft verdankt – allen voran Wein und Getreide. Die Einnahmen pendeln im Untersuchungszeitraum im Mittel zwischen 200 und 400 Pfund Regensburger Pfenningen – übrigens die „Leitwährung" im Rechnungsbuch. Von den Einkünften blieb jedoch nur selten etwas übrig, vor allem ab 1310 erzielte man kaum mehr Überschüsse und die Schulden stiegen kontinuierlich an. Oft waren es aber auch Investitionen in die Zukunft, die das laufende Budget belasteten, wie etwa der Ankauf des Marktes Ruhmannsfelden (R 268) oder die Zahlung von Servitien bzw. Geschenken an „Entscheidungsträger" in Klerus und Adel. Detailliertere Untersuchungen zur Klosterwirtschaft aber auch die Auswertung des Rechnungsbuchs beispielsweise als Quelle für eine Prosopographie des Konvents oder zur Baugeschichte des Klosters überlässt der Editor mit guten Gründen künftigen Spezialuntersuchungen.

Einen weiteren größeren Abschnitt bildet die Handschriftenbeschreibung (157*–181*), die neben den materiellen Aspekten des unter der Signatur KL Aldersbach 6 im Bayerischen Hauptstaatsarchiv in München verwahrten Rechnungsbuchs auch Fragen der inneren Gestaltung sowie der Forschungsgeschichte zu den Aldersbacher Rechnungen behandelt. Es zeigte sich, dass es sich bei dem Rechnungsbuch um eine Reinschrift handelt. Von den für die eigentliche Rechnungslegung verwendeten und zweifelsohne detaillierteren Aufzeichnungen hat sich jedoch nichts erhalten. Die Rechnungen selbst sind dabei in erfreulicher Vollständigkeit erhalten. Insgesamt 60 Jahrgänge der Hauptrechnungen für die Zeit von 1291 bis 1362/73 liegen vor. Lücken sind lediglich für die Jahre 1336–1340 und 1347–50 konstatierbar, jedoch handelt es sich dabei nicht um einen überlieferungsbedingten Verlust, sondern wird dies vom Verfasser durchaus plausibel auf klosterinterne und -externe Krisen und Konflikte zurückgeführt.

Der gründlich erarbeitete Editionsteil gliedert sich in die Hauptrechnungen des Klosters sowie die Amtsrechnungen, in denen die verschiedenen Klosterämter (Cellerar, Kustos, Gastmeister etc.) jährlich einzeln Rechenschaft ablegten. Der kursorische Vergleich des Textes mit den vier am Ende beigegebenen Abbildungen aus dem Rechnungsbuch bestärkt den Eindruck, dass hier editorisch solide gearbeitet wurde. Fehler wie *comes des Hales* statt recte *comes de Hales* (S. 107* FN 519) lassen sich sonst so gut wie keine finden. Schon eher ins Gewicht fällt da die Tatsache, dass für den Einleitungsteil die Seitenangaben im Inhaltsverzeichnis nicht mit den tatsächlichen Seitenzahlen übereinstimmen (ab Kap. 3.3).

Bernhard Lübbers ist es zu verdanken, dass diese nicht nur für die Geschichte des Zisterzienserklosters Aldersbach selbst, sondern auch für die politische Geschichte Niederbayerns und – selbstverständlich mit Abstrichen – der umliegenden Territorien so wichtige Quelle nun in einer modernen Edition vorliegt, aus der die weitere Forschung dankbar schöpfen kann. Dem Verfasser ist jedenfalls zu seiner durchwegs überzeugenden Arbeit zu gratulieren.

Wien   Günter Katzler

Eneas Silvius Piccolomini, Pentalogus, ed. Christoph SCHINGNITZ. (MGH Staatsschriften des späteren Mittelalters 8.) Hahn, Hannover 2009. 344 S.

Nachdem er über ein Jahrzehnt im Dienst führender Persönlichkeiten des Basler Konzils (1431–1449) gestanden hatte, war Eneas Silvius Piccolomini 1442 als Mitglied einer Gesandtschaft mit dem Hof König Friedrichs III. in Kontakt getreten, während dieser sich auf seiner Krönungsreise in Frankfurt am Main aufhielt. Noch im Winter desselben Jahres wurde Piccolomini in die Kanzlei Friedrichs aufgenommen. Dreizehn Jahre hat er anschließend an dessen Hof verbracht, bevor Piccolomini 1455 endgültig in seine italienische Heimat zurückgekehrt ist, wo bekanntlich noch ganz andere Karrieresprünge auf ihn warten sollten. Dieser politisch wie literarisch außerordentlich produktive Lebensabschnitt des Sienesen von 1442–1455 wird seit geraumer Zeit von der Wissenschaft gründlich aufgearbeitet (vgl. nur Eneas Silvius Piccolomini, Historia Austrialis. Teil 1, Einleitung von Martin Wagendorfer, 1. Redaktion herausgegeben von Julia Knödler. Teil 2, 2. und 3. Redaktion hg. von Martin Wagendorfer [MGH SS Rer. Germ. N. S. 24, Hannover 2009]; Eneas Silvius Piccolomini, Dialogus, ed. Duane R. Henderson [Quellen zur Geistesgeschichte des Mittelalters 27, Hannover 2011]). Immer dichter setzt sich dabei ein eigenes Bild von einem Eneas Silvius Piccolomini „nördlich der Alpen" zusammen (vgl. Enea Silvio Piccolomini nördlich der Alpen, hg. von Franz Fuchs [Pirckheimer Jahrbuch zur Renaissance- und Humanismusforschung 22, Wiesbaden 2008]).

Ein weiteres, in mehrfacher Hinsicht bemerkenswertes Beispiel dieser Aufarbeitung ist die bereits 2009 erschienene, von Christoph Schingnitz herausgegebene Ausgabe des *Pentalogus*, die aus einer im Oktober 2006 eingereichten Münchener Dissertation, die von Claudia Märtl betreut wurde, hervorgegangen ist. Der *Pentalogus* – am besten wohl zu übersetzen mit „Fünfergespräch" – ist eine nicht einfach zu charakterisierende Schrift. Man müsste sie „merkwürdig" nennen, wenn Piccolomini nicht so mancherlei Merkwürdiges, Einmaliges hervorgebracht hätte und sich nicht so vieles bei ihm der Norm und der gängigen Klassifizierung widersetzte. Einmalig ist – wie Schingnitz zu Recht hervorhebt – zunächst einmal der Titel als solcher, der auf der in Mittelalter und Renaissance verbreiteten Annahme beruht, *dialogus* bezeichne etymologisch gesehen ein Gespräch „zweier" Personen, *trialogus*, *tetralogus* usw. seien dementsprechend die logischen Fortführungen. Die Entstehungszeit des Werkes wurde von der Forschung mehrheitlich ins Jahr 1443 (wohl Ende Februar/Anfang März) gelegt, eine Anschauung, die von Schingnitz mit überzeugenden Argumenten untermauert wird (S. 16–19). Der Text wird von zwei Handschriften (München, Bayerische Staatsbibliothek, clm 14134, und London, British Library, cod. Harl. 3303) überliefert, wobei nach Schingnitz mehrere Anzeichen darauf hindeuten, dass die Münchener Handschrift (M) den Stand einer frühen Rezension, wahrscheinlich des Originals repräsentiere, die Londoner Handschrift (L) hingegen eine überarbeitete spätere Version (S. 33). Obwohl sich – so Schingnitz – L aus einer von Piccolomini selbst vorgenommenen Rezension ableiten könnte, ist der Text mit so vielen Fehlern und Eigenheiten behaftet, dass er als Grundlage der Edition nicht in Frage komme. Die Münchener Handschrift, möglicherweise auf den Umkreis des Hofes Friedrichs III. zurückzuführen, biete, wie der Herausgeber meint, insgesamt den zuverlässigeren Text (vgl. hierzu jedoch Markus Wesche in: sehepunkte 10 [2010], Nr. 3 [15. 03. 2010], http://www.sehepunkte.de/2010/03/17122.html, der mit überzeugenden Argumenten darauf hinweist, dass die Überlieferungslage wohl noch komplexer ist, als von Schingnitz dargestellt).

Inhaltlich gesehen kann der *Pentalogus*, an dem neben Eneas und Friedrich III. der Kanzler Kaspar Schlick sowie die Bischöfe Nicodemo della Scala von Freising und Silvester Pflieger von Chiemsee teilnehmen, in drei Großabschnitte unterteilt werden. Nach einer vertraulichen Unterhaltung zwischen Eneas und Friedrich III., die hauptsächlich von humanistischen Bildungsidealen und der Stellung des Dichters am Hof des Königs handelt, ist der zweite Großabschnitt der kirchlichen Lage der Zeit gewidmet, während der dritte um das reichspolitische Programm

Friedrichs III. kreist. Gerade in diesem Abschnitt, in dem es zu einem Streitgespräch über den Sinn einer aktiven Italienpolitik zwischen dem König und Kaspar Schlick auf der einen Seite und Eneas auf der anderen Seite kommt, tritt auf deutliche Weise der Italienspezialist am Hofe in Erscheinung. Weitere Themen, auf die Wert gelegt wird, sind das Gesandtschaftswesen sowie die Rolle lateinischer Reden im diplomatischen Verkehr. Auf nachdrückliche Weise wird empfohlen, lateinische Oratorik als wirksames Mittel zur Durchsetzung politischer Ziele einzusetzen. Das Werk lebt von seinem Aufbau, von der direkten, ja unmittelbaren Ansprache und der Anschaulichkeit, der dadurch erzeugten Bilder. Friedrich III. zu Enea: „Komm her zu mir, der du dich dort in der Ecke versteckst" (*Accede me, qui angulo illoc latitas*) – und dann folgen Diskussionen auf Diskussionen, die zwar letztlich um einen nur begrenzten Bestand an festen Themen kreisen, aber aufgrund ihres freimütigen Tons und ihrer ansprechenden sprachlichen Gestalt nie ermüdend wirken. Faszination von Rede und Gegenrede, Erhellung von Geschichte und Gegenwart durch Oratorik – vielleicht ist das wirklich der zentrale Gedanke dieses Werkes, der auch seiner häufig vorgenommenen Deutung als „Fürstenspiegel" nicht im Wege stehen muss, denn gerade das richtige Reden ist es ja, was ein Fürst zu lernen habe.

Die Edition von Schingnitz stellt unsere Beschäftigung mit dem Text auf eine neue Grundlage. Vor allem das Problem der spezifischen Quellenbenutzung, das für so gut wie alle Werke Piccolominis fundamental ist (vgl. nur Martin Wagendorfer, Studien zur Historia Australis des Aeneas Silvius de Piccolominibus [MIÖG Ergbd. 43, 2003] 147), wird vom Herausgeber auf eine äußerst instruktive Weise diskutiert (S. 19–27). Eindeutig geht die bevorzugte Verwendung der klassischen Größen der Antike (Cicero, Terenz, Iustin usw.) hervor, während unter den mittelalterlichen Autoren Otto von Freising hervorsticht. Dabei sind – hier wie auch in anderen Werken Piccolominis – die Übergänge zwischen Zitatnachweis und *imitatio* fließend. Unbedingt zu loben ist Schingnitz dafür, dass er – zum Teil auf bereits existierenden Teilübersetzungen aufbauend – den Mut bewiesen hat, dem lateinischen Text eine deutsche Übersetzung beizugeben. Die Übertragung ist mit Feuer und Farbe erfolgt (nur ein Beispiel: eine geistig zu verstehende *exercitatio* wird übersetzt mit dem sportliche Assoziationen weckenden Begriff „Training", S. 47), möglicherweise manchmal ein wenig frei, aber sie erschließt das Werk einer breiteren, hoffentlich auch studentischen Leserschicht.

In summa: Wer immer sich für die erste Hälfte des 15. Jahrhunderts interessiert, für den spätmittelalterlichen Hof mitsamt seinem vertrackten Flechtwerk der Räte und Ratgeber, für das mittelalterliche Gesandtschaftswesen, für die Geschichte des Basler Konzils, die der Päpste, die der Reichs- und Kirchenreform, vor allem aber für die politische Kleinwelt Italiens und die Beziehungen des Kaisertums dorthin, dem sei die Lektüre des Werkes dringend empfohlen. Gerade die ausführliche, genaue Kommentierung verdient eine besondere Würdigung. Sicherlich ist es richtig zu meinen, dass das Werk, wofür eine ganze Reihe von Indizien spricht, in der eigenen Beurteilung des Autors eher im hinteren Mittelfeld angesiedelt war. Dennoch wird der wissenschaftlich interessierte Leser des *Pentalogus* Eneas widersprechen, wenn er zum Schluss des Werkes etwas verzweifelt über sich selbst befindet: „Mir scheint auch, dass ich zu viel geredet habe" (*Et michi etiam dixisse videtur nimium*). Vor dem Hintergrund des Interesses am Gegenstand, das die kritische Edition weiter befördern wird, mag dann auch die noch ausstehende Verortung des Werkes in das politische Denken des 15. Jahrhunderts ebenso erfolgen wie seine tiefere Einordnung in die Geschichte der Frühzeit des Hofes Friedrichs III.

München   Jörg Schwarz

Das Preßburger Protocollum Testamentorum 1410 (1427)–1529. Teil 1: 1410–1487, hg. von Judit MAJOROSSY–Katalin SZENDE. (Fontes rerum Austriacarum, Dritte Abteilung: Fontes Iuris 21/1.) Böhlau, Wien–Köln–Weimar 2010. 535 S., 6 Abb.

Die Erforschung spätmittelalterlicher Testamente als Quelle für rechts-, alltags- und mentalitätsgeschichtliche Fragestellungen erfreut sich bereits seit geraumer Zeit großer Beliebtheit. Diesem Trend kommt zunächst die erstaunlich dichte Quellenlage entgegen, wie ein Blick etwa in die deutschsprachige Forschungslandschaft verrät. Sowohl im adeligen, im kirchlichen als auch im städtischen Umfeld bietet diese Textsorte ein nicht zu unterschätzendes Reservoir an Hinweisen zur Alltagskultur, zu personellen, ökonomischen und sozialen Verflechtungen, religiöser Frömmigkeitspraxis, Jenseitsvorstellungen, Vorsorgemechanismen und möglichem Konfliktpotential. Besonders für den österreichischen Raum (etwa Wien, Wiener Neustadt, Korneuburg) wurden in den letzten Jahrzehnten zum überwiegenden Teil auf Initiative des Instituts für mittelalterliche Realienkunde in Krems und der Kommission für Rechtsgeschichte Österreichs (damals beide ÖAW) die Auswertungen spätmittelalterlicher adeliger und bürgerlicher Testamente intensiviert. Nun nahm die Kommission für Rechtsgeschichte ein Projekt in Angriff, das den Blick in die benachbarte Slowakei eröffnet: die Edition des ersten Teils des Preßburger *Protocollum Testamentorum*, einer Handschrift aus dem städtischen Archiv Bratislavas (ung. Pozsony, lat. Posonium, dt. Preßburg), in der zum überwiegenden Teil testamentarische Stiftungen der Jahre 1410 bis 1487 eingetragen wurden. Diese erfolgten beinahe ausschließlich in deutscher Sprache, was der Stellung Preßburgs in ihrer führenden Rolle innerhalb der ungarischen Städte, die deutsche Sprache als Urkundensprache bereits im 15. Jahrhundert zu verwenden, Rechnung trägt (S. 15). Insgesamt sind in Preßburg zwischen der Mitte des 14. Jahrhunderts und 1529 901 Testamente nachweisbar, 844 sind davon im *Protocollum Testamentorum* überliefert. Die übrigen liegen entweder als Einzelurkunde vor oder wurden in das städtische *Protocollum Actionale*, das vorwiegend finanztechnische Hinweise enthält, eingetragen und sind nicht in der vorliegenden Edition berücksichtigt (S. 20).

Diese bildet die erste Hälfte des ersten Bandes einer beinahe lückenlos bis 1872 überlieferten Reihe an Testamentsbüchern aus dem Bestand des Stadtarchivs Bratislava ab. Die Publikation des zweiten Teils ist bereits in Vorbereitung und darf in nächster Zeit erwartet werden.

Bearbeitet wurde diese Quelle schließlich von zwei ausgezeichneten Kennerinnen der (west-)ungarischen Stadtgeschichte, Katalin Szende und Judit Majorossy. Beide haben sich im Vorfeld nicht nur formal-hilfswissenschaftlich mit dieser Quelle auseinander gesetzt, sondern auch intensive Forschungen zu deren Aussagewert für die Geschichte Preßburgs und deren Verhältnis zu den übrigen ungarischen Städten betrieben. Dementsprechend klar fokussiert sind die Einleitungskapitel zur Edition (S. 3–37). Neben einer ausführlichen kodikologischen Beschreibung beleuchten die Herausgeberinnen sowohl die Rechtspraxis der Verfassung von letztwilligen Verfügungen (S. 7–11), die Ausdifferenzierung der städtischen Administration im 15. Jahrhundert (S. 11–20) sowie in groben Umrissen die Entstehung und Entwicklung der Stadt in topographischer, wirtschaftlicher und gesellschaftlicher Hinsicht (S. 21–33). Ein ausführliches Literaturverzeichnis gibt Einblicke in die Forschungslandschaft zur spätmittelalterlichen Geschichte Preßburgs (S. 39–49). Editorische Erläuterungen (S. 34–37), einige Graphiken sowie eine Liste der Testatoren (S. 523–535) dienen der Orientierung der Benutzer.

Der erste Teilband enthält 449 Einträge, die zum überwiegenden Teil aus testamentarischen Verfügungen bestehen, aber auch einige wenige andere Betreffe wie Bestimmungen über eine Morgengabe, einen Ausgleich, Immobilienverkäufe, gütliche Erbteilungen oder die Bestellung eines Vormunds enthalten. Wird nach dem Verhältnis zwischen männlichen und weiblichen Testatoren gefragt, so stellt man eine erstaunliche Parallele zu anderen, bereits bearbeiteten Testamentsbeständen fest: sowohl in den Wiener Testamentsbüchern des Zeitraums 1395–1430 als auch in Wiener Neustadt und Korneuburg (beide 15. Jahrhundert) kann eine Verteilung von etwa einem Drittel von Frauen und zwei Drittel von Männern errichteten Testamenten festgestellt werden.

Der kirchlichen Topographie Preßburgs wird bereits in der Einleitung besondere Aufmerksamkeit geschenkt, nicht zuletzt aufgrund der zahlreichen testamentarischen Zuwendungen an geistliche Institutionen, deren Zuordnung oft auch erhellende Informationen zum Lebensumfeld der Testatoren bringt (S. 21–26). Besonders auffällig sind die Vielzahl an Stiftungen zum geplanten (Neu-)Bau der Pfarrkirche St. Martin und deren Ausstattung mit liturgischem Gerät. Noch auffälliger ist der Nachdruck, mit dem diese Zuwendungen manchmal eingefordert wurden. So wird etwa im Testament des Niklas Gutgesell vermerkt, dass *in die gescheftherren [...] zu dem paw zu Sand Mertein und zu Unser Frawn in das tal oder zu andern paw mahnten* (S. 82). Dies war auch in einem weiteren Fall vonnöten (S. 49). Dass in beiden Fällen ein und derselbe Begünstigte vorkommt, ist eine andere Frage, der hier nicht weiter nachgegangen werden kann. Einen interessanten Aspekt im Umgang mit dem Nachlass bringt die wirtschaftliche Positionierung Preßburgs als Weinbaustadt ein. Weingärten stellen dort nicht nur die häufigste Form von bürgerlichem Landbesitz dar, sondern genießen zudem eine rechtliche Sonderstellung wegen ihres arbeitsintensiven Anbaus. Dies macht sie zu schnell mobilisierbarem Kapital, was wiederum in den Testamenten ablesbar ist, wo Wein als Geldersatz und weniger als Konsumgut behandelt wird (S. 27). Doch auch die auswärtigen Beziehungen der Preßburger Kaufleute finden ihren Niederschlag in den letztwilligen Verfügungen: offene Geld- oder Materialschulden zeugen zunächst von der üblichen Praxis des Handels auf Kommission, aber auch auf regionale und überregionale Handelskontakte: Wien, Bruck an der Leitha, Enns oder Nürnberg, Landshut und Köln gehören zum Einzugsgebiet der Preßburger Handelstreibenden. Es sei auch nicht verschwiegen, dass der österreichische Herzog Albrecht VI. († 1463) bei einem Preßburger Kaufmann „in der Kreide" stand (S. 118).

Das Testament des Preßburger Stadtschreibers Liebhard Egkenfelder schließlich sprengt nicht nur in seinem Umfang den üblichen Rahmen der Eintragungen, sondern enthält auch ein ausführliches Inventar seiner teils erworbenen, teils selbst erstellten Bibliothek sowie seiner mobilen und immobilen Güter, die er zunächst einzeln anführt, bevor er deren Verwendungszweck nach seinem Ableben bestimmt (S. 241–248). Manche Hinweise in den Formulierungen der Testamente lassen auch Rückschlüsse auf formale Gepflogenheiten der Testierpraxis zu. So erfährt man etwa aus dem Geschäft des bereits erwähnten Niklas Gutgesell, dass bei manchen letztwilligen Bestimmungen das Einverständnis der Betroffenen ohne Einflussnahme von außen dokumentiert werden muss (S. 81f.).

Die Vielfalt an Hinweisen personenbezogener, materieller und ideeller Alltagskultur könnte mit Hilfe eines ausführlichen Personen-, Orts- und Sachregisters besser erschlossen und analysiert werden. Dieses ist für den zweiten Halbband angekündigt und wird damit auch ein wesentliches Instrument für die weitere wissenschaftliche Auseinandersetzung mit dieser Quelle bieten.

Wien   Elisabeth Gruber

Die „gute" Policey im Reichskreis. Zur frühmodernen Normensetzung in den Kernregionen des Alten Reiches 5: Policeyordnungen in den Markgraftümern Ansbach und Kulmbach-Bayreuth, hg. von Wolfgang Wüst, red. von Tobias Riedl–Regina Hingelang. Wissenschaftlicher Kommissionsverlag, Erlangen 2011. 722 S.

„Die ‚gute Policey' im Reichskreis. Zur frühmodernen Normensetzung in den Kernregionen des Alten Reiches" ist ein ursprünglich auf drei Bände angelegtes Editionsunternehmen von Wolfgang Wüst, Lehrstuhl für Bayerische und Fränkische Landesgeschichte, Universität Erlangen-Nürnberg, welches mittlerweile beim fünften Band angelangt ist. Nachdem im vierten Band die ländlichen Rechtsquellen des vor allem fränkischen Raums im Zentrum standen, wendet man sich mit diesem Band nunmehr den Markgraftümern Ansbach und Kulmbach-Bayreuth, die beide dem fränkischen Zweig der Hohenzollern gehörten, zu, um „die territorialen Muster im Entwicklungsprozess ‚guter Policey' nochmals an einem repräsentativen Beispiel zu überprüfen" (S. 7). Mit dem Band erfolgte auch ein Verlagswechsel. Erschien die Reihe bislang im Akademie Verlag, Berlin, so wurde der fünfte Band vom Wissenschaftlichen Kommissionsverlag, Stegaurach, publiziert, der speziell auf den fränkischen Raum spezialisiert ist, weil lt. Herausgeber „bei unserem territorialen Anliegen die regionale Präsenz des Buchvertriebs auch von Vorteil sein kann" (S. 8).

Die Einleitung (S. 9–40) referiert knapp den Forschungsstand zur „guten Policey" und führt in die Territorialgeschichte sowie in die Inhalte der Normtexte ein. Die Auswahl der edierten Normtexte bietet einen Querschnitt durch die reiche Gesetzgebungstätigkeit der beiden Territorien. Im Unterkapitel „Kontext der Überlieferung" hätte man bei den gedruckten Gesetzessammlungen (Corpus Constitutionum Brandenburgico-Culmbacensium, 1746–1748; Novum Corpus Constitutionum Prussico-Brandenburgensium Praecipue Marchicarum, 1756ff.) noch die bereits erfolgte Digitalisierung durch die Bayerische Staatsbibliothek sowie die Staatsbibliothek zu Berlin erwähnen können. Die wichtigen Forschungen von Peter Blickle zum Themenbereich „Policey" blieben beim Forschungsstand vollkommen unberücksichtigt.

Nach den Editionsprinzipien (S. 41–43) folgt der umfangreiche Editionsteil mit 35 Ordnungen aus dem Zeitraum 1516 bis 1785, die chronologisch abgedruckt sind (S. 45–649). Nur die wenigsten Quellen weisen kurze inhaltliche Vorbemerkungen auf (etwa Nr. 1, 3). Die Editoren sind – wie schon im vierten Band – jeweils am Ende der edierten Normtexte genannt. Die üblichen Verzeichnisse (Quellen, Literatur, Autoren) und Register (Glossar, Osts-, Personen-, Sachregister) beschließen den Band.

Bei den Editionsprinzipien verwundert der Hinweis darauf, dass bei edierten Druckschriften die Interpunktion (insb. auch Virgel) heutigen Standards angeglichen wurde, um die Lesbarkeit zu erhöhen (S. 42). Dies ist sonst nur bei Handschriften üblich. Die Sinnhaftigkeit dieser Entscheidung für die Wiedergabe von Drucken wage ich zu bezweifeln. Überprüft man nur etwa den V. Absatz der Brandenburgischen Halsgerichtsordnung von 1516 (Abb. 2 auf S. 49; edierter Text auf S. 48) so wurden sieben Virgeln weggelassen, einer dafür zusätzlich eingefügt. Im Endeffekt eine vollkommen unnötige und zudem fehlerbehaftete editorische Fingerübung, die den Lesefluss keineswegs erhöht. Die Transkription selbst scheint sauber erfolgt zu sein.

Ich kann wegen des Umfangs der Edition nicht auf jeden Text der Edition eingehen, sondern wähle beispielhaft aus: Bleiben wir gleich bei Nr. 1 der Edition, der gerade genannten Brandenburgischen Halsgerichtsordnung von 1516 (S. 45–79). Die Vorbemerkung dazu ist gar kurz und bringt wenig Erkenntnisgewinn. Als Editionsvorlage hat man ein gedrucktes Exemplar aus dem Stadtarchiv Kitzingen herangezogen. Dass dieser Druck der Halsgerichtsordnung von 1516 vom Nürnberger Drucker Jobst Gutknecht erstellt worden ist, erfährt man allerdings nicht. Auch scheint das Exemplar nicht vollständig gewesen zu sein. Als „Deckblatt" – wohl Titelseite? – wurde die Seite (fol. j ͣ) mit dem berühmten Weltgerichtsholzschnitt abgedruckt (S. 46). Das echte Titelblatt („Brandburgische halßgerichtsordnung", Titelholzschnitt von Folter- und Hinrichtungswerkzeugen) sowie ein 14-seitiges Register dürfte dem Kitzinger Exemplar nicht beigebunden worden sein. Ein Vergleich mit den digitalisierten Exemplaren (VD16 B 6937: http://nbn-resolving.de/urn:nbn:de:bvb:12-bsb00001952-0; BSB München, SB Bamberg) oder einem an der UB Erlangen-Nürnberg vorhandenen Nachdruck (Sammelband der wichtigsten Strafgesetzbücher des 16. Jahrhunderts: Bambergensis 1507, Brandenburgensis 1516, Carolina 1533 [Bibliothek des deutschen Strafrechts. Alte Meister 35, Goldbach 1999]) hätte dies erkennbar gemacht. Abgedruckt wird zudem nur etwa ein Drittel der Ordnung!

Bei Nr. 10, der Policey-Ordnung von 1672 (S. 225–272), verblüfft die beigegebene Abbildung des Titelblatts (Abb. 9 auf S. 226) ebenfalls. Sie gibt den Erstdruck aus 1627 von Johann Gebhard wieder (VD17 1:015947L: http://www.mdz-nbn-resolving.de/urn/resolver.pl?urn=urn:nbn:de:bvb:12-bsb10490409–4). Untertitel ist die Abbildung allerdings fälschlich mit: „Stadtarchiv Kulmbach, Corpus Constitutionum Brandenburgico Culmbacensium". Diese Gesetzessammlung ist nun aber die Vorlage für die Edition und nicht der abgebildete Druck. Wieso man diese Abschrift aus 1747 statt des Originals aus 1627 heranzog, wird nicht erklärt. Es wäre durchaus hilfreich, wenn bei der am Schluss folgenden Quellenangabe dann auch der Band und die Seitenzahlen der Quelle angegeben wären (CCBC II/1, 1747, S. 556–674). Auch bei dieser Ordnung wurde ohne Angabe von Gründen für die Auswahl massiv gekürzt.

Ich hatte bei meinen Rezensionen zu den Vorbänden einiges zu kritisieren (sehepunkte 2 [2002], Nr. 7/8 [15. 07. 2002], URL: http://www.sehepunkte.de/2002/07/2186.html; sehepunkte 4 [2004], Nr. 12 [15. 12. 2004], URL: http://www.sehepunkte.de/2004/12/7472.html; MIÖG 118 [2010] 522f.). Dieser Band ist wesentlich besser gearbeitet. Die kleineren handwerklichen Ungenauigkeiten hätte man aber bei etwas genauerer bibliografischer Beschäftigung mit den Quellen noch leicht erkennen können. Die Edition bietet jedenfalls einen exemplarischen Überblick über die Policeygesetzgebung der zwei Markgraftümer Ansbach und Kulmbach-Bayreuth, der nicht nur lokal verwertbar ist. Eine typografische Finesse noch zum Schluss: Virgel sind Interpunktionen! Diese werden nie an den Anfang einer Zeile gesetzt.

Wien Josef Pauser

Acta Pacis Westphalicae, Serie II Abteilung A, Band 6: Die kaiserlichen Korrespondenzen Juli–November 1647, bearbeitet von Antje Oschmann–Magnus Ulrich Ferber. Aschendorff, Münster 2011. 1644 S.

Mit dem 2011 in zwei Teilbänden vorgelegten sechsten Band der kaiserlichen Korrespondenz zum Friedenskongress von Münster und Osnabrück liegt der jüngste von insgesamt mehr als 40 Editionsbänden der Westfälischen Friedensakten vor. Das zu besprechende Werk enthält die zwischen dem Kaiserhof und den von dort nach Westfalen gesandten Vertretern des Reichsoberhaupts gewechselte Korrespondenz von Juli bis November 1647. Der Band versammelt damit die Schriftstücke einer entscheidenden Phase des Friedenskongresses. Während des Editionszeitraums erlebte der Kongress seine wahrscheinlich schwerste Krise. Obwohl im Frühjahr 1647 erstmals die Erarbeitung und der Austausch von Gesamtfriedensentwürfen durch Schweden und Kaiserliche gelang, musste sich der kaiserliche Hauptgesandte Maximilian Graf Trauttmansdorff bald darauf das Scheitern seiner Bemühungen eingestehen. Als Konsequenz reiste er im Juli vom Kongress ab. Über mehr als ein Jahr verschwand der maßgeblich von ihm erarbeitete Gesamtfriedensentwurf daraufhin in den Schubladen der Kanzleien der zahlreichen Kongressteilnehmer, ehe das „Trauttmansdorffianum" 1648 schließlich doch noch zur wesentlichen Grundlage des Westfälischen Friedens avancieren konnte.

Der Band zeigt neben den letzten Bemühungen Trauttmansdorffs um die Herbeiführung eines Gesamtfriedensvertrags die an seine Abreise anschließende Reorganisation der kaiserlichen Gesandtschaft, welche sich rasch um Isaak Volmar gruppierte. Während Trauttmansdorff als wichtigster Ratgeber des Kaisers und zusammen mit Ferdinand III. vom Kaiserhof aus das Kongressgeschehen weiter zu lenken versuchte, kamen die Verhandlungen in Westfalen zunächst kaum voran. Stattdessen traten die militärischen Handlungsoptionen wieder stärker in den Vordergrund. Erst im Zuge des gescheiterten Ulmer Waffenstillstands und der Rückkehr Bayerns an die Seite des Kaisers gewannen die Kongressverhandlungen neue Dynamik. Dies galt zum einen für die Verhandlungen um die Klärung der zwischen katholischen und protestantischen Reichsständen kontroversen konfessionspolitischen Streitfragen. Ab Herbst 1647 kamen die Gespräche wieder in Gang, wobei sich die kaiserlichen Gesandten vorrangig darum zu bemühen hatten, die aus der Verhandlungsposition der katholischen Reichsstände entstandenen Hemmnisse abzubauen und die gegenüber Schweden und Protestanten in Aussicht gestellten Kompromisse durchzusetzen. Auch die Verhandlungen zwischen dem Reich und Frankreich erhielten neue Impulse. Erhebliche Schwierigkeiten unter anderem in Bezug auf die französische Satisfaktion und die Behandlung Spaniens waren zu überwinden. Den Abschluss des Editionszeitraums bildet der im November abgeschlossene Vorvertrag mit Frankreich, der einen Meilenstein auf dem Weg zum Frieden von Münster darstellte.

Auf dem gewohnt hohen Niveau setzen die beiden Teilbände die Reihe der Acta Pacis Westphalicae fort. Dies beginnt bei der ausführlichen und kenntnisreichen Einleitung Antje Oschmanns. Sie führt den Leser auch in Detailfragen hinreichend genau ein, ordnet die vielfach eng ineinander verknäuelten Verhandlungsstränge und stellt den Band in den Kontext des bereits mehr als dreijährigen Kongressgeschehens. Die chronologische Anordnung der Edition lässt die Komplexität und Verschachtelung der Verhandlungsmaterien deutlich werden, die an den beiden Kongressorten vielfach parallel verliefen und sich zum Teil über Monate im Kreis zu drehen schienen. Anders als den in Münster und Osnabrück tätigen Diplomaten wird dem Leser des 21. Jahrhunderts jedoch über die Regestierung der Stücke und insbesondere das detaillierte chronologische und sachthematische Register die Möglichkeit geboten, einen raschen Überblick zu gewinnen. Auch die weniger zentralen Themenfelder lassen sich so aus der Perspektive der kaiserlichen Gesandten leicht in den Blick nehmen. Ergänzende Informationen bieten die ausführlichen – in seltenen Fällen überfrachteten – Fußnotenapparate. Hier werden nicht nur Personen und Hintergründe zugeordnet, sondern vielfach auch Rechtsverhältnisse und konkurrierende Rechtsansprüche dargestellt. Abgerundet werden die zwischen Westfalen und dem Kaiserhof gewechselten Schreiben zudem durch den Nachweis, immer wieder auch durch den Abdruck besonders wichtiger Beilagen. Bei diesen handelt es sich oft um Protokolle, Gutachten und andere der Dokumentation des Verhandlungsverlaufs in Münster und Osnabrück dienenden Stücke.

Der Abdruck dieser Beilagen vermag freilich nicht das Manko zu beheben, dass die offiziellen Verhandlungsakten bislang nur unzureichend ediert werden konnten, so dass hier noch immer die vielfach ungenügenden und in keiner Weise modernen Standards entsprechenden Editionen des 18. Jahrhunderts zur Hand genommen werden müssen. In erster Linie zu verantworten hat dieses Defizit jedoch nicht die Vereinigung zur Erforschung der Neueren Geschichte als Mitherausgeber der Acta Pacis Westphalicae, sondern eine engstirnige Wissenschaftsförderung, die sich nicht zur weiteren Finanzierung dieser in deutscher und europäischer Perspektive überaus bedeutenden Editionsreihe entschließen konnte. Vor dem Hintergrund der zügigen Editionsfortschritte der Acta Pacis während der vergangenen Jahre ist dies umso bedauerlicher, zumal sich abzeichnet, dass ein zentrales Editionsprojekt als Fragment zu enden und somit weiterführende Forschungsansätze deutlich zu erschweren droht. Für die Frühneuzeitforschung bleibt neben der Erwartung der noch in Bearbeitung befindlichen Bände lediglich der schwache Trost, dass die akribischen Arbeiten der zahlreichen Reihenmitarbeiter nicht nur ediertes Quellenmaterial in stattlichem Umfang bieten, sondern darüber hinaus auch für diejenigen Bereiche wichtige Nachweise und Vorarbeiten liefern, zu denen das Editionsprojekt nach dem derzeitigem Stand nicht mehr vordringen darf.

Karlsruhe   Andreas Neuburger

Einrichtungswerk des Königreichs Hungarn (1688–1690), hg. von János KALMÁR–János J. VARGA. (Forschungen zur Geschichte und Kultur des östlichen Mitteleuropa 39.) Steiner, Stuttgart 2010. 514 S.

Eine alte Schuld der Geschichtswissenschaft wurde mit dem Erscheinen des besprochenen Buches beglichen. Das mit dem Namen Leopold von Khollonich verbundene, 1688 und 1689 entstandene, kurz nur „Einrichtungswerk" (künftig: EW) genannte Projekt, das auf die Neuerrichtung des von Osmanen zurückeroberten Ungarn abzielte, taucht seit der Geburt der modernen Geschichtswissenschaft, seit Mitte des 19. Jahrhunderts, regelmäßig in den Historikerdebatten auf, ohne dass der Text bisher vollständig ediert gewesen wäre. Ein Auszug des EW, das sog. Compendium, wurde schon 1913 von Theodor Mayer (Verwaltungsreform in Ungarn nach der Türkenzeit [Leipzig–Wien 1911, Nachdr. Sigmaringen ²1980], Anhang) publiziert. Die Edition des EW wurde schon in das groß angelegte Programm der Serie „Fontes historiae Hungaricae aevi recentioris" (Magyarország újabbkori történetének forrásai) aufgenommen (1917), deren Verwirklichung nach dem Zerfall des historischen Ungarn 1918 und nach dem Aufstieg des Initiators Kuno Klebelsberg (1875–1932) zum Minister mit großem Kraftaufwand begonnen wurde. Die Bearbeitung des EW wurde 1921 dem jungen Rechtshistoriker Béla Baranyai (1881–1945) anvertraut, der als Mitglied des Instituts für ungarische Geschichtswissenschaft in Wien fünf Jahre lang (1922–1927) die Bestände der Wiener Archive erschloss, um sein Entstehen und Nachleben zu klären. Nach der Vorstellung Baranyais war die richtige Beurteilung des EW nur mit genauer Kenntnis anderer zeitgenössischer Neuordnungspläne bzw. verwirklichter Reformen der Zeit zwischen 1687 und 1723 möglich. Er plante nicht nur die Edition des EW, sondern auch die auf die Verwirklichung der Vorschläge bezüglichen Dokumente in zwei Bänden. Das erwies sich schließlich für die Publikation als verhängnisvoll. Obwohl das erste Band schon 1927 druckreif war, unterbrachen die Weltwirtschaftskrise, das langsame Versiegen der Geldquellen, vielleicht auch einige Charakterzüge von Baranyai – er war zu akribisch, suchte immer nach neuen Quellen, es fiel ihm schwer, seine Forschungen endgültig abzuschließen – das Unternehmen. Hier ist nicht der Platz, die Odysseen des Manuskripts zu erzählen. Baranyai starb während der Belagerung von Berlin 1945, seine Witwe rettete den Nachlass ihres Mannes, unter ihnen die lückenhaften Druckfahnen des EW, was deshalb so wertvoll geworden ist, weil das Originalexemplar 1927 beim Brand des Justizpalastes in Wien verbrannte. Mehrere Historiker nahmen die Aufgabe auf sich, die angefangene Arbeit zu beenden, konnten ihre Absichten aus verschiedenen Gründen aber nicht ausführen (scherzhaft sprach man in ungarischen Historikerkreisen über einen Fluch, mit dem das EW belegt ist). Jetzt endlich liegt das Werk den Interessenten vor. Das lückenhaft erhaltene Manuskript von Béla Baranyai diente zur Grundlage der Publikation, das von den Herausgebern János Kalmár und János J. Varga ergänzt und umgearbeitet wurde.

Der Band besteht aus drei großen Abschnitten. Die ausführliche Einleitung, geschrieben von János J. Varga, bietet ausführliche Informationen über das Königreich Ungarn im 16. und 17. Jahrhundert, über die Regierungsprojekte nach der Vertreibung der Osmanen (1687–1701), über die Versuche der Verwirklichung des Einrichtungswerks (1689–1723) bzw. über die oben kurz geschilderten Schwierigkeiten im Lauf der Publikationsgeschichte (S. 9–83). Am Ende, nach der Quellenedition, findet der Leser einen Beitrag von János Kalmár, der sich mit der Verbindung zwischen dem Einrichtungswerk und der Einrichtung des Temeswarer Banats im 18. Jahrhundert beschäftigt (S. 459–470). Kalmár widerspricht der Meinung, dass das Einrichtungswerk einen direkten Einfluss auf die Organisierung des Temeswarer Banats ausgeübt hätte, eher könne man über Ideen sprechen, die gemeinsame Wurzeln hatten.

Zwischen den beiden Abhandlungen findet sich die Edition, die aus drei Teilen besteht. Der erste Teil ist die Edition des Einrichtungswerks (S. 85–246). Der Inhalt kann hier nicht ausführlich vorgestellt werden – eine kürzere oder längere Zusammenfassung des Inhalts ist in allen wichtigen Werken, die sich mit der Epoche beschäftigen, vorhanden: nur kurz sei darauf hingewiesen, dass das EW seine Reformvorschläge in fünf Kapiteln zusammenfasst: „Justitiarum" (Reform der Verwaltung und Justiz), „Ecclesiasticum", „Politicum" (Ansiedlung, Handwerk, Handel, Grundbesitz, Unterricht), „Militare" und „Camerale" (Steuerreform, Neoacquistica). Die Verfasser des Einrichtungswerks ergänzten ihr Werk mit 26 Beilagen (S. 247–326.). Unter diesen findet man z. B. die Instruktion der Ungarischen Hofkanzlei (eingeführt fast unverändert 1690), den von Palatin Pál Esterházy eingereichten Reformplan (1688) etc. Die vorliegende Edition basiert auf den Druckfahnen aus den 1920er Jahren, die Lücken wurden aus einer Abschrift, die am Ende des 18. Jahrhunderts entstand, ergänzt.

Der zweite Teil der Edition enthält die mit der Diskussion des Einrichtungswerks verbundenen Akten, unter ihnen die Sitzungsprotokolle der Hauptkommission, das schon erwähnte Compendium, das von den ungarischen Magnaten zusammengestellte sog. „Ungarische Einrichtungswerk" (1688). Der dritte Teil ist eine Zusammenstellung der Akten, die mit der Durchführung des Einrichtungswerks verbunden sind. Hier sind acht Schriftstücke publiziert, unter ihnen das erste Impopulationspatent (22. August 1689), das Neoacquisticapatent (22. August 1689). Die Zusammenstellung dieser Teile stammt teilweise von den Editoren, weil dieser Teil des Manuskriptes, für den Baranyai ursprünglich die Publikation von 48 Dokumenten plante, nur lückenhaft erhalten ist. Besonders interessant sind die Sitzungsprotokolle der Hauptdeputation, die gut die Meinungsunterschiede unter den führenden Politikern des Wiener Hofes zeigen, und das kann – zumindest teilweise – eine Erklärung liefern, warum einige Vorschläge scheiterten.

Die Editoren folgten Béla Baranyai, der die Quellen texttreu zu veröffentlichen beabsichtigte und die zeitgenössische Abkürzungen nicht auflöste. Vollständig neu bearbeitet wurde der kritische Apparat von Baranyai. Die philologischen und die sachlichen Anmerkungen wurden miteinander vereinigt, was ein wenig störend ist und die Benützung der Edition erschwert.

Abgerundet wird der Band mit einem Verzeichnis der Abkürzungen, einer Konkordanz geographischer Namen (ein schwieriges Problem in Mitteleuropa), mit einem deutschen, ungarischen, englischen, slowakischen, serbischen, rumänischen Resümee und mit einem Orts- und Personenregister.

Die Publikation des Einrichtungswerks mit den neu erschlossenen Quellen über die Tätigkeit der Hauptkommission stellt einen wichtigen Beitrag zum Verständnis der Neuordnung des wiedereroberten Königreichs Ungarn dar. Das Einrichtungswerk ist kein systematisches Werk zur Erneuerung Ungarns, eher eine Sammlung verschiedener Vorschläge, die teilweise auch in anderen zeitgenössischen Reformplänen auftauchen. Das erklärt, warum einige Vorschläge durchgeführt wurden, trotz des Scheiterns im Ganzen. Die Publikation kann eine gute Grundlage für die Neubearbeitung der Reformtätigkeit der kaiserlichen Zentralorgane bzw. der ungarischen staatlichen und ständischen Organe zwischen 1686 und 1723 bieten.

Wien István Fazekas

Helmut RANKL, Altbayerische Kleinstädte im Spiegel landesherrlicher Erhebungen des 17. und 18. Jahrhunderts: Erding, Rosenheim, Trostberg und Murnau. (Studien zur bayerischen Verfassungs- und Sozialgeschichte 28.) Kommission für bayerische Landesgeschichte, München 2011. 233 S., Karte von Erding 1668.

Unter anderem die Konsumerhebung von 1679 und 1774, die Gewerbeerhebungen von 1771/81 und 1792 und die Volks- und Viehzählung von 1794 – also Erhebungen aus gewerblich-populationistischen Ursachen – bilden den archivalischen Ausgangspunkt der vorliegenden kleinen Studie, die sich auf die vier im Titel genannten bayerischen Kleinstädte konzentriert. Politische Ordnung, Herrschen, Bemessen und Zählen gehören, wie etwa der Überblicksband, herausgegeben von Lars Behrisch, zum Zusammenhang von Maß/Zahl und politischer Ordnung belegt, zusammen. Die ausgewerteten Personalstandserhebungen reihen sich quellenkundlich in einen bislang noch wenig systematisch ausgewerteten Bestand an Herdstättenverzeichnissen, Bürgerlisten, Früchtezählungen und etwa Volkszählungen, administrativ in den Kontext von Beherrschungstechniken und Herrschaftsdemonstrationen ein. Im Gefolge der Dissertation von Carl A. Hoffmann, die das Verhältnis von bayerischer Stadt und frühmodernem Staat auslotet, wertet die vorliegende statistisch-quantifizierende, einem komparatistischen Ansatz verpflichtete Studie diese Liste hinblicklich von Wirtschafts-, Sozial- und Rechtsstrukturen von Minder- und Kleinstädten (vor und mit der Dachsbergschen Volksbeschreibung von 1771/81) aus. Die im Kontext der Pest erstellten Listen von 1679 weisen jedem Haushalt eine zwischen „1" (ganzes Jahr) und „4" (Almosen) pendelnde Fähigkeit zur Selbstversorgung mit Getreide zu (Kapitel 2: Vermögensklasse, S. 22–30). Angelehnt an Franz Mathis' Untersuchung ergibt sich das Bild einer schmalen Oberschicht in Erding (5, 1 %), einer oberen Mittelschicht (21, 1 %), einer unteren Mittelschicht (41, 1 %) und einer breiten Unterschicht (32, 7 %). Folgend der gewerblichen Einteilung der Bevölkerung von Markus A. Denzel (18, FN 69) in 14 Gruppen kann man die Sektoren Nahrung, Handel, Leder, Mühlen und Farben als „reichere" Gewerbe, die Gewerbebereiche Metall, Holz, Erd-/Glasgewerbe, Bau, Bekleidung und Hygiene als „ärmere" Sektoren interpretieren. Bezüglich der Bevölkerungsentwicklung reiht sich Rankls forschungskritischer Befund weitgehend in den von Hoffmann erarbeiteten Forschungsstand ein: Nach 1648 Wachstum und im 18. Jahrhundert Stagnation (Einbrüche 1741/45 und 1770) mit einem Ansteigen der Bevölkerungszahlen gegen Ende des 18. Jahrhunderts. Die durchschnittliche Haushaltsgröße betrug in Erding 1679 5, 1 Personen pro Haushalt (Kapitel 3: Bevölkerungs- und Familienstruktur, S. 31–54). Brauer- (11, 7), Hufschmiede- (7, 8), Bäcker- (7, 3) und Gastwirthaushalte (7, 0) stellten in Erding über-, die armen Handwerke wie Schneider (4, 6), Zimmerleute und Maurer (4, 2) und Wagner (4, 0) unterdurchschnittliche große Haushalte. Die Erhebung der Bürger- und Inwohnerrechte (Kapitel 4: Bürgerrecht, S. 55–77) lässt sich über die Bürgerliste gut erschließen, macht aber auch wirtschaftlich deutlich, dass Vollbürger über stärkere Haushaltsgrößen verfügten als Inwohner, nichtbürgerliche Tagwerker oder Witwen. „Es wird deutlich, dass in der geld- und erwerbswirtschaftlich ausgerichteten Gesellschaft der frühneuzeitlichen Stadt das Vermögen – vielleicht mehr als andere Kriterien – die Maßstäbe für die Einstufung des einzelnen Bürgers setzte" (S. 64). Die untersuchten Städte waren von Ungleichheit dominiert: 10 % der reichsten Erdinger Haushalte zahlten 45 % der Bürgersteuer. Der Zentralitätsverlust durch Landhandwerk (Kapitel 5, S. 78–130) wird in den untersuchten Städten deutlich, der Rückgang der städtischen Gewerbestellen betrug zwischen dem 17. und 18. Jahrhundert knapp ein Viertel bis ein Drittel. Auch die Viehdichte der Städte (rund 14 bis 34 Großvieheinheiten/100 Einwohner) war beachtlich, unterschied sich aber deutlich vom agrarischen Umland (60 bis 128/100 Einwohner). Nach Denzel wiesen die bayerischen Rentämter in den 1770er/1780er Jahren 44 selbstständige Handwerksmeister/72 Meister und Gesellen im Schnitt auf; wichtig waren auch die Vieh- und Getreidemärkte, wo Erding nach München rangierte. Eine ökonomische Deurbanisierungsphase erweist sich für alle vier untersuchten Märkte (das wohlhabendere Erding eher als Ausnahme) charakteristisch. Anschließend folgt als wichtige Vergleichsmessung für weitere Forschungen eine Edition der eingangs erwähnten Erhebungen von 1679, 1771/81, 1792 und 1794 (S. 143–220). Der Autor überführt das schwer zu edierende, meist nach Stadtvierteln erhobene Material in übersichtliche Tabellenformen, die – ebenso wie die 26 instruktiven und arbeitsaufwändigen Tabellen im Buch – sehr gut zu benutzen sind.

Die Wilhelm Störmer gewidmeten Auswertungen der verschiedenen Erhebungen (Haushaltsgröße, Gewerbe, Vieh etc.) im vorstatistischen Zeitalter wurden mit großer Behutsamkeit, qualitativ-interpretativ vorsichtig und abgestimmt mit der insgesamt als gut zu bewertenden Forschungslage vorgenommen. Nicht immer leicht zu lesen, kommt Helmut Rankl aufgrund großer Quellenkenntnis und minutiöser Aufstellungen mit Herbert Knittler u. a. zum Fazit, dass „der absolutistische Staat mit seiner Wirtschaftspolitik den Magistraten die Rahmenbedingungen ihres Handelns vorgab" (S. 131). Forschungsgeschichtlich reiht sich Rankls mikrogeschichtlicher Befund in den Kontext der Forschungen zur Familiengeschichte und Stadtbevölkerung, zur Handwerksgeschichte und zur Stadt-Hinterland-Forschung (Zentralitätsthese) ein.

Wien   Martin Scheutz

Schicksalsjahre Österreichs. Die Erinnerungen und Tagebücher Josef Redlichs 1869–1936, 3 Bände, hg. von Fritz FELLNER–Doris A. CORRADINI, Bd. 1: Erinnerungen und Tagebücher 1869–1914, Bd. 2: Tagebücher Josef Redlichs 1915–1936, Bd. 3: Biographische Daten und Register. (Veröffentlichungen der Kommission für neuere Geschichte Österreichs 105.) Böhlau, Wien 2011. 1622 S.

Josef Redlich war kein Freund von Buchbesprechungen. So vermerkte er im Juni 1903: „Man sollte Rezensionen nicht lesen. Es ist zu viel Gewissenlosigkeit und Dummheit in diesen literarischen Kryptogrammen." (18. Juni 1903, Bd. 1, S. 131). Die erweiterte Neuausgabe seiner Tagebücher soll hier trotzdem diskutiert werden, denn sie verdient höchste Beachtung und weiteste Verbreitung. Leben und Werk des aus einer deutsch-jüdischen, in Mähren beheimateten Industriellenfamilie stammenden Juristen und Historikers müssen sicher nicht eingehend vorgestellt werden, gehörte Redlich doch zu den bedeutendsten Gelehrten und Politikern im späten Habsburgerreich. Der Autor zahlreicher, auch heute noch durchaus zu den Standardwerken zählender Schriften zur Verfassungs- und Verwaltungsgeschichte Österreichs und Englands war nach 1906 als Landtags- und Reichsratsabgeordneter schnell zu einem der herausragendsten Parlamentarier Cisleithaniens aufgestiegen.

Zu Redlichs umfangreichem Bekanntenkreis gehörten hohe Beamte, Vertreter zahlreicher Parteien und Nationalitäten, Diplomaten aus dem In- und Ausland sowie weitere Mitglieder einflussreicher politisch-gesellschaftlicher Gruppen, aber dank seines ausgeprägten Interesses für Kunst und Literatur auch namhafte Intellektuelle, Schriftsteller und Musiker, wie z. B. sein (ebenfalls publizierter) Briefwechsel mit Hugo von Hofmannsthal und Hermann Bahr belegt. Schon aus diesem Grunde zählen Redlichs scharfsinnige und sehr lesbare Aufzeichnungen, zusammen vielleicht mit Stefan Zweigs Erinnerungen, Arthur Schnitzlers fragmentarischer Autobiographie und Tagebüchern sowie Heinrich Friedjungs Gesprächsnotizen zu den wichtigsten Ego-Dokumenten der Periode. Sie sind nicht immer frei von Eitelkeit und subjektivunsachlichen Einschätzungen, aber trotz – oder vielmehr gerade wegen – ihres persönlichen Charakters bieten sie einen einzigartigen Einblick in politische Entwicklungen und gesellschaftlich-kulturelle Strömungen im Österreich des frühen 20. Jahrhunderts.

Für Redlich waren historisches Studium und wissenschaftliche Forschung nie kontemplativer Selbstzweck oder rein akademisch verwertbar, sondern sollten stets auch für die Gegenwart und politische Praxis relevant sein. Individuelles Erleben und das Streben nach Erkenntnis waren für ihn mit dem Wesen und Schicksal seiner Heimat eng verbunden, und deshalb habe er, wie er zu Beginn seiner Erinnerungen ausführte, fortwährend danach getrachtet, „für die künftige Entwicklung Österreichs, für die Verbesserung seines öffentlichen Lebens und seiner Einrichtungen das Meinige" zu tun (Bd. 1, S. 1). Tatsächlich sparte der Staatsrechtler nicht mit Kritik am politischen Tagesbetrieb: Österreich wird beschrieben als „Reich der ungelösten jahrhundertealten Probleme" (9. Oktober 1903, Bd. 1, S. 141) und „Kasperltheater" (30. Januar 1914, Bd. 1, S. 583), und Redlich scheint wiederholt am „Elend unserer ganzen inneren und äußeren Politik" (10. Mai 1914, Bd. 1, S. 600) verzweifeln zu wollen.

Besonders erwähnenswert sind sicher die vielen Gespräche mit dem liberalen Wirtschafts- und Sozialpolitiker Joseph Maria Baernreither, dessen politisches Tagebuch Redlich später herausgab, die Audienzen bei Franz Joseph und Kaiser Karl, die Reise in das österreichisch-ungarische Hauptquartier im Spätsommer 1914 oder Redlichs Notizen über Grundfragen des deutsch-österreichischen Kriegsbündnisses (Polenfrage, Mitteleuropaproblem). Überhaupt bilden seine Tagebücher eine Quelle ersten Ranges für die Zeit des Ersten Weltkrieges. Redlich unterstützte ursprünglich eine engagierte Außenpolitik der Donaumonarchie, darunter die Annexion Bosnien-Herzegowinas, und bedauerte die Ermordung Franz Ferdinands, da dieser seiner Meinung nach „das durch die Schwäche und Planlosigkeit Franz Josephs unhaltbar gewordene Regime auf jeden Fall beseitigt und eine wahre Existenzerprobung Österreich-Ungarns nach außen und innen durchgeführt" hätte (28. Juni 1914, Bd. 1, S. 609). Eine Strafaktion gegen Serbien war ganz in Redlichs Sinne, nicht zuletzt weil er von der „Feuertaufe" ein besseres Verhältnis zwischen Deutschen und Slawen innerhalb des Habsburgerreiches erwartete (26. Juli 1914, Bd. 1, S. 616).

Diese Hoffnungen schlugen allerdings binnen kurzem in Resignation und Pessimismus um. Wiederholt beanstandete Redlich die mangelhafte Vorbereitung für den Kriegsfall, die Zustände in der Militär- und Zivilverwaltung, die allgemeine wirtschaftliche Situation sowie die Misserfolge der k.u.k. Truppen. Während er anfangs auf den „starken Arm" des deutschen Reiches vertraute und nach der Schlacht von Tannenberg – „diese[m] neue[n] Zeugnis deutscher Heldenkraft" – beklagte, „als Deutscher doch nicht diesem Reiche untertan zu sein" (1. September 1914, Bd. 1, S. 649), schloss sich Redlich bald den einen Verständigungsfrieden suchenden Kreisen in der Österreichischen Politischen Gesellschaft um Julius Meinl und Heinrich Lammasch an. Als hochrangiger Befürworter einer weitgehenden Föderalisierung und Unterstützer einer aktiven Friedenspolitik wurde er eine Zeit lang sogar als Kopf einer neuen, reformorientierten Regierung gehandelt. Redlich war schließlich im „Liquidationsministerium" Lammaschs als österreichischer Finanzminister vertreten – eine Position, die er im Krisenjahr 1931 noch einmal für einige Monate unter Bundeskanzler Karl Buresch innehatte. Andere maßgebliche politische Ämter blieben ihm jedoch zeitlebens verwehrt.

Nach 1918/19 verfügte Redlich nur noch über geringe Einflussmöglichkeiten. Als Mitglied der Provisorischen Nationalversammlung sprach er sich gegen eine von „geistlose[m] Fanatismus" getriebene großdeutsche Anschlusslösung aus (13. Februar 1919, Bd. 2, S. 491) und favorisierte zunächst eine Art neutraler Donauföderation. Abgesehen von wenigen Ausnahmen, darunter einer halboffiziellen Reise in die USA, wo er um finanzielle Hilfen für die junge Republik bat, und seiner Rolle als stellvertretender Richter am Ständigen Internationalen Gerichtshof in Den Haag, konzentrierte sich der anglophile Experte für öffentliches Recht in der Folgezeit vorwiegend auf seine akademische Arbeit, die ihm schließlich einen Ruf nach Harvard einbrachte. Auch während dieser, von ihm selbst als „Selbstverbannung in die Neue Welt" (Bd. 1, S. 3) bezeichneten Periode blieb Redlich ein aufmerksamer Beobachter der Tagesereignisse, gleichwohl die Dichte seiner Eintragungen seit den frühen zwanziger Jahren deutlich abnimmt. Zuletzt stand er ganz unter dem Eindruck der „furchtbaren Entwicklung" des Jahres 1933, als sich „die große Mehrheit der deutschen Männer und Frauen [...] einem Wahnsinnigen in die Hände" gab. Redlichs Hoffnung, dass „unvorhergesehene Ereignisse das Schlimmste von Deutschland und Österreich abwenden" (Brief an Maria M. Weinmann vom 31. März 1933, Bd. 2, S. 677), blieb freilich unerfüllt.

Im Vergleich zur ersten wissenschaftlichen, vor über fünf Jahrzehnten erschienenen und längst vergriffenen Edition geht die vorliegende Veröffentlichung über den Zeitraum von Redlichs intensivsten politischen Aktivitäten hinaus. Sie umfasst die gesamten Tagebücher von 1902 bis 1936 (jetzt auch inklusive das Privatleben betreffender Notizen), die durch Auszüge aus Redlichs Briefen an seine Jugendfreundin Flora Darkow ergänzt wurden. Der erste Band enthält darüber hinaus die in den späten zwanziger Jahren in den USA begonnenen, aber nur Fragment gebliebenen „Erinnerungen und Einsichten", geschrieben in der Absicht, „das alte Österreich", Redlichs „Vaterhaus" und „große[s] Vaterland", so zu schildern, „wie ich es ... gesehen und gekannt, wie ich es miterlebt habe" (Bd. 1, S. 1, 3). Das umfangreiche Material ist dank eines ausführlichen Personenregisters leicht zugänglich. Komplettiert wird die Ausgabe durch eine knappe, aber aufschlussreiche Einführung in Redlichs Leben und Werk, diverse Familienstammtafeln, eine Bibliografie der Schriften Redlichs samt relevanter Sekundärliteratur und das Verzeichnis seiner Lehrveranstaltungen in Wien.

Den Herausgebern ist für die überaus sorgfältige Arbeit an der Edition der Tagebücher zu danken. Sie haben eine der wertvollsten Quellen zur österreichischen Geschichte des frühen 20. Jahrhunderts erneut und in erweiterter Form zugänglich gemacht, ein Zeugnis für die

Vielseitigkeit und Schöpferkraft einer ganz außerordentlichen Persönlichkeit im Spannungsfeld von Politik, Wissenschaft und Gesellschaft.

    Norwich   Jan Vermeiren

Regionale Urkundenbücher. Die Vorträge der 12. Tagung der Commission Internationale de Diplomatique, veranstaltet gemeinsam mit dem Niederösterreichischen Landesarchiv St. Pölten, 23. bis 25. September 2009, hg. von Theo KÖLZER–Willibald ROSNER–Roman ZEHETMAYER. (Nöla. Mitteilungen aus dem Niederösterreichischen Landearchiv 14.) Niederösterreichisches Institut für Landeskunde, St. Pölten 2010. 327 S., zahlreiche Abb.

Der Band legt in erfreulich kurzer Zeit nach der Tagung deren Beiträge vor: Reinhard Härtel, Was ist eine Region? – Beobachtungen zur Abgrenzung von Urkundenbüchern, S. 9–20, stellt die unterschiedlichen Möglichkeiten (nach politischen, kirchlichen, ethnischen, natürlichen Grenzen oder nach „willkürlicher Regionenbildung") und ihre Vor- und Nachteile vor, betont die Notwendigkeit, die Prinzipien der Grenzziehung darzulegen und die Kriterien im Laufe der Editionsarbeit nicht zu wechseln, und plädiert letztlich im Interesse der Vermeidung von Doppelarbeit und zur Verkürzung der Wartezeiten für die Nutzer für institutionelle Urkundenbücher, deren Inhalt durch regionale und dann auch überregionale, eventuell online verfügbare, Urkundenverzeichnisse erschlossen werden könnten. – Anja Thaller, Von Rand- und Übergriffszonen in regionalen Urkundenbüchern, S. 21–33, erläutert die im Titel angesprochene Problematik anhand eines Teilprojekts des Editionsunternehmens „Urkundenbuch des Patriarchats Aquileia", nämlich des Projekts „Patriarchat und Kommune: Friaul und der Westen bis 1251", das aus pragmatischen Gründen auf die Zeit bis 1218 beschränkt wurde; es wird einen „Sonderfall eines regionalen Urkundenbuchs", nämlich ein „Beziehungsurkundenbuch" darstellen und die Beziehungen zwischen dem Patriarchat Aquileia und seinen westlichen Nachbarn, vor allem Treviso und den Bistümern Feltre, Belluno und Ceneda, dokumentieren. – Andreas Meyer, Eine in jeder Beziehung außergewöhnliche Quelle des 13. Jahrhunderts: die Register des Luccheser Notars Ciabattus, S. 34–49, bietet einige für die Rechts- und Alltagsgeschichte aufschlussreiche Fälle aus den Imbreviaturbüchern des Luccheser Notars, dessen Tätigkeit in den Jahren 1222–1272 überaus gut dokumentiert ist. – Armando Antonelli, Giovanni Feo und Maddalena Modesti, Filologia e diplomatica: un modello bolognese dall'edizione di documenti in volgare (secc. XIII–XIV), S. 50–85, stellen die der direkten Steuererhebung in Bologna (seit 1296) zugrundeliegenden Gesetzgebungsmaßnahmen, das Verfahren der Datenerhebung und die daraus resultierenden Quellen und ihre Probleme vor. – Stefan Sonderegger, Vom Nutzen der Neubearbeitung einer regionalen Urkundenedition. Dargestellt am Chartularium Sangallense, S. 86–117, begründet die Neubearbeitung von Wartmanns „Urkundenbuch der Abtei Sanct Gallen" (erschienen 1863–1899) mit den Vorteilen, die eine moderne Edition mit verbesserten Textwiedergaben, Beschreibung von Urkunden und Siegeln, Anmerkungsapparat und Namen- und Sachregister für den Nutzer darstellt; während Wartmanns Urkundenbuch, als Edition des Materials des Stiftsarchivs begonnen, also ursprünglich institutionell konzipiert, sich langsam, aber nicht konsequent auf die Region ausgeweitet hatte, wird mit dem Chartularium Sangallense künftig ein klar regional orientiertes und um zahlreiche bislang ungedruckte Stücke ergänztes Urkundenbuch für die Zeit 1000 bis 1411 vorliegen. – Roman Zehetmayer, Zum ersten Band des Niederösterreichischen Urkundenbuchs und zu einigen darin abgehandelten diplomatischen Problemen, S. 118–138, stellt das Editionsprojekt vor, das die Urkunden bis 1308 in ca. 10–12 Bänden in Volltexten, diejenigen von 1308 bis 1411 in Regestenform präsentieren wird, und erläutert anhand des ersten, 2008 erschienenen Bandes (777–1076) einige der durch die Editionsarbeit erzielten neuen

Erkenntnisse, so etwa zu DLK.9, DLD.173, DH.III.230 und zur Bedeutung von Herrscherurkunden für die Adelsfamilien der Region. – Karl Heinz, Monasterium.net – Auf dem Weg zu einem europäischen Urkundenportal, S. 139–145, erläutert Entwicklung und Ziele des bekannten Projektes. – Thomas Frenz, Die Passauer Bischofsregesten. Ein Werkstattbericht, S. 146–161, kündigt die baldige Fertigstellung des 4. und 5. Bandes der Regesten an, die dann die Zeit bis 1320 umfassen, durch ein kumuliertes, online publiziertes Register erschlossen und durch eine Edition der bislang unpublizierten Stücke ergänzt werden sollen; zudem wertet er das Material auf zahlreiche Fragen (u. a. Überlieferung, Art der dokumentierten Sachverhalte, Kirchenorganisation und -politik) hin aus. – Tomasz Jurek, Schlesische Urkundenbücher und Schlesisches Urkundenbuch – Geschichte und Perspektiven der Urkundenpublikationen zu Schlesien, S. 162–179, schildert Geschichte und Stand des schlesischen Urkundenbuchs, wirft auch einen Blick auf vergleichbare Unternehmen zu preußischen, pommerschen, tschechischen, slowakischen und polnischen Urkundenbüchern und bietet schließlich Vorschläge, wie trotz sprachlicher und organisatorischer Probleme und der Quellenfülle des späten Mittelalters eine Fortführung des Urkundenbuchs bis 1419 verwirklicht werden könnte. – Jan W. J. Burgers, The registers of the counts of Holland and Zeeland, 1316–1345: a digital edition, S. 180–194, stellt die ausschließlich online publizierte Edition der 22 ältesten Register der Grafen von Holland und Seeland vor (inzwischen abgeschlossen und konsultierbar unter historici.nl unter dem Titel „Registers van de Hollandse grafelijkheid 1299–1345"), die als Fortführung des von Koch, Kruisheer und Dijkhof 1950–2005 vorgelegten, die Zeit bis 1299 erfassenden Urkundenbuchs von Holland und Seeland gedacht ist, weist aber zu Recht ausdrücklich darauf hin, dass es sich hier nicht um ein regionales Urkundenbuch, sondern um die Edition eines bestimmten Quellentypus', eben der Register, handelt. – Benoît-Michel Tock, Die Edition von Urkunden und Chartularen im Norden Frankreichs, S. 195–204, gibt einen nützlichen Überblick über die sowohl auf konventionellem Gebiet der Druckwerke wie der Online-Aktivitäten sehr ertragreichen Editionsunternehmungen (nicht nur) im Norden Frankreichs und in Belgien der letzten Jahrzehnte, stellt ein (digitales) Projekt zur Veröffentlichung unedierter Urkunden aus dem Norden Frankreichs bis zum Ende des 12. Jahrhunderts vor und plädiert im Rahmen solcher Projekte für moderate Abstriche an den Ansprüchen, die an moderne kritische Editionen gestellt werden, zugunsten einer raschen Bereitstellung bislang ungedruckten Materials. – Miguel Calleja Puerta, Pilar Ostos Salcedo, María Luisa Pardo Rodríguez und María Josefa Sanz Fuentes, Edición de documentos en los reinos de Castilla y León, S. 205–220, geben nach einem Rückblick auf die Urkundenpublikation seit dem frühen 17. Jahrhundert einen detaillierten Überblick über die ertragreiche Editionstätigkeit der letzten Jahrzehnte. – Ignasi Joaquim Baiges Jardí, María Milagros Cárcel Ortí und Pilar Pueyo Colomina, Edición de documentos medievales en Aragón, Cataluña y Valencia, S. 221–258, liefern einen detaillierten, von umfassenden bibliographischen Angaben begleiteten Überblick über die Editionsprojekte, mit Informationen auch zu den Editoren selbst, von der frühen Neuzeit an bis in die Gegenwart. – José Marques, Le *Liber Fidei* de la Cathédrale de Braga et le nord du Portugal, S. 259–296, stellt das berühmte, seit dem Ende des 12. Jahrhunderts bis 1712 geführte, 954 Urkundenabschriften enthaltende Chartular vor, betont seine weit über den Norden Portugals hinaus reichende Bedeutung und liefert eine kodikologische und inhaltliche Beschreibung. – Maria Cristina Almeida e Cunha, Un recueil de chartes de la region du nordest du Portugal: Les „Memórias arqueológico-históricas do distrito de Bragança", S. 297–306, stellt keine regionalen Urkundenbücher vor, da es sie in Portugal nicht gibt, sondern die 12 Bände umfassende, zuerst 1910–1948 und in 2. Aufl. 2000 erschienene Reihe „Memórias …", die unterschiedlichstes Quellenmaterial aus der Zeit von den Anfängen bis zum 19. Jahrhundert publiziert, darunter auch 525 Urkunden im Volltext und weitere 245 in Regesten oder Auszügen. – Bei weitem nicht alle Beiträge des Bandes behandeln also tatsächlich das vorgegebene Thema, „Regionale Urkundenbücher", sondern daneben oder ausschließlich Editionen von einzelnen Urkundenfonds, Registern, Chartularen und anderes; sie liefern damit letztlich weitere Argumente zur Unterstützung von Reinhard Härtels eingangs vorgetragenem Plädoyer für institutionelle Urkundenbücher, die dann durch übergreifende Indices erschlossen werden könnten und sollten. Alles in allem ist ein nützlicher, weiterführender Band entstanden.

München   Irmgard Fees

Archivarbeit – die Kunst des Machbaren. Ausgewählte Transferarbeiten des 39. und 40. wissenschaftlichen Kurses an der Archivschule Marburg, hg. von Volker HIRSCH. (Veröffentlichungen der Archivschule Marburg 47.) Archivschule Marburg, Marburg 2008. 276 S.

Der 47. Band in der Reihe der Veröffentlichungen der Archivschule Marburg stellt sich selbst „die Kunst des Machbaren" in Zeiten des Spardrucks und der Personalnot in den Archiven als Motto voran. In acht einzelnen Beiträgen werden Transferarbeiten von AbsolventInnen der Archivschule vorgestellt, die unter anderem eine „allgemeine, also über die untersuchten Einzelfälle hinausgehende Relevanz besitzen" sollen. Genau dieses als erstes genannte Kriterium für die Veröffentlichungswürdigkeit lässt sich für manche der Beiträge nicht nachvollziehen. Wiewohl alle Arbeiten fachlich tadellos sind, kann eine breite Relevanz nicht immer festgestellt werden. Dazu im Detail bei den Berichten über die Einzelbeiträge. Rezensionen für Sammelbände, denen noch dazu der „rote Faden" fehlt, sind naturgemäß nicht einfach. Die folgende Besprechung kann daher nur die einzelnen Beiträge für sich genommen vorstellen. Leider sind die meisten Artikel laut Eigenangaben mehr oder minder stark gekürzt. Es ist daher durchaus denkbar, dass das Fazit der Rezension der „Originalversion" anders ausfallen würde als eine Besprechung des gekürzten Sammelbandbeitrags.

Den Auftakt macht Holger Berwinkel, der „Wege zur Erschließung von Gerichtsbüchern im Sächsischen Staatsarchiv" sucht und dabei Erfahrungen anderer Archive einbeziehen möchte. Er findet sechs Beispiele in verschiedenen deutschen Archiven, die die Retrokonversion von vorarchivischen Findbehelfen genauso einschließen wie verschiedene Tiefen und Varianten der Verzeichnung. In der Folge stellt er die Frage, welche Ansprüche die BenutzerInnen an einen Findbehelf stellen und mit welchem Aufwand dies verbunden ist bzw. welcher Aufwand in der Benutzerbetreuung je nach Erschließungsart zu erwarten ist. Berwinkel entwirft aus den lokalen Gegebenheiten am Sächsischen Staatsarchiv heraus einen Lösungsansatz zur EDV-mäßigen Neuerschließung. Im zweiten Beitrag befasst sich Ragna Boden mit der „Steuerung der Nachlassübernahme mittels Übernahmekriterien". Auf eine kurze, aber umfassende archivtheoretische Einleitung zum Thema Nachlässe in Archiven folgen praxisbezogene Überlegungen zu Kriterien der Auswahl und Übernahme. Als Fazit hält Boden fest, dass Nachlässe grundsätzlich für Archive interessant sind und sich das Archiv überlegen muss, ob und wie es die Akquisition von Nachlässen steuern möchte. Für die Übernahme gilt es auch, alle rechtlichen Fragen zu klären. Ragna Boden fügt ihrer Transferarbeit noch eine „Checkliste für die Nachlassübernahme" sowie einen Musterdepositalvertrag an, welche besonders für kleinere Archive dienlich sind. „Überlegungen zu einem archivischen Tabubruch" stellt Ullrich Christoph Hanke zum Thema Nachkassationen an. Dass Nachkassationen – der Begriff ist durchaus unscharf, wie Hanke auch darlegt – unter ArchivarInnen als Tabubruch gelten sollen, widerlegt der Autor des Beitrags gleich zu Beginn selbst. In der Archivtheorie sind Nachkassationen vielleicht ein Randthema, werden aber in der einen oder anderen Form in vielen Archiven angewandt, ohne immer problematisiert zu werden. Dass die Beweggründe und anzulegenden Maßstäbe für Nachkassationen gut reflektiert werden müssen, legt Hanke einleuchtend dar: Platznot allein reicht nicht als Grund. Vor dem Hintergrund eines Rechnungshofberichts in Sachsen, der Nachkassationen forderte, regt Hanke eine breitere archivfachliche Diskussion zu diesem Thema an. Mit studentischen PraktikantInnen setzt sich Christine Mayr im Beitrag „Pflichtpraktika im Archiv im Rahmen von Bachelor- und Masterstudiengängen: Chance zur organisatorischen und inhaltlichen Neugestaltung im Landesarchiv Nordrhein-Westfalen" auseinander. Der Übergang zum Bolognasystem bringt in den Curricula vieler Studienrichtungen die Verankerung von Pflichtpraktika mit sich, was im Historikerbereich eine zunehmende Nachfrage nach Praktikumsplätzen in Archiven erwarten lässt. Abgesehen von der Kapazitätsfrage sollten Christine Mayr zufolge die Archive die Chance nützen, ihre bisher geübte Praktikumspraxis zu überdenken. Die Praktikumsdauer sollte nicht nur mit einer auch für das Archiv sinnvollen Tätigkeit ausgefüllt werden, sondern der/dem PraktikantIn einen Einblick in die archivische Arbeitswelt ermöglichen. Mayr skizziert zu diesem Zweck „Module" eines strukturierten Praktikums, in denen in unterschiedlicher Gewichtung Erschließung, Bewertung und Übernahme, Öffentlichkeitsarbeit, Arbeitsabläufe und Bestandserhaltung, Benutzerdienst sowie Archivtheorie vermittelt werden sollen. Für große Archive wie das Landesarchiv Nordrhein-Westfalen mag dies durchführbar sein. Aus der Sicht eines kleinen Archivs erweist sich dieser Vorschlag als äußerst ambitioniert. Selbstverständlich sollten sich alle Archive – sofern sie in der Lage sind, Praktikumsplätze anzubieten – darum bemühen, weitgehende Einblicke in die Archivtätigkeiten zu gewähren. Ob eine derart intensive Betreuung in unter chronischer Personalnot leidenden kleineren Institutionen möglich ist, darf aber bezweifelt werden. Die rechtliche Komplexität der archivischen Kernaufgabe der Übernahme von Unterlagen zeigt Johannes Rosenplänter in seinem Beitrag „Archivierung von Unterlagen kommunaler Unternehmen: Überlegungen am Beispiel der Landeshauptstadt Kiel" auf. Rosenplänter zeigt auf, in welchen Rechtsformen städtische Unternehmungen und Beteiligungen auftreten können und welche Auswirkungen dies auf die Anbietungspflicht seitens der Unterlagenproduzenten bzw. auf die Übernahme- und Archivierungspflicht seitens des Stadtarchivs Kiel hat. Zentrale Frage ist, ob sich die Bestimmungen der kommunalen Archivsatzung auf formal eigenständige Rechtspersönlichkeiten anwenden lassen. Außer in Sachsen-Anhalt wird diese Problematik in den deutschen Landesarchivgesetzen nicht hinreichend geregelt. Rosenplänter kommt daher zum Schluss, dass die Anbietung von Unterlagen kommunaler Einrichtungen entweder bereits bei der Errichtung kommunaler Gesellschaften in den entsprechenden Verträgen verankert werden sollte oder die Archivierung in einem Archivierungsvertrag dem Kommunalarchiv übertragen werden kann. Ein ähnliches Thema hat Ulrich Schludi gewählt, dessen Beitrag sich mit dem „Schriftgut zu den landeseigenen Unternehmen im Finanzministerium Baden-Württemberg" auseinandersetzt und in dem er Vorschläge für ein Bewertungsmodell entwickelt. Die Ergebnisse seiner Überlegungen sind naturgemäß ganz auf das Beispiel Finanzministerium Baden-Württemberg gemünzt und nur sehr schwer übertragbar. Die Qualität von Schludis Ausführungen, die analytisch genau und gut nachvollziehbar sind, steht außer Zweifel. Für die Rezensentin stellt sich aber die Frage, welche Erkenntnisse der „Rest der Archivwelt" durch die Publikation der Ergebnisse einer solch spezifischen Aufgabenstellung einer Transferarbeit – abgesehen von „Banalitäten" wie Beachtung von Parallelüberlieferung, Nachvollziehbarkeit des Verwaltungshandelns etc. – gewinnen kann. Christoph Schmidts Beitrag dreht sich um die „Bewertung und elektronisch unterstützte Aussonderung von Verfahrensakten der Sozialgerichte in Nordrhein-Westfalen". Auch diese Transferarbeit bietet mit ihrem sehr spezifischen Thema nur wenig Übertragbares für andere Archive. Schmidt entwickelt ein Bewertungskonzept, welches mit Daten aus der zugehörigen Verfahrensdatenbank operiert und aufgrund gewisser Filterkriterien die Anzahl der noch „manuell" zu bewertenden Akten deutlich einschränkt. Im letzten Beitrag des Sammelbandes befasst sich Stefan Sudmann mit dem Thema „‚Archive von unten' und die Überlieferung der Neuen Sozialen Bewegungen und der schlanke Staat – eine Herausforderung für öffentliche Archive?" Anhand von fünf Beispielen aus Baden-Württemberg skizziert Sudmann Entstehung und Überlieferungsbildung von Bewegungsarchiven. In Hinblick auf den (hoch gesteckten) Anspruch öffentlicher Archive, neben ihren Kernaufgaben eine „gesamtgesellschaftliche Dokumentation" anzustreben, plädiert Sudmann für eine verstärkte Kooperation mit den freien Archiven und Dokumentationszentren. Speziell in Bereichen, wo gemeinnützige Organisationen auch staatliche Aufgaben übertragen bekommen (Sudmann nennt hier die Aids-Hilfe), müsse die Archivierung von aussagekräftigen Unterlagen zu gesellschaftlich relevanten Aufgaben auch solche Unterlagen miteinbeziehen, die außerhalb der öffentlichen Verwaltung entstehen. Dann könne die Sammlungstätigkeit zu reinen Dokumentationszwecken zum Teil aufgegeben werden.

Alles in allem spannen die Beiträge des vorliegenden Bandes einen weiten Bogen der Archivtätigkeit. Nicht immer mag für an den Erfahrungsberichten interessierte ArchivarInnen alles im Bereich des „Machbaren" liegen, doch die „Kunst" liegt im kreativen Umgang mit den aktuellen Herausforderungen des Archivwesens, und dafür kann man sich durchaus Anregungen holen.

Linz   Cornelia Daurer

Handbuch der politischen Ikonographie, hg. von Uwe FLECKNER–Martin WARNKE–Hendrik ZIEGLER. Beck, München 2011. 2 Bde., 1137 S., 1336 s/w-Abb.

Das zweibändige Nachschlagewerk entstand in der Tradition einer politischen Ikonographie, wie sie in der Nachfolge Aby Warburgs institutionell durch das Hamburger Warburg-Haus und personell vor allem durch den Kunsthistoriker Martin Warnke und seine Schüler vorangetrieben wurde. Es umfasst ca. 140 Artikel von „Abdankung" bis „Zwerg", die von 100 Autoren und Autorinnen, fast ausschließlich Kunsthistorikern (deshalb auch die große Zahl von Autorinnen), verfasst und mit etwa 1000 kleinformatigen Schwarz-weiß-Abbildungen versehen wurden. Die Publikation des HPI ist zweifellos zu begrüßen, existierte bislang doch kein vergleichbares Nachschlagewerk zur politischen Ikonographie Europas in Geschichte und Gegenwart. Sie hat ein beträchtliches mediales Echo gezeitigt, wobei vor allem die in überregionalen Tageszeitungen und Zeitschriften erschienenen Rezensionen überwiegend positiv bis gelegentlich panegyrisch ausfielen. Nun verdient die Konzeption eines derart weit ausgreifenden, die Mitwirkung zahlreicher Personen und Institutionen voraussetzenden Kompendiums ohne Zweifel höchsten Respekt, wobei die Lektüre nicht weniger Artikel in diesem Werk auch ein Lesevergnügen bereitet und eine Fülle überraschender Assoziationen und inspirierender Kombinationen von Bildthemen und Bilddeutungen bietet. Dennoch stellen sich bei näherer Betrachtung eine Reihe von Bedenken ein und zwar über die in solchen Kontexten üblichen (die unterschiedliche Qualität der Artikel, der trotz der Komplexität der Thematik geringe Umfang, der Verzicht auf Farbabbildungen, das wenig interdisziplinäre Autorenfeld) hinaus. So ist es gute geisteswissenschaftliche Tradition, gedruckte Bücher zu produzieren, gerade bei einem solchen Werk, das sich auch an Nichtwissenschaftler richtet, hätte sich allerdings die Publikation im Internet besonders angeboten, wodurch dann auch das Problem der Kosten für Farbabbildungen und eine höhere Artikelzahl gelöst gewesen wäre. Das Internet selbst als eines der wichtigsten (wenn nicht gar das heute wichtigste) Medien der Tradierung, Popularisierung und Transformierung von Bildformeln der politischen Ikonographie spielt in diesem Werk keine Rolle, auch das Fernsehen bildet eine Randerscheinung. Die Beschränkung sehr vieler Artikel auf traditionelle Medien der Hochkultur, obwohl das genau hatte vermieden werden sollen (I.10), bedeutet, dass in starkem Maße die Selbstdarstellung von Herrschern beleuchtet wird, visuell vermittelte politische Kommunikation (und darum geht es ja) in historischer Perspektive meint aber viel mehr. Dies hätte Aby Warburg sicher anders gehandhabt, denn Warburg ging es gerade darum, alle Formen von Bildlichkeit in die Analyse einzubeziehen. Überblicksartikel zu Medien oder Genres der politischen Kommunikation („Flugblatt", „Geld", „Medaillen", „Historienmalerei" etc.) findet der aufmerksame Leser auch anderswo, zumal deren Autoren vor dem Hintergrund ihrer reichen Kenntnisse ohne Mühe Einschlägigeres hätten produzieren können, zum Beispiel über die Darstellung von Geld in der politischen Ikonographie. Auch bei Artikeln wie „Feindbilder", „Leitbilder", „Arbeit", „Nationalsozialismus" oder „Propaganda" lässt sich die eingangs als Ziel formulierte visuelle Verdichtung (I. 11) solcher Begriffe auf 5 bis 9 Seiten nicht einlösen. Manchmal allerdings ist gerade dies das eigentliche Argument und in diesem Falle legitim (Art. „Anarchie", „Demokratie", „Verfassung"). Dabei ist erstaunlich, was die Autoren und Autorinnen solcher Beiträge trotz der räumlichen Beschränkung doch noch alles vermitteln können (Art. „Aufstand", „Damnatio memoriae", „Gemeinwohl", „Staat"). Insgesamt aber überzeugen eher jene Artikel, die ein hinreichend spezifisches Thema verhandeln („Agitation", „Bündnis", „Brutus", „Hand in der Weste", „Pflasterstein", „Sonne", „Schiff", „Zeitalter"). Zwar will das HPI Kontinuitäten und Brüche der politischen Ikonographie in der Geschichte vermitteln (I.7); der bei der Lektüre häufige Eindruck eines Bruches ist jedoch weniger sich ändernden Darstellungskonventionen und Themenkonjunkturen geschuldet, als vielmehr den vormodernen Forschungsschwerpunkten einiger Autoren (Art. „Ankunft", „Bauer", „Jagd", „Luxus", „Prinz", „Stadtregiment", „Stifter"). Hier wird analytisches Potential verschenkt (Juan Carlos als Großwildjäger, Gerhard Schröder mit Cohiba, Kim Jong-Il als „Kronprinz"). Das gilt auch für den Artikel „Ankunft", der unvermittelt im 17. Jahrhundert abbricht, ohne die Vielzahl neuzeitlicher Herrschereinzugsdarstellungen anzusprechen, zumal der Autor auch noch einen Kupferstich nach einem allegorischen Gemälde von Rubens (I. 64) als Quelle für einen realen Einzug verwendet, die dieser nun gerade nicht sein kann. Einige Artikel beschränken sich auf die Neuere Geschichte, was allerdings auch nicht immer einleuchtet („Flagge", „Krieg", „Wahl", begründet hingegen: „Terror"). Die mangelnde Systematik und Präzison der ausgewählten Begriffe haben bereits andere Rezensenten kritisiert. Die Hand zur Faust zu ballen, ist eine Geste, wobei weitere Gesten es verdient hätten, einzeln behandelt zu werden (Herrscherkuss, Schwurhand). Im Artikel „Affekte" geht es um die politisch beziehungsreiche Bildformel des Schreies, warum heißt der Artikel dann eigentlich nicht so?

Besonders vermisst habe ich Begriffe wie „Barbar", „Familie" „Heimat", „Jungfrau", „Nacktheit" (was hätte sich im Kontext einer Politik der Nacktheit nicht alles verhandeln lassen: bis hin zum nackten Putin, mit oder ohne Waffe sowie als reitender Herrscher), Juden (nicht nur bewaffnete, obwohl dieser Artikel tatsächlich Neues zu vermitteln vermag), sowie Begriffe, welche auf die zutiefst politischen Handlungsfelder Recht oder Religion verweisen (Eid, Gotteskrieger, Ungläubige). Im Vorwort erblickt der Leser die Lektürelust erweckende, virile Augen- und Nasenpartie von „Marx?, Bismarck?, Lenin? Schröder?" (I.7); einen Artikel zur Entwicklung einer jeweils als ideal verstandenen Herrscherphysiognomie sucht er jedoch vergebens. Da sich vielfache Überscheidungen und Wiederholungen (selbst bei den Abbildungen) finden, wäre Raum für solche Differenzierungen gewesen. Dass generell alle vorgeschlagenen Deutungen überzeugen, kann man in einem derart umfangreichen Werk nicht erwarten. Aber einige Punkte seien dennoch angesprochen. Der leere Sitz der Kurfürsten beim Krönungsbankett ist kein leerer Thron (II.427), aber der Blick auf die Symbolik des leeren Sitzes bis in die Gegenwart hätte in der Tat spannende Deutungsoptionen eröffnet. Der Augsburger Religionsfrieden gestand den Reichsfürsten keine „Religionsfreiheit" zu (I.17). Die Ehrenpforte Kaiser Maximilians ist eine visuelle Metapher, als realer Triumphbogen wäre sie eine inszenatorische Fehlleistung allererster Güte gewesen (I.49). Die Bezeichnung von „Hexen" als Minderheit ist irreführend, jedoch wäre ein Artikel zur „Hexe" lohnend gewesen (bis hin zu Hillary Clinton). Dass in einem solchen Werk ärgerliche Bewertungen wie jene von 9/11 als „das größte Kunstwerk, was es je gegeben hat" tradiert werden, wirkt seiner aufklärerischen Funktion entgegen, zumal im Bild dieses Ereignisses mitnichten „die heutige Vorstellung vom Krieg auf den Punkt" (II.63) gebracht wird, höchstens jene von Terror, und in diesen Artikel gehört das Thema auch.

Die Herausgeber haben mit ihrer wichtigen Publikation das analytische Potential der politischen Ikonographie noch lange nicht erschöpft. Für ähnlich gelagerte Projekte (in welchem

Rahmen auch immer) wäre deshalb zu wünschen: weniger Kunst, mehr Politik; weniger Objektbeschreibung, mehr Bildwirkungsanalyse; weniger Fokussierung auf Wirkungsabsichten, mehr auf die Performance von Bildern als „Schlagbilder" (Aby Warburg). Denn auch beim (politischen) Bild besteht nicht nur eine „Differenz zwischen dem Sachverhalt, den es zur Anschauung bringt, und dem gattungsspezifischen Eigenleben bildmedialer Vermittlung" (I. 9), vielmehr kennzeichnet die Wirkung von Bildern gerade in der Moderne eine Dynamik, die Gattungsgrenzen zu sprengen vermag. Und oft erweisen sich gerade jene Formen der Visualisierung als analytisch reizvoller, die nicht durch Obrigkeiten gesteuert wurden und deshalb als Ausdruck von Herrscherpropaganda lesbar sind. Dennoch setzen das HPI insgesamt und vor allem auch einzelne Artikel Maßstäbe hinsichtlich der Vielfalt und der Originalität von Traditionen und Deutungen zur politischen Ikonographie, die künftige Veröffentlichungen erst einmal erreichen müssen.

Innsbruck   Harriet Rudolph

Wien Musikgeschichte. Von der Prähistorie bis zur Gegenwart, hg. von Elisabeth FRITZ-HILSCHER–Helmut KRETSCHMER. (Geschichte der Stadt Wien 7.) LIT, Wien 2011. 743 S., 2 Karten.

Nachdem 2006 der erste Teil des Werkes „Wien Musikgeschichte" mit dem inhaltlichen Fokus auf „Volksmusik und Wienerlied" erschienen ist, liegt seit kurzem auch der zweite Teil vor, der sich nun den „klassischen" Bereichen der Wiener Musikgeschichte widmet. Das Werk stellt den jüngsten, siebten Band in der Reihe der Geschichte der Stadt Wien dar, die vom gleichnamigen Verein herausgegeben wird. Das Ziel der insgesamt acht Autoren (in chronologischer Reihenfolge: Martin Czernin, Elisabeth Fritz-Hilscher, Herbert Seifert, Martin Eybl, Hartmut Krones, Christian Glanz, Helmut Kretschmer und Clemens Höslinger) bestand darin, dem Leser auf knapp 750 Seiten das Wiener Musikleben „in großen Linien und unter unterschiedlichen Aspekten" (S. 5) im langen Zeitraum von der Urgeschichte bis zur Gegenwart aufzuzeigen. Alle acht Autoren, die als Kenner der Wiener Musikgeschichte gelten dürfen, demonstrierten in ihren Kapiteln große Fachkenntnis und bewiesen „Mut zur Lücke", was angesichts des großen Themas und des langen Untersuchungszeitraums unumgänglich ist.

Im Unterschied zum ersten Teil der Musikgeschichte, die sich mit dem Musikleben „der breiten Masse" beschäftigte, steht im nun vorliegenden zweiten Teil die „sogenannte Oberschichte" (S. 5) im Zentrum des Interesses. Wer nun konkret dieser „sogenannten Oberschichte" angehörte, wird von den Autoren leider nicht näher erläutert. Eine Skizze dieser beiden Gruppen wäre jedoch umso wichtiger gewesen, als eine soziale Abgrenzung den Grund für die Teilung in zwei Bände darstellt. Gerade weil es in vielen Musikbereichen zu einer „regen Durchmischung" (S. 5) kam, wäre eine Antwort auf die Frage, wo für die Autoren die breite Masse endet und die Oberschicht beginnt, von großem Interesse gewesen.

Insgesamt weist das Werk einen deutlichen Handbuchcharakter auf. Dieser zeigt sich primär im streng chronologischen Aufbau und in der starken Strukturiertheit des Textes in zahlreiche, oft recht kurze Kapitel. Aus diesen speist sich das umfangreiche Inhaltsverzeichnis, das dem Leser die Orientierung im Text erleichtert. Ein ebenso wichtiges Service für den Leser stellt das umfangreiche Register (Register I: Personen, Vereine, Institutionen, Register II: Topographie) und die Hervorhebung wichtiger Personen- und Ortsnamen durch Kapitälchen dar. All diese Elemente machen den Band zu einem sehr informativen und benutzerfreundlichen Nachschlagewerk.

Das Grundgerüst des Werkes bildet eine klassisch-historische Epocheneinteilung (Prähistorie, Römerzeit, Mittelalter, Frühneuzeit, Barock etc.), die jedoch weder diskutiert noch begründet wird. Für den Leser bleibt daher die Frage offen, ob diese Periodisierung auch für die

Musikgeschichte überzeugt. Der Aufbau der einzelnen Kapitel folgt stets demselben Schema: Zu Beginn steht ein historischer Überblick, der den Kontext für die darauffolgenden Ausführungen bietet. Diese Einbettung des Musiklebens in das allgemeine Geschehen stellt zugleich die Stärke und die Schwäche des Werkes dar: Prinzipiell ist dieser Blick über den Tellerrand der Disziplin ein Zugeständnis an den breit konzipierten Leserkreis. Dennoch erweist sich die Kontextualisierung manchmal als zu wenig fokussiert: So könnte man sich bei der Lektüre fragen, was die Eröffnung der Wiener Südosttangente 1978 oder die Einführung der Mehrwertsteuer 1972 (S. 382) mit der Wiener Musikgeschichte zu tun haben. Eine Konzentration auf den kulturpolitischen Kontext wäre hier vermutlich aufschlussreicher gewesen. Im Anschluss an den historischen Überblick folgen in jedem Kapitel die Ausführungen zum Musikgeschehen, wobei meist zuerst die kirchliche und dann die weltliche Musik behandelt werden. Den Autoren ist es dabei gut gelungen, auf die engen Verschränkungen von Musik, Gesang und Tanz jeder Epoche hinzuweisen. Am Ende jedes Kapitels werden verschiedene Aspekte der Musikproduktion und -verbreitung behandelt, wie etwa der Instrumentenbau, der Musikunterricht, die Musiktheorie, die Musikpublizistik oder das Verlagswesen und der Musikdruck. Da diese Aspekte das eigentliche Musikgeschehen ihrer jeweiligen Epoche oft erst ermöglichen, zumindest aber stark prägen, ist ihre gesonderte Behandlung sehr zu begrüßen. Die Autoren bieten damit ihren Lesern wichtige und erklärende Zusatzinformationen, die sonst nur mühsam über teils veraltete, manchmal politisch gefärbte und jedenfalls weit verstreute Literatur fassbar wäre.

Die ersten zwei Kapitel zur Prähistorie und Römerzeit sind – quellenbedingt – recht kurz. Da für diese frühe Zeit kaum konkrete Belege über das Musikleben im Raum Wiens vorhanden sind, rekurriert der Autor Martin Czernin auf allgemeine (archäologische) Kenntnisse über das damalige Musikleben und diskutiert deren Gültigkeit für den Wiener Raum. Mit der Zunahme der Quellen ab dem Mittelalter wird die Darstellung ausführlicher. Czernin bemüht sich um eine ausgewogene Behandlung der kirchlichen wie weltlichen Musik. Hier wäre auch die Thematisierung bestimmter Aspekte, wie etwa die Musik der Feste und des Kirchenjahres wünschenswert gewesen.

Die Kapitel zu Frühneuzeit und Barock weisen eine starke Konzentration auf das Musikleben der sozialen Elite auf. Hier kommt den verschiedenen Hofkapellen deutliches Übergewicht zu, während das Stadtbürgertum und die Kirche nur am Rande thematisiert werden. Erst ab dem Kapitel zum 19. Jahrhundert wird der Rolle des Bürgertums als „Träger eines sich neu konstituierenden […] Musiklebens" (S. 286) verstärkt Rechnung getragen. Elisabeth Fritz-Hilscher beschreibt hier sehr lebendig den grundlegenden Wandel des damaligen Musiklebens.

Die darauffolgende Darstellung des Musikgeschehens im 20. und beginnenden 21. Jahrhundert durch Hartmut Krones ist ein Gewinn für das Werk, da dieses bisher an keinem Ort eine so fundierte und aktuelle Schilderung gefunden hat. Positiv zu erwähnen ist auch hier die betont breite Sicht auf das Musikgeschehen, die auch nicht auf die Aktivitäten zahlreicher (Arbeiter-)Gesangsvereine, Chöre, Ensembles und Musikgesellschaften vergisst.

Die letzten drei Kapitel zur Unterhaltungsmusik in Wien, zur Musiktopographie und zur Bedeutung der Interpreten sorgen schließlich für einen stimmigen Abschluss des Werkes. Alle drei Kapitel sind epochenübergreifend angelegt und behandeln ihre jeweiligen Aspekte mit mehr Tiefe: Christian Glanz behandelt in seinem Kapitel zur Unterhaltungsmusik in Wien im 19. und 20. Jahrhundert neben dem Walzer und der Operette auch Militärmusik, zivile Blasmusik, Cabaret, Jazz und Austropop. Im folgenden Kapitel zur Musiktopographie bringt Helmut Kretschmer eine profunde Beschreibung der bedeutsamsten Aufführungs- und Wirkungsstätten in Wien sowie eine Liste der wichtigsten Musikergedenkstätten und verzeichnet diese auf zwei Karten (S. 594 und 596). Der Autor liefert auch die genauen Adressangaben der (teils nicht mehr vorhandenen) Spiel- und Grabstätten, weshalb sich dieser Abschnitt auch sehr als Führer für einen informativen Spaziergang durch die „Musikstadt Wien" eignet. Im letzten

Kapitel würdigt Clemens Höslinger schließlich die Interpreten (etwa die Sänger und andere reproduzierende Künstler) und weist auf ihre zentrale Rolle bei der Verbreitung von Musikstücken hin. Er stößt den Leser damit auf einen Aspekt des Musiklebens, der in vielen bisherigen Musikdarstellungen zu Unrecht im Dunkeln geblieben ist.

Zusammenfassend ist zu sagen, dass dieses Handbuch eine große Forschungslücke füllt. Die acht Autoren erhoben den Anspruch, die Wiener Musikgeschichte von der Prähistorie bis zur Gegenwart, wissenschaftlich präzise und trotzdem lesbar, kritisch und frei von Kitsch und Klischees zwischen zwei Buchdeckel zu bringen. Das Ziel bestand darin, „Vielfalt darzustellen und das Augenmerk des Lesers auch auf Bereiche zu lenken, die in den gängigen Musikgeschichtsdarstellungen von Wien bislang wenig bzw. nicht beachtet wurden". Den Autoren ist es trotz mancher „Hindernisse und Verzögerungen" (S. 5) letztlich doch gelungen, dieses hochgesteckte Ziel zu erreichen.

Wien   Irene Kubiska

Slovakia in history, hg. von Mikuláš Teich–Dušan Kováč–Martin D. Brown. Cambridge University Press, Cambridge 2011. 413 S.

Das Buch ist das Pendant zum von Mikuláš Teich, Emeritus Fellow am Robinson College, Cambridge, und Honorarprofessor der TU Wien, 1998 herausgegebenen „Bohemia in history". Der Anspruch, eine neue Sicht auf die historische Entwicklung in der Slowakei in geraffter Form zu präsentieren, ist keine geringe Herausforderung. Er wird aber durch ein durchdachtes Konzept eingelöst, in dem Schlüsselentwicklungen bzw. -ereignisse („accounts of key moments and themes", S. 370) in den Mittelpunkt der 21 chronologisch angeordneten Kapitel gestellt werden, die vom Großmährischen Reich und dem Fürstentum Neutra bis zur samtenen Revolution von 1989 und der Entstehung der Slowakischen Republik 1992/1993 führen. Diese werden von einer interessanten Einleitung von Dušan Kováč und einem exzellenten und bedachten Schlusswort von Mikuláš Teich, das auch höchst interessante autobiographische Hinweise enthält, umrahmt. Kováč diskutiert mit Umsicht historiographische Zugriffe auf die slowakische Geschichte (S. 9–13), die sowohl national als auch territorial verstanden wird (S. 2–7). Er geht auf Fragen zur Ausbildung unterschiedlicher nationaler Identitäten in der Slowakei bzw. der Vielschichtigkeit des slowakischen Nationalverständnisses ein, die im Buch wieder aufgegriffen werden. Dass die Rolle der Geschichtswissenschaft in der Slowakei nicht ganz unkontroversiell ist, belegen Diskussionen zum Verhältnis von Geschichte und Gesellschaft, beispielsweise am 14. Slowakischen Historikerkongress oder in aktuellen Fachzeitschriften (vgl. etwa die Studie von Peter Švorc im Historický časopis 29, 4, 2011). Im Schlusskapitel führt Mikuláš Teich die Fäden zusammen, erläutert schwerpunktmäßig die kommunistische Periode, die Rolle des Jahres 1968 (S. 382f.) und die Vorgeschichte der Staatstrennung, wirft aber auch im Buch sonst vernachlässigte Aspekte auf, etwa die Frage der verzögerten Industrialisierung und die wichtige Rolle des Bergbaus für die langfristige Wirtschaftsentwicklung in der Slowakei (S. 374–376).

Die Periode vor 1918 wird anhand von Aufsätzen zum Fürstentum Neutra (Ján Steinhübel), zur Ausbildung der Aristokratie (Ján Lukačka) und der Städte (Vladimír Segeš) im Mittelalter, zu Renaissance und Humanismus (Eva Frimmová), Reformation und Gegenreformation (Viliam Čičaj) und zur Aufklärung (Eva Kowalská) behandelt. Neben dem 20. Jahrhundert bilden die Anfänge der slowakischen Nation während der Aufklärung (Eva Kowalská) sowie ihre Einordnung in zeitgenössische Strömungen des Panslawismus (Ľudovít Haraksim) und in die politisch-nationalen Rahmenbedingungen der ungarischen Reichshälfte im 19. Jahrhundert (Dušan Kováč) einen weiteren Schwerpunkt, der sich in der Auseinandersetzung mit dem Verhältnis zwischen Tschechen und Slowaken im 20. Jahrhundert weiter durch das Buch zieht. Mit Blick auf die Kritik des tschechischen Zentralismus nach 1948 in anderen Beiträgen

(s. u.) wirft das Kapitel von Natália Krajčovičová zur Stellung der Slowakei in der ersten ČSR Fragen nach möglichen langfristigen Kontinuitäten und Ursachen auf. Auf der politischen Ebene, so die Argumentation, erforderte der Konflikt mit Ungarn die Staatseinheit und eine zentralistische administrative Kontrolle, die die Mitglieder des Klubs der slowakischen Vertreter zum Staatserhalt bewusst unterstützen. Erst nach dem Friedensschluss von Trianon wuchsen Autonomiebestrebungen, aber auch die Fragmentierung der slowakischen politischen Landschaft (S. 140–147).

Kennt man Teichs Forschungsinteressen, überrascht es etwas, dass ökonomische Entwicklungsphasen, zu denen die slowakische Historiographie seit Jahrzehnten exzellente Forschungen vorlegte, weitgehend fehlen. Dies bedeutet aber nicht, dass wirtschaftliche Entwicklungen oder wichtige Zäsuren ignoriert werden (vgl. etwa S. 147–151 oder speziell zur Bodenreform S. 149f., sowie weitere wichtige Überlegungen im Schlusswort).

Die große Mehrheit der Beiträge widmet sich der Geschichte des 20. Jahrhunderts, davon allein drei dem slowakischen Staat 1939 bis 1945 (Ivan Kamenec, Valerián Bistrický den Folgen der Münchner Konferenz und Jan Rychlík dem Widerstand). Völlig zurecht behandelt ein eigenes Kapitel (von Vilém Prečan) den slowakischen Nationalaufstand gegen das Hlinka-Tiso-Regime und den Nationalsozialismus von Ende August bis Ende Oktober 1944, der trotz seiner militärisch und politisch umfassenden Dimensionen bislang in der internationalen Forschung nur unzureichend gewürdigt wurde (s. a. S. 378–381). Nach 1945 stehen die slowakische Frage 1945–48 (Michal Barnovský), der Tschechoslowakismus (Elisabeth Bakke) und einzelne Perioden des Regimes nach 1948 (Jan Pešek, Stanislav Sikora, Jozef Žatkuliak, Miroslav Londák, Elena Londáková und Michal Štefanský) im Mittelpunkt. Ein Aufsatz befasst sich mit der ungarischen Minderheit in der Slowakei (Štefan Šutaj).

Wenn trotz der sorgfältig ausgewählten thematischen Schwerpunkte einzelne Beiträge in eher deskriptive Erzählungen abdriften, dann liegt dies nicht am Konzept des Buches und an den Herausgebern, sondern an der Schwerpunktsetzung durch den/die konkrete/n Autor/in. Auch wurden von den Herausgebern bewusst abweichende Interpretationen bzw. im Resultat offene Diskussionen akzeptiert (Teich, S. 389).

Die Ereignisse der Jahre 1992–1993 im Zusammenhang mit der Auflösung der Tschechischen und slowakischen föderativen Republik und der Teilung der ČSFR werden – neben der Kritik an der Utopie einer „tschechoslowakischen" Nation unter Politikern des 20. Jahrhunderts (z. B. S. 249, 264, 266f.) – v. a. mit den Erfahrungen zum Verhältnis der beiden Gebiete seit 1945 bzw. 1948 in Beziehung gesetzt. Kurz zusammengefasst, scheint die Sicht zu überwiegen, dass das Lippenbekenntnis zu einer föderalen Staatsstruktur letztlich durch den Prager Zentralismus nicht umgesetzt wurde. Ob dies der alltäglichen Dimension – der Schulbildung in beiden Sprachen, Migration zwischen den Landesteilen, gemischten Familien (S. 267) und dem abwechselnden Gebrauch des Tschechischen und Slowakischen in der Öffentlichkeit, z. B. im Rundfunk – wirklich gerecht wird, muss offen bleiben.

Diese Spannungen schienen sich nach 1989 trotz mehrfacher Anläufe nicht lösen zu lassen (S. 364–369, S. 384–386). Freilich ist bezeichnend, dass die Trennung letztlich durch den Alleingang der beiden Wahlsieger vom Frühjahr 1992, Václav Klaus (ODS, Tschechische Republik) und Vladimír Mečiar (HDS, Slowakische Republik), wenn auch aus unterschiedlichen Motiven, herbeigeführt wurde (S. 364–368). Dass keine Volksabstimmung stattfand – obwohl es eine Protestpetition mit ca. 1 Million Unterstützern gab, die sich gegen die Trennung der Staaten richtete –, ist nicht ohne demokratiepolitische Brisanz, zumal wegen des offensichtlichen Grundes: „Both the CDP [d. i. die ODS] and MDS [HDS] rejected the concept of holding one because they feared the outcome." (S. 367)

Das Schlusskapitel von Mikuláš Teich gibt nochmals Aufschluss darüber, welche Gründe – u. a. das besondere persönliche Engagement – ihn zu „Slovakia in History" bewegten. Auf offene Fragen und weiteren Diskussionsbedarf verweist Teich selbst, jedoch repräsentiert das insgesamt gelungene Buch ohne Zweifel – auch gemeinsam mit „Bohemia in History" gesehen – eine für den englischsprachigen Raum und das internationale Publikum hervorragende Möglichkeit, sich verstärkt mit der Geschichte Mitteleuropas vertraut zu machen, aber auch weitere Forschungen und Kontroversen zu inspirieren.

Wien   Dana Štefanová und Markus Cerman

Hans-Werner Goetz, Gott und die Welt. Religiöse Vorstellungen des frühen und hohen Mittelalters 1, 1: Das Gottesbild. (Orbis mediaevalis. Vorstellungswelten des Mittelalters 13, 1.) Akademie, Berlin 2011. 338 S.

Der inzwischen emeritierte Hamburger Mittelalterhistoriker Hans-Werner Goetz hat in der deutschsprachigen Geschichtswissenschaft als eines seiner akademischen Langzeitprojekte die sog. Vorstellungsgeschichte nicht nur einführen, sondern inzwischen auch erfolgreich etablieren können. Erschloss er sich hierfür zunächst die den Fachkolleginnen und -kollegen am ehesten vertrauten Textbestände der Historiographie und der Diplomatik, so hat er „sein" Forschungsparadigma von der menschlichen Wahrnehmung und Deutung des gelehrten und alltäglichen „Orbis mediaevalis" nun auch auf die gar nicht von der Geschichtsschreibung zu trennenden Vorstellungswelten des theologischen Denkens und Schreibens ausgedehnt. Damit trägt Goetz der allgemeinen Wandlung der internationalen Geschichtswissenschaft zu einer Kulturgeschichte bzw. -anthropologie Rechnung. Insofern muss es nicht mehr erstaunen, dass er sich inzwischen einem Großprojekt verschrieben hat, das bislang eher in der Theologie- oder Religionsgeschichte beheimatet gewesen ist: der Geschichte der religiösen Vorstellungen des lateinischen Christentums, in Sonderheit vom Schöpfer und seiner Schöpfung, und zwar in seinem angestammten Arbeitsbereich, dem Früh- und Hochmittelalter. Damit stößt Goetz nach einem langen Marsch durch die Quellen und Studien in das Zentrum der geistig-religiösen Befindlichkeiten des (lateineuropäischen) Mittelalters überhaupt vor, bildet aber zugleich ein Pendant zur erfolgreichen „Geschichte der Religiosität im Mittelalter" aus der Feder des Münsteraner Kirchenhistorikers Arnold Angenendt, dem es noch mehr um die religiösen Mentalitäten und Praxen im Allgemeinen wie im konkreten Alltag des Mittelalters ging. Der nun von Goetz vorgelegte erste Band eines ersten Teils beschäftigt sich allein mit dem christlichen Gottesbild des lateineuropäischen Früh- und Hochmittelalters. Nach einem Abriss zur Geschichte der Vorstellungsgeschichte, ihrer Fragestellungen und Methoden sowie dem Transfer auf das neu gewählte Thema der religiösen Vorstellungswelten des Mittelalters (S. 13–48) wird dieses nach einer knappen Einführung zum Gottesbild in der Forschung (S. 51–55) in zehn Kapiteln abgehandelt. Zunächst werden die biblischen, antiken und patristischen Grundlagen des Gottesbildes (Kap. 1: S. 57–64) und die Quellen der Gotteserkenntnis (Kap. 2: S. 65–75) vorgestellt. Dann werden die mittelalterlichen Vorstellungen von Gottes Wirken als Schöpfer, Lenker und Richter (Kap. 3: S. 77–152), Diskurse um das göttliche Wesen (Kap. 4: S. 153–173), das Problem der Trinität (Kap. 5: S. 175–212) sowie rationale Gottesbeweise (Kap. 6: S. 213–221) ausgebreitet. Weiters werden Vorstellungen von Christus (Kap. 7: S. 223–252) und vom Heiligen Geist (Kap. 8: S. 253–268) sowie ausgewählte visuelle Bilder von Gott als Gottesvorstellungen (Kap. 9: S. 269–281 und 31 Tafeln) thematisiert, bevor ein Fazit zum Gottesbild der behandelten Zeit geliefert wird, in dem sich Goetz nun der Frage nach einem sich allmählich wandelnden Gottesbild öffnet (S. 290–295), da er zuvor eher einen strukturalistischen Ansatz verfolgt hat (Kap. 10: S. 283–299). Be- und erschlossen wird der Band durch Verzeichnisse der Abkürzungen (S. 301), der Abbildungen (S. 302f.) und der benutzten Quellen bzw. Literatur (S. 304–311 bzw. 311–329) sowie durch Register der mittelalterlichen Autoren und anonymen Schriften (S. 331–335) bzw. der Personen (S. 335–338).

Die der Darstellung zugrunde gelegten Entscheidungen sind weitreichend, aber auch folgenreich. Denn im Gegensatz zur vertrauten Theologiegeschichte greift Goetz auch auf Texte zurück, die dort für eine Geschichte der religiösen Vorstellungen bislang wenig bis gar keine Berücksichtigung gefunden haben, so insbesondere auf zahlreiche historiographische und biographische Erzeugnisse, die aber wiederum in der Geschichtswissenschaft in dieser Weise zumeist noch nicht systematisch befragt worden sind. Der Fokus auf eine Geschichte der religiösen Vorstellungen auch dieser Textbestände birgt aber die Gefahr der Ausblendung bereits erzielter oder erst noch anzustrebender Ergebnisse in sich. So konstatiert Goetz zwar die biblische Fundierung der religiösen Vorstellungen als selbstverständlich (S. 57), in seiner Darstellung arbeitet er sie dann aber nicht deutlich genug heraus, was sicher eine Folge der bislang wenig aufeinander bezogenen Forschungen zur Geschichte der Bibelexegese und der Historiographie bzw. Biographie in der jeweiligen Zeit ist. Warum hat er Walter Berschins epochale fünfbändige Geschichte der Biographie von der Spätantike bis ins Hochmittelalter an keiner einzigen Stelle zurate gezogen, die doch in ihrem 2004 erschienenen Schlussband ein detailliertes Sachregister gerade auch zu den religiösen Vorstellungen in der mittelalterlichen Biographik liefert?

Aufgrund seiner gewählten Textbestände entfaltet Goetz vor unseren Augen eine nahezu ausschließlich intrareligiöse Geschichte der Vorstellungswelt des euro-mediterranen Christentums. Der Leser erfährt daher fast nichts darüber, dass diese Vorstellungswelt der Christen von Anfang an in Auseinandersetzung mit den Juden, dann auch mit den Muslimen ausgebildet worden ist. Nun bewegt sich Goetz aber mit dem Übergang vom Früh- zum Hochmittelalter ausgerechnet in jener Zeit, in der mit der Entdeckung von religiöser Alterität in Form von neuen Häresien und eigenständigen nichtchristlichen Traditionsgemeinschaften (Juden und Muslime) eine Neureflexion der eigenen religiösen Vorstellungswelt einsetzt, die wir in zahlreichen Glaubensgesprächen (sog. „Religionsdialogen"), Übersetzungen religiösen Schrifttums (Koran, Talmud …) und religionspolemischen Traktaten fassen können. Diesen Megadiskurs thematisiert er nur kurz im Zusammenhang mit der Christologie und allein in der Auseinandersetzung mit den Juden (S. 233–235). Da es in seinem Buch ja nicht um die Wahrnehmung anderer „Religionen" geht, die Goetz in einem parallelen Forschungsprogramm bearbeiten lässt (S. 48), sondern um die Rückwirkung religiöser Reflexionen auf die eigene christliche Vorstellungswelt, wünschte man sich deutlich mehr diesbezügliche Ausführungen (S. 285).

Goetz' Vorstellungsgeschichte ist natürlich keine Mentalitätsgeschichte (S. 23). Und sie ist auch keine Geschichte des religiösen Erinnerns, auch wenn sich die Reflexion der kognitiven Voraussetzungen des menschlichen Wahrnehmens, Deutens und Darstellens längst zur anthropologischen Grundfrage nach dem überlebensnotwendigen Wechselspiel zwischen Erinnern und Vergessen ausgeweitet hat. Was Goetz in Angriff nimmt, ist vielmehr die Beschreibung der religiösen Vorstellungen der Menschen im lateineuropäischen Früh- und Hochmittelalter als einer Beziehungsgeschichte von Transzendenz und Immanenz, weshalb ja sein Buch in die Abschnitte „Wirken", „Wesen", „beweisendes Erkennen" und „Darstellen" gegliedert ist. Diese Jenseits-Diesseits-Relation nimmt er aber mehr als gegeben hin (S. 41f.), als dass er sie in ihrer immanenten Wirkung wirklich durchdenkt und an geeigneten Beispielen aufzeigt. Dabei „wimmelt" es in den mittelalterlichen Texten nur so von Wechselphänomenen zwischen „Oben" und „Unten", so man sie zur Beschreibung und Analyse heranzieht. Genannt seien hier nur Himmelsbriefe, Weihelegenden, Eucharistiemirakel und andere „kuriose" Texte. Zweifellos böte sich zur Erschließung dieses Textreservoirs thematisch der zweite der beiden Folgebände an.

Vor uns liegt eine wissenschaftliche Publikation, die ähnlich wie Goetz' in derselben Reihe veröffentlichte Darstellung der Geschichtsschreibung und des Geschichtsbewusstseins im hohen Mittelalter didaktisch gut aufbereitet ist. Sie strukturiert zum einen die Grundzüge des Themas klar und übersichtlich und kann diese zum anderen immer wieder durch gut ausgewählte Fallbeispiele veranschaulichen. So bietet das Buch sowohl dem Fachkollegen reiches Anschauungsmaterial wie auch dem interessierten Studierenden der Theologie und der Geschichtswissenschaft eine sichere Einführung in die Thematik. Unschön ist hier allein, dass die zahlreichen Fallbeispiele in anderer Drucktype gesetzt sind, was auf den ersten Blick wie ein grober Fehler im Satz aussieht. Ansonsten enthält der Band nur wenige Schreibversehen und kleinere Übersetzungsmängel; doch das dreimalige Origines statt Origenes (S. 58, S. 264 Anm. 1162 und S. 309) ist ein schon fast unverzeihlicher Lapsus.

Der zweite Teilband zur materiellen und personellen Schöpfung, also zum Kosmos und zu den Geschöpfen sowie zum Heilsgeschehen steht inzwischen vor dem Erscheinen und ein weiterer Band zu ausgewählten Gesichtspunkten religiöser Vorstellungen wie Buße und Sünde, Heilige und Wunder sowie Tod und Jenseits ist zumindest in Aussicht gestellt. Man darf gespannt sein, wie sich Goetz' Bild von den religiösen Vorstellungen des Mittelalters immer weiter abrundet.

Dresden   Matthias M. Tischler

Zwischen Pragmatik und Performanz. Dimensionen mittelalterlicher Schriftkultur, hg. von Christoph DARTMANN–Thomas SCHARFF–Christoph Friedrich WEBER. (Utrecht Studies in Medieval Literacy 18.) Brepols, Turnhout 2011. VIII, 489 S.

Der Titel des stattlichen Bandes zitiert implizit zwei Münsteraner Sonderforschungsbereiche, und tatsächlich geht er auf eine Tagung zum siebzigsten Geburtstag Hagen Kellers, der mit seinen Schülerinnen und Schülern wesentliche Teile davon geprägt hat, zurück, ist also eine Art Festschrift. Schrift, Schriftlichkeit und Schriftgebrauch – oder bedeutungsvoller Nichtgebrauch, wie von Christoph Weber vorgestellt –, Zeichen und symbolische Kommunikation bestimmen Thematik und Blickrichtung der sechzehn grob chronologisch gereihten Beiträge. Trotz des weiten zeitlichen Rahmens und der spezialisierten Themen erhält der Band damit eine Kompaktheit, die Christoph Dartmanns bündelnde Einführung (S. 1–23) unterstreicht.

Die Macht der Schrift, die überzeugen und Erinnerung steuern sollte und eher langfristige als unmittelbare Wirkmächtigkeit erlangte, wird von Janet L. Nelson (Writing Power in the Ninth Century, S. 25–38) und Walter Pohl (Anstrengungen des Erinnerns: Montecassino nach der „Zweiten Zerstörung" 883, S. 39–55; vgl. MIÖG Ergbd. 39 [2001]) anhand von Schreiben Hinkmars von Reims, der Angelsächsischen Chronik und der historiographischen Kompilationen Montecassinos thematisiert. Historiographie und Memorialquellen stehen auch im Mittelpunkt von Gerd Althoffs pointierter Kontrastierung früherer und rezenterer – vorwiegend Münsteraner – Forschungen zur Ottonenzeit (Memoria, Schriftlichkeit, symbolische Kommunikation: Zur Neubewertung des 10. Jahrhunderts, S. 85–101). Die von ihm angesprochene Neubewertung, die auch auf die Skepsis Johannes Frieds repliziert, ließe sich nicht ganz so plastisch modellieren, wenn an das Werk Heinrich Fichtenaus, der manche Münsteraner Fragestellung vorausdachte, erinnert worden wäre. Die Briefsammlung Abaelards, die Franz-Josef Arlinghaus (Petrus Abaelardus als Kronzeuge der „Individualität" im 12. Jahrhundert? Einige Fragen, S. 165–197) als dessen Werk akzeptiert (S. 178), ohne die jüngeren Diskussionen auszubreiten, und als Mittel zur Positionsbestimmung des Gelehrten in der Gesellschaft interpretiert, gehört unter diesem Gesichtspunkt als eine Art Ego-Historiographie und -Konstruktion ebenfalls in diesen Kontext der Verwendung von Schrift.

Andere Beiträge stehen mit ihrer Quellengrundlage einer breit gefassten Diplomatik näher. François Bougard (Charles le Chauve, Bérenger, Hugues de Provence: Action politique et production documentaire dans les diplômes à destination de l'Italie, S. 57–83) dokumentiert die betonte Kaiserlichkeit, mit der einige Herrscherurkunden der späten Karolingerzeit auftrumpfen: durch die Verwendung der *Legimus*-Unterfertigung und von Goldbullen bei Karl dem Kahlen, durch die Betonung des Reichs und der eigenen Zugehörigkeit zu den Karolingern bei Berengar von Friaul und durch die Orientierung an Konstantinopel bis hin zu einer Purpururkunde mit Goldbulle bei Hugo von Provence. Brigitte Miriam Bedos-Rezak (The Efficacy of

Signs and the Matter of Authenticity in Canon Law [800–1250], S. 199–236) zeigt die Probleme der Kanonisten mit dem Siegel als Zeichen, als ebenso authentifizierendes „Original" wie beliebig vermehrbare „Replik" und als Beglaubigungsmittel, das durch den beglaubigten Text zu beglaubigen war. Eine konsequente Definition gelang anhand der punktuellen und reagierenden, also erwartungsgemäß nicht konsequenten päpstlichen Aussagen dazu nicht.

In einem Band für Hagen Keller dürfen die italienischen Städte nicht fehlen. Chris Wickham (Getting Justice in Twelfth-Century Rome, S. 103–131) kontrastiert die sich in Rom lange haltende Rechtsprechung in Gerichtsversammlungen durch eine Vielzahl von Urteilern mit dem im 12. Jahrhundert zunehmend angewandten römischen und kanonischen – bzw. von Elementen derselben – Recht, das weniger umständlich erschien und dem päpstlichen Stadtherrn entgegenkam. Allerdings ist nicht zuletzt wegen der Möglichkeit, in beiden Systemen zu agieren und ihr Verschleppungspotential zu nutzen, mit einem hohen Anteil an Schiedssprüchen zu rechnen. Auch Massimo Vallerani (La riscrittura dei diritti nel secolo XII: Astrazione e finzione nelle sentenze consolari, S. 133–164) beschäftigt sich mit dem schriftbasierten römischen Recht, dem er eine wichtige Rolle bei der Systematisierung des rechtlichen Denkens, der Verfahrensregeln und der Einübung rechtlicher Abstraktion – der Formulierung allgemeiner, fester Kriterien anstatt der ad hoc-Reaktion auf gegebene Sachverhalte – zumisst; anachronistische, aber zweckdienliche Rückprojektion auf frühere Streitfälle ermöglichte dann auch die Revision unerwünschter Ergebnisse. Wer sich überhaupt zu Wort melden sollte, ist das Thema der von Enrico Artifoni (L'oratoria politica comunale e i *„laici rudes et modice literati"*, S. 237–262) behandelten Autoren. Dabei zeigt er eine Verschiebung von strikter Ablehnung des Missbrauchs der Expertenkunst der Rhetorik durch ignorante Demagogen – ein zeitloses Problem – hin zu Anleitungen für eine Gebrauchsrhetorik städtischer Funktionsträger im Lauf des 13. Jahrhunderts. Christoph Friedrich Weber (Podestà verweigert die Annahme: Gescheiterte Präsentationen von Schriftstücken im kommunalen Italien der Stauferzeit, S. 263–317) bringt Beispiele für das „Misslingen von Kommunikation" (S. 268), das die erwarteten Handlungsmuster erkennen lässt, die in solchen Fällen durch andere – wie die verweigerte Annahme von Mandaten, Briefen, Appellationen etc. oder die Zerstörung oder Schmähung der Schriftstücke, also ebenso Kommunikation – ersetzt wurden. Schrift und Performatives spielen nicht nur in den geschilderten Szenen zusammen, sondern zusätzlich dank deren Protokollierung durch Notare als Bericht und zur Rechtfertigung. Giuliano Milani (Before the Buongoverno: The Medieval Painting of Brescia's Broletto as Visual Register, S. 319–350) geht es um das Zusammenspiel von Text, Bild und imaginierter Performativität in defamatorischen Wandbildern aus dem späten 13. Jahrhundert, die aneinander gekettete Gegner der Kommune als eine „visuelle Proskriptionsliste" (S. 327) zeigen (s. auch Studi medievali III/49 [2008] 19–85).

Für den nordalpinen Bereich führt Thomas Scharff (Pragmatik und Symbolik: Formen und Funktionen von Schriftlichkeit im Umfeld des Braunschweiger Rates um 1400, S. 351–370) den Anstieg der städtischen Produktion von Verwaltungsschriftgut in Braunschweig um 1400 vor, den er nicht nur auf vermehrte Bürokratie und rationales Verwalten zurückführt, sondern auf eine auf Basis des Schriftlichen mögliche Ausrichtung auf die Zukunft, wozu auch normative und historiographische Texte für die Ratsmitglieder beitrugen. Roger Sablonier (Urkunden im Reagenzglas: Altersbestimmungen und Schriftlichkeit, S. 371–404) plante keineswegs eine Ersetzung der Diplomatik und Paläographie durch die ^{14}C-Altersbestimmung des Schriftträgers, sondern schlägt Interpretationen vor, die auf den dabei angebotenen, unscharfen Zeitfenstern beruhen, in denen einige untersuchte Urkunden wie die Schweizer Heiligtümer der Bundesbriefe von (oder zu) 1291 und 1315 entstanden sein können. Dabei lassen sich plausible Fabrikations- und Gebrauchsszenarien lange nach den (vorgeblichen?) Entstehungsdaten entwerfen. In der Schweiz bleibt auch Michael Jucker (Pragmatische Schriftlichkeit und Macht: Methodische und inhaltliche Annäherungen an Herstellung und Gebrauch von Protokollen auf politischen Treffen im Spätmittelalter, S. 405–441), der den Niederschlag des diplomatischen

Verkehrs in den Ratsprotokollen von Luzern und Zürich auswertet und den Zweck von auf den eidgenössischen Tagsatzungen angefertigten Protokollen analysiert. Auch er wendet sich gegen das „Rationalisierungsmodell" der Schriftlichkeit und betont die jeweilige Kontextgebundenheit des Schriftgebrauchs und seiner Formen, die oft mehr von äußeren Faktoren als von inneren Entwicklungen bestimmt ist.

Zwei Beiträge zum Zusammenspiel von Text, Schrift und Bild bei der Inszenierung von Herrschaft beschließen den Band. Martin Kintzinger (*Beatus vir*. Herrschaftsrepräsentation durch Handschriftenpolitik bei Karl V. von Frankreich, S. 443–460) präsentiert den bibliophilen Karl V. von Frankreich als „weisen König", der die Sakralität des Königtums nicht nur historiographisch und bildlich darstellen, sondern auch durch Traktatliteratur untermauern ließ. Petra Schulte (Die Ethik politischer Kommunikation im franko-burgundischen Spätmittelalter, S. 461–489) findet Grundlagen des Bildprogramms einer Serie von Wandteppichen für Karl V. zum Thema der Gerechtigkeit bei Christine von Pizan und Guillaume Fillastre.

Die schriftliche Überlieferung im Kontext der Bedingungen ihrer Genese und ihres Gebrauchs zu betrachten ist kaum eine Neuigkeit. Dass diese Betrachtung dann aber nicht mehr dazu dient, die Quellen besser ausschlachten zu können, sondern selbst schon das eigentliche Thema ist, sieht man noch nicht lange so. Die Produktivität dieses Zugangs, der die Verbindung von post-postmoderner Skepsis mit hilfswissenschaftlichen und rechtshistorischen Methoden und Ansätzen erlaubt oder gar verlangt und sich in die derzeit innovationsmarkierte „Kulturgeschichte des Politischen" (S. 22) einfügen lässt, belegt der Band in schöner Weise. Die Quellenbezogenheit und das Interesse an der historischen Praxis erhalten den reflektierten Beiträgen ihre Bodenhaftung.

Wien   Herwig Weigl

Gordon BLENNEMANN, Die Metzer Benediktinerinnen im Mittelalter. Studien zu den Handlungsspielräumen geistlicher Frauen. (Historische Studien 498.) Matthiesen, Husum 2011. 388 S.

Mit nahezu 50 geistlichen Gründungen aus unterschiedlichen zeitlichen und institutionellen Zusammenhängen seit dem frühen Mittelalter wies das spätmittelalterliche Metz eine bemerkenswert dichte und gleichzeitig vielschichtige Sakraltopographie auf, die einen geeigneten Rahmen für Gordon Blennemanns vergleichende Längsschnittanalyse zu den benediktinischen Frauenklöstern der Stadt bietet: Die beiden merowingischen Gründungen Sainte-Glossinde und Saint-Pierre-aux-Nonnains sowie das in der zweiten Hälfte des 10. Jahrhunderts auf bischöfliche Initiative gegründete Sainte-Marie-aux-Nonnains bilden durch ihre räumliche Nähe sowie durch ihre Einbindung in die lotharingische Reformbewegung mit ihren zahlreichen Gründungen von Frauengemeinschaften in den Bistümern Metz, Toul und Verdun einen über die Ordenszugehörigkeit hinausreichenden, mehrfach attraktiven Forschungsgegenstand. Blennemann kombiniert dementsprechend mehrere vergleichende Perspektiven, indem er die Entwicklung der drei Gemeinschaften in ihren Binnenstrukturen und Außenbeziehungen von den frühesten merowingischen Überlieferungen bis zum ausgehenden 14. Jahrhundert verfolgt und sie gleichzeitig der Entwicklung der benediktinischen Männerkonvente in Metz sowie exemplarisch auch ordensübergreifend jenen monastischer Frauengemeinschaften im Untersuchungszeitraum gegenüberstellt.

Bereits im knappen und konzisen Überblick zu Forschungsstand und Überlieferungslage (I.) werden die Verdienste der gewählten *longue durée*-Perspektive klar. Ist die Frühgeschichte der drei Konvente bis zum Ende des 10. Jahrhunderts aufgrund der guten Forschungslage zu den lotharingischen Reformbewegungen ebenfalls recht gut aufgearbeitet, wurde ihre hoch- und spätmittelalterliche Entwicklung mit Ausnahme der Arbeiten von Michel Parisse noch kaum erfasst. Genau umgekehrt verhält es sich, wie so oft, mit der Quellenlage: Der spärlichen urkundlichen Überlieferung der frühmittelalterlichen Jahrhunderte steht ein enormer Anstieg pragmatischer Schriftlichkeit ab dem 11. und 12., besonders aber im 13. und 14. Jahrhundert gegenüber. Die Leistung Blennemanns besteht nicht zuletzt darin, dass er in seiner umfassenden und materialreichen Studie die heterogene und unterschiedlich dichte Quellenlage (zu einem guten Teil erstmals) auszuwerten und die verschiedenen Kategorien der Überlieferung – historiographische, hagiographische Texte und liturgische Quellen, urkundliche Überlieferung und normative bzw. Verwaltungsquellen – in mehreren Analyseschritten souverän auf einander zu beziehen versteht.

Die drei Hauptabschnitte des Buches schlagen thematisch einen Bogen von früh- und hochmittelalterlicher monastischer Erinnerungs- und Identitätspolitik (II.) über die politisch-rechtlichen und sozioökonomischen Verflechtungen urbaner und feudaler Gesellschaftsstrukturen, in deren Schnittfeld sich die Konvente durch ihre Positionierung zwischen städtischem und ländlichem Raum sowie in geistlichen und weltlichen Beziehungs- und Motivationszusammenhängen befanden (III.), bis hin zu den vielfältigen Aspekten lebensweltlicher spiritueller und sozialer Praxis der drei Konvente und der in ihnen lebenden Frauen (IV.). Dabei gelingt es dem Autor, zeitlich übergreifend das institutionelle Selbstverständnis der drei Frauenklöster und ihre kontinuierlichen Strategien historischer Legitimation von Besitz- und Rechtsansprüchen sowie ihre Neupositionierungen im Rahmen religiöser Reformen und der Änderung politischer Machtverhältnisse herauszuarbeiten.

Hinsichtlich der komplexen Verwandtschafts-, Besitz- und Herrschaftsstrukturen an der Schnittstelle zwischen Stadt und Umland kann nicht genug betont werden, dass vor allem frühmittelalterliche städtische Gründungen wie die untersuchten Frauenklöster durch ihre Grundherrschaften rechtlich und ökonomisch vielschichtig mit der ländlichen Umgebung verbunden waren, ablesbar etwa an der Vielfalt der Formen bürgerlicher und adeliger Stiftungen „als verwandtschaftlich begründete Handlungen" (S. 227) an die Gemeinschaften, die gleichzeitig die fließenden, durch unterschiedliche Beziehungsformen begründeten Übergänge zwischen adeligen und bürgerlichen Eliten unterstreichen. Anhand der etwa 350 zwischen dem 11. und 14. Jahrhundert zugunsten der Metzer Benediktinerinnen urkundlich überlieferten Stiftungsakte gelingt es Blennemann überzeugend, Gemeinsamkeiten, aber auch Unterschiede zwischen den Handlungsmustern und -spielräumen der sich teilweise überschneidenden Träger- und Stiftergruppen, nicht zuletzt jener der nicht-adeligen ländlichen Bevölkerung herauszuarbeiten.

Aber es geht ihm nicht nur um eine strukturanalytische Geschichte der drei benediktinischen Frauenklöster als wesentliche institutionelle Akteure im Rahmen der Metzer Sozial- und der lothringischen Sakraltopographie. Mit dem Konzept der Handlungsspielräume möchte Blennemann aufzeigen, welche Möglichkeiten spirituellen, sozialen und ökonomischen Handelns die Konventualinnen selbst im Rahmen ihrer geistlichen Gemeinschaften, aber ebenso jener ihrer Herkunftsfamilien hatten. Dieser Frage geht er im vierten und umfangreichsten Abschnitt der Studie zunächst anhand einer Analyse der konventsinternen liturgischen Abläufe und in einem zweiten Schritt mit einer detaillierten Untersuchung der Stiftungspraxis der Nonnen und ihres geistlichen und sozialen Umfelds nach. Im Anhang (VII.3.) bietet Blennemann dazu eine Zusammenstellung der maßgeblichen Daten zu knapp 300 Konventualinnen der drei Klöster aus dem 13. und 14. Jahrhundert, die u. a. deutlich macht, in welchem Ausmaß verwandtschaftliche Bindungen im Kloster fortgesetzt bzw. erneuert wurden, etwa durch die Weitergabe von Legaten zwischen Schwestern, Tanten und Nichten. In der Interpretation dieser Fülle von Daten werden spirituelle und materielle, religiöse und ökonomische Aspekte dieses Handelns konsequent auf einander bezogen und als integrierte Faktoren mittelalterlichen Gemeinschafts- und Heilsverständnisses interpretiert. Sie bilden ebenso eine integrale Einheit, wie die individuell fassbaren Handlungen einzelner Konventualinnen und ihrer Familienangehörigen nur in Rückbindung an die jeweiligen Gemeinschaften fassbar werden. Die zeitlich weit gespannte Perspektive erlaubt dabei eine umfassende Bewertung der Entwicklung des Selbstverständnisses der drei Konvente im Verhältnis zu jenem der Stadtgemeinschaft, der ländlichen Umgebung wie der Klosterlandschaft, in die sie eingebunden waren.

Dieser Eindruck wird durch die Ergebnisse einer Auswertung des Nekrologs von Saint-Pierre-aux-Nonnains (VI. Exkurs) bestätigt, der exemplarisch die Mobilität der Konventualinnen und eine „wohl nicht negativ verstandene Heterogenität … der einzelnen Konvente" (S. 278) verdeutlicht. Für eine Neuauflage würde man sich eine stärkere Einbindung der zuletzt erwähnten wichtigen Ergebnisse in die ansonsten konzise Zusammenfassung des Buches (V.) wünschen. Dasselbe gilt für eine Ergänzung des an sich gut konzipierten Anhangs (VII.) um Angaben zur Überlieferung und zu den Editionsprinzipien der erstmals gedruckten *Liber ordinarius*-Fragmente aus Sainte-Marie-aux-Nonnais sowie um eine vollständige Wiedergabe der beiden für die Bewertung der internen Entscheidungsabläufe besonders wichtigen Kapitelprotokolle von Sainte-Marie-aux-Nonnains (1345) und Sainte-Glossinde (1392), auch wenn diese in den Anmerkungen zu ihrer Diskussion (IV.1.b) über weite Strecken wiedergegeben werden. Doch das sind vergleichsweise Marginalien. Insgesamt überzeugt Blennemanns Ansatz, über eine mikrohistorische Fallstudie mit geschlechtergeschichtlicher Fragestellung hinaus längere und strukturell grundlegende Entwicklungen einer der wichtigsten Klosterlandschaften und europäischen Kernregionen zwischen Früh- und Spätmittelalter sichtbar zu machen. Nicht zuletzt macht die Studie einmal mehr deutlich, dass die Frauen- und Geschlechtergeschichte in der Mitte einer gleichermaßen sozial- wie kulturhistorisch orientierten Mediävistik angekommen ist.

Wien   Christina Lutter

Daniel Carlo Pangerl, Die Metropolitanverfassung des karolingischen Frankenreiches. (MGH Schriften 63.) Hahn, Hannover 2011. XLVI, 345 S.

Der vorliegende Band, bei dem es sich um eine bei Rudolf Schieffer in München angefertigte Dissertation handelt, widmet sich erstmals ausführlich der Metropolitanverfassung des Karolingerreiches. Zwar wird niemand behaupten wollen, dass es bisher an grundlegenden Arbeiten zur Kirchengeschichte der karolingischen Frankenzeit gemangelt hätte, doch ist es gerade der spezifische Blickwinkel dieser Studie, der nicht nur eine Forschungslücke kenntlich macht, sondern diese zugleich in weiten Teilen schließt. In systematischer, nicht chronologischer Herangehensweise setzt sich Pangerl in fünf Hauptkapiteln (S. 32–322) mit zahlreichen Facetten der Metropolitanordnung des karolingischen Großreiches auseinander. Vorgeschaltet sind zwei äußerst gestraffte Überblickskapitel zur „Etablierung der Metropolitanverfassung in der Spätantike" und den „Grundzüge[n] der Metropolitanverfassung des merowingischen Frankenreiches" (S. 3–13), die gleichsam die historische „Basis" für die nachfolgende Analyse bilden. Eine konzise Schlussbetrachtung (S. 323–328) und ein zuverlässiges Namenregister (S. 329–345) beschließen die Studie.

Die Arbeit Pangerls beruht auf folgender Hypothese: Das auf spätantiken Traditionen und Synodalkanones basierende Organisationskonzept der Metropolitanverfassung habe zunächst auf gallischem Boden unter den Merowingerkönigen die Umbrüche nach dem Untergang des Weströmischen Reiches überstanden, sei jedoch gegen Ende des 7. Jahrhunderts völlig außer Geltung gekommen; bis ins spätere 8. Jahrhundert seien im Frankenreich keinerlei Spuren für das Vorhandensein einer Metropolitanverfassung überliefert (so fast wörtlich und am prägnantesten S. 323). In das letzte Viertel des 8. Jahrhunderts verortet Pangerl sodann den ganz und gar Karl dem Großen zuzurechnenden Versuch, eine Restitution der Metropolitanverfassung im Frankenreich vorzunehmen, d. h. eine kirchlich-hierarchische Ordnung herauszubilden, in der den Metropoliten die Leitung einer Kirchenprovinz zufiel, der subordinierte Suffraganbischöfe zugeordnet waren. Vollkommen zutreffend weist Pangerl wiederholt darauf hin, dass den Päpsten bei der Etablierung des karolingischen Metropolitansystems, abgesehen von einer etwaigen kanonischen Bestätigung, keine nennenswerte Rolle zukam (vgl. z. B. S. 324f.).

Pangerl bietet zu seinem Thema eine überaus beeindruckende Materialsammlung, auf die jede zukünftige Beschäftigung mit der karolingischen Metropolitanverfassung, ja der karolingischen Kirchengeschichte im Ganzen aufbauen kann. Mit enormem Fleiß hat Pangerl die Quellen zu sämtlichen relevanten Komplexen gesichtet, ausgewertet und eingeordnet. Dies alles geschieht vor dem Hintergrund einer nicht minder stupenden Kenntnis der Forschungsliteratur. Zunächst behandelt Pangerl jeden restituierten bzw. neuerrichteten Metropolitansitz gesondert (S. 32–148), wobei er bereits in diesem ersten systematischen Kapitel die seiner Ansicht nach herausragende Bedeutung Karls des Großen als „Initiator" dieser Neuordnung betont (S. 152–155). Sodann listet Pangerl jede nachweisbare Provinzialsynode des karolingischen Frankenreiches auf (S. 160–260), rekonstruiert anhand von minutiöser Quellenkritik Tagungsorte und -teilnehmer, Verhandlungsgegenstände und Gesetzgebung der betreffenden Versammlungen. Doch zeigen sich bei einem solchen Zugriff auch die Grenzen des Machbaren: Aufgrund der dürftigen Quellenüberlieferung beschränken sich beispielsweise die Ausführungen zur Provinzialsynode als „Kirchengericht", bei dem Disziplinarstrafen ausgesprochen, Streitfälle geklärt, Weihehandlungen vorgenommen und gesetzgeberische Akte wie die Verleihung von Rechten und Privilegien behandelt wurden, auf etwa vier Druckseiten. Mehrere nützliche Tabellen, etwa zur räumlichen Verteilung, der chronologischen Abfolge, den Tagungsorten und den Teilnehmern der Provinzialsynoden und eine gesonderte Beschäftigung mit der quellenmäßigen Überlieferung der behandelten Versammlungen runden dieses Kapitel ab. Nicht nur aufgrund dieses Herzstücks wird die zukünftige Forschung die Studie Pangerls gerne zur Hand nehmen. Das gleiche gilt für den komprimierten Überblick zur Bischofsweihe in der Karolingerzeit (S. 261–298), in dem Pangerl neben einer Beschäftigung mit den normativen Quellen zwei nützliche Verzeichnisse der überlieferten Weihen von Metropoliten und Suffraganbischöfen bietet. Zuletzt (S. 299–320) setzt sich Pangerl mit der Rolle der Metropoliten in der kirchenpolitischen Praxis der Karolingerzeit auseinander und beleuchtet ihre Bedeutung als Erzkapelläne und -kanzler, als Königsboten sowie als Gutachter und Vermittler in theologischen und kirchenpolitischen Angelegenheiten.

Etwas zugespitzt erscheint mir das Bemühen Pangerls, die Restitution der Metropolitanverfassung ursächlich beinahe ausschließlich auf Karl den Großen zurückführen zu wollen (vgl. S. 152–155, 322–327 u.ö.). Welche Rolle möglicherweise seine engsten Berater, die Amtsinhaber ehemaliger oder neu zu errichtender Metropolitansitze bei dieser Neuordnung – die man vielleicht gar Entwicklungsprozess nennen darf –, gespielt haben, darüber lassen uns die Quellen leider weitestgehend im Unklaren. Womöglich aus diesem Grund hebt Pangerl die Bedeutung der *Notitia Galliarum* ganz besonders stark hervor; für ihn ist diese spätantike Aufzeichnung quasi das Reißbrett, auf das der große Frankenkönig zurückgriff, um seinen (Master-)Plan zur Wiederrichtung der Metropolitanordnung durchzusetzen. Dass der *Notitia Galliarum* eine gewisse Bedeutung bei der Wiedererrichtung der Metropolitanverfassung zukam, wird kaum jemand bestreiten wollen. Doch bleibt es methodisch schwierig, von der handschriftlichen Überlieferung des Stücks, das nach Pangerl im Frankenreich „wohlbekannt" (S. 324) gewesen sei, zu folgern, dass in ebendiesem die „feste […] konzeptionelle […] Grundlage" (ebd. u. S. 156–159) für die Entstehung einer neuen Metropolitanordnung zu erblicken sei. Zwar befanden sich unter den 20 neuen karolingerzeitlichen Metropolen dreizehn, die sich auf spätantike gallische bzw. merowingische Traditionen berufen konnten, doch bleibt es in den allermeisten Fällen unersichtlich, welche konkrete Rolle der *Notitia Galliarum* bei der Restitution dieser Sitze tatsächlich zufiel. Anzuzweifeln bleibt auch, ob „das karolingische Frankenreich beim Tode Karls des Großen bereits über ein ausgereiftes und nahezu flächendeckendes kirchliches Organisationskonzept verfügte" (so zusammenfassend S. 324). Wenn dieses Organisationskonzept so ausgereift und flächendeckend gewesen ist, warum zerfiel es dann so rasch wieder? Der Einwand, dass bei den wiederholten Reichsteilungen nach 843 nur bedingt auf kirchliche Organisationsstrukturen Rücksicht genommen worden sei, erscheint mir den (erneuten) rapiden Niedergang der Metropolitanverfassung im, wohlgemerkt, gesamten Frankenreich nicht hinreichend zu erklären. Vielmehr scheint es sich bei der Wiedererrichtung der Metropolitanverfassung unter Karl dem Großen um einen letzten Versuch zu handeln, eine altkirchliche Struktur wieder zu errichten, der jedoch eine andere Stoßrichtung besaß als das antike System der kollegialen Kirchenverfassung unter der Leitung von Metropoliten als *primi inter pares*: Es ging Karl dem Großen m. E. vielmehr um eine effizientere Nutzbarmachung kirchlicher Organisationsstrukturen im Sinne der Durchsetzung seiner geradezu autoritativen Königsherrschaft (vgl. in diese Richtung auch bei Pangerl S. 299–320). Mit dem schleichenden Niedergang der karolingischen Königsherrschaft begann zugleich der erneute Verfall der wiedererrichteten Metropolitanordnung, die spätestens nach den Umwälzungen der papstgeschichtlichen Wende des 11. und 12. Jahrhunderts nicht mehr als eine äußerliche Hülle blieb.

Düsseldorf   Matthias Schrör

Frank G. Hirschmann, Die Anfänge des Städtewesens in Mitteleuropa. Die Bischofssitze des Reiches bis ins 12. Jahrhundert. Teilband 1–3. (Monographien zur Geschichte des Mittelalters 59/1–3.) Hiersemann, Stuttgart 2011–2012. 1609 S., 16 s/w-Abb., 39 Pläne, 8 Karten.

Angesichts der ebenso hohen wie qualitätsvollen Produktivität des Autors dieser Trilogie fällt es schwer, das vorliegende Werk gerecht zu qualifizieren, und dennoch: von einem *opus permaximum* zu sprechen, ist in jedem Fall angebracht. Aufgeteilt auf drei Teilbände, bis in die Details hinein erschlossen durch ein knapp 70 Seiten umfassendes Personen- und Ortsregister, für eine erhöhte internationale Akzeptanz mit einer Ortsnamenkonkordanz in sechs Sprachen (Deutsch, Französisch, Italienisch, Niederländisch, Tschechisch und Englisch) versehen und auf der Grundlage einer schier unglaublichen Zahl von Quellen und einschlägiger Sekundärliteratur erarbeitet (die Bibliographie umfasst 169 Seiten, wobei die verwendete Sekundärliteratur auf insgesamt 150 Seiten aufgelistet wird!), wird der Forschung hier ein Kompendium in die Hand gegeben, das nicht nur Standards setzt, sondern selbst für eine längere Zeitspanne in die Zukunft hinein Standard ist und sein wird. In räumlicher Hinsicht wird weit mehr als bloß das im Titel genannte „Mitteleuropa" erfasst, nämlich das mittelalterliche Reich im Norden der Alpen. Als Eckpunkte sind Cambrai im Westen, Bremen im Norden, Olmütz im Osten und Trient im Süden anzuführen.

Unter Zugrundelegung einer chronologischen Gliederung werden in den ersten beiden Teilbänden zunächst für die Bischofssitze mit antiker Tradition im Westen und Süden (elf Bischofssitze von Trier bis Trient), die seit dem Frühmittelalter (6./7. Jahrhundert) fassbaren Bischofssitze im Westen (drei Bischofssitze von Cambrai bis Basel), die merowingischen Gründungen (Verlegungen) zur Zeit des Bonifatius (neun Bischofssitze von Utrecht bis Eichstätt), des Weiteren die karolingischen Gründungen im Zuge der Sachsenmission (acht Bischofssitze von Bremen bis Halberstadt), die ottonischen Gründungen im Osten (sechs Bischofssitze von Magdeburg bis Bamberg) und schließlich die Bistumsverlegungen des 10. und 11. Jahrhunderts (zwei Bischofssitze, nämlich Brixen und Naumburg) historische ebenso wie archäologische Erkenntnisse beachtende Kurzmonographien vorgelegt. In einem letzten Abschnitt des zweiten Teilbandes finden die untergegangenen oder nicht voll ausgebildeten Bischofssitze (16 Bischofssitze von Kaiseraugst bis Gurk) Behandlung, wobei hier eine Reihe von Fällen vorkommen, die ihre Ausbildung eben erst in späterer Zeit, und damit nach der durchgehend beachteten Zeitgrenze etwa in der Mitte des 12. Jahrhunderts erleben sollten.

Im Rahmen einer Rezension lässt sich die Fülle der ausgebreiteten Erkenntnisse nicht einmal annäherungsweise würdigen, nur so viel sei gesagt: Jede/r an Stadtgeschichte Interessierte wird künftig gut daran tun, ihre/seine Erstinformation zu einem der nördlich der Alpen gelegenen Bischofssitze in der Epoche vor etwa 1150 aus „dem Hirschmann" zu beziehen. Das, was dann im dritten Teilband an analytischen Zugängen zu dem breit aufgefächerten Material geboten wird, zählt zum Besten, was die deutsche Stadtgeschichtsforschung seit langem hervorgebracht hat. Ausgehend von einer Analyse der zeitlichen Abfolgen im Hinblick auf die Entwicklung des bischöflichen Städtewesens im *regnum Theutonicum* werden in insgesamt 18 weiteren Kapiteln thematische Untersuchungsmöglichkeiten und deren Ergebnisse vor uns ausgebreitet. Dies reicht von einer Analyse der Klöster und Stifte als Indikatoren urbaner Qualität über die der städtischen Patrozinien und Heiligengräber, Untersuchungen zu Armenfürsorge und Hospitälern, zu den Funktionen der Bischofssitze als Zentren von Bildung und Kultur, topographischen Auswertungen zu den Befestigungen wie zu herausragenden Baulichkeiten und Betrachtungen zu den sozialen Gruppen von Auswärtigen und Juden. Für das Entstehen der Stadtgemeinden (S. 1189ff.) – eines der herausragenden Themenschwerpunkte der Stadtgeschichtsforschung – werden als Wurzeln die Kultgemeinde, der Schwurcharakter des sich neu ausbildenden Verbandes, die bruderschaftlichen Vereinigungen mit besonderem Blick auf die städtischen Führungsgruppen, darunter insbesondere die Kaufleute, das Faktum der Privilegierung dieser Gruppen durch Herrscher und Bischöfe, die Stellung der ministerialischen Führungsschichten, das Aufkommen gemeinschaftlich verwendeter Zeichen und Objekte (Stadtsiegel, Rathaus …), die Wehrgemeinschaft der Bürger, die zu gemeinschaftlichem Handeln zwingenden größeren Bauprojekte wie auch die religiösen Wurzeln (im Rahmen von Pfarrgemeinden, im Kontext von Prozessionen usw.) herausgearbeitet. Einem Abschnitt zur Rolle der Stadt als Wirtschaftszentrum folgen solche zu gemeinschaftliches Agieren stärker erfordernden Baumaßnahmen, wie der Regulierung von Wasserläufen, der Anlage von Brücken sowie den Straßen, Plätzen und Brücken. Im letztgenannten Kapitel geht Hirschmann auch auf die Rolle der Verkehrsflächen und -bauten als multifunktionale Gestaltungselemente der Städte ein und streift mit gebührender Skepsis die Frage, ob Kirchenkreuze als stadtplanerische Leitlinie anzusehen sind. Abschnitte zu den Bauprojekten, deren Trägern, Planung wie zur Kritik an diesen und auch kunstgeschichtlichen Aspekten sind weitere Kapitel gewidmet, die Sicht der Zeitgenossen auf die Stadt gleichfalls zum Thema gemacht. Dass auch Zerstörungen – solche durch Naturkatastrophen ebenso wie durch Menschen bewirkte – Behandlung finden, beweist abermals die Umsicht der analytischen Auswertung.

Schließlich wird die Summe aus all dem Dargelegten in einem Kapitel gezogen, das die Bischofssitze im diachronen Vergleich analysiert und für insgesamt sechs Zeitschnitte (ab 900 in Halbjahrhundertschritten) eine Art von „Ranking" der untersuchten Bischofssitze auf der Grundlage von jeweils 18 Parametern (vom Bestand einer Mauer über die Größe, das Vorhandensein einer Pfalz, von Stiften, Annexstiften usw. bis zu Jahrmarkt und Münze) aufstellt. Trotz aller Bewunderung für die Breite und den Detailreichtum des in dieser Trilogie gebotenen stadtgeschichtlichen Ansatzes bleibt beim Rezensenten im Hinblick darauf, was ein derartiges „Ranking" für eine Intensivierung unserer Erkenntnisse zu leisten imstande ist, Skepsis, ja ein gewisses Unbehagen bestehen. So hätte es wohl kaum eines derartigen Aufwandes bedurft, um die führende Position von Köln über den gesamten Zeitraum von 900–1150 zu unterstreichen. Gleichzeitig fragt man sich umgekehrt, ob die Platzierung von Metz an zweiter oder dritter Stelle hinter Köln nicht sehr viel eher dafür spricht, dass das zur Anwendung gelangende Kriterienbündel ein irreführendes Bild generiert. So findet unter den Kriterien etwa die Beobachtung der kaiserlichen Besuche/Aufenthalte in den untersuchten Städten (siehe dazu in Teilband 3, S. 1270ff.) viel zu wenig Beachtung. Man fragt sich, ob das Bemühen um die Erarbeitung eines derartigen „Ranking" nicht sehr viel mehr dem modernen Blick auf das Städtewesen entspricht, als dass es dem der mittelalterlichen Epoche auch nur einigermaßen gerecht werden könnte.

Das monumentale Werk bildet für alles weitere stadtgeschichtliche Forschen im Hinblick auf das deutsche Städtewesen einen maßgeblichen Angelpunkt. Von ihm hat man künftig aus-

Literaturberichte 175

zugehen, will man die Ausbildung der Städte im Kontext der Bischofssitze eingehender studieren. In mancher Hinsicht zeigt es gleichzeitig die dringende Notwendigkeit auf, sich künftig in einem vergleichbar umfassenden Ansatz auch mit den nicht-bischöflichen Städten, darunter insbesondere den Gründungsstädten neuen Typs, wie sie mit Freiburg im Breisgau schon früh zu fassen sind, zu beschäftigen. Zu hoffen wäre freilich, dass solch ein Werk dann zu einem Preis auf den Markt gelangen könnte, der deutlich unter den € 556.– läge, der für das vorliegende dreibändige Werk in Rechnung gestellt wird.

Perchtoldsdorf   Ferdinand Opll

Matthias BECHER, Otto der Große. Kaiser und Reich. Eine Biographie. Beck, München 2012. 332 S., 19 Abb.

„Den einzelnen Menschen als Individualität zu erkennen, ist im früheren Mittelalter nur beschränkt möglich und erfordert oft behutsame Umwege, vor allem Rückschlüsse von dem Wirken des Menschen auf seine Umwelt und umgekehrt … . Die Urteile (der Zeitgenossen) sind meist monoton im Guten oder Bösen, beschränkt auf wenige undifferenzierte, typische Tugenden und Laster, orientiert an den vermeintlichen Folgen für ihren Wert oder Unwert im Jenseits" (Gerd Tellenbach, Heinrich IV. Ausgewählte Abhandlungen und Aufsätze 5, S. 111f.). „Armut und Art der mittelalterlichen Überlieferung, ihre angebliche oder tatsächliche Mißachtung von Persönlichkeit und Individualität, ihre Ausrichtung auf vorgegebene Beispiele und dementsprechend exemplarische Interpretation des Handelns wie der Motive des Handelnden erfüllen nicht die Ansprüche, die der europäische psychologisierende Verstand heute an eine Lebensbeschreibung stellt" (Wolfram, Konrad II. S. 11). Daher mag man mit einiger Berechtigung an der Möglichkeit zweifeln, die Biographie eines Menschen des 10. Jahrhunderts schreiben zu können. Matthias Becher hat den erfolgreichen Nachweis geliefert, dass dies nicht bloß für den Beginn des Hochmittelalters, sondern auch schon für wesentlich frühere Zeiten sehr wohl möglich ist. Der Autor hat bei C. H. Beck bereits in unterschiedlichen Reihen einen „Chlodwig" und einen „Karl den Großen" (letzteren in 5. Auflage) herausgebracht, so dass er gleichsam als Hofbiograph des renommierten Verlags gelten kann. Im vorliegenden Werk liefert er eine weitere Probe aufs Exempel bei der Behandlung von Widukinds Beschreibung der Persönlichkeit Ottos (S. 25f. zu II 36), der einzigen dafür vorhandenen Quelle. Daraus interessieren etwa die Angaben über die Fremdsprachenkenntnisse des Herrschers, die Widukind zunächst auf Romanisch und Slawisch beschränkt und von denen er behauptet, Otto habe die beiden Sprachen nicht häufig verwendet. Nun lachte aber der ganze Hof, wenn Otto den gleichnamigen Herzog von Schwaben „auf romanisch" mit „bôn mân, Guten Morgen" begrüßte (Ekkehardus, Casus sancti Galli c. 132). Es ist nicht leicht zu entscheiden, wie diese Nachricht einzuordnen ist. Kann man sie als Widerlegung Widukinds deuten oder doch eher im Sinne eines „dobrý deň" verstehen, das man selbst gerne Freunden gegenüber verwendet, ohne einen ganzen Satz auf slowakisch formulieren zu können? Widukind behauptet aber auch, Otto habe sich nach dem Tod seiner ersten Gemahlin Edgitha die lateinische Sprache in einem Maße angeeignet, dass er ganze Bücher lesen und verstehen konnte. Mit Recht bezweifelt Becher diese Nachricht (S. 28) und hätte ebenfalls auf Ekkehard IV. verweisen können, der noch zum Jahre 971, ein Vierteljahrhundert nach Edgithas Tod, berichtet, Otto II. habe seinem Vater und seiner Mutter (Adelheid?) einen lateinisch geschriebenen Brief aus St. Gallen ins Sächsische übersetzen müssen (Ekkehardus, Casus sancti Galli c. 130). Selbstverständlich erkennt Becher, dass Widukinds Beschreibung der Persönlichkeit Ottos des Großen „typische Elemente des Herrscherbildes" enthält (S. 26). Vielleicht hätte man dafür ein Beispiel geben können, wie etwa den Satz: „Er (Otto) schlief wenig, und er redete immer im Schlaf. So daß man hätte glauben können, er sei immer wach." Die *cura pervigil*, die „schlaflose Sorge" um das Wohl der Untertanen, war fester Bestandteil der spätantiken Staatssprache (Fichtenau, Arenga

S. 240 s. v.) und lässt sich bis auf Hammurabi zurück verfolgen. Bezeichnend, dass daraus im Sachsen des 10. Jahrhunderts ein Reden im Schlaf wurde.

Die ersten vier Kapitel von „Otto der Große" sind den allgemeinen Ereignissen und familiären Voraussetzungen des Herrschers gewidmet. Dabei war auch von der Wiener Reichskrone die Rede. Der Rezensent hätte sich gewünscht, die Meinung des Autors über die Entstehungszeit und den Entstehungsgrund der Insignie zu erfahren (S. 11f.). Der Vorspann reicht jedenfalls zu Recht bis weit ins 9. Jahrhundert zurück, beschränkt sich jedoch nicht bloß auf Ottos „Vorgänger und Vorfahren" (S. 48ff.), sondern zeichnet auch ein anschauliches Bild von „Herrschaft und Gesellschaft im 9. und 10. Jahrhundert" (S. 29ff.). Es war eine gute Entscheidung, dieses Kapitel mit den Lebensbedingungen (S. 29–37) der bäuerlichen Bevölkerung zu beginnen, die „gut 95 Prozent" (S. 30) der geschätzten rund vier Millionen Bewohner des Ostfrankenreichs stellten. Das heißt eines Gebiets, das insgesamt dünn besiedelt und im europäischen Vergleich rückständig war (S. 29). Es hätte dem Abschnitt durchaus genützt, wären Heinrich Fichtenaus „Lebensordnungen des 10. Jahrhunderts" herangezogen worden, wie auch an anderen Stellen die Verwendung dieses „Kultbuchs" (Gerd Althoff mündlich) vermisst wird. Dazu nur ein Beispiel, das zu Bechers Diskussion der Bedeutung von *nobilitas* und dem „familiären Modell" gepasst hätte: Hrotsvith von Gandersheim „macht keinen prinzipiellen Unterschied zwischen den Tugenden des Königs (Otto I.) und jenen seiner Familienmitglieder: In der Sippe des Regenten ist ‚summa nobilitas' zu Hause und diese drückt sich, wie sie meint, in dem Namen der Kaiserin Adelheid aus." (Bd. 1 S. 228).

Wahrscheinlich sind solche „Digressionen" der Umfangsvorgabe des Verlags zum Opfer gefallen. Außerdem ist es klüger und wichtiger, nicht über das (subjektiv) Vermisste, sondern das (objektiv) Gebotene zu sprechen, und das ist wahrlich beachtlich genug, wo immer man auch in dem Buch zu lesen beginnt. Ohne die anderen Abschnitte abzuwerten, möchte der Rez. besonders die Darstellung von Vorgang und Bedeutung des Ungarnsiegs auf dem Lechfeld vom 10. August 955 (S. 186ff.), das Kapitel „Tod eines Kaisers" (S. 251ff.) und den Schluss „Otto, ‚der Große'?" (S. 256ff.) hervorheben. Otto starb wie knapp vorher sein getreuer Helfer Hermann Billung, so scheint es, mitten im Leben. Wahrscheinlich waren sie schon vorher krank, aber sie blieben fast bis zum letzten Atemzug aktiv; eine Beobachtung, die auch für die letzten Stunden Konrads II. gilt (Wolfram, Konrad II. S. 360f.). Nach dem Schluss folgt der Klappentext und dieser bescheinigt dem Autor, „auf dem letzten Stand der Forschung eine spannende, faktengesättigte Biographie" Ottos verfasst zu haben. Spannend ohne jeden Zweifel, aber faktengesättigt? Kann dieses etwas überdimensionierte Wort wirklich fraglos, wie beabsichtigt, als Epitheton ornans gelten? War man sich der Bedeutung des historischen Faktums bewusst (siehe etwa Edward H. Carr, Der Historiker und seine Fakten. Was ist Geschichte, UTB 67, S. 7–30)? Schließlich noch eine Überlegung. Der Autor hätte niemals dieses gute Buch schreiben können, hätte er nicht die Grundlagen dafür in: Rex, Dux und Gens. Untersuchungen zur Entstehung des sächsischen Herzogtums im 9. und 10. Jahrhundert (Historische Studien 444, Husum 1996) erarbeitet (S. 7). Ebenso stand ihm neben seinen anderen gründlichen Untersuchungen die Erstlingsarbeit: Eid und Herrschaft: Untersuchungen zum Herrscherethos Karls des Großen (VuF 39, Sigmaringen 1993) für die beiden anderen Biographien ganz oder teilweise Pate. Bedeutet dies, dass nun historische Grundlagenforschung und Narratio wieder getrennte Wege gehen, und wer kommt in Zukunft für die Voraussetzungen guter Darstellung auf?

Wien   Herwig Wolfram

Religiosità e civiltà. Le comunicazioni simboliche (secoli IX–XIII). Atti del Convegno Internazionale, Domodossola, Sacro Monte e Castello di Mattarella, 20–23 dicembre 2007, hg. von Giancarlo ANDENNA. (Le Settimane internazionali della Mendola. Nuova serie 2007–2011.) Vita e Pensiero, Milano 2009. 460 S., 67 Abb.

Der Tagungsband dokumentiert die Beiträge zu einem ehrgeizigen Unterfangen. In Fortsetzung der lange etablierten Veranstaltungsreihe der „Settimane internazionali della Mendola", die Themen aus dem Umfeld des Verhältnisses von Christentum und Gesellschaft im lateinischen Mittelalter behandelt haben, wurde 2007 eine neue Reihe von Initiativen begonnen, die dem Verhältnis von Religiosität und Kultur gewidmet waren. Diese kulturgeschichtliche Neuformulierung erfolgte in einer Serie von drei Tagungen, deren erste dieser Band publiziert (Giancarlo Andenna, Dalle tradizionali Settimane alle „Nuove Settimane": le ragioni e i contenuti del cambiamento, S. 3–21). In ihm steht die Frage nach symbolischer Kommunikation im religiösen Feld zwischen 9. und 13. Jahrhundert im Vordergrund. Somit greifen die Beiträge ein Forschungsparadigma auf, das im Rahmen der kulturalistischen Neuausrichtung der Vormoderne-Forschung im deutschen Sprachraum vor allem für die Politik- und Gesellschaftsgeschichte breit etabliert worden ist. Neben dem Anspruch, dieses Forschungsparadigma für die Geschichte mittelalterlicher Religiosität und ihren Interferenzen mit der Kultur fruchtbar zu machen, stellt sich der Band zugleich der Herausforderung, es in der italienischen Forschungslandschaft zu etablieren, in der die einschlägigen Publikationen eher zögerlich rezipiert worden sind.

Dieses anspruchsvolle Programm schlägt sich in einem Band nieder, der stark interdisziplinär geprägt ist und zugleich zahlreiche programmatische Ausführungen beinhaltet. Seine Erträge lassen sich im Wesentlichen drei Gruppen zuordnen: a) programmatischen Ausführungen zum Verständnis von symbolischer Kommunikation, zum mittelalterlichen Zeichenverständnis und den Erkenntnispotenzialen eines kulturalistischen Zugriffs auf mittelalterliche Religiosität; b) eher essayistisch angelegten Überlegungen zu Grundbedingungen des Zusammenhangs zwischen christlicher Religiosität, mittelalterlicher Kultur und zeichenhafter Kommunikation; c) kulturhistorischen Aufsätzen im eigentlichen Sinne, die sich mit konkreten Aspekten des Tagungsthemas befassen, also dem Verhältnis von symbolischer Kommunikation, Religiosität und Kultur. Im Rahmen dieser Rezension können nicht alle Einzelbeiträge ausführlich referiert werden, daher seien wenigstens einige Beispiele vorgestellt. Barbara Stollberg-Rilinger und Gert Melville präsentieren Grundbegriffe und -konzepte, die in der deutschsprachigen Vormoderne-Forschung der letzten zehn Jahre etabliert worden sind, und demonstrieren deren Übertragbarkeit auf religiöse Zusammenhänge (Barbara Stollberg-Rilinger, Die Welt als Symboluniversum. Zur neueren Forschung über symbolische Kommunikation, S. 23–46; Gert Melville, Costruire e decostruire i simboli nella comunicazione religiosa del medioevo, S. 49–69). Simona Gavinelli befasst sich mit dem Zusammenhang zwischen Schrift als einem auch im schriftärmeren Früh- und Hochmittelalter herausragenden Zeichensystem und politischer und sozialer Macht (La scrittura come simbolo del potere religioso, S. 143–180). Die Beiträge von Carola Jäggi und Jörg Sonntag schließen an aktuelle Ansätze zu einer kulturwissenschaftlichen Historisierung menschlichen Umgangs mit Raum und Zeit an. Jäggi diskutiert den Umgang mit konkreten und imaginären Räumen in Liturgie und individueller Frömmigkeitspraxis (Carola Jäggi, Raum als symbolische Kommunikation – symbolische Kommunikation im Raum, S. 183–220), Sonntag präsentiert seine Ergebnisse zur symbolischen Organisation von Zeit im Kloster, die eine Verbindung zwischen Analogie zur Ewigkeit Gottes, zirkulärer Praxis und Einordnung in die lineare Heilsgeschichte darstellt (Jörg Sonntag, Tempus fugit? La circolarità monastica del tempo nello specchio del potenziale di rappresentazione simbolica, S. 221–242). Neben Raum und Zeit behandeln weitere Aufsätze die Zeichenhaftigkeit des Umgangs mit den sterblichen Überresten Toter – seien es Reliquien, seien es die geschändeten Körper Verurteilter, seien es symbolische oder tatsächliche Formen des Kannibalismus (Angelica Montanari, Il corpo: tanatoprassi e comunicazione simbolica, S. 243–261), die Rolle des exilierten Subjekts im Prozess der Sozialdisziplinierung (Martial Straub, Discipline, Politics, and the Imagination of the Citizen, S. 281–291), den Streit um Symbole bzw. ihre Aneignung und Umnutzung in der Konfrontation zwischen Christen und Muslimen während der Kreuzzüge sowie im mittelalterlichen Spanien (Nikolas Jaspert, Zeichen und Symbole in den christlich-islamischen Beziehungen des Mittelalters, S. 293–342) sowie den Zusammenhang zwischen der gewandelten Darstellung von Heiligenreliquien zwischen der Karolingerzeit und dem Hochmittelalter und dem gleichzeitigen gesellschaftlich-kulturellen Wandel im lateinischen Mittelalter (Luigi Canetti, Rappresentare e vedere l'invisibile. Una semantica storica degli „ornamenta ecclesiae", S. 345–405).

Neben den angesprochenen Ausführungen stehen eher programmatische Texte, die in zum Teil sehr grundsätzlicher religionsphilosophischer oder kulturtheoretischer Weise Thesen zur Interaktion zwischen dem christlichen / mittelalterlichen Zeichenverständnis, der religiösen Praxis und gesellschaftlichen oder kulturellen Grundstrukturen entwickeln. Insgesamt handelt es sich um einen vor allem konzeptionell inspirierenden Band, der nicht nur zeigt, wie fruchtbar die Adaptation kulturalistischer Ansätze auf die Geschichte mittelalterlicher Religiosität sein kann, sondern zugleich die Vielfalt von Zugangsmöglichkeiten zum Spannungsfeld von Religion, Kultur und Gesellschaft im Mittelalter demonstriert. Selbstverständlich bedingt diese konzeptionelle Vielfalt die Herausforderung, sich als Leser auf ein sehr breites Spektrum verschiedenster Zugänge einzulassen. Wer sich dieser Herausforderung stellt, kann von der Fülle methodischer wie theoretischer Anregungen profitieren, die dieser Tagungsband beinhaltet.

Münster   Christoph Dartmann

Christoph Friedrich WEBER, Zeichen der Ordnung und des Aufruhrs. Heraldische Symbolik in italienischen Kommunen des Mittelalters. (Symbolische Kommunikation der Vormoderne.) Böhlau, Köln–Weimar–Wien 2011. X, 647 S., 8 Taf.

Die vorzustellende, gut lesbare Studie fragt nach den Funktionszusammenhängen von Wappen in den italienischen Stadtkommunen etwa vom 11. bis 14. Jahrhundert und untersucht dazu zum einen die Kontexte des Wappengebrauchs und zum anderen dessen Reflexion durch die jeweils zeitgenössische Historiographie seit dem 13. Jahrhundert. Als kommunale Wappen gelten „die heraldischen Zeichen, die für kommunale Institutionen standen, mit denen Herrschaft im Namen der Kommune ausgeübt wurde und mit denen sich die Gesamtheit oder Gruppen, die beanspruchten, für diese zu sprechen, identifizierten" (S. 3). Berücksichtigt werden zudem solche Wappen, die zwar als Familienwappen, aber in Zusammenhang mit der Amtsausübung dieser Familien aufkamen. Um dieser Fragestellung gerecht zu werden, wurde ein umfangreicher, aber nicht geschlossener Quellenkorpus benutzt, bedingt auch dadurch, dass verschiedenste italienische Stadtkommunen betrachtet werden, die jeweils ganz unterschiedliche Überlieferungslagen aufweisen.

Der Band gliedert sich in sechs, teilweise chronologisch aufeinander aufbauende Oberkapitel, die jeweils durch eigene Zusammenfassungen abgeschlossen werden. Auf die Einleitung, in der das kulturgeschichtliche Anliegen ebenso wie der Forschungsstand, insbesondere die Verpflichtung gegenüber den Forschungen Carl Erdmanns, deutlich gemacht werden, folgt ein zweiter Abschnitt, in dem maßgeblich die Rolle von Fahnen für die Ausbildung der heraldischen Farb- und Formensprache während des 11. und 12. Jahrhunderts herausgearbeitet wird. Einzubetten ist diese Entwicklung in den grundsätzlichen Wandel hinsichtlich von Kriegsführung und Kriegssymbolik im 11. Jahrhundert, wobei antike Rückbezüge ebenso als maßgeblich für die neue Formensprache benannt werden können wie liturgische und allgemein religiöse Bezüge wie das Kreuz oder das *vexillum Christi*. Dabei zeichnet Weber auch den Übergang von den vorheraldischen zu den heraldischen Zeichen in der Zeit um 1200 nach, wobei oft die kaiserlichen Fahnen eine große Rolle spielten. In den Städten wie Genua oder Como verlief diese Entwicklung parallel zu den Stadtwerdungsprozessen und prägte dabei zunehmend auch eigene Formen aus. Zunächst nahmen die Familien ein Wappen an, die das Amt des Podestà innehatten, doch dann auch gleich die Kommune oder einzelne Parteiungen derselben. Im dritten Kapitel wird gezeigt, welch umfangreiche Verbreitung, Ausdifferenzierung und zugleich Mehrdeutigkeit Wappen vor allem in toskanischen Städten bereits des 13. Jahrhunderts erreicht hatten, gab es doch bereits Familienwappen, herrschaftliche und kommunale Wappen nebeneinander, die durchaus auf unterschiedliche Bedeutungen zurückgreifen und in unterschiedlichen Zusammenhängen instrumentalisiert werden konnten. Der vierte Abschnitt widmet sich der immer weiter reichenden Verankerung der heraldischen Symbolik auch im Alltagsleben des 13. und 14. Jahrhunderts, die bis zur Bezeichnung des Brotes mit dem Wappen der Kommune reichen konnte. Die bislang am tatsächlichen Gebrauch der Wappen gewonnenen Ergebnisse werden im 5. Abschnitt in Zusammenhang gestellt mit dem heraldischen Wissen der Zeit, das die gezielte Funktionalisierung der heraldischen Formensprache noch einmal deutlich macht, da Geschichtsschreiber wie Giovanni Villani die Wappensymbolik und ihre Verwendung reflektieren, ohne dass dabei zwangsläufig schon eine heraldische Fachsprache angewandt wurde. Gerade dies aber macht die Verhaftung der Heraldik in den allgemein verbreiteten Sehgewohnheiten hoch- und spätmittelalterlicher Menschen deutlich, die den Umgang mit Zeichen gewohnt waren und diese aus ihrem Funktionszusammenhang heraus deuten konnten. Abschließend zieht Weber den Vergleich zwischen den oberitalienischen Städten mit London und Städten Flanderns, in denen die Wappenführung ebenfalls seit dem 13. Jahrhundert einen wichtigen Bestandteil der städtischen wie der sozialen Repräsentation ausmachte. Abgeschlossen wird der Band durch ein Verzeichnis der Wappen-, Fahnen- und Siegelbilder, die in der Studie berücksichtigt wurden, ein Quellen- und Literaturverzeichnis sowie ein Register der Personen und Ortsnamen.

Die Stärke der Münsteraner Dissertation liegt in der konsequenten Auswertung sowohl der heraldischen Erscheinungsformen, seien sie uns nun als Bilder (auf Münzen, Siegeln, Buchmalereien, Gemälden, an Gebäuden etc.) oder als Erwähnungen in Texten überliefert, als auch der unterschiedlichsten Schriftquellen (Geschichtsschreibung, kommunale Statuten etc.), wie sie die Verwendung der heraldischen Symbole in konkreten Zusammenhängen berichten oder auch darüber reflektieren. Gerade dieser Abschnitt macht deutlich, dass sich im Verlaufe des 12. Jahrhundert eine gemeinsame europäische Heraldik herausgebildet hat, die gleichwohl unterschiedliche Ausprägungen aufweisen konnte. Blieb in London zum Beispiel die Wappenführung als Bestandteil ritterlicher Repräsentation der städtischen Führungsschichten erhalten, indem noch im 15. Jahrhundert königliche Wappenbriefe für die Bürger ausgestellt wurden, so kam es in italienischen Kommunen aufgrund politischer Umwälzungen, wenn etwa der Popolo die adeligen Familien verdrängen konnte, auch zu einem heraldischen Neuanfang. Auch die einzelnen italienischen Kommunen können je nach Stadtentwicklung und Überlieferungslage deutliche Unterschiede im Wappenwesen aufweisen, wie die einzelnen in der vorliegenden Untersuchung enthaltenen Fallstudien zeigen. Zu den Gemeinsamkeiten der heraldischen Formensprache in den Kommunen zählt beispielsweise, dass alle Kommunen in der Frühzeit der Heraldik Fahnen mit dem Stadtpatron aufwiesen und dass noch später immer wieder durch die Farben oder auch einzelne Bestandteile auf diese zurückverwiesen wurde. Dabei wurde eine eigene kommunale Farb- und Formensprache entwickelt, die stärker über die Bezüge der einzelnen kommunalen Wappen aufeinander funktionierte und weniger über die Referenz zum adeligen Wappenwesen.

Die Studie bindet konsequent „genuin" heraldische Fragestellungen und Ergebnisse ein in „weitere" kulturgeschichtliche Kontexte und kann so ein facettenreiches Bild vom Aufkommen und der weiteren Entwicklung der kommunalen und teilweise auch bürgerlichen Heraldik in den italienischen Kommunen vom 11. bis in das 14. Jahrhundert zeichnen. Dabei wird deutlich, wie sehr nicht nur die Entwicklung der Kommunen auf die Entwicklung der Wappen einwirkte, sondern wie sehr auch die heraldische Formensprache ihrerseits der sich entwickelnden Kommune Ausdrucksmöglichkeiten verlieh und auch selbst zum Politikum wurde – all dies zeigt am Beispiel der Heraldik die Wirkmächtigkeit visueller Kommunikation. Darauf zielt letztlich auch der für die Studie maßgebliche Begriff der „heraldischen Symbolik" ab, da so die „Zusammenhänge zwischen den kommunikativen Funktionen und Bedeutungsebenen eines Wappens" (S. 3) herausgearbeitet werden.

Bamberg　　　　　　　　　　　　　　　　　　　　　　　　　　　Andrea Stieldorf

Johannes BERNWIESER, Honor civitatis. Kommunikation, Interaktion und Konfliktbeilegung im hochmittelalterlichen Oberitalien. (Münchner Beiträge zur Geschichtswissenschaft 7.) Utz, München 2012. 445 S.

Christoph DARTMANN, Politische Interaktion in der italienischen Stadtkommune (11.–14. Jahrhundert). (Mittelalter-Forschungen 36.) Thorbecke, Ostfildern 2012. 467 S.

Kulturwissenschaftliche Forschungen der beiden vergangenen Dezennien haben im Rahmen verschiedener „turns" (linguistic, pictorial etc.) weiterführende, neue Ansichten eröffnet – die mediävistische Forschung nimmt im Kontext einer verstärkten Betonung kommunikativer Prozesse für die traditionell in feste Strukturen eingebunden gesehenen Herrschaftsverhältnisse einen in manchem vergleichbaren Weg. Zwei neu erschienene Studien widmen sich – unter Aufgreifen von Fallbeispielen – der Analyse interaktiver Abläufe im Kontext der mittelalterlichen italienischen Kommune, die erste verstärkt dem Bereich interkommunaler Konflikte wie zugleich dem Agieren im Verhältnis zum Reichsoberhaupt, die zweite der Entwicklung politischer Interaktion im innerkommunalen Kontext.

Die bei Knut Görich erarbeitete Dissertation von Johannes Bernwieser greift den vom Doktorvater analysierten Begriff des *honor* als maßgebliche Bezugsgröße für politisches Handeln von Städten auf. Zwei Fallbeispiele, die Auseinandersetzungen zwischen Genua und Pisa um die Herrschaft über Sardinien (1162–1175) und das Ringen zwischen Mailand und Cremona um die *Insula Fulcherii* zwischen den Flüssen Adda und Serio (1162–1186), bieten ein Bild von nicht selten militärisch ausgetragenen Konflikten und deren Befriedung, von öffentlichen wie nicht-öffentlichen politischen Verhandlungen. In Entsprechung zur divergenten Überlieferungslage wird das erste Beispiel auf knapp 200, das zweite auf 130 Seiten abgehandelt. Dabei bildet die Herausstellung der maßgeblichen Funktion von Reichsfürsten als Vermittler, von deren Zwang zu mit dem Reich nicht immer abzustimmendem Agieren und von deren Eigeninteressen einen wichtigen Beitrag zum Gefüge wie zum Funktionieren des Reichs. Gegenüber älteren Auffassungen der Forschung, darunter auch solchen des Rezensenten selbst, wird betont, dass der Kaiser eben nicht „aus eigener Machtvollkommenheit quasi völlig autonom und deshalb spontan entscheiden und regieren" (S. 168) konnte.

So richtig und wichtig es freilich ist, die Einbindung des Herrschers in ein Netz aus fürstlichen Beratern aufzuzeigen und den Wert hervorzustreichen, der dem Rat – man denke dabei auch an den Kernsatz des Lehnswesens: *consilium et auxilium* – beigemessen wurde, so sehr erscheint der Herrscher dabei als quasi-Gefangener des fürstlichen Konsenses. Wollte man den politischen Schwenk in Einzelfällen als ausschließlich vom Einfluss der Ratgeber bewirkt ansehen, so verkennte man die Vorteile, die dem Kaiser aus der Akzeptanz unterschiedlicher Ratschläge erwachsen konnten, wenn er so zwei Eisen im Feuer hatte. Der Friede von Portovenere (1175) schließlich wird auch vom Vf. so interpretiert, dass der Kaiser sich „schließlich wieder selbst der Angelegenheit annahm" (S. 239).

Neben diesen ins Grundsätzliche gehenden Einwänden, kurz einige Detailbeobachtungen: Schwer zu verstehen ist es, dass *littere diffidentie* allzu worthörig mit „Brief des Misstrauens", und nicht mit „Fehdebrief" übersetzt wird (S. 54). Die Zitierung manch ganz knapp vor der Drucklegung erschienener Arbeiten weist Mängel auf (S. 268: „Grontortum" = Grintorto südöstl. Borgonovo Val Tidone, Prov. Piacenza, was in der zitierten Arbeit des Rezensenten „Zwang und Willkür" [2010] erläutert wird; S. 392: die Anführung der Regesta Imperii für Friedrich I. erwähnt eine für 2011 angekündigte 5. Lieferung; tatsächlich handelt es sich dabei um die hier irrig mit Erscheinungsjahr 2001 genannte 4. Lieferung des Werks). – In Summe ist dennoch zu unterstreichen, dass es sich bei der Studie um eine höchst verdienstvolle Arbeit handelt, die voll von beachtenswerten und zu neuerlichem Nachsinnen anregenden Ausführungen ist und zugleich einen abermaligen Beleg für den hohen Stellenwert des Faktors *honor* für das zeitgenössische Verständnis der politischen Kräfte des hohen Mittelalters, darunter eben auch der Städte, bietet.

Die Studie von Christoph Dartmann rückt drei Fallbeispiele ins Zentrum, die auch einen größeren zeitlichen wie räumlichen Rahmen abstecken: die Genese der Kommune Mailand (1050–1140), die konsularische Kommune Genua im 12. Jahrhundert und die politische Interaktion in der Stadtkommune des 13. und frühen 14. Jahrhunderts mit Fokus auf die innerstädtischen Konflikte in Florenz um 1300. Eindrucksvoll gelingt es aufzuzeigen, dass der Ausbau des politischen Aktionsraumes der kommunalen Kräfte sich sehr viel weniger in einer Aufeinanderfolge gleichsam revolutionärer Einzelaktionen als vielmehr als evolutionärer Prozess vollzieht. Klug wird dabei auch Quellenkritik geübt, wenn etwa herausgearbeitet wird, dass die ex post-Darstellung des seitens seiner Stadt Genua regelrecht mit seinem Werk beauftragten Historiographen Caffaro viel stärker dazu tendiert, herausragenden Einzelaktionen so etwas wie den Charakter eines Begründens, eines Anfangs, eines Ursprungs kommunaler Verhältnisse bzw. der Ausweitung des Einflussbereiches kommunaler Kräfte zuzuschreiben. Im Gegensatz dazu zeichnet die mailändische Historiographie, die Zeitgenössisches aus der Nahsicht schildert, sehr viel deutlicher das allmähliche Werden, die Evolution.

Wichtig sind insbesondere die Beobachtungen im Hinblick auf die zunächst völlig „ungewöhnliche Offenheit innerstädtischer Kommunikation" (S. 395) in der frühen Kommune wie zugleich der Entwicklung zwischen der Zeit um 1100 und der um 1300, als es der Kommune gelang, ein politisches Regelwerk zu entwickeln und zu installieren und nicht nur innerstädtische Orte kommunalen Agierens (u. a. Rathäuser), sondern auch äußerst markant mit Verschriftlichungsvorgängen verbundene Formen der Interaktion entstanden waren. Unter Heranziehung der für das 13. und frühe 14. Jahrhundert noch viel breiter gestreuten Überlieferung, nicht zuletzt kommunaler Statuten, können mit der Ratsversammlung für die Amtsträger, mit dem Agieren städtischer Ausrufer auch für die Interaktion nach außen, also zwischen Amtsträgern und Bürgern, neue, ebenso standardisierte wie zweckorientierte Kommunikationsformen herausgestellt werden.

In manchen Details ergibt sich freilich Diskussionsbedarf, so wenn etwa (S. 25) das Problem ständig wechselnder kommunaler Amtsträger angesprochen wird, was im eklatanten Widerspruch zu Beobachtungen zu den teilweise erstaunlichen personellen Kontinuitäten im Rahmen konsularischer Gremien der frühen Stauferzeit steht. Ebensolches gilt für die verkürzte Darstellung der Einflussnahme Friedrichs I. auf die Ausübung kommunaler Amtsgewalt, wenn behauptet wird, der Staufer habe seit dem Reichstag von Roncaglia 1158 in den Kommunen *rectores* einsetzen lassen, und dies als Hinweis auf einzelne „Spitzenbeamte" interpretiert wird (S. 297f.).

Die Studie bietet mit ihrem breit gefächerten chronologischen Ansatz wertvolle Ergänzungen und Präzisierungen gegenüber dem bisherigen Bild von der Entwicklung der Umsetzungsmöglichkeiten einer kommunal gestalteten/bestimmten Politik. Umso bedauerlicher ist es, dass sie in redaktioneller Hinsicht an etlichen Stellen die erwünschte Sorgfalt vermissen lässt (S. 6 Zeile 3: „… Ehre, deren Nachklang noch i m Spitznamen …"; S. 146: „…, dass die Annalen durch die kontinuierliche Aneinanderreihung … suggerierte n , …"; S. 285: „…, muss zwischen einer früheren Phase, …, und den späteren Entwicklungen unterscheiden." – recte: unterschieden werden), dass Literatur zitiert wird, die im Literaturverzeichnis fehlt (S. 14 Anm. 7: Schwedler, Herrschertreffen), und die Erarbeitung des Registers nicht vom Autor selbst durchgeführt wurde (so ist dort von „Grafen von Melaspina" die Rede, womit die „Markgrafen von Malaspina" gemeint sind). Schließlich – beinahe, aber nicht nur – eine Geschmacksfrage: Führen Querbezüge zu aktuellen Verhältnissen (z. B.: S. 6: Silvio Berlusconi) den Erkenntnisgewinn wirklich weiter?

Perchtoldsdorf   Ferdinand Opll

Benjamin Laqua, Bruderschaften und Hospitäler während des hohen Mittelalters. Kölner Befunde in westeuropäisch-vergleichender Perspektive. (Monographien zur Geschichte des Mittelalters 58.) Hiersemann, Stuttgart 2011. 516 S., 4 Stadtpläne.

In seiner 2009/10 vorgelegten Trierer Dissertation untersucht Benjamin Laqua die Beziehungen zwischen Bruderschaften und Hospitälern, vornehmlich im 12. und 13. Jahrhundert, am Beispiel der Kölner Anstalten Lupus-Hospital, Martins-/Brigiden-Hospital, Heilig-Geist-Hospital und St. Lazarus-Leprosorium, denen er jeweils ein oder auch mehrere (heute) belgische Beispiele gegenüberstellt: das Neue Hospital in Lüttich und das Jakobs-Hospital in Tongeren, die wie das Kölner Lupus-Hospital bischöfliche bzw. domstiftische Stiftungen waren, das Christopherus-Hospital in Lüttich, das wie das Martins-/Brigiden-Hospital von einer Abtei abhängig war, das Brüsseler Heilig-Geist-Hospital, das aber schnell das Johannes-Patrozinium übernahm und das wie das gleichnamige Kölner als Beispiel für ein städtisches Hospital untersucht wird, und schließlich das Lütticher Leprosorium Cornillon, das im Gegensatz zu den Kölner Melaten von der Stadt verwaltet wurde. Nicht zuletzt geschah diese Auswahl aufgrund der im Vergleich recht günstigen Quellenlage bei den genannten Institutionen. Der Vergleich wird für Einzelaspekte durchaus auf zahlreiche weitere europäische Parallelbeispiele ausgeweitet, z. T. in Form von Fußnotenverweisen, und trotzdem bleibt die Frage nach der Repräsentativität der ausgewählten Fallbeispiele offen.

Das fällt aber wenig ins Gewicht, denn auf die zentrale Frage, nämlich nach der Rolle der jeweiligen Hospitalbruderschaft, nach ihrer Zusammensetzung und ihrem Verhältnis zur Stadtgemeinde und zu den Insassen des jeweiligen Hospitals kommt der Autor zum Schluss, dass es ohnehin keine Norm gibt, auch keine festen Typen zu unterscheiden sind. Seine etwas umständlich formulierte Schlussfolgerung lautet: „Es zählte zu den übergeordneten Zielsetzungen dieses Buches, die in der internationalen Forschung bisher nicht systematisch untersuchten Formierungs- und Gestaltungsprozesse bruderschaftlicher Zusammenschlüsse in und an Hospitälern als analytischen Zugang zu den komplexen Verflechtungen zwischen Formen der sozialen Selbstorganisation und der Institutionalisierung von Fürsorge- und Seelsorgeleistungen während der hochmittelalterlichen Jahrhunderte zu nutzen. […] Daß die religiösen Verhaltensanforderungen, die sozialen Beziehungsmuster und die jeweiligen Funktionszusammenhänge stark differierten, bekräftigt die eingangs dargelegten Vorbehalte gegenüber typologisch verengten Zugriffen auf unser Untersuchungsfeld. Am deutlichsten traten zweifelsohne die in der Forschung zu Recht hervorgehobenen Unterschiede zwischen bruderschaftlichen Vereinigungen innerhalb und außerhalb der Hospitäler hervor. […] Eine präzise Unterscheidung zwischen Pfründner- und Pflegegemeinschaften fällt […] schwer, zumal insgesamt mit einer großen Bandbreite an individuellen Einbindungen und gemeinschaftsinternen Differenzierungen gerechnet werden muß. […] Vielmehr konnte an einer Reihe von Beispielen aufgezeigt werden, daß sich diese Einrichtungen und Gemeinschaften in einem variablen Spannungsfeld zwischen Formen der ‚Abhängigkeit' und ‚Autonomie' bewegten. Entsprechend problematisch erwiesen sich folglich in zahlreichen Fällen des 12. und 13. Jahrhunderts strenge typologische Grenzziehungen zwischen monastischen, bruderschaftlichen oder bürgerlichen Hospitälern. […ॱ (Das

Beispiel)] untermauert nochmals die organisatorische Offenheit und Variabilität vieler Hospitäler während der hochmittelalterlichen Jahrhunderte." (alle Zitate aus Kapitel VI. Ergebnisse und Perspektiven, S. 393–405).

Damit bestätigt der Autor die Forschungsergebnisse des Rezensenten für den unmittelbar südlich anschließenden Untersuchungsraum zwischen Maas und Rhein, dass nämlich a) Diversität und Heterogenität im mittelalterlichen Hospitalwesen überwogen und der Historiker sich gelegentlich vom Zwang zum Normativen befreien können muss, b) zwischen Trägerschaft und Verwaltung unterschieden werden muss und Bruderschaften als Träger und Initiatoren eines Hospitals eher selten vorkamen, vom „selbständigen bruderschaftlichen Hospital", das Siegfried Reicke als Nachfolgertypus sah, der die Abtei- und Stiftshospitäler abgelöst habe, Abschied genommen werden muss, c) in vielen Fällen nicht zu erkennen ist, ob es sich um eine Insassen- oder eine Betreuerbruderschaft handelte oder beide vereint waren.

Über diese Feststellung der Diversität hinaus zeitigt die Arbeit von Benjamin Laqua durchaus beachtenswerte Detailergebnisse. Vorbildlich sind seine Einzelstudien zu den erwähnten neun Anstalten, die hier nicht im einzelnen referiert werden können, bei denen aber vor allem die nuancierte Konfrontation von narrativen und diplomatischen Quellen gefällt. (Vier unveröffentlichte, aufschlussreiche Urkunden werden übrigens im Anhang ediert.) Weiterführend sind seine prosopographischen Studien, die die engen Verflechtungen von städtischer Führungsschicht mit den jeweiligen Hospitalbruderschaften oder sonstwie gearteten Hospitalverwaltungen aufweisen. Seine detailreiche „Analyse gemeinschaftlicher Partizipationsformen in der Armenfürsorge" anhand der neun karitativen Einrichtungen erbringt in der Tat „wertvolle Aufschlüsse über soziale Formierungsprozesse im urbanen Umfeld" (S. 405). Auch in dieser Hinsicht kann Laqua anhand bedeutender Hospitäler in großen Städten die Ergebnisse von Mathias Kälble betreffend Freiburg im Breisgau oder meine eigenen betreffend Straßburg, Metz und Sarrebourg in Lothringen u. a. mit handfesten Argumenten untermauern. Die Hospitäler waren nicht nur „soziale Räume fürsorgebasierter Seelsorge- und Bußpraktiken" (S. 397); die soziale Verflechtung der Bruderschaften mit den städtischen Funktionsträgern und ihren Familien weisen sie auch als soziale Räume der politischen Praxis aus, in denen oder um die selbst Konflikte um die Stadtherrschaft ausgetragen werden konnten. Man sollte daher nicht mehr wie Reicke die Kommunalisierung kirchlicher Hospitäler als Ergebnis dieser Auseinandersetzungen ansehen, sondern das Hospital als einen der zentralen Kristallisationsorte der Konflikte um die städtische Autonomie betrachten.

Dank der guten Quellenlage kann Laqua die sozialen Verflechtungen um die Dimension der materiellen Zuwendungen und Memorialverpflichtungen ergänzen. Er stellt darüber hinaus fest, dass in manchen Fällen der Anstieg an Zuwendungen durchaus mit der „Verfestigung gemeinschaftlich-religiöser Organisationsformen", lies mit der Einführung und Einschärfung von Regeln zwecks Stärkung der spirituellen Gegenleistungen, in Zusammenhang gebracht werden kann. (Zurecht relativiert Laqua in diesem Zusammenhang die Allgemeingültigkeit der Augustinusregel in der täglichen Praxis.) Dass exogene Krisensituationen wie Hungersnöte auch eine Rolle spielten als Auslöser von Regulierungsvorgängen, wird von Laqua angesichts einer oft unsicheren Quellenlage vorsichtig vermutet; die Beobachtung findet ihre Bestätigung im Gründungshoch von Hospitälern im Elsass in der Folge der Hungersnot von 1315ff.

Bei aller Bewunderung für die erbrachte Leistung sei eine Detailkritik gestattet: Wenn er auf die Rolle der Geistlichen als Hospitalvorsteher eingeht, übersetzt der Autor den Quellenbegriff *sacerdos* häufig mit Pfarrer. Ich plädiere für mehr Vorsicht in dieser Hinsicht, denn m. E. verfügten die wenigsten Hospitäler über Pfarrrechte; diese wurden ihnen ganz im Gegenteil bewusst vorenthalten, gerade auch im klerikalen Lüttich, wo nicht die Stadtgemeinde, sondern Pfarrgemeinden eigene Hospitäler stifteten, den Hospitalgeistlichen aber weder die Sakramentenspendung noch das Begräbnisrecht für Nicht-Insassen erlaubten. Und noch eins: das zigmal benutzte Verb „indizieren" bedeutet m. W. „auf den Index setzen" und hat nicht die Bedeutung von „auf etwas hinweisen" oder „ein Indiz sein für".

Luxemburg Michel Pauly

Formen der Armenfürsorge in hoch- und spätmittelalterlichen Zentren nördlich und südlich der Alpen, hg. von Lukas CLEMENS–Alfred HAVERKAMP–Romy KUNERT. (Trierer Historische Forschungen 66.) Kliomedia, Trier 2011. 338 S.

Die Trierer Tagung von 2007 wurde von zwei Teilprojekten des Sonderforschungsbereichs „Fremdheit und Armut", die der Armenfürsorge in Zentral- und Oberitalien von der christlichen Spätantike bis ins Hochmittelalter bzw. den christlichen Gemeinschaften in ihrer Bedeutung für Armut, Fürsorge und Seelsorge im hohen und späten Mittelalter (im nordalpinen Raum) gewidmet sind, veranstaltet. Entsprechend ist, in einem Kontinuum von Tagungen und Publikationen zur europäischen Spitalsgeschichte, die thematische Akzentuierung: Die Beiträger behandeln unterschiedliche Aspekte der Armenfürsorge in Städten südlich und nördlich der Alpen; Gemeinschaften, die Spitäler gründen, erhalten, tragen, konstituieren, werden in ihren unterschiedlichen Formen vorgeführt.

Cristina Andenna (Zu den Hospitälern der norditalienischen Regularkanoniker im 12. und 13. Jahrhundert. Einige Beispiele aus der *Ecclesia Mortariensis*, S. 15–36) zeigt am Beispiel des Regularkanonikerverbands von Mortara, der Spitäler entlang der Via Francigena betrieb, die traditionellen Wurzeln der *hospitia* bei Klöstern und Kapiteln, das Verständnis der *hospitalitas* als Teil der Seelsorge, insbesondere aber auch die Zusammenarbeit mit Laien bei der Organisation und Verwaltung der Spitäler. Ivo Musajo Somma (Armenfürsorge im Bistum Piacenza während des 13. Jahrhunderts, S. 37–49) lässt verschiedene Formen der Fürsorge im Piacenza des Duecento, vom Consorzio dello Spirito Santo, das sich sehr frühzeitig um die *pauperes verecundi* bemühte, über die Humiliaten bis zum Spital S. Stefano des Domkapitels, das von einer Gemeinschaft aus Konversen betrieben wurde, Revue passieren. Romy Kunert (… *timens divinum iudicium Dei* … . Dokumente privater Armenfürsorge vom ausgehenden 13. bis zur ersten Hälfte des 14. Jahrhunderts in Genua, S. 51–88) zeigt die Genueser Testamente als reichhaltige Quelle für Armenfürsorge, für Formen der Armut und für die Einstellung zu den Armen und schürft individuelle Einzelheiten (Strohlager bei Unterbringung in kleinräumigen Stiftungen; persönliche Beziehungen von Gebern und Empfängern) aus den untersuchten Texten; eine Karte zur Entwicklung der Hospitalslandschaft in Genua bis 1350 und die Edition von drei Testamenten schließen den Beitrag ab. Um die Repräsentation einer Fürsorgeeinrichtung geht es im Beitrag von Ulrike Ritzenfeld (*Fecit depingi con[fra]trum turba fideli[s]*. Die Misericordia in Bergamo und ihre Bildprogramme im gesellschaftlichen und politischen Wandel des Spätmittelalters, S. 89–120). Ein Fresko mit der Darstellung der Lebensmittelverteilung durch die 4 *dispensieri*, das um 1300 an der Fassade des alten Doms S. Vicenzo angebracht wurde, stammt aus der Zeit, als die Misericordia von allen städtischen Gruppen mitgetragen wurde; die Fassadenmalerei an der Casa Angelini, die um 1480 die Werke der Caritas an den deserving poor abbildet, repräsentiert die Misericordia, die zur Zeit der Visconti-Herrschaft zur Koordinatorin der Hospitäler von Bergamo aufgestiegen ist – für die Autorin Spiegelung des Wandels von der gemeinschaftsfördernden Institution zur Promotrix der neuen Gesellschaftsordnung mit Elitenbildung (S. 115). Philine Helas (Barmherzige Werke, kaufmännisches Kalkül und freiwillige Armut. Bildprogramme in Prato zwischen 1345 und 1415, S. 121–165) stellt unter Berücksichtigung personeller und räumlicher Verflechtungen einerseits, in einem weiten ikonographischen Kontext andererseits, Fresken am Pellegrinaio nuovo des Spitals der Misericordia in Prato (1338/1345), die Fresken des Niccolò di Pietro Gerini in der Cappella Migliorati in S. Francesco (Ende des 14. Jahrhunderts), die mit den Viten des Antonius abbas und des Matthäus Reichtum und Armut (Episode „Güterverteilung" mit Darstellung der empfangenden Armen) thematisieren, und ein Bildprogramm am Palazzo des reichen Kaufmanns und Gründers des Ceppo dei Poveri Francesco Datini (1410) mit der Darstellung von Datini als Protagonist der Werke der Caritas seiner testamentarischen Gründung vor.

Der Beitrag von Thomas Frank (Bruderschaften und Hospitäler. Spätmittelalterliche Beispiele aus Italien und Deutschland, S. 167–183) ist eine Auseinandersetzung mit Siegfried Reicke, Das deutsche Spital im Mittelalter (Stuttgart 1932), das er auch wissenschaftsgeschichtlich kontextualisiert, und vor allem mit dessen mittlerweile obsoleten, aber immer noch oft übernommenen Bruderschaftsbegriff. Mit der Definition von Bruderschaften als lokal operierenden Vereinigungen mit religiösen Zielen und ohne Rechtsstatusänderung der Mitglieder führt Frank ein weites Spektrum von möglichen Beziehungen zwischen Bruderschaften und Hospitälern anhand von drei Beispielen vor: Die Disciplinati in Assisi gründeten und verwalteten im 14./15. Jahrhundert Spitäler; die elitäre, politisch einflussreiche, multifunktional operierende Salvatorbruderschaft von Sancta Sanctorum beim Lateran betrieb, verwaltete und führte das Spital S. Giovanni; im Großen Spital in Straßburg wurde 1400 ein externer Betreuungs- und Pflegedienst durch Mitglieder einer Bruderschaft eingerichtet, der sukzessive zu einer Vereinigung von Unterstützern führte. Benjamin Laqua (Heilig-Geist-Hospitäler im bruderschaftlichen und kommunalen Kontext des hohen Mittelalters. Beobachtungen aus dem Nordwesten des Reichs, S. 185–213; siehe auch die Rezension von Michel Pauly zu Laquas Dissertation „Bruderschaften und Hospitäler während des hohen Mittelalters", oben S. 182–184) setzt sich ebenfalls mit dem Erbe Reickes, insbesondere mit dem von diesem eingebrachten Schlagwort von der „Kommunalisierung" der Spitäler auseinander und zeigt einerseits anhand des Patroziniums vom Heiligen Geist einen Wandel in der Frömmigkeit, den er im Zusammenhang mit den sozialen Herausforderungen im 12./13. Jahrhundert sieht, andererseits eine große Bandbreite an Fürsorgeformen und Verflechtungen von Amtsträgern bei denselben. Monika Escher-Apsner (*Paupercule femine, sorores et beggine*. Aspekte weiblicher Fürsorge und Seelsorge im Kontext nordalpiner spätmittelalterlicher Städte, S. 215–236) durchschreitet an Beispielen die vielfältigen Möglichkeiten von Frauen, sich an der Armenfürsorge zu beteiligen, und legt die Betonung auf die Anpassungsfähigkeit und Anpassungsanforderungen an Angebote und institutionelle Rahmenbedingungen.

Sebastian Zwies (Formen spätmittelalterlicher Armenfürsorge zwischen Hospital, Klöstern und privaten Almosen in der Reichsstadt Esslingen am Neckar, S. 237–277) gibt einen Überblick über das Fürsorgewesen in Esslingen zwischen der Mitte des 13. und dem Anfang des 16. Jahrhunderts unter dem Aspekt von Funktionswandel und exkludierenden und inkludierenden Haltungen gegenüber Armut und Armen. Sven Rabeler (Zwischen Ordnung, Fürsorge und karitativer Stiftungspraxis. Die Lübecker „Tollkisten" im späten Mittelalter, S. 279–307) schöpft für den exkludierenden und inkludierenden Umgang mit Geisteskranken im Lübeck des 15. und 16. Jahrhunderts aus Lübecker Testamenten und aus einem Rechnungsbuch aus dem 2. Drittel des 16. Jahrhunderts und zeigt drei zugrundeliegende Modelle auf: die Aufrechterhaltung der Ordnung bzw. gefängnisähnliche Verwahrung, die caritative Versorgung; ein (nie realisiertes) Stiftungsprojekt aus dem Testament des Lübecker Bürgers Gerd Sundesbeke 1497. Sebastian Schmidt (Neue Formen der Armenfürsorge in den geistlichen Kurstaaten der Frühen Neuzeit, S. 309–331) nimmt die vielzitierte Konfessionalisierung als Wasserscheide und die Schlagworte von der Kommunalisierung, Rationalisierung, Bürokratisierung und Pädagogisierung der Fürsorge als Leitlinie durch einen Überblick, der differenziert die Fürsorge – Inklusion der Armen, Abschaffung der Armut – als Anliegen des Landesherrn schildert.

Der Sammelband liefert wohl auch „Bausteine" für einen Vergleich zwischen süd- und nordalpinen Spitälern (Einleitung S. 12). Er überzeugt aber mehr noch durch einzelne Aspekte, die mehrere Beiträge verknüpfen und zu weiterem Forschen anregen: Das ist zunächst die große Bedeutung von Testamenten, die als Quelle für die Armenfürsorge längst nicht ausgeschöpft sind; das ist weiters das Herausarbeiten von Synergien, von der Beteiligung ganz unterschiedlicher Gruppen am Fürsorgewesen, das das oft simplifizierende Bild vom Konflikt um die Einflussnahme oder die Ablöse korrigiert; das ist letztlich das caveat vor der Konstruktion linearer Entwicklungen und vor der Normierung und Typisierung sehr unterschiedlicher Phänomene. Angesichts der großen Bandbreite von Möglichkeiten erscheint die Heterogenität im Fürsorgewesen nicht als neues Schlagwort bzw. die Betonung derselben nicht als ein sich Entziehen der intellektuellen Arbeit des Einordnens, sondern als Ergebnis ausführlicher Detailstudien.

Wien   Andrea Sommerlechner

Daniel BERGER, Stift und Pfründe. Die Ausbildung der Kanonikerpräbende im Erzbistum Köln bis 1300. (Studien zur Kölner Kirchengeschichte 38.) Franz Schmitt, Siegburg 2011. 321 S., 2 Karten und 2 Tafeln.

Die Pfründe hatte in Mittelalter und Früher Neuzeit für weite Teile des Klerus den Stellenwert, den ein Lehen für den adligen Laien hatte. Sie sicherte nämlich den Lebensunterhalt des Begünstigten, der im Gegenzug dafür gewisse Dienstleistungen erbrachte. Der wesentliche Unterschied zwischen geistlichem und weltlichem *beneficium* war, dass ersteres nicht vererbt werden konnte, sondern in jeder Generation neu zugewiesen werden musste.

Da die Pfründe ein allgemeines Phänomen der Kirchengeschichte ist, ist es methodisch durchaus sinnvoll, sich geographisch zu beschränken, wenn man ihren Ursprüngen nachgeht. Die Wahl der Erzdiözese Köln zum Untersuchungsgegenstand ist für den deutschsprachigen Raum angesichts der für diese Fragestellung notwendigen Quellendichte vernünftig; andernfalls hätte sich vielleicht Salzburg anerboten. Der Ausschluss des Kölner Erzstiftes aus der Untersuchung hingegen ist schade.

Der Band gliedert sich in sieben Großkapitel, auf die verschiedene Anhänge und Indizes folgen. Nach der Einleitung, die einen guten Forschungsüberblick bietet, den Untersuchungsgegenstand eingrenzt, die Geschichte der in der Studie behandelten 18 Stifte skizziert und die Quellenlage vorstellt, geht Berger zunächst der Frage nach, wie sich die Kölner Stiftskirchen im Frühmittelalter aus ihrer bischöflichen Obhut lösen und wie sie finanzielle Eigenständigkeit gewinnen konnten. Als Vorbild und Anreiz zu diesem Schritt dienten gewiss von Anfang an die königlichen Eigenkirchen Kaiserswerth und Münstereifel aus dem 8. bzw. 9. Jahrhundert.

Der nächste Schritt zur Pfründe bestand darin, die Verfügungsgewalt des Propstes über das Stiftsvermögen zu beschränken. Dabei spielte die Tatsache, dass schon früh innerstiftische Sondervermögen – etwa für die Beleuchtung – existierten, eine bahnbrechende Rolle. Mit detaillierten Nutzungsbestimmungen wiederum, die nicht zuletzt der Angst vor Güterentfremdung geschuldet waren, wurden die Konventsmitglieder oft schon früh in die Leitung des Stiftes miteingebunden. Auch wenn für Köln im Einzelnen nicht belegt, sollte man dabei nicht vergessen, dass Kanoniker im Gegensatz zu Mönchen immer auch Privatvermögen haben konnten und deswegen im Gegensatz zu letzteren ihre wirtschaftliche Selbständigkeit und Verantwortung nie völlig verloren.

Die Gütertrennung zwischen Propst und Kapitel wiederum ist als mehrphasiger Prozess vorzustellen, der besonders für St. Gereon in Köln gut dokumentiert ist, sich aber weitgehend auf Verwaltungskompetenzen beschränkte. Bereits im 12. Jahrhundert lässt sich im Kölner Raum mit den sogenannten Obödienzen, bei denen beispielsweise ein Gutshof der Verwaltung eines einzelnen Kapitularen unterstellt wurde, ein erster Ansatz zu einer weiteren Aufteilung des Stiftsvermögens feststellen, der aber nicht weiter verfolgt wurde.

Das 3. Kapitel zeigt, wie sich gleichzeitig dazu das *capitulum*, unter dem man traditionell die tägliche Zusammenkunft zur Lesung und gegenseitigen Erbauung verstand, zu einer juristischen Person entwickelte, die sich neben den Propst stellte, was sich besonders gut an der Entwicklung der Siegelbilder und -umschriften ablesen lässt. Innerhalb des Kapitels bildeten sich dann spezielle Ämter heraus, und es entstanden Statuten, um Kompetenzen und Verfahrensweisen festzuhalten.

Der Präbende als Rechtsform ist das 4. Kapitel gewidmet. Gewiss wirkten bei der Entstehung des spätmittelalterlich-frühneuzeitlichen kirchlichen Benefiziums, das bekanntlich eine geistliche und eine weltliche Seite hatte, Kirchenreform und Investiturstreit entscheidend mit, denn seit damals erscheinen *officium* und *prebenda* vermehrt als gleichwertige Begriffe; eine Präbende sollte nur erhalten, wer ein kirchliches Amt innehatte. Das Verschwinden der kirchlichen Laienpräbenden im Laufe des 12. Jahrhunderts ist nicht nur dem forcierten Ausschluss laikaler Nutzung von Kirchengut geschuldet, sondern auch der Tatsache, dass das Kapitel als Korporation gleichzeitig die Zahl der geistlichen Unterhaltsberechtigten begrenzte (*numerus certus*). Karenz- und Gnadenjahre führten bald dazu, dass Mitgliedschaft zu einem Kapitel und Genuss des Unterhaltes sich zeitlich nicht völlig deckten. Die Selbstergänzung des Kapitels stand von Anfang an in Konkurrenz zur Vergabe der Pfründen durch den Papst, den Kölner Erzbischof, den römischen König oder durch Pröpste bzw. Dekane. Längerfristig setzten sich Anwartschaften gegenüber ad-hoc-Besetzungen durch, weil sie weniger konfliktanfällig waren.

Die Präbende als Unterhaltsform ist Gegenstand des 5. Kapitels. Einmal mehr bewahrheitet sich, dass die Überlieferungs-Chance für Wirtschaftsquellen geringer als für Rechtsquellen ist, denn wer bewahrt schon sein altes Sparheft auf, wenn sich das Konto geändert hat oder gar die Bank untergegangen ist. Quellen darüber, wie in Früh- und Hochmittelalter die konkrete Güternutzung und die interne Verteilung auf die Bezugsberechtigten funktionierten, sind eigentlich nur dann auf uns gekommen, wenn sie in liturgische Handschriften eingetragen oder von Buchbindern wiederverwendet wurden. Im Anhang (S. 257–276) werden zwei einschlägige Quellen aus Köln publiziert. Seit dem 13. Jahrhundert lässt sich in Köln die Zweiteilung der Reichnisse in das *corpus prebendae* oder *grossa* bzw. in Zahlungen aus der Präsenz nachweisen. Während letztere eigentlich seit jeher aus Geldbeträgen bestanden, setzte sich der Grundstock noch lange aus Naturalien (Getreide, Wein) zusammen. Die Präbendaleinkünfte wurden aber kaum je gleichmäßig auf alle Kapitularen verteilt; seit dem 12. Jahrhundert lassen sich im Kölner Raum Major- und Minorpfründen nachweisen. Da wirtschaftliche Ungleichheit im Kapitel nachweislich Anstoß erregte, weil man von gleichwertigen Pflichten der Mitglieder ausging, ging die Tendenz dahin, Minorpfründen nur in Ausbildung befindlichen Geistlichen zuzuweisen bzw. mit Sonderabgaben (*mensa, ferculum*) einen gewissen Ausgleich zu schaffen. Wie die Erträgnisse aus den von Kellner und Kämmerer verwalteten gemeinsamen Stiftsgütern dem einzelnen Kanoniker zuflossen, illustrieren zwei frühe Rechnungen des St. Severin-Stiftes in Köln von 1233 und 1242, die für den Lauf des Jahres zahllose Einzelzuwendungen aufzählen. Die Tatsache, dass die Einzelpfründe nicht im Stiftsgut radiziert war, ihr Inhaber sich also nicht um die Verwaltung und den Erhalt des Stiftungskapitals seiner Pfründe kümmern musste, ermöglichte Abwesenheiten wegen Studiums oder Badekuren bzw. Tätigkeiten im Dienst von Herren genauso wie die Kumulation von Pfründen. Das sehr kurze sechste Kapitel behandelt in der Form eines Exkurses das untypische säkulare Stift Heinsberg, das erst 1128 gestiftet wurde, als anderswo nur noch regulierte Augustinerchorherren- bzw. Prämonstratenserstifte entstanden. In seiner Zusammenfassung betont Berger, dass das spöttische Akrostichon *Canonicus = Creatus ad nullum nisi in curam ventris sui* im 18. Jahrhundert für die frühere Zeit zu knapp greift. Dem Autor ist für die differenzierte und gelungene Darstellung des unendlich komplexen und parallel ablaufenden Prozesses der Entstehung der Pfründe sehr zu danken.

Marburg   Andreas Meyer

Bernhard Neidiger, Prädikaturstiftungen in Süddeutschland (1369–1530). Laien – Weltklerus – Bettelorden. (Veröffentlichungen des Archivs der Stadt Stuttgart 106.) Hohenheim-Verlag, Stuttgart u. a. 2011. 502 S.

Prädikaturstiftungen sind ein Phänomen des späten Mittelalters. Vor zehn Jahren hat Bernhard Neidiger einen grundlegenden und deshalb häufig zitierten Aufsatz über „Wortgottesdienst vor der Reformation. Die Stiftung eigener Predigtpfründen für Weltkleriker im späten Mittelalter" in den Rheinischen Vierteljahrsblättern 66 (2002) S. 142–189 veröffentlicht. Damit ist es ihm gelungen, für den mitteleuropäischen Raum in der Zusammenschau einer weit verstreuten Literatur und unter Auswertung z. T. recht entlegener Quelleneditionen die Grundlinien der Entwicklung und regionale Unterschiede bei der Einrichtung von Predigerstellen in den Jahrhunderten vor der Reformation herauszuarbeiten. Das Thema hat Neidiger, der im Archiv der Stadt Stuttgart tätig ist, nicht losgelassen. Nun liegt eine nach Umfang wie Inhalt gewichtige Monographie vor, die systematisch den Prädikaturstiftungen in Süddeutschland nachgeht. Den Ausgangspunkt bildete die Beschäftigung mit den spätmittelalterlichen kirchlichen Verhältnissen südwestdeutscher Städte wie Stuttgart und Reutlingen, weshalb das Bistum Konstanz im Mittelpunkt steht, von dem der Verfasser aber in alle Himmelsrichtungen auf die Nachbardiözesen ausgreift, so dass die Arbeit auch Franken, die Oberpfalz und Altbayern, die Schweiz sowie den Ober- und Mittelrhein einschließt und selbst noch Ausblicke nach Österreich, Salzburg und Tirol wagt.

Das Buch beruht auf der systematischen Erfassung der Prädikaturen des Untersuchungsgebiets im Zeitraum von 1369 bis 1530, die am Ende der Arbeit in einem Ortskatalog von Aichach, Altheim und Amberg bis nach Würzburg, Wunsiedel und Zürich dargeboten werden (S. 389–427, eine Karte wäre hilfreich). Dadurch wird die Untersuchung etwas entlastet, in deren Mittelpunkt die systematische Auswertung der Stiftungsurkunden von Prädikaturen steht. Nach einer knappen Einleitung über Prädikaturen an Dom-, Stifts-, Pfarr- und Spitalkirchen (Kapitel A) arbeitet der Verfasser im Kapitel B – damit schon ein wichtiges Ergebnis voraus nehmend – die Bedeutung der frühen Reformzentren heraus, womit vor allem Nürnberg mit seinen zahlreichen Predigerstiftungen gemeint ist. Wie die Nürnberger Stiftungsimpulse in anderen Landschaften aufgenommen wurden, verdeutlicht Kapitel C über die Stifter und Stiftungen in den einzelnen Regionen, die von Franken und der Oberpfalz bis hin zum Fränkischen Oberrhein und nach Württemberg verfolgt werden. Das Herzstück der Untersuchung bildet aber Kapitel D über Anforderungen, Erwartungen und Motive der Stifter, denn hier wird vor allem anhand der Stiftungsurkunden ein anschauliches Bild von der Dotierung und Rechtsstellung der Predigtstiftungen, der Qualifikation der Prediger und ihren Aufgaben gezeichnet, und in einem weiteren Untersuchungsgang wird hier dann auch nach Motiven und Hintergründen der Stiftungen gefragt. Eine ausführliche Zusammenfassung der Ergebnisse beschließt diese wichtige Arbeit, der man anstelle des kurzen registerartigen Nachweises der Prädikaturen allerdings ein detailliertes Orts-, Personen- und Sachregister gewünscht hätte.

Dass Prädikaturstiftungen ein neues Element des spätmittelalterlichen Kirchenlebens waren, ist seit langem bekannt, wurde freilich zumeist nur als Einzelphänomen beschrieben, nicht aber systematisch hinsichtlich Genese und Verbreitung untersucht. Hier schafft das Buch von Neidiger nun für Süddeutschland sichere Grundlagen. Er hat gezeigt, dass die ersten Prädikaturstiftungen, Impulse der böhmischen Kirchenreform aufnehmend, 1369 in der Pfarrkirche St. Georg im oberpfälzischen Amberg sowie 1385 im Nürnberger Heiliggeistspital eingerichtet wurden. Von der fränkischen Reichsstadt und dem kurpfälzischen Territorium aus haben dann Impulse für weitere Stiftungen auf andere Städte und Regionen gewirkt. Große Bedeutung kam dabei im ausgehenden 14. Jahrhundert dem von der Dominikanerobservanz beeinflussten Nürnberger Stadtarzt Johannes Mesner zu. An den Stiftungsbriefen süddeutscher Prädikaturen lässt sich bis weit in das 15. Jahrhundert hinein geradezu ein Nürnberger Modell ablesen und

Literaturberichte 189

persönliche Kontakte halfen, die Idee aus dem oberdeutschen Kommunikationszentrum Nürnberg weiter zu verbreiten. Vor allem Bürger stifteten Prädikaturen in Pfarrkirchen und Hospitalkapellen, die mit ganz wenigen Ausnahmen ein städtisches Phänomen blieben. Predigerstellen wurden zunächst vor allem dort eingerichtet, wo die Bettelorden nicht oder nur schwach vertreten waren, und als im späten 15. Jahrhundert Prädikaturen dann auch in Städten mit Mendikantenkonventen entstanden, wie in Weil der Stadt 1478 (siehe dazu den Hinweis unten), wurde die Predigttätigkeit aufeinander abgestimmt. Andernorts lässt sich zeigen, dass landesherrliche Prädikaturstiftungen, wie in der Grafschaft Württemberg, eine Reaktion auf die mangelnde Reformbereitschaft der Mendikanten sein konnten. Differenziert werden die Motive der weltlichen und geistlichen Stifter herausgearbeitet. Ein Sonderphänomen war im 15. Jahrhundert die Stiftung von Domprädikaturen, die mit Lektüren verbunden wurden, deren Inhaber also auch theologische Vorlesungen zu halten hatten. Das hier gezeichnete Bild wird sich vermutlich in manchen Einzelheiten nach ergänzen und vertiefen lassen, dadurch aber wohl kaum noch im Ergebnis ändern. Als marginale Ergänzung sei hier erwähnt, dass die Stiftungsurkunde der oben erwähnten Prädikatur in Weil der Stadt (S. 423 verzeichnet) nicht nur als Ausfertigung im dortigen Stadtarchiv liegt, sondern von Johann Sensenschmidt in Nürnberg auch gedruckt wurde (Gesamtkatalog der Wiegendrucke, M 32449, mit dem einzigen Exemplarnachweis in der Württembergischen Landesbibliothek Stuttgart, digitalisiert http://digital.wlb-stuttgart.de/digitale-sammlungen/seitenansicht/?no_cache=1&tx_dlf%5Bid%5D=1647&tx_dlf%5Bpage%5D=1, Zugriff am 28. 9. 2012; ich verdanke den Hinweis meinem Freund Dr. Falk Eisermann, Leiter des GW an der Staatsbibliothek Preußischer Kulturbesitz in Berlin). Das wirft die Frage auf, ob auch andere Stiftungsurkunden gedruckt wurden oder warum dies gerade im Falle von Weil der Stadt geschehen ist. Bernhard Neidiger hat den institutionellen Rahmen der Prädikaturstiftungen abgesteckt und die Stifterintentionen erforscht. Damit ist eine wichtige Seite der spätmittelalterlichen Prädikaturen aufgedeckt. Die andere Seite, nämlich die Prediger und ihre Predigttätigkeit, harrt noch ebenso der Erforschung wie die z. T. umfangreichen Bibliotheken der Prädikaturstiftungen, die mancherorts bestanden haben oder, wie in Isny, noch immer bestehen. Weitere Forschungen können auf dem sicheren Fundament aufbauen, das Bernhard Neidiger gelegt hat. Sein Buch gehört zu den wichtigsten Neuerscheinungen der spätmittelalterlichen Frömmigkeitsgeschichte der letzten Jahre und sollte viele Leser finden.

Leipzig   Enno Bünz

Thronverzicht. Die Abdankung in Monarchien vom Mittelalter bis in die Neuzeit, hg. von Susan Richter–Dirk Dirbach. Böhlau, Köln–Wien–Weimar 2010. 347 S.

Von Einzelfällen wie der spektakulären Abdankung Kaiser Karls V. oder den Thronverzichten der deutschen Monarchen 1918 abgesehen, hat sich die historische wie rechtshistorische Forschung dem Phänomen der freiwilligen Niederlegung der Krone noch kaum zugewandt, wie dies die Herausgeber in der Einleitung des auf eine 2007 in Heidelberg veranstaltete Tagung zurückgehenden Sammelbandes zurecht hervorheben. Dieser erweist sich als gelungene Zusammenführung von Einzelfalluntersuchungen und grundlegenden Annäherungen an die Themenstellung.

Ein erster Teil beschäftigt sich in diesem Zusammenhang mit der „Abdankung als Rechtsakt", wobei sich – nach einer kurzen begriffsgeschichtlichen Einleitung von Hans Hattenhauer – zunächst Thomas Wetzstein dem Amtsverzicht kirchlicher Funktionsträger im mittelalterlichen Kirchenrecht zuwendet, das die resignatio von Bischöfen – als Reflex einer durchaus häufigen und anhand von Exempeln von Wetzstein illustrierten Praxis – schon im 12. Jahrhundert intensiv regelte. Die Abdankung des Papstes wurde erst nach dem einzigen sicher belegten mittelalterlichen Rücktritt eines Papst (Coelestin V., 1294) von der Kanonistik ausführlich thematisiert und 1298 durch eine päpstliche Konstitution normiert. Anders präsentiert sich die Rechtslage im weltlichen Bereich, wo – wie im Anschluss Carola Schulze nachweist – die Abdiktion nicht nur von der Rechtswissenschaft bis in das 18. Jahrhundert nur randständig behandelt wurde, sondern darüber hinaus ihre Zulässigkeit aufgrund des Widerspruchs zum Gottesgnadentum des Herrscheramtes zumindest partiell umstritten blieb. Anschließend extrahiert Schulze die Rechtsmerkmale der Abdankung sowie in aller Kürze die Rechtsfolgen für den ehemaligen Monarchen. Als besonders innovativ erweist sich die Annäherung von Susan Richter, die aufgrund von Abdankungszeremoniellen des 16. und 17. Jahrhunderts die Analogien zwischen dieser Art des Herrscherwechsels und dem Herrschertod hervorstreicht und im Zuge dessen beispielsweise auf die Ähnlichkeiten zwischen Herrschertestamenten und Abdiktionsreden aufmerksam macht. Diesem „allgemeinen Teil" des ersten Kapitels folgen eine Reihe von Einzelfallbetrachtungen, die im Wesentlichen auf die rechtlichen Aspekte der Abdankung fokussieren. Die Beiträge von Wilhelm Brauneder und István Szabó ermöglichen dabei einen vergleichenden Blick auf die Vorgänge in Wien und Budapest im Oktober und November 1918. Winfried Klein beschäftigt sich eingehend mit den rechtlichen Konsequenzen der Abdankungen der deutschen Bundesfürsten 1918, wobei die Vermögensauseinandersetzung zwischen den ehemaligen Monarchen und den deutschen Bundesstaaten sowie die zumindest partielle Überführung bzw. Umwandlung von Instituten des Privatfürstenrechts in solche des bürgerlichen Rechts besondere Aufmerksamkeit erfahren.

Nicht ganz in diesen ersten, stark rechtshistorisch ausgerichteten Teil fügt sich ein weiterer Beitrag von Susan Richter ein, der sich mit der Abdankung Friedrich Carl Alexanders von Ansbach-Bayreuth im Jahr 1791 beschäftigt.

Der zweite Teil des Sammelbandes setzt sich anhand von Fallstudien mit dem kaum zu fassenden Graubereich zwischen Abdankung und Absetzung auseinander, wobei der zeitliche Bogen vom 17. Jahrhundert (Abdankung des Markgrafen Georg Friedrich Wilhelm von Baden-Durchlach 1622) bis in das 20. Jahrhundert gespannt wird (Abdankung der Monarchen im Deutschen Reich 1918).

Im Vergleich auffallend kurz fällt der dritte, nur zwei Beiträge umfassende Teil („Abdankung und Öffentlichkeit") aus. Dabei befasst sich Martin Schieder mit Darstellungen von Herrscherabdankungen und kommt zum nicht überraschenden Schluss, dass es keine eigene Ikonographie des Thronverzichts gab – nicht nur wegen der im Unterschied zu den frequenten Krönungszeremonien wenigen Fällen, sondern auch, weil die Abdiktion naturgemäß kein Medium der Herrscher- und Herrschaftsinszenierung darstellte. Als Fallbeispiel beschäftigt sich im Anschluss Jochen A. Führer mit den zeitgenössischen medialen Reaktionen auf die Abdankung des Königs von Sardinien, Viktor Amadeus II., im Jahr 1730.

Abrundend ist dem Band ein von Susan Richter und Michael Roth angefertigtes Verzeichnis repräsentativer (archivalischer und gedruckter) Quellen zu den verschiedenen Aspekten der Abdankung beigefügt.

Schon Hans Hattenhauer weist in seinem einleitenden begriffsgeschichtlichen Aufsatz darauf hin, dass sich das Phänomen des Thronverzichts in seinen unterschiedlichen Erscheinungsformen als dermaßen „vielgestaltig" erweise, „dass sie [die Abdankung] sich nicht leicht zu einem festen, sämtliche Abdankungen umfassenden Begriff verdichten lässt" (S. 22). Dies ist tatsächlich eine Feststellung, welche die unterschiedlichen Beiträge wie ein roter Faden durchzieht. Zudem postuliert Hattenhauer angesichts der Komplexität der Themenstellung den „Mut zur Lücke" (S. 23); dementsprechend verspricht der Sammelband auch keine auch nur annähernd exhaustive Behandlung der Themenstellung, sondern weisen vielmehr die Autoren regelmäßig auf den noch immer bestehenden Forschungsbedarf hin. In dieser Hinsicht wurde von den Herausgebern Susan Richter und Dirk Dirbach bereits ein wichtiger, verdienstvoller und für die weitere Beschäftigung unverzichtbarer Beitrag geleistet.

Innsbruck   Martin Schennach

Klaus-Michael Bogdal, Europa erfindet die Zigeuner. Eine Geschichte von Faszination und Verachtung. Suhrkamp, Berlin 2011. 592 S.

An den beinahe 250 Jahren, in denen Roma-Geschichte halbwegs kontinuierlich und mit wissenschaftlichen Zielsetzungen nun geschrieben wird, erstaunt zweierlei: Erstens, welche Wirkmächtigkeit einige frühe Texte aus der Zeit der Aufklärung und des 19. Jahrhunderts zu entfalten im Stande waren. Noch heute landet man, wenn man es genauer wissen will, beim Rückverfolgen von Zitaten nicht selten bei Heinrich Moritz Gottlieb Grellmanns Buch über die „Zigeuner" von 1783 oder bei George Borrows „The Zincali" von 1841, selbst wenn einige ihrer zentralen Befunde durch spätere Einzelstudien bereits vollständig widerlegt wurden. Annahmen aus der Jugendzeit der Roma-Studies und Interpretationen von Forschern, die, wie in Grellmanns Extremfall, zeit ihres Lebens keinem einzigen Roma begegnet waren, irrlichtern oft als „Fakten" durch die einschlägige Literatur, verbürgt durch nichts als ihre frühe Veröffentlichung. Zweitens führt ein ausgesprochener Mangel an archivalischer Forschung dazu, dass nur wenig neue Erkenntnisse aus bislang ungenützten, aber durchaus vorhandenen Quellen generiert und deshalb altbekannte Argumentationslinien wieder und wieder gebraucht werden, ohne sie mit einem mehr als notwendigen Zweifel zu konfrontieren. Zusammengenommen eine Situation, in der jedes neu erscheinende Buch zum Thema den Wunsch erweckt, es möge doch mit diesen Missständen Schluss machen und wahrhaft neue Forschungsergebnisse präsentieren.

Der Suhrkamp-Verlag hat in all den Jahrzehnten seines Bestehens und angesichts der Breite seiner sonstigen wissenschaftlichen Interessen einen durchaus erstaunlichen, vollkommenen Bogen um Roma-Geschichte gemacht. Umso unerwarteter ist es, nun Klaus-Michael Bogdals einschlägige, fast 600 Seiten umfassende Studie gerade in diesem Programm zu finden. „Europa erfindet die Zigeuner" ist ein Buch, das durch seine breite Anlage, seine intellektuelle Redlichkeit, seine streitbare Unerbittlichkeit und nicht zuletzt durch das stupende Lesepensum seines Autors besticht, aber auch Grundentscheidungen trifft, die bestimmte Erwartungen von vornherein ausschließen und das Lesevergnügen bisweilen empfindlich trüben.

Bogdals Studie ist zuallererst keine, die „objektive" Informationen zur Geschichte der Roma, zu deren Alltag oder zur gegenwärtigen politischen Auseinandersetzung unter und mit ihnen zusammenträgt. Stattdessen geht es fast durchgehend um das Bild, das sich die Mehrheitsbevölkerung von dieser ethnischen und sozialen Gruppe über die Jahrhunderte gemacht hat. Nicht Geschichtsschreibung oder Selbstsicht sind also das Thema dieser Arbeit, sondern Attributionen und Fremdbilder.

Ausgehend vom ersten Auftauchen von Roma-Gruppen in Mitteleuropa verfolgt der Germanist Bogdal vor allem diejenige Spur, die diese in der Belletristik hinterlassen haben. Das textliche Echo auf eine Bevölkerungsgruppe, die bis in die jüngste Vergangenheit hinein ohne eigene literarische Stimme geblieben ist, beschreibt der Autor an unzähligen Beispielen als ein beständig zwischen den Polen Faszination und Verachtung oszillierendes.

Ein solches Verfahren, das einer Textspur durch die Jahrhunderte und in etliche ihrer Verzweigungen hinein folgt, zeigt sehr anschaulich, wie Zuschreibungen und Insinuationen aller Art gesellschaftlich wirkmächtig zu werden im Stande sind und Anschauungen über Roma unter die Leute bringen, die, ohne sich um jedwelche Form von Wirklichkeit zu scheren, eine Realität sui generis erschaffen. Diese führt letztlich zu dem, was „man" schon immer über „die Zigeuner" zu wissen gemeint hat; ein circulus vitiosus ist geschlossen. Ein klein wenig Gutes und überwältigend viel Schlechtes hat sich über die Jahrhunderte verfestigt und tradiert, das freundlichste (wenn auch durchaus ambivalente) Bild ist wahrscheinlich das der exotischen und erotischen „jungen Zigeunerin", das unheilvollste wohl das der „rassisch minderwertigen", „arbeitsscheuen", nomadisierenden, illiteraten und obendrein delinquenten Roma, denen jegliche Wandlungsfähigkeit abgesprochen wird.

Bogdal nimmt uns mit auf eine tour de force durch die die Roma-Bilder mitprägenden Werke weltbekannter ebenso wie weitgehend vergessener Schriftsteller (und einiger weniger Schriftstellerinnen), der Zeitbogen reicht von den Chroniken des späten Mittelalters bis in die unmittelbare Gegenwart, der Reigen der Autorinnen und Autoren ist ein durchaus europäischer. Fruchtbar werden diese (vielleicht allzu) ambitionierten Zielsetzungen dort, wo die Schnittstellen zwischen Geschichte, Literatur und Politik berührt werden, schlicht langweilig wird es hingegen, wo germanistische Erwartungen übererfüllt werden und das Buch in Inhaltsangaben und mehr oder weniger erwartbaren Textinterpretationen versackt. Die wichtigen und klugen Grundaussagen werden dann repetitiv an immer neuen Exempla veranschaulicht, die in ihrer Masse ermüden, weil man deren Botschaft bereits verstanden hat. Weniger wäre vielleicht mehr gewesen, auch wenn man durchaus nachvollziehen kann, dass der Autor seine immense Lektürearbeit aufbewahrt wissen und dem Publikum eine umfangreiche Nach-Recherche ersparen wollte.

Neben dem Berg an Belletristik ist auch viel historische Forschung in Bogdals Buch eingegangen und zum Besten, was man über diese Passagen sagen kann, gehört, dass sich in ihnen kaum etwas Falsches findet und der Wissensstand der Gegenwart adäquat repräsentiert ist. Das ist nicht wenig, angesichts einer beträchtlichen Zahl von Veröffentlichungen zur Roma-Geschichte, die von haarsträubenden Irrtümern und Verweigerungen gegenüber dem aktuellen Forschungsstand nur so strotzen.

Betreffend die historischen Befunde, die in Bogdals Buch Eingang gefunden haben, darf sich der Leser also gut Fundiertes erwarten, Neues hingegen kaum – und damit wären wir wieder am Ausgangspunkt unserer Überlegungen angelangt: Auch wenn man Bogdals Grundentscheidung für die Re-Konstruktion eines Fremdbildes respektiert, bleibt – zumindest für den Historiker – dennoch das Bedauern groß, dass es auch dieser Veröffentlichung vollkommen an Aktenstudium gebricht, und man ist versucht zu sagen, dass man nicht ungern den einen oder anderen Widerschein des Roma-Bildes in der schönen Literatur etwas verkürzt gesehen hätte, um stattdessen ein wenig überraschendere und vielleicht auch verstörendere Einsichten aus den Archiven zu Gesicht zu bekommen.

Wien   Stephan Steiner

Orte der Verwahrung: Die innere Organisation von Gefängnissen, Hospitälern und Klöstern seit dem Spätmittelalter, hg. von Gerhard AMMERER–Arthur BRUNHART–Martin SCHEUTZ–Alfred Stefan WEISS. (Geschlossene Häuser – Historische Studien zu Institutionen und Orten der Separierung, Verwahrung und Bestrafung 1.) Leipziger Universitätsverlag, Leipzig 2010. 366 S., zahlreiche s/w-Abb.

Mit dem hier anzuzeigenden Sammelband liegt das erste Ergebnis einer neuen Reihe vor, die sich der interdisziplinären Erforschung der vielgestaltigen Orte der „Separierung, Verwahrung und Bestrafung von Menschen" widmet. Die insgesamt 17 Beiträge entstammen einer 2007 im liechtensteinischen Schaan abgehaltenen Tagung, die sich der inneren Organisation von Gefängnissen, Hospitälern und Klöstern als „Orte der Verwahrung" in ihrer geschichtlichen Entwicklung seit dem Spätmittelalter widmete.

Dem eigentlichen Sammelband stellen die Reihenherausgeber ein kurzes Vorwort voran, in dem sie die drei „Orientierungen" skizzieren, denen sich die Buchreihe „Geschlossene Häuser" verpflichtet fühlt: Erstens soll damit eine breit angelegte Palette von Orten und Institutionen erfasst werden, „deren wichtigstes Kennzeichen eine räumliche Separierung von sozialen Gruppen und Individuen vom Rest der Gesellschaft war, die einher ging mit dem bewussten Ziel einer spezifischen Menschenführung und -formung, welche Zwang und Selbstzwang oftmals explizit einschloss" (S. 7), zweitens sollen die verschiedenen Formen dieser geschlossenen Häuser in einer Perspektive der *longue durée* analysiert werden, und drittens möchte die Reihe besonders Rücksicht auf die Komplexität der historischen Entwicklung nehmen, um somit einer Konzentration und damit Reduzierung auf Fragen der „Überwachung", „Kontrolle", „Zwang" und „Disziplinierung" zu entgehen, wie sie in den ersten großen Studien zur Geschichte „totaler Institutionen" in den 1970er-Jahren zu beobachten gewesen sei.

Die einzelnen Beiträge des ersten Bandes dieser Buchreihe greifen die beschriebenen „Orientierungen" fast durchwegs auf. Die insgesamt 15 thematischen Beiträge beschäftigen sich mit den drei im Untertitel genannten, doch recht unterschiedlichen Organisationstypen solcher „Orte der Verwahrung", nämlich Gefängnissen, Spitälern und Klöstern, wobei chronologisch der Rahmen vom Spätmittelalter bis zur jüngeren Vergangenheit gespannt wird.

Inhalt und Gegenstand der Tagung selbst stellt Gerhard Ammerer in seiner Einleitung vor, die auch als prägnante Zusammenfassung der Fragestellungen und Ergebnisse der einzelnen Beiträge des Bandes gelesen werden kann. In einem überaus instruktiven und theoretisch fundierten Beitrag führt Christine Vanja im Anschluss in das Generalthema ein, wobei sie Bezüge sowohl zu den soziologischen „Meistererzählungen" (Weber, Elias, Foucault) als auch zur literarischen Beschäftigung mit „Orten der Verwahrung" herstellt, namentlich etwa in den bekannten modernen Sozialutopien von Aldous Huxley und George Orwell. Vanjas Beitrag beinhaltet auch von ihr formulierte zehn Fragen (etwa zum Verhältnis von Personal und Insassen, zu Räumen der Individualität und Kreativität für Insassen etc.), die im Vorfeld der Tagung an die Referenten ergingen, um eine gemeinsame Diskussion zu doch so unterschiedlichen Organisationstypen wie eben Gefängnisse, Hospitäler und Klöster zu ermöglichen.

Unter den 15 thematischen Beiträgen des Bandes bilden die sieben Beiträge zu den Gefängnissen respektive Zucht- und Arbeitshäusern den quantitativen Schwerpunkt. Gleich zwei Beiträge beschäftigen sich dabei mit Kursachsen. Während Helmut Bräuer sich der Entwicklung sächsischer Verwahranstalten in der Frühneuzeit am Beispiel dreier Einrichtungen widmet, die allesamt auf Initiative der dortigen Bürgergemeinden hin gegründet wurden (Leipzig, Freiberg und Dresden), behandelt Falk Bretschneider am Beispiel des „Zuchthaus-Schlosses" Waldheim und auf theoretischer Grundlage eines prozessualen Raumbegriffs, der Raum als ein relationales, dynamisches und historisch wandelbares Gebilde begreift, insbesondere Aspekte der Raumkonstruktion und Raumnutzung („Raumkonstitution" und „Raumarrangement"). In die Alte Eidgenossenschaft führt uns der Beitrag von Lukas Gschwend, der am Beispiel zweier sogenannter „Schellenwerke" in Bern und Zürich die dortige Praxis des Strafvollzugs in der Frühen Neuzeit veranschaulicht. Rupert Tiefenthaler zeigt am Beispiel des „Mikrostaates" Liechtenstein, wie auf Grund der Kleinheit des Fürstentums sowohl bezüglich Rechtsgrundlagen des Strafvollzugs (Strafgesetz, Bürgerliches Gesetz) als auch für dessen Vollzug auf die Hilfe der Nachbarländer – insbesondere Österreich – zurückgegriffen wurde. Sabine Pitscheider zeichnet in ihrem Beitrag den Weg der *Zwänglinge* im Provinzialarbeitshaus Schwaz/Innsbruck von der Einweisung mit damit einhergehender ärztlicher Untersuchung über Anhaltung samt Anstaltsalltag bis hin zur Entlassung nach. Die letzten beiden Beiträge befassen sich mit Gefängnissen der DDR. Während Tobias Wunschik dabei generell die Frage nach der ökonomischen Ausbeutung der Arbeitskraft von Gefangenen in den Blickpunkt rückt, widmet sich Gerhard Sälter speziell der Situation der in „Bautzen II" verwahrten Gefangenen, einem Gefängnis, das unter dem direkten Einfluss des Ministeriums für Staatssicherheit („Stasi") stand und einen sehr hohen Anteil an politischen Gefangenen bzw. Gefangenen aus dem Westen (etwa Spione, Fluchthelfer) aufwies. Am Beispiel der DDR zeigt sich, dass nicht so sehr die erstrebte Reintegration die Praxis des Strafvollzugs kennzeichnete, sondern der „Primat der Sicherheit" und das „Diktat der Ökonomie".

Den zweiten thematischen Abschnitt zu den Hospitälern eröffnet Stefan Sonderegger mit einem informativen Beitrag zur Wirtschaftsführung des Heiliggeistspitals in St. Gallen im 15. Jahrhundert, der sich jedoch durch den starken Fokus auf ökonomische Belange ein wenig von den eigentlichen Fragestellungen des Bandes entfernt. Alfred Stefan Weiß und Carlos Watzka widmen sich in ihren beiden Aufsätzen der Situation der Hospitäler im frühneuzeitlichen Österreich. Während Weiß in einem gesamtösterreichischen Überblick allgemeine Tendenzen und Gemeinsamkeiten herausarbeitet, nimmt Watzka die regionale Situation im Herzogtum Steiermark unter die Lupe. Einige der dabei an den österreichischen Beispielen gewonnenen Erkenntnisse, wie etwa die ausgesprochene Kleinheit der meisten Hospitäler oder ihre Multifunktionalität (sie dienten häufig zugleich als Altersheime, Waisenhäuser etc.), lassen sich ebenso am von Sebastian Schmidt vorgestellten Beispiel frühneuzeitlicher Hospitäler im Erzbistum Trier belegen. Das System der Versorgungshäuser der Stadt Wien für ihre verarmten und altersschwachen Angehörigen und ihre Entwicklung im 19. Jahrhundert untersucht Martin Scheutz in seinem Beitrag. Die zahlreich zusammengetragenen Zahlen und Fakten geben einen detaillierten Überblick über das Alltagsleben und die Administration der Insassen sowie ihre statistische Zusammensetzung.

Die dritte und letzte Sektion widmet sich – durchaus gewollt – den Klöstern als „Orten der Verwahrung", wobei alle Beiträge auf die Situation in Österreich Bezug nehmen. Heinz Dopsch geht in einer historischen *tour de force* der Frage nach der Ortsgebundenheit (*stabilitas loci*) in den katholischen Orden von ihren Anfängen bis in die jüngere Vergangenheit nach. Am Beispiel des Frauenordens der Ursulinen belegt Christine Schneider zahlreiche Übereinstimmungen von regelgebundener Norm und gelebter Praxis anhand ausgewählter Aspekte des klösterlichen Alltags (Klausur, Silentium, Armutsgelübde, Reglementierung von Zeit und Raum) und zeichnet ein insgesamt repressives Bild vom Klosterleben. Die Situation der vorderösterreichischen, zum Franziskanerorden gehörigen Terziarinnenklöster vor und nach ihrer Aufhebung durch Kaiser Joseph II. schildert Ute Ströbele im letzten Beitrag des Bandes, wobei für diese Klöster die Charakterisierung als „Orte der Verwahrung" nur bedingt passend ist, da sie als Bettelorden und durch ihr soziales Engagement starke Außenbeziehungen aufwiesen und daher über große individuelle Freiräume verfügen konnten.

Die hier versammelten, quellennahen und materialreichen Fallbeispiele spannen einen facettenreichen Bogen über diese doch recht unterschiedlichen „Orte der Verwahrung" und belegen durchwegs die Brauchbarkeit des zugrundeliegenden Modells in der Praxis. Der Sammelband bietet insgesamt einen gelungenen Einstieg in die Reihe, der noch zahlreiche weitere Bände zu wünschen sind.

Wien　　　　　　　　　　　　　　　　　　　　　　　　　　　　　　　Günter Katzler

Anuschka Tischer, Offizielle Kriegsbegründungen in der Frühen Neuzeit. Herrscherkommunikation in Europa zwischen Souveränität und korporativem Selbstverständnis. (Herrschaft und soziale Systeme in der Frühen Neuzeit 12.) LIT, Berlin 2012. 344 S.

Die vorliegende Arbeit von Anuschka Tischer entstand während ihrer Tätigkeit als Assistentin am Lehrstuhl Prof. Dr. Christoph Kampmanns und wurde 2009 in Marburg als Habilitationsschrift angenommen. Sie greift höchst virulente Themen der frühneuzeitlichen Geschichtswissenschaft auf: Der vielbesprochenen „Bellizität" der Frühen Neuzeit korrelieren die Kriegserklärungen zwischen 1492 und 1795 als eine Textgattung eigenen Gepräges. Besonderen Charme erhält Tischers Arbeit dadurch, dass Kriegserklärungen unter der Perspektive von Herrscherkommunikation, Öffentlichkeit und Völkerrecht als Medium gemeinschaftsstiftender Normen und Werte erkannt werden. Während Kriegsbegründungen in den letzten Jahren seit der wegweisenden Studie Konrad Repgens vielfach Gegenstand von Studien waren, meist aber auf spezifische Räume, Zeiten und Fragestellungen eingeschränkt, kommt Tischer das Verdienst zu, den ungeheuren Corpus von deutlich mehr als 300 vormerklich gedruckten

Kriegserklärungen aus Archiven und Bibliotheken in Deutschland, Frankreich, Großbritannien und den USA systematisierend und kontextualisierend für die gesamte europäische Frühe Neuzeit ermittelt und aufgeschlossen zu haben. Der Blick auf die Epoche in ihrer Totalität bestärkt noch einmal die inzwischen arrivierte, aber neuerlich wieder bezweifelte Gemeinsamkeit dieser drei Jahrhunderte. Immer wieder fällt dementsprechend ihr Blick auf Trennendes und Verbindendes an den Rändern der Frühen Neuzeit, die Wandlungen in der Zeit Maximilians I. und der Französischen Revolution. Die Kriegserklärungen und Manifeste des dazwischen liegenden Zeitraums – ausgegrenzt wird gut begründet das Osmanische Reich – sind durch ihre unmittelbare Nähe zu den politischen Akteuren klar von der allgemeinen Kriegspublizistik und offiziösen Propaganda zu scheiden.

Von besonderer Nachhaltigkeit für ihre Entstehung und Bedeutung war der Aufstieg des Drucks mit beweglichen Lettern zum Leitmedium: An die Stelle der Herolde mit ihren mythischen Anfängen tritt die nach außen vergleichsweise entritualisierte, nach innen aber nun erst möglich gewordene Kommunikation via gedruckter Verlautbarungen der Obrigkeiten. Die ungeheure Zunahme des Adressatenkreises macht den Kampf um die Deutungshoheit der öffentlichen Meinung nötig, ein „Kriegsdiskurs" entsteht. Zeremonielle Verkehrsformen zwischen kriegführenden Parteien werden ersetzt durch die Kommunikation mit „allen", der eigentliche Gegner diminuiert zur dritten Person. Dennoch oder vielmehr gerade deswegen reagieren Kriegsbegründungen und Manifeste aufeinander, nehmen Argumente auf, diskutieren und widerlegen sie, um bessere, will sagen: gerechtere Gründe für das je eigene Vorgehen zu präsentieren. Entziehen konnte man sich dem Kriegsdiskurs nicht, wollte man nicht den Kampf um den rechtmäßigen Anschein schon verloren geben und dem Gegner erlauben, die öffentliche Meinung allein zu prägen. Während der Papst oder eine weltliche Macht wie der Kaiser bzw. der französische König aus mangelnder Legitimität nicht länger die Position eines Richters in Fragen der Gerechtigkeit oder Ungerechtigkeit eines Krieges beanspruchen können, tritt im Laufe der Frühen Neuzeit die europäische Öffentlichkeit an ihren Platz, ja, sie fungiert schließlich gar „an der Stelle Gottes" als „Kontrollinstanz" (S. 56f.).

Tischers Geschichte der Kriegsbegründungen ist so auch eine Geschichte des Völkerrechts als christlich-europäische Praxis. Die Lehre vom gerechten Krieg wird innerhalb der Kriegsbekundungen affirmiert und gleichsam im Wandel der Kriegsdiskurse zunehmend festgeschrieben. Herrscher sahen offenkundig eine Notwendigkeit darin, sich selbst als christlichen Fürst und Schützer des Landes darzustellen und bedienten sich daher konsensualer Argumente und Gründe. Während die militärischen Konflikte insbesondere des 20. Jahrhunderts von unversöhnlichen Feindbildern geprägt sind, zeigen sich die Kriegsgegner der Frühen Neuzeit zumeist als wider Willen in den Krieg gezwungene Freunde. Die Dominanz des Friedensideals steht im unverkennbaren Kontrast zur Friedlosigkeit der Frühen Neuzeit – ein Widerspruch aber, der beweist, dass nicht das Fehlen völkerrechtlicher Normen und Werte die Schuld an ihrer Bellizität trägt. Verallgemeinerungen über die von Tischer analysierten Kriegsbegründungen und Manifeste hinaus, dürfen allerdings, so ist einzuwenden, nur behutsam getroffen werden, will man nicht die durchaus vorhandene Feindrhetorik anderer Quellengattungen zugunsten eines allzu friedfertigen Bildes frühneuzeitlicher Völker- und Staatenbeziehungen vernachlässigen.

Kriegsbegründungen allerdings belegen einmal mehr, so Tischer weiter, dass das Bild absolutistischer Arkanpolitik genauso wie Jürgen Habermas' Modell des Strukturwandels der Öffentlichkeit den Bedingungen frühneuzeitlicher Gesellschaften nicht gerecht werden. Öffentlichkeit oder besser: Öffentlichkeiten waren essentieller Bestandteil der auf Kommunikation basierenden Herrschaftsprozesse dieser Epoche. Nach innen wie nach außen erfüllten die Kriegserklärungen die Aufgabe, das herrschaftlich-völkerrechtliche Selbstbild zu stabilisieren, im Sinne eines *faire croire* Unterstützung zu gewinnen, wie auch als *faire savoir* Informationen zu vermitteln.

Im Laufe der Frühen Neuzeit lässt sich eine wachsende Versachlichung der Textgruppe beobachten, die mit „inhaltlicher Standardisierung" und „textlicher Formalisierung" einhergeht (S. 128). So kristallisieren sich auch persistente Argumentationsstrategien und Topoi heraus. Grundsätzlich sind diese von defensiver Natur, selbst wenn der Sachzusammenhang wie der Überfall Friedrichs II. auf Schlesien 1740 offenkundig eine andere Sprache spricht. Zu den Grundmustern der Kriegsbegründungen gehört es etwa, dem Gegner konkrete Feindseligkeit oder Vertragsbruch vorzuwerfen. Wiederkehrende Kategorien wie der Schutz der Untertanen, Freundschaft und Gemeinschaft, die Rolle von Religion und Konfession sowie die Wahrung der Ehre, die Brandmarkung des gegnerischen Ehrgeizes, aber auch Begriffe wie Dankbarkeit resp. Undankbarkeit, Nation und Humanität werden in prägnanten Kapiteln ausgelotet. Einen der Höhepunkte des Buches stellt der anschließende Abschnitt zum Begriff der Freiheit als Leitmotiv in offiziellen Kriegsbegründungen dar. Während die Auswertung der zahlreichen Quellen bislang eher summarisch erfolgte, Details und Wortlaut der Texte vornehmlich aus dem umfangreichen Fußnotenapparat zu entnehmen waren, wird nun am Beispiel zweier Diskurse, der „Freiheit Europas" und der „Freiheit der Meere", ein Blick in die Tiefe möglich. Vom Gegensatz Freiheit versus Servitut in Zeiten einer drohenden spanisch-habsburgischen Universalmonarchie bis zum Prinzip der Mächtebalance Europas zeigt sich die Bedeutsamkeit des Terminus Freiheit, der mehr und mehr zum systemstabilisierenden Argument wird. Tischer entwickelt anschließend den Gedanke des *mare liberum* aus dem Konnex von völkerrechtlicher Theorie (Hugo Grotius; John Selden) und praktischem Kriegsdiskurs heraus und bezieht dabei die Veränderungen in sämtlichen maritimen Brennpunktgebieten Europas mit ein. Aus diesem Diskurs zeichnete sich in Theorie und Praxis die grundsätzliche Freiheit von Handel und Seefahrt bereits zu Beginn des 18. Jahrhunderts, so Tischer, als einziges konsensfähiges Modell ab.

Vielleicht hätte das letzte Kapitel, das die Konturen einer europäischen Ordnung in den Blick nimmt, gleich an den Begriff der „Freiheit Europas" angeschlossen werden können, zeigt es doch noch einmal die Entwicklung zum Status-quo-Denken des christlich-abendländischen Mächtesystems im 18. Jahrhundert, das an die Stelle eines nur projektierten Ideals vorangehender Kriegsbegründungen tritt. Die Ordnungsvorstellung Europas entstand als Schutz vor äußerer (Osmanen), mehr noch aber innerer Gefährdung (Habsburg, Ludwig XIV.) der allgemeinen Freiheit. Ältere Muster wie die Beschwörung einer drohenden habsburgischen Universalmonarchie blieben allerdings auch im 18. Jahrhundert ein Faktor der Argumentation, ja, selbst die französischen Revolutionäre bedienten sich noch des alten Feindbildes.

Anuschka Tischers Buch schließt mit einem kondensierten Fazit, das noch einmal die konzise und gut lesbare Darstellungsweise der Autorin unterstreicht. Ein Buch, das gewiss die Ausgangsbasis für jede weitere Arbeit zum Themenfeld Kriegsbegründungen und Herrscherkommunikation in der Frühen Neuzeit sein muss. Erschöpft ist das Thema gerade vor dem Hintergrund der umfassenden europäischen Perspektive allerdings noch nicht und Tischers ausführliches chronologisches Register der Kriegsbegründungen bietet die Grundlage für neue detaillierte Fragestellungen auf ihren Spuren.

München   Markus Hien

Götz-Rüdiger Tewes, Kampf um Florenz – Die Medici im Exil (1494–1512). Böhlau, Köln–Weimar–Wien 2011. 1190 S.

Götz-Rüdiger Tewes hat ein gewichtiges Werk vorgelegt. Das trifft zunächst auf den enormen Seitenumfang und die Fülle der verarbeiteten, zum Teil ganz neu erschlossenen Quellen zu. Bedeutsamer aber ist, dass er mit der Rekonstruktion der Geschichte der Medici im Exil nicht allein die historischen Kenntnisse über diese Familie empirisch vertieft und unser Wissen um die sozio-ökonomischen Hintergründe der Politik europäischer Mächte wie Frankreich, Spanien oder Neapel erweitert hat, sondern dass er darüber hinaus auch unser Verständnis der Geschichte der inneren Verhältnisse von Florenz in den Jahrzehnten um 1500 ungemein bereichern konnte. Das ist erstaunlich, denn gerade diese Zeit, die mit der Verbannung der Medici im Jahre 1494 begann und mit ihrer Rückkehr 1512 endete, galt bisher als ganz besonders gut erforscht. Es war die Zeit einer wieder erstarkten Republik, die Zeit von Savonarola, Machiavelli, Michelangelo, Botticelli und unzähligen anderen weltgeschichtlich bedeutenden Florentinern. Der Verfasser blickt nun von außen, gewissermaßen durch die Brille der verbannten Medici, auf diese berühmteste Epoche der Arnostadt. Er schreibt seine Geschichte mit Hilfe sozial- und politikgeschichtlicher Methoden, im Zentrum aber steht die Rekonstruktion des Netzwerkes der Medici, ihrer Verwandten und Freunde („Mediceer" genannt, S. 9) während der Zeit des Exils (kritische Auseinandersetzung mit Netzwerktheorien, S. 1105–1122). Unter den Bedingungen der Verbannung nahm das seit den ersten Jahrzehnten des 15. Jahrhunderts geknüpfte Netzwerk flexiblere und vermehrt horizontale Strukturen an. Dass das neu gestrickte Netz hielt, hatte eine fundamentale Voraussetzung: Es besaß eine solide ökonomische Basis. Hier hat der Verfasser Überraschendes zu bieten: Die Medici-Bank ging nämlich nicht, wie seit den Studien Raymond de Roovers immer wieder zu lesen ist, in den 1490er Jahren bankrott, sondern sie existierte finanzstark weiter in Form von Tarnbanken, die in Florenz, Lyon oder Rom ansässig waren. Deren Gründung geschah bereits unter Lorenzo dem Prächtigen in den Jahren 1478 bis 1482. Eine „Schlüsselfigur" dieses europaweiten, schwer durchschaubaren Bankenspiels, dessen akribische Analyse zum Nachdenken über die Rolle einer „proto-globalisierten" Finanzwelt im 15. Jahrhundert anregt, war Bartolomeo Bartolini (vgl. etwa S. 105ff.). Die spannende Geschichte der Kooperation seiner Bank mit den Medici, die auf diese Weise und über andere Gesellschaften ihr Vermögen, ihren Einfluss und ihr Überleben sicherten, wird im zweiten Kapitel geschrieben, das bezeichnenderweise den Obertitel „Tarnen und Täuschen" trägt.

Die Geschichte der Verbannung beginnt damit, dass Piero de' Medici nicht Frankreich, den traditionellen Verbündeten des guelfischen Florenz, sondern dessen Gegner Neapel unterstützte. Der Verfasser sieht das vor allem begründet in der engen emotionalen und habituellen Anlehnung an die Familie seines hochadligen Onkels Virginio Orsini, der Ansehen und Macht damals wiederum dem neapolitanischen König zu verdanken hatte. Piero war derart fasziniert von seinem „Ersatzvater" Virginio, dass er damit die Florentiner brüskierte und bestehende Ressentiments gegen seine Familie verstärkte. So schrieb der Chronist Francesco Guicciardini, Piero lebte nun nicht mehr nach der bürgerlichen Lebensweise seiner Stadt, sondern gemäß der „Sitten (costumi)" des Hochadels (S. 22). Die so motivierte strategische Fehlentscheidung für Neapel war ausschlaggebend für die Vertreibung der Medici 1494. Die Geschichte dieses turbulenten Jahres ergänzt das Buch um zahlreiche bisher unbekannte Aspekte. Die unstrittig bedeutende Rolle Savonarolas bei diesen Ereignissen war demnach weitaus komplizierter als bisher angenommen. Er verteidigte die Medici auch noch, als er bereits zum wortgewaltigen Fürsprecher des neuen Regiments geworden war (S. 66ff., vgl. auch 809–817). Die Kreise der Medici-Anhänger in Florenz während der Exilszeit stellen insgesamt gesehen ein Netz komplexer Personenbeziehungen dar, mit „autarken Knoten" und „eigenständigen Verflechtungsformen" (S. 1109): Sie können nicht mehr entlang der bisher bekannten Parteigrenzen gezeichnet werden. Neue Einblicke eröffnen sich auch für die Jahre vor dem Sturz der republikanischen Verfassung. Wir erfahren Genaueres von einem im Jahre 1510 geplanten Attentat auf den Florentiner Piero Soderini, den auf Lebenszeit gewählten, höchsten Amtsträger der Stadt. Die Verschwörung ging von der Kurie aus, Kardinal Giovanni de' Medici war einbezogen, vielleicht sogar unter den Initiatoren (S. 883ff.). Die Ermordung des Bannerträgers scheiterte zwar, der Sturz des Regimes und die Rückkehr der Medici aber gelang dennoch. 1512 zog die Familie unter Kardinal Giovanni wieder in „ihre" Stadt ein, im Jahr darauf wurde der Kardinal unter dem Namen Leo X. zum Papst gewählt.

Die differenzierten soziologischen und wirtschaftsgeschichtlichen Analysen des Buches machen einen großen Teil des Textes aus. Und obwohl gerade sie über die Ergebnisse der bisherigen Forschung immer wieder signifikant hinaus führen und deshalb im Einzelnen kritisch zu diskutieren wären, muss diese wichtige Aufgabe dem Leser und der Spezialliteratur überlassen bleiben. Eine Rezension stößt hier an Grenzen. In jedem Fall, nur so viel sei vorab vermerkt, erfordert das eine hohe Konzentration auf komplizierte familiäre, soziale, politische und ökonomische Zusammenhänge. Anschauliche Schemata im Anhang erleichtern verdienstvollerweise die Orientierung (S. 1121f., sie sind überschrieben mit: „Verwandtschaftliche Verflechtung zentraler Mediceer" und „Versuch einer Rekonstruktion von Mediceer-Gesellschaften, ihrer Metamorphosen und operativer Verknüpfungen"). Aus der Fülle der referierbaren Befunde sei nur noch auf den Sachverhalt hingewiesen, der mich am meisten erstaunt hat. Den aus Florenz verbannten Medici ist es offensichtlich mit Hilfe ihrer Tarnbanken nicht nur gelungen, weiterhin erhebliche Gewinne zu erzielen, sondern darüber hinaus sogar zentrale „Töpfe" der Steuereinnahmen ihrer Vaterstadt zu kontrollieren und anzuzapfen. Der Autor resümiert über die Hauptakteure im Zentrum dieses europaweiten Bankenverbunds, die als verdeckte Mediceer in vielen Fällen sogar leitende Positionen in den Florentiner „Finanzbehörden" einnahmen, daher ganz zu Recht: „Wer es in einem der effizientesten und wachsamsten Staaten Europas vermochte, die verbannten Feinde des Staates über viele Jahre auch aus dessen Finanzmitteln zu unterstützen, dem war wahrlich ein Meisterwerk der Renaissancefinanz geglückt!" (S. 1114). Hier leuchtet wiederum ein Vorschein der modernen globalisierten, von Finanzjongleuren bestimmten Welt auf.

Auf die Frage, warum die Freunde und Verwandten der Medici auch im Exil zu ihnen hielten, gibt Götz-Rüdiger Tewes am Ende eine differenzierte Antwort, die plausibel ist und stark verkürzt lautet: aufgrund ihrer Vernetzung und Verwandtschaft mit ökonomisch potenten Bankiers und hochadligen Machtträgern (wie den Bartolini oder den Orsini), vor allem aber aufgrund der „erstaunlichen, ja faszinierenden Langlebigkeit der Medici-Bank" (S. 1114). Sie erwies sich als das sichere ökonomische Fundament des späteren politischen Erfolges. Fazit: Die künftige Forschung wird an diesem gewichtigen Buch nicht vorübergehen können, auch wenn es dem Leser viel Zeit und bisweilen sogar etwas Mühe abverlangt.

Bielefeld   Ulrich Meier

Esther P. WIPFLER, Martin Luther in Motion Pictures. History of a Metamorphosis. Vandenhoeck & Ruprecht, Göttingen–Oakville, CT 2011. 219 S., zahlreiche Abb.

Esther Wipfler, Kunsthistorikerin am Zentralinstitut für Kunstgeschichte in München, hat sich bereits in diversen Aufsätzen mit der filmischen Präsenz Martin Luthers auseinandergesetzt: Nun präsentiert sie ihre Forschungsergebnisse in vorliegender Monographie, wobei gleich eingangs kritisch angemerkt werden soll, dass diese nicht zwingend in englischer Sprache hätte erscheinen müssen, zumal man dem Text seinen „Übersetzungscharakter" anmerkt. Besonders ärgerlich ist es, dass die vielen, teilweise langen, wörtlichen Zitate für den Haupttext ins Englische übertragen wurden und man die deutsche Originalversion in den Endnoten nachlesen muss.

Nach einer allgemeiner gehaltenen Einleitung, die allerdings ein spezielles Kapitel zum „Thesenanschlag" im Film enthält, analysiert die Autorin filmische Produkte von 1911 (erster deutscher Stummfilm) bis 2003 (deutsch-amerikanische Koproduktion mit Ralph Fiennes in der Hauptrolle); gelegentlich werden auch Dokumentationen bzw. eigentlich Doku-Spielfilme in die Darstellung miteinbezogen. Die ersten einschlägigen Filme sollten eine Antwort auf den katholischen „Jesus-Film" sein. In diesem Abschnitt werden – um exemplarisch wenigstens einige zu nennen – unter dem Titel „German Nationalist Hero" der deutsche Film „Luther: Ein Film der deutschen Reformation" (1927), die Verfilmung von Leopold Ahlsens Hörspiel „Der arme Mann Luther" (BRD 1964) oder die anlässlich des Jubiläumsjahres 1983 parallel in der BRD und DDR entstandenen Luther-Mehrteiler in unterschiedlicher Dichte vorgestellt.

Fast allen Filmen eignen Gemeinsamkeiten, etwa das Einsetzen der Handlung nicht mit der Kindheit Luthers, sondern sozusagen mit dem „religiösen Leben", also dem Klostereintritt. Eine erste Klimax bildet der Thesenanschlag, mit einer einzigen Ausnahme, nämlich dem eben erwähnten TV-Spielfilm aus 1964: Zu diesem Zeitpunkt war die vom katholischen Kirchenhistoriker Erwin Iserloh ausgelöste Debatte um den Wahrheitsgehalt jenes wirkmächtigen Ereignisses auf ihrem Höhepunkt – die für den Film Verantwortlichen wollten offensichtlich nicht Position beziehen. Ähnlich kohärent ist auch das Ende der dargestellten Zeit, nämlich der Bauernkrieg bzw. Luthers 1525 stattgehabte Hochzeit oder auch der Augsburger Reichstag von 1530: In „Luther" aus dem Jahr 2003 wird der bekanntermaßen nicht in der Reichsstadt am Lech anwesende Reformator durch die Mitteilung, dass die Confessio Augustana, das erste evangelische „Bekenntnis", verlesen worden sei, in heitere Stimmung versetzt. Grundsätzlich verfolgen die Filme eine diachrone Erzählweise, was für das Medium Film wohl naheliegend war bzw. ist. Die Filmemacher sahen sich aber vor ein anderes Problem gestellt, spielten doch in Luthers Leben und Wirken Texte – sowohl gedruckt als auch handschriftlich – eine essentielle Rolle, und dieses „sola-scriptura-Prinzip" galt es, filmisch umzusetzen: Fast alle Regisseure stellten sich dieser Herausforderung: „Schreiben", besonders die Bibelübersetzung, sei, so Wipfler, ein „Topos" (S. 21) der Luther-Filme.

Im folgenden Kapitel nähert sich die Autorin ihren Quellen aus der Gender-Perspektive, wobei sie feststellen musste, dass Katharina von Bora in den Filmen nur eine marginale Rolle zugesprochen erhält. Daran anschließend geht sie der Frage nach der Bedeutung der Kirche(n) für die Luther-Filme nach, wobei sie das amerikanische Produkt aus 1953 am ausführlichsten behandelt, denn dieses habe wie kein anderer Film der ersten Hälfte der 50er Jahre die Gemüter bewegt; die Auseinandersetzungen gemahnten sogar an den deutschen „Kulturkampf" (S. 117). Luther gleichsam als protestantischer „Jesus-Ersatz" und Heiliger; eine Sakralisierung also, die Protestanten per se ablehnen müssten (vgl. S. 128). Dieser Umstand sollte allerdings nicht zu allzu großem Erstaunen führen, denn wir wissen, dass Luther schon zu seinen Lebzeiten gleich einem Heiligen verehrt und einzelnen Gegenständen aus seinem Besitz bzw. solchen, mit denen er in Verbindung gebracht werden konnte, Reliquiencharakter zugesprochen wurde, wenngleich Luther selbst diese Hagiolatrie ablehnte. Allerdings ist andererseits anzumerken, dass er – etwa durch seine Selbststilisierung in den Tischreden – selbst an dieser mitwirkte, den Legenden um seine Person zumindest „Nahrung" verschaffte.

Eine Bibliographie sowie eine Filmographie beschließen den an sich gelungenen Band, in dem manche Ausführungen freilich redundant sind. Zahlreiche Ergebnisse und Beobachtungen von Esther Wipfler decken sich mit unserem derzeitigen Erkenntnisstand zum Bild Martin Luthers in Historischer Belletristik, etwa die Fokussierung auf den sogenannten „jungen" Luther oder dessen Darstellung als „Einzelkämpfer", die dazu führt, dass bedeutende Mitstreiter, z. B. Melanchthon, wenn überhaupt, nur eine marginale Rolle spielen dürfen. Grundsätzlich vergleichbar ist auch die Quellenproblematik, etwa was Entstehungsgeschichte oder konsultierte Literatur seitens der Filmschaffenden betrifft – das trifft sogar für den 2003 entstandenen Film zu! Wo es möglich war, hat die Autorin archivalische Quellen und Pressestimmen herangezogen, wobei eigens betont werden soll, dass dies ein mühsames – oft von Misserfolgen gehemmtes – Unterfangen ist. Wenn Esther Wipfler abschließend betont, das Medium Film sei am besten geeignet, um die unterschiedliche Darstellung der Person des Reformators sowie verschiedene Zugänge und Haltungen ihm gegenüber im 20. Jahrhundert aufzuzeigen, so kann dem nur bedingt zugestimmt werden, gibt es doch – besonders in der ersten Jahrhunderthälfte – ungleich mehr belletristische Produkte zu diesem Sujet, beginnend von umfangreichen historischen Romanen sowie Dramen, und vor allem die unzähligen kurzen „Festspiele", die sich offensichtlich so großer Beliebtheit erfreuen, dass sie in eigenen „Verzeichnissen" nicht nur aufgelistet, sondern in Hinsicht auf ihre Aufführbarkeit beurteilt wurden. (Ganz zu schweigen von der schier unüberblickbaren Masse populärwissenschaftlicher Publikationen, etwa den

„Hausbüchern", welche in großen Stückzahlen vielfach aufgelegt wurden.) Unbestritten ist der Umstand, dass die „Wittenbergisch Nachtigall" zu denjenigen historischen Persönlichkeiten zählt, welche künstlerisches Schaffen am meisten angeregt haben – geleitet von welchen Motiven auch immer.

Der Autorin ist dafür zu danken, dass sie der Rezeptionsgeschichte zu Martin Luther einen weiteren, wichtigen Baustein hinzugefügt hat.

Wien   Martina Fuchs

Katrin KELLER, Erzherzogin Maria von Innerösterreich (1551–1606). Zwischen Habsburg und Wittelsbach. Böhlau, Wien–Köln–München 2012. 297 S.

Wer war Maria von Innerösterreich? Die aus einer der bedeutendsten Familien Europas stammende Erzherzogin rückte bislang insbesondere in ihrer Bedeutung für die Rekatholisierung der Innerösterreichischen Länder in den Blick der Forschung. Auch als Kunstliebhaberin und -förderin wurde ihr Interesse zuteil. Mit ihr greifen wir jedoch eine Fürstin der Frühen Neuzeit, die ihre „… Spuren sowohl in der Geschichte der innerösterreichischen Länder wie der gesamten Habsburgermonarchie …" hinterlassen hat und „… eindeutig mehr [war] als Tochter, Ehefrau und Mutter …" (S. 12). Vielmehr konnte sie auf ein breites Handlungsspektrum zurückgreifen und nahm dieses auch in Anspruch. Als Tochter Herzog Albrechts V. von Bayern war Maria sowohl durch Geburt als auch durch die Heirat mit Erzherzog Karl II. von Innerösterreich, dem jüngsten Sohn Kaiser Ferdinands I., direkt mit dem Kaiserhaus verwandt. Nach dem Tod Karls II. im Jahr 1590 übernahm die Erzherzogin die Mitvormundschaft über ihre Kinder und konnte so die habsburgische Heiratspolitik maßgeblich mitgestalten. Aus den Verbindungen ihrer Kinder sollten schließlich mehrere europäische Dynastien (die polnischen Wasa, die habsburgischen Spanier, ihr Urenkel war Ludwig XIV. von Frankreich) hervorgehen. Als Landesfürstin wirkte Maria auf die Geschicke der Innerösterreichischen Länder ein. Nicht unterschätzt werden darf auch ihre Rolle als Erzieherin und Beraterin ihres ältesten Sohnes, des späteren Kaisers Ferdinand II. „Es scheint also an der Zeit zu sein …", so Keller, „… dieser facettenreichen historischen Gestalt eine biografische Darstellung zu widmen, die nicht nur auf umfangreiche Forschungen zur Geschichte der Steiermark und Innerösterreichs, sondern auch zur Rolle von Fürstinnen in der Frühen Neuzeit zurückgreifen kann" (S. 12). Zeichnete Hurter Erzherzogin Maria noch ganz nach dem Frauenbild des 19. Jahrhunderts, wie Keller betont, so hat sich die Autorin mit dieser Biografie zum Ziel gesetzt: „die Erzherzogin aus ihrer Zeit heraus zu beschreiben" (S. 12). Als Quellengrundlage dienten Keller vorwiegend eine Vielzahl von gedruckten und ungedruckten Briefen, die zum großen Teil von Maria selbst verfasst worden sind.

Der Studie vorangestellt ist eine Einleitung mit knapp gehaltener Besprechung des Forschungsstandes und der Quellengrundlage. Das erste Drittel der vorgelegten Studie (S. 13–94) widmet sich den persönlichen Erlebnissen und Lebensumständen der Erzherzogin. Eingangs werden von Keller die Zeit von Marias Kindheit und Jugend in München, die Erziehung und Ausbildung der jungen bayerischen Prinzessin und die Hochzeitspläne bis zur Verheiratung der 20jährigen mit dem 11 Jahre älteren Erzherzog Karl II. von Innerösterreich, Sohn Kaiser Ferdinands I., thematisiert. Sehr detailliert beschreibt Keller auch Vorbereitungen und Ablauf der Hochzeitsfeierlichkeiten. In der Folge geraten Marias Rolle als Ehefrau und Mutter in den Blick der Studie, wie etwa die als besonders innig charakterisierte Bindung der Eheleute, der Tod Karls sowie das Verhältnis der Erzherzogin zu ihren Kindern und deren Erziehung. Darüber hinaus beleuchtet Keller Marias Leben am Grazer Hof und nimmt dabei Hofstaat, Haushalt, die Grazer Burg, die Sammler- und Repräsentationstätigkeit wie auch Hoffeste und Vergnügungen in den Fokus. War Marias Frömmigkeit bislang insbesondere im Kontext und aufgrund ihrer religionspolitischen Bemühungen betont worden, so zeigt sich hier ein Mehrwert besonders in der Betrachtung der ganz persönlichen Frömmigkeit der Fürstin.

Das zweite Drittel der Biografie betrachtet die öffentlich-politischen bzw. politisch-religiösen Betätigungsfelder der Fürstin. Detailliert analysiert Keller Marias politische Anteilnahme als Herzogin und als Gemahlin Erzherzog Karls und stellt damit deutlich heraus, dass Maria nicht erst mit dem Tod Karls die politische Bühne betrat (S. 95–105). Anschließend wendet sich Keller der Rolle Marias als Witwe und Regentin zu, ihrem Bemühen, die Regierungsgeschäfte selbst zu verwalten, ihren politischen Spielräumen und den sich gegen die Erzherzogin richtenden Antagonien (S. 113–123). Die Einflussmöglichkeiten der Fürstin auf ihren Sohn, den späteren Kaiser Ferdinand II., in ihrer Rolle als Mutter und Erzieherin werden ebenso in den Blick genommen, wie die Wege der politischen Einflussnahme nach dem Regierungsantritt Ferdinands, dessen Beraterin Maria bis in die späten Jahre blieb (S. 126–143).

Ergebnisse qualitativer und quantitaiver Auswertungen der überlieferten Korrespondenzen markieren den Beginn des letzten Drittels dieser Biografie (S. 151–165). Intensität und Inhalt des regen Briefwechsels mit der Verwandtschaft in Bayern seien Hinweis darauf, dass das „Potential zum politischen Handeln [...] beide Seiten zu nutzen wussten" (S. 152). Als weiteres soziales Netzwerk wird die Klientel Marias von Innerösterreich als eine „am fürstlichen Hof nicht wegzudenkende grundlegende Handlungsbedingung" angesprochen (S. 165). Kellers Annahme, dass die Eheschließungen ihrer Töchter mit König Sigismund von Polen und Philipp III. von Spanien ihre Möglichkeiten deutlich erweitert haben dürften, manifestiert sich nicht zuletzt im umfassenden Engagement Marias um die Verheiratung ihrer Kinder. Marias Bemühungen in dem den Fürstinnen traditionell zugerechneten Betätigungsfeld der Ehestiftung sind somit nächster Punkt der Studie (S. 171–185). Keller betont insbesondere die politische Bedeutung dieses Handelns, das nicht nur zur Versorgung ihrer Kinder, sondern zugleich auch zur „Stärkung der Familie und des Hauses Österreich" diente, „hatten doch mehrere Heiraten der Zeit um 1500 schließlich zum Reich Karls V. geführt" (S. 171). Die Reisetätigkeit der Erzherzogin tritt als nächstes in den Fokus. Marias Spanienreise von 1598 bis 1599 wird hier ins Zentrum des Interesses gestellt (S. 197–201). Dabei geraten insbesondere auch Marias Wahrnehmung von Alteritäten, wie etwa Äußerungen der Erzherzogin über den Spanischen Hof und das Hofzeremoniell in den Blick.

Ausklang, Tod und Nachleben beschließen die Biografie der Fürstin, „die sich der Verantwortung ihres Amtes bewusst war und die versuchte, ihre Vorstellungen von fürstlicher Machtausübung in den verschiedensten Bereichen umzusetzen", nicht nur „fromm und politisch aktiv" war, sondern in der Keller „noch viele weitere Facetten" (S. 230) erkennen konnte. Dieser Ausblick fasst zudem die Ergebnisse nochmals kurz zusammen (S. 222–230).

Am Ende der Biografie finden sich Personen- und Ortsregister (S. 278–291) und ebenso eine auf zwei Tafeln enthaltene genealogische Übersicht (Eltern- und Nachkommensgenerationen) (S. 292–297). Zudem enthält die Publikation insgesamt 24 Abbildungen, darunter etwa Portraits der Erzherzogin Maria und Karls II. von Innerösterreich, Grazer Stadtansichten sowie die Liegefiguren Karls und Marias auf dem sich mittlerweile im Grazer Mausoleum befindenden Sarkophag der Erzherzogin.

Wenngleich der vorangestellte Forschungsstand und die Besprechung der verwendeten Quellen für manchen Leser in ausführlicherer Form wünschenswert sein könnten, so hat Keller mit dieser Studie doch eine sehr detailreiche und ausführliche Biografie über diese bemerkenswerte historische Persönlichkeit des 16. Jahrhunderts geschaffen. Die quellennah geführte Beschreibung Marias von Innerösterreich eröffnet dem Leser nicht nur Einsichten in die Wahrnehmungen, Fremd- bzw. Selbstdarstellungen und -deutungen der Erzherzogin, sondern erlaubt insbesondere einen exemplarischen Blick auf die Lebenswelten, Deutungsmuster, Handlungsoptionen und -wege frühneuzeitlicher Fürstinnen. Es dürfte bereits deutlich geworden sein, dass es der Verfasserin gelungen ist, die persönlichen, politischen und religiösen Vorstellungen, Wahrnehmungen, und Handlungsbereiche Marias ganz im Trend der gegenwärtigen Frühneuzeitforschung vor allem in den sich in der Praxis äußernden Manifestationen zu greifen und herauszustellen. Abschließend sei noch angemerkt, dass diese in klarer und verständlicher Sprache umgesetzte Biografie nicht nur für den Fachbereich, sondern durchaus auch für den interessierten Laien ansprechend sein könnte.

Graz   Thomas Schreiber

Wallensteinbilder im Widerstreit. Eine historische Symbolfigur in Geschichtsschreibung und Literatur vom 17. bis zum 20. Jahrhundert, hg. von Joachim BAHLCKE–Christoph KAMPMANN. (Stuttgarter Historische Forschungen 12.) Böhlau, Köln–Weimar–Wien 2011. 406 S., 20 s/w-Abb.

Der vorliegende Sammelband enthält 17 Beiträge, die unterschiedliche Aspekte zur Rezeption des Friedländers behandeln. Einführend betonen die beiden Herausgeber, dass sich dessen Person besonders zu epochenübergreifender Darstellung eigne, habe der Feldherr doch sowohl in Hinblick auf Kontinuität und Quantität bzw. Intensität immer wieder das Interesse von Historikern, Dichtern und populärwissenschaftlich tätigen Autoren erregt. Zudem unterscheide er sich von allen anderen Akteuren des Dreißigjährigen Krieges, da er sich einer eindeutigen Zuordnung entziehe. Dem ist sicherlich zuzustimmen; allerdings sei angemerkt, dass auch diese Aufsatzsammlung kein vollständiges Bild bietet, fehlen doch wesentliche Gesichtspunkte, etwa Präsenz und Konnotation Wallensteins im Historischen Drama, ausgenommen Friedrich Schillers Wallenstein-Trilogie.

Christoph Kampmann eröffnet den Beitragsreigen, indem er die Sonderstellung Wallensteins in der protestantischen Historiographie des Alten Reiches analysiert und die historische Sonderstellung dieser Figur betont. Arno Strohmeyer beschäftigt sich eingehend mit den entsprechenden Wallenstein-Biographien des Galeazzo Gualdo Priorato (1643 bzw. 1673). Hans Ottomeyer bietet eine etwas unsystematische Übersicht der Portraits (inklusive einiger Historienbilder) des Herzogs, ehe Norbert Oellers und Holger Mannigel sich in ihren Beiträgen mit dem wohl bekanntesten Werk zu Wallenstein, nämlich dem Drama von Schiller, auseinandersetzen. Johannes Süßmann „riskiert" einen Überblick zur Darstellung des Protagonisten in deutschsprachiger Erzählliteratur des 19. und 20. Jahrhunderts, wobei der heuristische Teil der ausführlichste ist. Die Vorstellung des Quellencorpus ist äußerst knapp, die Auswertung desselben etwas tiefgehender, allerdings auf einige wenige Werke beschränkt. Die im Anhang gebotene Bibliographie zur Wallenstein-Belletristik ist unvollständig, da der Autor offensichtlich nicht alle einschlägigen bibliographischen Hilfsmittel herangezogen hat, was im Übrigen auch für die – zum Teil ältere – Sekundärliteratur zutrifft, der sicher noch der eine oder andere Titel zu entnehmen gewesen wäre. Die Einschätzung Süßmanns, dass sich die erzählende Literatur nur sporadisch der Figur des Friedländers angenommen habe, würde möglicherweise unter Einbeziehung bzw. Auswertung aller zur Verfügung stehenden Quellen anders ausfallen (müssen); zudem sollte nach etwaigen Konjunkturen in der Beschäftigung mit dieser Persönlichkeit sowie möglichen Gründen dafür gefragt werden. Ferner wäre – soweit bei den zumeist epigonalen Schriftstellern recherchierbar – eine biographische Verortung hilfreich. Kurz: Ein befriedigendes Bild wird hier nicht entwickelt. Ähnlich unzureichend stellt sich auch der Beitrag von Ludger Udolph über Wallenstein in der tschechischen Literatur vom 17. bis zum 20. Jahrhundert dar. Der Autor hat anscheinend wahllos Werke, die ihm aus irgendeinem Grund bekannt wurden – man erfährt nichts über die Auswahl derselben – herangezogen; allerdings berücksichtigt er auch Dramen und lyrische Erzeugnisse: Einen Überblick über die Gesamtproduktion sowie ein Resumée bleibt er den Lesern schuldig. Gelegentliche Beurteilungen der literarischen Qualität sind fehl am Platz, denn nicht ein wie auch immer zu benennender künstlerischer Wert, sondern Darstellung und propagandistische Indienstnahme des Friedländers sollten die Fragestellung leiten. Thomas Brechenmacher erarbeitet in seinem Aufsatz über Wallenstein in der großdeutschen Geschichtsschreibung ein Drei-Generationen-Modell, wobei er Werke aus der Zeit des Vormärz bis in die ersten Jahre des 20. Jahrhunderts von denjenigen eines Onno Klopp oder Johannes Janssen als zweiter bis hin zu Moriz Ritter als Repräsentanten der dritten Generation in souveräner Weise vorstellt und kontextualisiert. Folgerichtig widmet sich Hilmar Sack der kleindeutschen Historiographie und Geschichtspolitik und betont das geringe Interesse der Vertreter dieser Richtung an Albrecht von Wallenstein; seine eigentliche Funktion erfüllte er hier als Antipode zu Gustav Adolf. Leopold von Ranke unterlegte seine „Geschichte Wallensteins" mit der Schilderung der allgemeinen europäischen Geschichte der Zeit – unter dem Vorzeichen des französisch-habsburgischen Gegensatzes, wie Gerrit Walther schlüssig darlegt. Bezeichnenderweise erfolgte gerade bei Ranke auch der naheliegende Vergleich des Feldherrn mit einer ähnlich kontrovers diskutierten historischen Persönlichkeit, nämlich Moritz von Sachsen! Norbert Kersken bietet einen ebenso informativen Überblick über Wallensteineditionen des 19. und frühen 20. Jahrhunderts, wie Joachim Bahlcke, der in seine Auseinandersetzung mit Josef Pekař auch die Rezeption des wohl für lange Zeit bedeutendsten tschechischen Wallenstein-Forschers in Böhmen und der Tschechoslowakei miteinbezieht. Winfried Schulze verbindet in seinem Beitrag über Heinrich von Srbik und dessen Wallensteinbild erfolgreich einen biographischen mit einem analytischen Zugriff und kann zeigen, dass Srbiks Buch „Wallensteins Ende. […]" von 1920 grundlegend für dessen Auffassung der gesamtdeutschen Geschichte war. Auch die beiden letzten Abhandlungen widmen sich einzelnen „großen" Wallenstein-Biographen: Roland Gehrke verortet Hellmut Diwalds Wallensteininterpretation im Rahmen der nationalkonservativen Historiographie im geteilten Deutschland, und Hans-Christof Kraus beschäftigt sich in extensio mit mehreren Aspekten von Golo Manns „Wallenstein". Die Aufsätze werden durch ein Personen- sowie ein Ortsregister erschlossen.

Insgesamt bietet der Band einen guten Einstieg in die Rezeption dieser bedeutenden, stets kontroversiell beurteilten Persönlichkeit des Dreißigjährigen Krieges, wobei allerdings 17. und 18. Jahrhundert deutlich unterrepräsentiert sind. Die beiden Aufsätze zur Historischen Belletristik demonstrieren in auffälliger Weise, wieviel Arbeit auf diesem Gebiet mit seiner ganz speziellen Fragestellung noch zu leisten ist; zudem, dass schlüssige Resultate nur durch intensive Einarbeitung und eine breite – nicht willkürlich zustande gekommene – Quellenbasis erzielt werden können. Ferner ist die Exklusion des (deutschen) Historischen Dramas – einen eigenen Beitrag hätte man sich gewünscht – ein durch nichts zu rechtfertigendes Versäumnis. Ein kurzer Blick in die betreffenden Nachschlagewerke bestätigt, dass es diese sehr wohl gab, und zwar kontinuierlich von den 30er Jahren des 17. Jahrhunderts an. Die Tragödie eines Paul Gurk aus 1927 etwa trägt den verheißungsvollen Titel „Wallenstein und Ferdinand II." – um nur ein Beispiel anzuführen. Wie der Vergleich mit Dramen zu anderen historischen Protagonisten lehrt, transportieren gerade sie politische Ideologeme – wohl der Hauptgrund dafür, dass diese Sparte nach dem Zweiten Weltkrieg in Misskredit geriet; im Gegensatz zum Historischen Roman hat sich das Drama aber nie ganz von dieser „Verdammung" erholen können. Abschließend sei nur noch angemerkt, dass der Friedländer auch im musikalischen Genre ein Nachleben hat, etwa in der 1937 an der Wiener Staatsoper uraufgeführten Oper von Jaromír Weinberger, deren Librettist Miloš Kareš sich an Schillers „Wallenstein" orientierte (die deutsche Textfassung stammt übrigens von niemand geringerem als Max Brod). Am bekanntesten ist wohl Bedřich Smetanas sinfonische Dichtung „Wallensteins Lager", entstanden 1859, die ebenfalls Episoden aus Schillers Dichtung aufgreift.

Wien   Martina Fuchs

L'art de la paix. Kongresswesen und Friedensstiftung im Zeitalter des Westfälischen Friedens, hg. von Christoph Kampmann–Maximilian Lanzinner–Guido Braun–Michael Rohrschneider. (Schriftenreihe der Vereinigung zur Erforschung der Neueren Geschichte 34.) Aschendorff, Münster 2011. 656 S.

Dieser Sammelband geht zurück auf eine 2009 an der Universität Bonn in Kooperation mit der Arbeitsstelle der „Acta Pacis Westphalicae", der Universität Paris IV-Sorbonne und den DHI Paris und Rom abgehaltene internationale Tagung, die wie auch andere derartige Veranstaltungen der jüngeren Vergangenheit gleichsam als Symptom wie als Instrument des Versuchs gesehen werden kann, den lange Zeit als angestaubt und wenig innovativ betrachteten Ansatz der Diplomatiegeschichte für aktuelle Zugänge wie die Friedensforschung neu zu beleben. Gleich eingangs betonen die vier Herausgeber zu Recht, dass die Frühe Neuzeit nicht nur eine besonders belligerente Epoche gewesen sei, sondern auch eine, in der zentrale Instrumente und Verfahren zur Wiederherstellung des Friedens überhaupt erst entwickelt worden seien (S. 10). Nun war die Diplomatiegeschichte schon vor der Etablierung neuer Ansätze in diesem Feld wie jenem der Netzwerkforschung keineswegs tot gewesen, und das gilt ganz besonders für das diplomatische „Megaevent" Westfälischer Frieden, dennoch erlebt sie derzeit eine Renaissance, welche den Untersuchungsgegenstand Diplomatie und internationale Beziehungen auch für jüngere, verstärkt auch weibliche Historiker reizvoll werden lässt. Fünf von insgesamt zwanzig Beiträgen stammen von Frauen, was für dieses Forschungsfeld keineswegs gängig ist.

Die Beiträge des Bandes verteilen sich auf fünf Sektionen, sieht man von der letzten Sektion zu „Kunst und Friedenschließen" ab, die nur einen Beitrag zur Visualisierung des Kongresswesens (Augustyn) enthält, der anderen Sektionen hätte zugeordnet werden können. Schließlich prägten illustrierte Drucke zu Friedenskongressen auch deren öffentliche Wahrnehmung, und sie können zugleich auch als Medien der politischen Sprache betrachtet werden. Die erste Sektion umreißt den Ertrag des zunächst durch Konrad Repgen, ab 2003 durch Maximilian Lanzinner vorangetriebenen Editionsunternehmens der auf 50 Bände angelegten Acta Pacis Westphalicae aus deutscher (Maximilian Lanzinner) wie aus französischer (Isabelle Richefort) Perspektive. Langwierige Editionsprojekte mit einer Vielzahl von MitarbeiterInnen wie dieses machen sehr deutlich, dass historische Forschung und damit Analyse und Deutung derart komplexer Abläufe wie jener des Friedenskongresses von Münster und Osnabrück ein mühsames Geschäft ist, dem sich Politikwissenschaftler bei der Konstruktion ihrer großen Erzählungen über das „Westphalian System" meist gar nicht erst unterziehen. Bei Studierenden löst die pure Menge des edierten Quellenmaterials bisweilen blankes Entsetzen aus, weshalb auf diesem Material basierende Publikationen wie die vorliegende umso unverzichtbarer sind. In der zweiten Sektion „Friedensverhandlungen. Formen, Träger und Wahrnehmung" vergleicht Franz Bosbach das diplomatische Verfahren auf den Friedenskongressen des 17. Jahrhunderts, wobei der Autor einräumt, dass für die auf 1648 folgenden Kongresse im Grunde zu wenig Vergleichsdaten vorhanden sind. So ist hinter auch andernorts im Band auftauchenden Bewertungen wie Rationalisierung und Beschleunigung diplomatischer Verfahren im 17. Jahrhundert auch ein Fragezeichen angebracht. Lucién Bely lotet am Beispiel französisch-englischer Kontakte im Pfälzischen Erbfolgekrieg Wechselspiel und Funktion von Geheimdiplomatie und offiziellen Verhandlungen aus – ein Ansatz, der auch den Beitrag über die Rolle der Zeitungen im Rahmen der Verhandlungen und für deren öffentliche Wahrnehmung (Schultheiß-Heinz) prägt. Die dritte Sektion „Kommunikation und politische Sprache" beginnt mit einem sehr langen Beitrag zu den Verhandlungssprachen, wobei Guido Braun die zunehmende Durchsetzung des Französischen nicht als Ergebnis einer Sprachpolitik Ludwigs XIV., sondern der kulturellen Leitfunktion Frankreichs ab der 2. Hälfte des 17. Jahrhunderts begreift. Niels F. May sieht den Westfälischen Friedenskongress aufgrund der hier gebündelt auftretenden Zeremonialstreitigkeiten als wichtigen Schritt hin zu einer Vereinfachung der zeremoniellen Verfahren; allerdings wurden auch vor diesem Kongress bei Bedarf zeremonielle Vorschriften schon unterlaufen. Diese wichtige Thematik hätte außerdem eine ausführlichere Behandlung verdient. Regina Dauser untersucht die für die Zeitgenossen zentralen, weil Herrschaftsansprüche begründenden Streitigkeiten um Titulaturen, welche durchaus veränderbar waren. Maria-Elisabeth Brunert widmet sich am Beispiel des Lachens wesentlichen, wenn auch quellentechnisch schwer erfassbaren nonverbalen Kommunikationsformen im Verhandlungsprozess.

Die vierte Sektion thematisiert die Rolle von außenpolitischen Leitvorstellungen in diplomatischen Verhandlungen. So untersucht Christoph Kampmann die Bedeutung des Konzeptes einer Balance of Power, wobei er die Geltungskraft dieser Idee für das Völkerrecht vor 1713 zurückweist. Allerdings ist Begriffsgeschichte nicht gleich Ideengeschichte, weshalb die Fixierung auf den Begriff „Gleichgewicht" nicht ganz überzeugt. Vielleicht hatte der Autor der zitieren Flugschrift von 1701 doch nicht ganz unrecht, weil er sich eben nicht auf einen Begriff, sondern auf eine die Inhalte des Erbvertrages prägende Idee bezog (vgl. S. 374). Eine Zunahme ökonomischer Handlungsmotive in der Außenpolitik nach 1648 konstatiert der Beitrag von Erik Thompson. Ob es sich hier um eine Leitidee handelt, wäre zu hinterfragen, allerdings fällt in diese Phase der erste, schon von den Zeitgenossen als solcher klassifizierte „Handelskrieg", was in diese Richtung deutet. Am Beispiel von Dichotomien wie Feindschaft und Freundschaft oder Überlegenheit und Unterlegenheit zeigt Arno Strohmeyer bestimmte Leitideen, welche den verhandlungstechnischen Alltag des kaiserlichen Diplomaten Johann Rudolf Schmid an der Hohen Pforte prägen konnten. Anuschka Tischer macht deutlich, dass historisch verortete Argumentationsformen im Verhandlungsprozess nicht nur im Kontext des Herkommens relevant waren, sondern auch im Hinblick auf die jeweiligen Lehren, welche die politischen Akteure aus der Geschichte meinten ziehen zu können. Der lange Beitrag von Matthias Schnettger über diplomatische Handlungsoptionen oberitalienischer Fürsten gehört nicht in diese Sektion, will man nicht die dynastische Verbindung zu Großmächten als Leitidee außenpolitischen Handelns mindermächtiger Akteure charakterisieren, die dann allerdings nicht spezifisch für die Friedenkongresse des 17. Jahrhunderts wäre. Auf die gestiegene Aktualität der Religion im Rahmen der Analyse von Außenpolitik scheint die fünfte Sektion zu verweisen, wenn gleich zwei Beiträge sich der päpstlichen Diplomatie widmen (Bernard Barbiche, Sven Externbrink) sowie ein weiterer speziell dem Thema Religionsfrieden (Thomas Brockmann). Das ist völlig legitim, aber weiterführend erscheint doch eher der Ansatz von Olivier Chaline, welchem es um die Wirkmächtigkeit des Faktors Religion für die französische Verhandlungspolitik geht – eine Frage, die auch für das Agieren anderer Verhandlungsparteien zu untersuchen wäre. Folgerichtig problematisiert der Autor gleich eingangs ein immer noch wirkmächtiges, inzwischen aber selbst innerhalb der Politikwissenschaft hinterfragtes Klischee, jenes nämlich von der angeblichen Säkularität der europäischen Staatenwelt nach 1648.

Dass ein Editionsunterfangen wie die APW anschlussfähig an zahlreiche aktuelle Forschungsansätze und Methoden ist, beweisen die im vorliegenden Sammelband veröffentlichten Beiträge für ihren jeweils gewählten Zugang zum diplomatischen Großereignis Friedenskongress hinlänglich. Besonderer „Defensionalartikel" (S. 17, 50–56) bedarf es eigentlich nicht. Zudem reagieren noch ausstehende Bände wie jener zu „Deutschsprachige[n] Presseberichte[n] über den Westfälischen Friedenskongress 1643–1649" (Ulrich Rosseaux) auf veränderte Forschungsinteressen, die am Beginn des Unternehmens nicht absehbar waren. Zum Schluss eine Marginalie: Die Lektüre von Wörtern wie „Friedenschliessen" und anderer ihrer richtigen Schreibweise beraubten Wörtern (darunter Autorennamen) versetzte die Rezensentin mitunter in einen mentalen Kriegszustand, weshalb diese Rezension mit einem gleichwohl friedlichen Aufruf zur Bewahrung des guten, alten „ß" schließt.

Innsbruck   Harriet Rudolph

Margareth LANZINGER–Gunda BARTH-SCALMANI–Ellinor FORSTER–Gertrude LANGER-OSTRAWSKY, Aushandeln von Ehe. Heiratsverträge der Neuzeit im europäischen Vergleich. (L'Homme Archiv 3.) Böhlau, Köln–Weimar–Wien 2010. 530 S.

Die hier vorzustellenden Beiträge umfassen den Zeitraum zwischen dem 17. und der Mitte des 19. Jahrhunderts. Anhand von Eheverträgen zeichnen die Autorinnen den langfristigen Wandel der Usanzen nach und arbeiten die regionalen Unterschiede der Güterrechts-Systeme heraus. Vor nicht allzu langer Zeit proklamierte die jüngere Frauenbewegung, das Private sei öffentlich. Als ein Ergebnis der vier Analysen ließe sich sagen: Nicht nur ist Privates wie eine Eheschließung öffentlich, sondern Privatpersonen suchen sich öffentlicher, staatlicher Vorgaben zu bedienen, sich ihnen wenn nötig zu entziehen und die güter- und erbrechtlichen Dispositionen mittels Heiratsverträgen den eigenen Bedürfnissen wie auch den Zwängen ihrer schwierigen Lebensumstände bestmöglich anzupassen. Vereinfacht gesagt handeln die vier Fallstudien und das letzte Kapitel mit dem Überblicks-Essay von M. Lanzinger vom Wechselspiel zwischen lokal hergebrachten Traditionen und dem jeweils geltenden Recht. In den Untersuchungsräumen im Gebiet der heutigen Republik Österreich hatten die im 16. Jahrhundert erlassenen Landesordnungen bis ins 18. Jahrhundert hinein Bestand, während das späte 18. und beginnende 19. Jahrhundert als Übergangszeit gekennzeichnet sind: Wegmarken der Ehegesetzgebung sind im Zeitalter der Kodifikationen das Josephinische Verlöbnispatent von 1782, das Josephinische Ehepatent von 1783, das am 1. Januar 1787 in Kraft getretene Allgemeine Bürgerliche Gesetzbuch Kaiser Josephs und schließlich die Einführung des Allgemeinen Bürgerlichen Gesetzbuchs von 1811 (ABGB). Mit der josephinischen Gesetzgebung konnten die Frauen beanspruchen, ihr eigenes Vermögen selbst zu verwalten, und 1812 wurde die Geschlechtsvormundschaft abgeschafft. Im Laufe des 18. Jahrhunderts wurden der Einfluss der Kirche und ihre Kompetenzen in Ehesachen zunehmend zurückgedrängt, u. a. 1782 mit der Aufhebung der rechtlichen Bindekraft des Verlöbnisses, die Entwicklung gipfelte in der Einführung der Zivilehe in josephinischer Zeit.

Die Autorinnen nehmen die Eheschließung und das eheliche Güterrecht unter die Lupe, ebenso wie die erbrechtlichen Praxen, weil den Eheverträgen der Doppelcharakter einer güterrechtlichen Übereinkunft und einer vorweggenommenen Erbvereinbarung innewohnt – und sie demnach den Brückenschlag über zwei bis drei Generationen leisten (S. 167). Die für die Untersuchungen gewählte Perspektive ist akteurszentriert, aus der Warte der beteiligten Personen einschließlich der Amts- und Gerichtsleute. Daraus resultieren Erkenntnisse über das generelle gesellschaftliche Normengefüge, bezüglich der ständischen Spezifika, des Generationenverhältnisses, des intergenerationellen Transfers von Haus- und Güterbesitz und von mobiler Fahrhabe, es geht um die Beziehung zwischen den Herkunftsfamilien des Ehepaars, die Rechtsstellung der Eheleute und ihren jeweiligen rechtlichen und ökonomischen Handlungsspielraum, die Unterschiede zwischen Stadt (Innsbruck, Salzburg), Marktort (Innichen, niederösterreichische Märkte) und Land (Welsberg, Innsbrucker Landrecht), zwischen der Situation in geistlichen und weltlichen Grundherrschaften. Der Forschungsansatz ist die vergleichende, rechts- und sozialhistorische Analyse anhand von Fallbeispielen mit sorgfältig ausgewählten Quellensamples.

Wenn nach M. Mitterauer in Westeuropa der gattenzentrierte Haushalt im Sinne der „von Verwandtschaftsbindungen weitgehend unabhängigen Haus- und Haushaltsgemeinschaft" typisch war, so waren in den hier untersuchten Regionen der ehemaligen Habsburger-Monarchie andere Haushalts- und Verwandtschaftsmodelle gängig. Die untersuchten (Rechts-)Räume sind 1. Das Erzherzogtum unter der Enns (NÖ, Beitrag Langer-Ostrawsky), 2. Salzburg (Barth-Scalmani), 3. Die Südtiroler Gerichte Welsberg und Innichen (Lanzinger), 4. Das Stadt- und Landrecht Innsbruck (Forster). Die durch die Gender-History angeregten Fragestellungen zu den zentralen Themen des Ehegüterrechts und des intergenerationellen Gütertransfers werden in einer präzise abgestimmten Systematik vergleichend untersucht. Um angesichts einer uneinheitlichen Quellenlage (sie ist u. a. den disparaten Herrschaftsstrukturen geschuldet) auf einer methodisch tragfähigen Quellenbasis aufzubauen, entschieden sich die Autorinnen für die Heiratsabreden als zentrale Dokumente.

So entstehen partielle Einblicke in die Gründungsphase von Ehen, handelte es sich jedoch um Zweit- und Drittehen, werden auch längere Lebensabschnitte der Akteure/Akteurinnen sichtbar, mit konfliktbeladenen, komplizierten Situationen, wo es die Ansprüche der Verwandtschaften von Ehegatten und von Kindern aus mehreren Ehen zu berücksichtigen galt. Konkret zeigte sich die prekäre (Not-)Lage von Witwen besonders dort, wo das geltende Recht die „Macht der Linie" begünstigte; denn die Witwe hatte zuerst den Rückgabe- und Erbansprüchen sowohl der Verwandten auf der Mannesseite als auch der Kinder Genüge zu tun, sodass nach den Erbgängen die ihr verbliebenen Vermögenswerte bedenklich schrumpften. In dieser sozialen Logik lag als ein Hauptzweck der Abreden das Ziel, für den Fall des Vortods eines Gatten rechtlich verbindliche (und deshalb öffentlich beurkundete) Vorkehrungen zu treffen. Zur Absicherung des überlebenden Witwers bzw. der Witwe standen unterschiedliche Instrumente zur Verfügung, auch in Tirol, wo nach geltendem Landrecht die Gütertrennung und damit das auf die Herkunftsfamilien gerichtete Blutsliniendenken am striktesten ausgeprägt war. Um die ökonomische Lage der Witwe bzw. desjenigen Eheteils zu mildern, der nur wenig eigenes Vermögen in die Ehe gebracht hatte, war die Zuerkennung von lebenslangen Nutznießrechten verbreitet; damit blieb immerhin der Erbanspruch der Kinder/Nachkommen gesichert. Dagegen musste anderswo wie beispielsweise in Niederösterreich unter anderen güterrechtlichen Vorzeichen wie der (partiellen) Gütergemeinschaft oder der Errungenschaftsgemeinschaft kaum auf Nutznießungsrechte zurückgegriffen werden.

Als sehr facettenreich erweist sich das in den Fallstudien festgestellte System der Heiratsgaben bzw. das Heiratsgut-System (im Unterschied zum Mitgift-System), d. h. das „Zubringen" der zentralen Gaben auf der Frauen- und auf der Mannesseite (Heiratsgut / Widerlage und Morgengabe – diese mitunter im Falle einer Zweitehe von der Frau dem jungen Mann bestellt – / Sondervermögen) sowie der persönlichen Aussteuerobjekte und Haushaltsgeräte, die nicht überall in den Abreden berücksichtigt sind. Die Ausstattung einer Braut mit dem Heiratsgut bzw. der Heimsteuer implizierte nicht den Ausschluss verheirateter Töchter vom Erbe.

Obwohl Eheabreden als Rechtsquellen eher statische Bilder abgeben, gelingen den Autorinnen spannende Re-Konstruktionen von Lebenslagen. Da die Lebensumstände der Menschen in der vorindustriellen ländlichen Gesellschaft ebenso wie in der Stadt instabil waren, sahen sich die Eheleute bzw. die Witwen und Witwer genötigt, Strategien zur Lebensbewältigung zu entwickeln und sich an immer neue Lebensumbrüche anzupassen (Langer-Ostrawsky, S. 27–30).

Einer akteurszentrierten Handlungsperspektive trägt denn auch der Buchtitel programmatisch Rechnung; denn Eheabreden hielten das in mündlichen Verhandlungen erzielte Fazit fest, wobei die Eheleute selbst nicht unbedingt die Hauptrolle spielten. So muss die Praxis der Mündlichkeit stets mitbedacht werden, umso mehr als nicht alle Eheverhandlungen ihren Abschluss in einem schriftlichen Vertrag, einer so genannten „Abrede" fanden. Und umso mehr, als die Überlieferung in Verfachbüchern, in Testamentsbeständen u. ä. lückenhaft ist und die erhaltenen Abreden in keinem repräsentativen Verhältnis zu den geschlossenen Ehen stehen (Forster S. 379). Erst in einer späten Phase des Untersuchungszeitraums, seit den 1820er Jahren, wird in den Eheabreden Ehe auch als ein Projekt gegenseitiger Liebe, Treue und der Erfüllung ehelicher Pflichten bezeichnet; einzelne Formulierungen in den Arengen lassen sich als Indizien für ein gewandeltes, romantisches Verständnis von Ehe im Sinne einer Liebesheirat deuten. Doch überwiegt insgesamt der Befund, wonach Eltern ein gewichtiges Wort mitzureden hatten: „Der Einfluss der Eltern war im adeligen Kontext viel stärker spürbar als im städtischen" (Forster, S. 391), reichte aber auf dem Land insofern noch viel weiter, als sich die Eltern vielfach für die Zukunft die Mitarbeit ihrer verheirateten Kinder sicherten, die ihnen „als knecht und dieren" und teilweise um Lohn (Lidlohn) zu dienen hatten (Lanzinger, S. 247).

Subtil arbeiten die Autorinnen das komplexe Gefüge von Ungleichheiten heraus, das die herrschenden Besitzkulturen prägt: die Ungleichheiten des Standes, der Generationen, die Ungleichheit zwischen Reich und Arm und schließlich auch der Geschlechter. Etwa in Südtirol, wo das Prinzip strikter Gütertrennung herrschte, markierte eine Eheschließung nicht etwa den Übergang in die Selbstständigkeit des Mannes oder gar die Emanzipation des Ehepaars aus der väterlichen bzw. elterlichen Hausgewalt – besonders dann nicht, wenn das Paar Aufnahme in der „Haus-Menage" der Eltern oder eines Onkels fand und sich als „Kinder" unterzuordnen hatte. Indes verwirklichte sich im „Aushandeln von Ehe" in allen gesellschaftlichen Schichten die *patria potestas* – sie spiegelt sich in jenen Eheabreden, in denen der Brautvater oder die Väter beider Brautleute als handelnde Vertragsparteien auftraten. In den kleingewerblich-bäuerlichen Schichten etwa von Welsberg und Innichen waren die Eheabreden bis um 1780 von den Vätern abgeschlossen worden, danach traten – anders als im Adel – immer häufiger die Brautleute selbst als Vertragsparteien auf – ein Indiz für den Weg „von Ungleichheit zu Gegenseitigkeit"? (Lanzinger S. 290). Anhand der Materialien zu Österreich unter der Enns stellt Langer-Ostrawsky am Ende des 18. Jahrhunderts ein verändertes Eheverständnis fest, es gilt nicht mehr die gleichberechtigte Ehepartnerschaft, sondern ein neues Konzept der Geschlechterrollen, mit der Betonung der Dominanz des Mannes als Oberhaupt der Ehe, so wie es die josephinischen Ehegesetze und später das ABGB festschrieben (Langer-Ostrawsky S. 49, vgl. auch S. 388). Dieser Wandel ist bezüglich des Geschlechterverhältnisses historisch überaus folgenreich, denn er steht im Kontrast zu dem Bild, das von den Ehepaaren beispielsweise in Niederösterreich bis zum 18. Jahrhundert gezeigt wird. Die Gleichwertigkeit der Eheleute und eine gewisse innereheliche (ökonomische) Machtbalance finden hier ihren besten Ausdruck im rechtlichen Güterstand der Gütergemeinschaft; sie begünstigt das Ehepaar als Arbeits- und Erwerbsgemeinschaft.

Mit „Aushandeln von Ehe" ist den Autorinnen ein Werk gelungen, das höchsten methodischen Ansprüchen genügt und als Meilenstein in der Forschung zu Ehe, Familie und Verwandtschaftssystemen zu würdigen ist. Seine Stärke ist der Vergleich – neben dem inner-österreichischen besonders der internationale, wie ihn Margareth Lanzinger im Kapitel „Variationen des Themas: Mitgiftsysteme" diskutiert. Zu hoffen ist, dass für zukünftige Forschungen auch das System der Anhänge als Beispiel wirkt: In den Anhängen zu den vier Fallstudien sind eine Auswahl der im Text ausgewerteten Eheabreden ediert. Damit erschließt das Buch eine Quellensorte, die bis heute in klassischen Editionsvorhaben ein Schattendasein führt.

Zürich   Dorothee Rippmann

Veronika Čapská, Představy společenství a strategie sebeprezentace. Řád servitů v habsburské monarchii (1613–1780) [Vorstellungen der Gemeinschaft und die Strategien der Selbstpräsentation. Der Servitenorden in der Habsburgermonarchie (1613–1780)]. Scriptorium, Praha 2011. 314 S., 61 Abb.

Das vorgestellte Buch stellt die Doktorarbeit von Veronika Čapská dar und stützt sich quellenmäßig nicht nur auf einen riesigen, verstreuten Quellenfundus, sondern die Autorin diskutiert auch neue Methoden und deren Anwendung im Feld der Kirchengeschichte in Tschechien. In der konzeptionellen Einleitung behandelt die Autorin einschlägige Konzepte von Erving Goffman und Benedict Anderson; der Orden und seine habsburgweite Repräsentation werden trotz schwieriger Quellenlage vorgestellt. Im ersten Teil widmet sich die Autorin eingehend der Struktur des Ordens im Längsschnitt, wobei die Unterstützung durch die zweite

Gattin Ferdinands II. von Tirol – Anna Katharina Gonzaga – ausführlich beschrieben wird. Die Serviten wurden prägend für die habsburgische Kirchenpolitik. Zudem erschufen die Serviten mit Philip Benizi, dem Beichtvater Kaiser Rudolphs I., einen populären Heiligen (großer Einfluss von Cherubin O'Dale, Biographie 1671). Weiters widmet sich Čapská der Verbreitung der Marienverehrung in verschiedenen Gemäldezyklen (etwa in den Klöstern von Nové Hrady/Gratzen, Wien und Maria Loretto im Burgenland). Der zweite Teil zeigt die Differenz zwischen dem Orden, dem Ordensideal und der Lebenspraxis auf. Am Beispiel eines Servitenmönchs, des Reiseberichtschreibers Angelik Müller, zeigt die Autorin die Lebenswirklichkeit des Ordens prototypisch auf. Auch die nähere Umgebung des Klosters als Bühne für das Leben der Klosterbrüder wird breiter abgehandelt. Die enge Welt der Mönche, deren Geselligkeit, die Verbrüderung mit Lebenden und Toten werden exemplarisch vorgestellt. Als Ausnahme unter den Serviten wird Angelik Müller, ein Ordensreiseschriftsteller, der zwei Jahre im Nahen Osten verweilte, wo er als Servit Skapulierbruderschaften gründen wollte, vorgestellt. Angelik Müller verschenkte im Nahen Osten viele Skapuliere, Büchlein, Rosenkränze und Medaillen, lernte auch viele Mönche anderer Orden, vor allem Franziskaner und Eremiten kennen. Der dritte Teil zeigt die Relation des Ordens zur äußeren Welt (Laien, andere geistliche Organisationen, Förderer). Čapská vergleicht – quellenmäßig schwierig – die Servitenrepräsentation mit der Praxis. Weiters wurden die Schenkungen für den Servitenorden und die Gründe, warum Serviten in der Barockzeit zu den „progressiven" Orden gehörten, behandelt. Die Autorin verfasste Tabellen mit den Schenkungsbewegungen ausgewählter Konvente (Altstadt Prag, Wien, Grulich, Jarmeritz, Rabenstein an der Schnella), so dass auch die sozialen Verhältnisse der Serviten deutlich werden. Sie zeigt, dass die Serviten sich als idealer Orden für Marienwallfahrtsorte präsentierten und diesem Thema große Aufmerksamkeit widmeten (Darstellung der Serviten in der Barockhistoriographie z. B. bei Balbín oder Hammerschmidt). Auch die Frage der Tertiaren und der Bruderschaftsmitglieder (Sieben Schmerzen Mariä), aber auch Konflikte zu anderen Orden werden behandelt.

Čapská behandelt den Servitenorden im Bereich der Habsburgermonarchie von 1613, als der Orden seine Tätigkeit erneuerte, bis zu den Reformen Josephs II. Große Aufmerksamkeit wurde aufgrund des schlechten Forschungsstandes den böhmischen Servitenklöstern gewidmet (zahlreiche Quellen aus Böhmen, aus den Provinzarchiven der Serviten in Innsbruck und Wien, aus dem Generalarchiv und aus der Generalbibliothek in Rom, aus dem Geheimarchiv im Vatikan und aus anderen Archiven und Bibliotheken in Österreich). Viele Quellen aus Böhmen (darunter auch Bilder) werden hier erstmals ausgewertet, weil das Provinzarchiv für Böhmen nicht mehr existiert und die Quellen nunmehr in verschiedenen Archiven und Bibliotheken zu suchen sind. Der Schwerpunkt der Arbeit liegt auf der Interpretation der narrativen und visuellen Quellen, die bisher in den monastischen Studien über böhmische Klöster wenig zur Geltung kamen. Čapská bettet ihre Ergebnisse in den Forschungsstand ein (etwa Arbeiten von Jörg Garms und Wolfgang Häusler). Methodisch wurde die Autorin vor allem von Erving Goffman und seinem Konzept des sozialen Lebens als Selbstpräsentation, von Martin Elbel, der sich den Franziskanergeschichten in seiner Doktorarbeit widmete, und von Kulturanthropologen – z. B. von Claude Lévi-Strauss und von seinem Konzept des sozialen Netzes – beeinflusst. Unter den neueren Studien zur Ordensgeschichte und zum monastischen Leben, die in Tschechien entstanden sind, stellt dieses Buch dank der verarbeiteten Quellen und der benützten Methode ein inspirierendes Werk dar.

Prag   Jana Svobodová

Joachim WHALEY, Germany and the Holy Roman Empire. Vol. II: From the Peace of Westphalia to the Dissolution of the Reich 1648–1806. Oxford University Press, Oxford–New York 2012. XXIV, 747 S.

Auch wenn sich der Fokus der englischsprachigen Geschichtsschreibung in den zurückliegenden Jahren deutlich auf „Europa" verschoben hat, gibt es durchaus eine Reihe sehr lesenswerter Überblicksdarstellungen der Geschichte des Alten Reiches für das anglophone Publikum – es sei nur an die Bücher von Gerhard Benecke (1974), Michael Hughes (1992), Marc Raeff (1983) und Peter H. Wilson (1999) erinnert. Sie werden an Umfang, an Präzision und durchdachter Konzeption von dem hier zur Besprechung anstehenden Werk des in Cambridge lehrenden Verfassers deutlich übertroffen. Es gibt wohl auch auf dem deutschen Markt kaum ein Werk, das es in Bezug auf die Dichte der Informationen und das ausgeprägte Verständnis der Strukturen und der Eigendynamik des Alten Reiches mit diesem *opus magnum* aufnehmen kann.

Der zweite Band eines Duos – der erste, der die Epoche von der Reformation bis zum Westfälischen Frieden abdeckt, wird separat von anderer Seite besprochen – überrascht zunächst einmal durch die (scheinbar) traditionelle Gliederung an den Regierungsdaten von Kaisern: Ein erstes Kapitel behandelt das Reich unter Ferdinand III. und Leopold I., endet also mitten im Spanischen Erbfolgekrieg 1705, das zweite stellt die Amtszeiten der beiden Brüder Joseph und Karl dar (1705–1740), das vierte die Epoche zwischen 1740 und 1792 (Tod Leopolds II.). Zwischen Kapitel II und IV und nach Kapitel V sind lange Abschnitte über die deutschen Territorien mit verschiedenen Zeitschnitten eingefügt, Kapitel VII schließlich widmet sich den Revolutionskriegen und der Auflösung des Reiches 1806. Das mag auf den ersten Blick ein wenig hausbacken erscheinen, aber es wird schnell deutlich, dass für den Verfasser diese dynastischen Zäsuren identisch sind mit Veränderungen des Weltbildes und der Strukturen des Reiches. Das wird besonders gut greifbar an dem ersten Kapitel, das mitten in einer internationalen Krise endet, aber mit guten Gründen mit dem Jahr 1705 eine Ära der Reichsgeschichte terminiert, die sich mit der Gestalt Leopolds I. verbindet, dem zwei Söhne folgen sollten, deren Selbstverständnis und Reichspolitik sich von denen des Vaters fundamental unterschieden – die Konfliktualität ist nach 1705 sehr viel ausgeprägter gewesen als vorher.

Die zweite *first sight*-Auffälligkeit ist, dass die zweite Hälfte des hier abgedeckten Zeitraums, also die Epoche, die meist mit dem Schlagwort „Aufklärung" belegt wird, viel breiter und damit auch ungleich intensiver behandelt wird als die erste. Der Verfasser hat zu allen Jahrhunderten wissenschaftlich gearbeitet, aber seine eigentliche Liebe scheint doch der Aufklärungszeit zu gelten, Themen wie der Toleranzdebatte oder dem frühen „Patriotismus"- „Nation"-Diskurs. Insofern ist diese Schwerpunktsetzung sowohl verständlich als auch einleuchtend – und zudem für den Leser höchst gewinnbringend!

Und ein drittes: Eine Leitfrage, die vom ersten Kapitel „Reconstruction and Resurgence" an die Darstellung prägt, ist die nach dem Verhältnis von Reich und Habsburg, also die die (vor allem österreichischen) Historiker seit Generationen beschäftigende Frage, ab wann die Erblande aus dem Reich „hinauszuwachsen" begannen bzw. was sie auf Dauer mit dem Reich (noch) verband. Die Position des Autors dazu ist ganz klar: Der Habsburgerstaat war integrierter Teil des Reiches und hatte gar kein Interesse daran, seine Bindungen an dieses Gebilde zu reduzieren oder gar aus ihm auszuscheiden. Er geht mit Blick auf das Ende des Reiches sogar noch einen Schritt weiter und bringt entschieden zum Ausdruck, dass weder Österreich noch sein großer Kontrahent Preußen es waren, die das Reich „zerstörten", sondern ganz andere – nichtreichische – Kräfte.

Insofern ist die Perspektive des Verfassers völlig klar: Es sind nicht – obwohl ihnen breiter Raum gewidmet wird – die zentrifugalen Kräfte, denen er sein Hauptaugenmerk widmet, sondern es ist der Reichsfokus, der die Studie prägt. Schon im 1. Kapitel geht es Whaley weniger um den Aufstieg der Territorialstaaten nach dem Westfälischen Frieden, sondern im Gegenteil um die neue Dynamik, die sich im Reich und seinen Institutionen entwickelt, darum, wie und warum „old institutions were renewed or reinvigorated" (S. 5), wie das Kaisertum sich eine neue Autorität erwarb, die man 1648 kaum hätte prognostizieren wollen, wie sich Leopold I. eine Klientel aufbaute, die seiner Herrschaft Bestand und Stabilität sicherte. Und wenn man denn in der Geschichtsschreibung – allerdings nicht für die Jahrzehnte unmittelbar nach dem Westfälischen Frieden – Brandenburg besondere Beachtung schenkte, dann war das wenigstens einseitig, weil es eine ganze Reihe von Reichsständen gab, die durchaus mit den Hohenzollern zu rivalisieren vermochten.

Ein Werk dieses Umfangs kann nicht in allen Facetten vorgestellt werden: Es ist eine Reichsgeschichte, die sich gleichermaßen in ihre territorialen und ihre internationalen Zusammenhänge einbettet, die die handelnden Personen mit sicheren Strichen zeichnet und auch ihr familiär-soziales Umfeld zu ihrem Recht kommen lässt, die einen überzeugenden Mittelweg zwischen Struktur und Einzelheit findet. Mich hat besonders beeindruckt, mit welcher Sicherheit der Verfasser den Reichsinstitutionen – dem Reichskammergericht, dem Reichstag beispielsweise – gerecht wird und wie geschickt er Autoren auswählt, deren Werke dann auch einmal ein wenig länger paraphrasiert werden. Das ganze Buch atmet Sympathie mit dem Reich, das nach Ansicht des Verfassers keineswegs ob seiner vermeintlichen Rückständigkeit zum Untergang verurteilt gewesen sei, um so weniger, als es in der Vergangenheit immer wieder die Kraft gefunden habe, sich selbst zu erneuern und begrenzt zu modernisieren. Die Sicht von außen auf das Reich hat zudem vieles klarer beleuchtet als aus einer Binnenperspektive; dass die politische Kultur der Freiheit von der deutschen Forschung lange unterschätzt worden ist, hat aus dem Mund eines britischen Historikers natürlich besonderes Gewicht.

In einem so gewaltigen Werk schleichen sich selbstredend ein paar Fehler ein, die aber keinesfalls überbewertet werden sollen: So reichte Leibniz' Mainzer Dienstverhältnis nicht bis 1676 (S. 33), und man kann, etwa im Blick auf Vorpommern, sicher nicht sagen, dass „the northern war marked the effective end of the Swedish presence in north Germany" (S. 105). Der umstrittene Reichskammerrichter hieß Franz Adolf Dietrich von Ingelheim (S. 125), und wenn man ganz beckmesserisch wäre, müsste man formulieren, dass der brandenburgische Kurfürst 1701 nicht „King of Prussia" wurde (S. 139), sondern „King in Prussia". Das Personenregister weist eine Reihe von Lücken auf.

Aber diese und andere kleine Ausstellungen können einen hervorragenden Gesamteindruck nicht wirklich beeinträchtigen, zumal auch die Forschungsliteratur nachgerade erschöpfend herangezogen wurde – etwas bedauerlich fand ich allenfalls, dass die Studien von Alfred Schröcker aus den 1970er Jahren zu den Schönborn unberücksichtigt geblieben sind. Der Reiz des Buches liegt in der Kombination von politischer und Sozialgeschichte, von Institutionen- und Mentalitätsgeschichte, von Geistes-, Theologie- und Kulturgeschichte, und in allen diesen Sätteln fühlt sich der Verfasser offenbar wohl. Man würde dem Werk eine deutsche Übersetzung wünschen – aber, um ehrlich zu sein: welcher deutschsprachige Student würde zwei Werke dieses Umfangs lesen?

Mainz Heinz Duchhardt

Simon Karstens, Lehrer – Schriftsteller – Staatsreformer. Die Karriere des Joseph von Sonnenfels (1733–1817). (Veröffentlichungen der Kommission für Neuere Geschichte Österreichs 106.) Böhlau, Wien–Köln–Weimar 2011. 520 S.

Eine biographische Studie zu Joseph von Sonnenfels vorzulegen, erscheint angesichts der seit der zweiten Hälfte des 19. Jahrhunderts erschienenen, reichhaltigen Forschungsliteratur vorderhand als ein Wagnis, das Simon Karstens in seiner 2008 an der Universität Trier approbierten Dissertation über diesen Protagonisten der österreichischen Aufklärung jedoch – soviel sei vorausgeschickt – in Summe trefflich meistert. Karstens zielt nicht primär darauf ab, den Lebenslauf von Sonnenfels in allen seinen Details zu rekonstruieren; vielmehr steht „die Untersuchung sozialer Beziehungen, die er [Sonnenfels] im Laufe seines Lebens knüpfte, im Mittelpunkt" (S. 4). Dabei baut der Verfasser unter anderem auf der Theorie von Pierre Bourdieu auf, wobei er in seinen einleitenden Vorbemerkungen seine Vertrautheit mit rezenten wissenschaftlichen Auseinandersetzungen rund um die Textsorte „Biographie" belegt und diese in einer für eine akademische Qualifikationsarbeit auffallend kurzen, jedoch präzisen Weise skizziert. Diese Intention des Autors führt dazu, dass die Dissertation ab der Berufung von Sonnenfels auf den neu geschaffenen Wiener Lehrstuhl für Kameral- und Polizeiwissenschaft 1763 nur bedingt chronologisch aufgebaut ist, sondern vielmehr die unterschiedlichen Beziehungsnetzwerke gesondert untersucht, dabei jedoch die vielfältigen Verflechtungen nie aus den Augen verliert: das gelehrte und universitäre Milieu; die aus seiner Tätigkeit als Schriftsteller, als Zensor bei der niederösterreichischen Regierung und als Stilrevisor resultierenden Netzwerke; seine Einbindung in die Wiener Gesellschaft unter besonderer Berücksichtigung der von ihm frequentierten Salons und der Freimaurerei.

Ein Schwerpunkt der Arbeit beschäftigt sich mit seiner sich über Jahrzehnte hinziehenden Tätigkeit als „Staatsreformer", wobei hier das breite Tätigkeitsspektrum von Sonnenfels besonders deutlich wird: sein Engagement für eine Theaterreform, für die Abschaffung von Folter und Todesstrafe, seine Mitwirkung an den Kodifikationen des bürgerlichen Rechts und des Strafrechts, seine Arbeit an dem maßgeblich von ihm initiierten, jedoch letztlich gescheiterten politischen Kodex sowie die Ansätze zu einer praktischen Umsetzung seiner Vorstellungen von „guter Policey". Dabei wird nicht nur ersichtlich, was für ein bemerkenswerter „networker" Sonnenfels war; denn Karstens beschränkt sich nicht darauf, die Tätigkeitsfelder des Protagonisten zu umreißen sowie in Konfliktfällen Gegenspieler und Unterstützer der Sonnenfels'schen Positionen darzulegen. Konsequent wird das Handeln von Sonnenfels vielmehr durch die Einbettung in größere Zusammenhänge und das Aufzeigen zeitgenössischer Diskussionen kontextualisiert (z. B. bei der Schilderung der Diskussion um die Figur des Hans Wurst). Dies führt zwar zuweilen zu umfangreicheren Einflechtungen, beispielsweise über die Illuminaten, über den Wiener Wochenblattmarkt oder über Folter und Todesstrafe, doch ermöglicht erst diese Herangehensweise die adäquate Einordnung des Handelns respektive der Positionierung von Sonnenfels. Durch eine konsequente Aufarbeitung des umfangreichen archivalischen Materials im Österreichischen Staatsarchiv gelangt Karstens dabei in vielen Detailfragen zu neuen, z. T. weitreichenden Erkenntnissen (so hinsichtlich des Anteils von Sonnenfels am franzizäischen Strafgesetzbuch von 1803 oder hinsichtlich seiner – nur gering ausgeprägten – Teilhabe am Zustandekommen des Toleranzpatentes Josephs II.). Dabei zeigt sich immer wieder – besonders eindringlich im Zusammenhang mit der Abschaffung der Folter 1776 –, dass es der überaus eitle Sonnenfels verstand, seine Person publizistisch als Gravitationszentrum von Reformimpulsen darzustellen, selbst wenn er nur einer von vielen beteiligten Akteuren war oder nur indirekt auf Reformvorhaben Einfluss nehmen konnte. In diesem Bestreben wurde er teils von Schülern oder Verbündeten sekundiert und damit das von der Historiographie des 19. Jahrhunderts wieder aufgegriffene Bild des leidenschaftlichen, sich gegen zahllose Widerstände durchsetzenden Reformers vorgeprägt.

Das minutiöse Nachzeichnen der Sonnenfels'schen Beiträge zu zeitgenössischen Reformprojekten ermöglicht dem Verfasser darüber hinaus generalisierende Aussagen über das Zustandekommen und die Implementation von Reformen im Spannungsfeld von unterschiedlichen Akteuren, von denen Sonnenfels einer war – ein durchaus streitbarer und in der Selbstdarstellung schon zu Lebzeiten sehr erfolgreicher, jedoch nur einer unter vielen.

Im Vergleich zu den Verdiensten und Vorzügen des Opus von Karstens wirken einzelne Ergänzungshinweise wie kleinliche Beckmessereien. Da Karstens aufgrund des breiten Betätigungsfelds seines Protagonisten gezwungen war, sich in eine Vielzahl unterschiedlicher Forschungsbereiche einzuarbeiten, fallen kleinere Lücken im Literaturverzeichnis nicht weiter ins Gewicht: So berücksichtigt Karstens nicht die grundlegenden Studien Wilhelm Brauneders zur Kodifikationsgeschichte des ABGB, so dass er weiterhin die inzwischen überholte Einschätzung einer „probeweisen" Einführung des Entwurfs eines bürgerlichen Gesetzbuchs von Karl Anton von Martini in Galizien vertritt. Ein solches Detail tut jedoch dem Wert der Arbeit freilich keinen Abbruch.

Karstens Arbeit wird nicht nur zu einem Standardwerk der Sonnenfelsforschung avancieren; gleichzeitig stellt sie einen wertvollen Beitrag zur Geschichte der Aufklärung und zum Reformwerk des aufgeklärten Absolutismus in der österreichischen Monarchie dar.

Innsbruck
Martin P. Schennach

Schande, Folter, Hinrichtung. Forschungen zu Rechtsprechung und Strafvollzug in Oberösterreich, hg. von Ute STREITT–Gernot KOCHER–Elisabeth SCHILLER. (Studien zur Kulturgeschichte von Oberösterreich 30.) Oberösterreichische Landesmuseen bzw. Verlag Bibliothek der Provinz, Linz bzw. Weitra 2011. 599 S., zahlr. Abb., DVD.

„Es gibt Themenkreise, denen sich auch ein Museum – das ja angeblich vornehmlich mit den ‚schönen' Relikten der Vergangenheit befasst ist – nur zögernd, mit viel Vorsicht und letztlich schweren Herzens zuwendet, gehören sie doch aus heutiger Sicht der Nachtseite unserer Kulturgeschichte an. Zu diesen zählen über weite Strecken zweifellos die Rechtsgeschichte, und innerhalb dieser die Geschichte der Rechtsfindung, -sprechung und des daraus resultierenden Strafvollzuges." Mit diesen Zeilen stimmt das Geleitwort den Leser auf das vermeintliche Grauen ein, das ihn bei der Lektüre dieses schon durch Format und Umfang gewichtigen Bandes erwartet. Wer sich davon nicht abschrecken lässt, wird durch einen überaus reichen Inhalt belohnt, dessen Bandbreite hier kaum angemessen dargestellt werden kann. Sie resultiert nicht zuletzt aus dem Konzept des titelgebenden Projekts, das nicht nur von ausgewiesenen Experten betrieben wurde, sondern in das auch viele engagierte Heimatforscher ohne „spezifische Vorkenntnisse" (S. 9) eingebunden waren. Für deren Anleitung und Unterstützung konnte ein knappes Dutzend Kooperationspartner gewonnen werden. Primäres Ziel des 2005 begonnenen und weiterhin laufenden Projekts war und ist es, die in und außerhalb von Museen vorhandenen Rechtsaltertümer Oberösterreichs zu sichten und zu verzeichnen, was in vier Arbeitsgruppen („Objekt im Museum", „Feldforschung", „Archivarbeit" und „Literaturrecherche") geschah. Der hier zu besprechende Studienband und die ergänzende DVD bilden also ein – beachtliches – Zwischenergebnis.

Die von 18 Autorinnen und Autoren verfassten 47 Beiträge des Buches sind in vier große Abschnitte eingeordnet. Der erste (S. 9–103) widmet sich unmittelbar dem Projekt „Schande, Folter, Hinrichtung" und enthält Aufsätze zu dessen Geschichte und Konzeption (Streitt, Geyer), zur Strafrechtsgeschichte in Österreich (Kocher), zur rechtlichen Volkskunde in Oberösterreich (Steininger) und zur Bedeutung von Kleindenkmälern (Heilingbrunner, Leitner), weiters einen Überblick über die Hexenprozesse in Oberösterreich (Scheutz) sowie die Analyse eines konkreten Strafprozesses aus dem Jahr 1727 (Leutgeb). Im zweiten Abschnitt, „Landgerichtliches" (S. 105–200), eingeleitet durch einen allgemeinen Aufsatz zur Landgerichtsbarkeit (Kocher), stellen drei Autoren (Mayböck, Martin, Richter) in zehn Beiträgen einzelne Landgerichte vor oder beleuchten bestimmte Teilaspekte wie Kosten und Funktionen. Der umfangreiche dritte Abschnitt (S. 201–452) erlaubt dem Leser Einblicke in die „Werkstatt der Heimatforscher": 25 Beiträge widmen sich, geographisch geordnet (und vielfach durch Kartenausschnitte „verortet"), teils einzelnen Fällen oder Delikten, teils rechtshistorisch bemerkenswerten Realien. Gegenstand des vierten Abschnitts (S. 453–569) sind schließlich die oberösterreichischen Landesmuseen, wobei insbesondere Geschichte und Bestand der Sammlung „Rechtsaltertümer" dargestellt werden, letzteres durchwegs illustriert. Ein Glossar, Angaben zu Maß-, Gewichts- und Geldeinheiten, ein Gesamtliteratur-, ein Quellen- und ein Abkürzungsverzeichnis sowie Kurzbiographien der Autoren beschließen das Buch.

Die DVD enthält, wie die „redaktionelle Vorbemerkung" (S. 7) erläutert, umfangreiche ergänzende Materialien wie insbesondere Fotodateien von Archivalien (ca. 1500 S.), Transkriptionen, redaktionell nicht bearbeitete Artikel „mit spezieller Themenstellung" (1430 S.), ein weiteres Glossar mit Belegen (1349 S.) sowie eine „umfangreiche Bibliographie" (154 S.). Insgesamt ist die Fülle des Materials überwältigend; sie provoziert Neugier, setzt sie aber auch voraus, wenn man sich im Dschungel der Dateien (insbesondere des „Anhangs") zurechtfinden will. Hier wäre eine bessere Verknüpfung von Bestandverzeichnissen, Dateiverzeichnissen und konkreten Bilddateien wünschenswert gewesen. Die Qualität der Artikel ist naturgemäß höchst unterschiedlich; manches könnte von Fachwissenschaftlern nicht besser geschrieben sein, anderes erreicht kaum das Niveau einer Seminararbeit. Spezielle Erwähnung erfordert in diesem Zusammenhang die „Bibliographie" wegen des in diesem Begriff enthaltenen Anspruchs. Tatsächlich handelt es sich dabei nämlich bloß um eine Sammlung von Literaturhinweisen, die hinter dem „Gesamtliteraturverzeichnis" des Buches zurückbleibt und bibliographischen Anforderungen nicht gerecht wird. Schon bei oberflächlichster Durchsicht fallen zahlreiche Fehler auf: Das „Handwörterbuch zur deutschen Rechtsgeschichte" ist mangelhaft zitiert, von Conrads „Deutsche[r] Rechtsgeschichte" nur Band I verzeichnet, dieser dafür zweimal; von Hellblings „Österreichische[r] Verfassungs- und Verwaltungsgeschichte" fehlt die zweite Auflage, Rüpings „Grundriß der Strafrechtsgeschichte" überhaupt, ebenso jeglicher Nachweis einer Arbeit Wilhelm Brauneders. Fragwürdig erscheint es auch, im Abschnitt „lokale Rechtsgeschichte" zu Johann Georg Grasel zwar einen Artikel Roland Girtlers in „Krone Bunt 2006" (übrigens ohne genauere Angabe!) anzuführen, nicht aber die aus den Archivalien gearbeitete Monographie von Bartsch oder einen der von Hitz herausgegebenen Bände. Im Zeitalter des Internet hätte hier wesentlich Besseres geliefert werden müssen, erst recht in Anbetracht der irreführenden Selbstetikettierung als „Bibliographie". Ein juristisch merkwürdiger Warnhinweis – „Es besteht kein Anspruch auf Vollständigkeit" – kann dies nicht relativieren!

Buch und DVD gemeinsam machen wissenschaftsgeschichtlich bemerkenswerte Phänomene sichtbar. Einerseits zeigt sich wieder einmal, dass die schon im Geleitwort als „Nachtseite unserer Kulturgeschichte" apostrophierte „Rechtsgeschichte" mit Strafrechtsgeschichte gleichgesetzt wird. Diese Identifikation liegt schon der Anknüpfung an die „rechtshistorische Sammlung" (S. 9) des Landesmuseums zugrunde; sie findet sich auch im Untertitel, der Forschungen u. a. zur „Rechtsprechung" verspricht, die nur durch das weitere Thema „Strafvollzug" im Sinne der Strafrechtsprechung definiert erscheint. Zwar durchbricht der Beitrag „17 Jahre Streit um ein Fass Heringe" (Fellner) diese Beschränkung, was in der ersten Fußnote eigens gerechtfertigt wird (S. 279), auch verschweigen die transkribierten Bestandverzeichnisse andere Teilgebiete keineswegs, doch im Allgemeinen spielt Privatrechtsgeschichte keine Rolle, ohne dass dies speziell thematisiert würde. „Forschungen zur Strafrechtspflege in Oberösterreich" wäre demnach ein passenderer Untertitel gewesen.

Andererseits waren an diesem Projekt, abgesehen vom Grazer Emeritus Gernot Kocher, keine Rechtshistoriker im engeren Sinn beteiligt, und auch „gewöhnliche" Juristen sucht man unter den Autoren vergebens. Darin spiegelt sich die Zurückdrängung des Faches Rechtsgeschichte an den Universitäten; zugleich wird aber ein weiterhin bestehendes Bedürfnis nach einer mit der Landeskunde zusammenarbeitenden Rechtsgeschichte sichtbar. Nicht nur infolge personeller Ressourcenverknappung, sondern auch angesichts von Tendenzen, eine „österreichische Rechtsgeschichte" als provinziell abzuqualifizieren und die Europäisierung oder Globalisierung des Faches zu propagieren, wird die universitäre Rechtsgeschichte Anforderungen, wie sie dieses Projekt mit sich bringt, immer weniger gerecht werden können. Es bleibt aber fraglich, ob „historische Neugier" (S. 9) und ehrenamtliches Engagement, so „spannend" und befruchtend sie auch sein mögen, genügen, um jene Lücken zu schließen, die aus der Einspa-

rung universitärer Fachexpertise resultieren: Das vorliegende Werk lässt zwar die Grenzen eines solchen Konzepts erkennen, dessen ungeachtet ist es aber zweifellos ein wertvoller Beitrag zur österreichischen Strafrechtsgeschichte.
Wien
Gerald Kohl

Heike Talkenberger, Gauner, Dirnen, Revolutionäre. Kriminalität im 19. Jahrhundert. Primus, Darmstadt 2011. 191 S.

Viele Jahre seit der Pionierstudie der Germanistin Sigrid Weigel („Schreiben im Gefängnis", 1982) mussten vergehen, ehe auch die Historiker verstärkt der Spur eines insassenorientierten Forschungsansatzes mit Bezug auf die „Häuser der Verwahrung" folgten. Ähnlich dem „inmate-turn" bei Spitälern (etwa Rudolf Neumaier, siehe MIÖG 120/1 [2012] 216f.) versuchte die Autorin Heike Talkenberger, Redakteurin von „DAMALS", das Thema Kriminalität, Strafverfolgung und Gefängnisse konsequent aus der Perspektive der verurteilten „Objekte" – die nun vor diesem Hintergrund zu Subjekten werden – zu schreiben. Schon mit der vor einiger Zeit von der Autorin veröffentlichten Autobiographie des Luer Mayer (1833–1855) (MIÖG 119 [2011] 508f.) konnte der Nachweis von Strafgefangenen-Selbstzeugnissen, die sich in größerem Umfang als gedacht in Archiven von Strafhäusern erhalten haben, erbracht werden. Diese in ihrem Quellenwert nicht unproblematischen Selbstzeugnisse stehen zwischen einer Dokumentation der Erziehung in den Gefangenenhäusern, der Dokumentation im Sinne eines geläuterten Lebens und auch der Anbiederung an die ergebnisorientierte Gefängnisleitung. Die Autorin gliedert ihr Material in insgesamt acht Kapitel, wobei die Ausführungen zur Genese der „Verbrecher", zu den kriminellen Milieus, zum Alltag hinter Gittern und zur familiären Resozialisation am eindrücklichsten und insgesamt geglückt die Verbindung von Selbstzeugnissen und der „traditionellen" kriminalitätsgeschichtlichen Literatur zeigen – aus den Marionetten werden nach der Lektüre lebendige Menschen in ihren vielstimmigen Nöten und Zwängen („Stimmen der Betroffenen").

Neben dem Hochstapler Luer Mayer berichten einleitend zwei weitere „Verbrecher" über die Entwicklung ihrer kriminellen, von Peter Becker wissenschaftsgeschichtlich als Typ bereits gut herausmodellierten Lebensläufe. „Hunger und Schläge waren zumal mein tägliches Loos" (S. 29). Der Dieb und Zuhälter Joseph Kürper aus der Pfalz und die zu einer langen Kettenhaft verurteilte Kindsmörderin Magdalena Z. aus dem Emmental schildern erstaunlich beredt und vermutlich vor dem Hintergrund religiöser Unterweisung ihren häufig durch soziale Selbstrekrutierung geprägten Weg in die Kriminalität: Die Selbstdeutung der eigenen kriminellen Karriere als Opfer der Gesellschaft, der Hang zur Sünde (Müßiggang, Wohlleben, Ausschweifung) und das wissenschaftliche Verbrecherbild als Deutungsangebot werden als konstitutiv für die eigene Lebenserzählung fassbar. Die Urbanisierung der Gesellschaft rief neue Orte der Vergesellschaftung wie das (Tanz-)Bordell hervor; Sozialreporter wie Max Winter oder Hans Ostwald vermitteln den bürgerlichen Schichten die bedrohliche Faszination von Gefahr, Armut und sozialrevolutionärem „Pöbel". Die Dirnen als verarmte Mädchen von Land und Stadt, die Zuhälter („Louis") und die häufig verwitweten Bordellwirtinnen in den Spielhallen, die verarmte Welt der Gesellenherbergen werden auch in den Selbstzeugnissen pointiert porträtiert. „Wenn es dunkel wurde, rückten wir aus, gewöhnlich in den Mannheimer Schlossgarten, wo unter dem Schutze der Nacht die Unzucht wilde Orgien feierte. Ich war mit einem Dolchmesser und einem kurzen amerikanischen Todschläger bewaffnet und zu allem bereit" (S. 58). Kurz stellt die Autorin die Professionalisierung der Strafverfolgung durch die Polizei dar, die sich verändernde Rechtslandschaft der neuen Strafgesetzgebung im 19. Jahrhundert und die auf Eigentums- und Sittlichkeitsdelikten gründende Bestrafung; vor allem über politische Delikte gibt es größeren Kenntnisstand durch das verschriftlichte Selbstverständnis der „Täter" (etwa im Kontext der Revolution von 1848, etwa Otto von Corvin-Wiersbitsky oder der auch in Österreich tätige Johann Most). Die Strafanstalten sollten nach den Reformansätzen des 19. Jahrhunderts (Isolationshaft, Arbeit, Klassifikation der Häftlinge) für Besserung und Entwicklung der Straftäter sorgen, die deutlich von amerikanischen Vorbildern (Pentonville) geprägte Gefängnisarchitektur musste hier helfen. Kontrastiv dazu liest sich der Alltag hinter Gittern in der Erzählung der Strafgefangenen: Gewalttätige, korrupte Beamte, unfähiges Aufsichtspersonal und neben der brutalen Züchtigung doch überraschend große „Freiheit" im Gefängnis, der „Verbrecherschule" (S. 117): „Ja, die Freiheit einiger Kerle ging soweit, daß sie sich mit ihren Mädchen unten in den Oeconom seine Stube im Sopha setzten und dort nach Belieben ihr Wesen unscheniert betrieben" (S. 113). Gewalt unter den Einsitzenden und Sexualität stellten eine alltägliche Erfahrung der Häftlinge dar. Der Weg für Entlassene zurück in die bürgerliche Gesellschaft zeigte sich von Hindernissen gepflastert, unterstützt anfänglich noch vom familiären Netzwerk und den im 19. Jahrhundert entstehenden Gefängnisvereinen: „Der Makel der Bestrafung verfolgt den Unglücklichen von Ort zu Ort, durchs ganze Leben" (S. 155). Meist entstanden nach der Haft aufgrund der ökonomischen Not keine stabilen Paare, die Fremdenlegion bot manchen vorübergehend Unterhalt. Am Ende des Bandes unterstreicht Heike Talkenberger nochmals den vorgenommenen Perspektivenwechsel des Buches hin zur Auswertung der autobiographischen Texte von Straftätern, die meist infolge ungünstiger Lebensumstände nicht den Einstieg in die Welt der „Wohlanständigen" fanden.

Der vorliegende Band liest sich als breit erzähltes, mit interessanten Quellen gespeistes Einführungsbuch, das etwa durch die angeführten grauen Wissenskästen (etwa zur Rumfordschen Suppe, zu Johann Hinrich Wichern, zur Tretmühle) für Studierende und Interessierte Basisinformation liefert; besonders gut und dicht erscheint das Kapitel über den „Alltag hinter Gittern" gelungen. Die Selbstzeugnisse der Strafgefangenen lediglich als „authentische" Erzählung zu interpretieren, rahmt diese mitunter recht vielschichtigen und dialektal erzählten Texte, die deutlich Einflüsse der Reformpädagogik zeigen und deren Erzählhaltung zwischen Individualisierung und Stereotypisierung pendeln, vereinfachend. Eine systematische Suche in Archiven nach Selbstzeugnissen von Gefangenen, eine verstärkte interdisziplinäre und internationale Aufarbeitung (etwa Geschichts-, Religionswissenschaft, Germanistik) könnten noch einige interessante Texte bergen – das vorgestellte Buch liest sich gleichermaßen als Einleitung und Einladung dazu.

Wien   Martin Scheutz

Die Habsburgermonarchie 1848–1918, Band IX: Soziale Strukturen. 1. Teil: von der feudal-agrarischen zur bürgerlich-industriellen Gesellschaft, Teilband 1: Lebens- und Arbeitswelten in der industriellen Revolution; Teilband 2: von der Stände- zur Klassengesellschaft. 2. Teil: Die Gesellschaft der Habsburgermonarchie im Kartenbild. Verwaltungs-, Sozial- und Infrastrukturen. Nach dem Zensus von 1910, hg. von Helmut RUMPLER–Peter URBANITSCH, red. von Ulrike HARMAT. ÖAW, Wien 2010. XII, XIV, 1822 S., Karten, Tabellen.

This volume dedicated to social structures comes late in the series of massive compendia on the history of the Habsburg Monarchy after 1848 which the Austrian Academy of Sciences has been producing since 1973. That social structures have come so late in the series is not surprising given the evolution of historiography on the monarchy. The Austrian Republic has a long tradition of research on social history in professorial chairs and institutes for economic and social history, but Austrian scholars were generally slow to take up the new trends in the history of modern social structures, stratification, and group formation which French, British, North American, and West German historians developed after the late 1960s. Moreover, until the late 1980s and 1990s, there was often little serious engagement with the latest work in social or economic history by many of the Austrian scholars who wrote on the monarchy in the long nineteenth century. Historians who worked under the communist governments of East-Central Europe devoted more sustained attention to the history of modern society and social structures than did many of their Austrian colleagues, but much of that work focused narrowly on the working classes and peasants and was often highly descriptive with little in-depth interpretation or analysis beyond a generalized Marxist or Marxist-Leninist gloss. West European and North American historians both before and after World War II did not contribute much more on the social history of the Habsburg Monarchy during the nineteenth century because they devoted most of their work to political, cultural, and intellectual history with little attention to social history until a new generation of scholars began to publish during the 1980s.

Members of the Austrian Academy's Commission for the History of the Habsburg Monarchy (1848–1918) recognized the need for a volume on social structure decades before this volume appeared, and Commission members and staff such as Ernst Bruckmüller, Waltraud Heindl, Michael Pammer, Hannes Stekl, and Peter Urbanitsch have had strong long-standing interests in social history. The editors of this volume write somewhat apologetically in the Foreword and Introduction about the long gestation of this volume and the many paradigm shifts which have occurred in the meantime. The formative influence of British social historians of the 1970s, particularly Eric Hobsbawm, is apparent in the debating in the Introduction over the meaning of social history and history of society and in the decision to make the transformation and evolution of social structures the focal point of this volume. Helmut Rumpler and his colleagues in the Commission determined that one can write synthetically about broader social developments and transformations in the monarchy, allowing for significant regional and national variations, but without dividing the treatment into separate chapters for each crown land or nationality, as has been the case with many other volumes in the series. This decision is praiseworthy, but a great challenge remains to write meaningfully about social trends and transformations for larger expanses of the Austro-Hungarian territories, given the great variations in historical experience and in the quality and depth of the scholarly literature for various regions. The challenge for presenting a meaningful and coherent volume is all the greater, since the editors have adopted an extremely broad working definition of social structures and social transformation and have included a number of contributions which, in fact, stray widely from changing social structures and relationships, either in their chosen topics or in how individual authors have chosen to fulfill their tasks. This volume shows a different recruitment of contributors than many other volumes in the series. A noticeable advance here is the much stronger representation of women than in many of the earlier volumes. In contrast to the volumes which were committed to parity in the treatment of the various crown lands and nationalities, the contributors here are drawn overwhelmingly from the Austrian Republic and Hungary, both well established figures and younger scholars, along with a few from Germany; two Czechs; two Americans; but no Poles, Slovenes, Slovaks, Croatians, Italians, Frenchmen, Britons, or Canadians. The selection of authors may relate in part to the emphasis in the volume on industrialization and the development of modern capitalist, urban, and industrial structures. One finds a much thinner treatment of rural society and the regions which lagged in economic and social development than of the urban centers and the social elements engaged in the modern industrial, commercial, and service sectors. As in any large-scale undertaking with so many contributors, there is a great variation in the scholarly quality of the individual chapters and the individual authors' success in achieving their goals.

Part one of the first Teilband focuses nominally on „Living and Work Worlds in the Industrial Revolution". Throughout, the transformative processes are conceived of very broadly, so that one begins with the driving forces of technological advance, the educational revolution, and the beginnings of modern communications and mass media. Hans Peter Hye's discussion of technology and social change offers a particularly original and interesting discussion, using three localities as case studies. The treatment of education as a socially transformative force by Margret Friedrich, Brigitte Mazohl and Astrid von Schlachta begins promisingly with a discussion of the growth of the network of schools and rising literacy rates but then focuses so much on institutional developments at various educational levels that issues of changing social access to the different levels of schooling and the broader impact on social structures are not adequately addressed. The failure to draw out sufficiently the social consequences and impacts on social structures is even more obvious in Mirko Herzog and Wolfgang Pensold's generously detailed description of the early stages of modern mass communications.

One might expect that the essay on demographic change and development between 1850 and 1910 by the geographer Heinz Fassmann would provide a good foundation for the examination of more specific aspects of social structures which follows. Fassmann's chapter treats in clear and straightforward fashion broad trends in population growth, migration, age stratification, and marriage rates over the second half of the nineteenth century, but he places the statistics in a vision of sweeping social transformations from a traditional pre-industrial world of supposed spatial immobility and stable social structures through various stages to the dynamic, modern, urbanized industrial world. This sadly ignores more than forty years of important historical research on peasant and artisanal households and migration (including much research in Austria) which has shown a great degree of mobility which was only partly concealed by the traditional corporate structures of eighteenth and early nineteenth-century society. The rest of the part one of the first Teilband offers a fairly comprehensive treatment of transformations in different segments of society in the middle and late nineteenth century. Only two chapters address the agrarian sectors, the first by Ernst Bruckmüller and the second by Hannes Stekl and Hans Heiss; and they offer sound, well-written syntheses with many insights. Agricultural workers and unskilled labor in general get limited attention in the whole compilation.

Chapters on Cisleithania alternate with others on the Hungarian half of the monarchy, so that the two halves receive broadly balanced treatment. Here and there, individual authors draw some comparisons between patterns of development in various crown lands or between the two halves of the monarchy, but sorely lacking throughout are the comparisons of the structural developments in the Austrian and Hungarian halves of the realm with other European lands which one would look for in a grand synthesis on social structures. Gender differences and women's experience also receive less attention in either the first or second part of the first Teilband than one might expect. Near the end of part one, one finds a wise and thoughtful discussion of gender images and roles by Waltraud Heindl, but the differing impacts of social structural change on women and men need more attention than they get in many of the other chapters.

The second part of the first Teilband, entitled „Von der Stände- zur Klassengesellschaft", focuses on the evolution of various social strata and groupings in the developing modern capitalist industrial society. Many chapters here offer excellent, intelligent syntheses. One can single out the particularly strong contributions by Ernst Bruckmüller on farmers, Oliver Kühschelm on the Cisleithanian bourgeoisie, Hannes Stekl on the nobility in the Hereditary Lands, Victor Karady on the intelligentsia in Hungary, Waltraud Heindl on the Cisleithanian officialdom and state employees, William Godsey on the diplomatic corps, and Peter Melichar and Alexander Mejstrik on the military.

The editors' very broad notion of the history of social structures produces some oddities in the final sections of part two of the first Teilband. Helmut Rumpler's chapter on intellectuals in Cisleithania is full of interesting insights into their roles and non-roles in society and politics during the late nineteenth century, but his focus on free, critical thinkers steers away from treating them as a social grouping as such and departs from the treatment of changing social structures. Similarly, the later chapters on efforts to reform lifestyle in response to social change, antisemitism, ideological concepts for solving the „social question", and social policy address cultural, political, and ideological responses to social change but do not really contribute to understanding the transformation of social structures. While a number of the earlier volumes in the Habsburgermonarchie series concluded with stimulating synthetic statements by distinguished senior scholars, part two of the first Teilband here concludes with a freewheeling excursion by the Hungarian historian of philosophy Endre Kiss, which tries to shift the focus of discussion from social change to „civilizing" moments and highpoints. Then follows as a sort of pendant a chapter by Michael Pammer on the statistical bases for understanding nineteenth century social structural changes in the monarchy which serves in practice as a foreword to the second Teilband, a large thematic atlas with accompanying tables.

A great deal of effort and expense has gone into the atlas, with more than one hundred thematic maps produced in dazzling color on high-quality glossy paper. As conceived by Helmut Rumpler and Martin Seger, the maps are designed to analyze the major social forces and structural phenomena as they played out on the territory of the monarchy, including population growth and density, mortality, age stratification, migration, ethnic and religious composition, occupational structure, and educational and transportation infrastructures. The maps offer much of interest about the differing character of the population and social structures in various regions of the realm, and one hopes that a CD-ROM or online version of the atlas will become available for teaching purposes. Still, there are serious limits to what the maps can show. In each thematic map the editors and map designer have chosen to present the specified social characteristics with different colors and hues by district over the whole monarchy, with no additional maps to provide greater detail and precision for particular geographical regions. Several of the maps also attempt to present social or socioeconomic data with two or more analytic parameters. While accomplished with great ingenuity, these maps require special effort to decipher. All such efforts to map various social or socioeconomic characteristics, measured in terms of percentages of the resident population, over broad expanses of land, tempt the unwary reader to draw out inferences about the coinciding of various characteristics for the residents of particular districts. With such maps, the danger of falling into the ecological fallacy, as English-speaking statisticians term it, is high. Prof. Pammer warns against the dangers of aggregation for various kinds of statistics in his essay, and such warnings should be heeded by everyone.

Overall, one finds much of great value in volume IX of „Die Habsburgermonarchie 1848–1918", an ambitious survey written by a large team of scholars who individually represent enormous learning and accomplishment. The list of cited printed sources and literature in itself will be of considerable use. Some of the shortcomings, however, whether in matters of coverage and balance or in the execution of individual chapters, are significant. Most of the disappointments can be attributed to a lack of clarity and of discipline, on the part of both the individual authors and the editors, about the basic criteria for inclusion and exclusion and what is truly necessary and appropriate for the understanding of social development and social structures as a distinct field of historical inquiry.

University of Minnesota, Twin Cities   Gary B. Cohen

Andreas GOTTSMANN, Rom und die nationalen Katholizismen in der Donaumonarchie. Römischer Universalismus, habsburgische Reichspolitik und nationale Identitäten 1878–1914. (Publikationen des Historischen Instituts beim Österreichischen Kulturforum in Rom I/16.) ÖAW, Wien 2010. 408 S.

In Gottsmanns Werk spielt die Auseinandersetzung zwischen katholischer Kirchenführung und Wiener Regierung auf der einen und Nationalismen in ihren verschiedenen Ausformungen auf der anderen Seite eine wichtige Rolle. Dieses Verhältnis kann als sehr vielschichtig betrachtet werden. Da ist einerseits die bewusste Distanzierung vieler Anhänger des Nationalstaatsgedankens von der „übernationalen" Katholischen Kirche zu nennen, anderseits aber auch das

„säkularisierte" Angebot, das viele Nationalismen zu bieten bereit waren – etwa durch eigene festliche Rituale, die bewusst als Gegenangebot zu religiösen Festen gedacht waren. In diesem Zusammenhang ist von „Nationalismus als Ersatzreligion" zu sprechen. Von großer Bedeutung innerhalb von Gottsmanns Monographie ist jener Nationalismus, der mit Religion in einer Weise einhergeht, dass das eine für das andere zur Triebkraft werden kann. Wenn etwa bei „unterdrückten" Völkern Religiosität mit Nationalbewusstsein Hand in Hand ging, so stellten religiöse Feierlichkeiten den einzigen Weg dar, sich im Sinne eines kulturellen Programms zu manifestieren. Dass die katholische Kirchenführung jenen „Nationalismen" näher stand, die nicht viel mit säkularistischen Strömungen zu tun hatten, mag als Binsenweisheit erscheinen, doch ist es ein großer Vorzug an Gottsmanns Monographie, deutlich gemacht zu haben, dass im Einzelnen Differenzierungen vorzunehmen sind.

Was den Blickwinkel der vorliegenden Arbeit betrifft, so wird zunächst die Haltung des Heiligen Stuhles gegenüber den Nationalismen in der Donaumonarchie in das Zentrum gerückt (vgl. S. 13). Der Untersuchungszeitraum erstreckt sich im Wesentlichen auf die Pontifikate zweier Päpste – Leos XIII. (1878–1903) und Pius' X. (1903–1914), wobei allerdings auch noch der im Jahr des Kriegsausbruchs gewählte Benedikt XV. (1914–1922) in den Blick genommen wird. Für Leo XIII. ist vor allem die Enzyklika „Grande Munus" vom Jahr 1880 zu nennen, durch die der Kult der „Slawenapostel" Cyrill und Methodius gefördert wurde und die in gewisser Weise eine Basis für katholisch panslawistische Bestrebungen darstellte. Dadurch war zwecks Gewinnung der nichtkatholischen Slawen die Stärkung des Zusammengehörigkeitsgefühls der katholischen Slawen intendiert. Doch nicht zuletzt waren es nie realisierte Konkordatsprojekte mit Staaten mit orthodoxer Mehrheitsbevölkerung, die das Scheitern der durch Leo XIII. eingeleiteten Ostpolitik plastisch machen. Dafür lassen sich im Wesentlichen drei Gründe angeben: Die Ablehnung der österreichisch-ungarischen Machthaber, Missfallenskundgebungen aus dem Kreis der Orthodoxie und schließlich kircheninterne Widerstände. Aus Sicht der Staatsgewalt barg der katholische Panslawismus die Gefahr des Überhandnehmens von Autonomiebestrebungen in sich, für orthodoxe Kleriker wie Laien war das „Katholische" traditionell negativ behaftet, und innerhalb der katholischen Kirche waren es vor allem die Polen, die eine insbesondere durch liturgische Zugeständnisse bewirkte Annäherung an die Orthodoxie fürchteten. Leo XIII. hatte die Wiedereinführung bzw. Förderung der altslawischen Liturgie (Glacolitica) stets vor Augen, und es nimmt nicht wunder, dass dieses Bestreben bei den Wiener und den Budapester Regierungen starke Irritationen auslöste.

Der Pontifikat Pius' X. hob sich in vielerlei Beziehungen von dem seines unmittelbaren Vorgängers ab, und im konkreten Fall verhielt es sich kaum anders. Dieser Papst stand den Bestrebungen nach Förderung der Glacolitica ablehnend gegenüber. Insbesondere ist in diesem Zusammenhang das Dekret „Acres" aus dem Jahr 1906 zu nennen, mit dem eine Zurückdrängung des Kirchenslawischen intendiert war und das vor allem von kroatischer Seite negativ aufgenommen wurde. Wenn Gottsmann meint, dass jene „Geister, die die habsburgische Politik gerufen und beschworen hatte", nicht mehr von dieser wichen, weil die Wiener Regierung nun „bei der Bekämpfung der kirchenslawischen Liturgie auf die Bremse" gestiegen sei (S. 93), so wird hier nicht zuletzt deutlich, auf welcher Gratwanderung sich die Wiener Politik der untergehenden Donaumonarchie befand.

In Gottsmanns Darstellung nimmt die Thematik der Bischofsbestellungen einen bedeutenden Raum ein. Grundsätzlich kam dem Kaiser ein Nominationsrecht bei der Bestellung von Diözesanbischöfen zu, es war daher für die Päpste nur in den seltensten Fällen möglich, diesbezüglich am Kaiser vorbei zu agieren. Anhand zahlreicher Vorgänge wird deutlich, wie sehr nationale Befindlichkeiten diesen Themenbereich sensibilisierten. Häufig waren diplomatisch versierte Persönlichkeiten gefragt, weniger häufig wurden solche wirklich gefunden. Und vor allem die oftmalige Nichterfüllung von Vorstellungen, die bei der Wiener Regierung oder der römischen Kurie vorgeherrscht hatten, ist es, deren Darstellung die Lektüre des Werkes so spannend macht.

Ist die Perspektive des Autors auf das Spannungsverhältnis zwischen Nationalismen bzw. „nationalen Katholizismen" und Katholischer Kirchenführung primär eine von oben gewählte, so bleibt eine Akzentuierung auf Rezeptionsvorgänge seitens des Kirchenvolks nicht ausgespart. An zahlreichen Stellen des Werkes erhält die Leserschaft Einblick in Segregationsbestrebungen, die sich innerhalb der Katholischen Kirche bemerkbar machten. Nicht selten bewirkte eine restriktive Haltung Roms gegenüber der altslawischen Liturgie unter dem katholischen Kirchenvolk offene Sympathiekundgebungen für die Orthodoxie, selbst kollektive Übertritte blieben nicht aus.

Sehr informativ ist auch die Liste von Kurzbiographien wichtiger Protagonisten der damaligen Zeit: neben den drei erwähnten Päpsten die mit Angelegenheiten der Donaumonarchie befassten kurialen Amtsträger, die in damaligen Konflikten eine Rolle spielten; Nuntien; Vatikanbotschafter; Diözesanbischöfe und weitere kirchliche Amtsträger, die für das Thema von Bedeutung sind. In seinen Einleitungsworten zu diesem Abschnitt weist der Autor auch darauf hin, auf Verweise auf weitere Literatur zu diesen Kurzbiographien weitgehend verzichtet zu haben. Tatsächlich erfolgen oftmals zahlreiche archivalische Verweise zu den biographierten Persönlichkeiten. Damit ist einer der wesentlichen Vorzüge der Monographie – nämlich die umfassende Heranziehung archivalischer Quellen – angesprochen. Doch hätte man sich in manchen Fällen durchaus mehr Verweise auf Literatur gewünscht – so etwa im Fall des Brünner Bischofs Paul Huyn, für den einzig ein Ministerratsvortrag des damaligen Kultusministers Max von Hussarek als Quelle angegeben wird. Auch wenn im Rahmen des Werkes keine längeren Biographien geboten werden können, so ist es doch eher überraschend, dass bezüglich des Olmützer Erzbischofs Theodor Kohn zwar erwähnt wird, dass dieser „aufgrund wachsender Widerstände" resignieren musste (S. 343), diese Widerstände aber zu einem nicht unwesentlichen Teil antisemitischen Ressentiments entsprangen – schließlich hatte Kohn jüdische Vorfahren. Kohns jüdische Abstammung wird allerdings an anderer Stelle erwähnt (S. 314), und dies ist im vorliegenden Kontext insofern von Bedeutung, als sich der Olmützer Erzbischof im Sinne des „Nationalitätenausgleichs" bei Leo XIII. für die Erlassung einer einschlägigen Enzyklika einsetzte (ebd.) und Polemik von „deutscher" wie von „tschechischer" Seite erntete.

Insgesamt hat Andreas Gottsmann ein Werk vorgelegt, das instruktiven Einblick in die Lage der Katholischen Kirche der untergehenden Donaumonarchie gewährt und dabei den Schwerpunkt gerade auf Vorgänge gelegt, die die eigentlichen Vorboten des Untergangs gewesen sind. Vor allem Friedrich Engel Janosis zweibändiges Werk „Österreich und der Vatikan 1846–1918" (komplett erschienen 1960), aber auch der im Jahr 1985 erschienene „Konfessionenband" der mehrbändigen Reihe „Die Habsburgermonarchie 1848–1918" haben eine würdige Ergänzung gefunden.

Zum Schluss seien noch einige Bemerkungen zu Einzelheiten gestattet: Wenn davon die Rede ist, dass sich die altkatholische Kirche von der römischen Kirche „abgespaltet" habe (S. 195), so muss hier eine gewisse terminologische Neutralität eingemahnt werden. Der Anlass der Aufspaltung zwischen „römischer" Kirche und Altkatholiken waren eben Ereignisse (insbesondere die Dogmatisierung der päpstlichen Unfehlbarkeit), die aus katholisch-theologischer Sicht durchaus umstritten waren. Dass dieser Tatsache durch politische Machtträger in der Donaumonarchie Rechnung getragen wurde, zeigt sich etwa am Umgang der Behörden mit jenen Personengruppen, die gegen die Maßnahmen des Ersten Vatikanischen Konzils Protest erhoben. Erinnert sei in diesem Zusammenhang an die Überlassung der Kapelle des damaligen Rathauses an diese Personengruppen – später eben „Altkatholiken" genannt – durch den Wiener Gemeinderat im Jahr 1872. Darüber hinaus nahm Kaiser Franz-Joseph die Dogmatisierung der päpstlichen Unfehlbarkeit zum Anlass für die Kündigung des Konkordats von 1855.

Wenn im Zusammenhang mit den Auseinandersetzungen zwischen ungarischer Regierung und katholischer Kirchenführung von einer „laizistischen Schul- und Ehegesetzgebung" die Rede ist (S. 258), so klingt diese Wortwahl etwas distanzierend. Im Zusammenhang mit dem Schulwesen wurden kirchliche Aufsichtsrechte eingeschränkt, und das ungarische Eherecht war ab dem ausgehenden 19. Jahrhundert vom System der obligatorischen Zivtrauung geprägt. Beides sind Gegebenheiten, mit denen man sich heute in katholischen Kreisen zumeist so gut wie abgefunden hat.

Gewisse Unklarheiten ergeben sich aus der Erwähnung der gegen den slowakischen Priester Andrej Hlinka verhängten Haftstrafe (S. 268). Diese Haftstrafe resultierte offensichtlich aus einem staatlichen Gerichtsurteil, wohingegen die durch „Rom" erfolgte Suspension eine kirchliche Maßnahme darstellte. Wenn nun gemeint wird, dass Hlinkas „Berufung gegen dieses Urteil" seitens Rom lange unbeantwortet blieb und er „in Mähren die Entscheidung des Vatikans" abwartete, so könnte hier das Missverständnis geweckt werden, als hätten katholische Hierarchen an der Verhängung der „Gefängnisstrafe" mitgewirkt.

Zu guter Letzt sei folgender Kritikpunkt gestattet: Die Gewichtigkeit dieser Monographie wird bereits im Zusammenhang mit der Leistung ihres Autors offenkundig. Darüber hinaus ist auch eine Gewichtigkeit in physischer Hinsicht gegeben. Um aus dem Nähkästchen des Rezensenten zu plaudern: Dem Werk eignet eine gewisse Unhandlichkeit, die selbiges nicht als geeignete Nachtkästchenlektüre erscheinen lässt. Diese Kritik ist freilich nicht an den Autor gerichtet. Mögen den Herausgebern der Reihe „Publikationen des Historischen Instituts beim Österreichischen Kulturforum in Rom" Mittel und Wege einfallen, den gordischen Knoten zwischen dem intellektuell anspruchsvollen Großformat eines Werkes und dem damit verbundenen voluminösen Erscheinungsbild zu durchtrennen.

Wien Stefan Schima

Peter G. Tropper, Ordnung der Frömmigkeit – Normierung des Glaubens. Kirchliche Ordnungsvorstellung und katholisches Laienchristentum in Kärnten zwischen 1848 und 1938. Hermagoras, Klagenfurt–Ljubljana–Wien 2011. 236 S., 45 Abb.

In einer Untersuchung zur Geschichte der katholischen Frömmigkeit lässt es sich kaum vermeiden, über ein Verhältnis zwischen Norm und Wirklichkeit zu sprechen. Zwischen einem von der kirchlichen Obrigkeit propagierten Glaubens- und Frömmigkeitsideal und einer vom Kirchenvolk gelebten Glaubens- und Frömmigkeitspraxis sind in jeder historischen Epoche kleinere oder größere Diskrepanzen, die immer auf eine Vielfalt von Ursachen zurückgehen, festzustellen.

Normierung durch die Kirchenleitung und Praxis des Kirchenvolkes – unter diesem Blickwinkel erforschte Peter G. Tropper, Leiter des Archivs der Diözese Gurk–Klagenfurt, die Frömmigkeit der katholischen Bevölkerung Kärntens zwischen 1848 und 1939. Das Buch, in dem er die Ergebnisse seiner mehrjährigen Forschungsarbeit präsentiert, ist inhaltlich in acht Hauptkapitel unterteilt. Die für diese Arbeit grundlegenden Begriffe wie Frömmigkeit, Glaube, Religion, Laien und Kärnten werden gleich in der Einleitung erläutert. Im Kapitel über kirchenpolitische Rahmenbedingungen im oben erwähnten Zeitraum wirft der Verfasser einen Blick auf die staatliche Gesetzgebung in Österreich, auf die Regelung des Verhältnisses zwischen Staat und Kirche durch die Konkordate von 1855 und 1933 sowie auf innerkirchliche Herausforderungen der Zeit. Es wird hingewiesen auf die Kompetenzen der österreichischen Bischöfe in Bezug auf die Leitung ihrer Diözesen, die ihnen auf Grund des 1855 abgeschlossenen Konkordats eingeräumt worden waren. Abgeschlossen wird das Kapitel mit einer kurzen Darstellung der Lage der katholischen Kirche Österreichs im Jahre 1938.

Im dritten Kapitel legt der Autor die Tätigkeit der Bischöfe der Kärntner Diözesen Gurk und Lavant bis zur Diözesanregulierung 1859 und des in diesem Jahr errichteten Landesbistums Gurk–Klagenfurt dar. Besonders hervorgehoben werden pastorale Aktivitäten von Bischof Joseph Kahn (im Amt 1887–1910) und Bischof Adam Hefter (im Amt 1914–1939). Die Tätigkeit des Letzteren zeichnete sich durch eine starke Intensivierung der Seelsorge in der Zwischenkriegszeit aus, zu der auch die Abhaltung von Diözesansynoden 1923 und 1933 beitrug. Eine große Herausforderung für Bischof Hefter war die seit 1919 enorm steigende Zahl der Kirchenaustritte bzw. Übertritte in die evangelische oder altkatholische Kirche. Der Verfasser nimmt auch Stellung zum positiven Verhältnis Hefters zum Nationalsozialismus und bietet pastorale Sorgen des Bischofs als eine Erklärung für dieses Verhältnis an.

In den Kapiteln über Liturgie und Spiritualität beschäftigt sich der Verfasser einerseits mit den Aktivitäten der Bischöfe und der Diözesangeistlichen bezüglich des liturgischen Lebens, insbesondere des Sakramentenempfangs, dann bezüglich der Glaubensunterweisung, Förderung des geistlichen Lebens der Gläubigen durch Volksmissionen und Exerzitien und schließlich des Andachtswesens. Andererseits wird anhand von Statistiken ein Einblick in die Glaubenspraxis der Katholiken der Diözese Gurk gewährt. Als Beispiel einer erfolgreichen Initiative wird die Eucharistische Bewegung, der man eine Steigerung der Zahl der Kommunionen zwischen 1928 und 1932 zuschrieb, genannt.

Im größeren Teil des Kapitels „Zur Praxis der Frömmigkeit" schildert der Verfasser ein Bild des katholischen Bruderschafts- und Vereinswesens in Kärnten, wobei er unterschiedliche Entwicklungen in deutsch- und slowenisch-sprachigen Landesteilen feststellt. Mehr oder weniger ausführlich berichtet er über die Errichtung, Ziele und Tätigkeit einzelner Bruderschaften und Vereine sowie über die Normen, durch welche die Bischöfe ihre Aktivitäten zu regeln versuchten. Obwohl es sich prinzipiell um Laienvereinigungen handelte, fielen Leitungs- und Aufsichtsaufgaben dem Klerus zu, was hier deutlich unterstrichen wird. Im selben Kapitel werden ferner Wallfahrten, Heiligenverehrung, private Andachten und Privatoffenbarungen behandelt.

Über den Zustand der Diözese im Zeitraum von 1922 bis 1938 aus der Sicht des Bischofs Hefter kann der Leser in einem eigenen Kapitel, in dem der Inhalt von fünf Relationen, die der Bischof an die römische Konsistorialkongregation sandte, referiert wird, erfahren.

Der Beitrag Troppers zur Geschichte der katholischen Laienfrömmigkeit in Kärnten zwischen 1848 und 1938, der im Hinblick auf das Thema eine Pionierarbeit darstellt, ist zu begrüßen. Dank seiner Auseinandersetzung mit den Quellen ist es dem Verfasser gelungen, zu zeigen, welche Akzente im Glaubens- und Frömmigkeitsleben der Katholiken der Diözese Gurk seitens der Diözesanleitung gesetzt wurden. Zahlreiche Statistiken helfen, sich einen Überblick über Grundzüge der kirchlichen Entwicklung Kärntens zu verschaffen. Ein wichtiges Ergebnis seiner Arbeit ist, dass er deutlich gemacht hat, in welchem Kontrast seelsorgliche Aktivitäten der Geistlichen und die Glaubenspraxis des Volkes standen. Den festgestellten Mangel in der Glaubenspraxis führt er auf Änderungen politischer und gesellschaftlicher Bedingungen zurück.

Um Anforderungen an eine kritische Rezension gerecht zu werden, seien noch einige Anmerkungen zur Frage der Frömmigkeitspraxis, die in mancher Hinsicht unzureichend beantwortet zu sein scheint, erlaubt. Am markantesten ist dies vielleicht im Teil über private Andacht zu sehen, der sich eigentlich in allgemeinen Behauptungen erschöpft, ohne einen Bezug auf wirkliche, von Quellen belegte Gebetspraxis der Kärntner Bevölkerung zu nehmen. Bezüglich des Teiles über Heiligenverehrung wünschte man sich, über den Platz, den die Heiligen im spirituellen Leben der Gläubigen hatten, etwas mehr zu erfahren. Hätte man diese Themen tiefer und ausführlicher behandelt, wäre m. E. eine der Schlussfolgerungen des Autors, es habe ein „Verlagern' von Ausdrucksformen der persönlichen Frömmigkeit aus dem spirituellen Bereich (etwa in Gebet und Andacht) in die caritativ-soziale Ebene" gegeben, besser nachvollziehbar.

Wien   Viliam Stefan Dóci OP

Schutzvereine in Ostmitteleuropa. Vereinswesen, Sprachenkonflikte und Dynamiken nationaler Mobilisierung 1860–1939, hg. von Peter Haslinger. (Tagungen zur Ostmitteleuropa-Forschung 25.) Herder-Institut, Marburg 2009. 274 S.

Soll man einen Sammelband „(Nationale) Schutzvereine in Ostmitteleuropa" nicht gleich ungelesen zur Seite legen? Einen Band also, der im Kern die schriftlichen Beiträge von Tagungen enthält, die 2006 und 2007 in Preßburg (Pozsony, Bratislava) bzw. Marburg und Gießen veranstaltet worden sind? Nein, man soll – aus gleich auszuführenden Gründen – nicht, obwohl sich auch in diesem Band Beiträge der „üblichen Verdächtigen" finden, die Altbekanntes in kaum erneuerter Form präsentieren, ohne auch nur im Geringsten auf die Diskussionen zu den in diesem Zusammenhang zentralen Begriffen „Nation", Nationalismus", Sprachengrenze etc. einzugehen, die seit mittlerweile gut einem Jahrzehnt (mit der hier üblichen Verspätung) auch in Mitteleuropa bekannt sein sollten. Wenn also in dem einen oder anderen Beitrag von d e n Polen, Deutschen, Tschechen etc., insgesamt also von längst bestehenden Nationen im modernen Sinn die Rede ist, so ist dies auch angesichts des Umstandes überaus verblüffend, dass Pieter M. Judson zu Beginn seines Eröffnungsbeitrags (Die Schutzvereine und das Grenzland: Strategien zur Verwirklichung von imagined borderlands) die Existenz solcher Nationen um 1900 bestreitet und sie eher als diskursives Konstrukt bezeichnet – eine Feststellung, die im Zuge der Tagungen eigentlich für Diskussionsstoff hätte sorgen müssen und zu der gegebenenfalls auch in den schriftlichen Beiträgen Stellungnahmen zu erwarten gewesen wären!

Um gleich ein weiteres Manko zu erwähnen: Eine vergleichende Darstellung der Tätigkeit der Schutzv e r e i n e müsste wohl auch deren innere Strukturen eingehender beleuchten. Zweifellos handelte es sich dabei in der Regel um hierarchisch strukturierte Ortsgruppenverbände, deren Hauptaufgabe darin bestand, über Mitgliedsbeiträge, Spenden und sonstige Erlöse ein Maximum an Mitteln zu lukrieren, die dann zur freien Disposition der zentralen Organe standen. Wie aber ermittelten diese Vereine/Verbände (lokal und überregional) die personelle Zusammensetzung ihrer Leitungsgremien? Wie weit verstanden es diese umgekehrt, sich durch gezielte Verteilung der Mittel einer Klientel zu versichern? Und: wie weit dienten die vorhandenen Mittel auch einer (versteckten) Parteienfinanzierung – oder: wer waren (wann) die bezahlten Funktionäre der einzelnen Verbände? Gerade auch angesichts dieser Fragestellungen wird es überaus plausibel, wozu ein permanentes Szenario einer „Bedrohung" zu dienen hatte – zur Legitimation der (einträglichen) Schutzarbeit.

Erklärbar wird aus solchen Fragestellungen aber auch der in den Beiträgen mehrfach erwähnte Umstand, dass die Schutzvereine insbesondere nach 1918/19 eine im Verhältnis zu den modernen Massenparteien weitgehend untergeordnete politische Rolle spielten. Als ebenbürtiges „alter ego" der alten Honoratiorenparteien waren sie nicht ohne weiteres in die Korsette der „neuen" zentralistischen Lagerparteien und ihrer Vorfeldorganisationen einzubinden.

Zumindest indirekt wird dies in nahezu allen Beiträgen deutlich: Die Schutzvereine vermochten zwar innerhalb der mittelständischen Bevölkerungen – der Honoratioren – der (insbesondere kleinen und mittleren) Städte Fuß zu fassen, stießen aber mit ihren ideell-nationalen Anliegen sowohl unter den Angehörigen der städtischen Unterschichten als auch der bäuerlichen Bevölkerung auf desinteressierte Gleichgültigkeit. Sie gediehen – könnte ergänzt werden – in allererster Linie innerhalb der jeweils überschaubaren stadtbürgerlichen Öffentlichkeiten, deren Teilnehmer/innen zumeist nur geringe Möglichkeiten vorfanden, sich der Mitgliedschaft (in erster Linie in Form eines dem jeweiligen Vermögen entsprechenden Mitgliedsbeitrags) zu entziehen. Wie weit unter diesen die nationalen Diskurse verfingen ist fraglich. Die stets wiederkehrende „Beschwörung" der nationalen Werte lässt aber zumindest vermuten, dass diese außerhalb des engeren Kreises der Vereins- und Verbandsvorstände auf eher geringe Resonanz gestoßen sind.

Pars pro toto kann hier im Folgenden nur auf einige Beiträge des Bandes näher eingegangen werden. Überaus anregend ist in diesem Zusammenhang etwa die vergleichende Lektüre der Untersuchungen Jörg Hackmanns zu den deutschen Vereinen in den russländischen Ostseeprovinzen nach dem Revolutionsjahr 1905 und jener Kai Struves zu Erfolg und Misserfolg galizischer Vereine von den 1860er Jahren bis 1914. Zu Beginn der jeweiligen Untersuchungszeiträume findet sich hie wie da als „Deutsche" bzw. „Polen" eine jeweils schmale Elite, die angesichts der Bedrohung ihrer faktisch immer noch ständischen Privilegien „Strategien des Obenbleibens entwarf, die auf eine allgemeine Nationalisierung der bis dahin politisch, sozial und kulturell wenig integrierten ... Bevölkerung zielten".

Für die Angehörigen der deutschsprachigen Eliten im Ostseeraum brachte die Revolution von 1905 eine doppelte Bedrohung: den Verlust ihrer ständischen Privilegien und eine drohende Russifizierung des gesamten öffentlichen Lebens und auch des Schulwesens. Dagegen bewirkte die versuchte Polonisierung des galizischen Alltags die allmähliche nationale Polarisierung sowohl der alten Eliten (die wenigen nicht-geistlichen griechisch-katholischen Gebildeten hatten sich lange Zeit als „gente Rutheni, natione Poloni" verstanden) als auch – sehr zeitverzögert – der bäuerlichen Bevölkerung. Letztere profitierte auf beiden Seiten u. a. vom Ausbau des (nationalen) Schulwesens, das sich sowohl die polnischen und ruthenischen Schul- und Schutzvereine als auch jene der „Deutschen" in den russländischen Ostseeprovinzen zu einer zentralen Aufgabe gemacht hatten.

Gänzlich anderen Herausforderungen standen dagegen die tschechischen, slowakischen und tschechoslowakischen Schutzvereine nach 1918/20 gegenüber: Wie Peter Haslinger bzw. Elena Mannová in ihren Beiträgen u. a. darstellen, sollte es sich unter den von den politischen Verwaltungen garantierten rechtsstaatlichen Bedingungen als ausgeschlossen erweisen, die von den Schutzvereinen angestrebte vollkommene Nationalisierung der nationalstaatlichen Territorien zu verwirklichen – dies umso mehr, als die deutsch- bzw. ungarischsprachigen städtischen Eliten in den jeweiligen (neuen) Randgebieten im Rahmen der lokalen Selbstverwaltung weiterhin eine unverzichtbare Rolle spielten. Die Radikalisierung des deutschen Schutzvereinswesens in den böhmischen Ländern im Zuge und Gefolge der Weltwirtschaftskrise schließt zudem den umfangreichen Beitrag Jitka Balcarovás zum dortigen deutschen Schutzvereinswesen seit 1880 ab.

Die von Angela Gröber geschilderten Bemühungen vor allem deutsch-katholischer Prager Kreise um den Schutz und die Erhaltung der „deutschen Minderheit" in der Karpatenukraine erinnern in mancher Hinsicht auch an Karl-Markus Gauß' Schilderungen über verschwindende Minderheiten in Südosteuropa. Die Ereignisse des Ersten Weltkrieges banden die bis dahin etwa 10.000 in abgeschiedener Gemengelage lebenden Angehörigen dieser Gruppe unvermittelt an die „große Welt" an und bedrohten damit gleichzeitig ihre bis dahin kaum einem Wandel unterworfene überwiegend agrarische Lebenspraxis. Einerseits zielten daher die Bestrebungen darauf ab, die „Karpatendeutschen" – gerade auch durch den Ausbau des Schulwesens – in die größere Nation zu integrieren, ungewollt geschah dies andererseits auch dadurch, dass dieser scheinbar urtümlich deutsche Siedlungsraum zum Sommerfrischeziel nationalromantisch bewegter Jugendgruppen wurde, mit denen ebenfalls „ein Stück Moderne in die Lebenswelt des 19. Jahrhunderts" einbrach.

Heidrun Zettelbauer zeichnet in ihrer quellengesättigten Untersuchung über Geschlechteridentitäten in deutschen Schutzvereinen der Habsburgermonarchie die nur auf den ersten Blick paradoxe passiv-aktive diskursive Einbindung von Frauen in das deutschradikale Milieu in Graz in den Jahren vor dem 1. Weltkrieg nach. Gerade auch weil der Rezensent vermeint, nahezu identische diskursanalytische Ergebnisse bereits in ganz anderen Zusammenhängen gelesen zu haben, wäre es hier interessant zu wissen, welche Spezifika im genannten Milieu zu finden sind bzw. wie weit die Ergebnisse auch für andere nationale Bewegungen, aber auch für die sich zu dieser Zeit rasch formierenden Lagerparteien gültig sind. Genau besehen müsste sogar wohl gefragt werden, wie weit sich hier alle weltanschaulichen Bewegungen einen bereits längere Zeit – nahezu global – geführten Diskurs zu eigen machen wollten, der auf die „Domestizierung" der Angehörigen der rasch anwachsenden Unterschichten in den städtischen Ballungszentren abzielte und in den Worten Jan de Vries' den Übergang von den „industrious" zu den „bread winner – home maker households" zu beschleunigen versuchte. Die damit verbundene deutliche Steigerung der Lebensqualität aller Beteiligten erfolgte demnach um den Preis der Verdrängung der verheirateten Frauen aus der Öffentlichkeit.

Anhand der Kämpfe an den und um die „Sprachgrenzen" zeigt Pieter M. Judson überaus überzeugend, dass nicht der Schutz, sondern die Schaffung je eigener Nationen das eigentliche und – zumindest vor 1914 – unerreichte Ziel der nationalen Schutzvereine in der Habsburgermonarchie gewesen ist. Im Gegensatz zur wieder und wieder beklagten „Gefährdung" ihrer Nation mussten die Schutzvereinsaktivisten in den Regionen der von ihnen (zum Teil mittels der überaus problematischen Umgangssprachenerhebung im Rahmen der Volkszählungen) imaginierten Sprachgrenzen – insbesondere im ländlichen Raum – weitgehende nationale Apathie und Desinteresse der „Grenzer" konstatieren. Diese waren in der Regel nicht nur zwei- und mehrsprachig, sondern ließen traditionellerweise auch ihre Kinder schulisch mehrsprachig ausbilden. In ihren Bemühungen um die Gewinnung der Hirne und Herzen der Menschen für die je eigene Nation versuchten sich die einander befehdenden Schutzvereine wechselseitig zu übertreffen. Allein: der Bau und die Erhaltung von Schulen und Kindergärten, kulturelle Initiativen, soziale und wirtschaftliche Unterstützung, Ansiedlungspolitik u. v. a. m. bereicherten zwar den Alltag und die Auswahlmöglichkeiten der Grenzer, ohne diese in der Regel aber dauerhaft an die eine oder andere Seite binden zu können.

Trotz der in breitesten Bevölkerungskreisen vorherrschenden nationalen Indifferenz sollte den mittelständisch-bürgerlichen Schutzvereinen unter den besonderen Bedingungen des Ersten Weltkriegs eine bis dahin unvorstellbare (sozial-)politische Bedeutung zukommen. Diese Entwicklung wird von Tara Zahra in ihrem brillanten Beitrag am Beispiel der böhmischen Länder in überzeugender Weise nachgezeichnet: Aus jeweiliger Sorge um die „Entnationalisierung" der Kinder und Jugendlichen waren dort bis zum Vorabend des Weltkrieges zwei national scharf von einander abgetrennte engmaschige und flächendeckende (private) Wohlfahrtsorganisationen entstanden, die sich insbesondere der Waisenbetreuung sowie der Kinder- und Jugendfürsorge angenommen hatten. Die sich rasch ausbreitende Kinder- und Jugendverwahrlosung sollte dann während des Weltkrieges einen (bislang eher zu wenig beachteten) überaus heiklen Abschnitt der „inneren Front" eröffnen, der die Regierung schließlich zum Handeln zwang und an dem sich dann vor allem die Schutzvereine bewähren sollten: Das im August 1917 gebildete „Ministerium für soziale Fürsorge" musste zwangsläufig auf der vorhandenen Schutzvereinslogistik der Betreuung und der Mittelaufbringung aufbauen, die bis in kleinste Gemeinden reichte. Konsequenterweise wurden dann Funktionären dieser Landesorganisationen wichtige Ämter im neu gegründeten Ministerium übertragen. So waren diese ihrerseits wieder in der Lage, ihren Überzeugungen von der Notwendigkeit einer strikten nationalen Trennung (des Wohltätigkeitswesens) politische Anerkennung – gerade auch gegenüber der national weiterhin überaus gleichgültigen „unterbürgerlichen" Öffentlichkeit – zu verschaffen.

Vergegenwärtigt man sich abgesehen von all dem die Verhältnisse, wie sie noch vor kurzem in einem österreichischen Bundesland obwalteten, erweist sich, wie zeitrelevant die Beschäftigung mit dem Thema „nationale Schutzvereine" in gewisser Hinsicht immer noch ist. Dort haben es insgesamt fünf Schutzvereine bzw. deren Funktionäre durch gegenseitige Neutralisierung und gemeinsame Paralysierung der Politik bis in jüngste Zeit glänzend verstanden, die eigene Existenz abzusichern.

Wien Hans Peter Hye

Eckhard MÜLLER-MERTENS, Existenz zwischen den Fronten. Analytische Memoiren oder Report zur Weltanschauung und geistig-politischen Einstellung. Leipziger Universitätsverlag, Leipzig 2011. 560 S.

Selten aus der Erinnerung, sondern aufgrund von je festgehaltenen eigenen und fremden Zeitzeugnissen, von Memoranden, Traktaten, Tagebuch-Eintragungen und Mitschriften von Diskussionen und Vorträgen in unterschiedlichen SED-Gremien, kurz aufgrund von zu den Ereignissen in der DDR zeitgleichen Niederschriften aller Art ist dieses Buch geschrieben worden (S. 7ff.). Es dokumentiert, wie der Klappentext vermeldet, den „zweimaligen Wechsel der Paradigmen 1949 von der Bürgerlichkeit zum Marxismus, 1959 bis 1963 vom Marxismus zu einem eigenen Menschen- und Geschichtsbild". Seine Geschichte, die der bald 90jährige Historiker und Mediävist von erstklassigem, international weithin anerkanntem Range (s. MIÖG 80 [1972] 465–467) vorlegt, beginnt im wesentlichen mit dem Ende des Dritten Reichs, das der Autor als Soldat bei der Marineflak in Norwegen erlebte (S. 22ff.). Das Anfangskapitel enthält aber auch wichtige Rückblenden in die Zwischenkriegszeit, in der die Ehe seiner Eltern bereits 1930 gescheitert war. Ein Ereignis, das Müller-Mertens (geb. 1923) zeitlebens schwer traumatisierte und das eine besonders starke Bindung an die Mutter bis zu deren Tod im Frühsommer 1949 zur Folge hatte (S. 91f., bes. 187). Vater und Mutter stammten aus gutbürgerlichem Haus. Während der Vater Rudolf Müller sich bald nach dem Ende des Ersten Weltkriegs der KPD anschloss und ein von der Sowjetunion bezahlter Parteiangestellter wurde, war die Mutter Elisabeth, geb. Mertens, vornehmlich der linken Gruppierung der Deutschen Jugendbewegung und ihren lebensreformerischen Zielen verbunden. Beide Einflüsse bewirkten eine antikapitalistische, antifaschistische sowie pro-kommunistische und pro-sowjetische Grundhaltung des Autors, „die durchaus konform ging mit einem verträglichen Verhältnis zur Schule, zum Dienst im ‚Deutschen Jungvolk', zum Staat, zur Wehrmacht, zum Lebensverhältnis im Dritten Reich" (S. 24). Letzteres wurde freilich auf lange Zeit wirtschaftlich und sozial äußerst prekär. Der Vater ging nach der Machtergreifung Hitlers zunächst in den Untergrund und emigrierte im Oktober 1933 über Dänemark nach Schweden. Knapp vorher wurde die alleinerziehende Mutter dreier Kinder wegen ihrer ehemaligen KPD-Mitgliedschaft aus dem Schuldienst entlassen. Nun war die Familie von der Sozialhilfe sowie von den Zuwendungen reicher Verwandter abhängig und lebte überdies in ständiger Angst (S. 33ff.). Ohne gelernter Psychologe zu sein, kann man sich aus diesen Ereignissen so manche Lebensentscheidung des Autors erklären (vgl. S. 186–188). Er suchte stets nach gerechten, sicheren Wirklichkeiten, nach theoretisch-philosophisch verlässlichen Grundlagen, auf denen sich ein freies Leben und eine undogmatische, autonome Wissenschaft aufbauen ließen (bes. S. 187f., 359f.). In dieser Hoffnung erfolgten die Hinwendung zum Marxismus und der Umzug aus dem Westen nach Ostberlin, wo Müller-Mertens das Studium der Geschichte an der Humboldt-Universität begann. Hier erhielt er auch ein Stipendium, das die immer noch drückende materielle Not lindern half (S. 92ff.). Zwei bezeichnende Details am Rande: Den Antrag auf Aufnahme in die SED stellte er am 13. Januar 1949 noch im amerikanischen Sektor von Berlin (S. 81) und von dort fuhr er zum früheren Reichsluftfahrtministerium, um bei der Gründung der DDR am 7. Oktober 1949 dabei zu sein (S. 94).

War die bisherige alles andere als eine angenehme Lektüre, auch weil das vorhandene Register nur unzureichend hilft und die chronologische Abfolge vielfach unterbrochen wird, können die folgenden Kapitel den allgemeinen deprimierenden Eindruck nur verstärken. Das hängt wohl auch damit zusammen, dass dem Buch jeglicher, auch der leiseste Anflug von Humor fehlt, der sonst den Alltag der DDR erleichterte. Allerdings gab es wahrlich wenig zu lachen im akademischen Leben des realen Sozialismus, dessen sowjetische wie DDR-Wirklichkeit der Autor schon 1960 als „Faschismus von links" bezeichnete (S. 184). Stationen, die zu dieser Einsicht führten, waren noch nicht der Volksaufstand vom 17. Juni 1953, der ihn zwar tief beeindruckte, aber nicht in seinem Glauben an den Sozialismus erschütterte (S. 103f.). Dagegen wirkte wesentlich stärker die Tatsache, dass die Parteiführung aus der ursprünglichen Geheimrede Chruschtschows auf dem 20. Parteitag der KPdSU vom Februar 1956 (Verurteilung des Personenkults, des Dogmatismus und der Verbrechen der Ära Stalins) keinerlei Konsequenzen zog. Außerdem wurden nach der Parteilinie die Entwicklung in Polen, das keine Zwangskollektivierung der Landwirtschaft durchführte (vgl. S. 180: Müller-Mertens' Ablehnung der 1958 beschlossenen Zwangskollektivierung in der DDR), als revisionistisch und der ungarische Aufstand im Spätherbst 1956 als faschistisch qualifiziert (S. 121ff., bes. 133). In der „Polen-Frage" ging Müller-Mertens so weit, im Oktober 1956 gegenüber einem hohen SED-Funktionär den Rücktritt Ulbrichs zu fordern, worauf er „als Sekretär der SED-Grundorganisation Geschichte" abgelöst wurde (vgl. auch S. 387f.). Damals (1956) wollte Müller-Mertens sogar aus der Partei austreten (S. 166). Die Aufforderung zur Selbstkritik folgte und wurde befolgt (S. 158ff.), doch Polen blieb das Reizthema. Als Müller-Mertens 1959 von einer Tagung aus dem „revisionistischen" Polen zurückkam und diese „schön" fand, wurde er abermals heftig kritisiert und geriet unter ständigen Beschuss. In dieser Zeit, das heißt noch vor dem Mauerbau am 13. August 1961, den er als „Einriegelung" wie in der Kaserne 1941 empfand (S. 178), erfolgte der innere Bruch mit der Partei. „Im oder seit dem Herbst 1959 sprach (ich) mit zwei Zungen, legte eine Maske im Umgang mit der Partei und an der Universität an." (S. 182; vgl. 388: Müller-Mertens' Fremdbeurteilung aus Stasiunterlagen). So gelang ihm eine frühe und schnelle akademische Karriere; er erhielt bereits mit 29 Jahren 1952 einen Lehrauftrag, vier Jahre später die Dozentur (S. 113) und wurde 1960 mit 37 Jahren Ordinarius für mittelalterliche Geschichte an seiner Universität (S. 178, 183f.). Hier übte er zwischen 1963 und 1968 die Funktion eines auch für die Studienreform zuständigen Fachrichtungsleiters aus (S. 194–199). Die Unterdrückung des Prager Frühlings 1968 unter Beteiligung von DDR-Truppen löste an der Humboldt-Universität erneut sehr große Unruhe und heftigen Widerspruch aus. Die darauf erfolgten Maßregelungen von Wolfgang Eggert und Matthias Springer (vgl. S. 358) setzten Müller-Mertens in „panischen Schrecken" (S. 201), weil er die Meinung der von der Universität Verwiesenen durchaus teilte. Angst und Panik blieben im akademischen Leben des Autors stets präsent (z. B. S. 143; 162, 8. und 4. Z. v. u.; 164, 9. Z. v. u.; 187–191; 383, 2. Z. v. u.). Nicht auszudenken, ein „lieber" Kollege hätte im Westen nach 1945 die gleiche Macht wie ein akademischer SED-Funktionär besessen. Siehe etwa Joachim Herrmann, der 1969 in echt stalinistischer Tradition und unter Missachtung der grundsätzlichen methodischen Differenz „die Anbindung des frühen Mittelalters an die Ur- und Frühgeschichte" durchsetzte (S. 360f.). Herrmann spielte folgerichtig bei der Herausgabe des ersten Bandes der „Deutschen Geschichte in 12 Bänden" eine wichtige Rolle. Allerdings ist gerade dieser Band auch ein Beispiel für die schließlich von Herrmann anerkannte Meinungsvielfalt unter den marxistischen Historikern der DDR. Diese Tatsache wird gerne übersehen, und zwar vor allem von solchen westlichen Kollegen, die auch sonst für ihre ebenso ungebetenen wie höchst unzutreffenden Ferndiagnosen bekannt sind (allgemein siehe S. 396ff., vgl. 104, 361 und 518f.). Auch dürfte es einem aufmerksamen Proseminaristen nicht passieren, Siegfried Epperlein (Romfreies Kaisertum) unter die marxistischen Historiker zu zählen (S. 420f.).

Eine wichtige Schlüsselstellung des Buches, gleichsam den Kern dieser schonungslosen Confessiones „Vom Himmel durch die Welt zur Hölle", findet der Rez. in den gekürzt wiedergegebenen „Aufzeichnungen unter dem Datum 3. Oktober 1985" (S. 186–188). Darin wird auch die Frage beantwortet, „warum habe ich die DDR nicht verlassen", was der Autor vor dem Mauerbau 1961 hätte leicht tun können. Er wollte aber auf seine gewohnte akademische Lehrtätigkeit nicht verzichten und lehnte außerdem die Entwicklung im Westen in gleicher Weise ab. Er war „ein Mann zwischen den Fronten" (S. 187 letzte Z.) geworden. Aber waren diese Fronten wirklich nur solche zwischen West und Ost, sondern nicht auch zwischen Traum (vgl. S. 25 das nach dem Überfall auf die Sowjetunion 1941 erfundene Traumland

Schmuggau) und Wirklichkeit? Jede totale Vergesellschaftung der Produktionskräfte bewirkt notgedrungen die Entstehung von Führungskadern, eben von einer neuen Klasse von Funktionären, die sich dann mit mehr oder weniger demokratischen Mitteln zu behaupten sucht. Dazu gehört auch die Sprachhoheit. Der Autor erwähnt selbst die für Außenstehende unverständliche Sprache der DDR-Gremien (S. 186), deren Beherrschung freilich auch Teil der Machtausübung war. Diese Sprache erinnert an die kirchlicher Hierarchien, wofür etwa die fundamentalistischen, ja scholastisch anmutenden Diskussionen um den deutschen Feudalstaat und die Grundsatzdebatten bei der Entstehung des „Grundriß/Deutsche Geschichte in 12 Bänden" die Proben aufs Exempel liefern (S. 396ff.). Es gab auch im „Parteilehrjahr" ausdrücklich „Exerzitien" genannte Übungen (S. 95). Ständig wurde die zu bekämpfende, abstrakte Figur des Gegners und Klassenfeinds beschworen, der offenkundig in dieser Kirche ohne Gott die Rolle des „Bösen Feindes", des Teufels, übernommen hatte (S. 159). Und es gab das Ritual der Selbstkritik, dem sich auch Müller-Mertens unterziehen musste (S. 158f.) und das an die öffentliche Erweckung von Reu' und Leid' erinnert. Man kann verstehen, dass der Autor bei seiner mit 1. September 1988 wirksamen Emeritierung das Gefühl hatte, „ich war frei" (S. 395). Nicht verstehen kann man dagegen, dass sich heute noch Akademiker ohne Not nach einem solchen geist- und menschenfeindlichen System (zurück)sehnen.

Wien   Herwig Wolfram

Notizen

Die Admonitio generalis Karls des Großen, hg. von Hubert Mordek (†), Klaus Zechiel-Eckes (†) und Michael Glatthaar. (MGH Fontes iuris Germanici antiqui in usum scholarum separatim editi 16.) Hahn, Hannover 2012. 264 S., 9 Abb.

Bereits das Titelblatt des Werks, auf dem hinter zweien der drei Herausgeber ein Kreuz steht, bestätigt den alten Spruch vom „fatum libellorum". Zum besseren Verständnis empfiehlt es sich, die Lektüre des Werks mit dem ebenso informativen wie einfühlsamen Vorwort von Rudolf Schieffer zu beginnen (S. Vf.). Hubert Mordek, der langjährige ehemalige Ordinarius seines Faches an der Universität Freiburg, widmete sich bald nach seiner 1979 erfolgten Berufung mit der ihm eigenen Gründlichkeit und Tatkraft der ihm übertragenen Neuedition der von Alfred Boretius und Victor Krause 1883/97 herausgegebenen Kapitularien. Leider erkrankte Hubert Mordek im Jahre 2000 schwer und starb am 17. März 2006. Seine Schüler und Mitarbeiter Klaus Zechiel-Eckes (2004 Professor an der Universität Köln geworden) und Michael Glatthaar übernahmen es, aus der überreichen Fülle des vorhandenen, aber nicht druckreifen Materials die Admonitio generalis, die bereits „im Jubiläumsjahr 1989" in einer Probeedition vorgelegt wurde, für eine endgültige Publikation fertig zu stellen. Mitten in der Arbeit starb auch Klaus Zechiel-Eckes (23. Februar 2010); trotz dieses Rückschlags gelang es Michael Glatthaar, danach die Edition in kurzer Zeit abzuschließen und sie heraus zu bringen. Und es ist wahrlich ein großartiges Werk geworden: Das wichtigste und bei weitem einflussreichste Kapitular Karls des Großen liegt nun als verlässliche kritische Ausgabe samt deutscher Übersetzung vor. Die hilfswissenschaftliche Einführung einschließlich der Überlieferungsgeschichte und der ausführliche Sachkommentar, der die Admonitio in ihren historischen Zusammenhang stellt, lassen keinen Wunsch offen. Eine Bibliographie und ein klug eingerichtetes Wortregister dienen der Erschließung des Werkes. Dankbarkeit und Anerkennung gebührt den Editoren und ein ehrendes Andenken den Toten unter ihnen.

Schließlich noch eine, in der Gesamtheit des Werkes freilich nebensächliche Frage: In welchen traditionellen Zusammenhang ist die Verwendung der 1. Person des Personalpronomens am Beginn der Admonitio-Intitulatio zu stellen? Anders als in den Diplomen begannen die Titel der karolingischen Aussteller von Kapitularien und Verträgen häufig mit *Ego (in Dei nomine)*, wie es nicht bloß in einfachen „privaten", sondern auch in fürstlichen Urkunden der Brauch war. Als die Hausmeier Karlmann (742) und Pippin III. (744), deren „amtlicher" Urkundentitel *(Ego in Dei nomine) inluster vir N. (maior domus)* lautete, die ersten bekannten karolingischen Kapitularien erließen, wurde mit *Ego N. dux et princeps Francorum* eine herrschaftliche, königgleiche Intitulatio gewählt, während die „privaturkundliche" Einleitung der Formel mit *Ego* erhalten blieb (siehe die Aufstellungen in Intitulatio I. [MIÖG Ergbd. 21, 1967] 262f. und Intitulatio II. [MIÖG Ergbd. 24, 1973] 171, Karl der Einfältige, Bonner Vertrag). Stammt diese Form der Intitulatio in den nichturkundlichen „Akten" der Karolinger aus einer Zeit, da sie noch nicht Könige waren, während ihre Diplome diesbezüglich die merowingisch-spätantike Tradition fortsetzten?

Wien   Herwig Wolfram

Birgit GILCHER, Die Traditionen des Augustiner-Chorherrenstifts Herrenchiemsee. (Quellen und Erörterungen zur bayerischen Geschichte, Neue Folge 49/1.) Beck, München 2011. 160* und 736 S.

Herrenchiemsee ist vermutlich das älteste Kloster Bayerns, jedenfalls weisen archäologische Befunde auf eine Entstehung im frühen 7. Jahrhundert hin. Wie so viele andere frühmittelalterliche Klöster wandelte sich auch dieses im Lauf der Zeit zu einem Kanonikerstift. Erzbischof Konrad I. von Salzburg war es dann, der das Stift reformierte, indem er zwischen 1125 und 1129 die Augustinerregel einführte. In diesem Zusammenhang wurde mit der Führung eines Traditionsbuchs begonnen, in das bis zum Ende des 13. Jahrhunderts 280 Schenkungen und ähnliche Rechtsgeschäfte eingetragen wurden. Die Schenkungsobjekte liegen dabei ganz überwiegend – wie auch nicht anders zu erwarten – im Umkreis des Chiemsees, einige auch im heutigen Tirol, doch finden sich darunter auch Weinberge in Südtirol und in Niederösterreich sowie Salinenanteile in Reichenhall.

Fast alle diese Traditionsnotizen wurden bereits 1764 im Rahmen der Monumenta Boica publiziert, eine wissenschaftlich brauchbare Ausgabe erfolgte aber erst jetzt mit der vorliegenden Münchener Dissertation. Die Neuedition zeichnet sich gegenüber dem Erstdruck nicht allein durch Vollständigkeit und größere Texttreue aus, sondern auch durch wesentlich verbesserte Datierungen der einzelnen Stücke, umfassende Register und besonders durch ausführliche Vorbemerkungen zu jedem Dokument, in denen jeweils auch sämtliche auftretenden Zeugen identifiziert werden. Das ist einerseits praktisch, wenn man gezielt auf einzelne Traditionen zugreifen will, trägt aber durch unvermeidliche Wiederholungen nicht unwesentlich zum gewaltigen Umfang des Buchs bei. Ein ausgeklügeltes Verweissystem hätte bei größerer Platzökonomie denselben Informationseffekt gehabt. Die Einleitung zur Edition, die mit ihren 160 Seiten alleine schon dissertationswürdig gewesen wäre, trägt nicht nur weiter zur Erschließung des Traditionsbuchs selbst bei, sondern bietet auch Darstellungen zur Geschichte des frühmittelalterlichen Klosters und des hochmittelalterlichen Stifts sowie zu den Pröpsten und Vögten im 12. und 13. Jahrhundert.

Weil man als Leser vom Fleiß und von der Gründlichkeit der Bearbeiterin geradezu erschlagen wird, seien einige wenige Stücke hervorgehoben, die dem Rezensenten als eine Art „Highlights" in der Masse eintöniger Rechtsgeschäfte erscheinen. So zeigt Nr. 167, dass es damals auf der Herreninsel auch Chorfrauen gab, Nr. 118, 190 und 191 betreffen Stiftungen, die im Zusammenhang mit Wallfahrten nach Jerusalem getätigt wurden. In Nr. 21 erkaufen sich zwei Brüder, die bisher in Reichenhall an einer Salzpfanne arbeiteten, durch eine (bescheidene) Schenkung das Recht, künftig statt Knechtsarbeit Kriegsdienst zu leisten, und laut Nr. 253 gebietet ein Ministeriale seinerseits über einen eigenen *miles*. Hier lassen sich soziale Differenzierungsprozesse, die man abstrakt aus Handbüchern kennt, geradezu mit Händen greifen. In

Nr. 196 und 198 kommt jeweils ein *cytharedus* als Zeuge vor (was mit „Zitherspieler" wohl eher irreführend übersetzt ist); das Auftreten der beiden bei diesen Rechtsgeschäften zeigt, dass Spielleute entgegen geläufiger Ansicht nicht unbedingt zu den Randgruppen der Gesellschaft zählten. Nr. 72 schließlich ist bemerkenswert, weil hier eine unfreie Zensualin selbst das Wort an den Chiemseer Propst richtet und um Übertragung ihres Rechtsstatus auf ihre beiden Kinder bittet. Was Gender- und Literacy-Forschung aus so einem Stück alles machen könnten!

München   Roman Deutinger

Ekkehard WESTERMANN–Markus A. DENZEL, Das Kaufmannsnotizbuch des Matthäus Schwarz aus Augsburg von 1548. (Vierteljahrschrift für Sozial- und Wirtschaftsgeschichte. Beiheft 215.) Steiner, Stuttgart 2011. 526 S., 30 Tabellen, 1 Abb.

Matthäus Schwarz, der Hauptbuchhalter von Jakob und Anton Fugger, ist nicht nur wegen seines Kostümbuches bekannt. Eine häufig reproduzierte Abbildung zeigt ihn im Gespräch mit Jakob Fugger im Kontor vor Ablagefächern, die mit Namen der damaligen Handelszentren beschriftet sind. Durch die vorliegende Edition erfährt diese Darstellung eine weitere Bedeutung; denn der Hauptbuchhalter hat aus allen bekannten Handelszentren der Zeit für Handel und Geldverkehr relevante Informationen von Maßen und Gewichten über Münzen bis hin zum Transportwesen und Handelsinstitutionen wie Messen sammeln und systematisch – nach Orten getrennt – aufschreiben lassen. Die Daten, das zeigt die Auswertung der Korrespondenz, hat Schwarz durch Nachfragen bei den Faktoren von Zeit zu Zeit aktualisieren lassen – und im Buch waren nach den einzelnen Städte- und Ländernamen noch freie Seiten für weitere Einträge vorgesehen.

Dieses Kaufmannsnotizbuch unterlag mit Sicherheit der Geheimhaltung – enthielt es doch wichtige Informationen aus dem Innersten des Unternehmens, welche für die Abwicklung der Geschäfte sehr wichtig waren und mitentscheidend dafür sein konnten, ob ein Geschäft sich lohnte oder nicht. Die Quelle gibt einen Überblick über die Geschäftspraktiken und Unternehmensstrategie des Hauses Fugger in der ersten Hälfte des 16. Jahrhunderts und erlaubt sowohl einen Einblick in die Unternehmensorganisation als auch – und das ist der wesentlich bedeutendere Aspekt – anhand der Gewichtung und Detailliertheit der Aufzeichnungen die Bedeutung verschiedener Geschäftsfelder und Städte bzw. Regionen für die Unternehmungen des Hauses Fugger exemplarisch nachzuvollziehen.

Dieses Notizbuch liegt nun in einer wissenschaftlich fundierten Edition vor, wobei die ausführliche Einleitung auch eine gelungene Kontextualisierung der Inhalte des Notizbuchs mit der realen Handelstätigkeit des Hauses Fugger liefert. In einer ausführlichen Einleitung stellen die Autoren die Quelle vor und fassen die wichtigsten Informationen zu den einzelnen Handelsplätzen zusammen. Ziel ist dabei nicht nur die bloße Erläuterung des Inhalts, sondern die Kontextualisierung im Licht der Fugger'schen Unternehmungen unter Berücksichtigung wirtschaftshistorischer Zusammenhänge. Dadurch gelingt es insbesondere, die Besonderheit dieses Kaufmannsnotizbuches und damit auch die Schwerpunkte der Fugger'schen Unternehmungen in dieser Zeit herauszuarbeiten. Zwar ist Vieles dazu bereits bekannt, doch zeigen etwa die detaillierten Aufzeichnungen zum Montanwesen die große Bedeutung, welche dieser Geschäftszweig für die Fugger besaß, während hingegen der Handel mit Gewürzen, aber auch der bargeldlose Geldverkehr deutlich weniger Gewicht erhielten. Insoweit kann das Notizbuch als ein Instrument für die „langfristige Handelsstrategie des Hauses Fugger und […] für seine aktuelle Geschäftspolitik" (S. 219) angesehen werden.

Die Edition selbst versucht, die Aufmachung der Quelle möglichst getreu nachzuzeichnen. Optisch etwas unglücklich geraten ist jedoch die wenig übersichtliche Trennung von Editionstext und Anmerkungsapparat. Der Anmerkungsapparat selbst beschränkt sich aufgrund der ausführlichen Einleitung auf die notwendigsten Erläuterungen.

Für den Leser wäre es sicherlich interessant gewesen, auch eine Abbildung der Quelle oder der einen oder anderen Seite aus dem Notizbuch selbst in der Edition zu finden – dies ist leider unterblieben zugunsten der eingangs beschriebenen Abbildung von Jakob Fugger und Matthäus Schwarz.

Insgesamt aber ist den Autoren eine sorgfältig gearbeitete Edition gelungen, die nicht auf der Ebene der Quelle stehen bleibt, sondern neue Erkenntnisse im Lichte wirtschaftshistorischer Zusammenhänge herauszuarbeiten mag. Das Kaufmannsnotizbuch von Matthäus Schwarz erlaubt nämlich den Blick in die kaufmännische Praxis der Zeit und zeigt zugleich, wie sich daraus Rückschlüsse auf Strategie und Geschäftspolitik ziehen lassen.

Lajen / Laion   Oswald Bauer

Papsturkunden des frühen und hohen Mittelalters. Äußere Merkmale – Konservierung – Restaurierung, hg. von Irmgard FEES–Andreas HEDWIG–Francesco ROBERG. Eudora, Leipzig 2011. 381 S., zahlreiche Abb.

Der schriftliche Niederschlag einer in Marburg im April 2008 abgehaltenen hilfswissenschaftlichen und archivwissenschaftlichen Tagung behandelt überwiegend die Papsturkunden bis zum Ende des 12. Jahrhunderts, die durch die Leistungen des Kehr'schen Papsturkundenwerkes viel besser erschlossen sind als jene seit dem Pontifikat Innocenz' III. (1198–1216). Mehrere Beiträge widmen sich der Erhaltung, archivarischen Aufbewahrung und Erschließung durch moderne Medien: Anna Haberditzl zur Restaurierung von Pergamenturkunden; Johannes Burkardt zur sachgemäßen Lagerung der etwa 100.000 mittelalterlichen Urkunden im Staatsarchiv von Münster in neuen, schonenden Kartons, die die erhaltenen Siegel besonders berücksichtigen; Walter Trier analog zu den 130.000 Urkunden des Staatsarchivs von Marburg; Maria-Magdalena Rückert zur digitalen Aufbereitung des etwa 6.000 Texte umfassenden Württembergischen Urkundenbuchs, das auf diese Weise zahlreiche Zusätze und Verbesserungen liefert; Lisa Dieckmann und Jürgen Nemitz zu dem von Edmund E. Stengel begründeten Marburger Lichtbildarchiv älterer Originalurkunden, das etwa 14.000 Urkunden aus zahlreichen Archiven des Alten Reiches bis 1250 auf hervorragenden Photos aufnahm, die nun zum größten Teil über das Internet allen Interessierten zur Verfügung stehen. Der umfangreichere zweite Teil befasst sich mit einigen der äußeren Merkmale der Papsturkunden. Francesco Roberg stellt Überlegungen an, wie diese in Regestenwerken und Editionen wiedergegeben werden könnten, und referiert dabei ausführlich das *bellum diplomaticum* zwischen Julius Pflugk-Harttung auf der einen und Theodor von Sickel und Harry Bresslau auf der anderen Seite. Mark Mersiowsky untersucht die elf original erhaltenen, auf Papyrus geschriebenen Papsturkunden der Karolingerzeit zwischen 819 und 897 und konstatiert ihr erstaunliches Maß äußerer Identität und ihren fehlenden Einfluss auf andere Urkunden dieser Epoche. Karl Augustin Frech verfolgt die auffällige Gestaltung des Namens Leos IX. (1048–1054) in der Intitulatio und im Monogramm auf den etwa 50 im Original vorliegenden Urkunden und interpretiert deren Annäherung an das kaiserliche Diplom als Ausdruck päpstlichen Selbstverständnisses. Otfried Krafft nimmt sich des monogrammatischen *Bene Valete* an, das ebenfalls unter Leo IX. eingeführt wurde und bis zum Ende des 12. Jahrhunderts dem Schreiber der Privilegien gewisse Freiheiten innerhalb eines seit Calixt II. (1119–1124) stabilisierten Grundmusters ließ. Joachim Dahlhaus untersucht die Rota auf etwa 200 Originalen der zweiten Hälfte des 11. Jahrhunderts und erkennt fast immer eigenhändige Einträge der Päpste, bis 1085 als Inschrift in den oberen bzw. in allen Quadranten, seit 1089 als Umschrift im Ring. Namensunterschriften sind hingegen selten und nur bei Nikolaus II. und Alexander II. nachweisbar. Erst Paschal II. begann, mit Rota und Monogramm ausgestattete Privilegien zusätzlich zu unterschreiben. Andrea Birnstiel und Diana Schweitzer verfolgen die Entwicklung der äußeren Merkmale der *Litterae* im 12. Jahrhundert und halten nach der Untersuchung von 275

Originalen fest, dass sich die strikte Scheidung nach Seidenfaden und Hanffaden allmählich vollzieht und Idealtypen kaum anzutreffen sind. Hingegen wird eine standardisierte Form des Segenswunsches und eine Hervorhebung der Kontext- und Satzanfänge eingehalten. Der abschließende Beitrag von Thomas Frenz verschafft humorvoll Einsichten in Werkstätten, die im Umkreis der Kurie zu Beginn des 13. und zu Ende des 15. Jahrhunderts in großem Maßstab Papsturkunden fälschten. Mehrere Register erschließen den gehaltvollen Band, der nicht allein eine positivistische Bestandsaufnahme darstellt, sondern eine weiterführende Interpretation des Befundes ermöglicht.

Wien   Werner Maleczek

Wasserzeichen und Filigranologie. Beiträge einer Tagung zum 100. Geburtstag von Gerhard PICCARD (1909–1989), hg. von Peter RÜCKERT–Erwin FRAUENKNECHT. Kohlhammer, Stuttgart 2011. 151 S., 79 Abb.

Auf den Tag genau am 15. Juli 2009, dem 100. Geburtstag des renommierten Wasserzeichenforschers Gerhard Piccard, veranstaltete das Landesarchiv Baden-Württemberg eine internationale Tagung im Hauptstaatsarchiv Stuttgart, in deren Mittelpunkt die Entwicklung und Perspektiven der Filigranologie sowie der zentrale Beitrag Gerhard Piccards zur Wasserzeichenforschung standen. Erfreulicherweise sind nun alle Vorträge dieser Tagung in einem reich bebilderten und sorgfältig redigierten Sammelband erschienen. Nach dem einleitenden Beitrag von Peter Rückert, der insbesondere auf die Notwendigkeit einer international einheitlichen Wasserzeichen-Terminologie verweist sowie neuere Forschungsergebnisse zu den Möglichkeiten, Problemen und Grenzen der Datierung von Papier mittels Wasserzeichen zusammenfasst, beschäftigt sich die erste Sektion des Tagungsbandes mit der aktuellen Wasserzeichenforschung und den Beziehungen zwischen gedruckten Wasserzeichenpublikationen und stetig anwachsenden Online-Präsentationen, wobei insbesondere die notwendige Vernetzung der verschiedenen Wasserzeichensammlungen im Rahmen des EU-Projekts „Bernstein" und der dafür notwendige wissenschaftliche Austausch über Länder- und Sprachgrenzen hinweg aufgezeigt wird.

Der zweite Abschnitt des Tagungsbandes geht von der weltweit größten Wasserzeichensammlung Piccard aus und beschäftigt sich mit der Entwicklung von Piccard-Online sowie den Möglichkeiten, die sich aus der internationalen Vernetzung mit anderen Wasserzeichen-Datenbanken ergeben.

Die dritte und abschließende Sektion widmet sich schließlich der Person Gerhard Piccards, wobei in drei kurzen Beiträgen die Kontakte des „Herrn der Ochsenköpfe" (FAZ [18. März 2007] 70f.) zu Lore Sporhan-Krempel, Zeitungswissenschafterin und Tochter eines Stuttgarter Papierfabrikanten, und zu Piccards wissenschaftlichem Förderer und Freund, dem Technik- und Wirtschaftshistoriker Freiherr Stromer von Reichenbach, sowie die Tätigkeit Piccards im Hauptstaatsarchiv Stuttgart skizziert werden.

Dank der umsichtigen thematischen Konzeption des Bandes und der durchwegs instruktiven und prägnanten Beiträge beleuchtet diese Publikation nicht nur Leben und Werk Gerhard Piccards, sondern präsentiert die gesamte Spannweite der modernen Wasserzeichenforschung von Untersuchungen zum Gebrauch von Papier und Wasserzeichen in mittelalterlichen Kanzleien über die Erschließung von Wasserzeichen in Wasserzeichensammlungen bis zur Entwicklung und Präsentation einschlägiger Datenbanken sowie deren Vernetzung in Online-Portalen.

Insbesondere der Beitrag von Erwin Frauenknecht zur päpstlichen Tiara als Wasserzeichen in Dokumenten Friedrichs III. verdeutlicht den Weg für mögliche zukünftige Betätigungsfelder der Filigranologie, die sich nicht in der häufig mit großen Unsicherheiten verbundenen Datierungs- und Herkunftsproblematik erschöpfen sollte. Eine umfassende Analyse von Wasserzeichen könnte nicht nur papiergeschichtliche und ikonografische Forschungen, sondern auch Studien zum spätmittelalterlichen Kanzleiwesen sowie aktuelle kommunikations- und wirtschaftsgeschichtliche Untersuchungen bereichern. Für derartige Fragestellungen stellen insbesondere Urkunden, Konzepte und Kanzleiregister hervorragende, häufig auf den Tag genau datierbare Quellen dar, die bislang nur in Ansätzen genutzt werden. Eine Kooperation mit laufenden Quelleneditionsprojekten wie den Regesta Imperii wäre wünschenswert, um zukünftige, aus der Analyse von Wasserzeichen gewonnene Erkenntnisse auf eine breitere Quellenbasis stellen zu können.

Wien   Daniel Luger

Anbietung von Unterlagen öffentlicher Stellen an die Archive: Rechtslage, Probleme, Lösungswege. Beiträge zu einem Workshop am 27. November 2008 an der Archivschule Marburg, Herrn Dr. Herbert GÜNTHER zum 65. Geburtstag, hg. von Rainer POLLEY. (Veröffentlichungen der Archivschule Marburg, Institut für Archivwissenschaft 50.) Archivschule Marburg, Marburg 2011. 180 S.

Dass bei der Übergabe von Unterlagen aus den ablieferungspflichtigen Stellen und ihren Registraturen an die zuständigen Archive Theorie und Praxis oft weit auseinanderfallen, ist kein Geheimnis, ebensowenig wie die Erkenntnis, dass diese Thematik mit der Langzeitarchivierung elektronischen Materials eine neue Dimension gewinnt. Die Archivschule Marburg, Institut für Archivwissenschaft, hat deshalb die Ergebnisse eines den Stand der Dinge in Deutschland zusammenfassenden Workshops vorgelegt.

Einleitend berichtet Rainer Polley („Archivrecht als Unterrichtsgegenstand und als mündliches und schriftliches Prüfungsfach in der Ausbildung des höheren Dienstes an der Archivschule Marburg") von den erfolgreichen Bemühungen, das Ausbildungsniveau im Archivrecht – nun auch unter Einschluss des Urheberrechts – an das der Zweiten Juristischen Staatsprüfung heranzuführen und so die Absolventen zur Anfertigung von Bescheiden und juristischen Gutachten auch bei komplizierten Fragestellungen zu befähigen. In einem zweiten Beitrag gibt Rainer Polley einen Überblick über die Entwicklung und Ergebnisse der Gesetzgebung auf dem Gebiet der elektronischen Aktenbearbeitung. Er verweist dabei auf das Erfordernis, die Beratungskompetenz der Archive zu intensivieren, „sie frühzeitig und zwingend bei der Planung neuer und der Änderung bestehender Systeme" (S. 40) zu beteiligen. Bei laufend aktualisierten Unterlagen müssten Kopien zu Stichtagen oder in einem bestimmten Rhythmus gezogen werden. Besonderes Augenmerk ist der Erhaltung der Beweiskraft digitaler Unterlagen zu widmen. Nach Polley hat das zur Folge, dass erstens unmittelbar vor der Konvertierung und der Übermittlung an das Archiv eine Prüfung nach dem Signaturengesetz erfolgt, zweitens die Ergebnisse der Prüfung und die Dokumentation der Konvertierung durch einen Vermerk beglaubigt werden und drittens das Archiv Verfahren wählt, die die elektronischen Dokumente zuverlässig bewahren. Mit dem neuen deutschen Personenstandsrecht, das 2009 in Kraft trat, sind, wie Jessica von Seggern („Die Novellierung des Personenstandsrechts und die Auswirkungen auf die Archive") berichtet, die bislang von den Standesämtern verwahrten Unterlagen anbietungspflichtig geworden, was für die Archive nicht nur eine quantitative Herausforderung darstellt. Udo Schäfer („Aus der Werkstatt: Das Verhältnis des Grundbuchrechts zum Archivrecht – Regelungen und Regelungsbedarfe") sieht es u. a. als zweckmäßig an, die sachliche Zuständigkeit der Grundbuchämter für die dauernde Aufbewahrung der Grundbücher und Grundakten aufzuheben, um so die Pflicht zur Anbietung und Übergabe an die Landesarchive zu begründen. Den Problemkreis der Archivierung der Unterlagen freiberuflicher Notare spricht Johann Zilien an. Auch hier dürfte sich der Grundsatz der flächendeckenden Anbietungspflicht nach den Landesarchivgesetzen durchsetzen, wobei digitale Urkundenarchive als eine Art elektronische (Alt)Registratur gesehen werden. Christina Vanja („Archivierung und Nutzung von Krankenunterlagen beim Landeswohlfahrtsverband Hessen") verortet den Umgang mit Patientenakten im Spannungsfeld zwischen rechtlichen Fragen, wissenschaftlichen Interessen sowie Verpflichtungen der historisch-politischen Bildung und betont die Notwendigkeit, einschlägiges Material zu übernehmen und zugänglich zu machen – angesichts der hohen Sensibilität freilich nach besonders sorgfältiger Prüfung.

Trotz der vielfach nicht deckungsgleichen rechtlichen Ausgangslage bietet der Band auch für das österreichische Archivwesen eine profunde, höchst anregende Diskussionsbasis.

Bregenz   Alois Niederstätter

Tiroler Burgenbuch 10: Überetsch und Südtiroler Unterland, hg. von Magdalena Hörmann-Weingartner. Athesia, Bozen 2011. 431 S., zahlreiche Abb.

Die meisten österreichischen Bundesländer verfügen über Burgenbücher, in denen die in das Mittelalter zurückreichenden Sitze der Adeligen beschrieben werden, aber das Tiroler Burgenbuch, das die Landesteile nördlich und südlich des Brenner umfasst, ist sicher die am besten gelungene Kombination von wissenschaftlich anspruchsvollem Text, üppiger Illustration und repräsentativer Aufmachung. Angestoßen wurde das Unternehmen von Oswald Graf Trapp, der als Tiroler Landeskonservator über die produktive Zusammenarbeit von Historikern, Kunsthistorikern, Archäologen und Architekten genau Bescheid wusste und der die seit dem späten 15. Jahrhundert im Familienbesitz befindliche Churburg zum Kernstück des ersten Bandes (1972) über den Vinschgau machte. Seitdem hat sich die Gliederung der Bände und der Aufbau der einzelnen Kapitel nicht geändert. Diese beginnen mit einer Aufstellung „Alter Ansichten" und „Fotos", der das ausführliche Hauptkapitel über die Geschichte der Burg folgt. Dann kommt eine genaue Beschreibung der bestehenden Anlage, die mit Karten, Grund- und Aufrissen versehen ist, zum Teil auch ein eigener Abschnitt über die Baugeschichte. Eine große Anzahl von zumeist hervorragenden Fotos, in der Regel für das Burgenbuch eigens angefertigt, ergänzen den Text, der ein gutes Gleichgewicht zwischen Fachjargon und Sprache des gebildeten Publikums findet. Vierzig Jahre nach dem Beginn dieses echten Langzeitunternehmens liegt nun der zehnte Band vor, der die Burgen im Überetsch und im Gebiet zwischen Bozen und Salurn darstellt. (Es fehlen noch die Nordtiroler Bezirke Schwaz, Kufstein und Kitzbühel.) Die Herausgeberin, seit dem ersten Band mit dabei, übernahm selbst die Beschreibung von zehn Burgen zur Gänze, bei zwei weiteren war sie beteiligt, für die restlichen fünfzehn gewann sie sehr gut ausgewiesene Fachleute, überwiegend aus Südtirol. Die umfangreichsten Kapitel betreffen Hocheppan mit der kunstgeschichtlich herausragenden Burgkapelle mit den Fresken aus dem 13. Jahrhundert (Waltraud Palme-Comploy, S. 71–116), Boimont, wo ebenfalls die Eppaner Grafen an einem exponierten Ort residierten und einen repräsentativen, großen Palas mit prachtvollen Triforien aufführen ließen (Walter Landi und Udo Liessem, S. 117–150), und Sigmundskron, das südlich von Bozen in beherrschender Lage über dem Etschtal thront, als Festung unter dem Namen Formigar schon ins Frühmittelalter zurückreicht, dann ein Hauptstützpunkt des Trienter Bischofs wurde, schließlich im 14. Jahrhundert an den habsburgischen Landesfürsten kam und von Sigmund dem Münzreichen zur mächtigsten Festung des Landes ausgebaut wurde (Walter Landi, Wilfried Beimrohr und Martha Fingernagl-Grüll, S. 223–266). Die Mehrzahl der beschriebenen Burgen liegt heute in zumeist sorgfältig konservierten Ruinen, von einigen sind freilich nur mehr geringe Reste erhalten (Burg am hangenden Stein, Fuchsberg, Gruonsberg, Altenburg, Kastellaz, Entiklar, Graun). Aber einige werden in unterschiedlichen Funktionen noch verwendet. Wolfsthurn und Warth werden vom Eigentümer und seiner Familie bewohnt, ebenso Enn, das ab 1880 im Stil der Burgenromantik umgebaut wurde. Korb und Freudenstein dienen als exklusive Hotels, Sigmundskron wurde dem Südtiroler Profi-Bergsteiger Reinhold Messner für sein *Mountain Museum* überlassen.

Eine der Qualitäten des Tiroler Burgenbuches sei ausdrücklich hervorgehoben. Der historische Teil, häufig aus weit verstreuten archivalischen Quellen erarbeitet, bietet wichtige Segmente einer Geschichte der betreffenden Tiroler Adelsfamilien im Mittelalter und in der Neuzeit. Aus diesem zehnten Band erfährt nicht nur der burgenbegeisterte Laie, sondern auch der Fachhistoriker Wesentliches zu den Geschlechtern der Payrsberger, der Herren von Andrian, der Eppaner, der Korb, der Fuchs von Fuchsberg, der Rottenburger, der Edelfreien von Enn und anderer. Sorgfältige Register der Personen und Orte runden das gelungene Werk ab, das in der besten Tradition der Vorgängerbände steht. Nicht nur das umfangreiche Literaturverzeichnis lässt Rückschlüsse auf die angewendete Mühe zu. Es ist zu wünschen und zu hoffen, dass diese Mühe das Erscheinen des Abschlussbandes nicht allzu sehr verzögern wird.

Wien   Werner Maleczek

Maria R.-Alföldi–Edilberto Formigli–Johannes Fried, Die römische Wölfin. Ein antikes Monument stürzt von seinem Sockel / The Lupa Romana. An antique monument falls from her pedestal. (Sitzungsberichte der wissenschaftlichen Gesellschaft an der Johann Wolfgang Goethe-Universität Frankfurt am Main, Bd. 49, Nr. 1.) Steiner, Stuttgart 2011. 161 S., Karten und Abb.

Im Zuge der Restaurierungsarbeiten 1997–2000 an der Bronzeskulptur der römischen Wölfin wurde festgestellt, dass das berühmte Werk keineswegs in etruskischer Zeit, sondern im Mittelalter entstanden ist; eine Erkenntnis, die mitsamt der Methode der naturwissenschaftlich-technischen Analyse nicht unangefochten blieb (La Lupa Capitolina. Nuove prospettive di studio, Roma 2010). Der vorliegende Band vereint drei die Diskussion weiterführende Beiträge (mit jeweils englischer Übersetzung). Edilberto Formiglio (Die Lupa Capitolina: Zur Geschichte der Großbronzen, S. 15–25) stellt die technologisch-restauratorische Forschung auch anhand anderer Großbronzen (Jüngling vom Magdalensberg) vor und fasst knapp die Argumente für die Datierung ins Mittelalter („die absolute historische Wirklichkeit für die Wölfin von Rom", Einleitung, S. 9) zusammen. Die beiden anderen Beiträge schöpfen dagegen aus kargen und ambivalenten Quellen und arbeiten – wie kontinuierlich betont wird – mit Hypothesen. Die Altertumswissenschaftlerin Maria Radnoti-Alföldi (Die Schicksale der Lupa Romana. Ihr möglicher Weg nach Konstantinopel und ihr Ende 1204, S. 35–75) überlegt, was mit der ursprünglichen, 296 v. Chr. in Rom aufgestellten Statuengruppe der Wölfin mit den Zwillingen geschehen sein könnte, und findet unter den Tierstatuen im Hippodrom von Konstantinopel, deren Raub und Zerstörung durch die lateinischen Kreuzfahrer 1204 Niketas Choniates beklagt, auch eine säugende Wölfin mit Romulus und Remus; keine schriftlichen oder sonstigen Quellen gibt es für die Vermutung, die antike Wölfin könnte 455 anlässlich der Eroberung und Plünderung Roms durch den Vandalenkönig Geiserich nach Karthago gebracht und 533 von Belisar bei seinem Sieg über die Vandalen rückerobert und nach Konstantinopel transportiert worden sein. Der Mediävist Johannes Fried (Die Rückkehr der Wölfin. Hypothesen zur Lupa Capitolina im Mittelalter, S. 107–137) eröffnet die Debatte darüber, wann – die technischen Daten lassen zwischen dem 10. und 15. Jahrhundert alles offen –, warum und wie die mittelalterliche Wölfin, Dantes *bestia senza pace*, nach Rom kam. Von den Quellen untermauerte Fixpunkte sind dabei lediglich die Beschreibung in der Portikus des Lateran 1230/1240 durch den englischen Rombesucher Magister Gregorius, die schriftlich und bildlich festgehaltene Aufstellung an der Torre Annibaldi 1438 und die Transferierung und Umwandlung zur Lupa Capitolina durch Papst Sixtus IV. 1471. Die daran und an vereinzelte andere Quellen geknüpften Darstellungen von der Wölfin als Symbol einer Gerichtsstätte werden von Fried verworfen („bloße Hypothese aufgrund unzureichender Quellenbasis und ersatzlos zu streichen", S. 114), dafür schlägt er vor, die Schöpfung der römischen Wölfin nicht bei Papst, Kaiser oder Kommune anzusiedeln, sondern dem Adelsgeschlecht der Grafen von Tusculum, die mit der Verbindung zu Petrus Diaconus von Montecassino auch über die Voraussetzungen verfügt hätten, die Errichtung eines solchen Hoheitszeichens (das von den Römern bei der Zerstörung Tusculums 1191 erobert und dem Papst ausgeliefert worden wäre) zuzutrauen; eine angesichts des Quellenmangels „vorsichtige Vermutung" (S. 134), aber eine durchaus reizvolle. – Der mit Karten und Abbildungen gut ausgestattete Band lädt zum Fragen und Diskutieren ein.

Wien   Andrea Sommerlechner

Sophie GLANSDORFF, Comites in regno Hludouici regis constituti. Prosopographie des détenteurs d'offices séculiers en Francie orientale, de Louis le Germanique à Charles le Gros 826–887. (Instrumenta 20.) Thorbecke, Ostfildern 2011. 327 S.

Seit einigen Jahren erfreut sich die lange Regierungszeit König Ludwigs des Deutschen mit ihren Auswirkungen auf die relativ kurzen Regierungszeiten seiner Söhne eines zunehmenden Interesses neuer Forschungen. In diesen Wissenschaftskontext gehört nunmehr auch die hier zu rezensierende Arbeit von Sophie Glansdorff, die sich in ihrem parallel erschienenen Studienbuch – Diplômes de Louis le Germanique (817–876). (Interpres, textes et documents médiévaux 1, Limoges 2009) – zusätzlich als Kennerin der Quellen erweist. Beide Bücher basieren auf ihrer Thèse de doctorat an der Université libre de Bruxelles im April 2006.

Die vorliegende Prosopographie der Grafen, also auch der Pfalz- und Markgrafen des karolingischen Großreiches während zwei unterschiedlichen Phasen, nämlich der letzten Kaiserzeit Ludwigs des Frommen und Karls III., sowie des aus ihm hervorgegangenen Ostfrankenreichs – so wäre die chronologische Zuweisung nach der Zeit von 826 bis 887 exakt – umfasst einen Zeitraum von drei Generationen. Dieser reicht von den Anfängen König Ludwigs des sogenannten „Deutschen" als Unterkönig in Bayern ab 826, das damals ein Teil des großfränkischen Imperiums seines Vaters Ludwig des Frommen war, bis zur Entmachtung von dessen Enkel Kaiser Karl III. im Jahre 887 durch den späteren Kaiser Arnolf von Kärnten. Der gewählte Zeitraum setzt also vor den Krisenjahren Ludwigs des Frommen von 830–833 ein und grenzt mit dem Abschlussjahr 887 die wichtige letzte Phase der Adelsentwicklung, des Militärs und der Grafschaftsverwaltung im karolingischen Ostfrankenreich der Jahre 887–911 aus. Daher kann es der Verfasserin nicht um das Grafschaftswesen oder generell die wichtigen staatspolitischen und gesellschaftlichen Entwicklungen im Ostfrankenreich in dieser Arbeit gehen, sondern um (männliche) Einzelpersonen, für welche aufgrund ihres Amtstitels und ihrer Funktionen als *comites* Wechselbeziehungen zu den Herrschern quellenmäßig zahlreich bezeugt sind.

Wer diese Zeit kennt, weiß um die großen Veränderungen der politischen und geistlichen Strukturen des Karolingerreiches, um den Wandlungsprozess des Großreiches nach durchlaufenen Reichskrisen und einem Bruderkrieg der Söhne Ludwigs des Frommen, nach dem das Reich geteilt wurde, ebenso wie um die herausragende Rolle der Magnaten als Stützen und Kontrahenten ihrer Herrscher.

Die Prosopographie von Frau Glansdorff fokussiert also Herrschaftsträger und Personen der Mittelgewalten in einer Epoche und in geographischen Räumen, welche vornehmlich durch die zentrale Figur Königs Ludwigs des Deutschen und durch seinen Hof geprägt wurden. Sie knüpft dabei an die traditionelle Methodik der Mediävistik der „Schule" von Gerd Tellenbach in Freiburg, Münster und München an – allerdings ohne einen Auswertungsteil anzuschließen – sowie an ein Projekt von Karl Ferdinand Werner und Martin Heinzelmann, das die Erfassung der Personen des Früh- und Hochmittelalters im gallo-fränkischen Raum zum Ziel hatte (vgl. M. Heinzelmann, Gallische Prosopographie 260–527. *Francia* 10 [1982] 531–717).

Frau Glansdorff hat mit ihrer Zusammenstellung ganze Arbeit geleistet. Auf eine ausführliche Einleitung (S. 11–53) mit einer Tafel der regionalen Zuordnung der Grafen folgen die Daten für 205 Personen, beginnend mit dem alemannischen Grafen Adalbert I., nachgewiesen 836–838, bis zum bayerischen Wito, *princeps super omnes forestes*, nachgewiesen 864/876, wobei die Daten und Quellennachweise der Einzelpersonen jeweils einem schematisierten Aufbau eingebunden wurden. Die Literatur wird für jede Person von der Verfasserin analysiert. Hierbei zeigt sie sich umsichtig und problembewusst in der Behandlung unterschiedlicher Forschungsmeinungen, was vor allem bei homonymen Nennungen in verschiedenen Zeiträumen deutlich wird (vgl. etwa Nr. 129 Matfrid, und Nr. 130 Megingoz). Durch diese feinsinnige Vorgehensweise gelingt ihr eine neutrale Darstellung, bei der sie immer wieder gezielt den Quellenaussagen den Vorrang gibt. Ob es sich bei Nr. 164 Roric – Däne – immer um dieselbe Person handelt, erscheint fraglich, zumal hier Literatur nicht beachtet wurde, ebenso wie etwa für den Sachsen Cobbo (Nr. 48) – vgl. hierzu in Arbeiten der Rezensentin.

Es ist aber nicht die Aufgabe einer Rezension, etwaige „Mängel" dieser wertvollen Arbeit herauszufinden, deren Rezeption in der richtigen Weise zu Ergänzungen bzw. Berichtigungen führen wird. Dies wäre natürlich einfacher, wenn es neben dem Buch auch eine Datenbank dieser Prosopographie gäbe. Ferner würde man sich im Anschluss an die Prosopographie einen weiteren Teil des Buches wünschen mit Hinweisen zu Adelsgruppen und den politisch tragenden Funktionen einzelner Familien, zu „Netzwerken" adeliger Familien im politischen Geschehen. Hierfür steht allerdings eine Zusammenstellung der lokalen Aktionsräume von Adelsfamilien in einzelnen Karten und genealogischen Tafeln (S. 262–268). Leider fehlt eine Zusammenfassung der Arbeit in Form eines Resümees auf Deutsch und Französisch.

Im Ergebnis wurde von Frau Glansdorff ein äußerst detailreiches, wichtiges Hilfsmittel für gezielte Forschungen zum Adel des (Ost-)Frankenreiches vorgelegt. Es dürfte sicherlich von der Forschung gut rezipiert werden und als Nachschlagewerk Benutzung finden. Man wünscht sich Ähnliches für den Personenstand in den karolingisch strukturierten Mittelreichen und im Westfrankenreich, auch wenn von Frau Glansdorff durch den Anschluss an die „Prosopographie de l'entourage de Louis le Pieux" von Philippe Depreux (Instrumenta 1, 1997) natürlich ein Kontext des karolingischen Personenverbandes geschaffen wurde. Ein wesentlicher Gewinn dieses Werkes liegt aber darin, dass durch diese Zusammenstellung die späte Karolingerzeit wiederum als nationsbildend einzustufen ist und eine Abwertung als Krisenzeit ihr nicht gerecht werden kann.

Wien   Adelheid Krah

Henry MAYR-HARTING, Church and Cosmos in Early Ottonian Germany. The View from Cologne. Oxford University Press, Oxford 2007. 308 S., 8 Abb.

Nach den vielen Interpretationen, die Ruotgers *Vita domni Brunonis* erfahren hat, wird dieser Schlüsseltext der Ottonenzeit hier auf unnachahmliche Weise erneut gedeutet im tiefen Verständnis um den Dargestellten wie den Autor und vor allem um deren gemeinsame geistige Welt. Es geht dabei nicht allein um wichtige, bislang unbeachtet gebliebene Prägungen – die sich in Zitaten und Anspielungen nur unzureichend manifestieren – durch Augustinus und besonders, für die Beschreibung des Wirkens eines Bischof fast notweniger Weise ist man verleitet zu sagen, durch Gregor d. Gr., sondern auch um das Wie der Vermittlung: durch glossierte Handschriften, deren Marginalien Ruotger Fingerzeige für die Gestaltung seines Werks lieferten. Damit ist man in der glücklichen Lage, wie nie zuvor dem Autor über die Schulter zu blicken.

Im Folgenden weitet sich der Rahmen der Studie zu einer Untersuchung der *artes liberales* in Köln und insbesondere der Glossen zu Prudentius, Boethius *(de arithmetica)* und Martianus Capella. Dadurch gelingt es Mayr-Harting, den geistigen Hintergrund von Ruotgers Vita und Bruns Wirken in großer Brillanz noch weiter aufzuhellen. Damit kommt auch das karolingische Fundament der Kölner Dombibliothek und deren kreative Nutzung in ottonischer Zeit verstärkt in den Blick, ein Phänomen, das wertvolle Aufschlüsse über das kulturelle Profil nicht nur Kölns und der Kirche, sondern auch des Hofes gewährt.

Wien   Anton Scharer

Jürgen PETERSOHN, Kaisertum und Rom in spätsalischer und staufischer Zeit. Romidee und Rompolitik von Heinrich V. bis Friedrich II. (MGH Schriften 62.) Hahn, Hannover 2010. 424 S., 8 Abb.

Bereits mit den ersten Worten des Vorwortes zum vorliegenden Buch macht der Autor klar, dass hier eine Summa vorgelegt wird, das Resümee jahrzehntelanger Forschungen, ja eines Lebenswerks. Jürgen Petersohn hat sich seit seiner bahnbrechenden, 1974 erschienenen Studie über den Vertrag des Römischen Senats mit Papst Clemens III. (1188) und das Pactum Friedrich Barbarossas mit den Römern (1167) in ungeheuer konsequenter Weise immer wieder mit dem Verhältnis zwischen Kaisertum und Rom im hohen Mittelalter, insbesondere in der frühstaufischen Epoche, auseinandergesetzt. Er hat damit sein persönliches Forscherinteresse wie zugleich auch die Aufmerksamkeit der Forschung insgesamt auf ein Thema fokussiert, das zu den Kernbereichen von Idee und Wirklichkeit mittelalterlicher Reichsgeschichte gehört. Zugleich legt das Werk in vieler Hinsicht Zeugnis von dem seit den 1990er Jahren ganz generell wieder auflebenden Forschungsinteresse für das hohe Mittelalter, in Sonderheit für die Epoche Kaiser Friedrich Barbarossas, ab.

Beginnend mit einer knappen Rückschau auf den Stellenwert, den Rom und die Römer seit der Wiederaufrichtung der westlichen Kaiserwürde durch Karl den Großen einnehmen, widmet sich der Autor zunächst der Untersuchung des Neubeginns der kaiserlichen Rompolitik unter Heinrich V. (1106–1125). Er nimmt dabei vor allem auf die Frage Bezug, ab wann es – abgesehen von gelegentlichen Kontaktnahmen (Kaiserkrönung, Papstein- oder -absetzungen) – zu längerfristigen Verbindungen kam, innerhalb derer die Römer dezidiert zu einem Element der kaiserlichen Politik wurden. Getragen von einer ungeheuer detaillierten Quellenkenntnis, werden dabei nicht nur aussagekräftige Formulierungen, sondern auch Momente zeremonieller Abläufe analysiert und im Sinne der intendierten Aufhellung der Gegebenheiten zum Sprechen gebracht. Einem Abschnitt zur Epoche Lothars III., für die – in markanter Entsprechung wohl doch auch zum Dynastiewechsel nach dem Aussterben der Salier – Neuansätze einer Rompolitik angesichts des Schismas ab 1130 nicht wirklich Wirkmächtigkeit erfuhren, lässt Petersohn ein Kapitel folgen, in dem das Werk des Montecassineser Mönchs Petrus Diaconus und der untrennbar mit ihm und seiner Gedankenwelt verbundene autonome Romgedanke im Mittelpunkt stehen. Hier wird auch das an anderer Stelle konstatierte Fehlen einer wirklich eingehenden Reaktion der Forschung auf die Neudatierung von Petrus' Hauptwerk, der *Graphia aureae urbis Romae* durch Herbert Bloch (1984) mehr als ausgeglichen. Die zeitliche Einordnung in die Mitte des 12. Jahrhunderts hat im Prinzip die Deutungen von Percy Ernst Schramm, der noch von einer Entstehung im ersten Drittel des 11. Jahrhunderts ausgegangen war, in vielem obsolet werden lassen. Wiewohl man Petrus absolut missverstände, sähe man in seiner *Graphia* eine theoretische Fundierung für die Entstehung des römischen Senats in den 1140er Jahren, bleibt dennoch festzuhalten, dass dieses Werk im Kern ein „papstfreies" Rombild vermittelt.

Abschnitte über die Romidee der Senatsbewegung und die Wiederaufnahme der kaiserlichen Rompolitik unter Konrad III. leiten sodann zum Hauptteil des Buchs, der Behandlung der im Lauf der Jahrzehnte so unterschiedlich gestalteten Rompolitik des ersten Stauferkaisers, Friedrich Barbarossas, über. Tatsächlich liegt damit zum ersten Mal eine ebenso kongruente wie auch ihren Konzeptionen, Veränderungen, Brüchen und Wandlungen gerecht werdende Darstellung eines der für die frühstaufische Reichspolitik zentralen Kernbereiche vor. Petersohn versteht es ebenso klug wie eindringlich, zum einen den maßgeblichen Stellenwert der Rompolitik für die Herrschaftskonzeption der Epoche herauszuarbeiten, zum anderen aber auf die politische Realität im Einzelnen einzugehen, die jeweils bestehenden politischen Abhängigkeiten genauso wie den auf beiden Seiten, der des Kaisers wie der der Römer, vorwaltenden und für die jeweilige Situation erforderlichen Pragmatismus. Zum Teil bereits in Einzelstudien des

Autors vorbereitet, wird hier eben doch das bislang fehlende Gesamtbild gezeichnet, und darin besteht der außerordentlich hohe Wert der Publikation. Das in so mancher Hinsicht als Zusammenfassung angelegte Kapitel über die „Romidee Friedrich Barbarossas" (S. 320–349) bringt vieles der entscheidenden Erkenntnisse auf den Punkt, indem das Herrschaftsrecht über Rom und das Imperium als Grundlage der Kaiserpolitik herausgestellt wird. Zugleich aber wird zu Recht hervorgestrichen, dass jegliche Vorstellung, Barbarossa habe eine theoretisch überlegte und ausgereifte Grundkonzeption gehabt und vertreten, sowohl an der Realität herrschaftlicher Strukturen der Epoche wie zugleich an der realen Persönlichkeit des Staufers vorbeigeht.

Als eine Art von Nachklang sind der Publikation in der Form von Ausblicken über den Tod Friedrichs I. hinaus Bemerkungen zur weiteren Entwicklung unter Heinrich VI. und Friedrich II. sowie zum „Romdiskurs des 12. und 13. Jahrhunderts" hinzugefügt. Aufs Beste gelungen bezeichnet werden darf zuletzt der Aufbau der Zusammenfassung des Buches (S. 386–406), die sich an dessen Kapitelgliederung orientiert und damit insgesamt aus 20 Zusammenfassungen besteht. Register zu den im Text vorkommenden Orten, Personen und Sachbegriffen sowie ein Bildanhang von insgesamt acht Abbildungen runden das eindrucksvolle Werk ab.

Perchtoldsdorf　　　　　　　　　　　　　　　　　　　　　　　　　　　　Ferdinand Opll

Arnold Esch, Zwischen Antike und Mittelalter. Der Verfall des römischen Straßensystems in Mittelitalien und die Via Amerina. Mit Hinweisen zur Begehung im Gelände. Beck, München 2011. 208 S., 184 farbige Abb., 7 Kartenausschnitte.

Arnold Esch, langjähriger Direktor des Deutschen Historischen Instituts in Rom, der seine Wanderjahre in Italien bestens zu nutzen wusste, stellt in diesem, mit vielen eigenen Aufnahmen minutiös dokumentierten Buch den Zerfall des Römischen Weltreichs und den Übergang von der Antike zum Mittelalter anhand des antiken Straßensystems dar. Im ersten Teil wird allgemein und anhand der großen Konsularstraßen gezeigt, wie das Fernziel dem Nahziel wich und die Straße neue Aufgaben erhielt, neue Zentren versorgte, kleinere Räume miteinander verband, wie die „rücksichtslose römische Gerade" (S. 71) aufgegeben wurde, da sich die mittelalterliche Straße dem Gelände anpasst und Hindernissen aus dem Weg geht, wie antike Straßen im Mittelalter wahrgenommen wurden und wie man ihre Reste heute erkennen kann: Historische Quellen und archäologische Befunde und Beobachtungen aus der Spurensuche im Gelände werden dabei zu anschaulichen Details zusammengeführt. Im zweiten Teil schreitet der Autor die Via Amerina, eine weniger bekannte Straße, die auch heute noch über weite Strecken durch die Landschaft führt, von Baccano an der Via Cassia bis zum Tiberübergang in der Nähe von Orte ab und zeigt ganz konkret – ein Wanderführer, aber auch eine Schule des Schauens – wie man die aufgegebene römische Straße im Gelände findet (S. 7); beispielsweise, in gewandelter Funktion, als Grenzrain. Angesichts vielfältiger Veränderungen in jüngerer Zeit (bis dahin erhaltene Reste der römischen Straße fielen der Zunahme von Haselnussplantagen zum Opfer) nennt der Autor als einen „Hauptzweck" des Buches (S. 7), dass es den Bestand der Via Amerina aus den Begehungen des letzten Jahrzehnts festhält. Vor allem aber ist dies ein Buch für LeserInnen und BenützerInnen, ein Buch, das ungemein bereichernd ist und viel Freude macht.

Wien　　　　　　　　　　　　　　　　　　　　　　　　　　　　Andrea Sommerlechner

Die Vielschichtigkeit der Straße. Kontinuität und Wandel in Mittelalter und früher Neuzeit. Internationales Round-Table-Gespräch, Krems an der Donau, 29. November bis 1. Dezember 2007, hg. von Kornelia HOLZNER-TOBISCH–Thomas KÜHTREIBER–Gertrud BLASCHITZ. (Veröffentlichungen des Instituts für Realienkunde des Mittelalters und der frühen Neuzeit 22 = Sitzungsberichte der ÖAW, phil.-hist. Klasse 826.) ÖAW, Wien 2012. 396 S., 40 Abb., 29 Graphiken.

Straßenforschung war nicht nur in Österreich lange Zeit von historischer und geographischer Forschung wenig beachtet und vorwiegend auf den heimatkundlichen Bereich beschränkt gewesen. Allein die Handelsstraßen hatten immer wieder die Aufmerksamkeit der Wirtschaftsgeschichte gefunden. Das hat sich in den letzten Jahrzehnten geändert, wobei es vor allem das zunehmende Interesse der Archäologie an diesem Gegenstand war, das jene interdisziplinäre Beachtung nach sich zog, die für die Auseinandersetzung mit Altstraßen unabdingbar ist. Der vorliegende Band, der die Ergebnisse eines Internationalen Round-Table-Gesprächs am Institut für Realienkunde in Krems aus dem Jahr 2007 zusammenfasst, folgt diesem Grundansatz und stellt, wie es Thomas Kühtreiber in der Einleitung formuliert, den „sozialen Raum im historischen Kontext mit dem Fokus auf der Straße" (S. 6) in den Mittelpunkt.

Die Beiträge erfassen einen weiten geographischen Rahmen und folgen den thematischen Schwerpunkten Quellen, Kontinuität, Straße und Herrschaft sowie Straße und städtischer Raum. Thomas Szabó beschäftigt sich mit Straßen und Brücken im mittelalterlichen Italien, wobei er sich mit den Thesen des dänischen Forschers Johan Plesner auseinandersetzt. Friedrich Wolfzettel betrachtet Pilgerberichte, Pilgerwege und Straßen des Mittelalters unter mentalitätsgeschichtlichem Aspekt. In einem umfangreichen Beitrag setzt sich die Germanistin Gertrud Blaschitz (Auf mittelalterlichen Land- und Wasserstraßen) mit dem Vorkommen von Straßen und Brücken in der Steirischen Reimchronik auseinander, den Aussagen über Art und Zustand von Verkehrswegen, ihren Funktionen oder den Formen der Benützung, die auch das Geschehen im öffentlichen Raum beispielhaft schildern. Im Gegensatz zur Straße hat die Brücke immer die Aufmerksamkeit der Forschung gefunden. Christa Agnes Tuczay (Brücken in der mittelhochdeutschen Literatur) befasst sich mit verschiedenen Brückenmotiven in der Visions- und Erzählliteratur. Einer Region widmet sich Magdolna Szilágy (The Perception of Roman Roads in Medieval Hungary), die sich mit der weiteren Nutzung römischer Straßen in Ungarn und ihren Bezeichnungen in den Quellen beschäftigt. Mihailo St. Popović erörtert am Beispiel der Felsenstraße im Bereich des Djerdap die Kontinuität von Römerstraßen in Südosteuropa. Zwei Beiträge (Alan V. Murray, Roads, Bridges and Shipping in the Passage of Crusade Armies by Overland Routes to the Bosporus 1096–1190; Elena Koytcheva, Logistics of the early Crusades in the Balkans on Via Militaris) widmen sich den Routen durch den Balkan nach Konstantinopel und ihrer logistischen Bewältigung. Die Probleme des Straßenrechts – Zuständigkeit, Erhaltung, Geleite, Zollwesen – und dessen Handhabung in der historischen Entwicklung behandelt Peter Johanek (Die Straße im Recht und in der Herrschaftsausübung). Thomas Kühtreiber (Straße und Burg) untersucht anhand zahlreicher Beispiele, wieweit Burgen tatsächlich straßenbeherrschend waren und wodurch solche Wirkungen erreicht werden konnten. Er kommt zu dem Fazit, dass Aussagen jeweils eine genaue regionale Untersuchung zugrunde gelegt werden muss. Dem von ihm angesprochenen Aspekt der Landschaftswahrnehmung greift Stephan Hoppe in seinem Beitrag (Das renaissancezeitliche Schloss und sein Umland) auf. Ralph Andraschek-Holzer (Darstellung von Verkehrswegen in topographischen Ansichten des 15. und 16. Jahrhunderts) stellt neben der funktionsbezogenen Darstellung von Straßen in Plänen und Vogelschauen eine Durchdringung ikonographisch-ideologischer und „säkularisierter" Auffassung in spätmittelalterlichen Tafelbildern fest. Jean-Pierre Leguay (Charrières, rues, ruelles, impasses dans les villes françaises du XVe siècle) schildert auf der Basis seiner Forschungsergebnisse Aspekte der mittelalterlichen städtischen Infrastruktur. Der Archäologe

Johannes Litzel (Holzwege und Steinpflaster) behandelt einen frühneuzeitlichen Holzweg in Jerichow und eine Pflasterstraße in Ochsenburg (Landkreis Stendal). Ein Autoren- und Herausgeberverzeichnis schließt den Band ab.

Die Beiträge geben in ihrer Gesamtheit einen sehr guten Überblick über die vielfältigen Aspekte der Straßenforschung und die unterschiedlichen Forschungsansätze, die daraus resultieren. Straßen stehen für Richtung in gegenständlichem und übertragenem Sinn, sie stehen am Beginn jeglicher Kommunikation, sie erschließen Naturlandschaft und wirken raumgestaltend für die Kulturlandschaft. Erkenntnisse der Straßenforschung vermögen daher für viele Bereiche der Geschichtswissenschaft Anregungen zu geben.

Wien   Peter Csendes

Tamás FEDELES–László KOSZTA, Pécs (Fünfkirchen). Das Bistum und die Bischofsstadt im Mittelalter. (Publikationen der ungarischen Geschichtsforschung in Wien 2.) Institut für Ungarische Geschichtsforschung in Wien, Wien 2011. 278 S., 2 Karten, 2 Abb.

Tamás FEDELES, Die personelle Zusammensetzung des Domkapitels zu Fünfkirchen im Spätmittelalter (1354–1526). (Studia Hungarica. Schriften des Ungarischen Instituts 51.) Ungarisches Institut, Regensburg 2012. 485 S., 7 Karten.

Zwei höchst willkommene Publikationen aus Ungarn, gnädigerweise in deutscher Sprache, sollen gemeinsam angezeigt werden. Die Bistumsgeschichte von Pécs verdankt ihre Entstehung der 2009 begangenen Tausendjahrfeier seiner Gründung und der Rolle der Stadt als eine der europäischen Kulturhauptstädte 2010. Es handelt sich aber um keinen populären Jubelband, sondern um eine ernsthafte und sehr brauchbare wissenschaftliche Arbeit.

Eingangs diskutieren die Autoren die Gründung und Frühzeit des Bistums, wobei sie Kontinuitäten aus der Antike und der Karolingerzeit, somit auch die Gleichsetzung mit der Kirche *ad Quinque Basilicas* der *Conversio Bagoariorum et Carantanorum* bzw. *ad V aecclesias* des gefälschten D. Arn. 184 ablehnen (bes. S. 9f., 38). Den Kern des Bandes bilden die Biographien der 28 Bischöfe von 1009 bis 1526. Die Herkunft, oft aus einer der großen Adelsfamilien, die – manchmal universitäre – Bildung und der Karriereverlauf, die Bekleidung von kirchlichen Würden in verschiedenen Diözesen und von Funktionen am Königshof, öfters in der Kanzlei, die Wahl und/oder Ernennung und allfällige Streitigkeiten, die politischen, diplomatischen und kriegerischen Aktivitäten und das Wirken in der Diözese werden, soweit möglich, geschildert. Ein weiterer Abschnitt stellt Hof, Rechtsprechung und Diözesanverwaltung samt den geistlichen und weltlichen Funktionsträgern vor. Die Generalvikare und die Weihbischöfe sind mit Belegdaten, Präbenden und allfälligen akademischen Graden namentlich aufgelistet. Auch die Stadt Pécs als Bischofssitz, Residenz und Zentralort erhält einen informativen Steckbrief, in dem ihre Position im ungarischen Städte-Ranking, Topographie und Infrastruktur, Handel und Handwerk, der Rechtsstatus der Bürger, die Adeligen in der Stadt – den Fürsten Vlad Țepeș als Besitzer eines Hauses am Hauptplatz kann man sich nicht entgehen lassen (S. 178) –, die Kleriker, Kirchen und Klöster, Friedhöfe und Prozessionen und die durch die Funktion als *locus credibilis* und Wallfahrtsziel angezogenen Fremden thematisiert werden. Das abschließende Kapitel ist der 1367 gegründeten und noch vor dem Ende des Jahrhunderts versickerten Universität gewidmet und räumt mit patriotischen Hypothesen auf. Die Übersetzung aus dem Ungarischen wirkt im Wesentlichen gelungen, die verzeihlichen sprachlichen Unschärfen sind harmloser als jene in manchen Büchern deutschsprachiger Autoren, und Lapsus wie der „Florentiner Chronist Johannes von Villan" (S. 100) oder der „Patronenwechsel" des Spitals (S. 202) unterlaufen selten. Der Erschließung dienen eine umfangreiche Bibliographie internationalen Zuschnitts, ein Personen- und ein Ortsregister.

Ein scheinbares Defizit der Bistumsgeschichte ist das weitgehende Fehlen des Domkapitels, doch hat Tamás Fedeles dessen gründliche Behandlung ab 1354 – das Anfangsdatum wurde im Anschluss an bereits vorliegende Arbeiten zur vorangehenden Zeit gewählt – in ein eigenes Buch ausgelagert, das in ungarischer Sprache seit 2005 vorliegt und nun übersetzt wurde. Mehr als dessen Hälfte nimmt die prosopographische Erfassung ein: Knapp über 400 Domherren sind, alphabetisch gereiht, mit ihren Daten und Funktionen in eigenen Einträgen, die wenige Zeilen bis zwei oder drei Druckseiten beanspruchen können, erfasst. Dazu kommen eine chronologische Gesamtliste und verschiedenste thematische Tabellen und Graphiken als Grundlage einer systematischen Darstellung, Diskussion und Auswertung, welche die einzelnen Parameter, stets im Vergleich mit anderen Domkapiteln inner- und außerhalb Ungarns, thematisch abfragt: Einem kurzen Überblick über die Geschichte des vierzigköpfigen, wohlhabenden Kapitels folgt die Vorstellung der einzelnen Dignitäten und Ämter, der Aufgaben und Pflichten der Domherren, ihrer geographischen und familiären Herkunft und sozialen Einordnung, der Bildungsverhältnisse, der akademischen und der Weihegrade, der Pfründen und Karrieren, der Ämter am Königshof und an der päpstlichen Kurie, aber auch ihrer lokalen Stellen als Pfarrer, Spitalrektoren und Altarbeneficiaten, also eine kompakte und kommentierende Darstellung des Inhalts der Listen. Die Art und die rechtlichen Grundlagen der Stellenbesetzung durch König, Papst und, selten im erfassten Zeitraum, Bischof und die besonders wirksamen personellen und verwandtschaftlichen Netze werden abgehandelt, der tabellarisch aufgeschlüsselte Grundbesitz und die nur punktuell erkennbaren Lebensverhältnisse beschrieben. Eigene Abschnitte gelten ausländischen Mitgliedern und der Beurkundungstätigkeit als Glaubwürdiger Ort.

Hervorzuheben ist wieder die Einbindung des ungarischen Befundes in die internationale Forschung, aber nicht minder die mit der Übersetzung geschaffene Möglichkeit für diese, ihrerseits das gut erschlossene Beispiel aus Pécs zur Kenntnis zu nehmen und auch die über Ungarn hinaus weisenden prosopographischen Daten zu nutzen. Der Wunsch des Autors, dass auch die anderen Domkapitel, die „kirchliche Mittelschicht" (S. 195), Ungarns entsprechend aufgearbeitet werden sollten, ist auf sein westliches Nachbarland übertragbar.

Wien Herwig Weigl

Stift Dürnstein. 600 Jahre Kloster und Kultur in der Wachau, hg. von Helga PENZ–Andreas ZAJIC. (Schriftenreihe des Waldviertler Heimatbundes 51.) Waldviertler Heimatbund, Horn–Waidhofen/Thaya 2010. 239 S., zahlreiche Abb.

Das Augustiner-Chorherrenstift Dürnstein erscheint im Vergleich zu den traditionsreichen Stiften Göttweig, Klosterneuburg oder St. Florian als wenig bedeutend und wurde auch erst recht spät – 1410 – aus dem böhmischen Wittingau mit Chorherren besiedelt. 1788 aufgehoben, gehören die Pfarre Dürnstein und die Stiftsgebäude heute zum Chorherrenstift Herzogenburg, so dass zumindest eine gewisse institutionelle Kontinuität gewahrt blieb. Das sechshundertjährige Gründungsjubiläum bot den Anlass zur vorliegenden Veröffentlichung, die zentrale Aspekte der Geschichte des Stifts, seiner Archivalien und Bücher, aber auch seiner Bauten und Ausstattung beleuchtet. Die beiden Herausgeber haben schon in der Vergangenheit wichtige Beiträge zur Stiftsgeschichte vorgelegt und nun Vertreter verschiedener Disziplinen zusammengeführt, um die Entwicklung einer religiösen Gemeinschaft weiter zu erforschen, die sich zwar in einer eindrucksvollen barocken Klosteranlage manifestiert, über deren Innenleben bislang aber nur wenig bekannt war.

Nicht alle Beiträge dieses facettenreichen Bandes können hier näher gewürdigt werden, zumal Einiges recht speziellen bau- und kunstgeschichtlichen Fragen gewidmet ist. Andreas Zajic skizziert die langsame Entwicklung „von der Marienkapelle zum Chorherrenkloster" und stellt dabei die Rolle des Dürnsteiner Pfarrers Stefan von Haslach als Stifter in den Vordergrund. Der kniende Stifter wurde auf der Stiftungsurkunde von 1410 bildlich dargestellt, die ein beeindruckender Miniaturenzyklus umrahmt, den Martin Roland detailliert erläutert. Welche Spuren mittelalterlicher Baugeschichte das im Kern gotische, aber durchgreifend barockisierte Kloster noch preisgibt, zeigen die Ausführungen von Peter Aichinger-Rosenberger. Barbara Schedl skizziert dann knapp das „geistliche Leben im mittelalterlichen Kloster". Während hier liturgische Aspekte wie Altäre und Prozessionswege im Mittelpunkt stehen, würdigt der Beitrag von Armand Tif Zeugnisse der Buchkunst in der Bibliothek von Dürnstein. Ein Aufsatz von Günter Katzler zeigt, welche Bedeutung Dürnstein für die Verbreitung der Raudnitzer Reform in den österreichischen Stiften im 15. Jahrhundert hatte. Daran knüpfen chronologisch die Ausführungen von Helga Penz über die Geschichte des Stiftes vom 16. Jahrhundert bis zu seiner Aufhebung 1788 an. Die Verfasserin betrachtet in einem weiteren kleinen Beitrag den Schreibkalender des 1740 verstorbenen Stiftspropstes Hieronymus Übelbacher. Baugeschichte und Ausstattung der barocken Stiftsanlage werden dann ausführlicher in mehreren Aufsätzen von Herbert Karner, Johanna Kain, Manfred Koller, Helga Penz gewürdigt, während sich Peter Aichinger-Rosenberger und Michael Grünwald dem Dürnsteiner Kellerschlössel, seiner Ausstattung und Ausmalung widmen. Die Aufhebung des Stiftes und seine Verwaltung durch das Stift Herzogenburg wird schließlich durch Christian Dietl nachgezeichnet.

Mit Ausnahme des 15. Jahrhunderts konnte das Augustiner-Chorherrenstift zwar keine große überregionale Strahlkraft entfalten, aber es hat – wie die allermeisten Klöster – regional als geistliche Institution (auch über die Pfarrseelsorge) und als Herrschaftsträger eine nachhaltige Rolle gespielt, und es prägt deshalb die Stadt Dürnstein bis heute. Der vorliegende Band erweitert den bisherigen Kenntnisstand um viele Aspekte und präsentiert die Forschungsergebnisse in ansprechender Gestalt.

Leipzig   Enno Bünz

Ulrike TREUSCH, Bernhard von Waging († 1472), ein Theologe der Melker Reformbewegung. Monastische Theologie im 15. Jahrhundert? (Beiträge zur historischen Theologie 158.) Mohr Siebeck, Tübingen 2011. XIX, 356 S.

Der Tegernseer Benediktiner Bernhard von Waging gilt seit langem als wichtiger Vertreter der Melker Reform in Bayern. Seine Bekanntheit in der Forschungsgeschichte verdankt er nicht zuletzt der Kontroverse um die *Docta ignorantia* des Nikolaus von Kues, die er gegen Vinzenz von Aggsbach verteidigte. (Die Schriften dieser Auseinandersetzung werden derzeit am Münchner Grabmann-Institut kritisch ediert.) Die vorliegende Studie, eine unter Ulrich Köpf an der Evangelisch-Theologischen Fakultät in Tübingen angefertigte Dissertation, widmet sich diesem spätmittelalterlichen Theologen und Reformer erstmals in monographischer Form. In minutiöser Weise werden darin Leben, Werk und Wirken des Tegernseer Priors vorgestellt, wobei es der Autorin insbesondere auch auf die Verortung dieser monastischen Biographie in der theologischen Landschaft der Reformbewegungen des 15. Jahrhunderts ankommt. Der erste Teil resümiert den Forschungsstand zur Melker Reform mit den beiden Zentren Melk und Tegernsee, bevor Bernhard selbst ins Zentrum rückt. Erst im reifen Mannesalter verließ dieser 1446 das Augustinerchorherrenstift Indersdorf, um zur strengeren benediktinischen Observanz in Tegernsee überzutreten, wo er bis zu seinem Tod 1472 als Reformer, Prior und Visitator wirkte. Sehr interessant werden etwa die Bemühungen Bernhards um eine Union der Reformzweige von Melk und Bursfeld geschildert, die letztlich erfolglos blieben. Im eigentlichen Hauptteil, der Untersuchung der wichtigsten Schriften Bernhards, identifiziert die Autorin drei Themenkomplexe bzw. Kontroversen, die das Denken und Schreiben Bernhards als Reformbenediktiner prägten: einmal die Auseinandersetzung mit dem Eichstätter Bischof Johann von Eych über den Vorrang der *vita contemplativa*, dann die bereits erwähnte Kontroverse um die *theologica mystica* des Kusaners und schließlich Bernhards entschiedenes Eintreten für die absolute Fleischabstinenz im Benediktinerorden. Bernhard tritt in seinen Schriften nicht so sehr als origineller Denker und Theologe hervor, sondern als Exponent und Förderer der monastischen Reform, wofür er in reichem Maß auf zeitgenössisches konventionelles Gedankengut zurückgreift. Gerade in der Verteidigung der „mystischen Theologie" des Kusaners zeigt sich, dass der Tegernseer Prior das philosophisch-theologische Anliegen des Kusaners im Grunde nicht verstanden hat, sondern recht traditionell die *vita affectiva* als Gottesliebe und damit als Weg zur Gottesschau begreift. In diesem Kapitel bietet die Autorin auch eine ausführliche Analyse des langen und nur zum Teil edierten Traktats *De cognoscendo Deo*, in dem Bernhard (anders als Nikolaus von Kues) nicht die intellektuelle Denkbewegung, sondern eher die praktische Anleitung zum Aufstieg der Seele sucht. Brisanter war die Debatte mit Johann von Eych, der die monastischen Reformkräfte auch für die Seelsorge nutzen wollte und in diesem Zusammenhang eine Lanze für die *vita activa* als einer verdienstvollen Lebensform brach. Bernhard beharrte gegenüber dem Eichstätter Bischof auf dem Vorrang des kontemplativen Lebens, das allein größere Sicherheit für das persönliche Heil biete. Der dritte Komplex widmet sich der Fleischabstinenz in den Benediktinerklöstern, für deren Einschärfung Bernhard eine lange, bislang ungedruckte Schrift verfasste. Die Streitfrage, die seit den früheren Regelauslegungen des 9. Jahrhunderts virulent war und die im 15. Jahrhundert eine wahre Flut von *De esu carnium* Schriften hervorrief, wird in diesem Kapitel in erschöpfender Breite behandelt. In der abschließenden Charakterisierung der Theologie Bernhards laviert die Autorin vorsichtig zwischen den beiden bekanntesten Generalisierungen dieser pastoral, praktisch und geistlich orientierten Reformtheologie des Spätmittelalters, die entweder (im Gefolge von Bernd Hamm) als „Frömmigkeitstheologie" oder (im Sinne von Ulrich Köpf) als „monastische Theologie" bezeichnet wird. Nicht nur wen die Details mehr interessieren als die Generalisierungen, wird das Buch, das sehr sorgfältig erarbeitet ist und in allen Einzelaspekten den neuesten Forschungsstand bietet, mit Gewinn konsultieren und daraus eine Fülle neuer Anregungen gerade auch für die Beschäftigung mit der Wiener Theologie im Spätmittelalter ziehen.

Wien   Thomas Prügl

Carola Piepenbring-Thomas, Recht in der Stadt Hannover. Dokumentierte Normdurchsetzung. Das Brücheregister des Stadtschreibers Joh. Halßband (1552–1566). (Hannoversche Studien 12.) Hahn, Hannover 2010. 309 S., 3 Abb.

Die vorliegende Arbeit fügt sich überregional einerseits in eine Reihe von Studien zur städtischen Rechts- und Kriminalitätsgeschichte des späten Mittelalters und der Frühen Neuzeit ein, wie sie im deutschen Sprachraum etwa für Konstanz, Köln, Augsburg, Görlitz oder Frankfurt/M. vorliegen. Ordnet man sie in Bezug auf die Quellenbasis ein, dann ergänzt sie vorliegende Studien zur Niedergerichtsbarkeit, wie sie auch die österreichische Forschung (etwa in Person von Martin Scheutz) vorgelegt hat, und insbesondere Forschungen wie die von Kertelhein (2003) über die Brücheregister im Dithmarschen. Freilich verortet sich die Verfasserin selbst, obwohl sie überregionale Literatur durchaus zur Kenntnis genommen hat, vornehmlich im konkreten lokalhistorischen Kontext der Geschichte Hannovers. Im Untersuchungszeitraum umfasste diese Stadt vielleicht 4000 Einwohner; mit der Calenbergischen Landesherrschaft lebte sie aus religiösen wie politischen Gründen in einem gespannten Verhältnis und schaffte es, in der Praxis weitgehende Autonomie zu bewahren. Die Hochgerichtsbarkeit stand zwar unter dem Vorsitz eines herzoglichen Vogtes, wurde de facto aber vom Rat ausgeübt, dem auch das Begnadigungsrecht zustand; die Niedergerichtsbarkeit hatte der Rat ohnehin inne, die Strafgelder (Brüche) flossen ihm zu.

Zu den Stärken der vorliegenden Arbeit gehört die akribische Rekonstruktion der überlieferten Quellen (Kapitel II). Insbesondere das im Zentrum der Arbeit stehende Brücheregister des sorgsam arbeitenden Stadtschreibers Halßbandt, dessen Tätigkeit für die Administration Hannovers insgesamt einen enormen Verschriftlichungsschub bedeutete, wird intensiv untersucht. Im Ergebnis zeichnet sich ab, dass es sich nicht um ein vollständiges Register der vor dem städtischen Niedergericht verhandelten Strafsachen handelt, sondern lediglich um ein Verzeichnis der ausstehenden Geldstrafen bzw. deren Tilgungsraten. Auch wenn die Verfasserin ergänzend und umfänglich die weitere Überlieferung des Untersuchungszeitraums heranzieht, darunter auch Quellen zur Hochgerichtsbarkeit, bleibt die Vision eines umfassenden quantitativen Profils der Delikte und Strafen unerfüllbar. Daraus zieht sie die Konsequenz, auf eine statistische Auswertung zu verzichten und stattdessen den Weg der qualitativen Auswertung zu beschreiten.

Was das Rechtswesen der Stadt angeht, dem das III. Kapitel gewidmet ist, so gelingt eine solche qualitative Darstellung der Verfasserin gut, freilich ohne dass spektakuläre neue Ergebnisse zu verzeichnen wären. Sie schreitet von den normativen Rahmenbedingungen in Gestalt der häufig modifizierten „Stadtkündigungen" über die Amtsträger und das Verfahren hin zu den Strafformen. In Bezug auf die Strafgelder bestätigt sich insgesamt der von Peter Schuster für Konstanz erhobene Befund einer flexiblen, aber doch hartnäckigen Strategie des Rates bei der Eintreibung der Gelder. Weniger gut funktioniert der gewählte Zugang für das Thema „Delikte und Delinquenten vor dem Niedergericht" (Kap. IV). Die Darstellung, bei der immer auf entsprechende Abschnitte der städtischen Normen die Befunde aus der Praxis angehängt werden, ist zum einen unübersichtlich – hier hätte eine tabellarische Auflistung Vorteile gebracht. Zum anderen bleibt sie analytisch meist an der Oberfläche, weil die sozial- und kulturgeschichtlichen Kontexte zu selten in die Interpretation miteinbezogen werden und das Ganze einen eher additiven Eindruck macht. Das trifft z. T. auch auf die folgende Darstellung über physische Gewalt (Kap. V) zu, die aus zwei Gründen gesondert untersucht wird: Zum einen ragen Gewaltdelikte aufgrund ihrer Häufigkeit im Brücheregister heraus, zum anderen aufgrund der starken Verzahnung von Hoch- und Niedergerichtsbarkeit. Hauptsächlich ist dieses Kapitel einem Mordfall aus dem Bereich der Hochgerichtsbarkeit gewidmet, der Ermordung eines Nachtwächters durch den Patriziersohn Ernst Blome, der dafür im November 1560 mit dem Schwert gerichtet wird. Die dichte Überlieferung erklärt sich aus einem zweifachen Spannungsverhältnis: Zum einen setzte der Rat hier demonstrativ seine Normen gegenüber dem jugendlichen Mitglied einer alteingesessenen, aber zuletzt ihren Einfluss im Zuge der Reformation weitgehend eingebüßt habenden Familie durch und stilisierte sich so zur unparteiischen Gerichtsinstanz; zum anderen verteidigte er seine Autonomie auch gegen die interzedierende Landesherrschaft und andere auswärtige Große, die die Familie Blome mit ihren weitreichenden Beziehungen mobilisiert hatten. Insofern handelt es sich weniger um ein „Fallbeispiel", so die Verfasserin, sondern um einen sehr besonderen Fall, dessen außergewöhnliche Umstände nicht in vollem Umfang gewürdigt werden.

Den ambivalenten Eindruck, den die Arbeit hinterlässt, bestätigen auch die Überlegungen des Schlusskapitels. Bezüglich des Verfahrens wird man etwa den Maßstab des „zeitsparenden und kostengünstigen Handelns" des Rates unterstreichen dürfen. Der Befund, dass das Verfahren vielfach mündlich blieb und sich schriftlicher Überlieferung oft entzog, ist ebenso nachvollziehbar wie die Charakterisierung der städtischen Rechtspflege als „nicht modern, doch ausreichend effektiv". Zu konstatieren, der Rat habe als „unabhängige, selbständige, gerechte Rechtsgewalt" agiert, Rechtssicherheit und Rechtsgleichheit durchgesetzt, scheint mir andererseits allzu positiv gefärbt zu sein und der Eigenperspektive der städtischen Überlieferung verhaftet zu bleiben. Insgesamt stellt die Arbeit eine große Menge von – auch vergleichend nutzbarem – Material bereit, ohne dass ihre historische Analyse immer zu überzeugen vermag.

Dresden   Gerd Schwerhoff

Thomas A. Brady Jr., German Histories in the Age of Reformations, 1400–1650. Cambridge University Press, New York 2009. 477 S., 33 Abb., Tafeln und Karten.

Das vorliegende Werk repräsentiert eine breit und vielseitig angelegte Synthese von 250 Jahren Deutscher Geschichte und schließt einen Teil des Spätmittelalters (15. Jahrhundert) und der frühen Neuzeit bis 1650 ein. Im Grunde handelt es sich um eine Geschichte des Heiligen Römischen Reiches, wie ein prüfender Blick auf Österreich, die Eidgenossenschaft und die Niederlande zeigt. Brady widmet sich somit jener formierenden Phase der Entwicklung Europas, wobei er – selten genug angewendet – eine traditionelle Zäsur bzw. Epochengrenze zwischen Mittelalter und Neuzeit vermeidet, hingegen zeigt, in welcher Weise sich die „Neuzeit" aus der vorhergehenden Epoche entwickelt und wo das eigentlich „Neue" liegt. Ferner fällt der reiche Gebrauch von Abbildungen von Personen und der politischen Propaganda auf – ein Positivum.

Ausgangspunkt der Darstellung ist eine politisch-soziale Analyse der Territorien des Heiligen Römischen Reiches und der kirchlichen Strukturen seit dem frühen 15. Jahrhundert (part I, S. 3–70). Sie dient dem Autor als Einführung und erste Annäherung an ein komplexes politisches System; darauf bauen die folgenden Teile (parts) auf: Die Reform des Reiches (Reichsreform) und der spätmittelalterlichen Kirche (part II, S. 71–159), die Entwicklung der Kirche und der Reformation(en), 1520–1576 (part III, S. 161–258), Konfession, Reich und Krieg, 1576–1650 (part IV, S. 259–420).

Die zeitliche Spanne von 1400 an ermöglicht dem Autor die Darstellung der Reformepoche, dabei wird zwischen realisierten und lediglich projektierten Reformen in „Staat und Kirche" unterschieden; insbesondere für den kirchlichen Bereich spricht Brady von „ideals and illusions of reforming the church", erst mit Martin Luther habe ein irreversibler Reformprozess eingesetzt. Während Brady ausführlich auf das Auftreten des Reformators auf dem Wormser Reichstag 1521 eingeht (S. 152f.), fehlt im Hinblick auf den Augsburger Reichstag 1530 die Hervorhebung der Bedeutung der Confessio Augustana für die folgenden Jahrzehnte (S. 217ff.). Dies ist umso überraschender, als in part III, dem wohl zentralen Teil, zu Kirche, Reformation und Politik von 1520 bis 1576 eine Fülle wichtiger Entscheidungen und Entwicklungen angesprochen wird. 1576, verbunden mit dem Tod Kaiser Maximilians II., sieht Brady als Zäsur in religionspolitischer Hinsicht. Nun beginnen für ihn die Jahrzehnte der Konfessionalisierung des Reiches. Part IV widmet sich ausführlich der Darstellung dieses Phänomens auf protestantischer (S. 259–290) und katholischer Seite (S. 291–318). Darüber hinaus wird auch kurz auf das Judentum, auf Sekten und das Phänomen der Hexerei eingegangen (S. 319–348). Den Abschluss bildet die militärische Entwicklung, die in den Dreißigjährigen Krieg mündete (S. 349–403). Brady's abschließende Reflexionen zur Historiographie und zum Verständnis von Reformation reichen bis ins 20. Jahrhundert (S. 405–420). Ein Appendix zur Organisation des Reiches und ein darauf abgestimmtes Glossar stellen eine sinnvolle Ergänzung dar (S. 421ff.).

Diese epochalen, die traditionellen Fachgrenzen sprengenden Perspektiven Brady's sollten am besten auch in den Organisationsstrukturen der universitären Professuren für Geschichte zum Ausdruck kommen; das wäre überaus wünschenswert.

Wien   Alfred Kohler

Dana Štefanová, Erbschaftspraxis, Besitztransfer und Handlungsspielräume von Untertanen in der Gutsherrschaft. Die Herrschaft Frýdlant in Nordböhmen, 1558–1750. (Sozial- und wirtschaftshistorische Studien 34.) Oldenbourg, Wien–München 2009. 341 S.

Die anzuzeigende Studie von Dana Cerman-Štefanová steht ganz im Kontext der zahlreichen neueren sozial- und agrargeschichtlichen sowie historisch-anthropologischen Ansätze zur

Analyse der Gutsherrschaft als Teilbereich der sozialen Praxis in ländlichen Gesellschaften der Frühen Neuzeit. Die Arbeit basiert auf ihrer 1999 abgeschlossenen Dissertation, die im Rahmen des internationalen Forschungsprojekts „Soziale Strukturen in Böhmen, 16.–19. Jahrhundert" entstanden ist. Im Fokus der Teilstudie steht die nordböhmische Herrschaft Frýdlant, wobei vor allem die Dörfer Háj, Luh und Vysok in einem Zeitraum von über zweihundert Jahren (1558 bis 1750) in den Blick genommen werden. Damit steht ein Gebiet im Zentrum, das wie Böhmen insgesamt den Agrarverhältnissen der „ostelbischen Gutsherrschaft" zugerechnet wird. Mit dem damit verbundenen traditionellen Konzept einer dualistischen Agrarentwicklung setzt sich die Autorin in ihrer konzentrierten Studie ebenso kritisch auseinander wie mit den Mythen der tschechischen Geschichte (Weißer Berg, „zweite Leibeigenschaft"). Besonderes Ziel der Studie ist es, am Beispiel der gutsherrlichen ländlichen Gesellschaft Nordböhmens die Komplexität der Gutsherrschaftsgesellschaft in ihren Interaktionen zwischen Strukturen und Handlungsmöglichkeiten nachvollziehbar zu machen. Aus diesem Ansatz folgt der inhaltliche Schwerpunkt der Arbeit, der auf der Analyse der Praktiken des Besitztransfers sowie der Erbschaftspraxis liegt. Mit den Strategien der Untertanen im Prozess der Besitzübergabe werden zudem verschiedene Kategorien wie Haushalt, Dorf, Herrschaft oder Geschlecht beleuchtet.

Methodisch wählt die Autorin einen sozial- und familienhistorischen Zugriff, den sie ausgewogen und überzeugend mit quantitativen wie qualitativen, historisch-anthropologischen und mikrohistorischen Ansätzen verbindet. Die Thesen werden auf der Grundlage einer breiten Quellenbasis entfaltet: Herangezogen werden Grund- und Schöppenbücher, Stadt- und Gerichtsbücher, Kataster, Zins- und Steuerregister, Urbare und Kirchenregister. Den Wechselbeziehungen zwischen der Trias Gutsherrschaft, Gemeinde und Untertanen geht die mit einem Orts- und Sachregister versehene Studie in fünf Kapiteln nach: Zunächst widmet sich die Monographie der Sozialstruktur im Untersuchungsraum (Kapitel II, S. 29–48). In einem weiteren Kapitel werden die Erbschaftspraxis und der Besitztransfer auf der Basis von 943 Transaktionen in der Herrschaft Frýdlant untersucht (Kapitel III, S. 49–166). Steht die Analyse der rechtlichen, sozialen und ökonomischen Gebundenheit der untertänig-bäuerlichen Familien im Vordergrund, kann die Autorin zeigen, dass die Transaktionen im Wesentlichen ohne gutsherrschaftliche Interventionen abliefen. Als Grundlage für die Analyse des Zusammenhangs zwischen Verwandtschaft und Besitztransfer dienen Kaufverträge aus den Grund- und Schöppenbüchern. Der Verkauf bäuerlicher Anwesen vollzog sich dabei ohne ausschließlichen Familienbezug, vielmehr überwog – vermutlich aufgrund der hohen Mobilität der Gesellschaft vor allem zu Beginn der Rekatholisierung – der Anteil der Besitztransfers unter Nichtverwandten. Im vierten Kapitel (S. 167–218) zur Erbschaftspraxis, Generation und „Alter" untersucht die Autorin die Konsequenzen der Besitztransaktionen für abtretende Besitzer, wobei sie den verschiedenen Aspekten des Ausgedinges als Bestandteil des Grundbesitztransfers nachgeht und die Komplexität der Einflussfaktoren auf das Ausgedinge untersucht. Bestimmt werden die verschiedenen Ausgedingetypen, der Umfang des Ausgedinges, die Stellung und Arbeit der Altenteiler. Zudem werden Vereinbarungen über Ausgedinge als Kaufobjekte sowie die Beziehungen zwischen Ausgedinge und Gutsherrschaft behandelt. Dabei macht die Autorin die Ausgedinge als festen Bestandteil der Hofökonomie deutlich und zeigt die Reziprozität zwischen Käufer und zukünftigem Altenteiler auf. Zu systematischen obrigkeitlichen Eingriffen bei Verhandlungen über das Altenteil kam es wie im Bereich des Besitztransfers nicht. Kapitel V (S. 219–278) beschäftigt sich mit der Stellung der Gemeinde in der ostelbischen Gutsherrschaft. Es geht dabei um die Handlungs- und Verhandlungsfähigkeit der Gemeinde gegenüber der Gutsherrschaft, die insbesondere anhand von Konfliktsituationen untersucht wird. Die Führung der Schöppenbücher, die Disposition über den Gemeindeboden und die Aufsicht über die Gemeindekasse gehörten zu den Elementen, die der Gemeinde im Rahmen der verschärften Erbuntertänigkeit Handlungsräume gewährte, ohne jedoch zu einer dezidierten Gemeindeautonomie zu führen.

Alles in allem zeigt Dana Cerman-Štefanovás detailreiche Untersuchung nun auch für die Gutsherrschaftsgesellschaft in Nordböhmen die weitreichenden Entscheidungs- und Handlungsspielräume der ländlichen Bevölkerung mit flexibel zu nutzenden Möglichkeiten des Besitztransfers und der Altersversorgung auf. Die Autorin hat mit der komparativ angelegten mikrohistorischen Untersuchung das nordböhmische Gebiet an die aktuellen Forschungsdebatten, die zu west- und mitteleuropäischen Regionen zum Thema Erbschaftspraxis und Besitztransfer geführt werden, angebunden. Zur Stützung der Befunde zu den untertänigen Strategien in Besitztransferprozessen wäre auch der Einbezug der narrativen Strategien der Akteure möglich gewesen, um so sprachlich-semantische Zusammenhänge nachvollziehbar zu machen. Insgesamt leistet die Studie einen wichtigen Beitrag zur Erforschung der Strukturen und Funktionsweise der ländlichen Gesellschaft in der Frühen Neuzeit, wobei einmal mehr der zentrale Zusammenhang zwischen Eigentum – als wichtiges Strukturelement der ständischen Gesellschaft des Alten Reiches – und den Handlungsspielräumen insbesondere von Akteuren minderen Rechts wie Bauern oder Frauen in der sozialen Praxis sichtbar wird.

Erfurt/Gotha   Hendrikje Carius

Adel und Adelskultur in Bayern, hg. von Walter DEMEL–Ferdinand KRAMER. (Zeitschrift für Bayerische Landesgeschichte Beih. 32.) Beck, München 2008. 532 S.

Die jährlich stattfindenden Landesausstellungen des Hauses der Bayerischen Geschichte sind mittlerweile eine feste Größe im bayerischen Ausstellungsleben und haben sich zu wahren Publikumsmagneten entwickelt. Die Landesausstellung des Jahres 2008 widmete sich dem Thema „Adel in Bayern". Vorliegender Sammelband ist das Ergebnis einer landesgeschichtlichen Tagung, die nicht nur die Ausstellung inhaltlich vorbereiten, sondern das Thema über den begleitenden Katalog hinaus wissenschaftlich in einen weiter gefassten Zusammenhang stellen sowie längerfristig die Forschungen zum „Adel in Bayern" bereichern und anregen sollte. Die im Band enthaltenen Beiträge spannen dabei einen weiten Bogen, zeitlich wie inhaltlich. Der Untersuchungszeitraum reicht vom 16. bis an die Schwelle des 20. Jahrhunderts. In den Blick genommen werden dabei Beispiele aus dem Gebiet des heutigen Bayern; es werden altbayerische, fränkische und schwäbische Adelsfamilien gleichermaßen beleuchtet. Auch wurde von den Herausgebern bewusst ein offener Kulturbegriff zugrunde gelegt, um der großen Spannbreite adeligen Lebens gerecht werden zu können. Die einzelnen Beiträge sind dabei in fünf übergeordnete, jeweils eine thematische Klammer bildende Abschnitte gestellt: „Recht und Herrschaft im Lande", „Adelsherrschaft und ländliche Gesellschaft", „Adelige Wirtschaft und adelige Statussicherung", „Öffentlichkeit – Kulturelle Teilhabe – Bildung" sowie „Bayerischer Adel vor den Herausforderungen der Moderne". Die insgesamt fünfzehn Aufsätze werden abgerundet durch einleitende Überlegungen von Walter Demel zum Begriff der Adelskultur sowie durch zusammenfassende Bemerkungen von Ferdinand Kramer.

Trotz der zeitlichen, räumlichen und auch inhaltlichen Bandbreite der Themen offenbaren sich gewisse Konstanten und lassen sich stets wiederkehrende Konstellationen und Spannungsfelder ausmachen, in denen sich der Adel seit der frühen Neuzeit bewegte. So wird aus den Beiträgen deutlich, welch große Heterogenität innerhalb des Adels zu berücksichtigen ist, die sich in standes- und statusmäßiger, rechtlicher oder auch ökonomischer Hinsicht niederschlug. Insofern waren Strategien zur Selbstbehauptung und Statussicherung unerlässlich. Dazu gehörte eine standessichernde Heiratspolitik (vgl. dazu insbesondere die Beiträge von Johannes Merz zum „Hochadel in der frühen Neuzeit. Rechtliche Parameter und soziale Wahrnehmung in Schwaben, Franken und Bayern im Vergleich" oder von Margit Ksoll-Marcon zu „Erziehung und Heirat – zwei Faktoren zum Erhalt der adeligen Reputation") ebenso wie Überlegungen, innerhalb der Reichskirche Karriere zu machen (vgl. Sylvia Schrauts Aufsatz zu „Reichsadelige[r] Selbstbehauptung zwischen standesgemäßer Lebensführung und reichskirchlichen Karrieren"). Wo irgend möglich, sollte Heiratspolitik nicht nur statussichernd sein, sondern langfristig auch der Statuserhöhung und dem Aufstieg des eigenen Geschlechts dienen.

In statusmäßiger Hinsicht befanden sich Familien des bayerischen Adels nicht nur in Konkurrenz zu ihren adligen Standesgenossen, auch reiche bürgerliche Gruppen wie etwa Großbauern, Gastwirte oder Müller versuchten durch Statussymbole wie kostbare Kleidung oder durch entsprechend gestaltete Feste an der Kultur der Höherstehenden zu partizipieren, wie Barbara Kink in ihrem Beitrag „Die Bauern tragen seiden Kleid …' – Überlegungen zum Verhältnis Landadel und ‚Bauernadel' im 18. Jahrhundert" darstellt.

Konfliktfelder mit Untertanen werden durch Gerichtsakten offenbar (vgl. Christian Wieland: „Die Ausnahme in der Sprache des Allgemeinen. Bayerischer Adel und Gericht im 16. Jahrhundert"; Stephan Kellner „Dass wir bei uraltem herkommen gelassen werden …'. Frondienste als Konfliktfeld zwischen Adel und Untertanen im frühneuzeitlichen Bayern"), aber gerade diese Quellen zeigen auch auf, dass der Herzog bzw. Kurfürst als Landesherr seine Möglichkeiten im Kräftespiel von Herrschaft und Untertanen zu nutzen verstand, etwa als Mediator in Streitigkeiten. Umgekehrt konnte er aber auch sich selbst als Beklagter in Auseinandersetzugen um Fragen zwischen Reichsunmittelbarkeit und Landsässigkeit und den damit einhergehenden adligen Rechten wiederfinden.

Aus dem Bereich kulturelle Teilhabe und Bildung stellt in einer Mikrostudie Beate Spiegel zur „Kultur" in der Hofmark Tutzing anhand der überlieferten „Hausmanuale", die die Einnahmen und Ausgaben der Hofmarksherrin und damit auch deren kulturelle Aktivitäten verzeichnen, vor. Gabriele Greindl befasst sich am Beispiel von Adelsbibliotheken mit „Politik und Gelehrsamkeit des bayerischen Adels".

Dass sich der bayerische Adel insbesondere im 19. Jahrhundert neuen Herausforderungen zu stellen hatte, beleuchten mehrere Beiträge, wie beispielsweise der von Wolfgang Wüst, der in seiner Untersuchung zu „Adelige[m] Selbstverständnis im Umbruch? Zur Bedeutung patrimonialer Gerichtsbarkeit 1806–1848" nach dem Stellenwert der Landadeligen im staatlichen Integrationsprozess im Rahmen von Bürokratie und Justiz fragt. Nicht nur in der frühen Neuzeit ist – wie bereits erwähnt – eine große Heterogenität zu berücksichtigen. Auch für das 19. Jahrhundert zeigt dies Marita Krauss im Hinblick auf das Selbstverständnis des Adels nach den Umbrüchen zum Anfang des Jahrhunderts mit der Frage „Das Ende der Privilegien? Adel und Herrschaft in Bayern im 19. Jahrhundert".

Insgesamt bieten die Beiträge nicht nur wertvolle, vielfach aus den Quellen gearbeitete Detailstudien; gerade angesichts der Bandbreite der Einzelthemen sind die dort eingebetteten Hinweise zum Forschungsstand jeweils nützlich, nicht zuletzt für die Benennung von noch bestehenden Desideraten (vgl. z. B. die Beiträge von Johannes Merz, Barbara Kink, Matthias Steinbrink, Stefan W. Römmelt, Wolfgang Wüst oder Ferdinand Kramer). Den sorgfältig gestalteten Band runden eine Auswahlbibliographie sowie ein Orts- und Namensregister ab.

München   Bettina Scherbaum

Robert REBITSCH, Wallenstein. Biographie eines Machtmenschen. Böhlau, Wien–Köln–Weimar 2010. 254 S.

Der Innsbrucker Historiker Robert Rebitsch, der bereits in den vergangenen Jahren mit Biographien zu einigen der wichtigen (militärischen) Akteure der kriegerischen Konflikte des 17. Jahrhunderts hervorgetreten ist – Matthias Gallas (1588–1647), Generalleutnant des Kaisers zur Zeit des Dreißigjährigen Krieges. Eine militärische Biographie (Münster 2006); Rupert von der Pfalz (1619–1682). Ein deutscher Fürstensohn im Dienst der Stuarts (Innsbruck 2005) –, legt eine neue Wallenstein-Biographie vor. Er wendet sich damit, wie Rebitsch zu Recht gleich eingangs herausstreicht, der „bekannteste(n) Persönlichkeit des Dreißigjährigen Krieges im deutschsprachigen Raum" (S. 7) zu. Viele Historiker, nicht jedoch (interessanter

Weise) Historikerinnen, haben sich seit den Zeiten Friedrich Schillers dem Leben und Wirken von Rebitschs Protagonisten biographisch angenähert und für sich das erzählerische Potential des Wallensteinschen Lebens mit seinem raschen Auf- und dramatischen Abstieg fruchtbar gemacht. Kurz und prägnant skizziert Rebitsch in seinem einleitenden Kapitel diese Forschungsgeschichte und stellt die immer noch kontroversen Deutungen des kaiserlichen Generalissimus vor, um sodann seine eigene Fragestellung zu entwickeln. Sein Ziel ist es, „die verschiedenen Profile des Machtmenschen" (S. 17) Wallenstein, so auch der programmatische Untertitel seiner Studie, zu betrachten. „Wallenstein hatte die Macht, Kriege zu führen und zu finanzieren, er hatte die Macht, Armeen auszurüsten und zu unterhalten, er hatte die Macht, großes Kapital zu generieren und zu verschieben, er hatte die Macht, in den politischen Verlauf der Dinge einzugreifen, er hatte die Macht in seinen Herrschaften zu regieren und große Bauprojekte umzusetzen, er hatte die Macht, Pracht und Prunk zur Schau zu stellen, er hatte die Macht, Menschen zu protegieren und Menschen zu stürzen, er liebte die Macht, bis er seine Macht auf brutale Art und Weise verlor." (S. 17)

Folgerichtig strukturieren die verschiedenen Handlungsfelder, auf denen Wallenstein als Akteur entgegentritt, und nicht die Chronologie des Wallensteinschen Lebens Rebitschs Darstellung. In acht Kapiteln lässt er, gut lesbar und wohl informiert, Wallenstein und seine Lebenszeit (1583–1634) Revue passieren. Ausgehend vom Aufstieg Wallensteins im Vorzeichen der Niederlage der böhmischen Adelsopposition 1620, die Wallenstein zu einem jener (Hoch-)Adeligen machte, die von dem daraus resultierenden umfassenden Prozess der Elitentransformation in den (Erb-)Ländern des Hauses Österreichs profitierten, wird ein weiter Bogen gespannt. Wallenstein wird als erfolgreicher militärischer Akteur und Landesherr in seinem Fürstentum bzw. Herzogtum Friedland (1624/25) vorgestellt, aber auch – besonders verdienstvoll – als „Ökonom und Kapitaljongleur" (S. 17), als Mäzen und Politiker gewürdigt. Ein eigener Abschnitt ist abschließend dem Sturz des „Verräters" Wallensteins gewidmet, der am 22. Februar 1634 zu seiner Ermordung in Eger führte. Mit den widersprüchlichen Äußerungen, die sein Tun und Lassen schon unmittelbar nach seiner Tötung kommentierten und letztlich bis zum heutigen Tage fortdauern, beschließt Rebitsch seine Darstellung.

Rebitsch gelingt es dergestalt, ein flüssig geschriebenes Panorama des Lebens und der Lebenszeit Wallensteins zu zeichnen, das den Leser/die Leserin zugleich, gleichsam en passant, auch mit der neueren Wallensteinforschung vertraut macht und die verschiedenen Dimensionen der Wallensteinschen Lebenswirklichkeit geschickt miteinander verknüpft. Die ansprechende Aufmachung des Bandes mit zahlreichen Illustrationen tut das ihrige, dass der Band bei denjenigen, auf die er zielt, Studierende und die berühmten historischen Laien (männlichen wie weiblichen Geschlechts), sicherlich auf das ihm gebührende Interesse stoßen wird. Ich auf jeden Fall werde Rebitschs Biographie meinen Studierenden, die sich für die Geschichte des Dreißigjährigen Krieges interessieren und mit der Materie noch nicht wohl vertraut sind, künftig zur Lektüre empfehlen.

Graz   Gabriele Haug-Moritz

Thomas Lau, Unruhige Städte. Die Stadt, das Reich und die Reichsstadt (1648–1806). (bibliothek altes Reich 10.) Oldenbourg, München 2012. 156 S.

Die Forschung zu den deutschen Städten in der Frühen Neuzeit hat in den letzten Jahrzehnten eine bislang ungekannte Flut an Untersuchungen zu einzelnen Städten wie zu systematischen Fragestellungen hervorgebracht, die auch bereits in handlichen Darstellungen synthetisiert worden sind, etwa durch Heinz Schilling (2004) oder Ulrich Rosseaux (2006). Konsequent dem Konzept der vor gut fünf Jahren von Anette Baumann, Stephan Wendehorst und Siegrid Westphal begründeten Reihe „bibliothek altes Reich" folgend – nämlich neuere methodische Ansätze von Anthropologie, Geschlechtergeschichte, den Kulturwissenschaften oder der Kommunikationsforschung zur Untersuchung der Geschichte des Alten Reichs heranzuziehen, die zudem durch die Bündelung von Forschungsergebnissen aus den unterschiedlichen Sub- und Nachbardisziplinen gestärkt werden soll – gelingt Thomas Lau die Positionierung des zehnten Bandes dieser Reihe in einem gut bestellten Forschungsfeld. Ausgehend von Überlegungen der New Cultural Geography und Vertretern des Spatial Turn entwickelt er einen Darstellungsmodus, der davon ausgeht, dass in der Stadt „Imagination und Materie" (S. 11) wirkungsmächtig zusammentrafen, insofern die (Selbst-)Positionierung städtischer Akteure – seien es Individuen oder Gruppen, seien es Kaufleute oder Handwerker, seien es Patrizier oder Angehörige der Unterschichten – in den realen städtischen Räumen ebenso wie die (Selbst-)Positionierung der einzelnen Stadt in ihrem Umland, ihrer Landschaft oder ihrem politischen Handlungsspielraum – sei es das Territorium, der Reichskreis, der Städtebund oder eben das Reich – gleichermaßen zur Genese und Durchsetzung imaginierter Raumvorstellungen bei den Akteuren wie den jeweiligen Städten führten. Anhand dieser Grundüberlegung beschäftigt sich Lau in drei Kapiteln mit der Geschichte der deutschen Reichsstädte in der zweiten Frühneuzeithälfte. Da man sich naturgemäß mit der Selbst- und Fremdwahrnehmung im Konflikt am intensivsten auseinandersetzt, betrachtet er zunächst die „streitende Stadt" in der Behauptung ihres republikanischen Selbstverständnisses und der Reichsunmittelbarkeit, in der Auseinandersetzung mit den Nachbarn im Rahmen des Reichssystems, die flächige Organisation in formellen Städtebünden, Städtetagen und eher informellen Städtenetzen und die gelegentliche Ausbildung regionaler Identitäten. Im folgenden Kapitel zum „Streit in der Stadt" werden die realen und imaginierten Handlungsräume der Juden, der städtischen Eliten, der Bürger/Untertanen, der Geistlichen sowie des Gemeinen Mannes und der Randgruppen behandelt. Das Kapitel „Streit um die Stadt" betont den hohen symbolischen Wert der Reichsstädte in den Kriegen nach 1648, insofern die einzelne Reichsstadt immer als Stellvertreter des Reiches gesehen wurde, sei es intern in Gegnerschaft des Kaisers, wie in Konstanz 1548, oder gegenüber dem revolutionären Frankreich im Falle Frankfurts 1792. Etwas gezwungen wirkt die Unterordnung des an sich wichtigen Abschnittes zu den Reichsstädten als „Arenen der Diplomatie" unter dieses Kapitel, in dem Lau die Funktion der Reichsstädte in den nördlichen und westlichen Regionen, etwa Köln und Hamburg, als Sitz kaiserlicher Residenten und Gesandten für die Stabilisierung des Reiches als „politische Interaktionsgemeinschaft und als gemeinsam imaginiertes Ordnungssystem" (S. 126) herausstreicht. Aufgrund der immer wieder plastisch und prononciert vorgetragenen Beispiele bleibt die abstrakte Gedankenführung des Autors gut nachvollziehbar, und man stimmt überzeugt zu, dass die „Reichsstädte […] verdichtete Räume des Reichs [waren], in denen das Reich in seiner ganzen Vielfältigkeit präsent war. Mehr noch: Sie bildeten Räume der Interaktion, in denen die verschiedenen Ebenen des Reiches zusammentrafen – regionale und transregionale, ökonomische und kulturelle, politische und sakrale Imaginationen wurden hier in soziale Praxis verwandelt und soziale Praxis in Form von Imaginationen abstrahiert." (S. 128)

Allerdings seien auch drei Kritikpunkte erlaubt. Zunächst erschließt sich dem Leser aus der Darstellung nicht, warum der Untertitel des Bandes „Die Stadt, das Reich und die Reichsstadt" in der Überschrift des einleitenden Kapitels in umgekehrter Reihenfolge als „Das Reich, die Stadt und die Reichsstadt" auftaucht. Angesichts der beständigen, darstellerisch und sachlich völlig nachvollziehbaren, ja zweifelhaft nötigen Rückgriffe in das 16. Jahrhundert und die erste Hälfte des 17. Jahrhunderts muss man zudem die Sinnhaftigkeit des gewählten Zeitschnittes (1648–1806) hinterfragen. Durchaus im Bewusstsein der enormen Masse an einschlägigen Forschungen und dem nur beschränkt zur Verfügung stehenden Raum vermisst man einige für das Thema zentral wichtige Monographien – etwa Scott zu Freiburg/Br., Querfurt zu Braunschweig, Hertner zu Straßburg, Friedrichs zu Nördlingen sowie Hahn und Schieber zu Wetzlar, de Vries und Hohenberg/Lees zur Urbanisierung und nicht zuletzt Walker zu den „German Home Towns". Diese Kritik kann jedoch nicht den Eindruck trüben, dass mit diesem

Band eine Synthese zur Geschichte der Reichsstädte auf der Grundlage eines erfrischend neuen Ansatzes gelungen ist.

Marburg   Holger Th. Gräf

David WORTHINGTON, British and Irish Experiences and Impressions of Central Europe, c. 1560–1688. (Politics and Culture in Europe, 1650–1750.) Ashgate, Farnham u. a. 2012. 232 S.

Die britischen, schottischen und irischen Netzwerke und deren Entstehen zwischen Exil und Emigration im mitteleuropäischen Raum sowie die textliche Repräsentation von Mitteleuropa (etwa in Reiseberichten) stellen das deklarierte Forschungsziel des an der University of the Highlands and Islands (Inverness, Schottland) beschäftigten Autors dar. Die Entstehung der protestantischen Kirche in Schottland 1560 einerseits und die Glorious Revolution 1688 andererseits setzen dem Thema zeitliche Grenzen, räumlich umspannt das Buch die Habsburgermonarchie sowie Polen/Litauen. Einleitend entwickelt sich das Thema breit von der frühmittelalterlichen iroschottischen Expansion der „Scoti" über die Welle der mitteleuropäischen Schottenklöster (1140–1240) hin zu den merkantilen Interessen der Briten/Iren im Mittelalter und in der Frühen Neuzeit („englische" Textilien).

Insgesamt fünf Kapitel versuchen das quellenmäßig verstreut angelegte Thema zu umreißen: Reiseberichte (Commentators and Comparisons, S. 19–45), der Hof und der Hofadel (S. 47–83), die Soldaten der Christenheit (S. 85–124), Calvinisten (etwa am Hof Friedrichs von der Pfalz, S. 125–150) und katholische Priester (etwa Jesuiten von den Inseln, S. 151–185) sind Analysefelder. Schon die frühneuzeitlichen Reiseberichte bzw. auch die „Grand Tour" von Adeligen von den Inseln belegen, dass Zentraleuropa vor allem als „Bollwerk der Christenheit" im Focus der Öffentlichkeit („Liegt Böhmen noch am Meer […]", „Ein Wintermärchen") stand, wobei dem Kreis um den Grafen Walter Leslie und anderen Exilierten eine wichtige Vermittler- bzw. Kulturtransferfunktion zukam. Die periodisch bemerkbaren diplomatischen Kontakte (verstärkt 1636/37 und um 1665) zwischen den Tudors, den Stuarts und dem Wiener Hof basierten auf einem gemeinsamen Feindbild (Frankreich) und umgekehrt auf der insgesamt naiven Hoffnung nach einer universalistischen Konzeption des Christentums. Bereits die militärgeschichtlich-biographisch orientierte Dissertation von Ernst Schmidhofer (1971) belegte das deutlich wahrnehmbare irische, schottische und englische Element in der kaiserlichen Armee und zeigt das Verhältnis von politisch-sozialer Lage und Emigration am Beispiel von Schottland und Irland deutlich auf. Die bekannte Beteiligung irischer und schottischer Offiziere (Walter Butler, Johann Gordon und der auch diplomatisch tätige Walter Leslie) an der Ermordung Wallensteins in Eger 1634 belegt nur deren große Bedeutung für das Heer. Franz Taaffe (1639–1704) stieg nicht nur 1694 zum Feldmarschall, sondern auch zum Inhaber des Ordens vom Goldenen Vließ auf; Georg Ernst Wallis (1621–1689) fiel als Feldmarschall-Leutnant vor Mainz. Konfessionell verlässliche Namen wie die schottische Familie der Ogilvies kämpften als kaisertreue Vorposten gegen den „Erbfeind". Aber auch protestantische Gelehrte, etwa der von Elbing aus operierende John Dury (1596–1680) und sein auf eine Wiedervereinigung des Christentums abzielendes Netzwerk (darunter Comenius), lassen sich ebenso finden wie Ärzte (etwa Thomas Moffet), Alchemisten (etwa John Dee), Bibliophile wie Sir Henry Wotton (1568–1639); generell deutet der Autor die enge Verflechtung von „wissenschaftlichen" und geschäftlichen Interessen an. Das Beispiel des Arztes und Reiseschriftstellers Edward Browne (1644–1708) belegt das existente englischsprachige Netz in der Habsburgermonarchie. Katholische Geistliche englischsprachigen Ursprungs lassen sich in fast allen Teilen der Habsburgermonarchie finden (wie eine Liste von Jesuiten S. 163f. zeigt), daneben wirkte Mary Ward (1585–1645) im Bereich der Bildung von Frauen. Irische Franziskaner und schottische

Benediktiner fanden, gestützt auf ein Netzwerk (etwa Leslie), neben den prominenteren Jesuiten gute Wirkungsmöglichkeiten in der Habsburgermonarchie vor.

Nur aufgrund umfangreicher bibliographischer Studien (etwa auf Grundlage polnischer Literatur) gelang es David Worthington ein breiteres Bild des irischen, schottischen und britischen Einflusses in Mitteleuropa zu zeigen, die Wirkungsweise des Kreises um Walter Leslie wird in diesem Buch breit dargestellt, wobei nach meinem Leseeindruck keine abgerundete Darstellung entsteht. Meist über Einzelfallanalyse, und damit gleichsam ein zersplitterndes Bild bietend, kann der Autor in seiner breiten Annäherung verdeutlichen, dass Zentraleuropa neben dem bislang schon bekannten Militärimport auch von Wissenschaftlern, Geistlichen und Adeligen rezipiert wurde. Das mühsame Suchen nach schriftlichen und bildlichen Traditionen lässt die Bedeutung der Iren, Schotten und Briten für den zentraleuropäischen Raum erkennen und erahnen; weitere Detailstudien und vor allem systematische Archivstudien müssen das Bild aber noch deutlich ergänzen.

Wien   Martin Scheutz

Christian PLATH, Zwischen Gegenreformation und Barockfrömmigkeit. Die Franziskanerprovinz Thuringia von der Wiederbegründung 1633 bis zur Säkularisation. (Quellen und Abhandlungen zur Mittelrheinischen Kirchengeschichte 128.) Gesellschaft für Mittelrheinische Kirchengeschichte, Mainz 2010. XV, 427 S.

Beim Lesen des Titels fragt man sich unwillkürlich, ob ein Autor heute einer so pauschal umschriebenen Aufgabe gerecht werden kann, nämlich die knapp 200-jährige Geschichte einer, wenn auch nicht sehr großen, Franziskanerprovinz zu schreiben, die historiographisch bislang eher stiefmütterlich behandelt wurde. Aber bereits beim Öffnen des Buches fällt eine detaillierte Gliederung ins Auge, die nicht nur die einzelnen Ordenshäuser thematisiert, sondern auch moderne Forschungsrichtungen aufgreift wie Prosopographie, Frömmigkeits-, Bildungs- und sogar Architekturgeschichte. Möglich wurde dieser „große Wurf" durch die geringe Ausdehnung der Franziskanerprovinz – flächenmäßig und entsprechend der Zahl der Häuser. Sie stand schon kurz nach ihrer Wiederbegründung, die nach den Wirren der Reformation erfolgte, um 1650 vor dem Aus. Dass es dann doch anders kam, verdankten die Franziskaner der Initiative von kleinen Höfen und Städten, die Franziskaner für Neugründungen anwarben und diese meist mit der Gründung von Schulen beauftragten. Dass es in Thüringen keine große Bewegungsfreiheit für franziskanisches Leben gab, versteht sich aufgrund des reformatorischen Hintergrunds und der Gegebenheiten der Friedensschlüsse von selbst. In den großen Städten konnten sie nicht Fuß fassen. Die Franziskaner hatten ihren Einzugsbereich eher im ländlichen Bereich, den die großen Orden der Gegenreformation nur selten erreichten. Aber immerhin, die wenigen Niederlassungen der Thuringia führten ein – auch aus franziskanischer Perspektive – recht eigenständiges Leben, was der Vf. deutlich herausarbeitet. Innerhalb des Konfessionalisierungsprozesses spielten sie allerdings eine untergeordnete Rolle; ihr Beitrag galt stärker der Intensivierung und Ausweitung konfessionellen Lebens (S. 340f.), für das sie ähnliche Mittel einsetzten, wie etwa die Jesuiten. Damit kamen sich die beiden Ordensgemeinschaften gegenseitig nicht ins Gehege, sondern ergänzten einander auf dem wenig fruchtbaren thüringischen Boden. Der Vf. verschweigt nicht die strukturellen Nachteile franziskanischer Seelsorge, die einer Expansion im Wege standen, nämlich das Rotieren des Personalbestandes (regelmäßige Versetzungen), das die Bodenhaftung der Ordensbrüder stark erschwerte, die häufig Pfarr- und Kaplansstellen verwalteten, sowie das Terminieren auf dem Land. Vor allem der ausgeprägte ländliche Bezug der Thuringia muss als überraschendes Ergebnis gelten. Ebenso ist man erstaunt, dass die Franziskaner typisch jesuitische Frömmigkeitsformen adaptierten und auf dem Lande implementierten wie etwa den Herz-Jesu-Kult. Auch das Schultheater pflegten die

Brüder. Bei diesen Punkten wäre ein fruchtbarer Vergleich mit dem jesuitischen Pendant leicht durchführbar gewesen, da zu ihm zahlreiche und auch moderne Literatur vorliegt. Stärkeres komparatives Arbeiten hätte man sich aber auch auf dem Gebiet der deutschen Franziskaner gewünscht, so etwa hinsichtlich der Einbettung der Thuringia in den Gesamtorden oder im Vergleich mit anderen Provinzen (bes. die westdeutschen sind relativ gut erforscht) (vgl. S. 340–345). Sehr zu begrüßen sind die Beiträge des Vf. zum Dritten Orden, zu den franziskanischen Bruderschaften (S. 193ff.) sowie zum Selbstbild der thüringischen Franziskaner (S. 315f.), die allerdings dürftig ausfallen. Dankbar ist man dem Vf. außerdem beispielsweise für seine Ausführungen zum Karriereprofil der Brüder (S. 295ff.) und zum wissenschaftlichen Bereich, der aufgrund der Randlage der Thuringia nicht sehr ausgeprägt war. Die kleine Provinz brach dann auch in der Säkularisation fast vollständig zusammen; es überlebten nur die Niederlassungen in Fulda und Salmünster.

Das Auftragswerk des Franziskanerordens ist methodisch sauber gearbeitet und liefert eine Einbettung in den Gesamthorizont der Kirchengeschichte in den ersten Kapiteln. Die Verortung in das Gesamtgefüge des Franziskanerordens wird dagegen nicht geleistet (S. 15), abgesehen von einigen Bemerkungen (z. B. S. 303f.). Die ruhige deskriptive Darstellung macht das Buch zu einem Referenzwerk, das durch große Quellennähe besticht. Liegen zu den einzelnen Häusern der Thuringia häufig nur spärliche Nachrichten vor, so hält das Provinzarchiv in Fulda eine relativ reiche Überlieferung bereit, die hier herangezogen wurde.

Berlin   Stefan Samerski

Zwischen den Welten. Kriegsschauplätze des Donauraums im 17. Jahrhundert auf Karten und Plänen, hg. von Volker Rödel. (Begleitpublikation zur Ausstellung des Landesarchivs Baden-Württemberg – Generallandesarchivs Karlsruhe im Rahmen der 20. Europäischen Kulturtage der Stadt Karlsruhe). Karlsruhe 2010. 215 S.

Die europäischen Kulturtage in Karlsruhe, die seit 1983 als Gemeinschaftsveranstaltung der Stadt Karlsruhe und des Badischen Staatstheaters stattfinden, standen zu ihrem 20. Jubiläum 2010 unter dem Motto „Budapest/Pécs – Zwischen den Zeiten und Welten" und flankierten somit die Ernennung von Fünfkirchen (ung. Pécs) zur Kulturhauptstadt Europas. In diesem Rahmen initiierte das Landesarchiv Baden-Württemberg – Generallandesarchiv Karlsruhe im Stadtmuseum Prinz-Max-Palais eine Ausstellung mit dem Titel „Zwischen den Welten. Kriegsschauplätze des Donauraums im 17. Jahrhundert auf Karten und Plänen", wozu zeitgleich die gleichnamige Begleitpublikation herausgegeben wurde. Der besonderen frühneuzeitlichen Beziehung „Mitteleuropas zwischen Baden und Ungarn" sollten die Pforten des Karlsruher Generallandesarchivs geöffnet werden, um – wie der Präsident des Landesarchivs Baden-Württemberg, Robert Kretzschmar, im Geleitwort betont – die „dürftige Erinnerung" an diese kulturell bedeutsamen Beziehungen wieder in Erinnerung zu rufen. Vier Abhandlungen wurden dem eigentlichen Ausstellungskatalog samt Anhang als thematische Einführung vorangestellt, die Themenkomplexe aus dem reichhaltigen Konfliktpotential zwischen dem christlichen Abendland und dem Osmanischen Reich in der Frühen Neuzeit behandeln.

Volker Rödel zeichnet im ersten Beitrag einen historischen Abriss der Auseinandersetzungen zwischen den christlichen Mächten Europas und dem Osmanischen Reich im Donauraum nach. Er stellt sich die Frage nach den Gründen der „beispiellos erfolgreichen Expansion" der Osmanen und beantwortet sie u. a. mit der Herrschaftspraxis in den eroberten Gebieten. Schwerpunkte dieses Beitrages bilden die Militarisierung des Donauraumes und der sogenannte Große Türkenkrieg (1683–1699), wobei der Einsatz badischer Markgrafen, allen voran des Markgrafen Ludwig Wilhelm von Baden-Baden, genannt „Türkenlouis", in den Mittelpunkt gestellt wird. Eine sehr selektive Heranziehung der Fachliteratur, wobei etwa Grundlagenwerke von Josef Matuz fehlen, führen zu einer gelegentlich doch simplifizierten Darstellung eines komplexen Sachverhaltes. Auch eine unübersehbare Inkonsequenz in der Handhabung der Toponyme belegt dies: Während die Städtenamen Fünfkirchen, Stuhlweißenburg oder Esseg in deutscher Form verwendet werden, gibt es plötzlich ein „Niš" oder „Lugos". Karlowitz wiederum wird in Klammern mit „Sremski Karlovci, Serbien" ergänzt. Anderswo wiederum heißt es „Zenta (Senta, heute Serbien)". Aus Ofen aber wird auf S. 18 „Pest Buda", was bestenfalls als Pest-Buda eine Daseinsberechtigung hätte, nicht aber für diese Zeit.

Guido von Büren behandelt den Festungsbau in Ungarn als Teil einer europäischen „Militärischen Revolution" im Spiegel der Entwicklung der Waffentechnik. Ausgehend von mittelalterlichen Kampfgewohnheiten und dem darauf folgenden Einsatz von Schwarzpulver wird die Entwicklung nachgezeichnet, feste Plätze zu munieren einzig zum Zwecke der Verteidigung und Behauptung eines geographisch eng umgrenzten Raumes. Einen Modernisierungsschub (Bastionärsystem etc.) sieht der Autor im Achtzigjährigen Krieg zwischen den spanischen Habsburgern und den Vereinigten Niederlanden, den zeitgleich eine Intensivierung der militärischen Traktatliteratur begleitete. Die technologischen Errungenschaften auf diesem Gebiet wurden intensiv in Ungarn umgesetzt, was der Autor am Beispiel der Belagerung von Ofen (ung. Buda) 1686 exemplifiziert. Bedauerlicherweise wird das Problem Festungen nicht in Zusammenhang mit dem System der sog. Palankas, der kleinen Holzfestungen, die auf christlicher wie auf osmanischer Seite ein stringentes Ganzes bildeten und sich auf die großen Festungsanlagen stützten, wie dies zuletzt Géza Pálffy erforschte und aufzeigte, gesetzt. Auch hier fallen die Unsicherheiten im Umgang mit den topografischen Namen auf: Raab heißt richtig Győr, und bei Komorn lediglich „Komárno in der heutigen Slowakei" hinzuzufügen ist fahrlässig.

Die teils genauen technischen Beschreibungen werden gut durch Quellenbilder untermalt, was auch als charakteristisch für den dritten Beitrag über Kartografie und Raumvorstellung im 16. und 17. Jahrhundert von Volker Rödel gilt. Diese Abhandlung von lediglich 6,5 Seiten sollte eigentlich laut Titel – neben dem eigentlichen Ausstellungskatalog mit den Exponaten – das Herzstück der Gesamtpublikation bilden. Sie thematisiert den Zusammenhang, durch militärische Notwendigkeiten spezifische Ingenieurskünste in Dienst zu nehmen, dessen personifizierter Ausdruck der „Ingenieurkartograf" war. Plausibel wird dargelegt, inwiefern perspektivische Veränderungen in der Raumdarstellung Hand in Hand gingen mit einer veränderten Vorstellung von erfolgreicher Kriegsführung. Auch hier wird deutlich, dass der Festungsbau treibender Movens in der militärtechnischen Fortentwicklung war, aber weitere Forschungen zu diesem Themenkomplex wünschenswert wären.

Der Überblicksbeitrag über den Bestand Hausfideikommiss im Generallandesarchiv Karlsruhe macht die Relevanz der Ausweitung dieser Sammlung auch für die Türkenkriege der Habsburger im Donauraum deutlich, zumal der größte Teil der Kartensammlung während des Zweiten Weltkriegs vernichtet wurde.

Als zweiter großer Teil der Begleitpublikation folgt der eigentliche Ausstellungskatalog. Unterteilt in fünf Abschnitte bietet er über 100 Seiten von Zeichnungen, Plänen, Karten und Entwürfen mit ausführlichen Beschreibungen der Quellen sowie eine inhaltliche Verortung derselben mit weiterführender Literatur. Auch bei der Gliederung der Quellen verfolgt man den Grundgedanken, vom Allgemeinen zum Speziellen vorzudringen. Sie bzw. die Aktenkonvolute werden gut beschrieben und in einen inhaltlichen Gesamtzusammenhang gebracht. Durch das Verweissystem ist ein Lesen ohne Blättern kaum möglich, was dennoch samt einigen Lektoratsnachlässigkeiten der profunden Darstellung keinen Abbruch tut.

Leipzig   Norbert Spannenberger

Gerald Mülleder, Zwischen Justiz und Teufel. Die Salzburger Zauberer-Jackl-Prozesse (1675–1679) und ihre Opfer. (Österreichische Hexenforschung 2.) Lit, Wien u. a. 2009. 429 S.

Mit Gerald Mülleders Band „Zwischen Justiz und Teufel" liegt nunmehr die zweite umfangreiche Arbeit über die sogenannten „Zauberer-Jackl-Prozesse" im Erzstift Salzburg vor, die zu etwa 120 Exekutionen führten. Pionierarbeit auf diesem Gebiet leistete vor mehr als vierzig Jahren Heinz Nagl (veröffentlicht 1972/73 und 1974 in den Mitteilungen der Gesellschaft für Salzburger Landeskunde). Einen „Zauberer-Jackl-Prozess" oder „Zauberer-Jackl-Prozesse", wie es in der Literatur auch häufig heißt, hat es nie gegeben, weil die Justiz der Person des Zauberer-Jackls alias Jakob Tischlers oder Jakob Kollers niemals habhaft werden konnte. Unter diesen vorher erwähnten Bezeichnungen werden all jene Hexenprozesse subsumiert, in denen Jakob Tischler gleichsam als stummer Mitspieler agierte. Während Nagls Betrachtung die Zeit von 1675 bis 1690 einschließt, beschränkt sich Mülleder auf die Zeit zwischen 1675 und 1679 – lässt also die Prozesse der 1680er Jahre, insbesondere die beiden großen Mooshamer Hexenprozesse von 1682/83 und 1688/89 (vom ersten Prozess fehlen die Akten, während sie vom zweiten erhalten sind) mit beinahe 40 Toten außer Betracht. Etwas problematisch auch sein Zählverfahren: Mülleder zählt nur jene Verfahren den Zauberer-Jackl-Prozessen zu, in denen die Opfer aus dem Stand der Vagierenden und Bettler stammten. Mülleder, der Nagls Arbeit der älteren Hexenprozessforschung zuzählt, die noch nicht an den Erkenntnissen und Konzepten der modernen Sozialgeschichte bzw. am Paradigmenwechsel in der Hexenforschung zu Beginn der 1970er Jahre teil hatte, stellt in seiner Einleitung hohe Ansprüche: Er will die Ursache und Funktion der Verfolgung erhellen, will eine differenzierte Betrachtung der sozialbiographischen Daten der Opfer liefern sowie eine Untersuchung der strukturellen Merkmale der annähernd zwei Jahre dauernden Bettlerverfolgung. Mülleders Arbeit gliedert sich in acht Kapitel. Nach einer ausführlichen Einleitung, die sich mit den Quellen, dem Forschungsstand und dem Erzstift Salzburg in der 2. Hälfte des 17. Jahrhunderts beschäftigt, folgt er den Ereignissen von 1675 bis 1679. Im ersten Kapitel beschreibt er den Prozess gegen Barbara Kollerin und die Fahndung nach ihrem Sohn Jakob. Während bekannterweise die Abdeckerin wegen Diebstahls und Zauberei hingerichtet wurde, weil sich lokale und zentrale Obrigkeit darin einig waren, ein Exempel statuieren zu müssen, konnte der Sohn nicht gefasst werden. Im 2. Kapitel versucht er zu erklären, wie es in den Folgejahren zu dieser Serie von Prozessen gegen Bettler kommen konnte. Er beschreibt die prozesstreibenden Kräfte und die zunehmende Dämonisierung des Abdeckersohnes als „Verführer der Jugend". Im 3. und 4. Kapitel schildert er den Verlauf und die innere Entwicklung der Massenverfolgung von 1677 bis 1679. Der Generalverdacht, der sich vor allem gegen männliche, junge Bettler richtete, führte zu Verhaftungswellen, die den Justizapparat vollkommen überlasteten und zu entindividualisierten Schnellverfahren beitrugen. Das 5. Kapitel beschäftigt sich mit den Haftbedingungen und den Verhörverfahren. Im 6. Kapitel (Die Bettler und das Böse: Anmerkungen zum Verständnis und zur Funktion von ausgewählten Geständnisinhalten) versucht sich der Historiker als Psychologe: ein schwieriges Unterfangen. Es ist das schwächste Kapitel – nicht nur inhaltlich, sondern auch sprachlich. Im 7. Kapitel unternimmt er den Versuch, die Ursachen der Bettlerverfolgung zu erklären. Schließlich probiert er im letzten Kapitel eine Annäherung an die Verfolgungsopfer und ihre Lebensweise.

Mülleder kann seine in der Einleitung gestellten Ansprüche über weite Strecken erfüllen: Es ist ein wichtiges Buch zur Salzburger Landesgeschichte und darüber hinaus, basierend auf einer Fülle von Quellen. Zu hoffen bleibt, dass die nächste Monographie über die sogenannten Zauberer-Jackl-Prozesse nicht wieder vierzig Jahre auf sich warten lässt.

Salzburg
Peter Klammer

Paul Pfeiffer, Das Allgemeine Krankenhaus in Wien von 1784. Vor dem Hintergrund des Hospitalwesens und der theresianisch-josephinischen Gesundheits- und Fürsorgepolitik im 18. Jahrhundert. (Historia profana et ecclesiastica Band 18.) LIT, Berlin 2012. 120 S.

Das Wiener Allgemeine Krankenhaus, 1784 eröffnet, gehört zu den „Meilensteinen" der Medizingeschichte. Die Großanlage mit klassizistischen Krankenbauten für einzelne medizinische Fachbereiche und dem bekannten „Narrenturm" geht auf Kaiser Joseph II. zurück. Die Krankenversorgung war zentrales Moment seines Programms der „Aufklärung". Inzwischen ist das Krankenhaus längst aus dem Stadtzentrum herausgezogen. Die Gebäude zwischen Spitalgasse und Alser Straße werden von der geisteswissenschaftlichen Fakultät der Universität Wien genutzt; die Räume der früheren Psychiatrie beherbergen das Bundesmuseum für Pathologie. Keine Krankenhausgeschichte kommt ohne den Hinweis auf Wien aus. Die Einrichtung steht nach herkömmlicher, bislang aber nicht kritisch diskutierter Darstellung am Beginn einer Wende vom karitativen Hospital als Versorgungseinrichtung zum therapeutisch ausgerichteten Krankenhaus, das zugleich medizinisches Unterrichts- und Forschungszentrum ist. Die Wiener Medizinhistoriker/innen, allen voran Erna Lesky, haben vor allem die „großen Ärzte", so ihre Publikation von 1981, herausgestellt. Die Baugeschichte wurde von Dieter Jetter im Band 5 seiner Geschichte des Hospitals ausführlich gewürdigt. Die einzelnen medizinischen Fächer sind u. a. bei Karl Heinz Tragl (Chronik der Wiener Krankenanstalten 2007) dargestellt. Erstaunlicherweise fehlen jedoch bis heute Studien mit modernen diskursiven Fragestellungen und mit Bezug auf den Krankenhausalltag. Einzige rühmliche Ausnahme bildet das Buch von Verena Pawlowsky „Mutter ledig – Vater Staat" zum Gebär- und Findelhaus 1784 bis 1910. Sie widmet sich ausgiebig den Wöchnerinnen und dem Pflegepersonal. Im Unterschied zu den allgemeinen Lobeshymnen benennt die Historikerin auch die Schattenseiten des Allgemeinen Krankenhauses.

Die Erwartungen an die nun als Buch vorgelegte Kölner Dissertation des Mediziners und Historikers Paul Pfeiffer sind angesichts dieser Forschungsdesiderate groß. Um es vorwegzunehmen: Die Publikation enttäuscht in jeder Hinsicht. Die eigentliche Darstellung zum Allgemeinen Krankenhaus beginnt erst auf S. 59 und ist exakt 30 Seiten lang. Dieser Teil wie auch der vorhergehende Überblick zur Geschichte des Hospitalwesens basiert auf Literatur, die in der Regel 20 bis 30 Jahre alt ist. Die spannenden neueren Diskussionen um die Hospital- und Krankenhausgeschichte sind am Autor völlig vorbeigegangen. Wir erfahren nichts über Patienten und Pflegepersonal, über „kleine" Ärzte und über die Verwaltung. Unbekannt sind die Ambivalenzen von Armeneinrichtungen, die immer auch der Disziplinierung und Ausgrenzung („geschlossene Häuser") dienten, und von Kliniken, in denen Patienten zu Objekten des „ärztlichen Blicks" (Michel Foucault) wurden. Dagegen wiederholt Pfeiffer alle älteren Lobpreisungen des segensreichen Krankenhauses und insbesondere die Vorstellung, Wien sei Anfang und Zentrum der medizinischen Moderne gewesen. Der Irrtum ergibt sich nicht zuletzt aus der äußerst lückenhaften Rezeption der Forschung. Guenter B. Risses wegweisende Studie über Edinburgh (Hospital Life in Enlightenment Scotland, 1986) bleibt z. B. unerwähnt. Hier wie in der jüngeren Forschung zur Krankenhausgeschichte haben Historiker schon lange von linearen Entwicklungsmodellen Abschied genommen. Die „Geburt der Klinik" gab es in der Tat nicht, und die Orte medizinischer Reformen sind über ganz Europa verstreut. Es wäre ein lohnendes Promotionsprojekt gewesen, den weitläufigen Korrespondenzen der frühen Jahre genauer nachzugehen. Viele Sachfehler kommen hinzu. Entgegen der Behauptung des Autors galten in der Frühen Neuzeit Geisteskrankheiten, wie es z. B. Carlos Watzka für die Krankenhäuser der Barmherzigen Brüder nachgewiesen hat, keineswegs als unheilbar (S. 21); der Narrenturm war zudem keineswegs der älteste Ort der Behandlung von Geisteskranken, und diesem angeblich ersten Ort einer humanen Psychiatrie ging auch keineswegs, wie die Forschungen zu Hessen gezeigt haben, eine Epoche des brutalen Umgangs mit Gemütskranken in „Zucht- und Tollhäusern" voran (S. 68). Ärgerlich sind nicht zuletzt die zahlreichen Schreib- und Satzfehler in diesem Buch.

Seniorenstudenten wie Pfeiffer, der sich als Arzt bereits im Ruhestand befindet, sollen keineswegs an ihrem Wissensdrang gehindert werden. Dennoch müssen derartige (eher schlechte) Studienarbeiten nicht als Dissertationen angenommen und überdies noch publiziert werden.

Kassel   Christina Vanja

Philipp METTAUER, Erzwungene Emigration nach Argentinien. Österreichisch–jüdische Lebensgeschichten. (Studien zur Geschichte und Kultur der Iberischen und Iberoamerikanischen Länder 14.) Aschendorff, Münster 2010. 230 S.

Philipp Mettauers Dissertationsschrift am Institut für Geschichte der Universität Wien beschäftigt sich mit einem facettenreichen Teilaspekt der Verfolgungsgeschichte der NS-Zeit: der Flucht von etwa 2300 österreichischen Jüdinnen und Juden nach Argentinien. Aus geographischen, sprachlichen und nicht zuletzt politischen Gründen ist dieser Staat ein im Vergleich zu anderen Ländern relativ wenig erforschtes Exilland (s. auch Alexander Litsauer–Barbara Litsauer, Verlorene Nachbarschaft: Jüdische Emigration von der Donau an den Rio de la Plata [Wien 2010]; Anne Saint Sauveur-Henn, Zukunftspläne für Österreich aus der Sicht der Lateinamerikaemigranten. Zeitgeschichte 6 [2000] 397–404). Als bereits während des 2. Weltkriegs mit dem Faschismus sympathisierendes Land, das Flüchtlingen die Einreise verweigerte, als Zufluchtsort für Nazi-Verbrecher und als Militärdiktatur (1976–1983) erwies sich Argentinien für seine jüdischen Emigranten als besonders ambivalent. Schon der Peronismus erinnerte viele von ihnen an Nazi-Deutschland (S. 138f.). Unter der „brutal antisemitischen" (S. 153) Junta „verschwanden" dann etwa 30.000 Regimegegner, darunter 6000 Juden und Jüdinnen, ein im Verhältnis zur Gesamtbevölkerung auffallend hoher Prozentsatz. Diese Jahre verursachten auch bei vielen „Nur-Mitwissern" unter den jüdischen Emigranten eine Re-Traumatisierung.

Mettauers Forschungen sind hauptsächlich der Oral History verpflichtet und stützen sich in erster Line auf Interviews. Zusätzlich benützte er zahlreiche lebensgeschichtliche Aufzeichnungen, etwa 400 Privatbriefe von drei verschwägerten Familien und Archivmaterial aus Österreich sowie schwer zugängliche Archivalien in Argentinien. Er selbst führte zwischen 2001 und 2003 mehr als 80 meist deutschsprachige Interviews, deren offene narrative Fragestellung nach der Lebensgeschichte den Interviewten ein möglichst ungehindertes freies Erzählen ermöglichte. Die kritische Auseinandersetzung mit den Methoden der Oral History, die Mettauer an den Beginn seiner Auswertungen stellt, macht deren Anwendbarkeit und Grenzen, aber auch den hohen Wert persönlicher Aussagen für die Geschichtsforschung deutlich (S. 10–18). Sein sehr persönliches Vorwort reflektiert den „Haftungszusammenhang" (S. 8) eines nachgeborenen nichtjüdischen Historikers mit großem Interesse an der Psychoanalyse (S. 28–31), der, das ist den Interviewausschnitten anzumerken, für seine Interviewpartner/innen eine Atmosphäre des Vertrauens und der Offenheit schaffen konnte.

Sechs große Kapitel widmen sich den Methoden, den Quellen und dem Forschungsstand (S. 9–41), der Verfolgung in Österreich (S. 42–73), der Flucht nach Argentinien (S. 74–106), dem „Neuanfang in der Fremde" (S. 107–132), der Wahrnehmung der argentinischen Politik durch die Emigranten (S. 133–157) und ihrer Wahrnehmung Österreichs nach 1945 bis zur vereinzelten „Remigration" einiger Kinder und Enkel (S. 158–193). Eine Zusammenfassung der wichtigsten Ergebnisse, ein Nachwort, das noch einmal die Gesprächspartner mit ihren unterschiedlichen Identitäten und Schicksalen würdigt, sowie ein ausführliches Quellen- und Literaturverzeichnis und ein Orts- und Namensregister schließen das Buch ab.

Die zahlreichen ausführlichen Auszüge aus den Interviews, die möglichst nahe am Sprechduktus, oft mit spanischen Einwürfen, transkribiert wurden, bringen die Erlebnisse und Emotionen der Emigranten sehr nahe, ohne sich in Empathie zu verstricken. Abgesehen von der „Geschichte an sich", der Beschreibung der Diskriminierungen, Schikanen, der „unendlichen Emigrationsbürokratie" (S. 98), der schwierigen Reise und Ankunft und der Auswirkungen der argentinischen Politik auf das politische und private Leben liefert Mettauers Buch Metaebenen, die für die sozialwissenschaftliche Forschung allgemein von Bedeutung sind. Die erinnerten Altersstufen lassen eine Lesung als Geschichte der Kindheit während der NS-Zeit zu, ein in den letzten Jahren viel beachtetes Forschungsthema (s. z.B. Gerhard Sonnert, Gerald Holten, Was geschah mit den Kindern? Erfolg und Trauma junger Flüchtlinge, die von den Nationalsozialisten vertrieben wurden [Wien 2008]). Die Tatsache, dass einige Flüchtlinge ihre Habseligkeiten mit einem sog. „Lift" transportieren konnten und auswählen mussten, was sie mitnahmen oder zurückließen, macht das Buch auch zu einer Geschichte von Objekten. Die Schikanen durch die Einwanderungsbehörde und die hohe Verzollung erschwerten deren Auswahl zusätzlich. Eine Familie nahm ihre Skier in die Emigration mit – die Enttäuschung war groß, als diese im Keller verschimmeln mussten. Die Hoffnung, mit wertvollen Gegenständen wie Teppichen, Bildern oder Geschirr die erste Zeit finanziell zu überbrücken oder zumindest ein Stück Heimat mitnehmen zu können, zerschlugen sich oft, denn die Plünderungen setzten bereits beim Verpacken ein und viele Container kamen nie in Buenos Aires an (S. 101–106).

Mettauers Buch leistet auch ein Beitrag zur Migrationsforschung, insbesondere zur Untersuchung der Integrationsstrategien angesichts völlig neuer Gegebenheiten. Klima, Sprache, Mentalität und Gepflogenheiten wurden als „eine andere Welt" empfunden (S. 105), auf die die Einwander/innen je nach persönlicher Verfassung mit Schock oder Überraschung reagierten. Insbesondere die selbstbewussten jungen Frauen konnten sich schwer mit der eingeschränkten Freiheit in der konservativen katholischen Gesellschaft Argentiniens abfinden. Frauen gingen nicht alleine auf der Straße, und es gab nach Geschlechtern getrennte Kaffeehäuser – eine Tatsache, die insbesondere auf Juden und Jüdinnen aus Wien höchst befremdlich wirkte. Die Ausschnitte aus den Interviews illustrieren die Problematik der Neufindung und Definition von Identität nach einem Bruch, der alle bisherigen Zugehörigkeiten in Frage stellte. Die unterschiedlichen kreativen Zugänge und Strategien sichtbar zu machen und hinter den historischen und sozio-kulturellen Analysen die konkreten Menschen hervortreten zu lassen, ist das Verdienst von Mettauers Buch. Die Fragestellungen und Informationen zu einem relativ wenig erforschten Exilland, die vielen berührenden Interviewpassagen und die gute Lesbarkeit machen es zu einer über den Fachkreis hinaus höchst interessanten Lektüre.

Wien/St. Pölten   Martha Keil

Nachrufe

Otto Richard Ziegler †

Am 30. März 2012 ist der ehemalige Vertragsbedienstete (Amtswart) des Instituts für Österreichische Geschichtsforschung Otto Richard Ziegler knapp nach der Vollendung seines neunzigsten Lebensjahres in Schrattenthal in Niederösterreich verstorben. Die letzten Jahre im Rollstuhl hatte er, basierend auf seinem starken christlichen Glauben, mit bewundernswerter Gelassenheit ertragen. Ziegler wurde am 6. Februar 1922 in Gettsdorf in Niederösterreich geboren, besuchte dort die Volksschule, anschließend die Hauptschule in Hollabrunn. Seine familiären Verhältnisse – er hatte vier Geschwister, der Vater war Kaufmann – erlaubten es nicht, den gewünschten Arztberuf ergreifen zu können. Er absolvierte eine Bäckerlehre, die er als Geselle abschloss. Von 1941 an nahm er am Zweiten Weltkrieg teil (Norwegen, Baltikum) und geriet in sowjetische Gefangenschaft, aus der er Ende 1946 heimkehrte. Bei den Kämpfen hatte er durch Phosphorbomben Verbrennungen an beiden Händen erlitten. Nach kurzer Arbeitslosigkeit war Ziegler ab 1947 wieder als Bäcker tätig. In diesem Jahr heiratete er Maria Vögerl, aus der Ehe gingen drei Kinder hervor. In den Jahren 1948–1954 arbeitete er dann bei seiner Tante in Wien als angelernter Konditor und konnte so seine Familie auch später mit guten Backwaren verwöhnen. Danach übte er eine Vertretertätigkeit für Kurzwaren aus. Durch Vermittlung der in seiner zuständigen Pfarre tätigen Dr. Eva Obermayer-Marnach (Nachruf in MIÖG 118 [2010] 313–316) kam er am 2. Januar 1957 an das Institut für Österreichische Geschichtsforschung. Ziegler gehörte zu den guten Geistern der damals dicht besetzten Infrastruktur des Hauses. Er trat um sieben Uhr in der Früh seinen Dienst an, half dem Personal bei der Morgenarbeit, widmete sich dann den diversen Wünschen der Mitarbeiter/innen des Hauses, erledigte die Postwege, besorgte den Transport der aus anderen Bibliotheken entlehnten Bücher, schleppte unverdrossen bei jedem Wetter den oft schweren Rucksack in die Österreichische Nationalbibliothek und verließ das Institut um elf Uhr. Nachmittags erschien er wieder um fünfzehn Uhr, versah dann vorwiegend seinen Dienst am Eingangskontrollpunkt und blieb bis neunzehn Uhr. Dieser bedeutete hauptsächlich die Einweisung der Besucher und Betreuung der Bibliotheksbenützer, Adjustierung und Einstellung der neuen Bücher sowie Bereitstellung der paläographisch-diplomatischen Übungstafeln. In freien Minuten blätterte er stets im Brockhaus-Lexikon, um sich entsprechend seinem alten Interesse für Medizin über Krankheiten zu informieren. In der Bibliothek kannte sich Ziegler sehr gut aus, was beim Abgang des Bibliotheksleiters Herbert Paulhart im Jahre 1968 sehr wichtig war. Er sorgte für Ordnung in der Bibliothek und berichtete, dass der Ordinarius für österreichische Geschichte Alphons Lhotsky stets murrte, wenn er und Paulhart in der Frühe die unordentlich eingestellten Bücher mit dem Lineal ausrichteten. Leider wurde eine nach Absolvierung eines Buchbinderlehrganges versprochene höhere Einstufung nicht durchgeführt, was ihn kränkte. Nach einem Sturz von der Leiter mit einem Fersenbeinsplitterbruch ließ die Reaktion der Institutsleitung auch zu wünschen übrig (1968). Ziegler wurde aber von allen Mitgliedern des Instituts sehr geschätzt. Bei seinem Abschied am 1. Februar 1983 (über einen Orden hätte er sich sehr gefreut) betonte der damalige Direktor Heinrich Fichtenau, dass man wohl vom Zöllner, Appelt, Fichtenau etc. spreche, aber stets vom „Herrn" Ziegler. Man kann ohne Übertreibung sagen, dass Otto Ziegler in wahrsten Sinne des Wortes ein absolut „Treuer Diener seines Herrn", nämlich des Instituts, gewesen ist, dessen zuverlässige und pflichtbewusste Arbeit allen, die ihn kannten und davon profitierten, immer in dankbarster Erinnerung bleiben wird.

Manfred Stoy

Fritz Fellner †

Am 23. August 2012 ist nach kurzer schwerer Erkrankung Fritz Fellner in Wien gestorben. Die Nachricht traf viele seiner Freunde, Schüler und Weggefährten, die ihn wenige Wochen zuvor noch in bester Verfassung erlebt hatten, völlig überraschend.

Mit Fritz Fellner verliert die österreichische Geschichtswissenschaft einen ihrer originellsten Vertreter, der bis zu seinem Tod selbst wissenschaftlich aktiv und produktiv geblieben ist, dabei auch die aktuellen Entwicklungen engagiert mitverfolgt hat und sich – in gelegentlich auch unkonventioneller Art und Weise – zu den Debatten innerhalb unserer Zunft zu Wort gemeldet hat.

Fritz Fellner gehörte als Jahrgang 1922 jener (in seiner Einschätzung: betrogenen) Generation an, die nach Absolvierung des Gymnasiums kein reguläres Studium absolvieren konnte, sondern zum Kriegsdienst eingezogen wurde. Das im Oktober 1940 begonnene Studium der Geschichte, Germanistik und Anglistik an der Universität Wien schloss Fellner daher erst nach dem Krieg (im Jahr 1948) ab. Die Kriegsjahre erlebte er als Gefreiter („der höchste militärische Rang, den ich jemals erreicht habe") und Flakhelfer, am Ende des Krieges brachte ihn ein misslungener Fluchtversuch in amerikanische Kriegsgefangenschaft, aus welcher er im Sommer 1946 entlassen wurde. Von 1948 bis 1950 absolvierte er den 45. Ausbildungskurs des Instituts für Österreichische Geschichtsforschung.

Die Kriegserfahrung wirkte sich insofern prägend auf den späteren Historiker aus, als er sich – insbesondere in der akademischen Lehre – entschieden gegen jede Form von militärischer Gewalt aussprach und immer wieder für Toleranz und die „Freiheit des Andersdenkenden" eintrat. Wiederholt äußerte er sich auch gegen den – aus seiner Sicht – viel zu hohen Stellenwert von Kriegen und Schlachten in der Geschichtsbetrachtung (von der „neuen Militärgeschichte" war damals noch nicht die Rede), dem er die sehr viel nachhaltigere und bedeutsamere historische Wirkung von Friedensregelungen und Friedensschlüssen entgegen hielt. Die Wahl eines seiner wissenschaftlichen Hauptinteressen, die Geschichte der Pariser Friedenskonferenz nach dem Ersten Weltkrieg, zu dem er nicht nur selbst zahlreiche Studien veröffentlicht, sondern auch eine ganze Reihe von Dissertationen betreut hat, war daher kein Zufall, und ebensowenig die (weniger bekannte) Tatsache, dass sein damals viel beachteter Habilitationsvortrag im Jahr 1960 dem Wiener Kongress gewidmet war.

Betreut von Leo Santifaller und Hugo Hantsch OSB, dessen weltanschauliche Offenheit dem bekennenden Agnostiker Fellner gegenüber von diesem stets dankbar anerkannt wurde, verfasste der junge Student seine Dissertation über Franz Schuselka, jenen „Querdenker" des Jahres 1848, in dessen „Oppositionsgeist" auch noch der spätere Wissenschaftler kongeniale Züge zu sich selbst entdeckte.

Als Mitarbeiter der Kommission für Neuere Geschichte Österreichs bearbeitete Fellner als wissenschaftliches Gesellenstück die Edition der Tagebücher Josef Redlichs, eine Aufgabe, die damals seinen wissenschaftlichen Ruf begründete und die er nach sechzig Jahren nochmals aufgegriffen hat. Gemeinsam mit seiner langjährigen Mitarbeiterin Doris Corradini brachte er eine erweiterte und überarbeitete Neuauflage heraus und präsentierte sie (als mittlerweile 89jähriger Emeritus!) noch persönlich in den Räumen des Österreichischen Staatsarchivs.

Nach einem Stipendium am Österreichischen Kulturinstitut in Rom, wo er die Nuntiaturberichte des 18. Jahrhunderts bearbeitete, kehrte der junge Historiker 1954 als wissenschaftliche Hilfskraft (bei Hugo Hantsch) zurück an die Universität Wien; ein Jahr später wurde er zum Universitätsassistenten ernannt. Die Habilitation (auf der Grundlage der originellen Studie zum Dreibund, mit welcher er liebgewordene Traditionen zur Vorgeschichte des Ersten Weltkriegs durchbrach) erfolgte wenige Jahre später im Jahr 1960. Als Universitätsdozent verblieb Fellner in Wien bis zu seiner Berufung nach Salzburg, wobei er in der Zwischenzeit jedoch verschiedene Gastaufenthalte und Gastprofessuren an amerikanischen Universitäten (Texas University, Western Illinois University) absolvierte, was ihm bleibende Kontakte zur amerikanischen Wissenschaft eröffnet hat. Diesen Kontakten war später (1978/79) auch die erste Gastprofessur für Austrian Studies an der University of Stanford zu danken.

Der Ruf nach Salzburg an die soeben erst begründete Universität – zum Ordinarius für Allgemeine Geschichte der Neuzeit – im Jahr 1964 kam für Fellner selbst überraschend. Als einem der Gründungsväter der Universität ist ihm und seinen damaligen Mitarbeitern der Aufbau des Salzburger Instituts für Geschichte zum modernen, national und international renommierten Institut zu danken. Generationen von Schülern und inzwischen auch Nachfolgern an den österreichischen Universitäten haben durch Fellners bedingungslos kritisches Fragen an die Geschichte ein reflektiertes historisches Denken und Arbeiten gelernt, wie dies die „Salzburger Schule" viele Jahre hindurch gekennzeichnet hat.

Fellner hat eine Vielzahl von Veröffentlichungen, insbesondere zur Vorgeschichte des Ersten Weltkriegs, zur Pariser Friedenskonferenz, zur Geschichte der Geschichtswissenschaft und zu deren Aufgaben in der jeweiligen Gegenwart vorgelegt. In dem von ihm selbst betreuten eindrucksvollen Sammelband „Geschichtsschreibung und nationale Identität: Probleme und Leistungen der österreichischen Geschichtswissenschaft" wurden einige seiner wichtigsten Arbeiten zuletzt auch in Buchform zusammengefasst.

Nach seiner Emeritierung hat Fellner mit bewundernswert produktiver Schaffensfreude noch eine Reihe von Publikationen herausgebracht, darunter eine „Geschichte der Kommission für Neuere Geschichte Österreichs", die er als Obmann über viele Jahre hinweg (zwischen 1990 und 2007) geleitet hatte, sowie ein (gemeinsam mit Doris Corradini) zusammengestelltes „biobibliographisches Lexikon zur österreichischen Geschichtswissenschaft im 20. Jahrhundert".

Fritz Fellners Tod hinterlässt eine Lücke im Leben all derer, die ihm menschlich und wissenschaftlich nahegestanden sind, und all jene, die durch ihn angeregt, gefördert und bereichert worden sind, werden ihm ein ehrendes Andenken bewahren.

Brigitte Mazohl

Abstracts

Ines Peper, Austrian scholarship of the early 18th century as mirrored in Protestant review journals (p. 8–26)

The paper investigates how Catholic scholars close to the imperial court were represented in Protestant review journals in the period between 1715 and 1725, and how they themselves used such publications. These reviews and the programmatic prefaces are analysed to find out how various review journals took up their stance between critical assessments of books and neutral excerpts. In some cases, accompanying correspondence allows a glimpse behind the scenes of the journals' public communication. During the years under review, the historiographic and editorial production in the environment of Vienna's imperial court attracted the interest of protestant scholars due to the demand for a history of the Empire based on a shared „German" roots and language.

Schlagworte: Wissenschaftsgeschichte; protestantische Zeitschriften (18. Jahrhundert); Wiener Hof; interkonfessionelle Beziehungen; Rezensionen

Keywords: history of science; protestant scholarly journals (18th century); Court of Vienna; interconfessional relations; reviews

Thomas Wallnig, *My muse are you crazy? – – Indeed. Taste, new ways of teaching* and the creation of an educational canon of enlightened Catholicism in the „Banzer Zeitschrift" (1772–1798) (p. 27–39)

From 1772 to 1798, some learned Benedictines from the Franconian abbey of Banz published a review journal focusing explicitly on Catholic scholarship, but also covering relevant Protestant books. This periodical, the first substantial review journal in Catholic Germany, can deservedly be considered part of a Catholic reform movement often labelled as „Catholic Enlightenment": it explicitly advocated an anti-Jesuit educational reform, and appreciated writings of the moderate Protestant Enlightenment, at the same time defending Catholic scholarship against the attacks of radical enlighteners such as Friedrich Nicolai. The present article argues that the very act of reviewing books in a journal meant, in the Catholic context, entering into competition with ecclesiastical censorship. Furthermore, it sets out to show that the Banz journal did not advocate the progressive extension of human knowledge in general, but explicitly aimed at creating a new educational canon of books and disciplines, the range of which included positive and pastoral theology, language and music history, poetry and philosophy, and other disciplines considered useful for Catholic education and practice – but hardly anything beyond that.

Schlagworte: Wissenschaftsgeschichte; katholische Zeitschriften (18. Jahrhundert); Katholische Aufklärung; Benediktinerabtei Banz (Franken); Rezensionen

Keywords: history of science; catholic scholarly journals (18th century); Catholic Enlightenment; Benedictine abbey of Banz (Franconia); reviews

Christine O t t n e r, Between report and critical review. Structural, scholarly and political aspects in the literary supplements of MIÖG (1880–1900) (p. 40–62)

Scholarly historical periodicals were important pacemakers and trendsetters in the process of academic professionalization and institutionalization in the second half of the 19th century. Most of them devoted a major portion of their space not only to articles but also to literary supplements and book reviews.

The article is based on the close study of an Austrian case: In 1880 the „Institut für oesterreichische Geschichtsforschung", located at the University of Vienna, began publishing its „Mitteilungen". The journal can be seen as a professional collaborative project to represent and propagate the historical disciplines which had been developed there and taught for some 25 years. In this context the article looks into the striving for methodological specialization in the book reviews which by no means show coherent structural characteristics. More often than not they range between critical review *(Recension)* and simple report *(Referat)*. In addition to that, we also find special reports on the results of historical research in the different Habsburg lands, which elucidate the political claim of the „Mitteilungen" to be a scholarly periodical for the entire Monarchy.

Schlagworte: Wissenschaftsgeschichte; Zeitschriften (19. Jahrhundert); Geschichte der Geschichtswissenschaft; Österreich-Ungarn; Rezensionen

Keywords: history of science; scholarly journals (19th century); history of historiography; Austro-Hungarian Empire; reviews

Martin S c h e u t z, *Turba is a really base fellow!* Reviews and the discourse of honour exemplified in the MIÖG (1920–1939) (p. 63–86)

Reviews are generally accepted as one of the most important sources of information for historians but also for a wider audience. The current state of research as well as changes in politics have made a strong impact on the composition of reviews. In this contribution, the valence of reviews will be shown on three different levels: (1) the perception of reviews by one „victim" (namely Heinrich Ritter von Srbik) and his mode of defence, (2) the assignment of reviews by the editorial staff of the „Mitteilungen des Instituts für Österreichische Geschichtsforschung" in the years 1920 to 1939 and finally (3) the way of carving out such scientific standards for reviews and reviewers, as, for example, accuracy, scholarship, knowledge of sources, impartialness and the balance of information, criticism and the use of reviews as a stage for the display of scholarly virtues, even in terms of conflict. In the first half of the 20th century, personal letters in particular provide evidence of how authors reacted to reviews.

Schlagworte: Wissenschaftsgeschichte; Zeitschriften (20. Jahrhundert); Geschichte der Geschichtswissenschaft; Rezensionen

Keywords: history of science; scholarly journals (20th century); history of historiography; reviews

Ursula Klingenböck, Template – Manner – Effect. Reflections on textual linguistics and pragmatics of scholarly reviews exemplified in the MIÖG (1920–1939) (p. 87–108)

This contribution approaches scholarly reviews primarily from the point of view of textual studies and places them in the context of various discourses. The brief first part provides an outline of the constituents of the textual genus „scholarly review", while in the second and third parts a sample of reviews from inter-war MIÖG volumes is analysed from the perspective of textual linguistics (micro- and macro-structural features) and pragmatics (dominant textual acts and functions, illocutionary act of assessment). Extra-textual aspects are considered by placing the reviews in the communicative, institutional and personal contexts of the scientific community, and the conclusion digresses to query a possible „reviewing habitus" according to Pierre Bourdieu's sociology.

Schlagworte: Textwissenschaft; Textlinguistik; Zeitschriften (20. Jahrhundert); Rezensionen

Keywords: textual studies; textual linguistics; scholarly journals (20th century); reviews

böhlau

GÖTZ-RÜDIGER TEWES
**KAMPF UM FLORENZ –
DIE MEDICI IM EXIL (1494–1512)**

Mit den „Medici" verbinden sich glanzvolle Namen und Geschichten, doch zwischen Lorenzo dem Prächtigen und dem Pontifikat seines Sohnes Giovanni als Leo X. lebte die Familie 18 Jahre (1494–1512) im Exil außerhalb von Florenz. Der Autor schildert, wie die Medici ins Exil gerieten, wie sie es bewältigten, wie sie um ihre Reputation und um die Restitution ihrer Macht in Florenz kämpften und wie sie sich dabei auf ein dichtes Netzwerk aus engen Freunden stützen konnten.

Zu den politischen und sozialen Dimensionen dieser Exilsgeschichte gehört untrennbar die wirtschaftliche. Das Buch zeigt, dass die Medici-Bank nicht wie bislang angenommen in den 1490er Jahren Bankrott ging, sondern in Gestalt bereits zuvor gegründeter Tarnbanken weiterlebte. Die bewährten Bankiers der Medici schufen die Basis für den Kampf um Florenz, nicht nur dort und in Rom, sondern in ganz Europa. Werben mussten sie allerdings um die Unterstützung der italienischen Mächte, vor allem um die der Päpste. So stellt sich das Exil der Medici als ein komplexes Stück europäischer Geschichte dar.

2011. XI, 1.204 S. GB. 170 X 240 MM. | ISBN 978-3-412-20643-7

BÖHLAU VERLAG, URSULAPLATZ 1, D-50668 KÖLN, T: +49 221 913 90-0
INFO@BOEHLAU-VERLAG.COM, WWW.BOEHLAU-VERLAG.COM | WIEN KÖLN WEIMAR

böhlau

GERHARD LUBICH (HG.)
HEINRICH V. IN SEINER ZEIT
HERRSCHEN IN EINEM EUROPÄISCHEN
REICH DES HOCHMITTELALTERS

REGESTA IMPERII - BEIHEFTE: FORSCHUNGEN
ZUR KAISER- UND PAPSTGESCHICHTE DES
MITTELALTERS, BAND 34

Einer der am wenigsten erforschten hochmittelalterlichen Herrscher ist Heinrich V. Dies mag erstaunen, denn mit seiner Herrschaftszeit verbinden sich nicht allein der Kompromiss der sog. „Universalgewalten" im „Wormser Konkordat" (1122), sondern auch andere spektakuläre Themen: Ein konfliktreicher Aufstieg gegen den Vater, der Verfall eines anfänglich fast reichsweiten Konsenses, Wechselfälle internationaler Politik und ein isoliertes, fast einsames Ende. Zugleich aber steht seine Epoche für eine Zeit des mittelalterlichen Aufbruchs, für neue politische, geistige und kulturelle Grenzerfahrungen, neue Institutionen, Lebensformen und Denkarten. In komparatistischer Perspektive lassen die Beiträge des vorliegenden Bandes das Profil dieses Kaisers deutlicher hervortreten.

2013. IV, 352 S. GB. 230 X 160 MM. | ISBN 978-3-412-21010-6

BÖHLAU VERLAG, URSULAPLATZ 1, D-50668 KÖLN, T:+49 221 913 90-0
INFO@BOEHLAU-VERLAG.COM, WWW.BOEHLAU-VERLAG.COM | WIEN KÖLN WEIMAR

HANSPETER MARTI,
KARIN MARTI-WEISSENBACH (HG.)
REFORMIERTE ORTHODOXIE UND AUFKLÄRUNG
DIE ZÜRCHER HOHE SCHULE
IM 17. UND 18. JAHRHUNDERT

Die „Carolinum" genannte Zürcher Hohe Schule ist die Vorgängerinstitution der Universität Zürich. In der Zeit der Reformation als theologische Ausbildungsstätte gegründet, erfüllte sie diese Aufgabe hauptsächlich für angehende Pfarrer der Nord- und Ostschweiz. An ihr unterrichteten europaweit bekannte Gelehrte. Die Beiträge dieses Bandes befassen sich unter anderem mit den Theologen J. H. Hottinger und J. H. Heidegger, dem Cartesianer J. H. Schweizer sowie J. K. Lavater und seiner konfliktreichen Beziehung zum Zürcher Gelehrtenmilieu. Weitere Aufsätze widmen sich den ungarischen Studenten, den Kontakten zu reformierten Schulen Westfalens, der Bedeutung des Carolinums für Glarus sowie schulreformerischen Bestrebungen in der zweiten Hälfte des 18. Jahrhunderts.

2012. 452 S. 24 S/W-ABB. BR. 155 X 230 MM | ISBN 978-3-412-20929-2

BÖHLAU VERLAG, URSULAPLATZ 1, D-50668 KÖLN, T: +49 221 913 90-0
INFO@BOEHLAU-VERLAG.COM, WWW.BOEHLAU-VERLAG.COM | WIEN KÖLN WEIMAR

MARGARETH LANZINGER
GUNDA BARTH-SCALMANI
ELLINOR FORSTER
GERTRUDE LANGER-OSTRAWSKY
AUSHANDELN VON EHE
HEIRATSVERTRÄGE DER NEUZEIT
IM EUROPÄISCHEN VERGLEICH
(L'HOMME ARCHIV, BAND 3)

Die Ehe war in der Geschichte der Neuzeit ein zentrales Ordnungsmodell und zugleich eine Institution von großer ökonomischer Relevanz. Geld und Güter flossen aus diesem Anlass zwischen den Generationen, zwischen Braut und Bräutigam oder wurden in Aussicht gestellt. Vermögenstransfers waren in der Forschung bislang hauptsächlich unter den Aspekten des Erbrechts und der Erbpraxis Thema. Doch stellte das Ehegüterrecht eine mindestens ebenso wichtige Grundlage dar. Denn das Verfügen über das eingebrachte und während der Ehe erwirtschaftete Vermögen sowie die Ansprüche von Witwen und Witwern variierten beträchtlich, nicht zuletzt je nachdem, ob Gütertrennung oder Gütergemeinschaft vorherrschte. Entsprechend unterschiedlich gestalteten sich die Inhalte von Heiratsverträgen. Vier Detailstudien analysieren das darin dokumentierte Aushandeln von Ehe in vergleichender Perspektive. Die Ergebnisse werden einleitend und abschließend in den Kontext europäischer Rechtsräume gestellt.

2010. 530 S. 17 S/W- U. 9 FARB. ABB. FRANZ. BR. 170 X 240 MM.
ISBN 978-3-412-20218-7